Bonner Arbeiten zur deutschen Literatur
Herausgeber Benno von Wiese, Band 42

Poetologische Selbstreflexion im Drama:
Lessings immanente Poetik des Mitleids
in dem bürgerlichen Trauerspiel
Miß Sara Sampson

Inaugural-Dissertation
zur
Erlangung der Doktorwürde
der
Philosophischen Fakultät
der
Rheinischen Friedrich-Wilhelms-Universität
zu
Bonn

vorgelegt von
Martin Schenkel
aus
Lippetal – Herzfeld

Bonn 1983

Tag der mdl.
Prüfung:
9.11.1983

Referent: Professor Dr. Peter Pütz

Korreferent: Professor Dr. Kurt Wölfel

Lessings Poetik des Mitleids
im bürgerlichen Trauerspiel ‚Miß Sara Sampson':
poetisch-poetologische Reflexionen.
Mit Interpretationen zu Pirandello, Brecht und Handke

von Martin Schenkel

1984

Bouvier Verlag Herbert Grundmann · Bonn

CIP-Kurztitelaufnahme der Deutschen Bibliothek
SCHENKEL, MARTIN:
Lessings Poetik des Mitleids im bürgerlichen Trauerspiel „Miss Sara Sampson": poet.-poetolog. Reflexionen; mit Interpretationen zu Pirandello, Brecht u. Handke / von Martin Schenkel. — Bonn: Bouvier, 1984.
(Bonner Arbeiten zur deutschen Literatur; Bd. 42)

ISBN 3-416-01807-9

NE: GT

ISSN 0567-4999

Alle Rechte vorbehalten. Ohne ausdrückliche Genehmigung des Verlages ist es nicht gestattet, das Buch oder Teile daraus zu vervielfältigen. © Bouvier Verlag Herbert Grundmann, Bonn, 1984. Printed in Germany. - D 5 -. Abb. auf dem Umschlag: 43. Blatt aus Francisco de Goyas Graphikenzyklus 'Caprichos'. Umschlaggestaltung: Anna Braungart. Druck und Einband: Druckerei Plump KG, Rheinbreitbach.

Vorwort

Im Sommer 1979 stieß ich bei der Lektüre des Lessingschen Trauerspiels *Miß Sara Sampson* auf die Äußerung Mellefonts: „Welcher plötzliche Uebergang von Bewundrung zum Schrecken! – –" In diesem Satz wird die affektive Grundstruktur der Poetik des Mitleids präzise reflektiert. So entstand der Plan, das Phänomen der poetisch-poetologischen Selbstreflexion im Drama genau zu untersuchen. Daß Lessing seine Dramaturgie poetisch präsentiert und geschlossen darstellt, und zwar zeitlich vor seinen theoretischen Äußerungen, verstärkte mein Interesse, gerade an diesem empfindsamen, bürgerlichen Trauerspiel den poetisch-poetologischen Interpretationsansatz zu entfalten. Im November 1980 begann ich, unter diesem neuen Aspekt das Lessingsche Drama zu interpretieren.

Für die langjährige, intensive und immer wieder anregende Zusammenarbeit bin ich in besonderer Weise meinem Lehrer Prof. Dr. Peter Pütz zu Dank verpflichtet. Ohne ihn, ohne die vielen Gespräche und Diskurse mit ihm hätte ich dieses Buch in der vorliegenden Form nicht schreiben können. Danken möchte ich ebenfalls Hermann Rösch-Sondermann und Helmut Schmiedt sowie Peter Brinkemper, die mir geduldige Gesprächspartner waren. Frau Mechthild Holzhauer habe ich in dieser Zeit schätzengelernt, und ich sage ihr nicht nur wegen ihrer Hilfe beim Korrekturlesen des Manuskripts Dank.

Erwähnt sei an dieser Stelle auch David Wellbery, der im Wintersemester 1980/81 als Gastprofessor aus Stanford an der Bonner Universität lehrte. Sein erzähltheoretischer Ansatz hat indirekt die Analyse der Konflikt- und Handlungsstrukturen beeinflußt.

Brigitte und Jan Robert Schenkel, die von den Belastungen dieser Arbeit unmittelbar betroffen waren und sind, sowie meinem Vater widme ich dieses Buch.

Bonn, im September 1984   Martin Schenkel

„MELLEFONT. Welcher plötzliche Uebergang von Bewunderung zum Schrecken! – –"
(Gotthold Ephraim Lessing: *Miß Sara Sampson. Ein bürgerliches Trauerspiel in fünf Aufzügen.* 1755. V/4.)

Euphranor an Palemon. Zweiter Brief.
„Wir sollen fühlen, geniessen, und glücklich seyn." „Welcher Unterschied zwischen diesen beiden Aussprüchen:
d i e s e r G e g e n s t a n d i s t s c h ö n , d i e s e r G e g e n s t a n d i s t w a h r ! "
(Moses Mendelssohn: *Briefe über die Empfindungen.* 1755.)

„‚Lieber Stumm,' fuhr Ulrich unbeirrt fort ‚sehr viele Menschen werfen der Wissenschaft vor, daß sie seelenlos und mechanisch sei und auch alles, was sie berühre, dazu mache; aber wunderlicherweise bemerken sie nicht, daß in den Angelegenheiten des Gemüts eine noch weit ärgere Regelmäßigkeit steckt als in denen des Verstandes! Denn wann ist ein Gefühl recht natürlich und einfach? Wenn sein Auftreten bei allen Menschen in gleicher Lage geradezu automatisch zu erwarten ist! Wie könnte man von allen Menschen Tugend verlangen, wenn eine tugendhafte Handlung nicht eine solche wäre, die sich beliebig oft wiederholen ließe? Ich könnte dir noch viele andere solche Beispiele nennen, und wenn du vor dieser öden Regelmäßigkeit in die dunkelste Tiefe deines Wesens fliehst, wo die unbeaufsichtigten Bewegungen zuhause sind, in diese feuchte Kreaturtiefe, die uns vor dem Verdunsten schützt, was findest du? Reize und Reflexbahnen, Einbahnung von Gewohnheiten und Geschicklichkeiten, Wiederholung, Fixierung, Einschleifung, Serie, Monotonie! Das ist Uniform, Kaserne, Reglement, lieber Stumm, und es hat die zivile Seele merkwürdige Verwandtschaft mit dem Militär."
(Robert Musil: *Der Mann ohne Eigenschaften.*)

Inhaltsverzeichnis

Erstes Kapitel:

Einleitung

Zum Gegenstand und zur Methode	3
Zu den Mitteln und Inhalten der poetisch-poetologischen Selbstreflexion im Drama	4
Die immanente Poetik im Trauerspiel der empfindsamen Aufklärung	6
Zum Begriff der poetisch-poetologischen Selbstreflexion im Drama	8
Der Stand der Forschung	8
Poetisch-poetologische Reflexion. Zur Struktur der Reflexion	11
Der Ansatz von Anthony J. Niesz	17
Zum Begriff der S e l b s t reflexion	18
Zu einer Typologie der poetisch-poetologischen Selbstreflexion im Drama	20
Luigi Pirandello: *Sei personaggi in cerca d'autore*	24
Bertolt Brecht: *Der kaukasische Kreidekreis*	29
Peter Handke: *Publikumsbeschimpfung* oder wie man das Theaterspiel spielt: Die Negation der Illusion und der Inlusion	31
Zum poetisch-poetologischen Stellenwert von Lessings erstem bürgerlichen Trauerspiel	45

Zweites Kapitel:

Poetologische Selbstreflexion im Drama:

Lessings immanente Poetik des Mitleids in dem bürgerlichen Trauerspiel *Miß Sara Sampson*

Miß Sara Sampson: Ein programmatisches Drama	51
Thematisierung der Einheit des Ortes und des Mitleidens (51) – Einheit der Zeit (54) – Tugend-Laster-Schema der klassizistischen Dramaturgie versus Liebe und Mitleid (55) – Komödienhafte Elemente (59) –	
Exkurs: Elementare Voraussetzungen der Poetik des Mitleids	60
Der mittlere Charakter und das Mitleid: das Prinzip der Kausalität und das Mitleid als universale, werkästhetische und wirkungspsychologische Kategorie (60) – Das ‚Canut-Beispiel' (61) – Das ‚Kaufmann-Beispiel' (63) – Das ‚Bettler-Beispiel' und	

die Grade des Mitleids (64) – Mitleid: Bewunderung und Schrecken (66) – Zu den Beziehungen zwischen den drei Beispielen – (67) –

Die Struktur der vermischten Empfindung „Mitleid" 68
‚Mitleid und Schrecken' u n d ‚Mitleid und Furcht' (68) – Poetik des Mitleids und Rhetorik (71) –

Zur programmatischen Exposition 74
Zur Aufhebung des Tugend-Laster-Schemas: der programmatische Charakter des bürgerlichen Trauerspiels „Miß Sara Sampson" (74) – Die Kategorie des Mitleids als Strukturprinzip der literarischen Form: das wiederholte Einsetzen der Handlung und die Anapher als Mittel des poetischen Diskurses (76) – Das Motiv der gefallenen Tugend: Vorgeschichte und die Sujets des frühaufklärerischen Dramas; Sara und Mellefont, mitleiderregende Charaktere (78) – Das Primat des ‚Wie' vor dem ‚Was': Thematisierung der physischen Objektivationen der Affekte Schrecken und Mitleid (80) – Das Mitleid: ein expositorischer Grundbegriff (81) – Die drei Konflikte: der Opponenten-, der Amanten- und der Rivalitätskonflikt (82) –

Der Amantenkonflikt 82
Saras Traum (82) – Saras Traum als Orakel (84) – Zur affektiven Realität des Traums: Schrecken als werkästhetisches Formprinzip (85) – Die primären Affekte als Mittel der illusionistischen, poetisch-poetologischen Selbstreflexion im Trauerspiel (86) – Der Traum als Mittel der Andeutung und der immanenten Poetik (86) – Saras Tugendverständnis (88) – Das Erbe (89) –

Der Rivalitätskonflikt: erregendes Moment 90
Marwoods Brief (90) – Wut, Gleichgültigkeit bzw. Verachtung und Liebe als Begriffe der immanenten Reflexion auf die Fabelvarianten des Rivalitätskonflikts (91) – Der Schauplatzwechsel und die Einheit der Handlung (93) – Die affektive Grundstruktur des Trauerspiels: Vergessen und Gleichgültigkeit, Wut und Liebe (94) – Marwoods Intrige gegen Mellefont (95) – Die Intrige als Mittel der Distanzbildung und der poetologisch-poetischen Selbstreflexion (96) – Die Darstellung der Intrige (98) – Das Mitleid als Waffe (100) – Das mitleiderregende Kind (101) – Die Reduktion des Rivalitätskonflikts auf das empfindsame Moment der Trennung (102) – Marwoods Triumph und der Triumph der Empfindsamkeit: das Scheitern (103) – Die Szenenanapher als Mittel des poetischen Diskurses (104) – Die Peripetie der Intrigenhandlung: Medea und der Schrecken (105) – Die Maske der empfindsamen Mutter: Verwunderung versus Bewunderung (107) – Interferenzen zwischen dem Opponenten- und Rivalitätskonflikt (108) –

Der Opponentenkonflikt: der Höhepunkt 109
Der Brief des Vaters als Mittel der poetologisch-poetischen Selbstreflexion im Drama (109) – Wut, Gleichgültigkeit, Liebe und Mitleid, Bewunderung und Schrecken als strukturierende Affekte des Opponentenkonflikts (111) – Der Kontrast in der Erwartungshaltung des Zuschauers: die Offenheit der Handlung als Mittel des poetischen Diskurses (112) – Thematisierung der idealtypischen Rezeptionshaltung – Zum makrostrukturellen Reflexionsraum des Trauerspiels (113) – Die Briefszene (115) – Die Makrostruktur als Mittel der immanenten Poetik (123) – Die Verknüpfung der Konflikte (125) – Das Prinzip der Umkehrung als Mittel der poetologischen Selbstreflexion (127) – Affinität zwischen Komödie und Trauerspiel (128) – EXKURS:

Das Trauerspiel: Empfindsamkeit, Aufklärung und die immanente Poetik des Mitleids (130) – Rührkomödie und Trauerspiel: die Substitution des Versöhnungstableaus (133) – Zusammenfassung: die komödienhaften Elemente (135) – Das syntagmatische und das paradigmatische Kompositionsprinzip: zur These der gattungsgeschichtlichen Selbstreflexion im bürgerlichen Trauerspiel (136) –

Der Rivalitätskonflikt: tragisches Moment   138
Binnenexposition und Schrecken (138) – Der Charakter ‚Mellefont' als Funktionsträger der Handlung und der Dramaturgie (140) – Nortons Verwunderung: die Ständeklausel (142) – Der Rivalitätskonflikt (143) – Binnenexposition als Mittel der immanenten Poetik – Die Negation des Schreckens (144) – Marwoods Intrige (145) – Marwoods Selbstreflexion ihres Charakters (145) – Die Intrige und die diskrepante Informiertheit als Mittel der Reflexion (146) – Marwoods fingierte Lebensgeschichte: eine mitleiderregende Fabel (147) – Das Allgemeine und das Besondere – das Mögliche und das Wirkliche (148) – Die Tugendprobe: der Diskurs als Mittel der Reflexion (149) – Zum mittleren Charakter Saras: ein Funktionsträger der Handlung (150) – Die Erzählung (151) – Die Erzählsituation als Reflexionsform (153) – Die Erzählbrüche und die Brüche der Ezählung (154) – Das Gleichnis und das Bild als Mittel der Reflexion (157) – Anagnorisis und Peripetie (160) – Der Traum als poetische Metapher (161) –

Der Opponentenkonflikt: die natürliche Katastrophe   163
Die verdeckte Handlung (163) – Mellefonts Intrigenreflexion und Sir Sampsons Handlungsreflexion (164) – Der plötzliche Übergang von der Bewunderung zum Schrecken (166) – Die Sterbeszene (170) – Das Versöhnungstableau (171) – Marwoods Geständnis (172) – Marwood: ein denaturierter, öffentlicher Charakter (173) – Sara: ein ‚natürlicher, öffentlicher Charakter' (174) – Transformation des rührenden Motivs der Vergebung: das ‚entzückende Mitleiden' (176) – Der ‚poetische Mehrwert' des Dramas (177) – Mellefonts Selbstmord (178) – Die Vergebung als Strafe (179) – Das Mitleid als werk- und wirkungsästhetisches Formprinzip: ein Mittel der poetologischen Selbstreflexion und der poetischen Reflexion: zur Einheit der inneren Handlung (181) – Sir Sampson und das empfindsame, natürliche Erbe seiner ‚Kinder' (182) – Das Mitleiden als primärer Affekt (183) – Dramengeschichtliche Einordnung (184)

Drittes Kapitel:

Die Poetik des Mitleids oder
Die Rückkehr des natürlichen Menschen

Zur Reflexionstheorie des Mitleids

1.	Zur Psychologisierung der Ästhetik: Mendelssohns objektive Vollkommenheitsästhetik und Lessings subjektive Poetik des Mitleids	189
2.	Zur Moralität der Poetik des Mitleids	192
3.	Zur Genese der Reflexionstheorie des Mitleids	198
3.1.	Das Vorfeld der Poetik des Mitleids	198

3.2.	Lessings Trauerspieldefinition	200
3.2.1.	Das Umfeld der Definition	200
3.2.2.	Die Trauerspieldefinition	202
3.2.2.1.	Die erste Prämisse	203
3.2.2.2.	Der Vollkommenheitsbegriff: Lessing, Mendelssohn und Rousseau	204
3.2.2.3.	Das bürgerliche Trauerspiel: ein sozialpolitisches Agitationsdrama	208
3.2.2.4.	Die Unterschiede zwischen Lessing und Rousseau	213
3.2.2.5.	Zur zweiten Prämisse der Trauerspieldefinition. Zu den Unterschieden zwischen Lessing und Mendelssohn	215
3.2.2.6.	Unterschiede und Gemeinsamkeiten zwischen Lessing, Mendelssohn und Rousseau: eine Zusammenfassung	221
3.2.2.7.	Zur conclusio	222
3.3.	Die Reflexionstheorie des Mitleids	224
3.4.	Lessings Poetik des Mitleids versus Mendelssohns Poetik der Bewunderung: zum primären Kontext der Poetik des Mitleids	229

Viertes Kapitel:

Anmerkungen

Anmerkungen zum ersten Kapitel	241
Anmerkungen zum zweiten Kapitel	249
Anmerkungen zum dritten Kapitel	291

Literaturverzeichnis	303

Erstes Kapitel

Einleitung

Zum Gegenstand und zur Methode

Diese Untersuchung analysiert zum ersten Mal i n d u k t i v die in Lessings bürgerlichem Trauerspiel *Miß Sara Sampson* p r ä s e n t a t i v entfaltete Poetik des Mitleids, die der im *Briefwechsel über das Trauerspiel* zwischen Lessing, Mendelssohn und Nicolai d i s k u r s i v entwickelten Theorie des Mitleids vorausgeht.[1] Es ist nicht so sehr das zeitliche Verhältnis zwischen Dramenreflexion, Dramenpraxis und der Trauerspieltheorie, die Lessings viel geschmähtes, erstes bürgerliches Trauerspiel neu bewertet und aufwertet, sondern vor allem die Geschlossenheit des Dramas, die der immanenten Poetik, der Dramenreflexion, die Stringenz und Konsistenz verleiht, welche die Poetik des Mitleids weder im *Briefwechsel über das Trauerspiel* noch in der *Hamburgischen Dramaturgie* erlangte. Einige der obersten Ziele unter den erkenntnisleitenden Gesichtspunkten der poetologischen Selbstreflexion im Drama und der poetischen Reflexion sind die Neubestimmung des Stellenwerts von Lessings empfindsamen Trauerspiel sowie ein erneuter Ansatz, die Poetik des Mitleids in ihrer formalen und inhaltlichen Struktur und ihre Genese darzustellen.

Da Lessing sowohl in seinen theoretischen Schriften als auch in seinen Dramen das Paradigma der dargestellten Poetik des Mitleids prinzipiell nicht mehr verändert, lediglich modifiziert hat, kommt dem ersten, seine theoretischen Grundlagen selbst explizierenden Trauerspiel nicht nur für die Definition dieser neuen Gattung, sondern auch für das gesamte dichterische Werk Lessings und für dessen Dramaturgie eine entscheidende, bisher vernachlässigte Bedeutung zu. Die Beschränkung auf dieses eine Trauerspiel Lessings resultiert aus der herausragenden Stellung, der besonderen Form dieses Dramas.

Die Dichte der Trauerspielreflexion, Struktur und Funktion des Phänomens der immanenten Poetik legen neben der Einschränkung des Gegenstandsbereiches auch die Methode und den Aufbau der Arbeit fest. Gingen die bisherigen, an der Poetik des Mitleids sich orientierenden Untersuchungen entweder nur von den theoretischen Texten Lessings oder von einem Vergleich zwischen Theorie und Praxis aus und arbeiteten unreflektiert mit themengleichen, aber formverschiedenen Textarten, indem die präsentativen, poetischen Werke durch den Filter der diskursiven, zergliedernden, poetologischen Texte gepreßt wurden, so trägt die vorliegende Interpretation der *Miß Sara Sampson* der spezifischen Struktur der immanenten Poetik, der Verschmelzung von Drama und Dramaturgie, der Verknüpfung von Praxis und Theorie Rechnung. Enger können das Poetologische und das Poetische, die eigentliche Domäne des Dichters, nicht verbunden sein. Dadurch daß Lessing das Diskursive, Zergliedernde, Reihende in die Darstellung des Dramas überführt, hat er als Dichter die ihm eigene und angemessene Form der Vermittlung theoretischer, poetologischer Fragen gefunden. Indem er in und durch die Fiktion Wirklichkeit hervorbringt und in der immanenten Poetik die Bedingungen der Möglichkeit dieser poiesis dramatisch reflektiert, enthebt sich Lessing der Notwendigkeit und des Bedürfnisses der Theorie, die Poetik des Mitleids in einem diskursiven, einsinnigen, streng logischen Argumentationsgang legitimieren zu müssen. In einer besonderen Weise gilt für die Theorie des Dramas, daß sie p r a g m a t i s c h - f i k t i o n a l ihre Gültigkeit nachweist, wenn ihre eigenen Entstehungs- und Wirkungsbedingungen dramatisch präsentiert werden, wenn die Theorie in die universale, vielschichtige, dramatische Form der Darstellung transformiert wird. Die poetisch-poetologische Selbstreflexion im Drama ist eine t r a n s z e n d e n t a l e. Deshalb muß die Interpretation induktiv verfahren und sich den Gefahren der textnahen Analyse aussetzen. Der systematisch-deduktive Zugriff hätte dagegen den engen Konnex zwischen Text und Theorie, zwischen Drama und Dramaturgie gesprengt.[2]

Um die Dramenreflexion in einem Werk möglichst umfassend darzustellen, dem Leser nicht nur die Beobachtung, sondern auch die Begründung, die Genese und die Funktion dieses literarischen Phänomens zu vermitteln, bot es sich an, den Gegenstand einzuschränken, induktiv zu interpretieren und den Aufbau der Textanalyse mit dem Aufbau des Dramas koinzidieren zu lassen. Demnach orientiert sich diese Analyse nicht an einer Neuauflage der Frage nach der Dramaturgie und deren Ein- bzw. Nichteinlösung im Drama, sondern die Poetik des Mitleids wird immanent, induktiv aus dem Text entwickelt.

Da jedoch aufgrund der Beschränkung auf ein Drama Lessings im zweiten Kapitel auch nur ein Typus der poetologischen Selbstreflexion im Drama, und zwar der illusionistische,[3] untersucht wird, liegt das Schwergewicht auf der Bestimmung der Mittel und Inhalte der Dramenreflexion. Aus der Analyse des Textes heraus werden die Reflexionen benannt, in einem zweiten Schritt deren Funktionen bezeichnet, und in einem sich jeweils anschließenden dritten Schritt die Mittel dieses Phänomens näher gekennzeichnet. Auf der Ebene der Interpretation der Mikrostruktur, die der Untersuchung der Großstruktur untergeordnet ist, wird die Textnähe mit dem systematischen Interesse, Inhalte und Mittel des poetischen Diskurses zu bestimmen, verbunden. Ferner werden auch die Fragen nach dem Stellenwert der Lessingschen Poetik des Mitleids in der Dramaturgie der Aufklärung, nach der Genese der immanenten und im *Briefwechsel über das Trauerspiel* diskursiv entfalteten Poetik des Mitleids sowie nach der besonderen Struktur dieses ästhetisch-moralischen Affekts gestellt und beantwortet.

Zu den Mitteln und Inhalten der poetisch-poetologischen Selbstreflexion im Drama

Weil auf eine Zusammenfassung und Systematisierung der Mittel und Inhalte verzichtet wird zugunsten der inhaltlichen und formalen Geschlossenheit der Arbeit, werde ich im folgenden die Mittel der poetisch-poetologischen Reflexion kurz charakterisieren. Da Lessing eine Fülle von Techniken für den poetischen Diskurs verwandt hat, die nicht zwangsläufig eine Selbstreflexion zur Folge haben, bietet sich eine Systematisierung nach strukturanalytischen, anthropologischen, wirkungsästhetischen und historischen Aspekten an. Es ist kaum sinnvoll, hier alle im Trauerspiel verwandten Mittel und Inhalte der poetisch-poetologischen Selbstreflexion im Drama auf die Ebene einer ahistorischen, systematischen Theorie- und Begriffsbildung zu transformieren, da die Fülle, losgelöst vom Text, eher verwirren würde und weil die Textbasis zu schmal ist, um gesicherte Aussagen über eine Typologie der Mittel und Inhalte zu treffen. Deshalb werden nur die wichtigsten, zentralen Mittel abrißartig vorgestellt.

Im Zentrum des Interesses steht das Mitleid selbst, das Aufschlüsse über die Produktions- und Wirkungsästhetik dieses Trauerspiels bietet. Es ist eine anthropologische, psychologische Kategorie, die auf die Aristotelischen Begriffe „éleos" und

„phóbos" zurückverweist und in der zeitgenössischen Theorie über die angenehmen Empfindungen, von Moses Mendelssohn 1755 verfaßt, eine entscheidende Rolle spielt. Das Umfeld dieser werk- und wirkungsästhetischen Kategorie wird von den psychischen Begriffen Schrecken, Bewunderung und Liebe bestimmt. Strukturanalytisch, bezogen auf die Dramenform, werden die Gattungen der Typen- und Rührkomödie, die heroische Tragödie und der im Entstehen begriffene Typus des bürgerlichen Trauerspiels zu Mitteln der Dramenreflexion auf der Ebene der Makrostruktur, die sich in den Korrespondenzen und Kontrasten zwischen den Segmentierungsebenen der Geschichte und Darstellung im Trauerspiel widerspiegeln. Die strukturalen Kategorien der Handlung – wie z.B. Anagnorisis und Peripetie, die Konfliktformationen, die Fügung situativer Komponenten, das Gefüge von Vorgriff, Realisation und Rückgriff, Repetitions- und Umkehrstrukturen, die axial-symmetrische Bauform – werden die immanente Poetik ebenso widerspiegeln wie die mit den dramatis personae verknüpften Interpretationsbegriffe, zu denen die Konfiguration, die diskrepante Informiertheit, die Polyperspektivität, die Rollenreflexion in der Intrige, die „Fallhöhe" und die Lehre vom mittleren Charakter sowie die „leeren Szenen", der totale Konfigurationswechsel innerhalb eines Aktes, zählen. Die historische Ausprägung der Lehre von den drei Einheiten – Handlung, Ort und Zeit –, die von Gottsched in seiner Regelpoetik normativ vertreten wird, eignet sich in besonderer Weise, die neue Gattung des bürgerlichen Trauerspiels immanent zu reflektieren.

In der Mikrostruktur bilden sprachliche Mittel, vor allem rhetorische Formen der Wiederholung, der Reihung, Steigerung, des Gegensatzes und der Umkehrung, aber auch die Metapher, das Gleichnis und das Bild sowie die Argumentationsführung, der Diskurs, der (Selbst-)Kommentar, der Monolog und Dialog die wichtigsten Mittel der Selbstdarstellung. Unter dem Aspekt der Zeitstrukturen stehen die Fragen nach Vor- und Rückgriffen, nach der Vorgeschichte und den Formen der Exposition im Vordergrund. Neben der anthropologischen und sozial-politischen Formkategorie des Mitleids erhalten die für die Tragödie traditionellen Komplexe, wie z.B. die Charaktertheorie, das Verhältnis zwischen Ich und Welt, Freiheit und Notwendigkeit, Schicksal und Zufall, die Frage nach der Schuld und der poetischen Gerechtigkeit, einen wichtigen Stellenwert. Das Mitleid, eine aus Schrecken und Bewunderung zusammengesetzte, vermischte Empfindung auf der Grundlage der Liebe, hat neben der ideengeschichtlichen, psychologischen, anthropologischen und sozial-politischen Bedeutungsdimension eine wirkungsästhetische, in welcher das der poiesis inhärente Verhältnis von Fiktion und Realität des Affekts thematisch wird. Das Mitleid ist weder von der Aristotelischen Poetik, weder von dessen Sittenlehre noch von seiner Rhetorik zu trennen. Dieser Affekt weist sowohl Bezüge zu den Begriffen „éleos"und „phóbos" als auch zu der rhetorischen „éthe–páthe-Formel" auf. Es wird deshalb die Frage beantwortet werden müssen, warum die rhetorische, psychologische, ethisch-moralische Struktur des Mitleids sich idealtypisch für die immanente Poetik des Mitleids eignet, ohne daß Illusionsbrüche, Fiktionsironien, wie sie für die Dramen der deutschen Romantik oder aber auch des epischen Theaters geläufig sind, auftreten. Unter dem Gesichtspunkt der Textarten sei auf die episierenden Elemente – so beispielsweise auf den Traum, den Brief, die Erzählung und auf das Gleichnis – hingewiesen, die aufgrund ihrer Distanz zum Dialog, zur Wechselrede, zu Mitteln der Dramenreflexion werden. Bereits die Fülle und Vielfalt der Mittel und Inhalte vermitteln einen Eindruck von der Komplexität des poetisch-poetologischen Diskurses im Drama.

Die immanente Poetik im Trauerspiel der empfindsamen Aufklärung

Für die Wahl des ersten Lessingschen Trauerspiels waren neben der Dichte der Dramenreflexion ferner der historische Standort in der Geschichte des deutschen Dramas und der deutschen Dramaturgie sowie das besondere Verhältnis zwischen der Tragödie und Komödie innerhalb der Dramentheorie von entscheidender Bedeutung. Historisch betrachtet, schließt das empfindsame Trauerspiel den von der sächsischen Typenkomödie initiierten Prozeß der Entstehung des bürgerlichen Dramas ab. Die noch ständisch orientierte Typenkomödie findet ihr Pendant im rührenden Lustspiel und in der ernsten Komödie. Der heroischen Tragödie, der Haupt- und Staatsaktion, tritt das empfindsame Trauerspiel gegenüber.

Während der weitgehende Theorieverzicht der Komödie und deren besondere Struktur, über die Distanz Komik zu erzeugen, ideale Voraussetzungen schaffen, um „ästhetische Gebote und Verbote zu umspielen und andernorts peinlich respektierte Grenzen aufzuheben",[5] poetisch-poetologisch zu reflektieren, ist das hohe Niveau der Tragödientheorie und der Tragödie, einer seit Aristoteles traditionell hoch eingeschätzten Gattung, eine der entscheidenden Bedingungen, die dem Dramatiker einerseits im außerkünstlerischen Raum die poetologische Reflexion vorstrukturiert und andererseits im Kunstwerk selbst den poetischen Diskurs zum Instrument der Affirmation oder – wie im Falle Lessings – der Innovation werden läßt.[6] Die erhöhte Sensibilität und ein höherer Grad an Bewußtsein über theoretische Fragen und deren Beantwortungsmöglichkeiten, der Wille, tradierte Autoritäten in Frage zu stellen, Paradigmenwechsel einzuleiten, bilden ideale Rahmenbedingungen für das Phänomen der immanenten Poetik. Exemplarisch und geradezu idealtypisch verbinden sich in dem empfindsamen Aufklärer Gotthold Ephraim Lessing diese hier nur grob skizzierten Voraussetzungen der poetisch-poetologischen Selbstreflexion im Drama. Das hohe Niveau theoretischer Reflexion in der Aufklärung und die Kenntnis der Aristotelischen Poetik, die das Drama bis in die Gegenwart prägt, verschränken sich im Dichter Lessing, der in seinem bürgerlichen Trauerspiel *Miß Sara Sampson* 1755 die Dramaturgie der deutschen Empfindsamkeit inauguriert und den Paradigmenwechsel von der rationalistischen Regelpoetik Gottscheds zur empfindsamen Poetik des Mitleids eingeleitet hat, die die Stürmer und Dränger ebenso wie Goethe, Schiller und Hegel, aber auch Georg Büchner und Bert Brecht, Nietzsche und die Vertreter der Kritischen Theorie beeinflußte. Lessing war wie Shakespeare, Gottsched, J. E. Schlegel, Diderot, Lenz, Schiller, Goethe, Hebbel, Brecht, Ionesco, Dürrenmatt und Weiss, um nur einige zu nennen – Poetiker und Dramatiker. Theorie und Dramenpraxis traten bei ihnen in Personalunion auf, und es ist kein Zufall, daß in den Dramen dieser Dichter Dramenreflexion betrieben wird.

Die Merkmale der rationalistischen Aufklärung und der um 1750 in Deutschland einsetzenden Empfindsamkeit, die nicht allein die Dramaturgie veränderte, gaben die Anhaltspunkte, die Suche nach einem geeigneten Drama auf diesen Zeitraum einzuschränken, um die Leistungsfähigkeit dieses interpretatorischen Ansatzes, einer Textanalyse unter den Aspekten der poetologischen Selbstreflexion im Drama und der poetischen Reflexion, paradigmatisch zu demonstrieren. Die sich bereits aufgrund der Chronologie herauskristallisierende Sonderstellung von Lessings *Miß Sara Sampson* innerhalb des eigenen Werks und der Dramen der Aufklärung sowie die

Bedeutung dieses Trauerspiels für den erst später geführten *Briefwechsel über das Trauerspiel* gaben den letzten Ausschlag für die Wahl dieses programmatischen Dramas.

Historisch und systematisch zeichnet sich in dieser Sonderstellung des ersten Lessingschen Trauerspiels ein Grundzug der Dramenreflexion bzw. der ‚l i t e r a r i s c h e n Selbstdarstellung', der „autothematischen Dichtung", ab: die ‚K o n f r o n t a t i o n'.[7] Historisch, wie bereits skizziert, richtet sich dieses innovatorische Drama gegen die kanonisierenden, normativen, klassizistischen Werke, gegen die zu Automatismen erstarrten Regeln Gottschedscher Dramaturgie und Dramen. Systematisch betrachtet, erfüllt dieses ‚Konfrontationsdrama' das von Viktor Šklovskij und Roman Jakobson aufgestellte Evolutionstheorem der Deformation von literarischen Automatismen.[8] Ausgehend von dem Konfrontationscharakter metaliterarischer Phänomene, zu denen die poetisch-poetologische Reflexion gehört, und dem formalistischen Theorem der Deformation normativer, automatisierter, kanonisierter Literatur, hat Manfred Schmeling die These entwickelt, daß die literarische Selbstreflexion zu Gipfelpunkten, zu den produktiven Phasen der Literatur überleite, die zu neuen Automatisierungen („Tiefpunkten") führten, die ihrerseits wiederum metaliterarisch überwunden würden,

> „daß Werke mit metaliterarischen Strukturen, insbesondere oder vermehrt auf jene Perioden folgen, die ein ausgeprägtes n o r m a t i v e s Kanonbewußtsein aufweisen: als da sind die Klassik, die rationalistische Aufklärung oder der Realismus des 19. Jahrhunderts. Mutatis mutandis gilt: In solchen Epochen sind Automatismen wegen ihrer Tendenz, kohärente Wirklichkeitsstrukturen und mimetische Darstellungsweisen infrage zu stellen, relativ selten anzutreffen."[9]

Bezieht man diese These über das zyklische Auftreten der literarischen Selbstdarstellung auf die Dramenreflexion, so kommt dem Trauerspiel *Miß Sara Sampson* auch unter dem übergreifenden Gesichtspunkt der literarischen Selbstreflexion eine besondere Stellung zu. Zugleich liefert Manfred Schmeling mit seiner Zyklusthese eine Begründung, warum gerade Dramen der Empfindsamkeit, des Sturm und Drang sowie der Romantik beispielsweise durch die poetisch-poetologische Reflexion gekennzeichnet sind, warum etwa in den dramatischen Werken von Aristophanes, Shakespeare, Lessing, Goethe, Lenz, Wagner, Schiller, Tieck, Hebbel, Schnitzler, Pirandello, Brecht, Ionesco, Beckett, Handke und Weiss die Dramenreflexion nicht dem Zufall unterworfen ist.

Durch die Entscheidung, im zweiten Kapitel nur dieses eine Drama Lessings exemplarisch zu untersuchen, erhält der Leser dieser Arbeit, da er nicht mit einer Fülle von dramatischen Texten konfrontiert wird, die Möglichkeit, die Ergebnisse der poetisch-poetologischen Interpretation am Primärtext nachzuvollziehen. Die Methode, induktiv, immanent zu interpretieren, und die Möglichkeit der idealtypischen Rezeption hängen so in besonderer Weise vom Gegenstand selbst ab; denn durch die genaue Lektüre des Dramentextes kann die hier notwendige Trennung zwischen Darstellung der Analyse und Werk aufgehoben werden.

Die Vermittlung der immanenten Poetik des Mitleids durch die textnahe, induktiv verfahrende Untersuchung und der damit verknüpfte Nachweis der Wichtigkeit und hermeneutischen Leistungsfähigkeit dieser Art der Interpretation, die k o n t e x t b e z o g e n e Darstellung der literarhistorischen Poetik des Mitleids und die s y -

s t e m a t i s c h e Demonstration einer neuen Interpretationsmethode, sind die eigentlichen Ziele dieser Arbeit, die neue Perspektiven für die wissenschaftliche Untersuchung der Lessingschen Dramen, für dessen Poetik des Mitleids eröffnen und bisherige Positionen der literatursoziologischen und literaturpsychologischen Betrachtung der Empfindsamkeit in Frage stellen, zumindest aber kontextbezogen relativieren. Da die zentrale Formkategorie des bürgerlichen Trauerspiels *Miß Sara Sampson* und der neuen Poetik, das Mitleid, analysiert wird, war es notwendig, die interpretatorischen Methoden der Werkimmanenz, des geistesgeschichtlichen, literaturpsychologischen und literatursoziologischen sowie poetologischen Ansatzes miteinander zu verschränken; denn das Mitleid im Sinne Lessings ist ein anthropologischer, moralischer, ein sozio- und psychogenetischer Grundaffekt, der die Werk- und Wirkungsästhetik des bürgerlichen Trauerspiels reflektiert. Deshalb werden zunächst in diesem einleitenden Kapitel die Begriffe der poetologischen Selbstreflexion im Drama und der poetischen Reflexion, der immanenten Poetik, definiert und Grundtypen der Selbstdarstellung entworfen, um einerseits die analytische Perspektive der Interpretation vorzugeben, um andererseits den historischen und systematischen Ort von Lessings Trauerspiel übergreifend bestimmen zu können. Ferner sollen die terminologischen und typologischen Klärungen dazu beitragen, die Entwicklung einer systematischen, ahistorischen Theorie der immanenten Dramenreflexion, der immanenten Poetik und der poetologischen Reflexion, einen Schritt weiterzubringen.

Zum Begriff der poetisch-poetologischen Selbstreflexion im Drama

Der Stand der Forschung

An einer gattungsübergreifenden, systematischen Theorie der literarischen Selbstdarstellung mangelt es bisher ebenso wie an einer Typologie der poetisch-poetologischen Dramenreflexion.[10] Manfred Schmeling, dessen Entwicklungsthese bereits referiert wurde, hat in seinem 1978 erschienenen Aufsatz „Autothematische Dichtung als Konfrontation" wichtige vorbereitende Bemerkungen zu einer Systematik literarischer Selbstreflexion zur Diskussion gestellt. Ausgehend von den Untersuchungen zu Einzelaspekten literarischer Selbstthematisierung, so z.B. den genrespezifischen Erscheinungen des Romans im Roman, des Spiels im Spiel, der Text- und Zitat-Montage sowie der poetischen Gestaltung der infragegestellten Fiktionalität, stellt er kritisch das Reflexionsmodell Dällenbachs, eines Vertreters des französischen Strukturalismus,[11] dar. Schmeling setzt gegen den vorherrschend synchronen Bezugsrahmen dieser Einzelanalysen die diachrone Betrachtungsweise. Da der literarische Autothematismus die „T h e m a t i s i e r u n g   v o n   K u n s t   als Kunstverfahren und -prozeß" voraussetzt,[12] bildet die Konfrontation das herausragende, a priori strukturbildende Merkmal der Metaliteratur. Die ersten Theorieansätze für diese Art der Literatur haben die russischen Formalisten vorgelegt. Die Aporien des formalistischen Kunstbegriffs Viktor Šklovskijs,[13] die Widerspiegelung des Prozesses der eigenen Hervorbringung im Kunstwerk einerseits und die Deformation von literarischen Automatismen andererseits, werden – so der Verfasser des Aufsatzes – „durch autothematische Dichtung zumindest teilweise eingelöst".[14] Deshalb kann die literarische

Selbstdarstellung als eine ästhetische Form der Literaturgeschichte, als eine zyklisch auftretende Reaktion auf automatisierte, kanonisierte Literaturmuster, Wirklichkeitsraster, verstanden werden. Die Doppelstruktur literarischer Selbstdarstellung wird in der Thematisierung und Problematisierung der poetisch gestalteten Werk- und Rezeptionsästhetik reflektiert. Den abschließenden Schwerpunkt bildet die Frage nach dem „poetischen Nihilismus" bzw. nach der Innovationskraft dieses literarischen Verfahrens. Eng mit diesem Problem verknüpft sind auf der einen Seite die Gefahren des formalistischen Autismus literarischer Selbstreflexion und auf der anderen Seite die produktive Möglichkeit, qua Selbstthematisierung die Grenzen der Kunst kritisch zu überschreiten.

Trotz der wichtigen und richtigen Einsichten in die Strukturen und Probleme der literarischen Selbstdarstellung aus der diachronen Perspektive bleibt kritisch einzuwenden, daß das Kriterium der Konfrontation, der Deformation von Automatismen, zwar nicht unbedeutend, wohl aber ‚sekundär' ist, da sich die besondere Struktur, das spezifische Verhältnis von Theorie und Praxis der Dichtung, von Poetik und Poesie i m Kunstwerk, in der Verschränkung von diskursiven und präsentativen Darstellungsweisen bzw. Symbolmodi manifestiert. Die hier nicht näher begründbare Antithese, daß nicht die Konfrontation, sondern die Unterscheidung zweier Arten der Selbstthematisierung grundlegend ist, relativiert auch die von Schmeling aufgestellte Behauptung, daß die Metaliteratur in den Epochen auftrete, die über kein normatives Kunstbewußtsein verfügen; denn die bisher noch unerforschte Fragestellung, ob nicht gerade in den normierenden Epochen, wie z.B. in der deutschen Klassik, eine Verlagerung von der Konfrontation zur ästhetischen Konsolidierung, von der Deformation zur Affirmation, von der poetologischen Selbstreflexion zur poetischen Widerspiegelung des Prozesses der eigenen Hervorbringung, stattfindet, legt die Vermutung nahe, daß die autothematische Dichtung nicht zyklisch in Erscheinung tritt, sondern lediglich eine andere Form annimmt.

Um die grundlegenden Begriffe der poetologischen und poetischen Reflexion zu definieren, werden im folgenden die Ergebnisse der Arbeiten von Ernst Weber, Anthony J. Niesz und Wolfgang Theile dargestellt. Ernst Weber[15] hat Anfang der 70er Jahre die Romanreflexion im deutschen Roman des 18.Jahrhunderts analysiert. Die Studie von Anthony J. Niesz[16] über eine Sonderform der Dramenreflexion, über die dialogische Dramaturgie in dem Zeitraum von Gryphius bis Goethe, erschien 1977. Wolfgang Theile,[17] der den Begriff der „immanenten Poetik" dem der „immanenten poetologischen Reflexion" vorzieht und damit die poiesis, das Hervorbringen von Realität, das Verhältnis von Fiktion und Realität, in das Zentrum seiner Studie stellt, hat mehrere Beispiele aus der europäischen und außereuropäischen Romanliteratur beginnend mit dem 17. Jahrhundert bis zur Gegenwart untersucht. Sein Buch wurde 1980 veröffentlicht. Da die Ergebnisse der Untersuchungen von Weber und Theile wichtige Anhaltspunkte für die Beantwortung der Definitionsfrage bieten, wird die Studie von Niesz zu einer Sonderform der Dramenreflexion erst nach den Begriffsklärungen kritisch referiert werden.

Ernst Weber verzichtet auf die Definition des Begriffs der poetologischen Selbstreflexion im Roman und differenziert lediglich zwischen den Begriffen der Romanreflexion und der Romantheorie. Das Differenzkriterium ist die Praxisnähe, welche die Romanreflexion den Formen der allgemeinen Diskussion um den Roman, wie z.B. in Zeitschriftenaufsätzen, Abhandlungen, Lexikonartikeln, Dissertationen und Rezensionen, zuordnet.[18] Explizit grenzt er seinen Begriff der Reflexion von dem romantischen ab, den Friedrich Schlegel im 116. Athenäums-Fragment dargelegt hat. „Der in dieser Untersuchung verwendete Begriff Reflexion", so Ernst Weber,

> „erfaßt eine mehr programmatische als systematische Poetik des Romans, die in erster Linie von der Praxis eines Romans ausgeht und damit den Anspruch verbindet, für die ganze Gattung, beziehungsweise einen Gattungstyp zu sprechen. [...] Romantheorie, wie sie in Poetiken, Rhetoriken und Abhandlungen formuliert wird, nimmt dagegen weniger Bezug auf die Romanpraxis als auf literaturtheoretische Modelle, nach denen sie den Platz des Romans in der Gattungshierarchie der Dichtung bestimmt. [...] Als einzige beschreibt die Romanreflexion das poetologische Programm des ‚niederen' Romans, der sogenannten Robinsonaden und Avanturierromane. Sie befaßt sich vor allem mit dem produktions- und rezeptionsästhetischen Aspekt der Gattung".[19]

Obwohl diese Bestimmungen der Romanreflexion für das 18.Jahrhundert sinnvoll sind – und im Theoriedefizit ist der Roman des 18. Jahrhunderts der Komödie vergleichbar –, sind Webers Charakterisierungen nur bedingt auf die poetologische Selbstreflexion im Drama übertragbar. Im Gegensatz zum Merkmal der Praxisnähe zeichnet sich, wie bereits erwähnt, der poetische Diskurs durch die Verknüpfung von Theorie und Praxis aus, da er im Drama selbst stattfindet.[20] Im Unterschied zur Romanreflexion ist in der immanenten Poetik des Mitleids beispielsweise die Gattungsfrage nicht von den produktions- und wirkungsästhetischen Aspekten zu trennen. Bezeichnend jedoch ist, daß Weber Schlegels Begriff der p o e t i s c h e n Reflexion nicht gegen den der p o e t o l o g i s c h e n Selbstreflexion genauer abhebt, um zu einer präziseren Begriffsklärung zu gelangen.

Wolfgang Theile, der sich mit der immanenten Poetik im Roman in drei Jahrhunderten auseinandersetzt, legt das Schwergewicht seiner Definition auf den Poetik-Begriff.

> „Die hier vorgelegten Einzeluntersuchungen zum Problem der immanenten Poetik und zum Verhältnis von Fiktion und Realität gehen aus von einer grundsätzlichen Erwägung zum geistigen Status des Künstlers, der sich bemüht, etwas hervorzubringen, das seinem Verständnis von der Realität nahekommen oder sogar entsprechen möge. Die Verstehensstruktur eines Dichters wird in die Werkstruktur verwandelt. [...] Die Beschäftigung mit dem poetischen Prozeß, mit der Form und dem poetologischen Selbstverständnis i s t für den Dichter die Wirklichkeitserfahrung."[21]

Entschieden lehnt er die Bezeichnung der immanenten poetologischen Reflexion für „exkursartige poetologische oder literaturtheoretische Einlassungen in Romanen, Dramen oder gar nur in Vorworten, Prologen u.ä." ab. Unter dieses Verdikt fällt auch die „Kunst der Anspielung, des literarhistorischen oder gattungstheoretischen Suggerierens"; denn beide „Verfahren meinen Abläufe diskursiver Vermittlung, um die es der ‚immanenten Poetik' gerade nicht geht."[22]

Obwohl Theile mit der Zurückführung des Poetik-Begriffs auf seine ursprüngliche Bedeutung des Hervorbringens (poiesis) eine wichtige Dimension freilegt und den Begriff der Immanenz auf das Merkmal des Nichtdiskursiven einschränkt, ist seiner Kritik an den „beiden Verfahren" nicht zuzustimmen, da der Begriff ‚immanente Poetik' oder ‚poetisierte Selbstreflexion' oder ‚poetisierter Diskurs' das Phänomen der Selbstreflexion in unzulässiger Weise verkürzt und beschränkt, die dominant diskursiven Formen der Reflexion im Kunstwerk ohne eine genauere Begründung ausgeklammert werden. Die Gegenstände, die präsentative und diskursive bzw. die poetische und die poetologische Selbstreflexion im Kunstwerk, lassen sich nicht nach außerästhetischen Definitionen ausrichten, sondern gerade die Bestimmung der immanenten Poetik muß sich am Kunstwerk orientieren, um dieses Phänomen adäquat und umfassend erkennen zu können. Wie Weber versäumt auch Theile, die immanente p o e t o l o g i s c h e Reflexion der p o e t i s c h e n Reflexion gegenüberzustellen. Geht Wolfgang Theile vom Schlegelschen Begriff der poetischen Reflexion aus,[23] so setzt Ernst Weber am Begriff der poetologischen Reflexion an. Beide Ansätze verkürzen – auch für den Bereich der Romanreflexion – die Erkenntnismöglichkeiten der Vielfalt dieses Phänomens. Da sich Weber und Theile in ihrer Begrifflichkeit festlegen, versperren sie sich den Weg, auf dem beide Extrempunkte miteinander verbunden werden können. Der für diese Arbeit gewählte Doppeltitel „Lessings Poetik des Mitleids in dem bürgerlichen Trauerspiel *Miß Sara Sampson*: poetisch-poetologische Reflexionen" impliziert die Vermittlung zwischen der poetischen und poetologischen Selbstdarstellung. Insofern führt die vorliegende Studie über die dargelegten Ansätze von Weber und Theile hinaus.

Poetisch-poetologische Reflexion. Zur Struktur der Reflexion

Der Begriff der immanenten Poetik verweist nicht nur formal, sondern auch inhaltlich auf die Dichtungstheorie der Frühromantik, auf Friedrich Schlegels Definition der „romantischen Poesie" als „progressive Universalpoesie", in der die „romantische Ironie" und die „poetische Reflexion" eine entscheidende Rolle spielen. Elemente der Weberschen Definition der poetologischen Selbstreflexion im Roman als eine Form der programmatischen Poetik, Theiles Verständnis der immanenten Poetik sowie Schmelings Charakterisierung der Metaliteratur als ‚Konfrontationskunst' und die Aporien der formalistischen Kunstauffassung Viktor Šklovisкijs, die im Kunstwerk sich vollziehende Reflexion der eigenen poiesis und die Zerstörung literarischer Automatismen, spiegeln sich nuanciert in Friedrich Schlegels Poesiebegriff wider.[24] Damit stehen die neueren Ansätze zur Theorie der literarischen Selbstdarstellung nicht ausschließlich in den Traditionslinien des französischen Strukturalismus und des russischen Formalismus. Im Vorgriff auf die Bestimmung der poetologischen Reflexion sei darauf verwiesen, daß in der Romantik zwar wichtige Ursprünge der systematischen Grundlegung der literarischen Selbstdarstellung zu finden sind, deren Herkunftslinien aber zumindest bis auf die Erkenntnistheorie der aufklärerischen Schulphilosophie zurückgeführt werden müssen.

Friedrich Schlegel hat die Dichtungstheorie der Romantik in den entscheidenden Grundzügen im 116. und 238. Athenäums-Fragment niedergelegt.[25] Bereits der erste definitorische Satz des 116. Athenäums-Fragments – „Die romantische Poesie ist eine progressive Universalpoesie" – enthält alle wichtigen Bestimmungen, um das Phänomen der poetischen Selbstthematisierung zu beschreiben. Der Begriff der romantischen Poesie charakterisiert das Wesen der modernen Poesie, die von der klassischen Objektivität der griechischen Dichtkunst abweicht. Gegen diese Objektivität und Schönheit der natürlichen Poesie wird das „Interessante", das „Charakteristische" der modernen, „künstlichen Poesie" gesetzt. Das Gesetz der Naturpoesie ist zyklisch, das der romantischen progressiv. Statt der Reinheit der Gattungen herrscht in der modernen Dichtung ein „Chaos" von Mischgattungen. An die Stelle der ästhetischen Harmonie, des Fertigen, Vollendeten tritt die ästhetische Heteronomie, deren Wesen das Werden und die Negation jeglicher Gesetze sind. Das erste und einzige Gesetz des romantischen Dichters ist die Willkür. Das Romantische ist progressiv u n d universal.

Die Gegenüberstellung der modernen und klassischen Dichtung gerinnt zur Konfrontation zweier Kunstauffassungen. Die romantische Poesie ist auch „Konfrontationsliteratur". Sie betreibt poetisch die Deformation klassischer, kanonisierter Dichtung. Sie ersetzt die vollendete und damit vollständig zu zergliedernde Klassizität durch eine „grenzenlos wachsende". „Sie kann durch keine Theorie erschöpft werden, und nur eine divinatorische Kritik dürfte es wagen, ihr Ideal charakterisieren zu wollen." Die Auflösungsfunktion der romantischen Poesie richtet sich gegen jede normierende Poetik, so daß ihre Theoriefeindlichkeit unendlich, progressiv, ist. Die Klassik und damit jeder Versuch, kanonisierend in der Kunst zu verfahren, verfällt dem Verdikt: „Alle klassischen Dichtarten in ihrer strengsten Reinheit sind jetzt lächerlich."[26] Die angestrebte, neue Vollkommenheit der Poesie trägt das Merkmal des Fragmentarischen, des Unendlichen. Der romantische Roman vereinigt nicht nur alle Gattungen, sondern auch die Kritik, die Theorie und die Poesie. Die romantische Poesie, die U n i v e r s a lpoesie,

> „umfaßt alles, was nur poetisch ist, vom größten wieder mehre Systeme in sich enthaltenden Systeme der Kunst, bis zu dem Seufzer, dem Kuß, den das dichtende Kind aushaucht in kunstlosen Gesang."

In der Universalität mischen sich „Poesie und Prosa, Genialität und Kritik, Kunstpoesie und Naturpoesie", werden das Leben und die Gesellschaft, Philosophie und Rhetorik, selbst das Unpoetische poetisiert. Das ‚Romantische' ist mit dem ‚Universalen', das ‚Universale' mit dem ‚Progressiven', ‚Progredierenden' synonym.[27]

Die poetische Synthese von Genialität und Kritik in der romantischen Ironie,[28] die Verschmelzung des intuitiven mit dem diskursiven Vermögen, hebt im umfassenden Sinne die Grenze zwischen Poetik und Poesie auf. Die Theoriefeindlichkeit vollendet sich nicht in der Negation, sondern bedarf der Potenzierung, der Aufhebung des Poetologischen im Poetischen, des Diskursiven im Präsentativen. Der in der Aufklärung vollzogene Prozeß der Trennung und Gleichsetzung des ästhetischen, anschaulichen und des diskursiven, symbolischen, d. h. begrifflichen, zergliedernden Erkenntnisvermögens, der Formen simultaner und sukzessiver Erkenntnis, wird in der Romantik mit der Suprematie, der Vorrangstellung, des Poetischen p r o g r e s s i v a u f g e h o b e n. Die Lehre von der romantischen Dichtkunst ist nur noch in der poetischen Form möglich. Poetologie kann nur noch, so Schlegels Prätention, als „Poesie der Poesie" betrieben werden.[29]

Die romantische Ironie, die im Kunstwerk Distanz, einen kritischen Abstand, erzeugt und in der sich auch die Poesie und die Kritik der Poesie vereinigen, ist eine „permanente intellektuelle Leistung i n n e r h a l b der Dichtkunst".[30] Die ‚unentbehrliche Ironie'[31] ist das oberste Formprinzip der Universalpoesie, die Schlegel im 116. Athenäums-Fragment durch den Begriff der „poetischen Reflexion" bestimmt: Die Universalpoesie kann

> „[...] am meisten zwischen dem Dargestellten und dem Darstellenden, frei von allem realen und idealen Interesse auf den Flügeln der p o e t i s c h e n

R e f l e x i o n in der Mitte schweben, diese Reflexion immer wieder potenzieren und wie in einer endlosen Reihe von Spiegeln vervielfachen." (Hervorhebung v. M.S.)

Das Bild vom Spiegel, die Reflexion im Kunstwerk, trennt zunächst das Dargestellte vom Darstellenden, das „Reale" vom „Idealen", das Produkt vom ästhetischen Prozeß, vom poetischen Vollzug. Dieser Selbstbespiegelung ist das Moment der Distanz inhärent. Die romantische Dichtung objektiviert, thematisiert sich selbst. Die poetische Reflexion, die poetische Selbstdarstellung, charakterisiert die Universalität der romantischen Poesie, ihre distanzierende Eigenart, in der auch das Theoretische im Praktischen aufgehoben ist. Wie diese poetische Synthese sich vollzieht, veranschaulicht Schlegel durch das Bild der ‚endlosen Reihe von Spiegeln', und zugleich deutet er die Grundstruktur der Reflexion an.

Das Distanzbildende, Trennende, Zergliedernde, Diskursive der einfachen Subjekt-Objekt-Relation wird aufgehoben durch die Potenzierung, durch die Vervielfachung dieses Prozesses, so daß die Distanz in Affirmation und Steigerung, in I d e n t i t ä t, umschlägt. Erst die Potenzierung erzeugt die D o p p e l s t r u k t u r der Reflexion, das Moment der D i s t a n z und der I d e n t i t ä t. Erst in der Potenzierung wird die rationale, primär diskursive Reflexion umgeformt in eine p o e t i s c h e. Das Zu-sich-selbst-in-Distanz-Setzen und das Zu-sich-selbst-Zurückbeugen (r e f l e c t e r e), die Subjekt-Objekt-Relation und die Identität zwischen Subjekt und Objekt bestimmen die zweifache Struktur der Reflexion. Schlegels Strukturbeschreibung steht in direkter Analogie zu Fichtes Reflexionsphilosophie, der idealistischen Selbstbegründung und Autonomie des Geistes.[32] Bezogen auf Fichtes Formbegriff heißt es bei Friedrich Schlegel:

„Das Gute in Fichte's Form ist das S E T Z E N, und dann das A u s s i c h h e r a u s g e h n u n d I n s i c h z u r ü c k k e h r e n – d. h. die Form der R e f l e x i o n."[33]

Die prätendierte Selbstdarstellung durch die poetische Reflexion läßt die romantische Poesie zur ‚critischen Dichtkunst' werden, da immanent die Selbstbegründung und damit die Autonomie der Kunst poetisch hervorgebracht wird. Die Universalpoesie ist Transzendentalpoesie. Untrennbar verknüpft mit der poetischen Spiegelung der Bedingungen und Möglichkeiten von Poesie ist die Progression der poetischen Reflexion. Die Kritik im Kunstwerk richtet sich sowohl gegen die vollendete, klassische Dichtart als auch gegen die progredierende, romantische. Erst in der Selbstkritik löst die Dichtung den Anspruch auf Universalität, auch sich selbst gegenüber, ein. Die poetische Selbstkritik ist universal, da ihr die Momente des Transzendentalen und Reflexiven anhaften. Die Universalpoesie ist aufgrund der Potenzierung der poetischen Reflexion Transzendentalpoesie, die im Zentrum des 238. Athenäums-Fragments steht:

„Es gibt eine Poesie, deren eins und alles das Verhältnis des Idealen und des Realen ist, und die also nach der Analogie der philosophischen Kunstsprache Transzendentalpoesie heißen müßte. [...] So wie man aber wenig Wert auf eine Transzendentalphilosophie legen würde, die nicht kritisch wäre, *nicht auch das Produzierende mit dem Produkt darstellte*, und im System der transzendentalen Gedanken zugleich eine Charakteristik des transzendentalen Denkens enthielte: so sollte wohl auch jene Poesie die in modernen Dichtern nicht seltnen transzendentalen Materialien und Vorübungen zu einer *poetischen Theorie des Dichtungsvermögens* mit der künstlerischen Reflexion und schönen Selbstbespiegelung [...] vereinigen, und *in jeder ihrer Darstellungen sich selbst mit darstellen*, und überall zugleich *Poesie und Poesie der Poesie* sein" (Hervorhebungen v. M.S.).[34]

Schlegel fordert nicht eine neue Poetik, nicht eine systematische Grundlegung des Dichtungsvermögens, sondern eine poetische ‚Theorie', die „auch das Produzierende mit dem Produkt" und zugleich die Charakteristik der transzendentalen Poesie darstellt, die ‚in jeder ihrer Darstellung sich selbst mit darstellt', die „Poesie" und „Poesie der Poesie" ist. Die Poetik wird zur immanenten Poetik. Sie kann nur noch im Kunstwerk durch die poetische Reflexion vermittelt werden. Die Suprematie des Poetischen über das Poetologische, die Aufhebung der Grenze zwischen Theorie und Praxis, die Synthese von Wissenschaft bzw. Philosophie und Kunst, die Vermischung von Poesie und Reflexion sowie die Potenzierung der „poetischen Reflexion" löschen den intellektuellen Charakter der Transzendentalpoesie im unendlichen Fortschreiten der Selbstbespiegelung. Sie „heißt aus diesem Grunde [...] nicht ‚Konzeption' oder ‚Begriffszusammenhang' sondern: ‚Poesie der Poesie' ".[35]

Die für die poetische Reflexion wichtigsten Merkmale sind erstens die Konfrontation zwischen der romantischen Poesie und den vollendeten Dichtungen, die sich vollständig zergliedern lassen, also der Fremdbezug der poetischen Kritik, die Ablösungsfunktion der Universalpoesie, zweitens die Ironie, die Vermischung und Potenzierung von Poesie und Reflexion, drittens die Doppelstruktur der Reflexion, die Distanz und die Identität, die Synthese zwischen der Mittelbarkeit und Unmittelbarkeit, viertens die Suprematie des Poetischen, fünftens das Transzendentale, das sowohl poetisch objektiviert als auch pragmatisch-fiktional eingelöst wird, das sich in der „Poesie der Poesie" u n d in der Poesie selbst widerspiegelt. Die romantische Poesie ist im umfassenden Sinne eine progressive Universalpoesie. Sie ist kritisch, selbstkritisch, reflexiv, transzendental.

In der Abgrenzung zur poetologischen Selbstreflexion im Drama ist neben der Fülle der Einzelbestimmungen der Grundzug der poetischen Reflexion, ihr universaler Charakter, entscheidend; denn die poetische Reflexion ist erst dann universal, wenn das Poetologische vollständig in die reine Anschauung, in die sinnliche Realität der Poesie überführt wird. Das Diskursive wird im präsentativen Symbolmodus der Poesie aufgehoben. Bezogen auf die Doppelstruktur der Selbstdarstellung dominiert die Identität über die Distanz. Zugleich ist aus der Sicht Schlegels die Poesie universaler als die Poetik. Die Kunst ist umfassender als die Philosophie bzw. Wissenschaft. Will die romantische Poesie universal sein, muß sie die poetologische Reflexion in die poetische transformieren. Die universale Transzendentalpoesie muß deshalb das kritische Erfragen der eigenen Bedingungen übersteigen und ihre eigene, poetische Realität einlösen. Die vollständige Tilgung des Diskursiven kann aber nur im Kunstwerk selbst erfolgen, so daß die poetische Reflexion nur immanent durchgeführt werden kann.

Die poetologische Reflexion dagegen kann sowohl in der Poesie als auch in der Poetik vollzogen werden. Im Gegensatz zur poetischen Reflexion bleibt in der poetologischen das Diskursive transparent. Während diese der Poetik näher steht, zeichnet sich jene durch die Identität mit der Poesie aus. Die Distanzsetzung dominiert im poetologischen Diskurs, dessen zentrale Inhalte beispielsweise die Fragen nach den

Unterscheidungsmerkmalen der Gattungen, nach den produktions- und wirkungsästhetischen Aspekten sind. Wenn Lessing die Normen der Gottschedschen Dramaturgie verletzt und diese Regelbrüche geradezu insistierend von den dramatis personae rechtfertigen läßt, um die mögliche Kritik zu antizipieren und im Vorgriff, im Drama selbst, zu widerlegen, gelangt die poetologische Selbstreflexion zur Darstellung. Ein anderes Beispiel ist das spannungssteigernde Spiel mit den historisch normierten Gattungsmustern der klassizistischen Tragödie, der Typen- und Rührkomödie, die produktiv negiert werden, um das neue Genre, das bürgerliche Trauerspiel, zu inaugurieren. Wenn Jakob Michael Reinhold Lenz in seiner Komödie *Die Soldaten* den Obristen Graf Spannheim, einen jungen Grafen und dessen Hofmeister Haudy sowie den Untermajor Mary und andere Offiziere mit dem Feldprediger E i s e n - h a r d t über den Nutzen der Komödie im Vergleich zu der Wirkung einer Predigt diskutieren läßt, spiegelt er nicht nur die Grundstruktur des dramatischen Konflikts wider, sondern reflektiert auch im Drama die Wirkungsmöglichkeit der Komödie, die von den Vertretern der Kirche im Sinne der moralischen Erziehung des Menschen heftig bestritten worden ist.[36]

Wird der Grundzug der poetischen Reflexion auf das Nicht-Diskursive eingegrenzt – und hier berühren sich Friedrich Schlegels Begriff der poetischen Reflexion und Wolfgang Theiles Bestimmung der immanenten Poetik –, so bildet das transzendentale Moment den wichtigsten Gegenstand dieser besonderen Selbstdarstellungsform. Inhalt der immanenten Poetik sind die Fragen nach dem Verhältnis von Poesie und Wirklichkeit, nach der eigenen poiesis, nach der eigenen dargestellten Wirklichkeit, Fragen, die in den einzelnen Epochen unterschiedlich beantwortet worden sind. Bereits im Bedeutungsraum des Begriffs ‚Romantik' ist die Gegenüberstellung von Kunst und Wirklichkeit thematisch, bedeutet das Romantische ja nicht nur das Romanhafte, sondern auch das Gegenständliche, den Gegensatz, den Gegenentwurf zum Wirklichen, das, was in der Wirklichkeit nicht existent ist, das Unglaubliche, Nichtwirkliche, Wunderbare, Unwahrscheinliche, Phantastische, das Exotische.[37] Dramatische Beispiele für die poetische Reflexion der Romantik sind Ludwig Tiecks Komödien *Verkehrte Welt*, *Prinz Zerbino oder die Reise nach dem guten Geschmack* und *Der gestiefelte Kater. Kindermärchen in drei Akten. Mit Zwischenspielen, einem Prologe und Epiloge*. Schon die Stoffwahl der zuletzt genannten Komödie, ein Kindermärchen, läßt den ‚romantischen' Gegenentwurf zur Wirklichkeit erkennen. In dieser Theatersatire mischen sich der scheiternde Versuch eines fiktiven Dichters, mit fiktiven Schauspielern, einem fiktiven Theatermaschinisten und einem fiktiven Souffleur vor einem fiktiven Publikum das Märchen vom gestiefelten Kater zu inszenieren, die Darstellung des Kritikers Bötticher bzw. Böttiger und das Überlaufen des Hofnarren zum immanenten Publikum zu einem mit Fiktionsironien durchsetzten, arabeskenhaften, potenzierenden Spiel. An keiner Stelle werden die Grenzen des sich selbst spiegelnden Spiels durchbrochen. Die Illusion wird durch die mehrfache Brechung der Fiktionsebenen potenziert, sie verknüpft die desillusionierenden Rollenreflexionen eng mit der fiktiven Rolle, so daß das Trennende, die Distanz in der vervielfachenden Spiegelung der Spielebenen aufgehoben wird und in die Affirmation und Steigerung des Poetisch-Fiktionalen umschlägt. Die Reflexion gerinnt zur Fiktion, sie wird poetisch, indem sie dramatisch gestaltet und durchgeführt wird, indem sie ihre eigene poetische Realität hervorbringt.[38]

Wie fließend die Grenzen zwischen der poetologischen Selbstreflexion im Drama und der poetischen Reflexion sein können, so daß nicht erst in den Komödien der

Romantik beide Paradigmen immer klar voneinander zu trennen sind, mag ein Beispiel aus Lessings Trauerspiel *Miß Sara Sampson* verdeutlichen.

Wenn Mellefont im vierten Auftritt des fünften Aufzugs äußert: „Welcher plötzliche Uebergang von Bewundrung zum Schrecken?", objektiviert er sprachlich seine eigenen Empfindungen.[39] Mit dieser sprachlichen Objektivation verfügt er aber zugleich über ein außerordentliches poetologisches Reflexionsvermögen, da er den Stand der dramatischen Handlungsentwicklung mit den psychologischen Begriffen erfaßt, die den zentralen werk- und wirkungsästhetischen Affekt, das Mitleid, als vermischte Empfindung konstituieren. Indem er seine eigenen Empfindungen sprachlich vermittelt, wird der Aufbau der Handlung an dieser Stelle präzise auf die Begriffe gebracht. Da dieser Affektwechsel Mellefonts aber auch sein zukünftiges Handeln und damit die weitere Handlungsentwicklung des Trauerspiels beeinflußt, hebt sich diese Objektivierung der dramatischen Handlung auf. Mit den Leidenschaften Schrecken und Bewunderung, wie in der Analyse noch zu zeigen ist, werden aber auch die Fragen nach dem Wesen des Trauerspiels, nach der Abgrenzung zwischen Trauerspiel und Epos, zwischen empfindsamer und heroischer Tragödie thematisch. Wenn Lessing im *Briefwechsel über das Trauerspiel* das Mitleid als den einzigen Affekt definiert, der die literarische Form des ‚hervorgebrachten' Trauerspiels ebenso determiniert wie dessen Wirkung und der als einzige Empfindung r e a l gefühlt wird vom Zuschauer, kristallisiert sich im Mitleid auch die Thematik des Hervorbringens von Realität und von Fiktion heraus, die ihre eigenen Grenzen zur Realität hin mit Hilfe dieses literarischen Formprinzips des empfindsamen Trauerspiels überschreitet. Im Mitleid nimmt die Realismusproblematik im Sinne der Aristotelischen Kategorien der poiesis und mimesis Gestalt an. Im Mitleid spiegelt sich historisch die Gratwanderung zwischen poetischer und poetologischer Reflexion wider. Lessings geniale Unterscheidung zwischen ersten und zweiten, bloß mitgeteilten Affekten liefert die Grundlagen für sein Verständnis von Dichtung und Wirklichkeit.[40] Diese thematische Breite des poetisch-poetologischen Diskurses im Trauerspiel *Miß Sara Sampson* legt auch inhaltlich, vom Gegenstand aus betrachtet, die doppelte Perspektive dieser Analyse, deren Methode sowie Auswahl und Beschränkung des Untersuchungsgegenstandes fest.

Trotz aller Unterschiede zwischen der Poetik des Mitleids und der Dichtungsauffassung der Romantik, trotz der Differenzen zwischen den Formen der poetologischen und poetischen Reflexion in den Dramen Lessings und Tiecks bestehen Gemeinsamkeiten, Analogien. Wenn etwa Friedrich Schlegel den romantischen Roman fordert, in dem alle (Gattungs-)Grenzen zu überschreiten sind, wenn Tieck in seiner Komödie Momente des Märchens, der Fabel, des Lyrischen, Epischen und Dramatischen, Muster bürgerlicher Trivialdramen, Familiengemälde, Revolutionsstücke, Opernszenerien, die Maschinenwelt des Theaters, König und Hofnarr, Hofmeister und Bauern, Dichter und Publikum, einen Besänftiger und Soldaten, Musiker, Schuhmacher, Historiograph, Götter und den Literaturkritiker ‚Bötticher', den sprechenden Kater, Löwen und Elefanten, Bären, Affen, Rebhühner, Kaninchen, Adler und andere Vögel mischt, ein arabeskenhaftes Universum gestaltet, grenzen sich die Romantiker sowohl gegen das klassische Postulat der Reinheit der Formen, der Harmonie, als auch gegen die bloß moderne Tagesliteratur ab. Diesen Konfrontationscharakter der romantischen Mischgattung tragen, wenn auch nicht in dieser radikalen Form, die Dramen der Empfindsamkeit, die sich gegen den Regelapparat und gegen die Musterstücke des Klassizismus wenden. Die Rührkomödie, das ernste

Lustspiel, das bürgerliche Trauerspiel, mittlere Gattungen, verletzen produktiv die kanonisierten Gattungsgrenzen. Lessings erstes empfindsames Trauerspiel vereint komische und tragische Elemente und leistet eine Reflexion der eigenen Dramengeschichte, der werk- und wirkungsästhetischen Struktur der neuen Poetik des Mitleids. In diesem Drama werden das Hervorgebrachte, das dramatische Formprinzip und die Wirkung dargestellt. Mit den Mitteln des Traums und der Intrige, mit der nahezu ununterbrochenen Selbstbeobachtung der dramatis personae wird die Ebene der Fiktion potenziert. Lessings Trauerspiel trägt die Züge der Selbstdarstellung, der Konfrontation, der Potenzierung der Spielebenen und des Universalen. Beschränkt auf die Gattung des Dramas, kann es, mutatis mutandis, als ‚präromantisches Trauerspiel' bezeichnet werden.

Der Ansatz von Anthony J. Niesz

Anthony J. Niesz geht von drei verschiedenen theoretischen Äußerungsmöglichkeiten eines Dramatikers aus und unterscheidet zwischen „theoretical dramaturgy", „immanent or pratical dramaturgy" und „dramatic" bzw. „dialogical dramaturgy".[41] Seiner Auffassung nach kann der immanenten Dramaturgie produktionsästhetisch die Dramaturgie untergeordnet werden, da die rein theoretischen Äußerungen eher einer philosophischen Konzeption ähneln, als daß sie, wie die immanente Dramaturgie, praxisnah sei. Die dialogische Dramaturgie stellt die Synthese aus den beiden anderen Formen dar; sie unterscheidet sich von der theoretischen durch die Eigenschaft des Dialoghaften und von der praktischen durch die Deutlichkeit der dramaturgischen Äußerung. „It is this form, dialogical dramaturgy, which shall be discussed in this study."[42] Das ‚Spiel im Spiel' z.B. wird als indirekte Form der Dramaturgie im Drama, als ein Mittel der immanenten Dramaturgie, aus dem Untersuchungsbereich ausgeschlossen, da es den Definitionskriterien der Deutlichkeit und des Dialoghaften widerspricht. Das ‚Spiel im Spiel' ist kein Mittel der expliziten dialogischen Dramaturgie.

Ausdrücklich bezieht Niesz sich auf die Studie von Ernst Weber und überträgt dessen Begriff der Romanreflexion mit einigen Einschränkungen auf seine Kategorie der dialogischen Dramaturgie. Entsprechend seiner Definitionskriterien und des poetologischen Ansatzes von Weber kann Niesz nur explizite poetologische Reflexionen erfassen, die er inhaltlich um die Komponenten des Sozialen, des Rhetorischen, der Konzeption, der Selbstrechtfertigung und der innerliterarischen Kritik bzw. Satire erweitert.[43] Zwar beansprucht Niesz nicht, einen vollständigen Katalog der Formen der dialogischen Dramaturgie, wohl aber eine Auswahl der repräsentativen Formen zu geben.

Daß er diesen Anspruch nur bedingt einlösen konnte, wie die weniger bedeutsamen Hinweise auf Lessings *Miß Sara Sampson* zeigen,[44] liegt in der nicht haltbaren Art und Weise der Begriffsbestimmung begründet. Das Kriterium der Deutlichkeit neben dem der Dialogbezogenheit bilden nur Bestimmungselemente einer besonderen Form der poetologischen Selbstreflexion im Drama. Das, was Niesz als praktische und dialogische Dramaturgie bezeichnet und gegeneinander abgrenzt, sind zwei Sonderformen der poetologischen Selbstreflexion und der immanenten Poetik. Nicht der Grad der Deutlichkeit, sondern die Strukturelemente der Reflexion selbst und die Differenzierung zwischen der Poesie und Poetik können als einzige die Kriterien abgeben, um die poetische und poetologische Reflexion zu definieren. Niesz' Verzicht auf Schlegels Begriff der poetischen Reflexion verhindert eine differenzierte Sicht auf das komplexe Problem der Dramaturgie im Drama. So erfaßt Niesz vorrangig nur die Phänomene, die Wolfgang Theile als diskursive charakterisiert, die nicht Gegenstände der immanenten Poetik seien. Die von Niesz getroffenen Einschränkungen können deshalb nur bedingt, im Rahmen der selbst gewählten Grenzen, Aussagekraft beanspruchen. Das Phänomen der Dramaturgie im Drama selbst jedoch kann auf diese Weise nicht angemessen analysiert werden.

Der Verabsolutierung zweier Mittel der Reflexion zum Typus der dialogischen Dramaturgie ist entgegenzuhalten, daß es sinnvoller ist, an einem Drama paradigmatisch den poetischen und poetologischen Diskurs darzustellen, um Erkenntnisse über einen Grundtypus und nicht nur über besondere Mittel oder Grade der Reflexion im Drama zu gewinnen. Erst wenn die Definitionsfrage befriedigend beantwortet ist, tragfähige Entwürfe zur Typologie der poetisch-poetologischen Selbstreflexion im Drama vorliegen, halte ich es für angemessen, die Entwicklung bestimmter Mittel über größere Zeiträume der Literaturgeschichte zu erforschen; denn nur so können Stellenwert und Ergebnisse diachron verfahrender Arbeiten genauer erfaßt und bewertet werden.

Wenngleich der durch Gryphius und Goethe markierte Zeitraum eine Fülle von Dramen bietet, um die dialogische Dramaturgie zu veranschaulichen, stellt sich die Frage, ob die Einschränkung auf diesen Zeitabschnitt der Dramengeschichte sich überhaupt und in besonderer Weise vom übergeordneten Analysekriterium her rechtfertigen läßt. Wäre es nicht sinnvoller gewesen, die Studie mit den Dramen der Romantik enden zu lassen, etwa mit Tieck, da in dieser Epoche die poetisch-poetologische Selbstreflexion im Kunstwerk selbst Gegenstand der Reflexion wurde; zudem zeichnen sich die Dramen der Romantik durch die Formen der potenzierten Fiktion bzw. Illusion aus, die sich beispielsweise in den Rollenreflexionen, in den Spiel-im-Spiel- oder-Theater-auf-dem Theater-Strukturen widerspiegeln. Gottscheds Regelpoetik, ein Übergangsphänomen zwischen Barock und Aufklärung, und sein Musterdrama *Sterbender Cato* könnten den Ausgangspunkt bilden, da Gottsched zu denen gehörte, die das Illusionsdrama normativ forderten. Die Romantik stellte dieses diskursiv und präsentativ in Frage und überschritt die Grenzen des Illusionsdramas. Eine diachron ansetzende Untersuchung, welche die Formen der poetologischen Selbstreflexion und der immanenten Poetik im Illusionsdrama von Gottsched bis Tieck analysierte, müßte aber im besonderen Maße Lessings erstes bürgerliches Trauerspiel berücksichtigen.[45]

Zum Begriff der S e l b s t reflexion

Der Begriff der poetologischen Selbstreflexion ist durch die Unterscheidung zwischen ‚poetisch' und ‚poetologisch' sowie durch die besondere Struktur der Reflexion, der Distanzsetzung und Identität, genauer definiert worden. Im Gegensatz zum poetischen Diskurs zeichnet sich die poetologische Selbstreflexion durch ihre Nähe zur Poetik, nicht zur Poesie aus. Die Nähe bezeichnet nicht den Ort der Reflexion, sondern deren Form und Inhalt. Die immanente Poetik ist „Poesie der Poesie", „poetische Reflexion". Die poetologische Selbstreflexion entspricht der Poetik der Poesie im Kunstwerk, der poetisierten Poetik; ihr haften diskursive Momente an.

Damit sind wesentliche Bestandteile der Begriffskette ‚poetisch-poetologische Selbstreflexion im Drama' bestimmt worden. Das Attribut ‚poetisch' bzw. ‚poetologisch' spezifiziert die Methode der Vergegenständlichung, den Modus der Reflexion. Die poetologische Reflexion bedient sich des Verfahrens d i s k u r s i v e r Vermittlung; die poetische Reflexion ist dagegen geprägt durch die p r ä s e n t a t i v e, genuin künstlerische Darstellungsweise.

Das „Selbst", im strengen Sinne der Struktur der Reflexion redundant, erhält seine Bedeutung durch die Nennung des Ortes, der Gattung ‚Drama'. Bezogen auf diesen Ort der Reflexion, die so als immanente genauer charakterisiert wird, grenzt das „Selbst" thematisch die Gegenstände der Reflexion ein auf diejenigen, die das Drama in irgendeiner Form betreffen. Die poetologische Selbstreflexion im Drama ist mit der Dramaturgie im Drama, nicht aber mit deren Sonderform der dialogischen Dramaturgie kongruent.

Da die poetologische Selbstreflexion im Drama vollzogen wird, trägt dieser Selbstdarstellungstypus neben diskursiven immer auch präsentative Züge, da die Poetik in die Poesie, die Dramaturgie in das Drama integriert sind. In der Terminologie Goethes ist die poetologische Selbstreflexion im Drama ‚allegorisch', weil die Allegorie die Erscheinung auf den *Begriff* bringt und in ein Bild, in die Anschauung überträgt, so „daß der Begriff im Bilde immer noch begrenzt und vollständig zu halten und zu haben und an demselben auszusprechen sei". Die poetische Reflexion ist dagegen ‚symbolisch'; denn im Symbol wird die Idee nicht begriffen, sondern anschaulich.[46] Die Allegorie trennt das Dargestellte vom Darstellenden, das Bezeichnete vom Bezeichnenden, den Sinn von dem Zeichen, den Inhalt von der Form, den Begriff vom Bild. In dieser Distanz berühren sich formal die Allegorie und die Struktur der poetologischen Reflexion. Die Symbolstruktur, die Identität zwischen Inhalt und Form, die nur in der ästhetischen Form, im Bild, existierende Idee, spiegelt das Sich-Zurückbeziehen, den Selbstbezug der Reflexion wider. Allegorie und Symbol sind strukturell betrachtet adäquate ästhetische Ausdrucksformen dieser immanenten Reflexionsarten.

Abstrahiert man von dem Charakter des Bedeuteten, von den Gegenständen der Darstellung und legt die Allegorie nicht auf den Begriff sowie das Symbol auf die Idee fest, so b e d e u t e t die Allegorie die Idee, das Besondere b e z e i c h n e t das Allgemeine, während im Symbol das Besondere und das Allgemeine „absolut eins sind".[47] Diese Bestimmung Schellings, der Primat der Form, der Relation von Zeichen und Sinn, gegenüber der besonderen Art der Inhalte,[48] charakterisiert die hier getroffene Unterscheidung zwischen der poetologischen und poetischen Reflexion. Die Diskursivität der Selbstthematisierung der Poetik entspricht – analog der Allegorie – der Distanz, während die Präsentation der poetischen Selbstdarstellung – analog dem Symbol – primär die Struktur der Identität trägt. Die Übergänge zwischen beiden modal unterschiedenen Reflexionsformen der Dichtung gleichen strukturell der Übertragung der Allegorie in das Symbol.

Entsprechend den Zielen dieser Arbeit werden weitere Einschränkungen, wie z.B. nur die expliziten Formen der dialogischen Dramaturgie zu analysieren, nicht vorgenommen. Im Gegenteil, der poetische Diskurs muß den poetologischen im Drama ergänzen, um Lessings immanente Poetik des Mitleids in seinem ersten bürgerlichen Trauerspiel umfassend darstellen zu können. Bevor die Typologie der poetologischen Selbstreflexion auf der ahistorischen Ebene der Theorie- und Begriffsbildung für die Gattung ‚Drama' skizziert wird und die Fragen nach den Mitteln und Inhalten angeschnitten werden, sei noch am Rande vermerkt, daß das Kompositum „Selbstreflexion" bewußt gewählt wurde, um die Identitätsstruktur der Reflexion gegenüber der Subjekt-Objekt-Relation, dem Aus-sich-Heraustreten, besonders hervorzuheben, um die sich im gegenwärtigen Sprachgebrauch abzeichnende Bedeutungsverengung zu ‚reflektieren'. Die „Selbst-reflexion" verweist somit auf die Methode, auf die besondere Form der Subjekt-Objekt-Relation als das Sich-in-Beziehung-Setzen von Subjekt und ‚Objekt' u n d auf die thematische Einschränkung dieses künstlerischen Verfahrens. Das Objekt, der Gegenstand der Reflexion, ist nicht völlig losgelöst vom Subjekt zu denken. Um die Definitionsfrage nicht noch komplizierter und komplexer zu gestalten, verzichte ich auf eine detaillierte Abgrenzung zur ästhetischen Reflexion, die vorrangig, in ihrer immanenten Form, das Schöne und Erhabene unter philosophischen Aspekten im Werk zum Gegenstand hat.[49] Während die Ästhetik im 18. Jahrhundert zu den schönen Wissenschaften gezählt wurde, gehörte die Poetik wie die Rhetorik zu den Künsten, im weitesten Sinne zum Bereich der techné. Durch diese Unterscheidung wird bereits erkennbar, daß die poetologische Selbstreflexion im Drama zu einer immanenten, r e k o n s t r u k t i v verfahrenden Poetik wird.[50]

Zu einer Typologie der poetisch-poetologischen Selbstreflexion im Drama

Wie bereits ausgeführt wurde, bezeichnet der Begriff der Reflexion unter dem Aspekt strukturalistisch-ahistorischer Begriffs- und Theoriebildung ein „Sich-in-Beziehung-Setzen", ein „Sich-Zurückbeziehen" auf die eigene Möglichkeit und auf die Bedingung der Möglichkeit von etwas. Reflexion bedingt durch ihre Distanzsetzung eine Subjekt-Objekt-Trennung. Alle nur denkbaren Mittel der Distanzbildung im Kunstwerk können zu Vehikeln der poetischen bzw. poetologischen Reflexion werden, müssen es aber nicht. Die Grenzen zwischen dem poetischen und poetologischen Diskurs im Drama sind fließend. Die Unterscheidung zwischen dem Mittel des „Theaters i m Theater" – so z.B. in Shakespeares *Hamlet* die Ankunft der Schauspieler und die Aufführung des Stückes über die Ermordung des Herzogs Gonzago, das Hamlet „mouse trap" nennt – und dem des „Theaters ü b e r das Theater" – beispielsweise Handkes *Publikumsbeschimpfung* – läßt diesen Sachverhalt evident werden. Gleiches gilt für die Differenzierung zwischen dem „Spiel i m Spiel" und dem „Spiel ü b e r das Spiel".[51] Ebenso können epische Elemente diese Grenze durchlässig gestalten, so etwa in Brechts *Kaukasischer Kreidekreis* oder in Dürrenmatts Drama *Die Ehe des Herrn Mississippi*, das paradigmatisch die Entepisierung des Theaters betreibt. Diese Mittel der Distanzbildung, zu denen auch die Intrigenstruktur der Handlung gezählt werden muß, liefern keine eindeutige und sichere Grundlage, auf der sich eine geschlossene Typologie der Selbstreflexion im Drama entwerfen ließe. Jedoch verweist die ihnen allen gemeinsame Struktur auf den entscheidenden Anhaltspunkt, von dem aus eine Typenbestimmung dieses Phänomens vorgenommen werden kann, welche synchrone und diachrone Analysen erlaubt; gemeint ist der Ebenenbezug im Drama, das distanzierende Spiel auf der Bühne und das Spiel der Distanz zwischen Bühne und Zuschauerraum.

Bevor eine Typologie nach den für das Drama konstitutiven Ebenen entworfen wird, ist zu fragen, ob nicht unter dem Gesichtspunkt der Inhalte Typen der Selbstreflexion gegeneinander abgegrenzt werden können. Zu verweisen ist etwa auf Dramen, in denen beispielsweise Dichter[52] bzw. Dramatiker[53] als dramatis personae dargestellt werden. Ferner sind als besondere Inhalte bzw. Gegenstände der Reflexion zu nennen die Schauspieler,[54] die Frage nach dem Nutzen der Komödie,[55] die Regelpoetik Gottscheds,[56] die Unterscheidung zwischen Fiktion und Wirklichkeit,[57] das fiktionale Publikum[58] und die Bühnenprobe.[59] Eine interessante Sonderform bildet Tom Stoppards Drama *Rosencrantz und Guildenstern are Dead*, weil er diese beiden Nebenfiguren aus Shakespeares *Hamlet* zu Hauptfiguren umgestaltet hat.[60] Bereits diese Fülle der Themenkomplexe zeigt, daß allenfalls bestimmte Inhalte und Motive sich zwar diachron untersuchen lassen, daß sich aber eine formale Typologie von den Gegenständen der Selbstreflexion nicht ableiten läßt.

Da weder die Mittel noch die Inhalte den Ansatzpunkt für eine strukturale Typologie liefern – und die Ursache liegt darin, daß beide einem raschen historischen Wandel unterworfen waren und sind –, bietet sich der Ort der Reflexion an, deren Struktur geradezu idealtypisch mit der Aufteilung des Theaters in einen Bühnen- und Zuschauerraum koinzidiert, um die Typen poetisch-poetologischer Diskurse im Drama ahistorisch zu charakterisieren. Die Gebundenheit des Dramas an die Bedingung der Aufführbarkeit,[61] an die P r ä s e n t a t i o n und damit an die Bedingungen der F i k t i o n und I l l u s i o n gehören zu den wesensbestimmenden Merkmalen dieser Gattung, die über Jahrhunderte, von Aristoteles bis in die Gegenwart, ihre Geltung behalten haben.

Im Gegensatz zur Lyrik und zur epischen Gattung verfügt das Drama aufgrund seiner essentiellen Bindung an die Präsentation über die Möglichkeit, die D i s t a n z z w i s c h e n B ü h n e u n d Z u s c h a u e r r a u m zu gestalten. Die verschiedenen Formen der Korrelation zwischen dem Darstellungs- und Rezeptionsraum, zwischen den ontologischen Ebenen der Fiktion und Realität lassen sich wirkungspsychologisch mit den Begriffen ‚I l l u s i o n' und ‚D e s i l l u s i o n' strukturieren. Illusion und Desillusionierung bilden die Pole der Bandbreite möglicher Wechselbeziehungen zwischen der Bühne und dem Publikum. Unter dem Aspekt strukturalistisch-polarer Begriffsbildung definiere ich den Begriff der ‚Anti-illusion' als einen systemtransgredierenden Begriff, d. h. er bezeichnet eine Korrelation zwischen dem Bühnen- und Zuschauerraum, welche die Grenzen des traditionellen Theatermechanismus offenlegt und überschreitet.

Diesen fundamentalen Distanzstrukturen des Dramas entsprechend, unterscheide ich *drei Typen* der poetologischen Selbstreflexion im Drama bzw. der poetischen Dramenreflexion: erstens den *illusionistischen*, zweitens den *desillusionistischen* und drittens den *anti-illusionistischen*.

Die Grenzen innerhalb dieser Typologie sind durchlässig. Lessings erstes bürgerliches Trauerspiel *Miß Sara Sampson* stellt exemplarisch das Paradigma für den illusionistischen Typus der immanenten Poetik des Mitleids, einer dramengeschichtlichen Sonderform des Illusionstheaters, dar. Hierin ist ein weiterer Grund dafür zu sehen, weshalb ich diesen poetologischen Interpretationsansatz an Lessings erstem bürgerlichen Trauerspiel demonstriere; denn Dramengeschichte und Typologie der poetisch-poetologischen Selbstreflexion gelangen in diesem Trauerspiel in besonderer Weise zur Deckung. Zwischen dem illusionistischen und desillusionistischen Typus der Selbstreflexion steht beispielsweise Ludwig Tiecks Komödie *Der gestiefelte Kater*, da Tieck in diesem Drama an keiner Stelle die Fiktion durchbricht, sondern mit Fiktionsironien, einer für das romantische Drama typischen Form, die Spielebene potenziert und so die notwendige Distanz für die Selbstreflexion schafft. Paradigmatisch legt Brecht mit seiner Theorie des epischen Theaters die desillusionistische Dramaturgie dar. Dargestellt wird sie zum Beispiel in seinem Stück *Der kaukasische Kreidekreis*. Zwischen den desillusionistischen und anti-illusionistischen Formen der Selbstreflexion stehen das „Theater der Gegenstände",[62] etwa Eugene Ionescos Stück *Les chaises* oder Hildesheimers Stück *Die Uhren*, und z.B. das absurde Theater Samuel Becketts. Den Idealtypus des anti-illusionistischen dramatischen Diskurses repräsentiert Peter Handkes Sprechstück *Publikumsbeschimpfung*.

Indiz für die Richtigkeit und Tragfähigkeit dieser Unterscheidung der Typen der Selbstreflexion ist nicht nur die ahistorische Gültigkeit der ihnen zugrundeliegenden Systematik des Aufführungsortes, sondern auch die Konvergenz zwischen der ahistorisch-strukturalen Typologie und der historischen Entwicklung des Dramas.

Die fundamentale Differenzierung zwischen der primär diskursiven, poetologischen und dominant präsentativen, poetischen Art der Reflexion sowie die Bestimmung der Doppelstruktur der Selbstdarstellung der Literatur verschränken sich mit der Festlegung der drei Grundtypen der Dramenreflexion in besonderer Weise unter dem Aspekt des Verhältnisses von Dichtung und Wirklichkeit; denn im Gegensatz zu den sprachlich-literarischen Gestaltungsweisen der Lyrik und der Epik sowie deren Rezeptionsform des Lesens ist die dramatische Gattung durch die Unmittelbarkeit der redenden Personen, durch das ‚Fehlen' des Erzählers,[63] und durch die theatralische Präsentation[64] und damit durch die sinnlich-anschauliche Wahrnehmung des Zuschauers geprägt. Die K o n z e n t r a t i o n von Schauspielern und Publikum im Theater bedeutet immer zugleich eine K o n f r o n t a t i o n der dargestellten mit der realen Wirklichkeit. Im Theater wird die Trennung zwischen Fiktion und Realität geradezu räumlich institutionalisiert.

Die naheliegende Schlußfolgerung, daß mit der Besonderheit des Dramas und durch die drei Grundtypen der Selbstthematisierung auch die Inhalte und Formen primär der poetischen Reflexion, deren Gegenstände ja die Strukturen, Bedingungen und Möglichkeiten der poetisch hervorgebrachten Wirklichkeit sind, determiniert seien, daß sich das Illusionsdrama ausschließlich auf den Bühnenraum beziehe, daß das desillusionistische Theater durch die Verbindung von Bühne und Parterre gekennzeichnet sei und daß das anti-illusionistische Schauspiel nur noch im Raum jenseits des Proszeniums aufgeführt werden könne, müssen relativiert werden. Bezogen auf die dramatischen Gestaltungsmöglichkeiten der Rolle des Publikums im Drama bedeutet das Versinken der Zuschauenden in die schützende Dunkelheit des Parterres nicht notwendigerweise die Verneinung der Realität jenseits der Rampe. Bereits der Verweis auf Dramen, in denen implizit oder explizit der Dramaturgie des Publikums eine das Spiel gestaltende Rolle zukommt – z.B. die griechischen Dramen mit Chorpassagen, in denen Schiller den idealen Zuschauer gestaltet sieht, Shakespeares *A Midsummer-Night's Dream* und *Hamlet* oder Tiecks Komödie *Der gestiefelte Kater*, Büchners Revolutionsdrama *Dantons Tod*, Pirandellos Stück *Sei personaggi in cerca d'autore*, Brechts episches Theaterstück *Der kaukasische Kreidekreis*, Gattis *Öffentlicher Gesang vor zwei elektrischen Stühlen* und Handkes *Publikumsbeschimpfung* –, zeigt, daß der jeweiligen Korrelation zwischen Bühne und Zuschauerraum kein eindeutiger Realitätsbezug der poetischen Wirklichkeit entspricht.

Wie bereits angedeutet, wird in Lessings illusionistischem, bürgerlichem Trauerspiel die Trennungslinie zwischen dem Fiktionsraum und dem Parterre ausgelöscht. Ohne jede Fiktionsironie und ohne jeden Illusionsbruch gelingt es, beide Räume im ästhetisch-anthropologischen Grundaffekt des Mitleids zu einer Einheit zu verbinden. Gegen die Illustionstheorien Gottscheds, Johann Elias Schlegels und Mendelssohns gerichtet - so verschieden diese Ansätze untereinander auch sind –, prätendiert Lessing für die poetische Wirklichkeit im Illusionsraum, da er sie nach dem Wesen des empfindsamen Menschen gestaltet habe, daß sie mit der Realität der anwesenden Zuschauer verschmelze, die dargestellte von der realen Wirklichkeit wesensmäßig nicht mehr zu scheiden sei. Äußeres Indiz ist die dramatische Gestaltung der idealtypischen Rezeptionsweise in dem mitleidigen und das Mitleid erregenden Verhalten Sir Sampsons. Die Darstellung des Mitleids ist eine Form der Dramaturgie des Publikums im Illusionsdrama. Die Zuschauenden werden nicht mehr getäuscht, genießen nicht mehr die Ähnlichkeit zwischen Abbild und dem Urbild der Natur, wie Johann Elias Schlegel oder Moses Mendelssohn noch geglaubt haben,[65] sondern sie werden mit ihrem natürlichen Spiegelbild konfrontiert, so daß sie sympathisieren müssen und die dargestellte Realität wirklich werden lassen.

In den romantischen Komödien Tiecks bewirken die desillusionierenden Fiktionsironien keine Illusionsbrüche. Sie dienen der Potenzierung der immanenten Spielebenen, durch die das Poetisch-Fiktionale sich selbst affirmiert und steigert und die Wirklichkeit des Publikums geradezu in den Bannkreis der Universalpoesie gezogen wird. Prätendiert Friedrich Schlegel, die Wirklichkeit zu poetisieren, so läßt Lessing die poetische Darstellung real werden in der Wirkung. Der Aufhebung der Poesie in die Realität steht die Auflösung der Realität in der Poesie gegenüber.

Nicht die Unterscheidung zwischen Illusions- und desillusionistischem Drama legt die Beziehung der Kunst zur Wirklichkeit fest, sondern das Selbstverständnis der poetischen Darstellung, sei es das der Poetik des Mitleids, die gegen die Kunstwahrheiten die Natur des Menschen setzt, oder das der Universalpoesie. Sowohl im bürgerlichen Trauerspiel Lessings als auch in der romantischen Komödie Tiecks wird die Rampe respektiert, nicht aber die Abgrenzung der Poesie gegenüber der Wirklichkeit. Das Spiel mit dem Zuschauerraum, die Formen der Publikumsdramaturgie, auf den desillusionistischen und anti-illusionistischen Typus einschränken zu wollen, hieße deshalb, die Möglichkeiten der poetischen Reflexion des Illusionsdramas unberechtigterweise zu beschneiden. Alle drei Grundtypen der Dramenreflexion treten gleichberechtigt nebeneinander.

Da die poetologische Interpretation von Lessings Trauerspiel *Miß Sara Sampson* im Zentrum dieser Arbeit stehen wird, sei im folgenden auf die grundlegenden Mittel der Distanzbildung im ‚epischen Drama' des Neoromantikers Luigi Pirandello im Gegensatz zum ‚epischen Theater' Bertolt Brechts ansatzweise hingewiesen. Den anti-illusionistischen Typus werde ich in einer ausführlicheren Interpretation von Peter Handkes *Publikumsbeschimpfung* vorstellen. Weil in diesem Sprechstück das poetologische Axiom der mimetischen Literatur, der Verweisungs- und B e d e u t u n g scharakter der Poesie, negiert wird, stellt es einen Prototyp der transgredierenden, poetischen Reflexion im Theater dar.

Luigi Pirandello: *Sei personaggi in cerca d'autore* [66]

„Wenn das Publikum den Zuschauerraum betritt", so Pirandello, „ist der Vorhang aufgezogen und die Bühne wie am Tage, ohne Kulissen und Dekorationen, fast dunkel und leer, damit von Anfang an der Eindruck einer nicht vorbereiteten Vorstellung entsteht." (S. 267)

Diese Irritation des Publikums leitet jedoch nicht die ‚epische' Grenzüberschreitung hin zum Parterre ein, sondern dient allein der Potenzierung der Spielebenen a u f der Bühne. Statt der zu erwartenden Transgression findet eine Grenzverschiebung statt, da Luigi Pirandello sein Stück über die Suche nach einem Autor mit der Theaterprobe der ersten Szene des zweiten Aktes des Dramas *Il giuoco delle parti [Das Spiel der Parteien]* des italienischen Dramatikers Luigi Pirandello eröffnet. Der Zuschauer versinkt in die Dunkelheit, ja, seine Anwesenheit wird sogar geleugnet; denn an die Stelle der Vorstellung ist die Probe getreten. Anstatt zu spielen, wird das Spiel eingeübt. Statt der Darstellung bietet Pirandello die Entstehung, den Prozeß der Übertragung des Dramas in die sinnlich-anschauliche Präsentation. Die Zuschauer-Schauspieler-Relation, die Distanz zwischen Bühne und Parterre, wird überführt in die Rolle-Schauspieler-Beziehung, in der die theatralische Hervorbringung thematisch wird. Damit ist die erste Ebene, die Rahmenhandlung, konstituiert, die bereits einen Reflexionsraum entfaltet, der ein leichtes komödiantisches Spiel voller ironischer Selbstbezichtigungen erlaubt, durchsetzt mit Invektiven gegen die naturalistische Inszenierungstechnik des Theaterdirektors, gegen Theaterkritiker und das Publikum, (vgl. S. 269 f.).

Die Phasen der Grenzverschiebung werden in der Probe bis an den Anfang der Inszenierung verlagert. Die Schauspieler setzen sich noch nicht in Szene, sondern hören dem Souffleur zu, der das Manuskript Pirandellos vorliest. Die Situation spitzt sich zu, wenn der erste Schauspieler sich weigert, eine Kochmütze zu tragen, wie es der Autor seiner Rolle vorgeschrieben hat. Die ablehnende Haltung des ersten Schauspielers gegenüber der Rolle führt zum Wutausbruch des Theaterdirektors, der schreit:

> „Kochmütze! Jawohl, mein Herr! Und Eier schlagen! Und glauben Sie ja nicht, daß es mit dem Schlagen allein getan ist! Von wegen! Sie müssen auch noch die Schale von jedem Ei spielen, das Sie schlagen! [. . .] Jawohl, mein Lieber, die Schale! Das heißt die leere Hülle des Verstandes, die nicht mit unbewußtem Instinkt gefüllt ist. Sie sind der Verstand und Ihre Frau der Instinkt in einem Spiel bestimmter Parteien. Sie haben in Ihrer Rolle bewußt die Marionette Ihrer eigenen Persönlichkeit darzustellen." (S. 270)

In bissiger Selbstironie hat sich das poetologische Axiom der Mimesis, der Nachahmung, in sein Gegenteil verkehrt. In der Wirklichkeit des Theaters wird das Drama und dessen poetische Realität sklavisch imitiert, um selbst noch der Kochmütze und den Eierschalen ihre Bedeutung abzuringen.

Bevor die Inszenierung dieser Szene beginnt, drängen sechs Personen, Kunstprodukte, Phantasiegestalten, die Rollen einer ungeschriebenen Tragödie, angezogen von der probenden Truppe, auf die Bühne: die Grenzverschiebungen werden zu einer Grenzüberschreitung, indem eine zweite Ebene, die Vergangenheit der sich aufdrängenden Eindringlinge, maskenhafte Gestalt annimmt. Sie versuchen das ältere Stück Pirandellos durch ein neues zu ersetzen, dem der Autor die dramatische Form verweigert hat. Zum einen potenziert sich die Distanz und damit der Reflexionsraum innerhalb der Fiktion, da zwischen den Kunstfiguren und den Schauspielern nicht mehr der Autor mit seinem Drama vermittelt. Zum anderen wird sowohl den Realisten, die in der Kunst bloß die einfache Nachahmung der Natur sehen, als auch den Symbolisten, welche die Kunst auf die Allegorie der Idee beschränken,[67] eine Absage erteilt. Gegen die realistische oder symbolistische Pedanterie gerichtet, legt der Vater, die Bühnenfigur der Phantasie, Pirandellos poetisches Bekenntnis gegenüber dem Theaterdirektor ab:

„Dabei sollte niemand besser als Sie wissen, daß die Natur sich der menschlichen Phantasie als Instrument bedient, um auf höherer Stufe ihr Schöpfungswerk fortzusetzen." (S. 273)

Die Kunst kopiert nicht die Natur. Sie ist selbst Natur.[68]

Im Gegensatz zum Schöpfungsmythos, in dem der Schöpfer in seiner Vollkommenheit und Unendlichkeit seinen vergänglichen, kreatürlichen Geschöpfen gegenübersteht, ist in der hervorgebrachten Welt der Kunst der

„Mensch, der Schriftsteller, das Mittel zur Schöpfung, [der] stirbt: das Geschöpf stirbt nicht mehr! Und um ewig zu leben, braucht es nicht einmal besonders begabt zu sein oder Wunder zu vollbringen. Wer war Don Quixote? Wer war Sancho Pansa? Und doch leben sie ewig, weil sie, die lebendigen Samen, das Glück hatten, einen fruchtbaren Boden zu finden, eine Phantasie, die sie aufzog und nährte und ihnen zu ewigem Leben verhalf." (S. 274)

Im Bewußtsein dessen, was sie sein können und was sie sind, nämlich hochinteressante, aber noch unfertige Bühnenfiguren, die von der Phantasie des Autors erdacht worden sind, der sie jedoch „nicht mehr in die Welt der Kunst setzen wollte oder konnte" (ebd.), sind sie auf der Suche nach einem neuen Autor, den sie im Theaterdirektor zu finden glauben, da dieser ihnen unmittelbar eine lebendige Gestalt auf der Bühne geben kann. Die Rollen, die nicht einmal als dramatis personae existieren, verfügen damit trotz ihres ‚embryonalen Zustandes' über ein umfassendes Reflexionsvermögen, mit dem sie diese zweite Ebene erneut aufspalten und potenzieren. Indem sie ‚Pirandello' das Wollen und das Können absprechen, treten sie als selbständige Rollen auf mit einem unbedingten Verlangen nach poetischer bzw. theatralischer Existenz. Die Kunstrollen sind sich somit ihrer eigenen Vorgeschichte in einem doppelten Sinne bewußt: Einerseits wissen sie um ihre Familientragödie, und andererseits kennen sie ihre poetische Vergangenheit, die sie als ein verbrecherisches Verhalten des Autors an ihnen brandmarken. Der Versuch der sechs Personen, ihre Tragödie mit der Hilfe des Theaterdirektors auf der Bühne zu verwirklichen, läßt zugleich die Gründe erkennen, warum der Autor sich weigerte und weshalb auch diese Bühnenprobe scheitern muß.[69]

Beide Ebenen, die dramatische, die tragische und poetische Vergangenheit der sechs Personen, und die theatralische, die Gegenwart der probenden Theatertruppe, erzeugen jeweils in sich und in der gegenseitigen Verschränkung ein vielschichtiges Strukturgeflecht von Distanzen, die eine umfassende poetisch-poetologische Reflexion im Drama erlauben. Nicht mehr das Produkt, sondern der Prozeß der Hervorbringung steht im Vordergrund der Selbstdarstellung, so daß Pirandellos Stück *Sei personaggi in cerca d'autore* primär eine immanente Poetik über die Bedingungen des

Scheiterns des Dramas vorführt. Im Drama wird der poetologische Konflikt zwischen poetischer Darstellung und Wirklichkeit im Aufeinanderprallen der Parteien, der Kunstrollen und der Schauspieler, thematisch und dramatisch gestaltet, nicht aber gelöst. Das Drama zeigt sein eigenes Scheitern, das Unvermögen seiner eigenen analytischen Form. Pirandello läßt nicht nur die Selbstzerstörung der Personen erkennen, sondern stellt auch die Selbstvernichtung des Dramas dar. Die Suche der sechs Personen nach einem Autor ist zugleich das Drama des Dramas, die Tragödie der Tragödie, der tragische Prozeß der Selbstauflösung, dem sich Pirandello nicht verweigern wollte und konnte.

Die Selbstkritik des Dramas kann aber noch episch vollzogen werden. Die Kunstrollen bedienen sich der epischen Situation, indem sie nahezu ausschließlich ihre Tragödie den Schauspielern, die zu Zuhörern werden, erzählen und nur noch ansatzweise vorspielen können. Die Vergegenwärtigung von Vergangenem, die analytische Form, von Goethe und Schiller in Sophokles' *Oedipus Rex* als nahezu unnachahmliches Muster des klassischen Dramas hochgeschätzt,[70] mißlingt. Die Tragödie der Familie kann lediglich erzählt werden, da jede Rolle ihr eigenes Drama vertritt, das mit den Dramen der übrigen keine Einheit mehr zu bilden vermag.[71] Nur an wenigen Stellen wird die Vergangenheit zur Gegenwart, so am Ende des ersten Aktes, der bei der Kupplerin Madame Pace spielt, wenn ein Bordellbesucher, der Vater, in dem ihm angebotenen Mädchen die Stieftochter erkennen muß. Ausgelöst wird die Anagnorisis durch den erschütternden Schrei der Mutter des Mädchens, die ihre Tochter als Prostituierte zusammen mit ihrem früheren Mann in einer Inzestsituation bei Madame Pace vorfindet. Gegenwärtig im dramatischen Sinne ist aber nur diese Expression, nicht der Dialog zwischen den Personen. Der gellende Schrei der Mutter, der die Stieftochter wahnsinnig machte, läßt den Theaterdirektor bis zur Rampe zurücktreten. Die Schauspieler, die das immanente Publikum dieser Inzestszene bilden, sind bestürzt. Nur in diesem Augenblick der stärksten Expression decken sich beide Spielebenen, so daß zwischen ihnen nicht mehr episch vermittelt werden muß. Die Aufhebung der Distanzen gelingt noch einmal am Schluß des zweiten und letzten Aktes der Familientragödie, als sich die beiden jüngeren Kinder aus der zweiten Ehe der Mutter umbringen und der markerschütternde Schrei abermals ertönt. Das Mädchen ertrinkt, und der Schuß tötet den Jungen auf beiden Ebenen, in der Vergangenheit der sechs Personen und in der Gegenwart der Bühne.

Die Gründe für das Scheitern der selbständigen Suche der sechs Personen liegen nicht nur darin, daß ausschließlich der Vater und die Stieftochter ihr subjektives Drama verwirklichen wollen, losgelöst von der Tragik der übrigen Kunstfiguren, sondern auch in den Widerständen der Mutter und ihres Sohnes aus erster Ehe, der sowohl dem Spiel als auch den übrigen Personen nur Verachtung und Gleichgültigkeit entgegenbringt. Literarische Gestalt könnte dieser Sohn nur in einem Roman annehmen, nicht aber auf der Bühne, die den Dialog voraussetzt, den er strikt ablehnt. Wenn überhaupt, so sucht er einen Romancier, nicht jedoch einen Dramatiker oder gar Theaterdirektor.[72] Aber selbst der Vater und die Stieftochter, besessen von der Idee, als Bühnenfigur ewig zu leben, revoltieren gegen dieses Theater, wenn ihre Tragödien von der Truppe der Schauspieler dargestellt wird, wenn sie sich den Gesetzen des Theaters und der bürgerlichen Moral beugen sollen, wenn der Theaterdirektor s e i n Drama aufführen will, um die abstoßende, ekelerregende Inzestszene in das Schöne, in das leichte Spiel der Schauspieler zu übersetzen (vgl. S. 297–303).

Das Unvermögen der sechs Personen, ihre eigene Tragödie zu spielen, und ihre Revolte gegen die Darstellung der Theatertruppe verweisen auf die Motive, die den Autor veranlaßt, ja gezwungen haben, den Phantasiegestalten die dramatische Form zu verweigern; denn das Drama dieser Familientragödie setzt den Dialog, die sprachliche Verständigungsbereitschaft und die Möglichkeit sprachlichen Verstehens ebenso voraus wie die Geschlossenheit der Handlung. Da jede Rolle aber nur ihre eigene Tragödie kennt und spielen will, da ein und dieselben Handlungen von den Beteiligten unterschiedlich, geradezu konträr bewertet werden (vgl. S. 279–282), können sie sich weder untereinander verständigen noch auf eine geschlossene Handlung einigen. Der Widerstand gegen das fremde Wort, die Erkenntnis der Unmöglichkeit sprachlicher Verständigung[73] und die Negation der Geschlossenheit der Handlung, die Revolte gegen die Endgültigkeit der dramatischen Form, erzeugen im poetologischen Sinne die tragische Situation; denn die Personen suchen ihr Drama, das sie nicht wollen können, weil in diesem Drama der sie selbst beschämende Augenblick verewigt würde, weil sie in einer Tragödie auf eine Situation reduziert würden, die sie unaufhörlich in ihrer Tragik erleben müßten. Im Drama gibt es nicht die erlösende Vergangenheit des Romans. Das Drama, gelänge es, wäre die Hölle auf der Bühne:

DIREKTOR Aber es ist doch alles längst geschehen! Verzeihung, Ich verstehe Sie nicht.
MUTTER Nein, es geschieht jetzt, es geschieht immer! Meine Verzweiflung ist nicht gespielt, Herr Direktor! Ich bin lebendig und gegenwärtig, immer, in jedem Augenblick meines Jammers, der sich unaufhörlich erneuert. Diese Kleinen da – haben Sie die schon reden hören? Sie können nicht mehr sprechen, Herr Direktor! Sie klammern sich noch an mich, um mir meine Verzweiflung lebendig und gegenwärtig zu erhalten – aber sie selber sind eigentlich gar nicht mehr da! Und sie – z e i g t a u f d i e S t i e f t o c h t e r – ist davongelaufen, fort von mir und hat sich zugrunde gerichtet. Wenn ich sie jetzt hier vor mir sehe, so erneuert sich auch dadurch für mich immer und immer wieder der Kummer, den ich auch ihretwegen gelitten habe.
VATER f e i e r l i c h: Der Augenblick, der ewig währt – wie ich Ihnen gesagt habe, Herr Direktor! Sie – z e i g t a u f d i e S t i e f t o c h t e r – ist dazu da, um mich auf ewig in diesem einen flüchtigen und beschämenden Augenblick meines Lebens zu überraschen, festzuhalten und an den Pranger zu stellen [vgl. S. 284 f.]. Sie darf davon nicht ablassen, und Sie, Herr Direktor, dürfen mir das wahrhaftig nicht ersparen.
DIREKTOR Aber ich sage ja nicht, daß ich die Szene nicht spielen will. Gerade sie ist der Kern des ganzen ersten Aktes, bis zu dem Augenblick, in dem Sie von ihr – z e i g t a u f d i e M u t t e r – überrascht werden.
VATER Ja eben. Denn darin liegt meine Verdammnis: Alle unsere Leiden müssen in diesem letzten Aufschrei von ihr gipfeln. A u c h e r z e i g t a u f d i e M u t t e r (S. 303 f.).

Im Scheitern des analytischen Dramas, das den tragischen Personen die Vergangenheit beläßt, in der epischen Enthüllung der Tragödie, wird das ‚Verbrechen' des Autors zur erlösenden Tat; denn er hat seinen Gestalten die Endgültigkeit des Leidens verweigert.

Das Leiden in und an der dramtischen Form, die Ewigkeit eines flüchtigen Augenblicks pervertiert das traditionelle Verständnis der Illusion als ein Spiel mit dem Unwirklichen. Für die Schauspieler und den Theaterdirektor ist die Illusion ein Täuschen des Zuschauers, die Wiederholung und Vergegenwärtigung des Vergangenen, das unwirklich geworden ist. Die Illusion des Zuschauers erfordert deshalb vor allem eine naturalistische Spielweise und die Beachtung der Bühnengesetze, wie z.B. die Einheit des Ortes (vgl. S. 305). Aus der Perspektive der Kunstgestalten aber wird dieses Spiel zur einzigen Lebensform, zur einzigen Wirklichkeit, die im Gegensatz zur Realität der Schauspieler und des Direktors unwandelbar ist. Hierin liegt das Diabolische, das Grausame, das Schaudererregende der Suche der sechs Personen:

VATER	s t e h t a u f , e r r e g t: Die Illusion? Um Himmels willen, gebrauchen Sie dieses Wort nicht! Es klingt für uns besonders grausam.
DIREKTOR	e r s t a u n t: Grausam? Warum denn?
VATER	Ja, grausam, grausam. Sie müßten das verstehen.
DIREKTOR	Und wie sollten wir sonst sagen? Die Illusion, die hier vor den Zuschauern geschaffen werden muß ...
ERSTER SCHAUSPIELER	... durch unsere Darstellung ...
DIREKTOR	... die Illusion einer Wirklichkeit!
VATER	Ich verstehe, Herr Direktor. Aber vielleicht können Sie uns nicht verstehen. Verzeihen Sie. Denn für Sie und Ihre Schauspieler handelt es sich nur – und das ist auch richtig – um Ihr Spiel.
ERSTER SCHAUSPIELER	u n t e r b r i c h t v e r ä c h t l i c h: Wieso Spiel! Wir sind doch keine kleinen Kinder! Hier wird ernsthaft gearbeitet!
VATER	Das leugne ich ja nicht. Und ich erwarte schließlich auch von Ihrem Spiel, von Ihrer Kunst, daß sie – wie der Herr Direktor sagt – eine vollkommene Illusion der Wirklichkeit geben.
DIREKTOR	Ja, so muß es auch sein.
VATER	Und nun bedenken Sie, daß wir, so wie Sie uns hier vor sich sehen – z e i g t a u f d i e f ü n f a n d e r e n „ P e r s o n e n " –, *keine andere Wirklichkeit haben – außerhalb dieser Illusion!*
DIREKTOR	s i e h t b e s t ü r z t s e i n e e b e n s o r a t l o s e n S c h a u s p i e l e r a n: Und was soll das nun bedeuten?
	[...]
VATER	Ich dachte, Sie hätten das schon von Anfang an begriffen!
DIREKTOR	Wirklicher als ich?
VATER	Wenn Ihre Wirklichkeit sich von heute auf morgen verwandeln kann...
DIREKTOR	Aber das weiß man doch, daß sie sich wandeln kann! Sie verwandelt sich unaufhörlich, wie bei allen!
VATER	m i t e i n e m S c h r e i: Aber unsere nicht, Herr! Sehen Sie – darin liegt der Unterschied! Unsere Wirklichkeit wandelt sich nicht, sie kann sich nicht verwandeln und niemals eine andere werden, weil sie festgelegt ist – so, als d i e s e eine, für immer! Und das ist schrecklich, Herr Direktor! Eine unveränderliche Wirklichkeit, vor der es Ihnen schaudern müßte, wenn Sie in unsere Nähe kommen! (S. 305–308; Kursivhervorhebung v. M.S.).

In dieser perspektivischen Umkehrung wird erneut der Grund sichtbar, warum sich der Autor den sechs Personen entzogen, warum er die Unmöglichkeit des analytischen Dramas dramatisch präsentiert hat. In der Gratwanderung der Personen zwischen der Rolle und der Fixierung als dramatis personae spiegelt sich in potenzierter Form der poetologische Konflikt zwischen der Wirklichkeit des Dramas und dem Realitätsverständnis Pirandellos. Dieser Konflikt kann nicht mehr gelöst werden; er kann nur noch als ungelöster im Drama selbst dargestellt werden.[74] Die dramatische Gestaltung der Entstehungsphase und der Gründe des Scheiterns zeigen die Grenzen des konventionellen und analytischen Dramas ebenso auf wie die der illusionistischen und naturalistischen Dramaturgie des Theaters. Indem Pirandello die poetische Reflexion als Theaterprobe darbietet, weitet er die immanente Poetik zur theatralischen Selbstthematisierung im Drama aus. Das Spiel im Spiel, die Theaterprobe im Theater, ist ein Drama ü b e r das Drama, Theater ü b e r das Theater.

Das Aufspalten der dargestellten Handlungen in die dramatische Vergangenheit und epische Gegenwart, in der das Vergangene nur noch erzählt werden kann, findet innerhalb des Bühnenraumes statt. An keiner Stelle überschreitet das epische Drama die Grenze hin zum Parterre. Auf der äußeren Spielebene der Theaterprobe ist die Gegenwart des Versuchs, die Familientragödie zu inszenieren, von der Wirklichkeit der Aufführung des Stückes getrennt. Trotz aller Reflexionen und Potenzierungen der Spielebenen wird die Rampe respektiert, die Absolutheit des Dramas gegenüber dem Zuschauer[75] gewahrt. Die Vergangenheit der Personen ist der Erzählgegenstand, nicht aber der gescheiterte Aufführungsversuch selbst. Pirandellos *Sei personaggi in cerca d'autore* ist ein e p i s c h e s D r a m a, nicht jedoch e p i s c h e s T h e a t e r im Sinne Brechts. Der „Gestus des Zeigens" bleibt noch auf die Rollen beschränkt, die die Authentizität ihrer Tragödie verbürgen und gegen die Entfremdung ihres Dramas durch die Schauspieler rebellieren. Das epische Drama Pirandellos thematisiert zwar die Erzählsituation, aber akzeptiert noch nicht den Zuschauer als Zuhörer. Dieser bleibt außerhalb des tragischen Bühnenspiels.

Bertolt Brecht: *Der kaukasische Kreidekreis*[76]

Im Unterschied zu den Dramen Lessings, Tiecks und Pirandellos wird die Anwesenheit des Publikums zu einem expliziten Konstituenten für das epische Theater Bertolt Brechts. Die Erzählsituation umfaßt sowohl den Zuschauerraum als auch die Bühne. Die dramatische Handlung wird in den Akt der Aufführung integriert.

> „Die Gegenwart der Aufführung ist gleichsam breiter als die der Handlung: deshalb bleibt ihr der Blick nicht nur auf den Ausgang, sondern auch auf den Gang und das Vergangene offen."[77]

Dadurch daß die Bühne in einem epischen Verhältnis zum Parterre steht, wird das Dargestellte verfremdet, so z.B. durch den Prolog, Epilog, durch das Vorspiel, durch Titelprojektionen oder durch die Sprache der dramatis personae, die in der dritten Person über sich reden können.[78] Die Bretter der Bühne bedeuten nicht mehr die Welt; sie zeigen sie vor, bilden sie ab. Im „Gestus des Zeigens" wird die für das epische Theater charakteristische Distanz erzeugt, die den Reflexionsraum konstituiert.

Die epische Grundhaltung des Brechtschen Theaters fordert vom Schauspieler, daß er sich nicht mit der Rolle identifiziert, sondern sie v o r z e i g t und somit „in zweifacher Gestalt auf der Bühne steht":[79] als Spielender und als fiktive Figur. Indem die Darstellenden die Handlungen und Dialoge der dramatis personae n a c hspielen, werden sie zu sichtbaren Erzählern ihrer eigenen Rollen. Sie treten weder hinter die Dramenfigur zurück noch erzeugen sie die Illusion, daß etwas eben jetzt passiere und der Zuschauer ein Augenzeuge sei.[80] Die Verneinung der Illusion, der Möglichkeit des Publikums, sich einzufühlen, führt jedoch nicht zur Negation des Theaters; denn der Zeigende bedarf des Zu-Zeigenden ebenso wie des Zuschauenden. Die Episierung umschließt die Bühne, die Schauspieler und das Publikum. Die Ganzheit des Werkes vollendet sich erst in der theatralischen Erzählsituation. Der dramatische Vorgang im Illusionsdrama wird zum Erzählgegenstand des epischen Theaters. Die intendierte Wirkung des Brechtschen Theaters setzt die dargestellte Wirklichkeit im Sinne des sozialistischen Realismus voraus, da ohne die Fiktion, ohne die abgebildete Welt, die Welt des Zuschauers nicht als eine veränderbare gezeigt werden kann. Das epische Theater braucht die Fiktion, um desillusionierend auf den Betrachter wirken zu können. Die im Drama und durch die epische Art der Präsentation geschaffene Distanz bestimmt auch die Rezeptionsweise. Das Publikum wird nicht mehr in die Handlung hineinversetzt, illudiert, sondern ihr gegenübergesetzt.[81]

Die Dramaturgie der Episierung des Theaters und des Dramas hat Brecht in seinem Stück *Der kaukasische Kreidekreis* geradezu schulmäßig poetisch gestaltet. Makrostrukturell wird die Bühne, die Ebene der Darstellung, in zwei Bereiche aufgespalten: in die Rahmenhandlung, in der die Erzählsituation der Bühne dramatisch aufgebaut wird, und in die Erzählungen des Sängers, der zwei Geschichten, die Grusches und Azdaks, den Personen des prologartigen Vorspiels vorträgt. Beide epischen Handlungsstränge werden in der Erzählung vom Kreidekreis verbunden, so daß die epische Handlung eine Einheit bildet. Im Epilog wendet sich der Sänger direkt an seine Zuhörer und deutet die alte Sage, deren ‚Moral', deren Lehre, bereits im Rahmenspiel verwirklicht worden ist. Indem die im Streit zweier Kolchosen um ein Tal getroffene Entscheidung nachträglich durch die Rechtsprechung des Richters Azdak in der altchinesischen Sage vom Kreidekreis bekräftigt wird, ist auch die Distanz zwischen der Rahmen- und Binnenhandlung aufgehoben worden. Da die Utopie sozialistischer Rechtsprechung der alten Sage im Vorspiel real geworden ist, bevor der Sänger beginnt zu erzählen, wird der gesellschaftspolitische Anspruch des epischen Theaters evident. Zugleich bricht aber die Distanz zwischen der konkreten Bühnenutopie und den realen Gesellschafts- und Besitzverhältnissen, zwischen Darstellung und Wirklichkeit, auf.[82]

Ausgangspunkt des epischen Schulstücks auf der dramatischen Ebene des Vorspiels ist der Streit zweier Kolchosen, des Ziegenzuchtkolchos „Galinsk" und des Obstbaukolchos „Rosa Luxemburg", um ein Tal, der zugunsten der Obstbauern entschieden wird, da sie dieses Tal, das ursprünglich den Ziegenzüchtern gehörte, effektiver nutzen können. Aus dieser Gegenüberstellung zweier Parteien entwickelt Brecht allmählich die Erzählsituation; denn erst nach der Einigung tritt ein Sänger, Arkadi Tscheidse, auf, der zusammen mit den Mitgliedern des Kolchos „Rosa Luxemburg" die Sage vom Kreidekreis als Theaterstück einstudiert hat. Während die Delegierten vom Kolchos „Galinsk" die Rolle des Publikums übernehmen, werden die Angehörigen des Kolchos „Rosa Luxemburg" zu Darstellern, die einzelne Sequenzen der Erzählung szenisch darbieten. Zwischen ihnen steht der Sänger, der Erzähler, dessen Rolle weder mit der des fiktiven Publikums noch mit denen der Figuren der alten Sage zur Deckung gelangt. Im strengen Sinne gehört er nicht zu den dramatis personae. Zusammen mit seinen Musikern situiert er die epische Ebene zwischen der äußeren, dramatischen des immanenten Publikums und der inneren, der szenischen Darstellung des epischen Geschehens. Durch die Einführung dieses auktorialen Erzählers, der nahezu über alle Mittel der epischen Distanzbildung verfügt – so z.B. über das Aufbrechen und Umstellen der Chronologie, über Verfahren der topographischen Verschränkung sowie der Raffung und Dehnung der erzählten Zeit, über die Fähigkeit, das Geschehen zu kommentieren, zu deuten, vorauszugreifen, pantomimische Szenen sprachlich wiederzugeben und sich in das szenisch vermittelte Geschehen einzumischen, unmittelbar betroffen und beteiligt zu sein –, wird die epische Haltung des Theaters thematisch. Es ist episches Theater i m und ü b e r das epische Theater. Selbst der „Gestus des Zeigens" wird dramatisch gestaltet, wenn die den immanenten Zuschauern ‚bekannten' Mitglieder des Kolchos „Rosa Luxemburg" in den „alten Masken" des Sängers die Gestalten der Kreidekreissage n a c h s p i e l e n. Gezeigt werden nicht nur die Rollen, sondern auch die Darstellenden.

Indem Brecht die Erzählung, sein episches Theater, nicht als M i t t e l einsetzt, um den Streit zwischen den Kolchosen zu schlichten bzw. vernünftig zu entscheiden, tritt die unterhaltende Funktion des Lehrtheaters in den Vordergrund, mit der die Stellung des Theaters im utopischen Sozialismus antizipiert wird: das Lehrtheater ist zum Vergnügungstheater geworden. Die Ziegenzüchter sowie Obst- und Weinbauern bedürfen nicht mehr der Belehrung, wohl aber der Unterhaltung. Das Lehrhafte des Unterhaltungstheaters dient allenfalls der Affirmation der Utopie. Das auf die Illusion verzichtende, epische Theater erinnert das fiktive Publikum nur noch an seine frühere, gesellschaftsverändernde, Funktion, die vom anwesenden Theaterbesucher politisch noch zu erfüllen ist.

Im Unterschied zu Lessings illusionistischem Mittel der Distanzbildung sowie den Fiktionsironien Tiecks und Pirandellos bedient sich Brecht der Formen epischer Illusionszerstörung. Wird der Reflexionsraum bei Lessing, Tieck und Pirandello auf die Bühne beschränkt, so dehnt ihn Brecht auf das Parterre aus. Obgleich das bürgerliche, romantische und neoromantische Drama sowie das epische Theater untereinander krasse Unterschiede aufweisen, so ist ihnen doch gemeinsam, daß der fiktionale Raum des Theaters konstitutives Element ihrer Kunstwerke bleibt. Im illusionistischen und desillusionistischen Typus werden die Reflexionsräume des Theaters in ihrer Gewichtung unterschiedlich einander zugeordnet. Das Aufbrechen dieser räumlichen Korrelationsformen vollzieht sich erst im anti-illusionistischen Theater, das die Bühne negiert, seinen Reflexionsraum auf den Zuschauerraum beschränkt.

Peter Handke: *Publikumsbeschimpfung* [83]

oder wie man das Theaterspiel spielt: Die Negation der Illusion und der Inlusion

> „Man eilt zerstreut zu uns, wie zu den Maskenfesten,
> Und Neugier nur beflügelt jeden Schritt;
> Die Damen geben sich und ihren Putz zum besten
> Und spielen ohne Gage mit" (Goethe, Faust I.V.ll7-120).

Derjenige, der eine monströse, alles überbietende Philippika gegen das Publikum und damit gegen sich selbst erwartet, wird enttäuscht, desillusioniert das Sprechstück Handkes aus der Hand legen; denn die Schimpfchöre der Sprecher nehmen nur einen geringen Raum dieses Sprachspiels ein. Und dennoch bietet Handke in der Bezichtigung des Publikums auf engstem Raum eine Fülle diffamierender Ausdrücke, die nahezu das ganze Vokabular der theatralischen, religiösen, privaten, öffentlichen, sozialen, politischen, militärischen, weltanschaulichen, philosophischen Schimpfwörter abdeckt. ‚Die Masse kann nur durch Masse bezwungen werden' und

„Ein jeder sucht sich endlich selbst was aus.
Wer vieles bringt, wird manchem etwas bringen."[84]

Das Thema der Beschimpfung sind die „Zuschauer", die nicht *zu*-hören, sondern sich *an*-hören müssen, wie sie von den Sprechern bezeichnet werden, und zwar als „Glotzaugen", „Stiernacken", „Herdentiere", „Mitläufer", „Dutzendwaren", „Tausendfüßler", „Kollektivisten", „Effekthascher", „Applausbettler", „Claqueure", „Sklerotiker", „Kabinettstücke", „Charakterdarsteller", „Menschendarsteller", „Welttheatraliker", „Meilensteine in der Geschichte des Theaters", „Gottespülcher", „Ewigkeitsfans", „Gottesleugner", „Rufer in der Wüste", die „Heiligen der letzten Tage", „Atheisten", „Teufelsbrut", „Natterngezücht", „Rotzlecker", „Gernegroße", „Miesmacher", „Tröpfe", „Flegel", „Strolche", „Bestien in Menschengestalt", „Laffe", „Miststücke", „Nimmersatt", die „Siebengescheiten", die „Neunmalklugen", „Asoziale", „verrottetes Bürgertum", die „vertrottelten Adligen", „Unternehmer", „Protze", „Gesinnungslumpen", die „Volksfremden", „Nazischweine", „Saujuden", „Genickschußspezialisten", „Auswürfe der Gesellschaft", „KZ-Banditen", „Kriegstreiber", „Untermenschen", die „roten Horden", „Unterweltler", „Nihilisten", die „unsterblichen Seelen" und als „Leuchten der Wissenschaft" (S. 44–48). Dieser Wortschwall, dem die Zuhörer bewußt ausgesetzt werden, ist weder beliebig noch rein zufällig, umspannt doch seine Bedeutungsmasse Absonderliches und Allgemeines, die Rotzlecker und Glotzaugen ebenso wie die Phase des Nationalsozialismus, das Zeitalter der Masseninszenierungen mit einem Publikum von bis dahin unbekanntem Ausmaß. Handke läßt kein Welttheater mehr spielen, sondern er spielt mit dem barocken Topos des theatrum mundi im pragmatischen Bedeutungsraum der Schimpfwörter. Nicht auf der Bühne, sondern im Zuschauerraum ist das Welttheater real. Das Publikum bedeutet nicht die Welt, sondern es repräsentiert die Welt, es i s t immer schon d i e Realität des Theaters gewesen. Thema und Gegenstand ist das Publikum, der Ausschnitt der Wirklichkeit, der nicht inszeniert zu werden braucht.

Die essentielle Voraussetzung des Theaters ist seine Aufführbarkeit, die das Vorhandensein der Zuschauenden impliziert. Die Welt des Schauspiels ist und war eng verknüpft mit der Anwesenheit des Publikums, dessen Freude am Erkennen der Nachahmung bereits für Aristoteles ein Entstehungsgrund des Dramas war.[85] Die Tradition des theatrum mundi ist von diesem Schaustellungscharakter ebenso zu trennen wie von der Schaulust der Zuschauenden. Darstellen und Zuschauen, die Pracht der Welt zu sehen und zu bewundern, Welttheater zu spielen und das Auge zu befriedigen, illusioniert zu werden und sich in die Welt des Theaters hineinzuspielen (in-ludieren), werden von Handkes Sprechern radikal negiert und umgewertet. Nicht wie in Dantes *Divina Commedia* werden die drei Reiche des Jenseits, Hölle, Fegefeuer und Paradies, durchschritten. Nicht wie auf der elisabethanischen Pfosten- und Bretter-Bühne wird die Enge des Raumes zum Mittelpunkt der Welt und des Universums.[86] Nichts wird von dem erfüllt, was der Theaterdirektor in Goethes *Faust* fordert, wenn die Pfosten und Bretter aufgeschlagen sind[87]

„in dem engen Bretterhaus [, um]
Den ganzen Kreis der Schöpfung aus[zuschreiten],
und [...] mit bedächt'ger Schnelle
Vom Himmel durch die Welt zur Hölle [zu wandeln]."[88]

Nicht Prospekte, Kulissen, die eine Aussicht in die Ferne eröffnen, nicht die Theatermaschinerie, nicht Sonne, Mond und Sterne, Wasser, Feuer, Felsen, Tiere und Vögel werden auf die Bühne gebracht. Die „Bretter, die die Welt bedeuten",[89] bleiben bei Handke ebenso leer wie zur Zeit Shakespeares, jedoch mit dem Unterschied, daß dem Zuschauer die Einbildungskraft geraubt wird, „hinter einem grünen Vorhang das Zimmer des Königs anzunehmen", „sich auf der öden Bühne nach Belieben Paradies und Paläste zu imaginieren".[90] Die „Unvollkommenheit der englischen Bretterbühne", „jene Kindheit der Anfänge", die Ausstrahlungskraft der Wortkulisse, das „Gerüste, wo man wenig sah, wo alles nur b e d e u t e t e", auf dem der Schauspieler eher ein charakteristisch maskierter Erzähler als Darsteller war, auf dem alles theatralischer wirkte, wenn die äußere Handlung nur angedeutet wurde und noch wichtigere symbolisierte, sind für Goethe Vergangenheit.[91] Die Natürlichkeit der Darstellung, realisierbar geworden durch die Verbesserung „der Theatermaschinerie und der perspektivischen Kunst und der Garderobe",[92] hat zur Perfektionierung des Bühnenraums geführt, hat das imaginative ersetzt durch das naturgetreue, die Welt imitierende Illusionstheater. Shakespeare auf dem Theater ist für Goethe in einer realistischen Inszenierung unmöglich geworden. Er fordert, die Dramen des englischen Klassikers zu lesen.[93]

Peter Handke dagegen greift auf die öde, leere Bretterbühne Shakespeares zurück und geht einen entscheidenden Schritt weiter, wenn er auch die Wortkulisse negiert, wenn er sich weigert, selbst den Bedeutungsraum des Wortes der Bühne zu lassen. „Hier wird nicht dem Theater gegeben, was des Theaters ist." Die „Schaulust bleibt ungestillt", selbst die imaginative; denn diese

> „Bretter bedeuten keine Welt. Sie gehören zur Welt. Diese Bretter dienen dazu, daß wir darauf stehen. Dies ist keine andere Welt als die Ihre. Sie sind keine Zaungäste mehr. Sie sind das Thema. Sie sind im Blickpunkt. Sie sind im Brennpunkt unserer Worte." (S. 18)

Indem der Topos der „Bretter, die die Welt bedeuten", neben dem theatralisch abgewandelten Christus-Zitat „So gebet dem Kaiser, was des Kaisers ist, und Gott, was Gottes ist", (Matth. 22,21) steht, wird das theatrum mundi, das die Vergangenheit, Gegenwart und Zukunft, Himmel, Erde und Hölle, Diesseits und Jenseits, umfaßte, verneint. Der kosmischen Imagination, dem Durchschreiten der Schöpfung wird die Gegenwart im Theater entgegengestellt. An die Stelle des Welttheaters tritt die Welt des Theaters. Handkes Sprecher kehren in ihrer V o r r e d e nicht bis zur „Kindheit der Anfänge" zurück, sondern bis zum Anfang selbst, bis zur Grundbedingung des Theaters; sie kehren sich dem Publikum zu. Es symbolisiert nicht die zeitlose Gegenwart des Theaters, sondern ist sie, war sie und wird sie immer sein, will sich das Theater nicht selbst zerstören. Die Zuschauenden bilden durch ihre Gegenwart sowohl den Ursprung des Theaters, die conditio sine qua non, als auch das Prägende, Charakteristische. Sie sichern dem Theater seine Existenz und Kontinuität.

Ohne diese „Glotzaugen", „Herdentiere", „Charakterdarsteller", „Menschendarsteller" und „Welttheatraliker", ohne diesen ‚Meilenstein in der Geschichte des Theaters' wäre das Theater nie entstanden; ohne sie wäre es tot; ohne sie müßte die Publikumsbeschimpfung mißlingen. Indem die Zuschauer zum Thema erhoben, jenseits aller Fiktion und Illusion objektiviert werden, läßt Handke die Sprecher auf der Bühne, an der Rampe, an der Grenze zum Zuschauerraum, die Bedingungen des Theaters reflektieren. Die poetologischen und poetischen Reflexionen in diesem Sprechstück werden universalisiert zu einer umfassenden, transzendentalen Selbstdarstellung des Theaters. Die poetologischen Selbstreflexionen im Drama und die poetischen Spiegelungen werden erweitert zu theatralischen, in denen die Realität der Bühne jenseits der Rampe aufgespürt wird. Dazu bedarf es der Zerstörung des Illusionsspiels, der Verödung der Bühne, um die Wirklichkeit des Spiels freizulegen, um die wahren Schauspieler sichtbar zu machen. Das theatrum mundi, die Illusionsdramen, die Schauspiele der Romantiker, der Impressionisten, Expressionisten, der Naturalisten und der sozialistischen Realisten, das Theater der Gegenstände und das absurde Theater, das performance- und living-theatre benötigen die Bühne und deren Darstellungsraum, selbst dann, wenn sie nur zum Ausgangspunkt der Aktionen, der Vorstellung werden. Handke entzieht diesem Imaginationsraum das Wort, um es ans Publikum zu richten. Die Sprecher lassen die Bühne hinter sich zurück.

Dem eigentlichen Sprachspiel der Beschimpfung, der Konfrontation zwischen Sprechern und Zuhörern, dem Publikum, gehen drei Teile, drei Vor-spiele, voran: erstens die „Regeln für die Schauspieler", zweitens die Regieanweisung für den Zuschauerraum bzw. für die Inszenierung des traditionellen Illusionstheaters und die Bühnenprobe der Bezichtigung sowie drittens die „Vor-rede", ein Prolog des Sprecherchors ad spectatores, der quantitativ und qualitativ im Zentrum des Spiels steht. Dem Sprechakt selbst, dem Beschimpfen, schließt sich als fünfter und letzter Teil ein Nachspiel an. Rudimentär spiegeln die fünf Phasen des Sprachspiels die fünf Akte des klassischen Dramas, dessen pyramidale Struktur wider, wie sie von Gustav Freytag im letzten Jahrhundert nochmals normativ verabsolutiert wurde.[94]

Der erste Akt, die ‚R e g e l n f ü r d i e S c h a u s p i e l e r', verletzt eklatant die Erwartungen. Vergebens sucht man nach Regeln für die D a r - s t e l l e r, die auch nur annähernd mit den Theoremen der Schauspielkunst, sei es die der alten regelmäßigen Stelzentragödie oder die der natürlichen Darstellungsweise des Illusionstheaters oder gar des epischen Theaters, in Verbindung zu bringen wären. Nichts verweist auf die Versuche und Ansätze etwa von Rémond de Sainte Albine, François Riccobini, Lessing, Diderot, Goethe oder gar Brecht. Weder das natürliche, einfühlsame Spiel, die Identität zwischen Schauspieler und Rolle, noch der „Gestus des Zeigens", die Episierung der Darstellung, stehen im Vordergrund dieser Expositionsphase. Nichts erfährt man, so scheint es, über den Gebrauch der Sprache und über die Art der Körperbewegung auf der Bühne, über Dialekt, Aussprache, Rezitation und Deklamation, Sprachrhythmus, über die Haltung und Bewegung der Hände, über das Gebärdenspiel, das Proben, über die zu vermeidenden bösen Gewohnheiten, daß es z.B. unschicklich sei, so Goethe in den *Regeln für Schauspieler*, ein großes Schnupftuch auf dem Theater zu gebrauchen, die Nase zu schnauben oder gar auszuspucken.[95] Allenfalls spielt das respektlose Verhalten der spuckenden Lamas gegenüber ihren Zaungästen im Zoo (vgl. S. 10) oder die Weigerung der Sprecher, sich der Tücke des Objekts zu beugen, ein herunterfallendes Taschentuch in das Spiel einzubeziehen (vgl. S. 20) oder das Schimpfwort „Rotzlecker" (S. 44) auf die schlechten Manieren an, die Goethe von der Bühne verbannt wissen wollte, da sie die Illusion stören; denn es „ist schrecklich innerhalb eines Kunstprodukts an diese Natürlichkeiten erinnert zu werden".[96] Nicht die Kunstregeln der Bühne, sondern die Naturregeln der Schau-spielenden, des Schau-spielens, der Zu-schauenden, stehen im Vordergrund. Handke verpflichtet seine Sprecher, die „R e g e l n f ü r d i e S c h a u s p i e l e r" genau zu beobachten, selbst die Rolle des Publikums einzunehmen.

Wenn von den Sprechern verlangt wird, Kirchen, Fußballstadien, Demonstrationsplätze aufzusuchen, um sich die Litaneien der Gläubigen, Anfeuerungsrufe und

Schimpfchöre der Fußballfans sowie die Sprechchöre der Demonstranten *an*-zuhören und *an*-zu-sehen, bestimmte stereotype Verhaltensweisen wahrzunehmen, bilden sie ein kleines Publikum, das seinerseits die verschiedenartigsten Formen des Zuschauens, des Zuhörens und Sprechens unterschiedlichster Publika in der Realität bewußt aufspürt. Das distanzierte Beobachten *und* das Spielen der Rolle des „Gegenspielers" in der Realität außerhalb des Theaters eröffnen die Reflexion auf das Publikum. Die Sprecher erfahren empirisch die typischen Merkmale *und* Reaktionsweisen des sakralen, dem Massensport hörigen, des politischen Präsenzpublikums. Sie lernen ihr Gegenüber kennen. Das rhythmisierte Sprechen, der einfache Satzbau, die Wiederholungen, die einzige Möglichkeit, zuzustimmen oder abzulehnen, anzufeuern oder zu beschimpfen, das litaneihafte, formelhafte Sprechen zu intensivieren bis hin zum aggressiven Beschimpfen, zum politischen, agitatorischen, gewaltsamen Sprechen, das nur noch durch das Ausstoßen von schrillen Schreien überboten werden kann, alle diese Artikulationsformen werden auch das Sprachspiel im Theater, den Sprachstil der Sprecher prägen; denn im Gegensatz zu den Gläubigen, den Fußballfans und Demonstranten ist das Theaterpublikum durch die Sprachlosigkeit gekennzeichnet.

Gemeinsam ist allen vier Formen, daß sie auf die Präsenz des Publikums nicht verzichten können. Gegenüber dem traditionellen Theater, das während des Spiels die Zuschauer in Dunkelheit hüllt und deren Existenz leugnet, wird in den Kirchen die Gemeinde der Gläubigen direkt angesprochen. Auf den Fußballplätzen dagegen mischen sich die Zuschauer lautstark von ihren Rängen aus in das Spielgeschehen ein. Ihr Anfeuern und ihre Schimpfchöre können den Verlauf und den Ausgang des Spiels entscheidend beeinflussen. Im Kräftespiel der Gesellschaft können die engagierten Beobachter der politischen Bühne mit ihren Massenaktionen die Verteilung der Gewichte verschieden stark manipulieren. Die massenhaften Aufläufe im Dritten Reich, die systemstabilisierend wirkten, sind ebenso Beispiele wie die Bewegung der außerparlamentarischen Opposition in den 60er Jahren, in der Studentenbewegung, welche die Grundlagen der westdeutschen Demokratie in Frage stellte und politisch-soziale Veränderungen bewirkte. Das Schauspiel, die Liturgie und das Fußballspiel sind an feste Schauplätze gebunden im Gegensatz zu den politischen Demonstrationen. Handke bietet bereits durch diese „Regeln" ein spannungsreiches Gefüge, das, obwohl das Theater selbst an keiner Stelle explizit benannt wird, wichtige Aufschlüsse über die Zuschauer eines Theaterstücks liefert.

Handke weitet das spannungsreiche, kontrastive Erfahrungsfeld für seine Sprecher aus, wenn er sie verpflichtet, Verhaltensweisen der Parlamentarier wahrzunehmen, Musik, die Stones und die Hitparade von Radio Luxemburg, anzuhören, Filme der Beatles und Western anzusehen, die „Menschen nachäffenden Affen und die spuckenden Lamas im Zoo" zu betrachten, „Gebärden der Tagediebe und Nichtstuer beim Gehen auf den Straßen und beim Spielen an den Spielautomaten" anzusehen (S. 10). Auffallend neben der Vielfalt der Präsenz- und dispersen Publika ist die Ubiquität der Zuschauer- bzw. Zuhörerrolle, in der sich die Welt widerspiegelt, sei es die bunte Welt der Vereinten Nationen, der Beatles-Filme oder der Zoos. Die Publikumsrolle ist keine Charge des theatrum mundi, sondern deren Hauptrolle.

Die Aufforderung an die Sprecher, sich „die laufenden Räder eines auf den Sattel gestellten Fahrrads bis zum Ruhepunkt der Speichen an[zu]hören und die Speichen bis zu ihrem Punkt der Ruhe an[zu]sehen", sich das „allmähliche Lautwerden einer Betonmischmaschine nach dem Anschalten des Motors" anzuhören, die „zugleich geschehenden Einfahrten und Ausfahrten von Zügen an[zu]hören" (S. 9), stellen zunächst irritierende Bilder einer zu Ruhe kommenden Bewegung, des Stillstands, des Sich-in-Bewegung-Setzens dar, deren Nacheinander in die Gleichzeitigkeit der ein- und abfahrenden Züge aufgehoben wird. Diese Bewegungsabläufe des Ankommens, Ruhens und Fortgehens werden zu kühnen Allegorien, die den Formations- und Auflösungsprozeß des Publikums ins Bild setzen.

Die Satzfragmente, die Infinitivformen der Regeln für Schauspieler, weisen bezeichnenderweise jeweils zwei Grundformen auf, das A n hören und das A n sehen, die alternierend, blockhaft gegeneinander gesetzt und ineinander verschränkt werden. Einerseits tragen diese Infinitive die Bedeutung der Aufforderung, andererseits bezeichnen sie sowohl das distanzierte, beobachtende Verhalten der Sprecher, die Objektivierung bestimmter Verhaltensmuster der Zuschauer als auch den bewußten Vollzug der Publikumsrolle selbst. Hören und Sehen, zwei fundamentale Wahrnehmungsarten, charakterisieren zugleich den Typus des Theaterbesuchers, der dem Bühnengeschehen zu-schaut und den Dialogen zu-hört. Im Unterschied zum Anschauen und An-hören, Formen der Rollenreflexion der Sprecher, schauen und hören die traditionellen Zuschauer z u, ohne sich ihrer eigenen Theaterrolle bewußt zu sein. Erst wenn die Sprecher ihr Gegenüber, die Regeln des Schauens und des Spielens, des Schauspielens, genau kennen, verfügen sie über die Erfahrung und das Wissen, um eine umfassende poetologische bzw. theatralische Reflexion der Publikumsrolle im Theater vollziehen zu können. Indem sie sich empirisch-pragmatisch das typisierte Verhalten ihres Kommunikationspartners aneignen, dessen Existenz sie als Darsteller auf der Guckkastenbühne, im Drama des ‚rechten Winkels' (vgl. S. 16), ausblenden mußten, werden sie zu kompetenten Sprechern, welche die Regeln dieses Sprachspiels beherrschen, so daß sie die Zuschauer aufklären, aber auch beschimpfen können. Die Regeln für die S c h a u - s p i e l e r bilden eine anschauliche Dramaturgie des Publikums in nuce.

Der erste Akt dieses Sprechstücks, der dramatischen Präsentation der Reflexion der Zuschauerrolle, beginnt in der Realität der Schauspielenden außerhalb des Theaters. Im Unterschied zu den Rollenreflexionen in den Dramen der Romantik und der romantischen Darstellung des f i k t i v e n Publikums bedarf dieses Sprechstück weder der Illusion noch der Fiktionsironien. Es beginnt mit der jahrtausendalten Wirklichkeit des Theaters selbst. Die Regeln des Schauens, diese Rollenspielkompetenz, wird weder den Sprechern noch dem Publikum in diskursiver Form, z.B. in der Sprache der Gruppensoziologie, vermittelt, sondern in der Sprache des Theaters. Außerhalb des Theaters werden die Realitätsausschnitte der verschiedenen Publikumsformationen aufgesucht, um die Naturgesetze des Zuschauerraums aufzudecken.

Die zweite Phase des Sprachspiels, die Steigerung und das erregende Moment der Sprechhandlung, dient ausschließlich der Stilisierung und Typisierung der Zuschauerrolle im Illusionstheater. Handke wendet alle erdenklichen Mittel auf, um die gewohnte Theaterstimmung vollendet zu erzeugen. Wenn die Besucher das Parterre betreten, soll mit Hilfe von Tonbandaufzeichnungen früherer Theaterabende die Illusion erweckt werden, als ob hinter dem geschlossenen Vorhang an das noch unsichtbare Bühnenbild letzte Hand angelegt werde. Nicht nur das Geräusch bewegter Gegenstände, wie das Rücken von Tischen und Stühlen, sondern auch „die geflüsterten Anweisungen vorgetäuschter Bühnenmeister und die geflüsterten Verständigungen vorgetäuschter Arbeiter" (S. 11) sind zu hören.

Ebenso wie die Bühne wird der Raum jenseits der Rampe inszeniert. „Die Platzanweiser vervollkommnen noch ihre gewohnte Beflissenheit, bewegen sich noch formeller und zeremonieller, dämpfen ihr gewohntes Flüstern noch stilvoller." Selbst die Programme sollen von „vornehmer Ausstattung" sein. Die Klingelsignale erfolgen, und das Licht verlöscht allmählich. Die G e b ä r d e n der Platzanweiser, der Chargen im Publikumsraum, sind beim Schließen der Türen „besonders gravitätisch und auffallend". Um die Illusion der Zuschauer nicht zu stören, um den Theaterbesucher die Übernahme seiner Schau-spielrolle rasch und in gewohnter Perfektion zu ermöglichen, wird den zu spät Kommenden der Zutritt verweigert, werden Zuschauer in unangemessener Kleidung abgewiesen. Die Kleiderordnung, die Kostüme der Schau-spielenden, darf das Auge nicht verletzen. Den Herren wird ein dunkler Anzug, ein weißes Hemd und eine unauffällige Krawatte vorgeschrieben. „Die Damen sollen grelle Farben ihrer Garderoben tunlichst vermeiden" (S. 12).

Wenn die Türen geschlossen sind, das Licht erloschen ist, die Besucher eine „geschlossene Gesellschaft" bilden, Ruhe, Starre, Stille und Dunkelheit eingetreten sind, wird auch der Vorhang allmählich ruhig. Das laufende Rad ist am Ruhepunkt angelangt. Die vorgetäuschte Bewegung auf der Bühne und die letzten Aktionen jenseits des Vorhangs haben sich in völlige Unbeweglichkeit aufgelöst. Bühne und Zuschauerraum harmonieren. Alle erwartungsvollen Schau-spieler haben sich uniformiert: Sie sitzen in gleichen Abständen im selben Raum nebeneinander, sind starr und blicken in dieselbe Richtung. Für kurze Zeit inszeniert sich das Illusionstheater selbst, begibt sich jeglicher Distanz. Es herrscht totale Täuschung, der Beginn eines falschen Scheins. Für kurze Zeit versinken die Besucher im Dunkeln. Nur für einen kleinen Zeitraum blendet das Theater die Anwesenden aus. Die Stilisierung des Publikums zum „Muster"-Publikum, das selbstvergessen dem Schauspiel beiwohnen will, hat einen Höhepunkt erreicht, die entsprechende Fallhöhe, von der aus sein Fall, die Aufklärung ü b e r die eigene Rolle, die Selbstreflexion, erfolgen kann. Alles, was auf der Seite der Sprecher und des Autors getan werden kann, um die Einheit der Zuschauenden zu verwirklichen, ist getan worden. Bevor der sich öffnende Vorhang den Blick auf die leere Bühne freigibt, hat der zweite Akt längst begonnen, der noch von den Gesetzen der Illusion beherrscht wird.

Wenn die Theatermaschinerie allmählich in Gang gesetzt wird, vergleichbar dem „Lautwerden einer Betonmischmaschine nach dem Anschalten des Motors", wenn der Bühnenvorhang sich hebt und der Zuschauer sich in seinen Erwartungen betrogen fühlt, da die Bühne verödet ist, wenn ihm der Schleier der Dunkelheit genommen wird, sind die Gesetze des Illusionstheaters außer Kraft gesetzt. Statt Illusion herrscht die Anti-illusion. Bühne und Zuschauerraum weisen nun die gleiche Helligkeit auf, und zwar von einer Stärke, das dem gewohnten Licht nach dem Ende einer Vorstellung entspricht. Kaum daß das imaginative Spiel begonnen hat und für wenige Augenblicke nochmals in der Systematizität des Theaters gerinnt, wird es radikal zerstört. Die Beleuchtung des Parterres zeigt nach wenigen Minuten das Ende der Vorstellung an. Die Räume diesseits und jenseits des Proszeniums sind nicht mehr getrennt. Die Beschimpfung des Publikums setzt ein, wenn die Vorstellung, ehe sie ihre Eigengesetzlichkeit entfalten kann, zu Ende ist, auf die eigentlich nur noch angespielt und an die lediglich erinnert wird. Zugleich ist die Distanz zum traditionellen Theatermechanismus erreicht, die eine Reflexion auf die Bedingungen und Möglichkeiten der Bühne und des Publikums erlaubt.

Die Sprecher gehen von der Hinterbühne auf die Zuschauer zu. Bevor sie die Rampe erreichen, proben sie bereits die Beschimpfung, ein Vorspiel, das noch nicht an die Zuhörer gerichtet ist. Allmählich werden ihre Worte verständlich, schließlich laut. „Sie schreien. [...] Die Sprecher sind vor dem Ende der Schimpfprobe im Vordergrund angelangt", verstummen, schauen ins Publikum und begrüßen es: „Sie sind willkommen. Dieses Stück ist eine *Vorrede*" (S. 13, 15; Hervorhebung v. M.S.). Damit hat der dritte Akt, in dem die Negation jeglicher Illusion den Höhepunkt erreichen wird, begonnen.

Nicht nur die Stilisierung der Illusion, vor allem durch den situativen Kontext des Theaters selbst erzeugt, sondern auch die Formen der bewußten Kontaktaufnahme der Sprecher und die Benennung dessen, was sie tun werden, nämlich eine Vorrede halten, schaffen ein ganzes System von Reflexionsstrukturen, die ausschließlich der Situierung des Sprachspiels, der Publikumsbeschimpfung, dienen. Das Illusionstheater, in dem Bühne, Gestik, Mimik und die Wörter einen imaginativen Bedeutungsraum generierten, verkürzte die Theatersituation einseitig. Um dem Wesen des Theaters gerecht werden zu können, bedarf es der Anti-illusion, des Sprechtheaters, des Sprachspiels; denn die Worte b e d e u t e n nichts, sondern ihre B e d e u t u n g i s t d e r G e b r a u c h d e r W ö r t e r i n d e r S p r a c h e.[97] Ebensowenig wie die Semantik sich auf ein System reduzieren läßt und deshalb nicht ohne die Pragmatik bestehen kann, muß der traditionelle Systemcharakter des Theaters im Sprachspiel offengelegt werden, um das falsche Spiel mit Bedeutungsräumen durch die reine Sprechhandlung ersetzen zu können. Gelingen aber kann das Sprachspiel nur, wenn die beteiligten Sprecher und Zuhörer sich ihrer alten und neuen Rollen bewußt werden. Insofern muß zwischen das Vorspiel zur Beschimpfung und die eigentliche Sprechhandlung die Vorrede, der D i s k u r s, die Metakommunikation, treten.

Handke benutzt die Reflexionsstruktur der Sprache, um das sich selbst reflektierende Sprachspiel, die Bedeutung der Schimpfwörter im Gebrauch zu generieren. In der Metakommunikation und im Sprechen selbst ist die Doppelstruktur der Reflexion, die Distanz und die Identität, aufgehoben. Die ‚Regeln für die Schau-spieler', die Inszenierung traditionellen Illusionstheaters, das Vorspiel und die Vorrede sind die Formen der Theaterreflexion, die der Situierung der Theaterrede dienen. Das Sprechstück greift die Zweigliedrigkeit des Sprechaktes der Beschimpfung auf: sowohl den performativen Satz – ‚wir beschimpfen euch' – als auch den davon abhängigen Satz propositionalen Gehalts – ‚ihr Glotzaugen'. Der performative Teil legt den Modus der Kommunikation fest; der abhängige Satz wird

> „i n e i n e r Ä u ß e r u n g v e r w e n d e t, u m ü b e r G e g e n s t ä n d e z u k o m m u n i z i e r e n. In der elementaren Verknüpfung von Sprechakt und Satz propositionalen Gehalts zeigt sich die D o p p e l s t r u k t u r u m g a n g s s p r a c h l i c h e r K o m m u n i k a t i o n. Eine Verständigung kommt nicht zustande, wenn nicht mindestens zwei Subjekte gleichzeitig b e i d e Ebenen betreten:
> a) die Ebene der Intersubjektivität, auf der die Sprecher/Hörer m i t e i n a n d e r sprechen, und b) die Ebene der Gegenstände, ü b e r die sie sich verständigen (wobei ich unter ‚Gegenständen' Dinge, Ereignisse, Zustände, Personen, Äußerungen und Zustände von Personen verstehen möchte)."[98]

Das im Dramentitel angekündigte Sprachspiel des Beschimpfens des Publikums verschränkt auf besondere Weise den Gegenstand mit dem Modus der Kommunikation; denn die Beziehung zwischen Sprechern und Hörern auf der Ebene der Intersubjektivität wird durch das performative Verb „beschimpfen", das zur Klasse der regulativen Sprechakte gehört,[99] einerseits genau festgelegt, und andererseits ist das Publikum zugleich Gegenstand der Äußerung. Die Distanz zwischen Sprechern und Zuhörern wird durch diese Sprechhandlung überbrückt, da die Zuhörer mit dem Gegenstand der Kommunikation identisch sind. Somit fallen der analytische Gebrauch der Metakommunikation, die eine Verständigung über den Gegenstand herbeiführt, mit dem reflexiven zusammen. Die reflexive Metakommunikation führt eine Verständigung über den Verwendungssinn von Sätzen herbei.[100]

Indem die Sprecher das Illusionstheater negieren, problematisieren sie die Gültigkeit der tradierten Theaternorm. Dadurch, daß sie die normativ abgesicherten Sprachspiele deformieren, führen sie einen Diskurs um eine Verständigung über die neuen Regeln, die immer schon naiv im Theater Geltung beansprucht haben. Erst wenn die Rollenverteilung zwischen Sprechern und Zuhörern bewußt geworden ist, können die Sprecher die diskursive Ebene verlassen, kommunikativ handeln, das Publikum beschimpfen. Erst wenn das Publikum nicht mehr zu-schaut und nicht mehr zu-hört, sondern die Sprecher *an*-schaut und *an*-hört, erst wenn auf der Ebene der Intersubjektivität die Rollen bewußt verteilt sind, kann das Sprachspiel gelingen; denn die Angesprochenen sind sich nun des Verwendungssinns der Rede bewußt. Erst im geglückten Sprachspiel kann das Theater seine Gegenwart, sein ‚Hier und Jetzt', einlösen. Das Spiel mit den Worten ist zu einem Sprachspiel geworden, das die Umkehrung des traditionellen Theaterbildes einleitet. Die sprachlose Rolle des Publikums, seine Kostümierung, seine erstarrte Gebärde, Mimik und Gestik, sein Sehen und Hören in nur eine Richtung werden zur Sprache gebracht, hörbar und sichtbar gemacht. Die Sprecher spielen sich in die Rolle der Zuschauenden hinein. Sie nehmen die Kontaktsuche des Publikums auf, erwidern ihre selbstvergessenen Blicke, ihr unreflektiertes Zuhören. Sie suchen die Nähe zu ihren Gegenspielern. In der Konfrontation, im Sprechakt des Beschimpfens, suchen sie die Einheit mit ihrem Gegenüber.

Die erste und letzte Äußerung, die an die Theaterbesucher gerichtet wird, sind Worte der Begrüßung und Danksagung, institutionelle Sprechakte, die eine Sonderform der regulativen darstellen.[101] Vorrede und das regulative Sprachspiel bilden die Klammer der eigentlichen sprachlichen Auseinandersetzung, Sprechhandlungen, in denen die Sprecher die Distanz überwinden, die durch die abrupte Illusionsstörung geschaffen wurde. Das noch nicht erkennbare Ziel, die Trennung zwischen den Zuschauern und Sprechern aufzuheben, wird bereits zu Beginn der Vorrede erreicht. Diese institutionalisierten Sprechakte, mit denen normierte verbale Handlungen vollzogen werden, stellen in der Institution des Theaters einen eklatanten Regelbruch, eine Grenzverletzung, ein Übertreten der Rampe, dar. Die konventionalisierten Regeln des Theaters, die das Verhältnis zwischen den Menschen diesseits und jenseits des Proszeniums bestimmen, werden mißachtet. Der Prozeß der systematischen Grenzüberschreitungen, von der leeren Bühne und durch die Beleuchtung des Zuschauerraums eingeleitet, wird von den Sprechern unaufhaltsam fortgesetzt, um sich am Ende der Vorrede erneut und spannungsreich, im Schwebezustand zwischen Distanz und Einheit, in der Beschimpfung und zynischen Hommage an die Schauspielkunst des Publikums, unmittelbar zu machen, den „Funken überspringen" zu lassen.

Diese Konfrontationsszene erfolgt jedoch sowohl für die Spieler als auch für die Gegenspieler in einer nun selbstbewußten Konfiguration. Pathos, die heftigen Leidenschaften der Beschimpfung, Anagnorisis und Peripetie fallen zusammen. Die klassischen Regeln der Einheit der Zeit, des Ortes und der Handlung, im langen, spielerischen Reflexionsprozeß der Vorrede negiert, werden umgewertet und in der neuen Dramaturgie des Publikums verwirklicht. Der Ort, die Zeit und die Handlung sind für Sprecher und Zuhörer gleich. Die Wirklichkeit der Sprecher kongruiert mit der Realität des Publikums. Indem Handke in der Vorrede seine Sprecher die Normen, die Regeln des klassischen Dramas poetologisch reflektieren läßt, den Theatermechanismus umfassend auf dem Theater vergegenständlicht, werden die unterschiedlichsten Formen der dramaturgischen Selbstreflexion im Theater in die poetische Selbstdarstellung, in den Vollzug des Sprachspiels überführt. Bevor die neue Dramaturgie eingelöst wird, begründen die Sprecher ihr kommunikatives Handeln:

„Sie werden beschimpft werden, weil auch das Beschimpfen eine Art ist, mit Ihnen zu reden. Indem wir beschimpfen, können wir unmittelbar werden. Wir können einen Funken überspringen lassen. Wir können den Spielraum zerstören. Wir können eine Wand niederreißen. Wir können Sie beachten.
Dadurch, daß wir Sie beschimpfen, werden Sie uns nicht mehr zuhören. Sie werden uns a n hören. Der Abstand zwischen uns wird nicht mehr unendlich sein. Dadurch, daß Sie beschimpft werden, wird Ihre Bewegungslosigkeit und Erstarrung endlich am Platz erscheinen. Wir werden aber nicht Sie beschimpfen, wir werden nur Schimpfwörter gebrauchen, die Sie gebrauchen. Wir werden uns in den Schimpfwörtern widersprechen. Wir werden niemanden meinen. Wir werden nur ein Klangbild bilden. Sie brauchen sich nicht betroffen zu fühlen. Weil Sie im voraus gewarnt sind, können Sie bei der Beschimpfung auch abgeklärt sein. Weil schon das Duwort eine Beschimpfung darstellt, werden wir von du zu du sprechen können. Ihr seid das Thema unserer Beschimpfung. Ihr werdet uns anhören, Ihr Glotzaugen" (S. 43 f.).

Die Reflexion mündet unmittelbar ein in die Beschimpfung, in das Sprachspiel. Der Diskurs wird in das kommunikative Handeln überführt, das in sich gebrochen ist, da die Sprecher nicht das Personalpronomen ‚wir' gebrauchen, sondern vom unpersönlichen, distanzierten ‚Sie' zum Duwort wechseln. Die Anrede in der zweiten Person Plural signalisiert die gesuchte Nähe. Der Sprechakt selbst, das Beschimpfen, erzeugt erneut einen Abstand zum Angesprochenen. Indem die Sprecher Schimpfwörter benutzen, die von den unterschiedlichsten Publika gebraucht werden, spielen sie nicht das Publikum, sondern sprechen seine Sprache. Da sie zum Sprachrohr der Publikumssprache werden, wird nicht der einzelne, real anwesende Theaterbesucher beschimpft. Er wird lediglich mit seiner Rolle konfrontiert, so daß selbst das Schimpfspiel noch die Struktur der Reflexion, der Rollenreflexion, trägt, vergleichbar mit dem Selbstbewußtsein des Wirtes über seine Lustspielrolle in Tiecks Komödie *Die verkehrte Welt*.[102] Nicht der konkrete Schau-spieler, sondern die Publikumsrolle selbst gelangt zur Darstellung, so daß die Negation des Illusionstheaters und aller Formen, die noch die Täuschung voraussetzen, umschlägt in die Realität des Sprechtheaters.

Die in der Vorrede erzielte diskursive Verständigung über die Bedingungen des reinen Sprachspiels bildet die Voraussetzung für die Beschimpfung, für diese immanente, poetische Reflexion des Sprechtheaters. An die Stelle der alten Regeln treten neue, die nicht bloß behauptet oder den Gesetzen des Illusionstheaters entgegengesetzt, sondern p r a g m a t i s c h eingelöst werden. Dominiert in der Vorrede, im Diskurs, die poetologische Reflexion auf die Bedingungen des Theaters, auf die transzendentale Konfiguration des Theaters schlechthin, so erzeugt das Sprachspiel selbst die Wirklichkeit des Theaters jenseits der Grenzen der Fiktion und Illusion, jenseits der Realität des Alltags. Die Realität außerhalb des Theaters bricht nur soweit in die Sprachwirklichkeit der Sprecher ein, als sie selbst das Spiel des Publikums zuläßt. Insofern ist das Sprechstück Welttheater, aber nicht ein *theatrum mundi*.

In den zwölf Einzelphasen des Beschimpfens amalgamieren die Realitätspartikel, die Sprachformen nichttheatralischer Publikumsformationen, mit denen des Theaterbesuchers. Bewußt werden die ironischen Lobeshymnen auf das Theaterpublikum im Perfekt und im Imperfekt wiedergegeben. Die Beschimpfung selbst erfolgt in der kürzesten Äußerungsform und im Präsens. Die Charakterisierungen der Zuschauerrollen -

> „Ihr habt das Unmögliche möglich werden lassen. Ihr seid die Helden dieses Stückes gewesen. [...] Ihr habt die Figuren nicht gespielt, ihr seid sie g e w e - s e n. Ihr wart ein Ereignis. Ihr wart die Entdeckung des Abends. Ihr habt eure Rolle g e l e b t. [...] Euch muß man gesehen haben, ihr Rotzlecker" (S. 44) -

spiegeln die Umkehrung der traditionellen Raumaufteilung und Rollenverteilung wider und antizipieren zugleich mögliche Kritikerstimmen. Konsequent gestaltet Handke im Tempuswechsel, in der Umkehrung der Rollen und in der Vorwegnahme möglicher und tatsächlich erfolgter Äußerungen von Rezensenten die entgrenzte Wirklichkeit des Hauptdarstellers. Sind auf der einen Seite die zynischen Belobigungen der Schauspieler eng mit den Themen der Vorrede verknüpft, so stehen die Schimpfwörter auf der anderen Seite im engen Bezug zu den „Regeln für die Schauspieler". Durch diese thematische Verknüpfung verschmelzen die scheinbar disparaten Phasen der Publikumsbeschimpfung zu einem Ganzen. Und es entspricht der Dramaturgie des Stückes, wenn in den Schimpfphasen die Thematisierung der Theaterrolle immer mehr abnimmt und die Schimpfwörter ausschließlich das Sprachspiel bestimmen. Diese Umgewichtung zugunsten der außertheatralischen Realitätspartikel am Ende der Theaterrolle des Publikums wird aufgewogen, indem die Sprecher Schimpfworte gebrauchen, die sowohl auf die Theaterrolle als auch auf die unterschiedlichsten Publikumsformen außerhalb der Theaterrealität verweisen, die widersprüchlich den Topos des Welttheaters im umfassenden Sinne bezeichnen.

Peter Handke hat also bewußt einen regulativen Sprechakt zum Gegenstand seines Sprechstückes gemacht, da diese Klasse der Sprechhandlungen in besonderer Weise geeignet ist, das Verhältnis zwischen Sprechern und Hörern und ihre Beziehung zu bestimmten Regeln, hier denen des traditionellen Theaters, zu explizieren. Im Diskurs, im Prolog, werden die geltenden Regeln außer Kraft gesetzt. Dieser Prozeß gestattet die Reflexion der vierten Einheit des Theaters, der Einheit des Publikums, nachdem die klassischen Regeln der drei Einheiten negiert worden sind. In der Einheit der Sprech h a n d l u n g, formal vergleichbar der „Einheit der inneren Handlung" in Lessings bürgerlichem Trauerspiel, werden die Einheit des Ortes und der Zeit radikal und in ihrem ursprünglichen, natürlichen Sinne verwirklicht. Die Negation des klassischen Dramas schlägt um in die Affirmation des Sprechtheaters. Indem Handke die Grenzen der Systematizität traditionellen Theaters aufweist, erweitert er die Möglichkeit des Theaters. Indem er die Möglichkeiten der Bühne „fesselt", entfesselt er den Archetypus der theatralischen Situation, das Sprachspiel mit dem Publikum. Sprecher und Zuhörer verschmelzen in dem Sprechakt zu einer neuen Einheit, die in sich widersprüchlich, distanziert und spannungsvoll ist wie das Sprachspiel des Beschimpfens selbst.

Die Bewegungslosigkeit und Erstarrung der Zuschauer, die das alte störungsfreie Illusionsspiel verlangte, wird durch das Sprachspiel neu motiviert und läßt diese Grundgebärde „endlich am Platz erscheinen". Aber nicht lediglich die Inhalte und Wirkung des Schimpfspiels sowie die Doppelstruktur dieses Sprechaktes erlauben den Wechsel von der poetologischen zur poetischen Reflexion, sondern auch die Form, der Sprechrhythmus, das litaneihafte Sprechen der gleich- und einförmigen kurzen Hauptsätze, deren Struktur nur an einigen wenigen Stellen, etwa in der Begründung des Sprechaktes, durchbrochen wird. Somit wird selbst die Vorrede durch die Form von der Wirklichkeit des Schimpfspiels bestimmt; die poetologischen Reflexionen tragen die Form der immanenten Poetik des Sprechstückes. Die Reflexionsebenen werden sowohl in der Vorrede als auch im Sprachspiel potenziert, z.B. wenn der Sprechakt begründet wird oder wenn die Sprecher den Charakter des Prologs thematisieren:

„Sie haben erkannt, daß wir etwas verneinen. Sie haben erkannt, daß wir uns wiederholen. Sie haben erkannt, daß wir uns widersprechen. Sie haben erkannt, daß dieses Stück eine Auseinandersetzung mit dem Theater ist. Sie haben die dialektische Struktur dieses Stückes erkannt. Sie haben einen gewissen Widerspruchsgeist erkannt. Sie sind sich klar geworden über die Absicht des Stückes. Sie haben erkannt, daß wir vornehmlich verneinen. Sie haben erkannt, daß wir uns wiederholen. Sie erkennen, Sie durchschauen. Sie haben sich noch keine Gedanken gemacht. Sie haben die dialektische Struktur dieses Stückes noch nicht durchschaut. Jetzt durchschauen Sie." (S. 24)

Diese reflexive Metakommunikation auf die analytische der Regularitäten des Theaters wird jedoch nochmals in sich gespiegelt, da das Verneinen, Wiederholen, Widersprechen, die dialektische Struktur wiederum die Reflexion bestimmen.

Dadurch, daß die Sprecher unmittelbar darauf dem Publikum mitteilen, es sehe „bezaubernd", „berückend", „blendend", „atemberaubend", „einmalig" aus, wechseln sie von der Ebene der Selbstreflexion auf die des kommunikativen Handelns. Indem sie der Hommage an das Publikum sogleich einen Schimpfschwall folgen lassen -

„Aber Sie sind nicht abendfüllend. Sie sind kein hübscher Einfall. Sie ermüden. Sie sind kein dankbares Thema. Sie sind ein dramaturgischer Fehlgriff" (S. 25) -

kontrastieren sie zugleich die Gültigkeit ihrer Sprechakte. Dieselbe Turbulenz der Reflexions- und Sprechhandlungsebenen wiederholt sich an anderer Stelle, wenn die Sprecher den Prozeß des Sich-selbst-Bewußtwerdens des Publikums reflektieren, um dann in drei regulativen Sprechakten des Bittens und Befehlens die Ebenen zu wechseln (vgl. S. 32 f.). Die Sprecher wiederholen sich, verneinen, ordnen die Sprechakte widersprüchlich aneinander. Zugleich proben und antizipieren sie das Beschimpfen.

Handke entfesselt in seiner dramatischen Auseinandersetzung mit dem alten Theater geradezu die Spielleidenschaft, die Spielmöglichkeiten des neuen Theaters. Indem er sich gegen das unreine, täuschende, unwirkliche Spiel wendet sowie das reine Sprachspiel fordert und einlöst, nicht nur Gattungsfragen, Dramentechniken, historische Entwicklungsformen des Theaters reflektiert, sondern auch die Möglichkeit des Sprechtheaters poetisch gestaltet, überschreitet er die Rampe. Die Illusion wird nicht stellenweise desillusionierend gestört. Wenn er die Bühne hinter sich zurückläßt, die traditionellen Theaterrollen vertauscht, weitet er auch die Möglichkeiten der poetologischen Selbstreflexion und der poetischen Selbstdarstellung aus. Jenseits der Bühne inauguriert er den Typus der anti-illusionistischen Reflexion, der universal und transzendental ausgerichtet ist. Bezogen auf das Sprechtheater wird das romantische Postulat der poetischen Reflexion, der Universalpoesie, jenseits der traditionellen Gattungsgesetze erfüllt und zugleich negiert. Nicht, wie in Tiecks Komödien, werden die einzelnen Gattungen im Drama vermischt. Das, was dem Sprechtheater die Universalität verleiht, ist der Charakter des reinen Spiels, die totale Gegenwart, in der weder das Mannöver noch der Lokalaugenschein (vgl. S. 25–28, 40 f.), weder vorweggenommene Zukunft noch vergegenwärtigte Vergangenheit,[103] statthaben können.

Die Falschspiele, die unreinen Spiele, in denen das Theater die Zeit spielte, die Wirklichkeit b e d e u t e t e, in denen das Theater Arena, moralische Anstalt, Träume oder kultische Handlungen spielte, waren weder Wirklichkeit noch Spiel. Das reine Spiel ist zeitlos, da die „Zeit nicht als wirklich gespielt werden kann" (S. 38).

„Es gibt nur Spiele, in denen es keine Zeit gibt, oder Spiele, in denen die Zeit die wirkliche Zeit ist, wie die neunzig Minuten in einem Fußballspiel, bei dem es gleichfalls nur eine Zeit gibt, weil die Zeit der Spieler auch die Zeit der Zuschauer ist" (S. 39).

In dem reinen Spiel, in dem Sprachspiel, im Sprechtheater, kann es kein Zwischenspiel und kein Spiel im Spiel mehr geben. Die Sprecher können sich nicht mehr gebärden, dem Publikum nichts erzählen und nichts darstellen, können nicht mehr p o e t i s c h sein (vgl. S. 41). Handke verneint nicht nur das Drama oder das epische Theater, sondern die P o e s i e selbst, soweit sie auf etwas v e r w e i s e n will, etwas b e d e u t e t oder gar d a r s t e l l t. Das poetologische Axiom des Aristotelischen Poesiebegriffs, die Mimesis, wird mit dem Bilderverbot belegt.[104] An die Stelle der mimetischen Sprachen, der Kunstsprachen, zu denen auch die logischen Idealsprachen der Wissenschaften gehören, die die Wirklichkeit abbilden, tritt das Sprachspiel, die Umgangssprache. Sie bedeutet nicht die Wirklichkeit, sondern erzeugt sie, ist die Realität.

Die Viel- bzw. Doppeldeutigkeit der poetisch mimetischen Sprachen und die Eindeutigkeit wissenschaftlicher Kunstsprachen werden als Abbilder der Wirklichkeit abgelehnt, der Falschmünzerei und Falschspielerei bezichtigt. Universalpoesie ist ein Gaukelspiel. Die Universalität der Poesie wird ersetzt durch die Universalität des Sprachspiels. Das Theaterspiel als Sprachspiel ist eine Lebensform, ist Wirklichkeit. Deshalb ist die Affinität zwischen der Publikumsbeschimpfung und einem Fußballspiel größer als die zwischen dem Sprechtheater und dem Illusionsdrama oder dem epischen Theater. Die Wirklichkeit des Theaters wird nicht hervorgebracht, sondern e n t deckt. Der Bedeutungsraum des theatralischen Sprachspiels ergibt sich aus seinem Gebrauch. Statt die Vieldeutigkeit, die Konnotationen, künstlich zu erzeugen, wird sie aufgedeckt, auf ihr realistisches Substrat reduziert. Erst die umgangssprachlichen Verwendungsmöglichkeiten, deren Universalität in dem Schimpfspiel dem Publikum bewußt wird, s i t u i e r e n im Kontext des Theaterraums die Bedeutungsfülle.

Die grenzüberschreitenden Leistungen der poetologischen und poetischen Reflexion, das Freilegen des reinen Spielcharakters, die Objektivierung des Zeitbegriffs, sind universal und transzendental; denn sowohl das alte, mimetische Axiom der Poesie als auch das neue, die E i n h e i t d e r Z e i t, bilden die Gegenstände der Selbstthematisierung. Dadurch, daß die Rolle des Publikums und die Scheinwelt des Theaters entlarvt werden, kann das reine Theaterspiel gespielt werden. Zugleich transzendiert sich das Spiel im Theater, da es in den sprachlichen Kontext der unterschiedlichsten Formen seiner realen Hauptdarsteller eingebettet wird. Theatralisch ist das Sprechstück nur noch, weil es im Theater stattfindet. Kunst und Poesie bilden keine Enklaven der Realität, spielen und bedeuten nicht das Wesen der Realität, sondern sind Teile der Wirklichkeit. Die Unterscheidungen zwischen der Fiktion und Realität sind ebenso hinfällig wie das Spiel der Illusion und der Desillusion. Nur noch in der Negation ist das Illusionstheater präsent. Die Verneinung des falschen Spiels, der Täuschung, des Tagtraumes vernichtet aber nicht das Theater. In der Destruktion der Bühne und Entlarvung der Falschspieler wird das Theater klassisch. Indem die Einheit der Zeit beachtet wird, realisieren die Sprecher auch die Einheit von Ort und Handlung. Handlung ist aber nicht mehr etwas Äußeres, Materielles, Aktionistisches, sondern das Sprechen. Das Sprechen ist das Handeln.

> „Da die Bühne keine eigene Welt ist, beachten wir sie auch unten bei Ihnen. *Wir und Sie bilden eine Einheit, indem wir ununterbrochen und unmittelbar zu I h n e n sprechen.* Statt Sie könnten wir also unter bestimmten Voraussetzungen auch wir sagen. *Das bedeutet die Einheit der Handlung.* Die Bühne hier oben und der Zuschauerraum bilden eine Einheit, indem sie nicht mehr zwei Ebenen bilden. Es gibt keinen Strahlungsgürtel. Es gibt hier nicht zwei Orte. Hier gibt es nur einen Ort. *Das bedeutet die Einheit des Ortes.* Ihre Zeit, die Zeit der Zuschauer und Zuhörer, und unsere Zeit, die Zeit der Sprecher, bilden eine Einheit, indem hier keine andere Zeit als die Ihre abläuft. Hier gibt es nicht die Zweiteilung in eine gespielte Zeit und in eine Spielzeit. Hier wird die Zeit nicht gespielt. Hier gibt es nur die wirkliche Zeit. Hier gibt es nur die Zeit, die wir, wir und Sie, am eigenen Leibe erfahren. Hier gibt es nur e i n e Zeit. *Das bedeutet die Einheit der Zeit.* Alle drei erwähnten Umstände zusammen bedeuten die Einheit von Zeit, Ort und Handlung. *Dieses Stück ist also klassisch."* (S. 31 f.; Kursivhervorhebungen v. M.S .)

Das klassische Illusionstheater ist kein klassisches Theater, weder Wirklichkeit noch Spiel, da ihm sowohl die Zeitlosigkeit als auch die Einheit der Zeit und damit auch die des Ortes und der Handlung fehlen. Erst das Sprechtheater erfüllt idealtypisch die drei Einheiten. Im Sprachspiel, in der Publikumsbeschimpfung, findet das Theater seine klassische Form wieder. Das Theater ist selbstbewußt geworden.

Lessings *Miß Sara Sampson,* ein ‚präromantisches Trauerspiel', das die Reinheit der dramatischen Gattung auflöst und die Grenzen zwischen der Fiktionalität der Bühnenwelt und der Realität des Zuschauers aufhebt, indem an die Stelle von Kunstwahrheiten die Naturwahrheit des Menschen, sein Wesen, tritt, dessen Darstellung sich der Zuschauer nicht entziehen kann, und Tiecks romantische Komödien sowie Pirandellos neoromantisches „Spiel von der Unmöglichkeit des Dramas" sowie Brechts episches Theater und Handkes ‚post- bzw. antiromantisches' Sprechtheater haben f o r m a l gemeinsam, daß die Grenze zwischen Bühne und Zuschauerraum ein konstitutiver Bestandteil ihres Spiels ist, daß in ihren Stücken die Frage nach der Unterscheidbarkeit von Kunst und Wirklichkeit, von Fiktion und Realität, eine entscheidende Rolle spielt, daß sie mit den Formen der poetologischen und poetischen

Reflexion dramatische Automatismen deformieren sowie ihr neues, innovatives Verständnis der dramatischen Poesie transzendental reflektieren und pragmatisch i m D r a m a bzw. i m T h e a t e r einlösen. Es stehen sich – so paradox und zum Einspruch herausfordernd es auch klingen mag – Lessings P r o t o t y p des empfindsamen, natürlichen Trauerspiels und Handkes P r o t o t y p des Sprechtheaters, die illusionistische und anti-illusionistische Grundform der dramatischen Selbstdarstellung, näher. In der formalen Grundstruktur der räumlichen Zuordnung von Bühne und Parterre gleicht das illusionistische Trauerspiel dem anti-illusionistischen Sprechtheater eher als dem romantischen bzw. neoromantischen Drama; denn trotz der unterschiedlichen Wege, auf denen im Trauerspiel und Sprechtheater die Rampe überschritten und die Nähe zum Zuschauer gesucht wird, lehnen sowohl Lessing als auch Handke die Illusion als Täuschung des Publikums ab. Beide Dramatiker verschmelzen die Bühne und den Raum jenseits des Proszeniums zu einer Einheit; beide realisieren die E i n h e i t d e r H a n d l u n g mit dem Publikum.

Formal werden sowohl im illusionistischen Drama der Empfindsamkeit als auch im anti-illusionistischen Sprechtheater die Zuschauenden typisiert und stilisiert. Nicht das anwesende, konkrete Individuum wird angesprochen, sondern ein bestimmter Typus. Im bürgerlichen Trauerspiel konstituiert sich die Einheit der inneren Handlung mit dem Theaterbesucher insofern, als es das natürliche Wesen des Menschen widerspiegelt, während im Sprechtheater dagegen die realen Zuschauer auf ihre Publikumsrolle ‚reduziert' werden. Inhaltlich lassen sich somit beide Formen der Publikumseinheit klar unterscheiden. Lessing sucht im Zuschauer den allgemeinen Menschen, Handke jedoch den eigentlichen Welttheatraliker. Daß weitere Unterschiede beispielsweise in der Zielsetzung und in den poetologischen Axiomen der Dramaturgien, zwischen der mimetischen Poetik des Mitleids und der antimimetischen des Sprachspiels bestehen, braucht nicht eigens thematisiert zu werden.

Im Gegensatz zu Lessings empfindsamen Dramen, die das Mitleid der Menschen erregen wollen, zielt Handke in seinem Sprechstück auf die Bewegungslosigkeit und Starrheit des Publikums, der Welttheatraliker. Deshalb schließt Handkes Publikumsbeschimpfung mit dem Applaus f ü r d i e S c h a u s p i e l e r, f ü r d a s P u b l i k u m. Und erst wenn das Publikum das Theater verläßt, wenn die Schau-spieler den Schauplatz verlassen, endet der ohrenbetäubende Beifall f ü r die Akteure, fällt der Vorhang endgültig.

Zum poetisch-poetologischen Stellenwert von Lessings erstem bürgerlichen Trauerspiel

Aristoteles definiert die Grundstrukturen des Illusionsdramas in seiner Poetik; deren Grundbegriffe sind: mimésis, die Nachahmung von Handelnden, die Einheit der Handlung, deren Strukturen durch páthos, peripeteia und anagnorisis bestimmt werden, deren Kausalität, Möglichkeit, Wahrscheinlichkeit und Notwendigkeit gefordert werden, ferner der mittlere Charakter und die harmatia sowie éleos, phóbos und kátharsis, aber auch die rhetorisch-ethischen Begriffe éthos und páthos. Michael Conrad Curtius übersetzt 1753 die Aristotelische Poetik und fügt ihr Anmerkungen und die *Abhandlungen von der Absicht des Trauerspiels* bei. Friedrich Nicolai widerspricht im Brief, vom 31. August 1756, an Lessing der Aristotelischen Katharsislehre und ‚eröffnet' im engeren Sinne den Disput über das Trauerspiel zwischen sich, Lessing und Mendelssohn. Zur Ostermesse 1755 hat Lessing sein erstes bürgerliches Trauerspiel publiziert. Sowohl in seinem Trauerspiel als auch im *Briefwechsel über das Trauerspiel* hat Lessing die Gegenposition zu Nicolai und Mendelssohn vertreten. Da Lessings erstes empfindsames Trauerspiel in der unmittelbaren Traditionslinie zu Aristoteles steht und die neue Poetik des Mitleids geschlossen, dramatisch präsentiert, zeichnet es sich historisch u n d ahistorisch in besonderer Weise aus. Dramengeschichtlich, poetologisch und strukturell, bezogen auf die Typologie der Selbstreflexion, beansprucht dieses Trauerspiel einen Stellenwert, dessen Gültigkeit in der Analyse belegt wird. Deshalb wird mit der genauen Interpretation im folgendem Kapitel dieses einen Dramas der von Anthony J. Niesz unternommene Versuch, die dialogische Dramaturgie zu analysieren, erweitert, um die Untersuchung des Phänomens der poetisch-poetologischen Selbstreflexion im Drama umfassend zu eröffnen.

Da Lessings Trauerspiel nur k o n t e x t b e z o g e n adäquat rezipiert werden kann, war es notwendig, Exkurse über die Struktur des Mitleids und dessen Nähe zur Rhetorik, über die sich aus der Interpretation ergebenden Konsequenzen zu einer neuen, erweiterten Theorie des bürgerlichen Trauerspiels, über die strukturale Abgrenzung der Komödie und Tragödie sowie über die literaturgeschichtlichen Hintergründe zur Aufklärung und Empfindsamkeit in die Analyse einzugliedern.

Im dritten Kapitel dieser Arbeit mit der Überschrift „Die Poetik des Mitleids oder die Rückkehr des natürlichen Menschen: Zur Reflexionstheorie des Mitleids" werden die formale und inhaltliche Struktur dieses anthropologischen Grundvermögens dargelegt. Der unternommene Versuch, die Lessingsche Dramaturgie im unmittelbaren Umfeld ihrer Entstehung zu analysieren, geht über die bisherigen Ansätze der Theoriebildung hinaus. Auf dem Hintergrund der neuen Erkenntnisse und Ergebnisse der poetologischen Interpretation des Trauerspiels wird im Gegensatz zu den traditionellen Verfahrensweisen der Literatursoziologie, die ihre Begriffe der sozialen Wirklichkeit entlehnt und auf die poetischen Texte überträgt, ein anderer Weg beschritten. Nicht der Bezug der sozialen Wirklichkeit des 18. Jahrhunderts auf das bürgerliche Trauerspiel der Empfindsamkeit, sondern die von Lessing intendierte Wirkung seines Dramas auf die Gesellschaft und auf die Menschen der Aufklärungsepoche steht im Vordergrund. Aus dieser perspektivischen Umkehrung heraus müssen die bisherigen Thesen der literatursoziologischen Erforschung der deutschen Empfindsamkeit und des bürgerlichen Trauerspiels zumindest relativiert werden.

Die von Jürgen Habermas vertretene These, daß die literarische Öffentlichkeit die politische des Bürgertums antizipiere, oder die von Reinhart Koselleck analysierte Dialektik von Moral und Politik sowie die von verschiedenen Wissenschaftlern verbreiteten „Eskapismus- bzw. Kompensationsthesen", daß der wirtschaftlich starke, politisch aber unmündige, machtlose Bürger in der Literatur seine Ohnmacht sublimiere, daß er in den Raum des Privaten, in die Idylle der Familie fliehe, können nicht mehr uneingeschränkt Gültigkeit beanspruchen. Das Genre des bürgerlichen Trauerspiels Lessingscher Provenienz – so die literatursoziologische These dieser Untersuchung – ist das p o l i t i s c h e D r a m a der Empfindsamkeit. Es bildet eine d i r e k t e F o r m des politischen Theaters, des A g i t a t i o n s t h e a t e r s der empfindsamen, sich auf die Natur des Menschen berufenden Aufklärung. Die explizite Darstellung der Konsequenzen bleibt jedoch einer eigenständigen Studie vorbehalten.

Schließlich sei noch darauf hingewiesen, daß die sich jeweils ergebenden Verbindungen, Ausblicke sowie die Kritik an den Positionen der Sekundärliteratur im Anmerkungsteil dargelegt worden sind, um den Gang der Interpretation nicht zu stören und zu zergliedern. Gegenüber der üblichen Praxis kommt deshalb den Anmerkungen eine besondere Bedeutung zu. Einerseits bilden sie einen komplementären Teil zu dieser Studie, und andererseits erheben sie partiell den Anspruch auf Selbständigkeit.

Zweites Kapitel

Poetologische Selbstreflexion im Drama:

Lessings immanente Poetik des Mitleids in dem bürgerlichen Trauerspiel *Miß Sara Sampson*

Miß Sara Sampson:[1] Ein programmatisches Drama

Drei Jahre nach Bassewitz' Übersetzung des *London Merchant*,[2] ein Jahr vor der anonym erschienenen, von Pfeil verfaßten Abhandlung *Vom bürgerlichen Trauerspiele*[3] und vor Martinis *Rhynsolt und Sapphira*,[4] drei bzw. vier Jahre vor Diderots Dramen *Le Fils naturel* und *Le Père de famille*[5] übersetzt Lessing im ersten Stück der *Theatralischen Bibliothek* (1754) die *Abhandlungen von dem weinerlichen oder rührenden Lustspiele* von Chassiron und Gellert.[6] In der Vorrede äußert sich Lessing über die Veränderungen innerhalb der Gattung ‚Drama':

> „Die erste Veränderung brachte dasjenige hervor, was seine Anhänger das r ü h r e n d e   L u s t s p i e l, und seine Widersacher das w e i n e r l i c h e nennen. Aus der zweiten Veränderung entstand das b ü r g e r l i c h e T r a u e r s p i e l. [...] Ich will für diesesmal nur die erste Veränderung zu dem Gegenstande meiner Betrachtungen machen, und die Beurteilung der zweiten auf einen andern Ort sparen."[7]

Die in Aussicht gestellte Abhandlung über das bürgerliche Trauerspiel ist nie erschienen. Statt dessen erscheint 1755 *Miß Sara Sampson. E i n   b ü r g e r l i c h e s   T r a u e r s p i e l ,   i n   f ü n f   A u f z ü g e n*. Der andere Ort ist das Drama bzw. das Theater selbst.[8]

Thematisierung der Einheit des Ortes und des Mitleidens

Zu Beginn des bürgerlichen Trauerspiels *Miß Sara Sampson* läßt Lessing Sir Sampson, Saras Vaters, gegenüber seinem Diener Waitwell, beide treten übrigens in Reisekleidung auf, äußern: „Hier meine Tochter? – – Hier in diesem elenden Wirthshause?" (I/1, S. 9). Der Ort der Handlung wird in der Form zweier anaphorisch gegliederter und damit insistierend verwendeter, rhetorischer Fragen thematisiert, so daß der Schauplatz zum Bedeutungsträger der Handlung selbst wird. Im zweiten Aufzug wechselt der Schauplatz in ein anderes Wirtshaus, in dem Saras Rivalin Marwood, Mellefonts frühere Geliebte, abgestiegen ist. Die klassizistische Forderung nach der Einheit des Ortes, die in Deutschland Gottsched vehement neben den Postulaten der Einheit der Zeit und der Handlung vertreten hat, wird von Lessing nicht erfüllt. In der Selbstrezension zu *Miß Sara Sampson* aus der *Berlinischen Privilegierten Zeitung* (1755) heißt es:

> „Ein bürgerliches Trauerspiel! Mein Gott! Findet man in Gottscheds kritischer Dichtkunst ein Wort von so einem Dinge? Dieser berühmte Lehrer hat nun länger als zwanzig Jahr seinem lieben Deutschland die drei Einheiten vorgepredigt, und dennoch wagt man es auch hier, die Einheit des Ortes recht mit Willen zu übertreten. Was soll daraus werden?"[9]

Welche Absicht aber hat Lessing veranlaßt, die Regel der Einheit des Ortes zu brechen? Um seine Intention bestimmen zu können, ist der Konnotationsraum des Ortes präzise zu analysieren.

Makrostrukturell betrachtet, liegt es nahe, beide Wirtshäuser als antagonistische Kraftzentren gegeneinander auszuspielen, das Wirtshaus, in dem Sara und Mellefont abgestiegen sind, als Ort der Tugend, an dem sich auch der Vater mit seinem tugendhaften Diener vorübergehend aufhält, gegen das Wirtshaus, in dem Marwood, die ‚Inkarnation des Diabolischen', wohnt. Die Semantisierung des Raumes, die charakterisierende Funktion des Handlungsortes, würde so die Personenkonstellation und die damit eng verbundene *ethische* Opposition ins Räumliche transponieren, den grundlegenden, typisch aufklärerischen Gegensatz zwischen Tugend und Laster auch räumlich widerspiegeln.[10] Unerklärt und unerklärbar bleiben bei dieser polaren Funktionsbestimmung die innovatorische Dimension des Regelbruchs und der Sachverhalt, daß beide Schauplätze Wirtshäuser in einer Stadt, einem „armseligen Flecken" (V/9, S. 86), sind. Inkonsistent würde die argumentive Absicherung der oppositionellen Bestimmung bei der Analyse der Mikrostruktur; denn Sir Sampson bezeichnet das Wirtshaus, in dem Sara sich zur Zeit aufhält, mit dem Epitheton ‚elend'. Sein Diener Waitwell nimmt unmittelbar das Epitheton auf, indem er den Superlativ nochmals steigert: „Ohne Zweifel hat Mellefont mit Fleiß das *allerelendeste* im ganzen *Städtchen* zu seinem Aufenthalte gewehlt. *Böse* Leute suchen immer das *Dunkle*, weil sie *böse* Leute sind" (I/1, S. 9; Hervorhebungen v. M.S.). Damit weisen die ‚Tugendhaften' selbst besonders und in exponierter Stellung gleich zu Beginn des bürgerlichen Trauerspiels das Wirtshaus als einen für die tugendhafte Sara unwürdigen Aufenthaltsort aus, den nicht sie, sondern der ‚lasterhafte' Mellefont ausgewählt haben muß. Das Bedeutungsfeld ist eindeutig. Das Wirtshaus ist ein elender, ‚allerelendester' Ort für böse Menschen, die das Dunkle suchen, weil sie böse sind. Diese Tautologie Waitwells wiederholt in einer analogen Form die anaphorische Struktur der einleitenden rhetorischen Fragen und symbolisiert argumentativ den Endpunkt bzw. Tiefpunkt, den die unglückliche Sara mit ihrem geliebten Mellefont auf ihrer Flucht erreicht hat. Sir Sampsons Reaktion auf diese sich auch räumlich manifestierende Erkenntnis ist die des Weinens, das den Vater als leidenden und mitleidenden charakterisiert, das Waitwell in einer wiederholenden Reihung objektiviert: „*Ach*, Sie *weinen* schon wieder, schon wieder, Sir! Sir!" (Ebd., Hervorhebungen v. M.S.). Mit dieser Objektivation der physischen Äußerung der Gefühlslage Sir Sampsons, seines Mitleidens, ist die erste Phase im engeren Sinne abgeschlossen, die an die zweite rhetorische Eingangsfrage anknüpft und den Handlungsort und die figurenperspektivisch gebundene Einschätzung des Charakters Mellefonts skizziert.

Waitwell bringt nun einen weiteren zentralen Begriff indirekt ins Spiel, das Mitleiden, und eröffnet so die zweite Phase des expositorischen Dialogs. Sir Sampson bezieht sich in einer erneut gestellten rhetorischen Frage, die inhaltlich auf die erste zurückweist, auf das entscheidende Verb ‚weinen': „Laß mich *weinen*, alter ehrlicher Diener. Oder *verdient* sie etwa meine *Thränen* nicht?" (Hervorhebungen v. M.S.). Waitwell greift in seiner Replik abermals die entscheidenden Worte auf und charakterisiert sich selbst durch sein wiederholendes „Ach", eine typische Interjektion sympathisierender Menschen der literarischen Epoche der Empfindsamkeit, als mitleidenden Diener: „Ach, sie *verdient* sie, und wenn es *blutige Thränen* wären" (Hervorhebungen v. M.S.). Die folgende, asyndetisch strukturierte Dialogpassage, in der Waitwell Sara als das „beste, schönste, unschuldigste Kind" und damit als vollkommen tugendhaft charakterisiert, der die Bedeutungsfelder des Lichtes, der Morgenröte, der Sonne zugeordnet werden, schließt die zweite Phase der expositorischen Wechselrede zwischen dem Vater und seinem Diener ab und konkretisiert, warum Sara Mitleid verdient: ‚Gegenstand' des Mitleidens ist der tugendhafte, vollkommene, nicht ohne eigenes Verschulden ins Unglück geratene Mensch.[11]

In diesen zwei Phasen des Expositionsdialogs, die ganze 24 Zeilen umfassen, entwirft Lessing kontrastiv ein für die rationalistische Frühaufklärung typisches Schema, die Opposition zwischen Tugend und Laster, die nicht erst im zweiten Aufzug durch den Schauplatzwechsel hin zum Wirtshaus, in dem Marwood wohnt, räumlich gestaltet wird, sondern bereits in den ersten beiden rhetorischen Fragen, durch den Kontrast zwischen der Person und ihrem derzeitigen Aufenthaltsort, zwischen der tugendhaften Sara und dem elenden Wirtshaus. Zunächst werden der Ort und die Person Mellefonts näher skizziert, und erst dann, an die erste rhetorische Frage anknüpfend, wird der Bereich der Tugend dargelegt. Die einzelnen Phasen werden jeweils durch die entsprechenden Schlüsselwörter ‚elend', ‚weinen' und ‚Thränen' zusammengehalten, wirken wie sprachliche Glieder einer Dialogkette, ein Prinzip, das noch in *Nathan der Weise* die Wechselrede bestimmen wird. Der Handlungsort wird also formal bereits durch erste Charakterisierungen der Hauptperson, der ‚Heldin' des Trauerspiels, thematisiert; inhaltlich führen die Dialogpassagen über Sara ins Zentrum der Dramaturgie, zur Poetik des Mitleids.

Der durch die rhetorischen Fragen gegebene, ungleiche Kontrast zwischen der Person ‚Sara' und einem Sachobjekt, ihrem derzeitigen Aufenthaltsort, dem Wirtshaus, wird nur einseitig korrigiert. Aus der Figurenperspektive Sir Sampsons und Waitwells ist das Pendant zum ‚lasterhaften', ‚bösen' Mellefont das ‚unschuldigste' und ‚beste Kind', Sara selbst. Das Pendant zum Handlungsort, das Vaterhaus Saras, bleibt nicht nur im räumlich-empirischen Sinne im ‚off-stage', sondern auch sprachlich.[12] Es ist der Ort der bürgerlichen Kleinfamilie, der Liebe, der Idylle, der Glückseligkeit, der Tugend, der natürlichen Harmonie und des Privaten.[13] Nicht das eine der beiden Wirtshäuser ist der Ort der Tugend, sondern das Vaterhaus Saras. Das Wirtshaus ist ein Ort des Lasters, der Unruhe, des Unglücks, der fehlenden Geborgenheit, ein Fluchtort, kein Zufluchtsort, an dem Sara als Tugendhafte nur vorübergehend sich aufhalten kann und will. Aus der Figurenperspektive Sir Sampsons ergibt sich somit eine kontrastive Zuordnung der Bereiche Tugend und Laster, denen die Personen Sara und Mellefont sowie implizit Saras Elternhaus auf dem *Lande* und das Wirtshaus in dem *Städtchen* entsprechen.[14] Die Semantisierung des Raumes, des Handlungsortes, ist in ihren Grundzügen abgeschlossen. Der Schauplatzwechsel zu Beginn des zweiten Aufzugs bestätigt nur die Bedeutungsfunktion des Wirtshausmilieus. Lessing wahrt, indem er die Einheit des Ortes oberflächlich, im empirisch-räumlichen Sinne „mit Willen" negiert, auf zweifache Weise diese ‚Regel': Einerseits konstituiert sich innerhalb des ideellen Rahmens bürgerlicher Moralideologie des 18. Jahrhunderts die Einheit des Ortes im Wirtshausmilieu; andererseits wird auf diese Weise ex negatione der idealtypische Ort der Familie evoziert, welcher der tugendhaften Sara als einzig erstrebenswerter Aufenthaltsort gilt. Das Elternhaus, der Ort der bürgerlichen Kleinfamilie, ist der *Proto-ort* des bürgerlichen Trauerspiels, selbst dann, wenn die Handlung im empirischen Sinne in zwei Wirtshäusern dargestellt wird. Das innovatorische Moment liegt in der Kampfansage an die sklavische Normativität der von Gottsched und seiner Schule vertretenen Theorie der drei Einheiten, die im bürgerlichen Trauerspiel *Miß Sara Sampson* in poetischer Form mit einer impliziten poetologischen Selbstreflexion auf den Handlungsort vollzogen, nicht in der Form ‚symbolischer', d. h. begrifflicher Erkenntnis diskursiv entfaltet, sondern poetisch dargestellt wird. Lessing opfert nicht, wie er später in der *Hamburgischen Dramaturgie* unterscheidet, die physische Einheit der moralischen, nicht die Worte der Regel ihrem Geist.[15] Lessing eröffnet sein erstes bürgerliches Trauerspiel nicht

53

nur mit einer impliziten Reflexion auf die Einheit des Ortes, sondern auch mit einer Situation, die bisher nie in Deutschland dramatisiert worden ist, die ein Skandalon gegenüber der bürgerlichen Konvention, dem Tugend-Laster-Schema, darstellt; denn die „Tochter hat im 18. Jahrhundert ihren Platz im Elternhaus",[16] nicht in einem Wirtshaus.

In dieser allgemeineren Bestimmung erschöpfen sich die Funktionen des Ortes jedoch nicht. Aus der Figurenperspektive des Wirtes, des ‚Hausherrn', der mit seinem Gebäude und mit seinen Zimmern Geld verdient, dessen Haus nicht dem privaten Bereich angehört und somit nicht ein Ort der Familie ist, wird das Wirtshaus zu einem offenen, öffentlichen Ort, zu einem Ort der Anonymität, der „allen Sorten Menschen" ungehindert Einlaß gewährt.[17] Die einzige Norm, die von den Gästen einzuhalten ist, ist die Wahrung des „guten Rufs" des Hauses. Die moralische Indifferenz des Wirtes gestattet sowohl den Tugendhaften als auch den Lasterhaften Zutritt zu seinem Haus. Diese Offenheit des Schauplatzes erlaubt es Lessing, ohne das Prinzip der ‚inneren Wahrscheinlichkeit' zu verletzen, Personen aus beiden moralisch getrennten Bereichen in den verschiedenen Figurenkonstellationen zusammenzuführen. Im Gegensatz zum Elternhaus erfüllt das Wirtshaus idealer die räumlichen Bedingungen, die für das Intrigenspiel notwendig sind.

Das Wirtshaus als Handlungsort und als Bedeutungsraum erweckt ferner eher die genrespezifische Erwartungshaltung einer Komödie, eines rührenden Lustspiels bzw. einer Typenkomödie, als die eines Trauerspiels, eine Erwartungshaltung, die durch die komische Rolle des Wirtes, der neugierig vorgibt, daß die Neugierde sein Fehler nicht sei (vgl. I/2, S. 11), intensiviert wird. Die Rolle des ‚schmierigen' Wirtes, die axiologisch ein weiteres Indiz für die negative Bedeutung des Handlungsortes ist, die in die Traditionslinie der commedia dell'arte und des Typenlustspiels gehört, läßt bereits den Grundzug des Dramas erkennen, lustspiel- und trauerspielhafte Elemente miteinander zu verbinden.

Einheit der Zeit

Die Reisebekleidung vermittelt optisch, daß Sir Sampson und Waitwell den Ort der Familie verlassen haben und am Ziel ihrer Reise angekommen sind, an einem Ziel, das nicht Endziel der Reise ist, sondern eine Zwischenstation. Da es die Absicht des Vaters ist, der Tochter zu vergeben und sie heimzuholen, wird der Handlungsort zum *Übergangsort*, dem das Moment des ‚Stationären' inhärent ist, eine zeitliche Dimension des Begrenzten, des Nicht-Dauerhaften. Diese Verknüpfung von Raum und Zeit im Drama legt nicht nur den äußeren Rahmen der Handlung fest, sondern wird zugleich auf der Bedeutungsebene bezeichnend, da auch die Zeit ebenso wie der Raum semantisiert wird. Genau wird der Zeitpunkt der Ankunft der Reisenden angegeben, die über Nacht angereist sind und in aller Frühe im Wirtshaus eintreffen.[18] Dieser aus der heutigen, nicht kontextbezogenen, ahistorischen Sicht banal wirkende Zusammenhang, die ‚physische' Einheit der Zeit, die ebenfalls von Gottsched normativ vertreten wird, nicht aufzuheben, bestimmt neben den Kriterien der Einheit des Ortes und der Handlung unter dem Aspekt der ‚inneren Wahrscheinlichkeit' die zeitgenössische Kritik.[19]

Die Funktion der Zeitangabe des Einsetzens der Handlung erschöpft sich ebensowenig wie die der Einheit des Ortes im empirisch-physikalischen Sinne. Der auf dem Hintergrund der Lichtmetaphorik zu deutende Hinweis auf die Nacht – auch Mellefont und Sara haben ‚leidend' die Nacht verbracht[20] –, die Opposition ‚hell' versus ‚dunkel', ‚Tag' versus ‚Nacht' und die implizite Semantisierung des Morgens, die mit Waitwells Lichtmetaphorik und seiner Charakterisierung Saras konvergiert und die indirekt auf den Abend, auf das Ende, anspielt, sowie Saras Antwort auf Mellefonts Bitte, noch einige Tage Geduld zu haben – „Einige Tage! Wie ist *ein* Tag schon so lang![. . .] Es muß dieses der Tag seyn, an dem Sie mich die Martern aller hier *verweinten* Tage vergessen lehren. Es muß dieses der heilige Tag seyn – – Ach! welcher wird es denn endlich seyn?" (I/7, S. 18 f.) – weisen einerseits das Wirtshaus als Übergangsort und andererseits den Tag als letzten, entscheidenden an diesem Schauplatz aus. Raum- und Tageszeitmetaphorik treten in eine gegensätzliche Bewegung, nehmen den Kontrast zwischen der Tugend und dem Laster auf. Symbolisiert auf der ethischen *und* pragmatischen Ebene das Wirtshaus den tiefsten Punkt im Konflikt zwischen Sara und ihrem Vater, so deutet der Zeitpunkt des Beginns der Trauerspielhandlung, der Morgen, die mögliche, positive, harmonische Lösung des gestörten Familienlebens der Sampsons an. Ort und Zeit bilden als Bedeutungsträger wichtige integrale Bestandteile der Handlung, deren Einheit bzw. Ganzheit denen des Ortes und der Zeit übergeordnet ist.

Tugend-Laster-Schema der klassizistischen Dramaturgie versus Liebe und Mitleid

Die Thematisierung des Ortes und der Zeit, die Klassifikation der dramatischen Figuren Sara und Mellefont, die implizite Benennung des zentralen dramentheoretischen Affekts ‚Mitleid' zentrieren sich um die ethische Opposition Tugend versus Laster, um den grundlegenden Kontrast der klassizistisch orientierten, rationalistisch ausgeprägten Dramaturgie der deutschen Frühaufklärung. Diese konträre Relation, zunächst eingeführt durch die ersten beiden rhetorischen Fragen Sir Sampsons, verliert bereits in der ersten Szene an Schärfe, und zwar durch den Affekt ‚Mitleid', der, wie noch zu zeigen sein wird, keine ausschließlich wirkungspsychologische Kategorie, sondern in erster Linie ein werkästhetisches, dramaturgisch innovatorisches Gestaltungsprinzip darstellt.[21] Hat Waitwell in der zweiten Phase des Expositionsdialogs Saras Verdienst, ihre Tugend, ihre Vollkommenheit in Superlativen geschildert, derentwegen sie jetzt Mitleid verdient, so nennt Sir Sampson ihr Unglück, den Verlust ihrer Unschuld, und klärt den Zuschauer über die Vorgeschichte auf, und zwar so, daß äußerst gedrängt die erste, der Vorgeschichte angehörende Peripetie, Saras ‚Fall', und der zweite Handlungsumschlag, Sir Sampsons emotionale und moralische Wandlung vom zornigen, wütenden, rachsüchtigen zum liebenden, vergebenden, zärtlichen Vater, exponiert werden.

Wenn der Vater seinem Diener verbietet, ihn weiter durch die „Erinnerung an vergangne Glückseligkeiten" zu martern, und ihn auffordert, seine *Sprache zu ändern*, ihn zu tadeln, aus seiner Zärtlichkeit, aus seiner Empfindsamkeit ein Verbrechen zu machen, den Diener auffordert, das Verbrechen seiner Tochter zu vergrößern, damit er *Abscheu* gegen sie und „aufs neue [. . .] *Rache* gegen ihren verfluchten Verführer" (I/1, S. 9; Hervorhebungen v. M.S.) empfinde, wird der Handlungsumschlag nicht nur narrativ vermittelt, sondern gelangt zugleich affektiv zur Darstellung. Saras Tugend und Liebe zum Vater sind die entscheidenden Kriterien, die den affektiven Wechsel bei dem Vater bewirkt haben, die jedoch von Sara selbst noch unter Beweis gestellt werden müssen, damit der Vater die Versöhnung auch vollziehen kann.

Seinen Diener erneut zum Widerspruch herausfordernd, äußert er: „sage, daß Sara nie tugendhaft gewesen, weil sie es so leicht aufgehört zu seyn; sage, daß Sie mich nie geliebt, weil Sie mich heimlich verlassen" (ebd., S. 9 f.). In der Verneinung dessen, was er sich selbst wünscht und erhofft, werden beide emotionalen Reaktionsweisen des Vaters, die der Wut und Rache sowie die der Liebe, motiviert. Daß Sara tugendhaft war und ist, hat Waitwell kurz zuvor gesagt. Daß Sara ihren Vater geliebt hat und ihn noch liebt, steht für den Diener außer Zweifel. Bereits in der Art der Dialogführung, die in sich geschlossen ist und auf die thematische Komponente der Liebe zugespitzt wird, kündigt sich das Primat der Liebe gegenüber der Tugend und zugleich auf der poetologischen Ebene der Selbstreflexion die Auflösung des Tugend-Laster-Schemas und damit der Regel der poetischen Gerechtigkeit, zweier werkästhetischer Gestaltungsprinzipien gottschedianischer Dramaturgie, an; denn Sir Sampson ist als vergebender und nicht als strafender Vater seiner Tochter nachgereist.

Zugleich eröffnet Waitwell im Expositionsdialog die Aussicht auf den rührenden, harmonischen, möglichen Schluß: „Wenn Sie nur davon überzeugt seyn wollen, Sir, so sehe ich sie heute noch wieder *in ihren Armen*" (I/1, S. 10; Hervorhebung v. M.S.). Das ‚Sich-in-die-Arme-Schließen', die Gestik des Schlußauftritts rührender Lustspiele, ist der szenisch-tableauartige Ausdruck für das Primat der Liebe gegenüber der Tugend. Indem Sir Sampson verlangt, nur von Saras Liebe überzeugt zu werden, ohne die er nicht leben könne, ist ein zentraler Grundbegriff der Frühaufklärung, die Tugend, auf das richtige Maß reduziert worden. Sie wird der Liebe untergeordnet. Explizit wendet sich Sir Sampson gegen den stoizistischen Rigorismus der Tugendhaften: „Es war der Fehler eines zärtlichen Mädchens, und ihre Flucht war die Wirkung ihrer Reue. Solche Vergehungen sind besser als *erzwungene Tugenden*"; und nach einer kurzen Sprechpause wird diese Umwertung radikalisiert, um das Tugend-Laster-Schema vollends zu zerstören: „ – Doch *ich fühle es*, Waitwell, *ich fühle es; wenn* diese Vergehungen auch wahre Verbrechen, *wenn* es auch vorsetzliche Laster wären: ach! ich würde ihr doch vergeben. Ich würde lieber von einer *lasterhaften* Tochter, als von keiner, geliebt seyn wollen" (I/1, S. 10; Hervorhebungen v. M.S.).

Das Primat des Herzens gegenüber dem Verstand, der Liebe gegenüber der Tugend, der Empfindsamkeit gegenüber dem Rationalismus, des Mitleids gegenüber den bessernden, belehrenden Absichten der heroischen Tragödie *und* der „Sächsischen Typenkomödie" leiten einen Paradigmenwechsel innerhalb der Dramaturgie ein, den, ehe er theoretisch formuliert wird, im dramatischen Dialog die dramatis personae thematisieren, als Handlungsalternative der Konfliktlösung benennen, um ihn innerhalb des Dramas in die Handlung umzusetzen, um ihn poetisch darzustellen. Prätention und pragmatische Umsetzung im Drama selbst zeigen den Paradigmenwechsel nicht nur als möglichen, sondern auch als wirklichen. Aber schon der Anspruch selbst, die Abkehr vom Tugend-Laster-Schema, vom Prinzip der poetischen Bestrafung der ‚gefallenen' Tugend, ist im Drama Handlung, wird er doch von einer dramatischen Figur geäußert, die bereits einen entscheidenden Positionswechsel vollzogen und damit gehandelt hat. Äußeres Zeichen im Sinne eines materiellen Handlungsbegriffs ist Sir Sampsons Reise, im konkreten Sinne des materiellen Begriffs: die Bewegung des ‚Körpers' im Raum. Unter dem Aspekt eines nicht materiellen, inneren Handlungsbegriffs wird jedoch jede Veränderung der Situation zum konstitutiven Element der Handlung, so daß „auch jeder innere Kampf von Leidenschaften, jede Folge von verschiedenen Gedanken, wo eine die andere aufhebt, eine Handlung" ist.[22]

Wie insistierend die poetologische Prätention in die Sprechhandlung Sir Sampsons umgesetzt wird, offenbaren bereits der anaphorisch gegliederte, asyndetische Satzbau und die Reduplikation von den Satzteilen, welche die empfindsame Haltung des Vaters widerspiegeln. Bereits formal beginnt sich das Neue gegen das Alte durchzusetzen, und es ist bezeichnend, daß die Gestaltungsprinzipien der klassizistischen Tragödie, das Primat einer rigoros vertretenen Tugend, den Affekten der Wut, der Rache und des Abscheus zugeordnet werden, nicht der Liebe, Affekten, denen der Mensch als Objekt ausgeliefert ist, die er nicht beherrscht. Thematisch bilden die Affekte ‚Liebe' und ‚Mitleid' das Zentrum der ersten Szene. Sie bestimmen die Vorgeschichte und die Exposition der Dramenhandlung; denn das Geschehen der Vorgeschichte, der Handlungsumschlag, wird durch den affektiven Übergang von der Wut zur Liebe des Vaters exponiert, von zwei konträren Hauptempfindungen, welche die ‚Quellen' aller übrigen Empfindungen bilden.[23] Im expositorischen Dialog wird die Einheit der Handlung aufgebrochen, um sich in der Darstellung des zukünftigen Geschehens *neu* zu konstituieren.

Der Leser bzw. der Zuschauer erfährt vage, in groben Zügen vom empfindsamen, zur Vergebung bereiten Vater, daß seine tugendhafte Tochter von einem Libertin verführt worden ist und beide das Elternhaus heimlich verlassen haben. Die Verführbarkeit seiner Tochter läßt den Vater an ihrer Tugendhaftigkeit und die Flucht an ihrer Liebe zu ihm zweifeln. Würde Waitwell das Vergehen Saras vergrößern, ihr die Tugend und Vaterliebe absprechen, könnte er Sir Sampson mit *Abscheu* gegen sie erfüllen. Das idyllische, glückliche, tugendhafte Familienleben würde sich so nach der ersten mißglückten Tugendprobe der Tochter als Scheinleben erweisen. Sir Sampson würde entweder das Vergehen verabscheuen, seine Tochter verachten und sich an dem Verführer rächen oder vor Gram sterben. Da er sich der Vaterliebe seiner Tochter nicht sicher ist und geradezu einen egoistischen, für ihn lebenswichtigen Besitzanspruch auf die Liebe seiner Tochter erhebt, hat er seinen Zorn, seine Wut und seine Rachepläne gegen den ‚verfluchten Verführer' Mellefont aufgegeben und ist als zärtlicher Vater seiner Tochter nachgereist.

Die Vorgeschichte wird also nicht als bloßes Faktum in der ersten, expositorischen Szene berichtet, sondern affektiv reflektiert, emotional motiviert in den Dialog zwischen dem Vater und seinem Diener eingebracht. Die Fakten der Vorgeschichte werden in Beziehung gesetzt zu den entsprechenden Affekten. Die Vorgeschichte wird nicht nur als geschehen berichtet, sondern auch erneut und motiviert als mögliche Variante der Handlung ins Spiel gebracht. Das Changieren in der Bezeichnung der Geschehnisse der Vorgeschichte und der korrespondierenden Affekte – Vergehen und Abscheu sowie Verführung und Rache versus Fehler eines zärtlichen Mädchens und die Flucht als Wirkung ihrer Reue – weisen die beiden Gestaltungsmöglichkeiten der Handlung aus, und zwar eingeengt auf die Perspektive Sir Sampsons. Ob sein Zorn, seine Wut und Rache in Abscheu und Verachtung umschlagen oder ob er als zärtlicher Vater seiner Tochter vergibt und Mellefont als ‚notwendiges Übel' akzeptiert, um nicht auf die Liebe seiner Tochter verzichten zu müssen, hängt nicht von der Tugend oder dem Laster seiner Tochter ab, sondern allein von ihrer Liebe. Beide Versionen sind nicht nur Möglichkeiten, die im Dialog durchgespielt werden, sondern bestimmen auch die Gestaltung der Handlung, da sowohl Sara und Mellefont als auch Marwood in ihren Verhaltensweisen und Projekten ausschließlich noch vom zürnenden Vater bis zum dritten Aufzug einschließlich ausgehen.

Entscheidend in der ersten Szene ist, daß auf der Basis der Poetik des Mitleids den

Ereignissen der Vorgeschichte Affekte zugeordnet werden, nämlich Abscheu und Rache. Diese Emotionen Sir Sampsons werden rezeptionsästhetisch von Lessing im Brief vom 2. Februar 1757 an Mendelssohn unterschieden von den werkästhetischen und wirkungspsychologischen Kategorien der neuen Dramaturgie, vom Schrecken, Mitleid und der Bewunderung.

> „Ein Exempel aus der Körperwelt! Es ist bekannt, daß, wenn man zwey Saiten eine gleiche Spannung giebt, und die eine durch die Berührung ertönen läßt, die andere mit ertönt, ohne berührt zu seyn. Lassen Sie uns den Saiten Empfindungen geben, so können wir annehmen, daß ihnen zwar eine jede B e - b u n g, aber nicht eine jede B e r ü h r u n g angenehm seyn mag, sondern nur diejenige Berührung, die eine gewisse Bebung in ihnen hervorbringt. Die erste Saite also, die durch die Berührung erbebt, kann eine schmerzliche Empfindung haben; da die andre, der ähnlichen Erbebung ungeachtet, eine angenehme Empfindung hat, weil sie nicht (wenigstens nicht so unmittelbar) berührt worden. Also auch in dem Trauerspiele. Die spielende Person geräth in einen unangenehmen Affekt, und ich mit ihr. Aber warum ist dieser Affekt bey mir angenehm? Weil ich nicht die spielende Person selbst bin, auf welche die unangenehme Idee unmittelbar wirkt, weil ich den Affekt nur als Affekt empfinde, ohne einen gewissen unangenehmen Gegenstand dabey zu denken.
> Dergleichen z w e y t e Affekten aber, die bey Erblickung solcher Affekten an andern, in mir entstehen, verdienen kaum den Namen der Affekten; daher ich denn in einem von meinen ersten Briefen schon gesagt habe, daß die Tragödie eigentlich keinen Affekt bey uns rege mache, als das M i t l e i d e n. Denn diesen Affekt empfinden nicht die spielenden Personen, und wir empfinden ihn nicht blos, weil sie ihn empfinden, sondern er entsteht in uns ursprünglich aus der Wirkung der Gegenstände auf uns; es ist kein z w e y - t e r mitgetheilter Affekt usw."[24]

Zorn, Wut, Abscheu und Rache sowie die Zärtlichkeit und das ‚Mitleiden' des Vaters empfindet der Leser bzw. der Zuschauer nur als mitgetheilten Affekt; sie entstehen nicht unmittelbar aus der Wirkung des Ganzen, der Handlung. Durch diese Differenzierung zwischen ersten, unmittelbar wirkenden und zweiten mitgetheilten Affekten wird erneut erkennbar, daß Sir Sampson die Vorgeschichte nicht nur narrativ vermittelt, sondern strukturiert, in zwei fundamentale Fabelvarianten aufgespalten, auf der Ebene der mitgetheilten Affekte darlegt. Nicht dem mitgetheilten Affekt des Zorns, sondern dem der Liebe wird die Emotion des Mitleidens zugeordnet, der neben dem Schrecken und der Bewunderung nur als unmittelbarer den Zuschauer affizieren kann. Nur diese drei Affekte, so Lessing, können in der Handlung des Dramas so umgesetzt werden, daß sie vom Zuschauer direkt empfunden werden. Da in der Exposition beide Formen der Affekte genannt werden, denen unterschiedliche Fabelvarianten korrespondieren, werden die poetologischen und das zukünftige Geschehen antizipierenden Momente im Dialog evident.

Indem die Vorgeschichte und die unterschiedlichen, möglichen, emotionalen Haltungen des Vaters nicht nur als notwendige Fakten und Sachverhalte exponiert werden, wird die Handlung facettenhaft im Dialog zunächst aufgespalten. Obwohl die Vorgeschichte aus der Sicht des Vaters vermittelt wird, bekommt der Zuschauer ein differenziertes Vorwissen, das dem Wissen der dramatis personae bald überlegen sein wird; denn bereits ab der dritten Szene weiß er, wiederum gebunden an die

Sichtweise einzelner Figuren, daß beide Versionen, die des Zornes und die der Liebe, die Handlung bestimmen, Versionen, die den Spannungsbogen kontrastiv aufbauen. Diese diskrepante Informiertheit zwischen den dramatis personae sowie zwischen diesen und dem Publikum gehört zu den strukturellen Voraussetzungen, die das affektive Spiel wirken lassen; denn Mellefont und Sara lassen ihr weiteres Handeln vom Zorn des Vaters bestimmen, der sie auch zur Flucht veranlaßt hat. Die unterschiedlichen Varianten gelangen so unmittelbar zur Darstellung.

Komödienhafte Elemente

In den ersten beiden, vorerst noch isoliert wirkenden Szenen wird ausschließlich der Konflikt zwischen Sara und ihrem Vater dargestellt; der Rezipient erfährt nur vage etwas von einem Vater, der die Heirat seiner Tochter mit einem Libertin zu verhindern suchte und nun seiner Tochter nachgereist ist, um ihr, wenn sie ihn noch liebt, zu vergeben. Die Grundstruktur dieses Geschehens, die Verhinderung einer Heirat durch eine Autoritätsperson, hier durch den Vater, gehört bezeichnenderweise in das Sujet der Komödie.[25] Ich habe bereits auf andere komödienhafte Elemente im Trauerspiel hingewiesen, auf den Ort und die Rolle des Wirtes sowie auf Waitwells Hinweis auf ein mögliches, harmonisches Ende, dessen Versöhnungstableau ganz in der Tradition des rührenden Lustspiels stehen würde. Aus dem Bereich der Komödie stammen auch die Appellativa, so z.B. bedeutet der Name Mellefont die ‚Honigquelle'; auch der Name ‚Marwood' deutet bereits auf die Welt der Intrige, und der Name des Dieners Sir Sampsons, ‚Wait-well', richtet sich in der Bedeutung gegen ein allzu rasches, von unkontrollierten Affekten beeinflußtes Handeln.[26] Auffällig neben diesen lustspielhaften Elementen, die den genrespezifischen Erwartungshorizont verletzen, ist, daß die ersten beiden Szenen äußerlich isoliert sind, da nach der zweiten Szene alle Personen die Bühne verlassen, was für Gottsched und seine Schule innerhalb eines Aufzugs undenkbar ist, markiert doch ein totaler Konfigurationswechsel den Schluß eines Aktes.[27] Inhaltlich wird nicht nur die Vorgeschichte nachgeholt, sondern auch die Skizze eines rührenden Lustspiels entworfen, dessen Schlußszene, das Versöhnungstableau, besonders akzentuiert wird. Lessing beginnt also sein bürgerliches Trauerspiel mit dem Hinweis auf ein Szenarium und das Schlußtableau einer Rührkomödie.

Die Elemente der Typen- und Rührkomödie der deutschen Aufklärung werden jedoch nicht satirisch in das Spiel integriert, sondern weisen auf Traditionslinien hin, die der klassizistischen Tragödie konträr gegenüberstehen, die motiviert in den Dialog eingefügt werden, um poetisch die poetologischen Differenzpunkte gattungsspezifisch aufzuzeigen. Sowohl die Komödienkonzeption Gottscheds, die sächsische Typenkomödie, als auch das rührende Lustspiel, vor allem die Lustspiele Gellerts, bleiben trotz aller Unterschiede dem Tugend-Laster-Schema verhaftet. Hat die sächsische Typenkomödie die Satire auf das Laster zum Ziel, so stehen dagegen im rührenden Lustspiel die Versuchung und Erprobung der Tugend selbst, die Verklärung der positiven menschlichen Eigenschaften im Zentrum des Geschehens. Einerseits wird das Laster, ausschließlich allzumenschliche Fehler, lächerlich gemacht, andererseits werden bereits empfindsame Tugenden wie Großmut, Freundschaft, Liebe, Mitleid und Selbstlosigkeit verherrlicht. Durch die Umgewichtung in der Darstellung bleibt indirekt die Kontrastrelation Tugend versus Laster, die Regel der poetischen Gerechtigkeit, die Bestrafung des Lasters und die Belohnung der Tugend, wirksam. Wichtig im Übergang zum rührenden Lustspiel und damit für die Konzeption des bürgerlichen Trauerspiels ist die Aufwertung des Empfindsamen und des Herzenskults. Die Komödie wird „zu einem ernsten Spiel, so daß vom rührenden Lustspiel ein gerader Weg zum bürgerlichen Trauerspiel" führt.[28]

Der vom rührenden Lustspiel eingeleitete Paradigmenwechsel in der Komödientheorie und -praxis wird jedoch erst mit Lessings bürgerlichem Trauerspiel *Miß Sara Sampson* radikal und universal vollzogen, indem die Gültigkeit des Tugend-Laster-Schemas aufgehoben wird zugunsten der Affekte ‚Liebe' und ‚Mitleid'. Die ersten beiden Szenen und besonders die Eingangsszene haben nicht nur innerdramatisch die Funktion der Exposition, sondern sie skizzieren auch poetisch ihre poetologische Vorgeschichte, die Traditionslinien des neuen Genres, des bürgerlichen Trauerspiels. Mit dem Schematismus der sächsischen Typenkomödie, des rührenden Lustspiels und mit der rigorosen, der Apathie verpflichteten, stoizistischen Sittenlehre der heroischen Tragödie, der Haupt- und Staatsaktion, kann nicht radikaler gebrochen werden als in den für Gottschedianer ketzerischen Äußerungen Sir Sampsons: „Solche Vergehungen sind besser als erzwungene Tugenden – [...] Ich würde doch lieber von einer lasterhaften Tochter, als von keiner, geliebt seyn wollen" (I/1, S. 10). Und wenn Mellefont seine erste Träne seit seiner Kindheit weint und in zwei anaphorisch gefügten rhetorischen Fragen äußert: „Wo ist die alte Standhaftigkeit, mit der ich ein schönes Auge konnte weinen sehen? Wo ist die Gabe der Verstellung hin, durch die ich seyn und sagen konnte, was ich wollte?" (I/5, S. 14) –, dann sind dies nicht nur Zeichen seiner Wandlung, sondern zugleich satirische und diskreditierende Seitenhiebe auf die „alte Standhaftigkeit" stoizistischer Helden, da die Standhaftigkeit den Bereichen der Unempfindsamkeit und der Verstellung, Kennzeichen des Lasters, zugeordnet wird.

Die impliziten und expliziten Formen der poetisch-poetologischen Selbstreflexion in den ersten beiden Szenen, die Thematisierung der drei Einheiten, der ersten und zweiten Affekte der Poetik des Mitleids, sowie die Destruktion des Tugend-Laster-Schemas und die damit verbundene Bezeichnung dramengeschichtlicher Vorformen, stellen keine Illusionsbrüche oder Fiktionsironien dar; die immanente Poetik und der poetologische Diskurs sind fest im Dialog verankert. Sir Sampson und Waitwell verfügen bereits zu Beginn des Trauerspiels über ein poetisch-poetologisches Reflexionsvermögen, mit dem sie elementare Bestandteile der Poetik des Mitleids erfassen.

Exkurs:
Elementare Voraussetzungen der Poetik des Mitleids

Der mittlere Charakter und das Mitleid: das Prinzip der Kausalität und das Mitleid als universale, werkästhetische und wirkungspsychologische Kategorie

Zu den neuen elementaren Voraussetzungen der Poetik des Mitleids gehört wesentlich der ‚mittlere Charakter', eine dramatische Kategorie, die in der aristotelischen Tradition steht. Der mittlere Charakter zeichnet sich durch sein menschliches Maß aus, d. h. er besitzt Vollkommenheiten und hat Fehler.[29] Nicht der Heros, sondern der Mensch wird zum Helden des bürgerlichen Dramas. Der Mensch auf der Bühne wird zum idealtypischen Identifikationspunkt zwischen dem Zuschauerraum und der Bühne. Diese wirkungspsychologische Grundbedingung stellt zugleich ein werkästhetisches, gattungsdifferenzierendes Gestaltungsprinzip dar. Im Gegensatz zum Epos muß das Unglück des menschlichen Helden eine Folge aus seinem Charakter sein, „weil ohne den Fehler, der das Unglück über ihn zieht, sein Charakter und sein Unglück kein G a n z e s ausmachen würden, *weil das eine nicht in dem andern gegründet wäre,* und wir jedes von diesen zwey Stücken besonders denken würden" (Hervorhebung v. M.S.).[30] Handlung und Charakter treten in eine k a u s a l e Beziehung zueinander, um ein G a n z e s zu bilden, das die Voraussetzung für den einzigen Zweck des Trauerspiels, Mitleid zu erregen,[31] ist.

Das ‚Canut-Beispiel'

Den Zusammenhang zwischen Charakter, seinen Vollkommenheiten, Fehlern sowie seinem Unglück und der Handlung unter dem Wirkungsaspekt des Mitleids, dem das Prinzip der Kausalität, der inneren Wahrscheinlichkeit und Notwendigkeit inhärent sind, illustriert Lessing an der dramatischen Figur ‚Canut' aus dem gleichnamigen Trauerspiel Johann Elias Schlegels, das 1746 erschien.[32]

> „Ein Exempel wird mich verständlicher machen. C a n u t sey ein Muster der vollkommensten Güte. Soll er nur Mitleid erregen, so muß ich durch den Fehler, daß er seine Güte nicht durch die Klugheit regieren läßt, und den Ulfo, dem er nur verzeihen sollte, mit gefährlichen Wohlthaten überhäuft, ein großes Unglück über ihn ziehn; Ulfo muß ihn gefangen nehmen und ermorden. Mitleiden im höchsten Grade! Aber gesetzt, ich ließe den C a n u t nicht durch seine gemißbrauchte Güte umkommen; ich ließ ihn plötzlich durch den Donner erschlagen, oder durch den einstürzenden Pallast zerschmettert werden? Entsetzen und Abscheu ohne Mitleid! Warum? Weil nicht der geringste Zusammenhang zwischen seiner Güte und dem Donner, oder dem einstürzenden Pallast, zwischen seiner Vollkommenheit und seinem Unglücke ist. Es sind beydes zwey verschiedene Dinge, die nicht eine einzige gemeinschaftliche Wirkung, dergleichen das Mitleid ist, hervorbringen können, sondern, deren jedes für sich selbst wirkt."[33]

Dreierlei ist an diesem Beispiel bemerkenswert: Erstens sieht Lessing Canuts Fehler in der Übersteigerung der Güte, die nicht durch die *Klugheit regiert* wird. Die Güte, ein emotionales Vermögen, wird nicht mehr durch die Klugheit, ein rationales Vermögen, regiert; der Fehler besteht zunächst in der Vollkommenheit einer moralischen und affektiven Grundhaltung, die nicht mehr von der Vernunft kontrolliert wird.[34] Zweitens ist die vollkommene Güte an sich eine natürliche *Tugend* und *kein Laster.* Drittens wird sie erst dann zum Fehler, wenn Canut *handelt,* d. h. emotional und tugendhaft, aber zugleich gegen die Vernunft handelt, indem er Ulfo, seinem Gegenspieler, einem Anti-Helden, nicht nur verzeiht, sondern ihm auch den Oberbefehl über das Heer erteilt, ihn also mit Wohltaten überhäuft, und Ulfo in die Lage versetzt, ihm Machtmittel gibt, um ihn, den König, gefangenzunehmen und zu ermorden.[35] Erst jetzt zieht „ein großes Unglück" über den König, das „Mitleiden im höchsten Grade" erregt. Charakter und Handlung, Vollkommenheit und Unglück sind so kausal, nach den Prinzipien der inneren Wahrscheinlichkeit und Notwendigkeit miteinander verknüpft.

Notwendigkeit und Wahrscheinlichkeit, unumstößliche Prämissen für das Ganze, für die Einheit der Handlung, sind keine ‚metaphysischen' Kategorien, die den Charakter zum Spielball bzw. Objekt transzendenter Mächte werden lassen; im Gegenteil, sie sind ein poetologisch-struktularer Ausdruck für die progredierende Subjektivität der Aufklärung.[36] Der Held des Trauerspiels wird nicht schuldlos schuldig, sondern er ist und handelt mündig und selbstverantwortlich, er ist Subjekt geworden in einer vernünftig eingerichteten Welt, er hat sich im ‚Diesseits' emanzipiert.[37] Die Notwendigkeit ist ein werkästhetisches Gestaltungsprinzip, das, auf die Handlung bezogen, die Geschehnisse zu einem Handlungsgefüge kausal verbindet; sie ist kein Prinzip der Realität, sondern der Fiktion. Die Wahrscheinlichkeit, die präziser im Gegensatz zu Gottscheds historischer Auffassung des Begriffs als ‚innere' Wahrscheinlichkeit zu bezeichnen ist,[38] grenzt das Kunstwerk gegen die Wirklichkeit ab, läßt die Dichtung gegenüber der Geschichte autonom werden, entzieht den poetischen Charakter der Herrschaft des historischen. Unter die Kategorie der inneren Wahrscheinlichkeit fällt nicht die Abbildung der Realität, die Wirklichkeitsnähe,[39] sondern die mimesis, das poetische Erkennen und Hervorbringen des Wesens der Wirklichkeit, die poiesis. Der Dichter, das Genie, wird zum alter deus. Seine Dichtung, „das Ganze dieses sterblichen Schöpfers [,] sollte ein Schattenriß von dem Ganzen des ewigen Schöpfers sein".[40]

Primärer Orientierungspunkt für das Kausalitätsprinzip und für das Motivationsgefüge der Handlung ist der Affekt ‚Mitleid'; er wird der *Handlung*, nicht dem Charakter zugeordnet. Ist die Güte Canuts für den Zuschauer nur ein zweiter mitgeteilter Affekt, so wird das Mitleiden im höchsten Grade auf eine bestimmte Situation einer Handlungssequenz bezogen und wird so zu einem primären Affekt.[41] Die enge Bindung des unmittelbar wirkenden Affekts ‚Mitleid' an die Handlung im Drama bestimmt auch noch später die in der *Hamburgischen Dramaturgie* getroffene Unterscheidung zwischen der Komödie und der Tragödie. Die Komödie handelt von den Charakteren; das Trauerspiel dagegen ahmt eine mitleidswürdige Handlung nach.[42] Wenn Lessing beide Definitionselemente des Trauerspiels, die *Handlung* als ‚Geschlechtsbestimmung', als genus proximum, und das Attribut ‚*mitleidswürdig*' als ‚Gattungsmerkmal', als differentia specifica, zu einer Grundlage macht, von der sich alle dramatischen Regeln vollkommen ableiten lassen und auf der auch die dramatische Form bestimmt werden kann,[43] rückt der Affekt ‚Mitleid' als eine poetisch und poetologisch universale Kategorie in den Mittelpunkt der Dramaturgie. Ein anthropologisches, emotionales Vermögen wird zu einem *werkästhetischen und wirkungspsychologischen* Prinzip erhoben, wird und wirkt universal. In der Universalität, und darin liegt die soziale und politische Dimension in Lessings Poetik des Mitleids, überschreitet das Mitleid die Grenzen des ‚Privatistischen', der bloß privaten Sujets der Dramen hin zum Öffentlichen und zum Gesellschaftlichen:

„[...] die Bestimmung der Tragödie ist diese: sie soll u n s r e F ä h i g k e i t , M i t l e i d z u f ü h l e n, erweitern. Sie soll uns nicht blos lehren, gegen diesen oder jenen Unglücklichen Mitleid zu fühlen, sondern sie soll uns so weit fühlbar machen, daß uns der Unglückliche *zu allen Zeiten*, und *unter allen Gestalten*, rühren umd für sich einnehmen *muß*. [...] D e r m i t l e i d i g s t e

Mensch ist der beste Mensch, zu *allen gesellschaftlichen Tugenden, zu allen Arten der Großmuth* der aufgelegteste. Wer uns mitleidig macht, macht uns besser und tugendhafter, und das Trauerspiel, das jenes thut, thut auch dieses, oder – es thut jenes, um dieses thun zu können" (Kursivhervorhebungen v. M.S.).[44]

Die logische Form des Syllogismus verknüpft in der conclusio beide Prämissen, weist formal das anthropologische Vermögen als ästhetisches *und* gesellschaftliches Kompositionsprinzip aus. Die Poetik des Mitleids gerät zur Utopie und stellt erneut ihre Universalität unter Beweis.[45]

Das ‚Kaufmann-Beispiel'

Die wirkungspsychologisch bestimmte Utopie, den Menschen durch die Darstellung des Mitleids zum besten, natürlichen Menschen bilden zu können, setzt zugleich werkästhetisch die beste dramatische Person voraus, welche die unglücklichste im Drama sein muß.[46] In Lessings ‚Canut-Beispiel' besteht die fehlerhafte Disposition des Charakters in einer vollkommenen Tugend, der Güte, die nicht mehr von der Klugheit regiert wird. Unmittelbar im Anschluß gibt Lessing die Mordszene aus George Lillos *The London Merchant* wieder:

„Gedenken Sie an den alten Vetter, im K a u f m a n n v o n L o n d o n;[47] wenn ihn B a r n w e l l erstischt, entsetzen sich die Zuschauer, ohne mitleidig zu seyn, weil der gute Charakter des Alten gar nichts enthält, was den Grund zu diesem Unglück abgeben könnte. Sobald man ihn aber für seinen Mörder und Vetter noch zu Gott beten hört, verwandelt sich das Entsetzen in ein recht entzückendes Mitleiden, und zwar ganz natürlich, weil diese großmüthige That aus seinem Unglücke fließet und ihren Grund in demselben hat."[48]

Im Gegensatz zum ‚Canut-Beispiel', in dem Lessing die Vollkommenheit und das Unglück durch die Güte kausal verknüpft, demonstriert im anderen Beispiel Barnwells Vetter im Unglück seine Vollkommenheit. Die sich geradezu aufdrängende kontrastive These, daß im ‚Canut-Beispiel' die Vollkommenheit das Unglück ‚verursache', während im ‚Kaufmann-Beispiel' im Unglück sich die Vollkommenheit enthülle, und die Folgerung, daß ausschließlich die Frage nach dem Verhältnis zwischen Vollkommenheit und Unglück des Helden im Vordergrund stehe, um eine maximale Mitleidserregung erzielen zu können, und nicht die Frage nach dem ‚Wie', der Motivation des Unglücks,[49] ist k o n t e x t b e z o g e n einzuschränken und zu korrigieren.

In Lessings kritischem Gegenentwurf zu Schlegels *Canut* verkörpert der König den Helden des Trauerspiels, dessen vollkommene Güte in mehreren Handlungssequenzen dargestellt und nicht berichtet würde. Nicht ein Laster, sondern eine gute Eigenschaft läßt die Situation entstehen, in der er durch die Handlungsweise seines Kontrahenten unglücklich wird. Die Güte schafft einerseits die rechte Proportion zwischen Vollkommenheit und Unglück und andererseits die Voraussetzungen, die das Unglück möglich und wahrscheinlich werden lassen. Canuts Güte verursacht also nicht direkt sein Unglück. Stellt Lessings ‚Canut-Beispiel' einen Gegenentwurf zur gesamten Handlung dar, so ist sein ‚Kaufmann-Beispiel' eine eigenwillige, rezeptionsgeschichtlich wichtige und bezeichnende Deutung einer einzelnen Handlungssequenz, nicht des gesamten Trauerspiels, eine Interpretation einer Szene, in der Barnwell seinen Vetter ermordet, welche am Ende der ‚lasterhaften' Laufbahn Barnwells steht. Eigenwillig ist diese Interpretation, weil Lessing die dominierenden Motive der Haupthandlung, das kaufmännische Standesbewußtsein und die kaufmännische Morallehre, völlig außer acht läßt und nur die empfindsamen Motive hervorhebt.[50] Empfindsame Nebenfiguren im Sinne Lessings sind nur Barnwells Vetter und Maria, die Tochter des Kaufmanns Thorowgood.[51] Im ‚Canut-Beispiel' steht der Held im Vordergrund, im ‚Kaufmann-Beispiel' wird eine Randfigur zum empfindsamen Helden, der im Sterben „entzückendes Mitleiden" erregt. Da Lessing keine weiteren Aufschlüsse über ein mögliches Fehlverhalten des sterbenden Vetters gibt und da er das ‚Canut-Beispiel' mit dem Königsmord enden läßt, hat keine Problemverlagerung bzw. -reduktion auf die rechte Proportion stattgefunden; statt dessen wird von zwei Seiten aus, die einander ergänzen, ein und derselbe Grad des Mitleidens exemplifiziert. In beiden Beispielen liegt der Akzent auf dem Kausalitätsprinzip, nicht primär auf der rechten Proportion zwischen Vollkommenheit und Unglück.

Das ‚Bettler-Beispiel' und die Grade des Mitleids

Wenige Wochen zuvor, in einem Brief an Nicolai, vom 29. November 1756, hat Lessing am Beispiel eines Bettlers die verschiedenen Grade des Mitleids erörtert.[52]

> „Ich unterscheide drey Grade des Mitleids, deren mittelster das weinende Mitleid ist, und die vielleicht mit den drey Worten zu unterscheiden wären, R ü h r u n g , T h r ä n e n , B e k l e m m u n g . R ü h r u n g ist, wenn ich weder die Vollkommenheiten, noch das Unglück des Gegenstandes deutlich denke, sondern von beyden nur einen dunkeln Begriff habe; so rührt mich z.E. der Anblick jedes Bettlers. T h r ä n e n erweckt er nur dann in mir, wenn er mich mit seinen guten Eigenschaften so wohl, als mit seinen Unfällen bekannter macht, und zwar mit beyden z u g l e i c h , welches das wahre Kunststück ist, Thränen zu erregen. Denn macht er mich erst mit seinen guten Eigenschaften und hernach mit seinen Unfällen, oder erst mit diesen und hernach mit jenen bekannt, so wird zwar die Rührung stärker, aber zu Thränen kömmt sie nicht. Z.E. Ich frage den Bettler nach seinen Umständen, und er antwortet: ich bin seit drey Jahren amtlos, ich habe Frau und Kinder; sie sind Theils krank, Theils noch zu klein, sich selbst zu versorgen; ich selbst bin nur vor einigen Tagen vom Krankenbette aufgestanden. – Das ist sein Unglück! – Aber wer sind Sie denn? frage ich weiter. – Ich bin der und der, von dessen Geschicklichkeit in diesen oder jenen Verrichtungen Sie vielleicht gehört haben; ich bekleidete mein Amt mit möglichster Treue; ich könnte es alle Tage wieder antreten, wenn ich lieber die Creatur eines Ministers, als ein ehrlicher Mann seyn wollte usw. Das sind seine Vollkommenheiten! Bey einer solchen Erzählung aber kann niemand w e i n e n . Sondern wenn der Unglückliche meine Thränen haben will, *muß er beyde Stücke verbinden;* er muß sagen: ich bin vom Amte gesetzt, *weil* ich zu ehrlich war, und mich *dadurch* bey dem Minister verhaßt machte; ich hungere, und mit mir hungert eine kranke liebenswürdige Frau; und mit uns hungern sonst hoffnungsvolle, jetzt in der Armuth vermodernde Kinder; und wir werden gewiß noch lange hungern müssen. Doch ich

will lieber hungern, als niederträchtig seyn; auch meine Frau und Kinder wollen lieber hungern, und ihr Brot lieber unmittelbar von Gott, das ist, aus der Hand eines barmherzigen Mannes, nehmen, als ihren Vater und Ehemann lasterhaft wissen usw. – (Ich weiß nicht, ob Sie mich verstehen. Sie müssen meinem Vortrage mit Ihrem eignen Nachdenken zu Hülfe kommen.) Einer solchen Erzählung habe ich immer Thränen in Bereitschaft. Unglück und Verdienst sind hier im Gleichgewicht. Aber lassen Sie uns das Gewicht in der einen oder andern Schale vermehren, und zusehen, was nunmehr entsteht. Lassen Sie uns zuerst in die Schale der Vollkommenheit eine Zulage werfen. Der Unglückliche mag fortfahren: aber wenn ich und meine kranke Frau uns nur erst wieder erholt haben, so soll es schon anders werden. Wir wollen von der Arbeit unsrer Hände leben; wir schämen uns keiner. Alle Arten, sein Brot zu verdienen, sind einem ehrlichen Manne gleich anständig; Holz spalten, oder am Ruder des Staates sitzen. Es kömmt seinem Gewissen nicht darauf an, wie viel er nützt, sondern wie viel er nützen wollte. – Nun hören meine Thränen auf; die Bewunderung erstickt sie. Und kaum, daß ich es noch fühle, daß die Bewunderung aus dem Mitleiden entsprungen. – Lassen Sie uns eben den Versuch mit der andern Wagschale anstellen. Der ehrlich Bettler erfährt, daß es wirklich einerley Wunder, einerley übernatürliche Seltenheit ist, von der Barmherzigkeit der Menschen, oder unmittelbar aus der Hand Gottes gespeist zu werden. Er wird überall schimpflich abgewiesen; unterdessen nimmt sein Mangel zu, und mit ihm seine Verwirrung. Endlich geräth er in Wuth; er ermordet seine Frau, seine Kinder und sich. – Weinen Sie noch? – Hier erstickt der Schmerz die Thränen, aber nicht das Mitleid, wie es die Bewunderung thut. Es ist –" (Kursivhervorhebungen v. M.S.)[53]

Lessing bricht an dieser Stelle die Darstellung des Exempels und dessen affektive Analyse mit dem Ausruf ab: „Ich verzweifelter Schwätzer!"[54] Sein letzter, abgebrochener Satz läßt sich etwa so ergänzen: Es ist die Beklemmung, der dritte Mitleidsgrad, der die Tränen zum Ersticken bringt; denn das „Mitleiden giebt keine Thränen mehr, wenn die schmerzhaften Empfindungen in ihm die Oberhand gewinnen".[55]
In der ersten Version der Bettler-Geschichte werden sowohl die guten Eigenschaften des Bettlers, seine Vollkommenheit, seine moralische Integrität, als auch sein Unglück, seine Armut und sein Elend, nacheinander berichtet. Diese lockere, additive Reihung der Geschehnisse, der Vollkommenheit und des Unglücks, bewirkt Rührung. In der zweiten Version werden die beiden Episoden der ersten verbunden, und zwar nach dem *Prinzip der Kausalität*. Die Verknüpfungsstruktur der zweiten Version ist jedoch nicht beliebig, sondern orientiert sich am Wirkungsziel des Trauerspiels, an den ‚Thränen des Mitleids', welche zugleich das ‚Wie' der dramatischen Darstellung, die Sujethaftigkeit der Fabel, den formalen Aspekt der Darstellungsweise, der literarischen Form, ins Zentrum des Interesses rücken lassen und bestimmen.[56] Unglück und Verdienst bzw. Vollkommenheit, die Armut, das Elend und die Ehrlichkeit des Bettlers, befinden sich erst aufgrund der kausalen Verkettung der Ereignisse zu einer Fabel im Gleichgewicht, das die conditio sine qua non des Mitleids ist, aber nicht losgelöst von der ‚fehlerhaften' Disposition des Bettlers gesehen werden kann. In der dritten Version, und hier durchbricht Lessing die Darstellung der triadischen Struktur der Mitleidsgrade, dominiert die Vollkommenheit über das Unglück; der Bettler setzt sich geradezu in stoizistischer Ataraxie über sein Unglück

hinweg und verbreitet nur noch Bewunderung.⁵⁷ In der vierten Version überwiegt das Maß des Unglücks die Vollkommenheit. Der Schmerz, die so erregte Beklemmung über das maßlose Unglück, eliminiert nicht vollständig das Mitleid, wie es durch die Bewunderung geschieht.

Mitleid: Bewunderung und Schrecken

Die Grade des Mitleids hängen erstens von dem Kausalitätsprinzip und zweitens von der Gewichtung des Verhältnisses zwischen dem Unglück und der Vollkommenheit ab. Damit wird auch Lessings Abweichen in der Darstellung der Grade des Mitleids verständlich. Bewunderung und Schmerz, die korrespondierenden Empfindungen zur Vollkommenheit und zum Unglück, konstituieren das Mitleid, eine vermischte Empfindung, die auf Lust und Unlust basiert.⁵⁸ Die Bewunderung ist kein selbständiger Affekt des Trauerspiels, sondern findet „blos als die eine Hälfte des Mitleids" statt.⁵⁹ Zu Beginn des Briefwechsels über das Trauerspiel hat Lessing die Bewunderung als das „entbehrlich gewordene Mitleid", als „Ruhepunkt" desselben definiert.⁶⁰ Da das Mitleid nicht als andauernde Leidenschaft erregt werden kann, gesteht Lessing der Bewunderung diese ‚Ruhepunktsfunktion' zu, „wo sich der Zuschauer zu neuem Mitleiden erholen" kann.⁶¹ Der Bewunderung kommt als Relationsaffekt eine konstituierende *und* vorbereitende Funktion zu.

Der Schrecken, der dritte Affekt, der neben dem Mitleid und der Bewunderung im Trauerspiel generiert wird, ist ebenfalls keine autonome Leidenschaft; ihn hat Lessing als das „überraschte u n d u n e n t w i c k e l t e Mitleiden",⁶² definiert. „Die Staffeln sind also diese: Schrecken, Mitleid, Bewunderung. Die Leiter a b e r heißt: Mitleid; und Schrecken und Bewunderung sind nichts als die ersten Sprossen, der Anfang und das Ende des Mitleids."⁶³ Das Mitleid und dessen Grade, Rührung, Tränen, Beklemmung, ordnet Lessing den Affekten Schrecken und Bewunderung über. Beide Extreme im Trauerspiel, die ausschließliche Erregung des Schreckens oder der Bewunderung, lehnt Lessing entschieden ab, da sie dem ästhetischen Prinzip der Kausalität und des Maßes, der rechten Proportion von Unglück und Vollkommenheit, zuwiderlaufen. „Ein Trauerspiel voller Schrecken, ohne Mitleid, ist ein Wetterleuchten ohne Donner."⁶⁴ Ein Trauerspiel voller Bewunderung „würde ein dialogisches Heldengedicht seyn, und kein Trauerspiel".⁶⁵

Rührung und der ‚mitleidige Schrecken' haben primär eine das Mitleid vorbereitende Funktion, beiden ist formal die reihende Struktur der Geschehnisse zu Handlungssequenzen gemeinsam.⁶⁶ Sie unterscheiden sich jedoch in der Gewichtung des Verhältnisses von Verdienst und Unglück. Während beim ‚Schrecken' das Erkennen des Unglücks dominiert, steht bei der Rührung ‚der dunkle Begriff', die unklare Kenntnis sowohl der Vollkommenheit als auch des Unglücks im Vordergrund. Da die Rührung auf der rechten, aber nicht deutlich erkannten Proportion basiert, eröffnen sich verschiedene Kombinationsmöglichkeiten mit den übrigen Affekten, die als werkästhetische Gestaltungsprinzipien die unterschiedlichsten Fabel- bzw. Handlungsvarianten repräsentieren.

In der vierten Version des ‚Bettler-Beispiels', die den dritten Grad des Mitleids, die „Beklemmung", illustriert, führt Lessing die Handlung an ein Extrem des Schreckens heran, indem er den Bettler in *Verwirrung* geraten und aus *Wut* den Familien- und Selbstmord vollziehen läßt. Der Bettler hat seine Vollkommenheiten, seine moralische Integrität, seine Liebe und Ehrlichkeit aufgegeben, seine affektive Grundhaltung hat sich, da sie nicht mehr von der Vernunft regiert wird, geändert: Der Zorn und die Verzweiflung sind an die Stelle der Liebe und Tugend getreten.[67] Der Darstellungsbruch im ‚Bettler-Beispiel' erklärt sich aus dem Eliminieren des Mitleids durch die Bewunderung und dessen Pendant, der Elimination der Bewunderung durch den Schmerz bzw. Beklemmung; demnach dominieren der Schmerz und die Beklemmung, extreme Empfindungen des Schreckens, über die sich am Stoizismus orientierende Bewunderung, die eben nicht mehr als die eine Hälfte des Mitleids zu verstehen ist, sondern als dessen Extrempunkt, der das Mitleiden erstickt. Deshalb stellt die Bewunderung auch nicht einen Grad des Mitleids dar, und deshalb lautet Lessings Formel für das empfindsame Trauerspiel n i c h t ‚Bewunderung und Mitleid', sondern „Schrecken und Mitleid".

Konsequent stellt Lessing nun die Frage nach den Eigenschaften, welche die Vollkommenheiten der mittleren Charaktere ausmachen sollen. Zu diesen, das Mitleid zur einen Hälfte konstituierenden guten Eigenschaften gehören all diejenigen, deren *jeder Mensch fähig ist*, so z.B. die Liebe, die Güte, die Großmut, die Bereitschaft zu vergeben. Ausgeschlossen sind dagegen alle glänzenden Tugenden, die unerschütterliche Standhaftigkeit, der nicht zu erschreckende Mut, eine heroische Verachtung der Gefahr und des Todes, große Eigenschaften, „die wir unter dem allgemeinen Nahmen des Heroismus begreifen können, weil jede derselben mit Unempfindlichkeit verbunden ist, und Unempfindlichkeit in dem Gegenstande des Mitleids, mein Mitleiden schwächt".[68] Der sich hier, allerdings nur oberflächlich anbahnende Widerspruch, daß einerseits die beste Person die unglücklichste sein müsse[69] und andererseits der vollkommene Charakter eine ‚Klippe' darstelle,[70] löst sich selbst in mehrfacher Hinsicht auf. Die stoizistisch vollkommenen Charaktere, in der christlichen Variante die Märtyrer, sind schlechte tragische bzw. untheatralische Helden; denn ihre Eigenschaften schwächen wegen ihrer Unempfindlichkeit das Hauptziel des Trauerspiels, Mitleid zu erregen, ab. Dagegen gehört die dramatische Person mit guten, allgemeinmenschlichen Vollkommenheiten notwendig zum Trauerspiel; denn nur sie ermöglicht die rechte Proportion, die ‚mittlere' Fallhöhe zwischen Vollkommenheiten und Unglück. Die klassizistische Theorie der Fallhöhe, vom heroischen, nur der Bewunderung preisgegebenen Charakter, ist auf ein allgemeinmenschliches Maß, auf das Maß der Mitte, reduziert worden.

Zu den Beziehungen zwischen den drei Beispielen

Auf dem Hintergrund der dargelegten Analyse der Staffeln und der Grade des Mitleids läßt sich nun Lessings ‚Kaufmann-Beispiel' genauer fassen: Das Entsetzen und der Abscheu, der Schmerz bzw. die Beklemmung über die Mordtat Barnwells, über das Unglück des Vetters werden zum „entzückenden Mitleiden", zum „Mitleiden im höchsten Grade", da das Unglück die ‚Ursache' für die „großmüthige That" des Vergebens ist, da er im Sterben die Gelegenheit erhält, seine Vollkommenheit im reinsten Ausdruck darzustellen, Unglück und Vollkommenheit die rechte Proportion aufweisen. Nicht die heroische Verachtung des Todes, sondern das menschliche Maß, das er sich im Sterben bewahrt, erregen das Mitleid. Im ‚Canut-Beispiel' steht der gewisse Fehler, der das Leiden ‚verursacht', im Vordergrund, und über das Verhalten des sterbenden Königs sagt Lessing nichts Näheres aus. Im ‚Kaufmann-Beispiel' wird die Sterbeszene thematisch, so daß dieses Beispiel das ‚Canut-Exempel' fortsetzt. Beide, hintereinander gefügt, geben die idealtypische Grundstruktur eines empfindsamen Trauerspiels wieder; beide Exempel beleuchten von verschiedenen Seiten ein und denselben Aspekt, beantworten die Frage, unter welchen Bedingungen das Mitleid im höchsten Grade erregt wird. Ebenso stehen die vier Versionen des ‚Bettler-Beispiels' in einem Fortsetzungsverhältnis. Stellen die ersten beiden Versionen den ‚gewissen Fehler' dar und bringen die Vollkommenheiten in einen Kausalitätsbezug zum Unglück, so beziehen sich die letzten beiden Versionen auf mögliche Reaktionen des Bettlers in seinem Unglück. In allen drei Beispielen bestimmt das Prinzip der Kausalität die Peripetie *und* die Verhaltensweise der empfindsamen Helden im Unglück.

Die Struktur der vermischten Empfindung „Mitleid"

‚Mitleid und Schrecken' u n d ‚Mitleid und Furcht'

Die Transformation der Affektstruktur der vermischten Empfindung und der Poetik des Mitleids ergibt folgendes vereinfachtes, graphisches Schema:

Werkästhetik

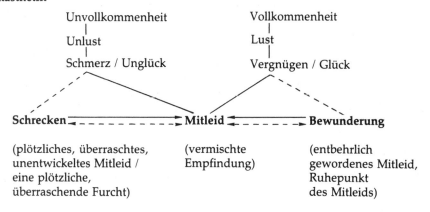

Wirkungsästhetik

Katharsis

Grade des Mitleids
(quantitative Abstufungen)

– Rührung
– Thränen des Mitleids
– Beklemmung

(qualitative Abstufung)
– F u r c h t
(das auf uns selbst bezogene Mitleid)

Der Struktur nach ist das Mitleid eine *vermischte* Empfindung, die auf Unvollkommenheit und Vollkommenheit, Unlust und Lust, Unglück und Glück, Schmerz, Mißvergnügen und Vergnügen, auf S c h r e c k e n und B e w u n d e r u n g basiert. Das entscheidende Gewicht in den beiden Waagschalen des Mitleids ist das Unglück, die Unvollkommenheit, die Leiden und Mit-leiden in den verschiedenen Graden dieses Affekts, der katharsis, der Erregung und der Reinigung des Gefühls, erzeugt: die Rührung, die Tränen des Mitleids, die Beklemmung. Schrecken und Mitleid dominieren über die Bewunderung, die als selbständige Emotion das Mitleiden zerstört, wie Lessing es in der dritten Version des ‚Bettler-Beispiels' demonstriert. Nicht die Bewunderung, sondern der Schrecken und die jeweils unterschiedliche Intensität des Schmerzes erregen die verschiedenen Grade der katharsis. Weder die Bewunderung noch der Schrecken sind selbständige Leidenschaften des Trauerspiels. Deshalb unterscheidet Lessing zwei Arten des Schreckens und der Bewunderung: Nur als überraschtes, unentwickeltes Mitleid ist er eine tragische Leidenschaft, und die Vollkommenheit dient ausschließlich dazu, „das Unglück desto schmerzlicher zu machen".[71] Erst im Kontrast zwischen Vollkommenheit und Unglück konstituiert sich das Mitleid. Lessings Kritik an Weißes Drama *Richard der Dritte*[72] ist eine einzige Ablehnung des Schreckens als besonderen Affekt. Die Bewunderung als selbständige Emotion setzt die Darstellung heroischer Eigenschaften voraus, die das Mitleid ersticken. Negiert Lessing mit seiner Formel „Schrecken und Mitleid" die heroische Tragödie, deren Ziel es ist, Bewunderung zu erregen,[73] so stellt die Formel „Furcht und Mitleid", die Lessing erst im 74. Stück der *Hamburgischen Dramaturgie* abgeleitet hat, die Ablehnung eines Trauerspiels dar, das allein Schrecken und Abscheu bewirkt, die Leidenschaften am meisten bewegt. Die Furcht, eine besondere Form des Schreckens und damit des Mitleids, verneint einen autonomen Schrecken ebenso wie die Bewunderung heroischer Eigenschaften. In beiden Trauerspielformeln werden die Extreme, eine zu heftige und eine zu schwache Erregung, Schrecken und Bewunderung, abgelehnt. Das Mitleid reinigt dagegen die natürliche Empfindungsfähigkeit des zuschauenden Menschen, „welcher zu viel Mitleid fühlet" und „welcher zu wenig empfindet".[74]

Die Katharsis, deren ‚quantitativer' Idealtypus der *mittlere* Grad des Mitleids ist, zeichnet sich durch die *gemäßigte, maßvolle* Erregung des Mitleids aus. Rührung, die „Thränen des Mitleids" und die Beklemmung sind die quantitativ zu unterscheidenden Intensitätsgrade des Mitleids. Die Furcht, eine „r e f l e c t i r t e I d e e",[75] „das auf uns selbst bezogene Mitleid",[76] dagegen verändert das Mitleid q u a l i t a t i v.[77] Die drei quantitativen Grade des Mitleids entstehen je nach dem besonderen Verknüpfungsmodus zwischen der „Unlust über das physikalische Übel eines Gegenstandes"[78] und der Lust an den Vollkommenheiten. Es bedarf also nicht notwendig der Furcht, um Mitleid zu erregen. Wenn aber der Mensch ohne Furcht Mitleid für andere empfindet,

> „so ist es doch unstreitig, daß unser Mitleid, wenn jene Furcht dazu kömnt, weit lebhafter und stärker und anzüglicher wird, als es ohne sie sein kann. Und was hindert uns, anzunehmen, daß die vermischte Empfindung über das physikalische Übel eines geliebten Gegenstandes, nur allein durch die dazu kommende Furcht für uns, zu dem Grade erwächst, in welchem sie Affekt genannt zu werden verdient?"[79]

Die besondere Qualität des Mitleids gegenüber allen anderen Affekten, die bloß der Zuschauer empfindet, weil die spielenden Personen sie fühlen, hat Lessing durch das „Selbst-Fühlen" bestimmt. Dominiert bei diesen Graden des Mitleids noch der Fremdbezug, der Bezug auf den Gegenstand, so nimmt der Zuschauer im Zustand der Furcht das dargestellte Unglück als ein Ereignis wahr, das ihm selbst widerfahren kann. Der Selbstbezug des Rezipienten, der Furcht und Mitleid fühlt, wird evident. Aus dem „Mitleid für andere" ist die „Furcht für uns selbst" geworden.

> „Sobald die Tragödie aus ist, höret unser Mitleid auf, und nichts bleibt von allen den empfundenen Regungen in uns zurück, als die wahrscheinliche Furcht, die uns das bemitleidete Übel für uns selbst schöpfen lassen. Diese nehmen wir mit; und so wie sie, als Ingredienz des Mitleids, das Mitleid reinigen helfen, so hilft sie nun auch, als *eine vor sich fortdauernde Leidenschaft*, sich selbst reinigen"[80] (Hervorhebung v. M.S.).

Wenn Lessing in der *Hamburgischen Dramaturgie* der ursprünglichen Formel „Schrecken und Mitleid" nun die neue, in der ‚Weiße-Kritik' abgeleitete Bestimmung „Furcht und Mitleid" vorrangestellt, wird der Schrecken als die eine Hälfte des Mitleids n i c h t durch die Furcht als Ingredienz des Mitleids ersetzt.

> „Das Wort, welches Aristoteles braucht, heißt Furcht: Mitleid und Furcht, sagt er, soll die Tragödie erregen; nicht Mitleid und Schrecken. Es ist wahr, das *Schrecken ist eine Gattung der Furcht*; es ist eine *plötzliche, überraschende* Furcht"[81] (Hervorhebungen v. M.S.).

Und im November 1756 lautet die Definition des Schreckens:

> „Das Schrecken in der Tragödie ist weiter nichts als die plötzliche Ueberraschung des Mitleids, [. . .]".[82]

Lessing verlagert lediglich den Schwerpunkt von der Struktur des Dramas, die wesentlich vom Schrecken abhängt, auf den Wirkungsaspekt. Zwei Momente zeichnen die Furcht aus: ihre *Langzeitwirkung* aufgrund des *Selbstbezugs* dieses Affekts. Die Furcht bezeichnet zugleich die Transferleistung des Zuschauers, der das Dargestellte auf sich selbst bezieht und als mögliches bzw. wahrscheinliches Unglück erkennt, so daß dieser Reflexion des Affekts im Zuschauer ein kognitives, r a t i o n a l e s Moment inhärent ist. Schrecken und Mitleid verweisen auf den rationalen Aspekt der Poetik des Mitleids auf der produktionsästhetischen Ebene; Furcht und Mitleid, diese wirkungsbezogene Trauerspielformel, legt die kognitive Leistung des Zuschauers offen. In der Furcht sind das reflexive und rationale Moment des Mitleids vereint, so daß die ausschließlich emotionale Wirkung des Mitleids für andere partiell im „Mitleid für uns selbst" eingeschränkt wird. Die Furcht läßt das dargestellte Mitleid real werden, ohne daß es durch die Illusion in irgendeiner Form gestört wird. Lessings spätere Bestimmung „Furcht und Mitleid" hebt die frühere Formel „Schrecken und Mitleid" in sich auf. Die Furcht als wirkungspsychologische Kategorie stellt eine besondere, qualitativ von den Graden der Mitleids zu unterscheidende Stufe des Mitleids dar, die per se beide Extreme, das des selbständigen Affekts „Schrecken" und das der autonomen Leidenschaft „Bewunderung", ausschließt. Zwischen der in dem Trauerspiel *Miß Sara Sampson* dargestellten Poetik des Mitleids und der im *Briefwechsel über das Trauerspiel* diskursiv vermittelten Dramentheorie sowie der späteren

Fassung in der *Hamburgischen Dramaturgie* lassen sich deshalb auch keine prinzipiellen Brüche oder Widersprüche feststellen.

Poetik des Mitleids und Rhetorik

Die sympathische Empfindung, das Mitleid, die Begriffspaare „Schrecken und Mitleid" sowie „Furcht und Mitleid" spiegeln unmittelbar den Einfluß der klassischen Rhetorik auf die Poetik wider. Bereits die Herkunft des Begriffs ‚Furcht' aus der Aristotelischen Rhetorik verweist auf die enge Verbindung zwischen Rhetorik und Poetik, zwischen dem Mitleid und dem affektiven Wirkungsschema der Redekunst.[83] Und geradezu insistierend äußert Lessing, man könne die Poetik des Aristoteles nicht ohne dessen Rhetorik und Sittenlehre verstehen.[84] Ein graphischer Vergleich zwischen dem Affektteil der Rhetorik und der Struktur der vermischten Empfindung, des Mitleids, läßt die Kongruenz der wirkungspoetischen und wirkungsrhetorischen Konzeption evident werden:

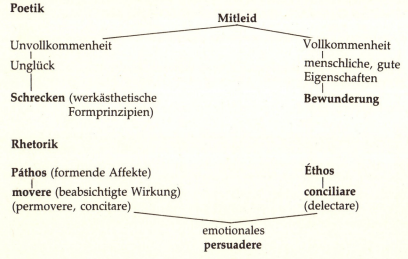

Ebenso wie Schrecken und Bewunderung das Mitleid konstituieren, das als werkästhetisches Prinzip die Handlung formt, bilden „páthos" und „éthos" die den Stoff der Rede formenden Affekte. Páthos bezeichnet die ‚bewegenden', schreckenerregenden, erschütternden Leidenschaften. Éthos wird durch die gleichmäßigen, sanften, mittleren, anmutenden Empfindungen charakterisiert. Sie sind maßvoller, gemäßigter, dauerhafter als die pathetischen Affekte.[85] Die rhetorische Effekttrias – docere, delectare, movere –, die Gottsched zugunsten der Rationalität auf das Horazische „prodesse et delectare" verkürzt hat, wird von Lessing in der Poetik des Mitleids auf die rhetorische Affektpsychologie, auf das „delectare et movere", auf die Lehre vom éthos und páthos eingeschränkt. In der Verschiebung der Schwergewichte vom „docere" auf die Vermischung von „delectare" und „movere" manifestiert sich der Paradigmenwechsel von der Rationalität zur Emotionalität der Aufklärung, von der rationalistischen Phase zur Empfindsamkeit.

Die in der traditionellen Poetik vorherrschende Hierarchisierung, die Dreiteilung der dramatischen Gattung, in der sich Komödie und Tragödie polar gegenüberstehen, wird durch das bürgerliche Trauerspiel aufgelöst; denn dieses bildet die neue, **mittlere** Gattung, in deren Zentrum die éthe, das Sittliche und Humane des Menschen, steht.[86] Die rhetorische Affektenlehre, die seit Gorgias und Aristoteles die Poetik primär beeinflußt hat, liefert in der Empfindsamkeit die Grundlage, um den Wechsel in der Tragödientheorie und damit in der gesamten Gattungslehre einzuleiten. Die Verschiebung vom páthos der barocken Tragödie, von ihren Haupt- und Staatsaktionen, von ihrem rhetorischen Prunk, den die Aufklärer als Schwulst ablehnten, zum éthos des bürgerlichen Trauerspiels konkretisiert sich in Lessings Begriff der Furcht, die sich gerade durch ihre anhaltende Wirkung auf den Zuschauer auszeichnet gegenüber der momenthaften, punktuellen Affizierung durch die Darstellung pathetischer Empfindungen. Die Furcht wird zum idealtypischen vermischten Affekt zwischen éthos und páthos. Das éthos, verbunden mit dem Anmutigen, dem Schönen im Gegensatz zum páthos, der Würde und dem Erhabenen, ist nicht von der Idee der Menschlichkeit zu trennen. Die ethischen Leidenschaften bilden das Grundmuster für den ästhetisch-moralischen Affekt ‚Mitleid', dessen Emotionalität mit der Moralität **notwendig** verknüpft ist. Lessing bringt diese untrennbare und nicht zu zerstörende Einheit in seiner Trauerspieldefinition klar und deutlich zum Ausdruck, wenn er schreibt: „**Der mitleidigste Mensch ist der beste Mensch**, zu allen gesellschaftlichen Tugenden, zu allen Arten der *Großmuth* der aufgelegteste"[87] (Kursivhervorhebung v. M.S.).

Auch Lessings Definition der Bewunderung als das „entbehrlich gewordene Mitleid", als „Ruhepunkt des Mitleids" läßt sich auf die Grunderkenntnisse der rhetorischen Psychologie zurückführen, daß die heftigen Leidenschaften, die schreckenerregenden Darstellungen allein die Intensität des Gefühls stören, daß aber im Kontrast zum éthos das páthoserzeugende Unglück desto schmerzlicher empfunden wird.[88]

Ferner entsprechen sich das rhetorische und poetische bzw. dramatische Dispositionsschema der Wirkungslehre. Der Redner will durch Sachen (res/docere), Charaktere (éthos/delectare) und Leidenschaften (páthos/movere) überzeugen und überreden (persuadere). Die Struktur der Wirkungspoetik des Mitleids ist durch die Handlung, den Charakter und durch die Leidenschaften bestimmt.

„Der Stoff ist die bekannte Episode beim Tasso. Eine kleine rührende Erzählung in ein rührendes Drama umzuschaffen, ist so leicht nicht. Zwar kostet es wenig Mühe, neue Verwickelungen zu erdenken [**Handlung**], und einzelne Empfindungen in Szenen auszudehnen [**Darstellung der Leidenschaften**]. Aber zu verhüten wissen, daß diese neuen Verwickelungen weder das Interesse [**Wirkung der Handlung**] schwächen, noch der Wahrscheinlichkeit Eintrag tun [**Kausalität der Handlung**]; sich aus dem Gesichtspunkte des Erzählers in den wahren Standort einer jeden Person [**Charakter**] versetzen können; die *Leidenschaften*, nicht beschreiben, sondern vor den Augen des Zuschauers entstehen, und ohne Sprung, in einer so illusorischen Stetigkeit wachsen zu lassen, daß dieser *sym[-]pathisieren* muß, er mag wollen oder nicht: das ist es, was dazu nötig ist; was das *Genie*, ohne es zu wissen, ohne es sich langweilig zu erklären, tut, und was der *bloß witzige Kopf* nachzuahmen, vergebens sich martert" (Hervorhebungen v. M.S.).[89]

Das empfindsame, rhetorische Genie wird dem „bloß witzigen Kopf" vorgezogen. Die rhetorische Trias und die Dreigliedrigkeit des Dramas sind Erweiterungen der éthe-páthe-Formel.[90]

Es ist hier nicht der Ort, en détail die traditionellen Verbindungslinien zwischen der Poetik und Rhetorik nachzuzeichnen und die Unterschiede und Gemeinsamkeiten zwischen der Poetik des Mitleids und der Redekunst aufzuzeigen.[91] Aber es ist lohnend, sich in aller gebotenen Kürze die Bedeutung des Übergangs von Platon zu Aristoteles, von der ontologischen Bedeutung des Schönen zur Reflexion der Entstehung und Wirkung der Kunst, für das Phänomen der poetisch-poetologischen Selbstreflexion im Drama zu vergegenwärtigen. Der Aristotelische mimesis-Begriff bezeichnet gerade nicht die sklavische Imitation der Natur, sondern die Darstellung des Wesens der Dinge, des Möglichen und Wahrscheinlichen.[92] Die Poetik des Aristoteles ist ein Regelbuch, das die Produktion und Wirkung der Dichtkunst (téchne) analysiert. Die Diskussion über das Schöne, das machbar, herstellbar ist, wird

> „nicht von den Philosophen, sondern von den Dichtern weitergeführt, und zwar nicht philosophisch, sondern in der Form der Reflexion auf die eigene Technik des Dichtens. Das entspricht im übrigen der Forderung des Artistoteles, daß in jeder Techne die zuständigen Beurteiler die Techniker selbst seien."[93]

Indem die Kunst als Technik und als wirkungsästhetisches Gebilde verstanden wird, erhält die Rhetorik einen aufklärenden Einfluß auf diese Kunstkonzeption.

> „Reflexion des Künstlers auf die Bedingungen und den Verlauf seiner Produktion ist eng verbunden mit der Theorie der Beredsamkeit, die die Kategorien dafür bereitstellte."[94]

Die rhetorischen Kategorien, die ebenso der Aristotelischen Poetik wie der Lessingschen Poetik des Mitleids die affektiven Formprinzipien gegeben haben, sind bereits im ‚außerkünstlerischen' Bereich als Instrumente einer Reflexion der Produktion und der Wirkung der Redekunst vorhanden, bilden die Form der Rede, strukturieren die Ursachen der Wirkung und die Wirkung selbst. Und gerade diese Identitätsstruktur von Ursache, Form und Wirkung sowie die Reflexionsstruktur der rhetorischen Kategorien werden sich auch im literarischen Formprinzip des Mitleids nachweisen lassen,[95] so daß die auf die rhetorische éthe-páthe-Formel rekurrierende Empfindung des Mitleids par excellence die Form einer auf Fiktionsironien verzichtenden, poetisch-poetologischen Selbstreflexion im Drama darstellt.

Zwischen der Wirkungspoetik und der wirkungsbezogenen ars rhetorica bestehen seit Gorgias, Aristoteles, Cicero, Quintilian und Horaz, im Mittelalter, in der Renaissance, besonders im Barock und in der Aufklärung, in der Klassik und Romantik enge Verbindungen. Die systematische Affektenlehre der klassischen Rhetorik, éthos und páthos, erfaßt einen emotionalen Prozeß, nicht einen irrationalen, der dem Verstand entgegengesetzt ist. Die theoretischen Grundlagen der Rhetorik und deren Affinität zur Wirkungspoetik schaffen die Rahmenbedingungen für die poetologische Reflexion und für den poetisch-poetologischen Diskurs im Drama der Empfindsamkeit. Der Endzweck der klassischen Rhetorik ist die wirkungsvolle und auf Aktion ausgerichtete Teilnahme der Zuhörer am politischen und gesellschaftlichen Leben. Ziel der Poetik des Mitleids ist, durch das empfindsame Trauerspiel die Sensibilität, Perfektibilität und somit die Moralität des Zuschauers zu bessern, damit dieser ein politisch und gesellschaftlich aufgeklärtes Leben führen kann, ja führen muß. Nicht nur die Flut der Selbstbeobachtungen, die Autobiographien, die Tagebücher und das Florieren der Briefkultur, sondern auch die T h e o r i e des Schreibens gewinnt an Bedeutung als Form der Begründung der eigenen Individualität.[96]

Die Vorherrschaft des Rationalen in Gottscheds Poetik, der Primat des Verstandes im ästhetischen Geschmacksurteil, der durch die *Critische Dichtkunst* der Schweizer Bodmer und Breitinger in Frage gestellt wird, bricht der empfindsame Dichter, indem er das Emotionale rehabilitiert. Kernstück dieser Konzeption ist das autonome Individuum, die ‚bürgerliche' Person. Die Diskussion um den Begriff des Geschmacks im 18. Jahrhundert sowie der Streit um den Naturbegriff sind Indikatoren des Übergangs zu einer reflektierten, emotionalen Produktions- und Wirkungspoetik. Gracian und Dubos haben das Geschmacksurteil auf das Gefühl der Rezipienten reduziert. Pascal, Muratori und König haben das Gefühl mit der Reflexion verbunden. Gottsched mißt der Vernunft das Übergewicht bei. Bei Lessing verbinden sich das Rationale und Emotionale erneut, aber der Primat liegt jetzt auf der Empfindung des Mitleids. Zugleich erhält der Begriff des Geschmacks neben seiner emotional-rationalen Dimension eine soziale, die sich in der ethischen Wirksamkeit und gesellschaftlichen Wirkung manifestiert. „Die Welt des Geschmacks ist also kein Refugium der Innerlichkeit; der Geschmack ist vielmehr die Bedingung und Voraussetzung dafür, noch den subjektiv-individuellen Affektzustand gesellschaftlich zu vermitteln."[97] „Der Geschmack", so Schiller in den *Ästhetischen Vorlesungen*, „lege den Grund zur Menschlichkeit".[98]

Zur programmatischen Exposition

Zur Aufhebung des Tugend-Laster-Schemas: der programmatische Charakter des bürgerlichen Trauerspiels *Miß Sara Sampson*

Nach diesem längeren Exkurs kehre ich zur Analyse der Charaktere in den ersten beiden Szenen der *Miß Sara Sampson* zurück. Die einleitenden, elliptischen, rhetorischen Fragesätze deuten bereits auf beide konstitutive Elemente des Mitleids, auf die Vollkommenheiten und auf das Unglück, hin, thematisieren den zentralen Konflikt, die gefallene Tugend. Da der Leser bzw. Zuschauer nur einen ‚dunklen Begriff' von Saras Vollkommenheit *und* Unglück haben kann, führt Lessing den Vater Saras als mitleidenden, nicht als zürnenden ein, um den entsprechenden Affekt der Rührung wirkungspsychologisch zu verstärken, um die Sympathie des Publikums zu erregen.[99] Die Rührung strukturiert zugleich die erste Szene. Waitwell klärt das Publikum weiter über die Vorgeschichte in seinem Dialog mit Sir Sampson auf, indem er sowohl Saras Vollkommenheit, ihre Tugend, und ihr Unglück präziser benennt. Über das Changieren der bewertenden affektiven Begriffe wird die noch unklare ‚Fehleranalyse' von den dramatis personae selbst vorangetrieben. War Sara ein ‚Luderchen', eine Frau, die leicht verführbar ist und die Vaterliebe der Sinnlichkeit ‚opferte', oder handelte sie aus Liebe, so die alternativen Fragen Sir Sampsons, deren Beantwortung entweder seinen Zorn und seine Rache auf den Plan rufen bzw. gerufen haben oder sein Mitleiden und seine Bereitschaft zu vergeben begründen. Die Entscheidung hat Sir Sampson subjektiv zugunsten der Liebe gefällt, da er von der Liebe Saras so abhängig ist, daß er sogar die Tugend-Laster-Axiologie außer Kraft setzt. Die Liebe ist also gegenüber diesem Wertschematismus indifferent, ihm übergeordnet. Obwohl Sir Sampson diese Variante im Konjunktiv-Irrealis darlegt, die damit als Fabelversion im Bereich des Möglichen bleibt, wird der Absolutheitsanspruch der Liebe und des Mitleids evident. Die sich aufbauende Spannung bezieht sich nicht nur auf das Fiktional-Wirkliche, sondern auch auf das Fiktional-Mögliche, auf die rein virtuelle Fabel bzw. Fabelstruktur.

Wird Saras Charakter hier bereits durch das differenzierte Nachholen der Vorgeschichte entfaltet, so ist die plakative Verurteilung Mellefonts als ein böser, lasterhafter Mensch auffallend undifferenziert. Die radikale Aufwertung der Liebe zum lebenswichtigen und -notwendigen Prinzip läßt aber auch erkennen, daß die noch zu korrigierenden Fehler Sir Sampsons in der Einschränkung seines Versöhnungswillens und in der planen Abwertung des Geliebten seiner Tochter zu sehen sind. Die Analyse von Saras Verführbarkeit und ihrer Flucht endet mit der Thematisierung der Liebe: „Es war der Fehler eines zärtlichen Mädchens, und ihre Flucht war die Wirkung ihrer Reue" (I/1, S. 10). Der Vater spricht seiner Tochter weder die Empfindsamkeit, die Liebe, noch die Tugendhaftigkeit ab, obwohl sie sich hat verführen lassen und geflohen ist. Indem er in den Vollkommenheiten seiner Tochter die Motive ihres Handelns erkennt, hebt er auf der einen Seite die strenge Dichotomie zwischen Tugend und Laster auf. Auf der anderen Seite verurteilt er nach wie vor den Geliebten seiner Tochter als ‚lasterhaften' Menschen. Wird einerseits die Gültigkeit des Tugend-Laster-Schemas in Frage gestellt und aufgehoben, so kann das Schema andererseits die moralische Verurteilung Mellefonts noch eindeutig bestimmen.

Dieser Widerspruch im Charakter des Vaters, den Tugend-Laster-Dualismus aufzuheben und zu bewahren, mit zweierlei Maß zu messen, birgt die Brisanz in sich, welche die Spannung und zugleich das grenzüberschreitende Moment des neuen Genres, des bürgerlichen Trauerspiels, erzeugt, den Ausgangspunkt und das Ziel klar erkennen läßt. Aber nicht mehr die Verführung selbst, die Tugendprobe Saras, ist Gegenstand der Handlung, sondern die daraus entstandenen Folgen. Da der ‚Fall' Saras der Vorgeschichte angehört und da der Vater den Verführer eindeutig verurteilt, wird die Rezeptionsperspektive durch ein Klischee bestimmt, das sich aufzulösen beginnt, wenn der Vater seine Tochter entschuldigt. Sir Sampsons „Sittenlehre" ist nicht mehr die „strengste" (vgl. IV/8, S. 68), aber noch so streng, daß sie der Korrektur bedarf. In der partiellen Aufhebung des Tugend-Laster-Schemas, in der Ambivalenz der Rezeptionshaltung, in der Erzeugung und Verletzung typischer Erwartungshorizonte klassizistischer Dramen, gestaltet Lessing dramatisch den Übergang zu einem neuen Drama und zu einer neuen Dramaturgie.

In der Verschränkung von Liebe und Verführung, von Tugend und Laster, gestaltet Lessing abermals die Entstehungsgeschichte des bürgerlichen Trauerspiels poetisch, bezieht Elemente der Typenkomödie und des rührenden Lustspiels in sein Kalkül ein. Nur ist das rührende Lustspiel nicht mehr als dramatische Form möglich, da Sara bereits ihre erste Tugendprobe nicht bestanden hat. Auch für die sächsische Typenkomödie, die allzumenschliche Laster, wie zum Beispiel die Neugierde des Wirtes (vgl. I/2), der Lächerlichkeit preisgibt, ist Saras Fehlverhalten zu schwerwiegend. Beide Formen können das Geschehene nicht mehr angemessen darstellen; die neue dramatische Form des bürgerlichen Trauerspiels ist notwendig geworden. Die

Poetik des Mitleids bringt die Entwicklungslinien bürgerlicher Dramatik zu einem neuen, vorläufigen Abschluß, ohne ihre Geschichtlichkeit zu leugnen. Die Analyse der ersten expositorischen Szene und besonders der ersten beiden rhetorischen Fragen belegt den programmatischen Charakter des bürgerlichen Trauerspiels *Miß Sara Sampson*. In nuce wird die neue Poetik poetisch dargestellt. Die Theorie löst unmittelbar ihren Anspruch und ihre Notwendigkeit ein, indem sie nicht „diskursiv", sondern „präsentativ" vermittelt wird. Die Poetik des Mitleids tritt ihren Beweis in ihrer eigenen, nämlich literarischen Form an. Sie legitimiert sich pragmatisch-fiktional. Die Theorie wird direkt von Lessing in die präsentative, vielschichtige dramatische Form der Darstellung überführt. Der *Briefwechsel über das Trauerspiel* zwischen Lessing, Mendelssohn und Nicolai liest sich wie ein ex post verfaßter theoretischer Kommentar zur neuen Gattung des bürgerlichen Trauerspiels, was den programmatischen Stellenwert der *Miß Sara Sampson* nicht beeinträchtigt, da der Briefwechsel von der zweiten Hälfte des Jahres 1755 bis zur ersten des Jahres 1757 geführt und erst vollständig 1794 publiziert worden ist.[100]

Die impliziten und expliziten Formen der poetisch-poetologischen Selbstreflexion in der ersten Szene, die Reflexionen auf die drei Einheiten, auf den Charakter und dessen Fallhöhe, evozieren die Tugend-Laster-Axiologie vorangegangener bürgerlicher Dramatik, um diese umzukehren auf der Grundlage der neuen Poetik des Mitleids und in die neue Form des bürgerlichen Trauerspiels einmünden zu lassen. Da die affektiven Kategorien – Schrecken, Bewunderung und Mitleid sowie dessen Grade, die Rührung, die Tränen des Mitleids und die Beklemmung – sowohl werkästhetische als auch wirkungspsychologische Komponenten der neuen Poetik sind, wird in der weiteren Analyse des Dramas die Untersuchung der Fabelstruktur, der virtuellen und der realisierten, im Mittelpunkt des Interesses stehen.

Die Kategorie des Mitleids als Strukturprinzip der literarischen Form: das wiederholte Einsetzen der Handlung und die Anapher als Mittel des poetischen Diskurses

Aus der Perspektive Sir Sampsons ist paradoxerweise schon zu Beginn des Trauerspiels der Konflikt zwischen Vater und Tochter gelöst. Es bedarf nicht mehr des Denouements, sondern lediglich der Aufklärung der übrigen dramatis personae, daß der Vater im Wirtshaus eingetroffen ist, um seiner Tochter zu vergeben. Eigentlich brauchten jetzt, nach der zweiten Szene, nur noch Sara und Mellefont auftreten, damit der Knoten der Vorgeschichte sich für alle löse und das Versöhnungstableau, auf das Waitwell hinweist, stattfinden könne. Die beiden ersten Szenen scheinen, indem sie die Vorgeschichte nachholen, die Handlung im Drama selbst zu verhindern. Die leere Szene nach dem zweiten Auftritt[101] setzt eine deutliche Zäsur, die auch inhaltlich mit der Lösung des Opponentenkonflikts konvergiert und so einem Aktschluß gleicht. Es drängen sich die Fragen auf, ob nicht die ersten Szenen nahezu überflüssig sind, ob nicht ‚bruchloser' das Trauerspiel mit der dritten Szene hätte beginnen sollen,[102] mit dem Auftritt Mellefonts und seines Dieners Norton; denn erst jetzt scheint die Handlung im engeren Sinne zu beginnen, die den Konflikt zwischen Vater und Tochter sowie dem Verführer als ungelöst darstellt.

Auf dem Hintergrund der Eingangsszenen werden die Konflikte der folgenden Auftritte innerhalb der Fiktionalität des Dramas zu einem Spiel mit Möglichkeiten, die nur noch in der untergeordneten Informationsperspektive der dramatis personae Mellefont und Sara einen Anspruch auf fiktive Wirklichkeit erheben können. Das erneute Einsetzen der Handlung mit dem dritten Auftritt nach der deutlichen und gegen die Regelpoetik Gottscheds verstoßenden Zäsur geschieht jedoch nicht losgelöst von den Eingangsszenen, sondern es besteht zwischen beiden expositorischen Szenensequenzen ein anaphorischer Bezug. Zeit und Ort sind identisch, die Konfiguration ist analog zum Herrn-Diener-Verhältnis zwischen Sir Sampson und Waitwell. Hat die Anapher in dem ersten Szenenblock mikrostrukturell eine programmatische, dialogkonstituierende und -gliedernde Funktion, so hebt die Szenenanapher die deutliche Zäsur makrostrukturell partiell auf und ermöglicht ein zweifaches Einsetzen der Dramenhandlung aus divergierenden Figurenperspektiven heraus. Das zweifache Beginnen des Dramas setzt ein verdecktes Spiel mit möglichen Varianten der Fabel in Gang, deren Spannungsgefüge im Gegeneinander der möglichen und wirklichen Versionen der Handlung liegt. Was sich im Expositionsdialog zwischen Sir Sampson und Waitwell als überholte, handlungsverhindernde Alternative abzeichnete, wird sowohl im Dialog zwischen Mellefont und Norton als auch in der Struktur der Handlungsentwicklung eingeholt und realisiert. Die Vorgeschichte wird zwar nicht mehr unmittelbar präsentiert, aber ihre Wirkung determiniert das weitere Geschehen, gelangt zur Darstellung. Mellefont, Sara und ihre Rivalin Marwood realisieren die eigentlich obsolete Variante, indem sie immer noch vom Zorn, von der Wut und den Rachegefühlen des Vaters ausgehen. Ohne es zu wissen, spielen sie nur ein Spiel, das weder den Gesinnungswandel Sir Sampsons noch die Möglichkeit desselben in das Kalkül einbezieht. Indem das irrelevant Gewordene weiterhin ihre Verhaltensweisen bestimmt, indem der überholte, im Prinzip gelöste Konflikt der Vorgeschichte als ein unentschiedener betrachtet wird, und zwar wegen der ihnen fehlenden neuen Informationen, kann sich die Handlung entwickeln, kann das verdeckte Spiel als unentdecktes betrieben werden. Die alte Position von Saras Vater und seine neue Einstellung bilden die Bandbreite, innerhalb derer sich die Fabelvarianten als mögliche und wirkliche bewegen.

Das äußerst geschickt in Szene gesetzte Spiel beider kontrastiven Verhaltensweisen des Vaters erlaubt es Lessing, mit nur nuancenhaft zu unterscheidenden Realitätsgraden in der Fiktionalität zu changieren, um einerseits die notwendige Distanz für die Reflexion der Varianten zu schaffen, um andererseits die Feinabstimmungen der in der Poetik des Mitleids angelegten Handlungsstrukturen umfassend, auch als mögliche, zu verwirklichen. Die rhetorische Figur der Anapher ist nur ein Mittel, um das Kontrastive in einem spannungsvollen Gegeneinander auch poetologisch durchzuspielen. Ein weiteres Mittel ist die ebenfalls distanzschaffende, unterschiedliche Informiertheit der dramatis personae. Sowohl die Vorgeschichte als auch die Zukunft wird facettenhaft, konträr in der Einschätzung der dramatis personae und damit polyperspektivisch ins Spiel gebracht. Die kontrastive, sukzessive Vergegenwärtigung von nachgeholter Vergangenheit läßt die Zukunft des Geschehens offen und baut so ein vielschichtiges Spannungsgefüge auf.[103]

Das Motiv der gefallenen Tugend: Vorgeschichte und die Sujets des frühaufklärerischen Dramas; Sara und Mellefont: mitleiderregende Charaktere

Stellen die Eingangsszenen das Unglück, das Leiden und Mitleiden Sir Sampsons und Saras ins Zentrum, so bedeutet die Darstellung der Handlung im dritten Auftritt auf der einen Seite einen Rückschritt, da die dramatischen Figuren an die überholte Verhaltensweise des Vaters anknüpfen; auf der anderen Seite jedoch treiben sie komplementär die Exposition und die sukzessive Vergegenwärtigung der Vorgeschichte voran. Über den Schlüsselbegriff ‚Mitleiden', der gleich sechsmal genannt wird, vollzieht sich allmählich der zunächst abrupt erscheinende Wechsel zum Auftritt Mellefonts. Von Waitwell und Sir Sampson als ‚böser' Mensch, als ‚verfluchter' Verführer verurteilt, bezeichnet er sich selbst als unglücklich und fordert von seinem Diener Norton ‚Mitleiden'. „Mitleiden, mein Herr? Mitleiden mit Ihnen? Ich weis besser, wo das Mitleiden hingehört. [...] MELLEFONT. [...] Ich verstehe dich; ich weis es, wer dein Mitleiden erschöpft. – – Doch, ich lasse ihr [Sara] und mir Gerechtigkeit wiederfahren. Schon recht; habe kein Mitleiden mit mir" (I/3, S. 12).

Während Waitwell seinem Herrn seine ‚Sympathie' nicht verweigern kann, da Sir Sampson seine Haltung geändert hat, versagt Norton Mellefont sein Mitleiden, das er für Sara allein empfindet, da er seinen Herrn als lasterhaft einschätzt, für den er „alle Hofnung zur Beßrung" (ebd.) aufgegeben hat. Diese Analogie in der Umkehrung aktualisiert Vorgeschichte auf zweifache Weise: Einerseits wirft Norton implizit seinem Herrn vor, die tugendhafte Sara verführt zu haben, was Mellefont anschließend in der Form der Selbstbeschuldigung expliziert; andererseits erfährt der Zuschauer etwas über Mellefonts Vergangenheit, über seine Libertinage. Norton begründet also seine Weigerung, indem er darauf hinweist, daß derjenige, der einen ‚lasterhaften' Lebenswandel in „der nichtswürdigsten Gesellschaft von Spielern und Landstreichern – – – ich nenne sie, was sie waren und kehre mich an ihre Titel, Ritter und dergleichen, nicht – "(ebd.) geführt hat und der einen „strafbare[n] Umgang mit allen Arten von Weibsbildern, besonders der bösen Marwood" (ebd.) gepflegt hat, kein Mitleid verdient. Norton spricht Mellefont die Tugend, Vollkommenheiten und damit die ‚rechte' Proportion von Verdienst und Unglück, die conditio sine qua non des Mitleidens, ab.

Insofern deckt sich Nortons Einschätzung mit der Waitwells und Sir Sampsons. Der explizite Fremdkommentar vor dem ersten Auftritt Mellefonts, also in absentia der dramatischen Figur, wird im Dialog in präsentia Mellefonts von Norton erneut thematisiert, so daß die kontrastive Relation zwischen Fremd- und Selbstrepräsentation retrospektiv und präsentisch mehrfach aktualisiert wird. Mellefont greift Punkt für Punkt parallelisierend die Vorwürfe seines Bedienten auf und läßt die Kette der Selbstbeschuldigung in dem Verführt-sein und in der Verführung gipfeln. Indem er diese Lebensart im Vergleich zu seiner jetzigen als ‚Tugend' bezeichnet, also eine konträre Bewertung scheinbar paradoxerweise vornimmt, und indem er mit der adversativen Konjunktion ‚aber' die Klimax der Selbstbeschuldigung nun weiter steigert, da er die Verführung der tugendhaften Sara als Vergehen empfindet und nicht seine lasterhafte Vergangenheit, sondern das Zerstören der bürgerlichen Ordnung, erweist er sich selbst als im Wandel begriffen, und sein Schuldempfinden ist der erste Schritt hin zur Tugend. Sein sich langsam entwickelndes Mitleiden mit der unglücklichen Sara läßt ihn selbst unglücklich sein, läßt ihn selbst zur mitleidswürdigen Figur werden. „- – Aber – *ich hatte* noch keine verwahrlosete [verführte] Tugend auf meiner Seele. *Ich hatte* noch keine Unschuld in ein unabsehliches Unglück gestürzt. *Ich hatte* noch keine Sara aus dem Hause eines geliebten Vaters entwendet, und sie gezwungen einem Nichtswürdigen zu folgen, der auf keine Weise mehr sein eigen war. *Ich hatte* –" (ebd., S. 13; Hervorhebungen v. M.S.).

Der anaphorische Ornatus dieser Dialogpassage intensiviert die einsetzende Wandlung im Charakter Mellefonts. Hat Sir Sampson von seinem Gesinnungswandel ‚berichtet', so wird Mellefonts Charakterentwicklung hin zum mitleidswürdigen sukzessiv vollzogen. Als bloß lasterhafter, gewissenloser Mensch wäre er ebensowenig wie ein zorniger, auf Rache sinnender Vater ‚Gegenstand' des Mitleidens. Beide Figuren ‚müssen' sich wandeln. Die Änderung von Sir Sampsons affektiver Haltung ist nahezu abgeschlossen, bedarf nur einer geringfügigen Korrektur; Mellefont selbst steht am Anfang seiner ‚Beßrung' hin zur Tugend, zur tugendhaften, wahren, natürlichen Liebe zu Sara. In seinem Schuldbekenntnis distanziert er sich von seiner Verführerrolle, indem er von ‚einem Nichtswürdigen' spricht, der Opfer seiner Begierden und Leidenschaften war.

Sara war zunächst nur Objekt seiner hedonistischen Lebensweise. Da sie ihm aber als empfindsam liebende Frau gegenübertritt, wandelt sich Mellefonts sinnliche Liebe in eine empfindsame.[104] Er beginnt, Sara und damit sich selbst als Subjekte zu akzeptieren. Sie erlag somit nur scheinbar dem lasterhaften Verführer. Das Motiv der gefallenen Tugend, der gescheiterten Tugendprobe, kehrt sich um. Sie ist nicht dem Laster verfallen, sondern hat durch ihre Liebe Mellefont bekehrt. Nicht Sara, sondern der lasterhafte Libertin ‚scheiterte' bei der ersten wirklichen ‚Lasterprobe'. Er emanzipiert sich zum empfindsamen, liebenden Menschen.

Lessing transformiert den Sieg der bürgerlichen Tugend von der Ebene allzumenschlicher Fehler auf die ethisch essentielle der Liebe. Der Tugend-Laster-Kontrast der frühen bürgerlichen Dramatik wird so seines Schematismus enthoben. Die Poetik des Mitleids hebt im Sinne der positiven Dialektik Motive und Topoi ihrer eigenen Geschichte auf und spiegelt den Prozeß der bürgerlichen Emanzipation in der Mitte des 18. Jahrhunderts wider.[105]

Mellefont verdient nur dann Sympathie, wenn er trotz seiner Liebe zu Sara noch unglücklich ist, wenn Vollkommenheit und Unglück langsam in das richtige Verhältnis gerückt werden. Damit ist zugleich aber auch das Laster selbst als Quelle des Unglücks, als Fehler des mittleren Charakters aus der Poetik des Mitleids nicht ausgeschlossen. Lessing geht bereits hier einen entscheidenden Schritt über seine Theoreme und Beispiele aus dem späteren *Briefwechsel über das Trauerspiel* hinaus, da er sowohl im ‚Bettler-Beispiel' als auch im ‚Canut'- und ‚Kaufmann-Beispiel' nur positive Eigenschaften als Fehler der mittleren Charaktere illustrierte. Der lasterhafte Anti-Held muß sich jedoch erst zum tugendhaft-empfindsamen Helden des neuen Trauerspiels wandeln, um Mitleid empfinden und erregen zu können. Deshalb wird Saras Verführung auch konsequent in die Vorgeschichte verbannt, um den Charakteren ‚Zeit' zur Änderung zu geben; denn das „Trauerspiel soll so viel Mitleid erwecken, als es nur immer kann; folglich müssen alle Personen, die man unglücklich werden läßt, gute Eigenschaften haben, folglich muß die beste Person auch die unglücklichste seyn [...]".[106] Mitleid wird in unterschiedlicher Intensität von mehreren Charakteren des Trauerspiels erregt; den Helden schlechthin gibt es nicht mehr, nur eine Person, welche die unglücklichste ist, nämlich Sara, die den neuen, empfindsamen Heldentypus verkörpert, deren Unglück sowohl bei ihrem Vater als auch bei ihrem

Geliebten sowie bei den Bedienten Mitleiden erregt und diese teilweise selbst zu Personen des Sympathisierens werden läßt. Indem der lasterhafte Mellefont, der ‚wütende' Vater und die Tugendprobe Saras nicht mehr präsentiert werden, sondern der Vorgeschichte angehören, werden diese Geschehnisse als nicht mehr sujethaft auf der Grundlage der Poetik des Mitleids von der Bühne verbannt. Die Sujets der frühaufklärerischen Komödie, Tragödie und des rührenden Lustspiels werden der Vorgeschichte zugeordnet, zeitlich und räumlich ins Abseits gedrängt; sie gehören der Vergangenheit an.

Das Primat des ‚Wie' vor dem ‚Was': Thematisierung der physischen Objektivationen der Affekte Schrecken und Mitleid

Betty, Saras Bediente, unterbricht Mellefonts Schuldbekenntnis und berichtet mitleidend, unter Tränen, wie unruhig die unglückliche Sara die letzte Nacht verbracht hat. Vage Saras Traumerzählung antizipierend, beschreibt sie präzise die Reaktionsweise ihrer Herrin. „Plötzlich fuhr sie in die Höh, sprang auf, und fiel mir als eine *Unglückliche* in die Arme, die von einem *Mörder* verfolgt wird. Sie *zitterte* und ein *kalter Schweiß floß* ihr über das *erblaßte Gesicht*. Ich wandte alles an, sie zu beruhigen, aber sie hat mir bis an den Morgen nur mit *stummen Thränen* geantwortet. [...] Das *Herz* muß mir springen, wenn sie sich so zu ängstigen fortfährt" (I/4, S. 13; Hervorhebungen v. M.S.). Analog zu den Szenen eins und drei steht auch hier wiederum die Beschreibung der emotionalen Reaktionen im Vordergrund. Das ‚Was' wird nur andeutend vermittelt, dem ‚Wie' wird die Präferenz eingeräumt. Indem Betty die äußeren, sichtbaren Zeichen der Gefühle Saras beschreibt – ihr Zittern, das Fließen des kalten Schweißes, das erblaßte Gesicht, die stummen Tränen –, wird Saras Schrecken deutlich, ein Affekt, den die Zuschauer nur als vermittelten empfinden können. Der Schrecken, ein konstitutives Element der vermischten Empfindung ‚Mitleid', das ebenso wie das Mitleid unmittelbar den Zuschauer affizieren kann als primärer Affekt, dominiert in Bettys Erzählung über die Geschehnisse der vergangenen Nacht. Aber der Schrecken wird nicht nur einfach genannt, sondern indirekt durch die Art *und* Weise der Erzählung und durch die Affekte Bettys erregt, so daß beide Komponenten, die wirkungspsychologische und die werkstrukturierende, erkennbar werden.

Die Intensität der unmittelbaren Schilderung der physischen Phänomene der Wirkung des Traumes wird durch Bettys Weinen verstärkt, so daß Mellefont und Norton mitempfinden und der erste Auftritt der Heldin wirkungspsychologisch vorbereitet wird. Zugleich wird der Prozeß der Rezeption im Drama selbst inszeniert, poetisch eingeholt, um die Erwartungshaltung des Zuschauers und der dramatis personae eindeutig zu determinieren. Mellefonts und Nortons Reaktionen dienen als idealtypische Identifikationsfolien für den Zuschauer, dessen Mitleid erregt werden soll. Zugleich ist die Reaktion Mellefonts ein weiterer Beweis für seine Wandlung zum empfindsamen Charakter. „MELLEFONT. [...] – – Ach! – – [...] NORTON. Gott, die arme Miß! MELLEFONT. *Wessen Gefühl willst du durch deine Ausrufung rege machen?* Sieh jetzt wird die *erste Thräne*, die ich seit meiner Kindheit geweinet, die Wange herunterlaufen! [...] Ich muß mich fassen. (I n d e m   e r   s i c h   d i e   A u g e n   a b t r o c k n e t.) Wo ist die *alte Standhaftigkeit*, mit der ich ein schönes Auge konnte weinen sehen? Wo ist die *Gabe der Verstellung* hin, durch die ich seyn und sagen konnte, was ich wollte? – – Nun wird Sie [Sara] kommen, und wird *unwiderstehliche Thränen weinen. Verwirrt, beschämt* werde ich vor ihr stehen; als ein verurtheilter Sünder werde ich vor ihr stehen. Rathe mir doch! Was soll ich thun? Was soll ich sagen?" (I/4, S. 13; I/5, S. 13 f.; Hervorhebungen v. M.S.). Diese Dialogpassage wirkt wie eine Regieanweisung für das Verhalten der dramatis personae und des Publikums. Das eindeutig mitleidige „Ach" Mellefonts manifestiert sich physisch in der „Thräne", die ausdrücklich als ‚kommende' von ihm selbst kommentiert, die zugleich äußeres Symbol seiner vollzogenen Wandlung wird. Mellefont hat seine alte Unempfindlichkeit und die ‚Gabe der Verstellung' verloren; er ist empfindsam geworden. Das Weinen und die Tränen[107] erstarren zum Topos für den neuen, empfindsamen Menschen, der nicht mehr maskenhaft sagen und sein kann, was er will. Die Identität zwischen Handeln und Intention, eine entscheidende Prämisse für den positiven Helden in der bürgerlich-aristotelischen Dramatik, erlaubt Mellefont nur noch die Reflexion auf die Rollen seiner Vergangenheit. Die seit seiner Kindheit verlorene Natürlichkeit, Liebe, Tugend und Empfindsamkeit erlangt er zurück, und zwar durch die Liebe Saras. Deshalb werden Saras Tränen unwiderstehlich für ihn sein, ihn verwirren und beschämen, ihn als ‚reuigen und verurteilten Sünder' vor Sara stehen lassen. Diese implizite, divinisierende Verklärung Saras, die antizipierende Beschreibung seiner Gefühle und seiner Ratlosigkeit sowie die vieldeutige Frage, wessen Gefühl erregt werden solle, schärfen aufs eindringlichste das Bewußtsein der Zuschauer[108] für die neue Poetik des Mitleids, lassen das Publikum mitfühlen, bereiten den ersten Auftritt Saras spannungsvoll vor.

Das Mitleid: ein expositorischer Grundbegriff

Thematisch bzw. inhaltlich und formal werden beide einleitenden Szenensequenzen aufs engste miteinander verknüpft. Der wichtigste Verbindungsbegriff ist der des Mitleids. Die Fremdeinschätzungen der Person Mellefont rivalisieren mit der inneren Entwicklung dieses Charakters. Sie bedürfen der Korrektur. Bis ins Detail, so z.B. die positive Bewertung des idealtypischen Ortes, das ‚Haus eines geliebten Vaters' (Vgl. I/3, S. 13), auf das in der ersten Szene nur indirekt, ex negatione, hingewiesen wird, läßt sich die komplementäre Beziehungsstruktur belegen, welche die Zäsur zwischen den beiden Auftrittsfolgen nicht zu einem trennenden formalen, sondern zu einem handlungseröffnenden Mittel werden läßt. Die werk- und wirkungsästhetische Zentrierung der Perspektiven auf das Mitleid bereitet zugleich den Auftritt Saras vor, die das Mitleiden der dramatis personae und des Publikums uneingeschränkt verdient, da sie als ‚beste Person die unglücklichste' ist.

Da Lessing das Mitleid primär als wirkungsbezogenen Affekt in den Reaktionen Sir Sampsons, Waitwells, Mellefonts, Bettys und Nortons darstellt, weil er den Endzweck seines ersten Trauerspiels, das wirkungspoetische Formprinzip des Mitleids und dessen Struktur, die sich gegen den Tugend-Laster-Schematismus der heroischen Tragödie wendet, zu Gegenständen der dramatischen Präsentation erhebt, wird das Mitleid in der Darstellung zu einem Spiegel des poetologischen Diskurses und zu einem Mittel der poetischen Reflexion. In diesem anthropologischen Grundaffekt, dem sich selbst der als lasterhaft charakterisierte Mellefont nicht entziehen kann, in diesem werkästhetischen und wirkungspoetischen Formprinzip spiegeln sich die Vorgeschichte, die Exposition, mögliche Handlungsvarianten, das Handeln der dramatischen Figuren und deren Charakterzüge. In Mellefonts Wandlung zum empfindsamen, natürlichen Menschen, der sich der Wirkung der „unwiderstehlichen Thränen" Saras wird nicht widersetzen können, gestaltet Lessing dramatisch den Anspruch und die Gültigkeit desselben, das natürliche Gesetz der neuen Poetik, daß auch auf den Zuschauer die „Thränen", das Leiden der natürlichen Heroin nicht wirkungslos bleiben werden. Auch dieser, mag er wollen oder nicht, muß sympathisieren, Mitleid empfinden wie die dramatis personae auf der Bühne. Indem Lessing seine dramatischen Figuren auch die Rolle des immanenten Publikums, das idealtypische Verhalten der Rezipienten spielen bzw. darstellen läßt, werden die Grenzen zwischen Bühne und Zuschauerraum, zwischen Fiktion und Wirklichkeit überschritten, ohne die Fiktionalität der dargestellten Handlung oder die Illusion des Publikums zu stören.

Die drei Konflikte: der Opponenten-, der Amanten- und der Rivalitätskonflikt

Die Handlungsstruktur wird weiter facettiert, indem sukzessiv in vagen Anspielungen das zukünftige Geschehen antizipiert wird. Norton, Mellefonts personifiziertes Gewissen, hebt unter „allen Arten von Weibsbildern" aus der hedonistischen Vergangenheit seines Herrn besonders die „böse Marwood", Saras Rivalin, hervor. Betty deutet an, daß Sara in einem Traum von einem Mörder verfolgt worden sei. Mellefont und Norton planen, die Flucht zusammen mit Sara fortzusetzen, um die Ehezeremonie im Ausland vollziehen zu können (vgl. I/5, S. 14). Marwood, der Traum und die Zeremonie bilden die thematischen Komponenten des Auftritts von Sara und Mellefont. Sie deuten die weiteren Konflikte an, den Rivalitätskonflikt zwischen Sara und Marwood und den Konflikt zwischen den Amanten selbst. Der objektiv nahezu gelöste Opponentenkonflikt zwischen der Autoritätsperson des Vaters und den Liebenden bestimmt aufgrund der fehlenden Information über den Gesinnungswandel Sir Sampsons weiterhin das Handeln Saras, Mellefonts und Marwoods.[109]

Der Amantenkonflikt

Saras Traum

Anknüpfend an die Eröffnungsszene werden die Zeit und der Ort, der frühe Morgen und das elende Haus, sowie Saras Tugenden thematisiert. Sara entspricht so dem Bild, das Waitwell, ihr Vater, ihre Bediente, Mellefont und Norton zuvor von ihr gezeichnet haben. Sie tritt als Leidende auf; und aus uneingeschränkter Liebe zu Mellefont hat sie ihm alles vergeben, seinen früheren hedonistischen Lebenswandel und ihre Verführung. Sie ist nicht über den Verlust ihrer Unschuld unglücklich, sondern über Mellefonts neunwöchige Verzögerung der Zeremonie, der Trauung. Damit lehnt auch Sara für sich selbst den Tugend-Laster-Schematismus, die Rolle der ‚gefallenen Unschuld' ab.

Der bisher nur angedeutete Konflikt zwischen den Liebenden rückt in das Zentrum des Dialogs. Analog zu den ersten beiden Szenensequenzen – I/1–2 und I/3–5 –

wird auch die Auseinandersetzung über den Tag der Trauung, über den Begriff der „Ceremonie", mit der Beschreibung der Wirkung eröffnet. Empfindsam, mit dem Hinweis auf die „weibliche Denkungsart" und auf die Vorsehung berichtet Sara über die vergangene, unruhig zugebrachte Nacht, über den Streit zwischen *Herz und Verstand*.[110] „Umsonst habe ich es nur wieder erst den gestrigen langen Abend versucht, ihre Begriffe anzunehmen, und die Zweifel aus *meiner Brust* zu verbannen die Sie, jetzt nicht das erstemal, für Früchte meines Mißtrauens angesehen haben. Ich stritt mit mir selbst; ich war sinnreich genug, *meinen Verstand zu betäuben; aber mein Herz und ein inneres Gefühl* warfen auf einmal *das mühsame Gebäude von Schlüssen* übern Haufen. Mitten aus dem Schlafe weckten mich strafende Stimmen, mit welchen sich meine Phantasie, mich zu quälen, verband. Was für Bilder, was für *schreckliche* Bilder *schwärmten* um mich herum! Ich wollte sie gern für Träume halten – – MELLE-FONT. Wie? Meine *vernünftige* Sara sollte sie für etwas mehr halten? Träume, liebste Miß, Träume!" (I/7, S. 15; Hervorhebungen v. M.S.). Sara benennt das ‚Wie', die Art und Weise des mit sich selbst geführten Streites und wertet eindeutig das Gefühl, das Herz und ihr Gewissen als entscheidende Urteilsvermögen im Gegensatz zum Verstand auf. Sie charakterisiert sich selbst als eine ‚schwärmerische', empfindsame Frau. Auch die vagen Andeutungen auf das ‚Was', die Stimmen, die Phantasie und die Bilder werden wirkungspsychologisch bestimmt: es sind strafende Stimmen, die Phantasie ist eine quälende und die Traumbilder sind schreckliche.

Ohne Genaueres bisher über Mellefonts Gebäude von Schlüssen, über die Vernunftsargumente zu erfahren, werden sie auf zweifache Weise als unwirksame entkräftet. Erstens haben Mellefonts Argumente, mit denen er die Verzögerung der Eheschließung begründen will, nur eine den Verstand betäubende, nicht überzeugende Wirkung, so daß zweitens im Schlaf, wenn also der Verstand ruht, die unteren Erkenntnis- und Urteilsvermögen ein ‚leichtes Spiel' haben. Damit sind bereits im ‚Wie' figurenbezogene und auktoriale Bewertungssignale enthalten, die den Ausgang der Auseinandersetzung zwischen den Amanten festlegen. Hat Mellefont im fünften Auftritt noch geäußert, Sara tadle zu Unrecht die Verzögerung der Zeremonie, so werden nun Schritt für Schritt seine Einwände empfindsam widerlegt. Indem er Sara eine vernünftige Frau nennt, versucht er vergeblich, sie und sich den empfindsamen Argumenten zu entziehen; denn er klagt zugleich den Schöpfer an, der neben den Qualen in dem „Reiche der Wirklichkeit" auch die aus dem „Reich der Einbildungen" schuf. Mit diesem Einwand gegen die Theodizee hebt er implizit seinen ‚rein vernünftigen' Standpunkt auf, akzeptiert Saras Denkweise und die reale Wirkung ihres Traums, die auch ihn selbst, vermittelt durch Bettys Botenbericht, affiziert hat. Sara reagiert ‚vernünftig', wenn sie in ihrer Replik Mellefonts Angriff auf den Schöpfer logisch schlüssig zurückweist, da nicht Gott, sondern der Mensch selbst für die wirklichen und eingebildeten Qualen verantwortlich sei. Sie ist somit keine religiös-schwärmerische Person, die ausschließlich jenseitsbezogen argumentiert, sondern eine empfindsame, Frau, deren Gewissen nur durch die Trauung beruhigt werden kann.

„Erbarmen Sie sich meiner, und überlegen Sie, daß wenn Sie mich auch dadurch nur von Quaalen der Einbildung befreyen, diese eingebildete Quaalen doch Quaalen, und für die, die sie empfindet, wirkliche Quaalen sind" (I/7, S. 16). Die Unterscheidung zwischen Realität und Phantasie, zwischen der Wirklichkeit und der Einbildung, die dem ‚Unwirklichen' eine wirkungspsychologische Realität verleiht, erweitert den Reflexionsraum. Saras Traum wird in seiner Wirkung wirklich. Ihr innerer Streit zwischen Herz und Verstand wird erneut als äußerer mit Mellefont geführt, der den Part des Verstandes in der Auseinandersetzung zu spielen versucht und, indem er unterliegt, seine Veränderung zum empfindsamen Menschen abermals unter Beweis stellt. Ihr Konflikt wird nicht nur erzählt, sondern zugleich als Konflikt zwischen den Liebenden dargestellt. Das Begriffliche und das Empfindsame gelangen unmittelbar zur Anschauung.

Saras Traum als Orakel

Sara reflektiert diesen Sachverhalt, wenn sie, ihre Traumerzählung einleitend, sagt: „Ach könnte ich Ihnen nur halb so lebhaft *die Schrecken* meiner vorigen Nacht *erzehlen, als ich sie gefühlt habe!*" (ebd.; Hervorhebungen v. M.S.). Da Sara die Wirkung des Traumes als „Schrecken" beschreibt, bringt sie Bettys Bericht über ihre Reaktion und ihre eigenen ersten, vagen wirkungspsychologischen Andeutungen auf den Begriff. „Schrecken" ist hier als zweiter, mitgeteilter Affekt zu verstehen, der von diesem begrifflich höheren Niveau zu Beginn des Traums zurückgeführt wird auf die Ebene der unmittelbaren Erzählung. Der Traum selbst, mutatis mutandis analog zum antiken Orakel,[111] stellt eine parabelhafte Reflexion auf die Vorgeschichte *und* auf das zukünftige Geschehen dar, deutet vage die zukünftige Katastrophe an.

In drei Phasen, die den drei Konflikten entsprechen, gliedert sich der Traum. Zunächst erzählt Sara, wie sie Mellefont auf einem schmalen Pfad in einem zerklüfteten Gebirge mit schroffen, schrecklichen Felsen folgt. Die Charakterisierung der Naturlandschaft korrespondiert ihrer inneren Gefühlslage; denn sie folgt ihm „mit schwankenden ängstlichen Schritten" (I/7, S. 16). Diese Anspielung auf die Auseinandersetzung zwischen den Amanten bleibt deshalb so allgemein, weil auf der einen Seite sie dazu dient, den Affekt ‚Schrecken' narrativ zu evozieren, und da auf der anderen Seite der Streit unmittelbarer Gegenstand dieser Szene sein wird.

In der zweiten Phase, dem eigentlichen Geschehensbeginn des Traumes, berichtet sie vom freundlichen Rufen des Vaters, welches ihr „stille zu stehen befahl" (ebd.). In dem affektiven Kontrast, der sich aus der Freundlichkeit des Vaters und seinem Befehl ergibt, sind beide Versionen, die des zärtlichen, liebenden, vergebenden und die des autoritären, strafenden Vaters angedeutet. Sara unterbricht an dieser Stelle ihre Erzählung und reflektiert mitleidend ihr Verhältnis zu ihrem Vater, bringt eine Lösungsmöglichkeit ins Spiel, die des *Vergessens*. „Ich Elende! kann ich denn nichts von ihm vergessen? Ach! Wo ihm sein Gedächtniß eben so grausame Dienste leistet; wo er auch mich nicht vergessen kann! – – Doch er hat mich vergessen. Trost! grausamer Trost für seine Sara! – –" (ebd.). Genau diese Variante der Konfliktlösung zwischen Sir Sampson und Sara wird sie in der Briefszene (vgl. III/3) bis zur Hartnäckigkeit Waitwell gegenüber vertreten. Die wirkungsbezogenen Attribute – „grausame Dienste" und „grausamer Trost" – werden wörtlich von Sara in der dritten Szene des dritten Aufzugs aufgenommen und in Beziehung gesetzt zur affektiven Kategorie des Schreckens, des Schauderns. Da Sara ihren Vater nicht vergessen kann, ihn also noch liebt, ist die Bedingung für die Versöhnung bereits erfüllt. Mit Hilfe dieser thematischen Äquivalenz wird der harmonische Konvergenzpunkt beider Konflikte angedeutet.

Die dritte Phase des Traumes beginnt, wenn Sara sich nach der Stimme umsehen will und droht, in einen Abgrund zu stürzen; sie wird jedoch von einer ihr „ähnlichen" Person zurückgehalten, die Sara rettet, um sie zu verderben. Sara wird im Traumgeschehen von einer Frau erstochen. In diesem Augenblick, so erzählt Sara, erwachte sie „mit dem Stiche. Wachend fühlte ich noch alles, was ein tödlicher Stich schmerzhaftes haben kann; ohne das zu empfinden, was er angenehmes haben muß, das Ende der Pein in dem Ende des Lebens hoffen zu dürfen" (ebd.).

Wie auf Bettys Bericht über Saras vergangene Nacht reagiert Mellefont auf Saras Erzählung mitleidend: „Ach liebste Sara, ich verspreche Ihnen das Ende ihrer Pein, ohne dem Ende ihres Lebens, welches gewiß auch das Ende des meinigen seyn würde. Vergessen Sie das schreckliche Gewebe eines sinnlosen Traumes – –" (ebd., S. 17). Damit antizipiert er indirekt die ‚Katastrophe', die Vergiftung Saras durch ihre Rivalin Marwood und seinen Selbstmord. Am Ende des bürgerlichen Trauerspiels wird Mellefonts beschwichtigend intendierte Äußerung retrospektiv zu einer objektiv-dramatisch-ironischen. Er wird sein Versprechen einlösen. Aber er greift nicht nur unbewußt auf das ‚Was', auf die Ereignisse voraus, sondern deutet auch das ‚Wie' in seiner abschließenden Bemerkung zum Traum an. Zugleich objektiviert er Saras Empfindung, mit der sie die Traumerzählung einleitete, und führt den Affekt zurück auf das begrifflich abstraktere Niveau, indem er Saras unmittelbar mit dem Erzählgeschehen verknüpfte Umschreibung des Schmerzes erneut auf den Begriff bringt. Durch diese Rahmenfunktion dominiert der Affekt ‚Schrecken' auch formal.

Zur affektiven Realität des Traums: Schrecken als werkästhetisches Formprinzip

Dieses induktiv-ansetzende, sukzessive Verfahren der Darstellung und Vermittlung des Schreckens wird erst am Ende des vierten und zu Beginn des fünften Aufzugs zweifach abgeschlossen. Wenn Sara am Ende der Konfrontationsszene, nach der Anagnorisis sich voller Schrecken erhebt, zitternd sich zurückzieht und durch die Identifikation Marwoods mit der Traumgestalt geradezu die Verwirklichung des geträumten Mordes heraufbeschwört: „Sie, Marwood? – Ha! Nun erkenn ich sie – nun erkenn ich sie, die mördrische Retterin, deren Dolche mich ein warnender Traum Preis gab. Sie ist es! Fliehe unglückliche Sara! [. . .] Jetzt dringt sie mit tötender Faust auf mich ein! Hülfe!" (IV/8, S. 75) –, wird das Traumgeschehen von der Handlungsentwicklung eingeholt. Erst Saras kopflose Reaktion bringt Marwood auf den Gedanken, sie zu vergiften. Saras eingebildete Qual, ihr eingebildeter ‚Schrecken' ist real geworden. Da Marwood Saras Ermordung nicht plante und weil die Identifizierung aus der Sicht Saras erfolgt, bleibt der eingebildete Schrecken im wirklichen aufgehoben.

Dieses nuancierte, dialektische Spiel mit den ontischen Dimensionen der Gefühle ist möglich, weil bereits der eingebildete Affekt real wirksam ist; denn im Traum noch unmittelbar nach der Erkennung Marwoods wird der Mord real vollzogen. Ausschließlich ihre Einbildungskraft läßt sie exaltiert reagieren. Durch die dialektische Realisation des Traumgeschehens wird der Schrecken gleichzeitig als werkstrukturierendes und wirkungspsychologisches Moment konstituiert, das nicht nur die dramatis personae, sondern auch den Leser bzw. Zuschauer affiziert und damit die Grenzen der dramatischen Fiktion transgrediert. Der Prozeß der affektiven Verknüpfung von Bühne und Zuschauerraum läßt den Rezipienten die intrafiktionale Dialektik nachvollziehen. Da Lessing Marwood nur die Absicht in ihrem Monolog (vgl. IV/9) äußern läßt, Sara zu ermorden, und den Mord zwischen dem vierten und fünften Aufzug stattfinden läßt, also nicht szenisch darstellt, kann der Zuschauer nur ahnen und sich den Mord und dessen emotionale Wirkung vorstellen. Erst wenn das Gift langsam zu wirken beginnt, wenn Sara es wie „tausend feurige Stiche in einem" (V/1, S. 77) fühlt, ohne zu wissen, daß sie sterben wird, und wenn Mellefont ahnungsvoll die Peripetie der Handlung mit dem plötzlichen „Uebergang von Bewunderung zum Schrecken!" (V/4, S. 81) emotional auf den Begriff bringt, wandelt sich der vorgestellte Affekt des Rezipienten allmählich in einen realen. Erst wenn Marwood gehandelt hat, ist der Schrecken für den Zuschauer kein „zweyter mitgetheilter Affekt", den nur die spielenden Personen empfinden können, sondern er entsteht im Zuschauer „ursprünglich aus der Wirkung der Gegenstände",[112] aus der Handlungsentwicklung, aus der Peripetie.

Die primären Affekte als Mittel der illusionistischen, poetisch-poetologischen Selbstreflexion im Trauerspiel

Auf diesem gehobenen Begriffsniveau rückt die werkästhetische Formkategorie des Schreckens in unmittelbare Nähe zum Mitleid. Indem der Schrecken innerhalb und außerhalb der ästhetischen Fiktion als primäres, ursprüngliches Gefühl real wirksam wird, gelangt das induktive, sukzessive Darstellungsverfahren des Affekts wirkungspsychologisch auch in der Realität des Rezipienten zum Abschluß. Da aber erst der Schrecken als werkästhetisches Formprinzip diese Qualität erreicht, bleibt er untrennbar mit der Fiktion verbunden und spiegelt so die innerdramatische Dialektik dieses affektiven Prozesses wider. Nur in der ästhetischen Illusion kann dieser ontische Ebenenwechsel dialektisch und ohne Fiktionsironie vollzogen werden. Die Ambivalenz der emotionalen Kategorien der Poetik des Mitleids ermöglicht eine illusionistische, poetisch-poetologische Selbstreflexion im Drama, wie sie von Mellefont beispielsweise explizit durchgeführt wird, wenn er den Handlungsumschlag mit der entsprechenden Kategorie kommentiert, ohne selbst dabei in einem aparté aus seiner Rolle zu fallen; denn Mellefonts Schrecken bleibt als zweiter, mitgeteilter Affekt im primären, ursprünglichen Gefühl des Zuschauers aufgehoben. Da die poetologische Affektenlehre Lessings auf dem anthropologischen Gefühlsvermögen basiert, können sowohl Dramentheorie und -praxis als auch Fiktion und Wirklichkeit nahtlos ineinander übergehen. Aufgrund seiner allgemeinmenschlichen Gefühlsdisposition können sich weder die Dramenpersonen noch der Rezipient der Wirkung entziehen, wenn die Leidenschaften nicht bloß erzählt, sondern dargestellt werden, wenn sie zu literarischen Formprinzipien werden.[113]

Der Traum als Mittel der Andeutung und der immanenten Poetik

Der Traum ist nicht wie die Weissagung oder das Orakel ein Mittel der Ankündigung, sondern eine Form der Andeutung.[114] Während das Orakel das Handlungsgeschehen objektiv vorwegnimmt, bedarf der Traum als subjektive Form des Vorgriffs der Deutung. Er vermittelt Saras Zustand, ihre Stimmung und nur vage das zukünftige Geschehen. Als subjektives Grenzphänomen zwischen Sein und Schein, zwischen geträumtem Inhalt und real empfundener Wirkung ist der Traum nicht, wenn dessen Geschehen von der Dramenhandlung realisiert wird, eine parabolische Verkürzung einer objektiv notwendigen Katastrophe. Die Dramenhandlung betreibt nicht eine objektive Auslegung des Traums. Das Moment der Subjektivität bleibt gewahrt, indem Sara, wenn sie Marwood mit der Traumgestalt identifiziert, selbst die Erfüllung der Prophezeiung ihres Todes vorantreibt. Sara selbst beschwört an dem entscheidenden Punkt der Auseinandersetzung mit ihrer Rivalin die Katastrophe herauf. Der Traum wird zum indirekten, auslösenden Motiv für den Mord. Sie selbst erzeugt damit die reale Katastrophe. Die Prophezeiung bringt *ihre eigene Wirklichkeit* mit sich. Das Geschehen folgt nicht einem ehernen Gesetz, sondern ist eine Konsequenz aus der Verhaltensweise der dramatischen Figur. Ihr Unglück ist ein ‚selbstverschuldetes'. Die besondere Art und Weise, wie Lessing den Traum als Mittel des Vorgriffs einsetzt, und die damit vollzogene Umkehrung der objektiven Form des Orakels in die subjektive des Traums sind wichtige Indizien dafür, daß die Poetik des Mitleids ästhetisch adäquat das neue subjektive Menschenbild der Aufklärung, den aufklärerischen Prozeß der progredierenden Subjektivität, umsetzt.

Da die Traumbilder sich nicht stringent wie eine Allegorie in dem pragmatisch realen Geschehen auflösen lassen, so z.B. die Tatsache, daß Sara nicht erstochen, sondern vergiftet wird, so die Verknüpfung zwischen dem Rufen des Vaters, ihrem drohenden Absturz und der scheinbaren Rettung durch eine Mörderin, bleibt partiell die Eigenständigkeit des Traumes erhalten. Der Traum ist ein Medium, in dem Sara unbewußt ihren eigenen Wissenshorizont überschreitet und auf mögliche, zukünftige Ereignisse vorgreift. Die Momente der Möglichkeit und der Einbildung, der Unbestimmtheit und der Andeutung sowie der Subjektivität weisen den Traum als ein weiteres Mittel der poetischen Reflexion aus.

Formal ist die Traumerzählung eine besondere Art der indirekten Mitteilung, ein epischer Text, der in Distanz zum dramatischen Dialog steht. Der Traum eröffnet als Form der Einbildung die Reflexion auf die Realitätsgrade innerhalb der dramatischen Fiktion und erweitert so den immanenten Reflexionsraum, indem andeutungsweise die Handlungsentwicklung, die bisher vom Versöhnungstableau bestimmt ist, aufgespalten wird; denn im Zentrum des Traumgeschehens steht der noch nicht exponierte Konflikt zwischen Sara und Marwood. Da der Konflikt zwischen den Liebenden, Mellefonts Verzögerung der Trauung, kurz vor der Lösung steht und da der Konflikt zwischen Sir Sampson und Sara eigentlich schon gelöst ist und weil somit beide Lösungsmöglichkeiten harmonische sind, können sie nicht primärer Gegenstand einer Erzählung sein, die Schrecken erregt. Durch die Gewichtung der drei Konflikte im Traum wird formal und inhaltlich die Struktur der Handlungsentwicklung antizipiert. Den Übergang von der harmonischen Stimmung, die in den ersten Szenen durch die Ankunft des vergebenden Vaters und durch die Wandlung Mellefonts erzeugt wird, zum Schrecken, vom Sujet des rührenden Lustspiels zum bürgerlichen Trauerspiel, deutet der Traum an. Hat Lessing mit der Zäsur nach der zweiten Szene und mit dem erneuten Einsetzen der Dramenhandlung im dritten Auftritt ein verdecktes Spiel mit den Realitätsgraden in das Drama eingebracht, welches das Sujet des rührenden Lustspiels nur noch als scheinbares in Szene setzt, so bringt er mit dem künstlerischen Mittel des Traums ontische Irritationen ins Spiel. Die von Sara eingebildete Handlungsvariante, ihre Ermordung, wird am Ende des Dramas realisiert. Im Traum kündigt sich die Realität des bürgerlichen Trauerspiels an. Aber nicht nur im Traum, sondern auch und vor allen Dingen in seiner Wirkung, im Schrecken, spiegelt sich zukünftiges Geschehen; sie sind Mittel des Vorgriffs.

Saras Tugendverständnis

Neben diesen vielfältigen makrostrukturellen, überszenischen Funktionen hat der Traum die Aufgabe, Sara als eine äußerst empfindsame, zu exaltierten Reaktionen neigende Person zu charakterisieren. Die reale Wirkung des Traumes ist zugleich ein entscheidendes Motiv für Saras Drängen, die Trauung noch heute zu vollziehen, um ihr natürliches Gewissen zu beruhigen. Erneut bekräftigt Sara ihre Liebe zu Mellefont, indem sie auf die Vorgeschichte reflektierend für sich das Tugend-Laster-Schema ablehnt: „Es sey Liebe oder Verführung, es sey Glück oder Unglück, das mich Ihnen in die Arme geworfen hat; ich bin in meinem Herzen die ihrige, und werde es ewig seyn. Aber noch bin ich es nicht in den Augen jenes Richters, der die geringsten Uebertretungen seiner Ordnung zu straffen gedrohet hat – –" (I/7, S. 17). Nicht die Verführung, sondern die Verzögerung der Zeremonie stellt die Verletzung der göttlichen Ordnung dar. Erst die Ehe stellt die Harmonie mit der göttlichen Ordnung wieder her.

Und wenn Sara im Folgenden eine geheime Trauung vorschlägt, da sie nicht wegen der öffentlichen Ehre, sondern nur aufgrund der verinnerlichten Ehre, ihn zu lieben, und nicht „um der Welt Willen", nicht um ihres guten Rufes, ihres Namens willen, wie ein „andres Frauenzimmer, das durch einen gleichen Fehltritt sich ihrer Ehre verlustig gemacht hätte" (ebd.), sondern um ihrer selbst willen Mellefont anhält, sie zu heiraten, stellt sie ihre Liebe und Tugend als internalisiertes Wertsystem unter Beweis. Weil Sara auf eine öffentliche Legitimation verzichtet, lehnt sie die bürgerliche Ordnung als äußere Konvention ab. Die bürgerliche Tugend hat Sara vollständig verinnerlicht, so daß die äußere, den Menschen entfremdende, auf Konvention beruhende Moral durch die natürliche Moralität ersetzt wird.[115] Indirekt und mit dem kommentierenden Hinweis auf ein „andres Frauenzimmer" charakterisiert Sara Marwood als eine Person, die das bürgerliche Wertsystem als etwas Äußeres und Veräußerbares betrachtet.

Obwohl Mellefont sich der rührenden Wirkung von Saras Denkungsart nicht entziehen kann, gibt er ihr zu bedenken, was er ihr zu seiner „Rechtfertigung schon oft vorgestellt" (I/7, S. 17) hat. Pointiert antwortet Sara: „Sie wollen vorher zeitliche Güter retten, und mich vielleicht ewige darüber verscherzen lassen" (ebd., S. 17 f.). Mellefont erwidert: „Ach Sara, wenn Ihnen alle zeitliche Güter so gewiß wären, als ihrer Tugend die ewigen sind – –!" Während Sara eindeutig der natürlichen Tugend und der göttlichen Ordnung den Vorrang vor dem Materiellen gibt, verknüpft Mellefont beides. Die thematische Verknüpfung des Ideellen und Materiellen bestimmt die weitere Dialogführung. Sara erhebt gegen das Wort Tugend, das ihr wie ein „schrecklicher Donner" schallt, Einspruch und beschwört mit dieser Metapher die Vision des Traumes und die alttestamentarische Vorstellung vom strafenden Gott abermals herauf. Mellefont greift in seiner Replik die Vorstellung des Gottes Jahwe auf, um die Absurdität und die Gräßlichkeit dieser Auffassung zu verdeutlichen: „Wie? Muß der, welcher tugendhaft seyn soll, keinen Fehler begangen haben? Hat ein einziger so unselige Wirkungen, daß er eine ganze Reihe unsträflicher Jahre vernichten kann? So ist kein Mensch tugendhaft; so ist die Tugend ein Gespenst, das in der Luft zerfliesset, wenn man es am festesten umarmt zu haben glaubt; so hat kein weises Wesen unsre Pflichten nach unsern Kräften abgemessen; so ist die Lust uns strafen zu können der erste Zweck unsers Daseyns; so ist – – Ich erschrecke vor all den gräßlichen Folgerungen, in welche Sie ihre Kleinmut verwickeln muß! Nein,

Miß, Sie sind noch die tugendhafte Sara, die Sie vor meiner unglücklichen Bekanntschaft waren. Wenn Sie sich selbst mit so grausamen Augen ansehen, mit was für Augen müssen Sie mich betrachten!" (I/7, S. 18). Ex negatione vertritt Mellefont die neue Ethik, die Fehlbarkeit des Menschen und die Lehre vom weisen, gütigen, vergebenden Gott des Neuen Testaments, ohne dessen Gnade kein Mensch tugendhaft existieren kann. Implizit rechtfertigt er damit auf dem Hintergrund der Theodizee die ästhetische Lehre vom mittleren Charakter. Mellefont bestätigt nachdrücklich, daß Sara noch immer tugendhaft sei, und entzieht so ihren selbstquälerischen Visionen die Grundlage. Zugleich bedarf er selbst der großmütigen, vergebenden Liebe Saras, weil diese entscheidend für seine eigene Bekehrung war und ist. Erst die religiös begründeten natürlichen Tugenden der Liebe, der Güte und der Großmut stellen eine harmonische Lösung in Aussicht. Indem Mellefont an Saras großmütige Liebe appelliert und sie bittet, noch einige Tage Geduld zu haben, gelingt es ihm wiederum, die Liebe thematisch mit dem Vermächtnis zu verknüpfen. Erst jetzt erfährt der Leser bzw. der Zuschauer Näheres über die Erbschaftsangelegenheit.

Das Erbe

Mellefont will die Eheschließung noch einige Tage verschieben, um das Vermögen seines verstorbenen Vetters erben zu können, dessen er bedarf, um Sara ein standesgemäßes Leben zu ermöglichen, da er sein väterliches Erbteil bereits verspielt bzw. zum großen Teil seiner früheren Geliebten Marwood geschenkt hat.[116] Die Ehe mit Sara würde ihn derzeit vom Erbe ausschließen, da sein Vetter verfügt hat, daß Mellefont nur dann in den Genuß des Vermögens komme, wenn er eine Verwandte heirate, die ihn allerdings ebenso haßt wie er sie. Ein Vergleich mit der Verwandten soll dieses Hindernis ausräumen, um wenigstens die Hälfte des Vermögens in seinen Besitz zu bringen. Stündlich erwartet er einen letzten Brief in dieser Angelegenheit. Erst dann will Mellefont mit Sara das ‚elende' Wirtshaus verlassen und die Flucht von England nach Frankreich[117] fortsetzen, wo die Zeremonie vollzogen werden soll. Emphatisch lehnt Sara die Überfahrt nach Frankreich ab, da sie nicht wie eine Verbrecherin ihr „Vaterland" verlassen will. Damit ist Mellefonts Plan, eine Möglichkeit der Handlungsentwicklung, gescheitert.

Sara insistiert entschieden, daß es dieser Tag sein muß, an dem er sie „die Martern aller hier verweinten Tage vergessen" lehrt. Hat Sara durch ihr Drängen auf eine geheime Trauung und durch ihre Bereitschaft, sich notfalls auch öffentlich von Mellefont verleugnen zu lassen, die hindernissetzende Bedingung des Testaments umgangen und ist Mellefonts Verwandte zu einem Vergleich bereit, so kann er seinerseits nur noch das Argument aufbieten, daß in dem ‚elenden' Gasthofe die Feierlichkeit fehlen würde. Gerade weil Mellefont beide thematischen Komponenten so eng verbindet, kann Sara erneut diese sentenzhaft trennen und sein Argument widerlegen: „Eine heilige Handlung wird durch das Feyerliche nicht kräftiger" (I/7, S. 19). Mellefonts Versuch, erneut einen Einwand zu wagen, unterbricht Sara energisch mit dem Hinweis, daß sie an ihrer Liebe zweifeln würde, wenn er auf „einem so nichtigen Vorwande" bestehe. Diese Möglichkeit läßt Mellefont einlenken, und er legt ein Bekenntnis seiner Bekehrung zu einem tugendhaften, empfindsamen Menschen und seiner Schuld ab: „Der erste Augenblick ihres Zweifels müsse der letzte meines Lebens seyn! Ach, Sara, womit habe ich es verdient, daß Sie mir auch nur die Möglichkeit desselben voraus sehen lassen? Es ist wahr, die Geständnisse, die ich Ihnen von meinen ehemaligen Ausschweifungen abzulegen, kein Bedenken getragen habe, können mir keine Ehre machen; aber Vertrauen sollten sie mir doch erwecken. Eine buhlerische Marwood führte mich in ihren Stricken, weil ich das für sie empfand, was so oft für Liebe gehalten wird, und es doch selten ist. Ich würde noch ihre schimpflichen Fesseln tragen, hätte sich nicht der Himmel meiner erbarmt, der vielleicht mein Herz nicht für ganz unwürdig erkannte, von bessern Flammen zu brennen. Sie, liebste Sara, sehen, und alle Marwoods vergessen, war eins. Aber wie theuer kam es Ihnen zu stehen, mich aus solchen Händen zu erhalten! Ich war mit dem Laster zu vertraut geworden, und Sie kannten es zu wenig – –" (ebd., S. 20). Der Konflikt zwischen den Liebenden ist damit gelöst, Mellefont ist bekehrt, und Saras Tugenden, ihre Liebe, ihr Vertrauen und ihre Großmut werden bestätigt. Die Trauung könnte nun vollzogen werden.

Wie in den ersten beiden Auftritten wird auch die in der dritten Szene einsetzende Handlungssequenz einem harmonischen Ende zugeführt. Sir Sampson und Waitwell könnten durch ihr Auftreten das Versöhnungstableau ermöglichen und so der Trauung die richtige ‚Feierlichkeit' verleihen. Norton könnte einen Brief überbringen, in dem Mellefonts Verwandte sich zum Vergleich bereit erklärt. Statt dessen aber überbringt der Diener einen Brief Marwoods, der den dritten, bisher ungelösten Konflikt aktualisiert und die Handlung erneut in Gang setzt; und zwar nicht abrupt, sondern eng verknüpft mit der in den ersten Szenen vorgenommenen Ausdifferenzierungen der Handlungsmöglichkeiten. Die Fremdcharakterisierungen Marwoods durch Norton und Mellefont im Kontrast zur tugendhaften, natürlichen Sara, das Motiv der Erbschaft und die Verzögerung der Zeremonie, der Plan, nach Frankreich zu fliehen, Saras Traum, die Rechtfertigung ihres Drängens auf die Trauung, ihre Ablehnung, als ‚Verbrecherin' das Vaterland zu verlassen, Mellefonts Hinweise auf seine Vergangenheit und die Metaphorik, von Marwood als Sklave in den Fesseln und Stricken der sinnlichen Liebe gefangengehalten worden zu sein, sowie seine gegensätzliche, abgrenzende, pointierte Äußerung, Sara sehen und „alle Marwoods vergessen", sei eins gewesen, bereiten direkt und indirekt Marwoods ersten Auftritt vor und bestimmen sie als Inkarnation des Bösen und verallgemeinert als Archetypus aller lasterhaften, unnatürlichen Frauen. Sie ist die Person im Drama, die Schrecken durch ihr Drohen und Handeln verbreiten wird.

Der Rivalitätskonflikt: erregendes Moment

Marwoods Brief

Bereits ihr Brief, in dem sie Mellefont ihre Anwesenheit in einem anderen Gasthofe des Städtchens und ihren Wunsch, ihn zu sehen, mitteilt, läßt ihn zittern, beben, erschrecken (vgl. I/8, S. 20 und I/9, S. 21 f.). Hat Mellefont kurz zuvor noch an Saras Liebe und an ihr Vertrauen emphatisch appelliert, so begeht er nun seinerseits den ersten ‚Vertrauensbruch', da er Sara verschweigt, wer der Absender des Briefes ist. Obwohl sie erkennt, daß er sich verstellt, indem er Gleichgültigkeit über den Inhalt des Briefes vorgibt, verläßt sie sein Zimmer, weil er „sich weniger Zwang anzuthun" braucht, wenn er allein ist (I/8, S. 21).[118] Ihr unbedingtes und sein eingeschränktes Vertrauen sind motivationale Voraussetzungen, charakterliche ‚Fehler', welche die spätere Katastrophe ermöglichen. Obwohl er äußert, ohne Ursache zu erschrecken, gibt es zwei Gründe für sein Gefühl: Marwoods Brief und seinen Vertrauensbruch Sara gegenüber. Schrecken bezeichnet hier nicht nur die unmittelbare Wirkung des Briefes, sondern eröffnet implizit die Perspektive auf die weitere Handlung und auf deren Ende.

Nachdem Sara gegangen ist und er sich vergewissert hat, daß der Brief von Marwood stammt, beschließt er in seiner ersten, aufgebrachten Erregung zu fliehen. Diese mögliche Handlungsvariante, die Flucht nun nicht mehr vor dem Vater, sondern vor Marwood fortzusetzen, ist aus Gründen der dramatischen Ökonomie unwahrscheinlich. Aus seiner Perspektive müßte er Sara, die bereits die Flucht nach Frankreich ablehnte, ins Vertrauen ziehen und überzeugen, daß es besser sei, sich dem Konflikt mit Marwood durch Flucht zu entziehen. Da die Flucht kein Mittel und im besonderen kein dramatisches Mittel der Konfliktlösung ist, würde durch sie die Einheit der Handlung gefährdet sein. Die mögliche Trauung, auf die Sara weiterhin besteht, und das erwartete Versöhnungstableau mit Sir Sampson würden unwahrscheinlich. Der spannungsreiche Kontrast zwischen den Affekten des Mitleids und des Schreckens der Exposition würde an Schärfe verlieren. Die einzelnen konfliktbeladenen Handlungssequenzen würden nicht zusammengeführt, sondern auseinanderstreben. Deshalb läßt Lessing Mellefont diese Möglichkeit ebenso spontan fassen wie verwerfen, zumal dieser den Inhalt des Briefes noch nicht einmal kennt.

Wut, Gleichgültigkeit bzw. Verachtung und Liebe als Begriffe der immanenten Reflexion auf die Fabelvarianten des Rivalitätskonflikts

Da Mellefont vermutet, es könnte ein verächtlicher Abschiedsbrief Marwoods sein, bittet er Norton, den Brief zu öffnen. Der Entschluß zu fliehen, verweist implizit auf Marwoods Gefühle, auf ihre Wut und Rache, die Mellefont fürchtet. Seine Vermutung, sie habe den Brief aus Verachtung geschrieben, deutet die entgegengesetzte Variante an, die des Abschiedsbriefs, die nicht handlungseröffnend, sondern auf die Erwartung eines harmonischen Endes verstärkend wirken würde. Bereits Mellefonts physische Reaktion, sein Zittern und damit das Gefühl des Schreckens, seine Unfähigkeit, den Brief selbst zu lesen, lassen seine Vermutung als Wunsch erscheinen. In dem Brief, den Norton vorliest, steht weder etwas von Wut und Rache noch etwas von ihrer Verachtung, sondern nur von der Liebe. Diese implizite Reflexion auf die möglichen Gefühle, die Marwood veranlaßt haben könnten, den Brief zu schreiben, ihre Wut, ihre Liebe oder ihre Verachtung bzw. Gleichgültigkeit gegenüber Mellefont, deuten die mögliche Vielfalt zukünftigen Handelns an, bestimmen als primäre Affekte der dramatis personae die unmittelbaren Gefühle der Rezipienten und somit auch die Handlungsstruktur des Dramas. Die Wut erregt Schrecken, ihre Liebe könnte, wäre sie ebenso tugendhaft und empfindsam wie die natürliche Saras, Mitleid und Bewunderung erregen. Ihre Verachtung würde nur Rührung beim Publikum und bei Mellefont allenfalls ‚Schaudern' auslösen, wenn sie ihn wirklich geliebt hätte. Gleichgültigkeit oder Verachtung, Liebe oder Wut gehören zu den Indikatoren, die eine implizite poetologische Selbstreflexion im Drama ermöglichen. Das Geschehen wird nicht nur dargestellt, sondern auch durch die Reflexion auf die Möglichkeiten desselben unter dem Aspekt der unmittelbaren Gefühle der dramatischen Person wird das fiktional-reale Handeln begründet, der Beliebigkeit enthoben. Indem die Entscheidungssituation, in der Mellefont sich befindet, umfassend dargelegt wird, eröffnet sich in ihr die Form der impliziten poetologischen Selbstreflexion im Drama.

Da Lessing den Brief, ein Mittel des Nachholens von Vorgeschichte und des Vorgriffs auf zukünftiges Geschehen, dramatisch integriert, findet bereits eine erste Auseinandersetzung zwischen Mellefont und Marwood statt, ohne daß sie selbst anwesend ist. Wenn Marwood in ihrem Brief ausdrücklich auf ihren Namen verweist und Mellefont diesen verflucht, wenn sie schreibt, daß die Liebe ihr half, Mellefont ausfindig zu machen, und er sie beschuldigt, frevelhaft das Wort ‚Liebe', das „der Tugend geweiht" ist, ‚entheiligt' zu haben, wird nicht nur thematisch die im dritten und siebten Auftritt des zweiten Aufzugs stattfindende Konfrontation zwischen beiden, sondern auch die Art und Weise, ihre Kunst der Verstellung, antizipiert (vgl. I/9, S. 21). Marwoods Liebe wird von Mellefont als vorgetäuschte desavouiert, und zwar nicht nur verbal, sondern auch durch die Wirkung: Mellefont bebt, als er erfährt, daß die Liebe sie ihm nahegebracht hat. Er empfindet Schrecken. Marwoods Wunsch, ihn zu treffen, stellt ihn erneut vor eine Entscheidung, diesen zu erfüllen oder sie zu fliehen. Norton thematisiert vorausdeutend diese Entscheidungssituation, wenn er ihn warnt, zu ihr zu gehen: „Es wird ihr einen Blick kosten, und Sie liegen wieder zu ihren Füssen. Bedenken Sie was Sie thun! Sie müssen Sie nicht sprechen, oder das Unglück ihrer armen Miß ist vollkommen" (ebd., S. 22). Mellefont entschließt sich, zu Marwood zu gehen, da sie ihn sonst „bis in dem Zimmer der Sara suchen, und all ihre *Wuth* gegen diese Unschuldige auslassen" würde (ebd.; Hervorhebung v. M.S.). Marwoods wahrer Affekt, ihre Wut, ist die Ursache seines Erschreckens. Die Flucht hat er abgelehnt. Seine Vermutung, daß sie ihm Verachtung entgegenbringt, ist unrichtig. Nur Marwoods Wut und ihre vorgetäuschte Liebe bleiben als handlungsbestimmende Gefühle im Spiel, gelangen bereits in dieser Briefszene zur Darstellung, antizipieren beide Konfrontationsszenen im zweiten Aufzug.

Nortons Warnung vor den Verführungs- und Verstellungskünsten Marwoods, vor der Gefahr, erneut in ihren Bann geschlagen zu werden, verweist unmittelbar auf den dritten und vierten Auftritt des zweiten Aufzugs, wenn Mellefont sich von seiner früheren Geliebten zunächst umstimmen läßt. Mellefonts Zweifel an ihrer tugendhaften Liebe und sein Erschrecken vor ihrer Wut deuten auf die erneute Konfrontation und die Entlarvung ihrer Verstellung am Ende des folgenden Aufzugs hin. Nortons Folgerung, Saras Unglück sei vollkommen, zeigt nicht nur die möglichen Folgen auf, wenn Mellefont sich verführen ließe, sondern ist auch eine Andeutung des Endes. Saras Unglück wird dann vollkommen sein, aber zugleich wird sie im Unglück ihre Vollkommenheit demonstrieren können. Der dramatische Aufbau des Affekts Schrecken über Marwoods unmittelbare Gefühlslage erfolgt analog zu der Konstitution des Mitleids in den ersten Szenen. Gehen dem ersten Auftritt Saras das Mitleiden und die Bestätigung ihrer Tugend voraus, so wird durch den Schrecken und die Betonung der Lasterhaftigkeit die Rezeptionsperspektive von Marwoods Auftritt axiologisch und emotional bestimmt.

Lessing wendet wiederum das Verfahren der induktiven, sukzessiven Darstellung der dramentheoretischen Affekte an, da er, wie auch im dritten Aufzug, das Zusammentreffen zweier Personen mit einem Brief vorbereitet. In der Briefszene wird der zweite Aufzug bereits in seiner affektiven Grundstruktur der Handlungsvarianten vorweggenommen, so daß auch die Rezeptionsperspektive festgelegt wird. Die unmittelbaren Gefühle der dramatis personae werden so allmählich in die Handlung überführt und spiegeln die Strukturen der möglichen und realisierten Varianten derselben wider. Schrecken und Mitleid sind werk- und wirkungsästhetische Formprinzipien der sukzessiven Vergegenwärtigung von nachgeholter Vergangenheit und vorweggenommener Zukunft. Als primäre und ursprüngliche Gefühle der Dramenpersonen und zunächst noch als zweite, mitgeteilte Affekte der Zuschauer sind sie integrale und essentielle Bestandteile der Handlungs-, Charakter- und Empfindungsexposition. Verachtung, Gleichgültigkeit, Wut und Liebe und die ihnen korrelierenden Formprinzipien Mitleid, Schrecken und Bewunderung legen nicht nur die Handlungsvielfalt des Konflikts zwischen Sara und ihrem Vater fest, sondern auch den Rivalitätskonflikt. Das Mitleid und seine Derivate, Schrecken und Bewunderung, sind die Prinzipien der dramatischen Form der neuen Poetik, welche die Einheit der Handlung und die immanente Reflexion auf die möglichen und dargestellten Strukturen derselben erlauben.

Der Schauplatzwechsel und die Einheit der Handlung

Mellefonts Entscheidung, nicht Marwoods Besuch abzuwarten, sondern zu ihr zu gehen, führt zum Ortswechsel. Der Schauplatz des zweiten Aufzugs ist Marwoods Zimmer in einem anderen Gasthof. Bereits in Marwoods Brief, wenn sie schreibt, ihn erwarten oder selbst kommen zu wollen, wird der Bruch mit der Regel der Einheit des Ortes im empirisch-räumlichen Sinne thematisiert und durch Mellefonts begründeten Entschluß bewußt vollzogen. Wenn Marwood sich wünscht, daß er zu ihr komme und sich nicht entschließe, sie „festen Fusses bey sich zu erwarten" (II/1, S. 23), da sie hofft, mit Arabella, Mellefonts Tochter, ihn von Sara trennen zu können, und wenn Hannah, ihre Dienerin, die Tochter als kleinen Abgott bezeichnet und den „Einfall, sie mit zu nehmen", der nicht hätte „glücklicher seyn können" (ebd.), positiv bewertet,[119] wird erneut der Schauplatzwechsel mit dem geplanten Ablauf der Intrige Marwoods begründet und der Einheit der Handlung untergeordnet. Der Dialog zwischen Norton und Mellefont sowie zwischen Marwood und Hannah dient nicht nur der Motivation der Handlung und dem Aufdecken der wahren Interessen der handelnden Personen, sondern auch der Rechtfertigung des Regelbruchs, der Prolepse möglicher, zu erwartender Kritik, der bereits poetisch begegnet wird. Lessing läßt seine dramatischen Figuren den Ortswechsel als wahrscheinlichen und notwendigen ausweisen und beugt so dem Vorwurf der Unwahrscheinlichkeit vor; denn es wäre auch im empirisch-räumlichen Sinne unwahrscheinlich gewesen, wenn Marwood mit zwei Bedienten und ihrer Tochter in demselben Wirtshaus abgestiegen wäre, in dem sich bereits Sir Sampson, Waitwell, Mellefont und Norton, Sara und Betty aufhalten.[120]

Wenn Mellefont den Ort, an dem sich alle empfindsamen Personen versammelt haben, verläßt, wird die Erwartung des Zuschauers auf eine harmonische Lösung partiell außer Kraft gesetzt. Die Handlungsentwicklung beschreibt andere Wege, auf denen der antizipierte komödienhafte Ausgang konterkariert wird. Im Ortswechsel manifestiert sich eine Zäsur, die nicht das Drama der Gefahr einer doppelten Handlungsführung aussetzt, sondern die kontrastive Darstellung von alternativen Handlungsphasen ermöglicht, die einzig der Affektsteigerung, dem Aufbau der dramatischen Spannung dient. Nicht die Einheit ist gefährdet, sondern sie wird durch die Darstellung ihrer Möglichkeiten in einem essentiellen Sinne, ebenso wie die Einheit des Ortes,[121] realisiert. Die begrifflich explizierte, affektive Reflexion auf alternative Handlungsmöglichkeiten und die dramatische Darstellung derselben gestatten es erst, die Einheit der Handlung, deren Ziel es ist, Mitleid zu erregen, zu realisieren. Die Aufspaltung der dramatischen Geschichte in eine mitleiderregende Fabel und in die Darstellung der kontrastiv alternativen Handlungsphasen gefährdet nicht die Einheit der Handlung, sondern ist deren Voraussetzung. Nicht die Einheit der Handlung ist in Gefahr, sondern die Handlung selbst. Sie wird durch Marwoods Intrigen, durch die Gegenhandlung in Gang gesetzt.

Die Dynamik der Exposition des Opponenten- und des Amanten-Konflikts besteht auf der Ebene der ihnen zugrundeliegenden Geschichte und auf der der Darstellung in der Verzögerung der harmonischen, versöhnlichen tableauartigen Schlußszenen. Der Rezipient wird in den Zustand antizipierender Erwartung auf die Rührung und der Vorfreude versetzt. Die Exposition dieser Konflikte ist ein Vorgriff, der schon zu Beginn Harmonie heraufbeschwört, die den Intentionen eines Trauerspiels zuwiderläuft. Beide Konflikte weisen in ihrer Versöhnlichkeit korrespondierende Züge auf, die eine Interferenz beider Handlungsphasen ermöglichen. Im Kontrast dazu steht der Rivalitätskonflikt, dessen Unversöhnlichkeit durch die mehrfache Thematisierung des entsprechenden Affekts, des Schreckens, und durch die Fremdcharakterisierungen Marwoods, der Antagonistin, angedeutet wird. Erst jetzt, mit dem Brief Marwoods, setzt die Trauerspielhandlung ein. Erst im Kontrast zum Rivalitätskonflikt potenziert sich das handlungsfördernde und spannungssteigernde Moment des Opponenten- und Amantenkonflikts, deren tableauartiger Schluß durch Marwoods Intrige verzögert wird. Die Zäsuren zwischen den sukzessiv-integrierten, futurischen Expositionen der drei Konflikte, die dialogisch, dominant affektiv dramatisch präsentiert werden, und das Gefüge korrespondierender und kontrastierender Korrelationen erlauben makrostrukturell auf den Ebenen des Dargestellten und der Darstellung implizit eine gattungsgeschichtliche, textinterne, poetologische Reflexion, deren Gegenstand der Übergang von der klassizistischen Tragödie, von den bürgerlichen Frühformen des Dramas, der Typenkomödie und dem rührenden Lustspiel, zum bürgerlichen Trauerspiel ist. Die Affekte Schrecken und Mitleid werden zu den eigentlichen Motoren, literarischen Formprinzipien der kontrastiven Handlung. Sie bestimmen die Form, den Inhalt und die Wirkung des bürgerlichen Trauerspiels. Sie erzeugen sich selbst. In dieser Trias schaffen sie Distanz und stiften Einheit. Ihre Universalität läßt sie zu Mitteln der poetologischen und poetischen Reflexion im bürgerlichen Drama der Empfindsamkeit werden.

Die affektive Grundstruktur des Trauerspiels: Vergessen und Gleichgültigkeit, Wut und Liebe

In der affektiven Grundstruktur der drei Konflikte konstituiert sich das Zentrum des Trauerspiels. Auf der Ebene der Affekte der dramatis personae bestimmen die Liebe, die Gleichgültigkeit bzw. das Vergessen und der Zorn die Handlungsalternativen in den drei Konflikten. Liebe und Zorn bzw. Rache gegenüber Mellefont exponieren strukturell den Opponentenkonflikt, führen ihn im Wechsel vom Schrecken, den ein wütender, tobender, rasender Vater verbreiten würde, zum Mitleid einer versöhnlichen Lösung zu. In der zweiten Phase der Traumerzählung thematisiert Sara ausdrücklich den möglichen Affekt der Gleichgültigkeit und damit die Variante des Vergessens. Saras Liebe zu Mellefont und ihre uneingeschränkte Bereitschaft, alles zu vergeben, führen den Amantenkonflikt einer harmonischen Lösung zu. In der Briefszene, im Vorgriff auf die Gegenhandlung Marwoods (vgl. I/9), werden mit Hilfe der affektiven Trias Liebe, Gleichgültigkeit und Zorn die Handlungsmöglichkeiten des Rivalitätskonflikts polyperspektivisch reflektiert. Damit eröffnet sich über die Affekte der dramatischen Figuren, die zugleich handlungsstrukturierend sind, eine Vielzahl von Kombinationsmöglichkeiten zwischen den Handlungs-, Charakter- und Empfindungsexpositionen der drei Konflikte. So wird z.B. Marwood nur dann ihre Absichten erfolgreich verwirklichen können, wenn der Vater Wut und Zorn empfindet, wenn die Liebe zwischen Sara und Mellefont zweifelhaft ist. Deshalb muß Marwood in ihrem Brief an ihren früheren Geliebten Liebe vortäuschen, um ihn zurückzugewinnen; denn nur in der Rolle der Liebenden kann sie prüfen, ob er Sara liebt, ob sich ihre Hoffnungen auf seine Rückkehr erfüllen.

Marwoods Intrige gegen Mellefont

Stellte die Briefszene einen Vorgriff ‚in absentia' Marwoods dar, so bereitet die erste Szene des zweiten Aufzugs, in der Marwood ihre Strategie, ihre wahren und nur vorgegebenen Gefühle nennt, erneut die eigentliche Konfrontationsszenen vor. Diese Binnenexposition ihres Charakters in der Form der Selbstrepräsentation entspricht den Fremdkommentaren über ihre Person aus der Briefszene, so daß sie selbst ihr Motiv, ihre Wut und Rachegefühle klar zu erkennen gibt. Die Reflexion auf die Handlungsmöglichkeiten wird durch die Ankündigung ihres zukünftigen, strategischen Handelns auf die wirkliche Handlungsvariante eingeschränkt. Diese Einschränkung ist jedoch kein Verlust an der Vielfalt der Handlungsführung, da sie über die Fähigkeit verfügt, im Gegensatz zu den Tugendhaften, sich zu verstellen. Ihre Intrige gegen Mellefont läßt das kontrastive Moment in der Gegenhandlung selbst wirklich und wirksam werden. Ihre vorgetäuschte Liebe sowie ihre Wut, ihr Zorn und ihr Rasen, die vorgestellten im Gegensatz zu ihren wirklichen Affekten, spiegeln antizipierend die dramatische Realisation der Handlungsvielfalt wider. Die Einschränkung besteht lediglich in der Monoperspektivierung der möglichen Intentionen ihres Handelns, nicht in der Verengung der dargestellten Handlung; denn in ihrem Intrigenspiel kann sie die verschiedenen, durch die handlungsstrukturierenden Affekte festgelegten Rollen einnehmen.

Die durch den Aufzugs- und Schauplatzwechsel vollzogene äußere Zäsur in der Darstellung der Handlung wird durch diese affektive Grundstruktur der Handlung und durch die Bedeutungsfunktion des Ortes aufgehoben. Die äußeren thematischen und situativen Äquivalenzen, wie z. B. die Ankunft Sir Sampsons und das Ankommen Marwoods, die Thematisierung der Affekte, die Fragen Marwoods, ob ihr Diener den Brief an die richtige Adresse überbracht habe, und ihre gespannte Erwartung, „was er für Wirkungen haben wird" (II/1, S. 22), sind integrierende Momente, die zugleich auf die Gegenläufigkeit verweisen. Reist Sir Sampson seiner Tochter als liebender Vater nach, so hat Marwood sich aus Zorn zur Reise entschlossen. Die impliziten, semantisch kontrastiven Konnotationen der Räume, zwischen Bühne und off stage, zwischen Elternhaus und Wirtshaus, korrespondieren explizit mit den antagonistischen Charakteren. Der Kontrast ist das einheitsstiftende Prinzip sowohl der Handlungsphasen als auch der Konfigurationen.

Die Intrige als Mittel der Distanzbildung und der poetologisch-poetischen Selbstreflexion

Die Binnenexposition am Anfang des zweiten Aktes stellt ein wichtiges Bindeglied zwischen den Expositionen im ersten und der Handlung im zweiten Aufzug dar. Die Exposition der Affekte legt die Struktur zukünftigen Geschehens fest. „MARWOOD. [...] Scheine ich dir nicht ein wenig unruhig, Hannah? Ich bin es auch. – – [...] Zornig muß ich durchaus nicht werden. Nachsicht, Liebe, Bitten, sind die einzigen Waffen, die ich wieder ihn brauchen darf, wo ich anders seine schwache Seite recht kenne. [...] Wenn er sich dagegen verhärten sollte? So werde ich nicht zürnen – ich werde rasen. Ich fühle es, Hannah; und wollte es lieber schon jezt" (I/1, S. 22 f.). Die vorgetäuschte Liebe ist der affektive u n d strukturale Mittelpunkt ihrer Intrige gegen Mellefont, die durch den Brief eingeleitet wurde, deren Ziel es ist, Mellefont von Sara zu trennen. Nachsicht, Liebe und ihr Bitten bezeichnen schrittweise den Ablauf ihres strategischen Handelns, des Verstellungsspiels. Wenn Mellefont sich durch diese Waffen nicht umstimmen lassen sollte, so will sie durch das Bitten seiner Tochter ihn zum Bleiben bewegen. Sollte auch Arabellas Appell an die väterliche Liebe seine Wirkung verfehlen, will Marwood nicht zürnen, sondern rasen. Marwood beschreibt detailliert den Plan ihrer Intrige, so daß der Rezipient auf die Umsetzung und auf die Wirkung des Verstellungsspiels gespannt ist. Mit dem Einsetzen der Gegenhandlung wird der harmonische Erwartungshorizont verletzt und konträr überspielt. Durch die Darlegung des Intrigenverlaufs entsteht eine Distanz, die sich im Bruch zwischen wahrhaftiger Intention und bloß vorgestellter, zwischen gespielter Rolle und der Intrigenrolle manifestiert. In dieser Reflexivität der dramatis personae, die eine Spaltung ihrer Person und der Handlung zur Folge hat, sind axiologisch beide Welten, die der Tugendhaften und die der Lasterhaften, die der empfindsamen und sinnlichen Liebe, aufs engste verbunden.

Indem Marwood die positiven menschlichen Eigenschaften zu Waffen ihres Verstellungsspiels macht, zeigt sie, wie fern und fremd ihr die Werte der bürgerlichen Welt sind, die sie nur strategisch in ihr Kalkül einzubeziehen vermag. Die Gegenläufigkeit ihrer Kabalen ist zugleich ein elementarer Bestandteil ihres Handelns selbst, das ihr selbst Mühe bereitet; denn sie fühlt, daß sie schon lieber jetzt rasen will, als die Vergebende, die Liebende und Bittende zu spielen. Und wenn sie all ihre Hoffnungen auf Arabella setzt, die nach ihrer eigenen Äußerung Mellefont „als einen kostbaren Theil seiner selbst" ansieht im Gegensatz zu ihr, „die ihn mit allen ihren Reitzen, bis zum Ueberdrusse, gesättiget hat" (II/1, S. 23), und wenn sie selbst ihre zehnjährige ‚Liebe' zu Mellefont als Gefälligkeit bezeichnet, deren Wert vergänglich ist, da dieser auf Genuß beruht, charakterisiert sie ihre Liebe als rein sinnliche, die ein zeitliches und damit vergängliches, rein äußerliches Gut ist. Diese Selbstrepräsentation Marwoods steht in einem deutlichen Gegensatz zur empfindsamen Liebe Saras. Sie selbst desavouiert sich und ihre Besitzansprüche auf Mellefont. Sie selbst bezeugt, daß sie Mellefont nur erobert und besessen hat. Die martialischen Metaphern, sie spricht von Waffen, von Eroberung und Sicherung des Besitzes, diskreditieren sie als Mensch, der seine moralischen Ansprüche in der Welt der natürlichen Tugend verwirkt hat. Axiologisch entschärft Lessing somit das Dreiecksverhältnis; die mögliche Tragik, sich aus Liebe gegen die Familie entscheiden zu müssen, wird in den Bereich des fingierten Verstellungsspiels verbannt. Wie Marwood selbst vermutet und wie das Scheitern der ersten Phase ihrer Kabalen bestätigt, sind ihre Reize, ihre Sinnlichkeit wirkungslos geworden; sie muß und kann nur noch die natürlichen Tugenden als Waffen einsetzen. Die Intrige mediatisiert die Gefühle, die Werte der Empfindsamen, läßt sie zu Objekten werden. Da Marwood über sie nur äußerlich verfügt, werden sie zugleich thematisch.

Die Intrige, einerseits ein konventionelles Schema der Barocktragödie, andererseits aber auch ein Mittel der Handlungsführung in der Komödie der Aufklärung, stellt ein dramatisches Mittel dar, ohne Fiktions- und Illusionsbrüche die affektive Grundstruktur des Gegenspiels zu reflektieren. Das komödienhafte Intrigenschema, in dem der Intrigant in guter Absicht scheinbar auf die Fehler bzw. Laster seines Dialog- und Handlungspartners eingeht, um diesen zu bessern, wird umgekehrt. In vorgetäuschter guter Absicht geht sie auf die Tugenden und auf die Empfindsamkeit Mellefonts ein, um ihn erneut zu verführen und ihn von Sara zu trennen. Marwood ist nicht bloß Kontrastfigur, die das bürgerliche, natürliche Tugendsystem ex contrario heller erstrahlen läßt, sondern zugleich eine intrigierende Antagonistin. Indem sie zum Mittel der Verstellung greifen muß, ihrem Gesicht ruhige, anmutige und freundliche Züge verleiht, sich maskiert, den Bruch zwischen Mimik und wahrem Gesicht inszeniert (vgl. II/2), zeigt sie ihren Januskopf, die Zweischneidigkeit ihrer Waffen und den Zwiespalt ihres Verstellungsspiels. Da sie die offene Konfrontation scheut, bedarf sie der Larve, die Züge der Tugendhaften und Empfindsamen widerspiegelt. Dieses immanente Spiel mit dem Schein und dem Sein bürgerlicher Werte auf der Grundlage der Intrige trägt den Keim des Scheiterns in sich; denn den Empfindsamen wird ein Spiegel vorgehalten, der eher zur Bestätigung ihrer selbst, als zu ihrer Versuchung und Verführung dient. Der Zwang der Mittelwahl garantiert nicht den Erfolg. Im Gegenteil, der Mißerfolg und das Fehlschlagen, das Umschlagen ihres Verstellungsspiels scheinen durch die Waffen bereits vorprogrammiert zu sein. Ihre Taktik läßt die Intrige zur Tugendprobe werden. Daß ihr Widerspiel sich selbst aufhebt, daß sie sich selbst und ihren Interessen Schaden zufügt, deutet sie schon in ihrer gespielten Selbstaufhebung an.

Mehrere Funktionen erfüllt die intrigenhafte Gegenhandlung: Oberflächlich betrachtet, erzeugt sie Spannung und treibt die dramatische Handlung voran. Gleichzeitig generiert sie Distanz, die das Handlungspotential jedoch nicht trennt, sondern verbindet. Die drei konstitutiven Momente der Intrige, die wahren und vorgetäuschten Intentionen der Antagonistin sowie die Objekte, die Personen, auf die das Verstellungsspiel gerichtet ist, stehen im Zentrum der Trauerspielhandlung. Die Intrige ermöglicht par distance die Einheit der Handlung in ihrer Vielfalt. Ihre Zwiespältigkeit, ihre Zusammengesetztheit, korreliert mit der affektiven Grundstruktur der Poetik des Mitleids; denn die Affekte der neuen Dramengattung sind vermischte Empfindungen, die des Kontrastes bedürfen. Die Intrige stellt somit ein adäquates Mittel der Handlungsführung dar. Erzeugt einerseits die Planung des Verstellungsspiels, das Vorgreifen auf zukünftiges Geschehen, Furcht beim Zuschauer – und Schrecken empfindet er, wenn der Winkelzug gelingt –, so bedingt andererseits ihr Scheitern den Umschlag zur Bewunderung für die dramatis personae, die ihre Vollkommenheiten haben unter Beweis stellen können. Die Intrige erzeugt eine Wirkung, deren

Affekte zugleich jene selbst strukturieren und scheitern lassen. Die wechselseitige Bedingtheit und Identität von Wirkung und Struktur des literarischen Formprinzips ‚Mitleid' spiegelt sich im distanzsetzenden Intrigenspiel wider. Die Intrige ist nicht mehr Nebenhandlung, die Intrigantin spielt nicht eine Charge. Sie und ihr Handeln rücken in den Mittelpunkt der dramatischen Präsentation.

Die Art und Weise, das ‚Wie' der Einführung in die Intrigenhandlung, geschieht parallel zur Struktur der Exposition des Opponenten- und Amantenkonflikts im ersten Aufzug. Ebenso wie die Leidenschaften allmählich in statu nascendi in den Dialogen dramatisch präsentiert werden, entfaltet sich sukzessiv über drei Auftritte, die den ersten mit dem zweiten Aufzug verknüpfen, die Vorwegnahme des Verstellungsspiels. Intention und Motivation der Gegenhandlung gehen dem eigentlichen Vollzug, der dramatischen Umsetzung in Handlung, voraus. Während die wichtigen Handlungen des Vaters und der Liebenden der Vorgeschichte angehören, um in der Exposition den notwendigen Raum für die affektive, moralische und poetologische Reflexion der Motive zu schaffen – also retrograd strukturiert sind –, trägt die Gegenhandlung dominant futurische Züge. Die Reflexion der Intrige wird in die Planungsphase verlagert. Die Trennung von Intention, Motivation und Ausführung findet Eingang in die Bauform des Trauerspiels. Das distanzierende Moment des Verstellungsspiels wird dramatisch dargestellt. Die Intrige wird in die Struktur integriert. Erst diese distanzschaffende Art der Einführung in die Gegenhandlung ist eine Voraussetzung und Möglichkeit, immanent die Handlung zu reflektieren.

Die Darstellung der Intrige

Ihre Maskierung, die Probe der Mimik, als der Diener die Ankunft Mellefonts ihr mitteilt, und ihre Fragen – „Wie soll ich ihn empfangen? Was soll ich sagen? Welche Mine soll ich annehmen?" (II/2, S. 24) – leiten unmittelbar zur Ausführung, zur Präsentation des Handelns über. Die Fragen, ähnlich denen, die Saras ersten Auftritt vorbereiteten (vgl. I/5), schärfen nicht nur die Rezeptionsperspektive, sondern sind auch Bestandteil des Verwandlungsprozesses. Marwood schlüpft allmählich in ihre Intrigenrolle und verbirgt somit den Bruch zwischen ihrer Gesinnung und ihrem Handeln. Während ihr Charakter eindeutig ‚geprägt' ist, erlangt sie durch ihre Verstellungskünste, durch ihre schauspielerischen Talente, verschiedene Rollen spielen zu können, die für die Intrige notwendige Beweglichkeit. Das Gelingen ihrer Intrige hängt davon ab, ob sie es schafft, die Identität ihrer fingierten Rolle Mellefont gegenüber zu wahren. Er dagegen kann sich ihren Ränken nur entziehen, wenn er ihr Spiel durchschaut, wenn er sie demaskieren kann. Dekuvriert er sie, deckt er ihre wahre Identität auf, bereitet er ihrem distanzverbergenden Rollenspiel ein Ende. Da Mellefont Marwood genau kennt, ist die Intrigenszene durch die Gratwanderung zwischen Maskierung und Dekuvrierung bestimmt.

Marwood empfängt Mellefont als empfindsam Liebende mit offenen Armen; wie Sara bezeichnet sie sich als Unglückliche, die nicht in Worten ausdrücken kann, was und wie sie fühlt. Indem sie Tränen der Freude herauspreßt, spielt sie die ‚Entzückte', die glücklich ist, ihren Geliebten wiederzusehen. Der Affekt ‚Entzückung' und das physische Pendant, die ‚Tränen der Freude', weisen Marwoods genaue Kenntnisse in der Terminologie der vermischten Empfindungen aus.[122] Marwoods erster Versuch, ihn umarmend in Besitz zu nehmen, ein Versöhnungstableau zu inszenieren, scheitert, da Mellefont, wie in der Briefszene, sie durchschaut. In einem aparté nennt er sie vorausdeutend eine Mörderin und verweist auf ihren Blick, auf ihre Augen, die ihm ihren wahren Charakter zeigen, aus denen ihn „eine ganze Hölle von Verführung schreckt" (II/3, S. 26). Seine Aufforderung, ihm ihre letzten Vorwürfe vorzutragen, beantwortet sie programmgemäß mit Nachsicht und Vergebung. Seine Liebe zu Sara nennt sie eine „kurze Untreue" der Galanterie, nicht des Herzens, die keine Vorwürfe verdiene, über die nur zu scherzen sei. Daß Marwood in der Einschätzung der ehemaligen Beziehung Mellefonts zu ihr und seiner Liebe zu Sara irrt, bekräftigt er mit einem Bekenntnis der Liebe zu Sara und mit der Abwertung seines früheren Verhältnisses zu Marwood, das er ‚Liebeshändel' nennt, auf die er „jezt nicht ohne *Abscheu* zurück sehen kann" (ebd., S. 25; Hervorhebung v. M.S.).

Wenn sie Mellefonts Antwort die sinnliche Metapher der „herausgerissenen Herzen", die „endlich zu der Vereinigung gelangen, die sie oft auf unsern Lippen gesucht haben" (ebd., S. 26), entgegenhält, wenn sie in ihrer Anrede zum vertraulichen ‚Du' wechselt, seine sinnlichen Begierden toleriert, die Libertinage ihrer gemeinsam verbrachten Jahre heraufbeschwört, auf den Eheverzicht ausdrücklich hinweist, demaskiert sie sich selbst als eine libertine Frau, der es nicht gelingt, die Rolle der empfindsam Liebenden zu spielen. Da Marwoods Nachsicht, ihr Vergeben nicht der Güte und empfindsamen Liebe entspricht, da sie Liebe und Wollust nicht unterscheidet und versucht, Mellefont mit dem Versprechen unbegrenzter Sinnlichkeit und grenzenlosen Genusses zu verführen, gibt sie ihr wahres Gesicht zu erkennen und schadet sich selbst. Mellefont bezeichnet sie als Schlange, ein Sinn- und biblisches Urbild der weiblichen Verführungskünste, deren Gift tödlich wirkt, und spricht ihr jegliche Moralität ab: „Marwood, Sie reden vollkommen ihrem Charakter gemäß, dessen Häßlichkeit ich nie so gekannt habe, als seit dem ich, in dem Umgange mit einer tugendhaften Freundin, die Liebe von der Wollust unterscheiden gelernt" (ebd.). Wiederholt Mellefont sein Verdikt über Marwood, das er bereits Sara gegenüber geäußert hat (vgl. I/7), so erfüllt Marwood selbst die Erwartungen des Bildes, das die anderen dramatis personae von ihr entworfen haben. Als ‚erfahrene' Frau rechnet sie Mellefont vor, wie lange es dauern werde, bis sich seine Begierde zu Sara in *Gleichgültigkeit* verlieren werde. Ebensowenig wie die Erinnerung an den Genuß vergangener Zärtlichkeiten führt ihr ‚Witz' zum Erfolg. Abermals begeht sie den Fehler, die Sachverhalte umzukehren, da sie die Libertinage mit der Tugend gleichsetzt und Mellefonts Gleichgültigkeit ihren Reizen gegenüber auch auf sein Verhältnis zu Sara projiziert. Indem sie Mellefonts wiedererlangte Tugendhaftigkeit ignoriert, entwirft sie virtuell eine Handlungsvariante, die dem tatsächlichen Geschehen jedoch nicht entspricht. Erst Mellefonts Antwort, mit einem tugendhaften Entschluß sich „gegen ihre Zärtlichkeit und gegen ihren Witz" zu sichern, nämlich Sara zu heiraten, zwingt sie erneut, ihre Taktik zu ändern und auf die aus ihrer Sicht tugendhafte Halsstarrigkeit Mellefonts zum Schein einzugehen.

Die Wirkungslosigkeit ihrer ‚alten Waffen', mit denen sie in der Vergangenheit erfolgreich gegen Mellefont war, die ihrer Domäne angehören, hat das Scheitern der ersten Phase ihrer Intrige zur Folge, so daß sie nun die Rolle der Tugendhaften, der Selbstlosen und der Mitleidswürdigen annehmen muß. Dieser Wechsel in der Taktik, der Versuch, eine ihr fremde Rolle zu spielen, spiegelt sich im Übergang von der intimen, vertraulichen Anrede zum unpersönlichen, distanzierenden ‚Sie' wider. Erst jetzt nimmt sie Eigenschaften an, die Mellefont an Sara bewundert. Marwoods scheinbarer Verzicht auf das Vermögen aus Mellefonts väterlichem Erbe, auf ihre

,Beute', ihr Edelmut verunsichern ihn. Marwood erkennt, daß sie Terrain gewinnt, und spielt ihren geheuchelten Edelmut zur Billigkeit herab. Indem sie ihm den Spiegel der Tugend vorhält, kann er nicht mehr mit Verachtung reagieren. Hat er aus der Position der moralischen Verachtung sie zum Rollenwechsel gezwungen, so zwingt sie ihn zur Achtung. Er droht, indem sie an seine gerade erst gewonnene moralische Integrität appelliert, Opfer der Intrige zu werden. Er kann sich nur durch Flucht entziehen: „Genug, Madame, genug! Ich fliehe, weil mich mein Unstern in einen Streit von Großmuth zu verwickeln drohet, in welchem ich am ungernsten unterliegen möchte" (ebd., S. 28).

Das Mitleid als Waffe

Um zu verhindern, daß er sich ihr entzieht, geht sie noch einen Schritt weiter und versucht, sein Mitleid zu erregen: „Fliehen Sie nur; aber nehmen Sie auch alles mit, was ihr Andenken bey mir erneuern könnte. Arm, verachtet, ohne Ehre und ohne Freunde, will ich es alsdann noch einmal wagen, ihr Erbarmen rege zu machen. Ich will Ihnen in der unglücklichen Marwood nichts als eine Elende zeigen, die Geschlecht, Ansehen, Tugend und Gewissen für Sie aufgeopfert hat. Ich will Sie an den ersten Tag erinnern, da Sie mich sahen und liebten; an den ersten Tag, da auch ich Sie sahe und liebte; an das erste stammelnde, schamhafte Bekenntniß, das Sie mir zu meinen Füssen von ihrer Liebe ablegten; an die erste Versicherung von Gegenliebe, die Sie mir auspreßten; an die zärtlichen Blicke, an die feurigen Umarmungen, die darauf folgten; an das beredte Stillschweigen, wenn wir mit beschäftigten Sinnen einer des andern geheimste Regungen erriethen und in den schmachtenden Augen die verborgensten Gedanken der Seele lasen; an das zitternde Erwarten der nahenden Wollust; an die Trunkenheit ihrer Freuden; an das süsse Erstarren nach der Fülle des Genusses, in welchem sich die ermatteten Geister zu neuen Entzückungen erhohlten. An alles dieses will ich Sie erinnern, und dann ihre Knie umfassen, und nicht aufhören um das einzige Geschenk zu bitten, das Sie mir nicht versagen können, und ich ohne zu erröthen annehmen darf, – – um den Tod von ihren Händen" (II/3, S. 28 f.). Die anaphorische Insistenz dieser weitschweifenden Dialogpassage, ihre Parallelismen und die asyndetischen Reihungen verweisen auf ihre Strategie, mit Hilfe der Rhetorik Mellefont überreden, nicht überzeugen zu wollen. Und nicht nur die äußere Form, der Ornatus, sondern auch die inhaltliche Form, die von der Struktur des Mitleids und von der Lehre der vermischten Empfindungen bestimmt ist, ihre Gedankenführung und die Verknüpfung thematischer Komponenten zeigen erneut, wie schwer es ihr selbst fällt, die bloß vorgestellte Identität ihrer Maske zu wahren. Gemäß der Lehre von den vermischten Empfindungen ist das Mitleid ein Affekt, der sich aus dem Unglück und der Vollkommenheit zusammensetzt. Marwood malt zunächst von sich das Bild einer Unglücklichen. Sie beschreibt den Verlust von Vermögen, Achtung, Ehre und Freunden sowie von Geschlecht, Ansehen, Tugend und Gewissen, Verluste, bei denen nach außen hin gerichtete Werte, die ihr Prestige in der Gesellschaft und Öffentlichkeit sichern, dominieren. Krasser kann sie sich nicht im Gegensatz zu Sara darstellen, die ihr Drängen auf die Eheschließung mit rein inneren Werten, mit der inneren Ehre, Mellefont zu lieben, und mit der Beruhigung ihres Gewissens, mit dem Verzicht auf jegliche öffentliche Legitimation und auf materielle Absicherung begründet hat. Marwood bestimmt ihre Vollkommenheiten als äußere, entäußerte. Flüchtig die inneren Werte bürgerlicher Ethik streifend, erinnert sie erneut Mellefont an die Liebe; denn nur für die, welche geliebt werden, empfindet man Mitleid.

Doch die ausschweifende Schilderung ihrer Liebe gerät zu einem animierenden Bild sinnlicher Leidenschaften. Den Genuß, der sich in der Fülle typisierender epitheta ornantia ausdrückt, beschreibt sie detailliert mit den entsprechenden Graden der Empfindungen, welche die Stufen des Genusses bezeichnen. Erneut beschwört sie die libertine Vergangenheit, um mit den Waffen der Tugend und der Verführung ihre Absichten zu verwirklichen. Ihre Maske zeitigt Brüche, die Marwood nur mit der Bitte um ihren Tod, einer abermaligen Steigerung ihres Unglücks, verschleiern kann. Indem sie von ihm den ‚Verlust' ihres Lebens erbittet, schöpft sie ihr Repertoire vollkommen aus. Nur teilweise kann sie ihre Absichten realisieren; denn Mellefont reagiert nur irritiert. Bloß intuitiv erfaßt er Marwoods Verstellungsspiel. Edelmütig entgegnet er ihrer Bitte, sein eigenes Leben opfern zu wollen. Da die Bitte ihre Wirkung nicht verfehlt, zeigt sie abermals, daß sie das Mitleid in rein strategischer Absicht zu generieren vermag; denn die Sterbeszenen der Unglücklichen erregen das Mitleiden in höchstem Grade. Da Mellefont Marwood nicht liebt und nie geliebt hat, wirkt ihre Bitte nur punktuell. Und ihren Anspruch auf seine Liebe lehnt er explizit ab, so daß sie sein Mitleiden nicht erregen kann; denn die Liebe ist die conditio sine qua non dieser vermischten Empfindung. Mellefont ist jedoch irritiert, da er sich nicht mehr souverän auf seine moralische Position zurückziehen kann, und beschließt erneut, sich durch Flucht zu entziehen, um sich nicht „zu einem Abscheu der ganzen Natur" zu machen (II/3, S. 29). Diese Äußerung Mellefonts, sein Selbstkommentar, zu einem abscheulichen Menschen zu werden, wenn er zu Marwood zurückkehre, stellt zugleich eine indirekte Reflexion dieser Fabelvariante dar; denn das allein von Mellefont verursachte Unglück Saras stünde in keinem Zusammenhang mit ihren Vollkommenheiten und Fehlern, so daß „Entsetzen und Abscheu ohne Mitleid"[123] zu den herrschenden werk- und wirkungsästhetischen Leidenschaften würden. Das Verstellungsspiel Marwoods ist gescheitert; ihre Nachsicht, ihre sinnliche Liebe und ihr Bitten sowie die Maske der Unglücklichen sind nahezu wirkungslos geblieben, so daß sie von ihrer Bedienten Arabella holen läßt.

Das mitleiderregende Kind

Arabella appelliert an Mellefonts Vaterliebe und an seine familiären Pflichten, an die höchsten Werte bürgerlicher, natürlicher Gesinnung. Ihr Bitten bleibt nicht wirkungslos. Erst das Kind, das zwar von Marwood als letzte Waffe eingesetzt wird, aber sich selbst nicht verstellen kann, erregt mit seiner natürlichen Zärtlichkeit und seiner Unschuld Mellefonts Mitleid. Den Bitten seiner Tochter kann er sich nicht entziehen, wenn er nicht unglaubwürdig erscheinen will; denn Mellefont hat seinen Wandel zum empfindsamen Menschen mit der Erinnerung an seine Kindheit und mit dem Verlust, sich verstellen zu können, kommentiert. Und hat nicht auch Waitwell die vollkomme Tugend Saras mit ihrer Kindheit verglichen? Dadurch daß Mellefont seine wiedererlangte Empfindungsfähigkeit unter Beweis stellt, wird er Opfer der Intrige Marwoods. Nicht Marwoods Maske der Tugend, sondern das unmündige Kind, das die Intrige nicht durchschaut, führt das Gelingen des Spiels herbei. Mellefonts Entscheidung für Sara und damit gegen das Laster, das eindeutig kontrastive Klischee, ist aufgehoben. Marwood verwickelt ihn in einen Streit um seine Empfindungen und Pflichten. Der Erfolg der Intrigenkomödie Marwoods ist eher ein Überraschungssieg, der Mellefont nicht umstimmt, sondern seinen empfindsamen Charakter bestätigt. Da es ihr nicht gelingt, ihn von seiner Tugend abzubringen, trägt das oberflächliche Gelingen der Intrige bereits den Keim des Scheiterns in sich. Wenn Marwood blanken Hohn über Mellefont ausschüttet, merkt sie selbst nicht, wie ironisch ihr abschließender Kommentar ist. Ihn umarmend, äußert sie: „Ach, ich weis es ja, daß die Redlichkeit ihres Herzens allezeit über den Eigensinn ihrer Begierden gesiegt hat" (II/4, S. 31). Nicht, wie beabsichtigt, hat sie den ‚Eigensinn seiner Begierden' erneut entfachen können, sondern sie verhilft der ‚Redlichkeit seines Herzens' zum Sieg. Sie bereitet ihre eigene Niederlage vor; denn sie bewirkt mit dem, was sie vorstellt und sagt, das Gegenteil von dem, was sie will.

Die Reduktion des Rivalitätskonflikts auf das empfindsame Moment der Trennung

Ihr eigentlicher Sieg besteht lediglich darin, Mellefont für kurze Zeit irritiert zu haben. Seine Verwirrung äußert sich in Fragen, die andeuten, daß er nicht bereit sei, ihr zu folgen. Allzu leichtsinnig und ihren Triumph gefährdend, antwortet sie auf seine Frage, was aus Sara werden solle: „Und ihre Miß mag sehen, wo sie bleibt – –." Diesen Fauxpas, diese Selbstdemaskierung, die Mellefont nochmals kurz ihren wahren Charakter zeigt, kann sie nur mühsam zurücknehmen, indem sie Mitleid mit Sara heuchelt und ihren gesamten Plan als tugendhaften kaschiert. Geschickt weiß sie Mellefonts Schuld, Sara verführt und von ihrem Vater getrennt zu haben, ins Spiel zu bringen. Sie appelliert an sein Gewissen, den Fehler, „die stärksten Bande der Natur" getrennt zu haben, wiedergutzumachen. „Geben Sie dem weinenden Alter seine Stütze wieder und schicken Sie eine leichtgläubige Tochter in ihr Haus zurück, das Sie deswegen, weil Sie es beschimpft haben, nicht auch öde machen müssen" (II/4, S. 31). Mit diesem Bild der gestörten familiären Idylle versucht sie, Mellefonts Mitleid für Saras Vater zu erwecken, um die bürgerliche, natürliche Ordnung und ihre unbürgerliche, denaturierte wiederherzustellen. Geschickt ist diese Taktik deshalb, weil Arabella ihn an seine Vaterliebe und Marwood an Sir Sampsons Vatergefühle erinnert.

Bereits diese thematische, motivationale Äquivalenz integriert auf eine spezifische Weise den Opponentenkonflikt in den Rivalitätskonflikt; denn die Auseinandersetzung mit Mellefont reduziert sie auf das Motiv der Trennung von Vater und Tochter und verdeckt somit ihre eigenen Prätentionen. Hat Marwood mit dem Auftreten Arabellas Mellefont aus der Amanten- in die Vaterrolle gezwungen, so versteht sie nun, Sir Sampsons Vaterrolle im Opponentenkonflikt zu betonen. Mellefonts Trennung von Sara scheint nun als moralische Handlung möglich. Hypothetisch auf Marwoods Sichtweise eingehend, lehnt er es jedoch ab, der unglücklichen Sara selbst diese Lösungsmöglichkeit vorzuschlagen. Diesen Einwand kann sie entkräften, da sie Sir Sampson den Aufenthaltsort seiner Tochter mitgeteilt hat, so daß Mellefont auch die Lösung dieses Problems nur abzuwarten brauche, was er überrascht zur Kenntnis nimmt. Angesichts dieser von Marwood geschaffenen Tatsachen kapituliert Mellefont irritiert: „O Marwood, mit was für Gesinnungen kam ich zu Ihnen, und *mit welchen muß ich Sie verlassen!*"(ebd., S. 32; Hervorhebung v. M.S.).

Mit der unfreiwillig geleisteten Hilfe Arabellas und der von Marwood noch erhofften Sir Sampsons, von dem sie erwartet, daß dieser voller Wut und Zorn gegen den Verführer nur seine flüchtige Tochter heimholen werde, hat sie Mellefont zunächst umstimmen können. Und wiederum ist es das Mitleid, das seine Tochter bei ihm erregt, das er für Saras Vater empfindet und das Marwood verführerisch in ihre Ränke einzubeziehen und zu thematisieren weiß, daß diese harmonische Lösung möglich macht und zugleich verhindert; denn Marwoods Mitleid „ist ein eigennütziges, weichherziges Erbarmen", das der empfindsamen, moralischen Liebe entbehrt.

Indem sie das Mitleid als letzte Waffe gegen ihn einsetzt, das zugleich den Gipfel der Klimax in der Ausführung der Intrige bildet, isoliert sie sich selbst, da Arabella ausschließlich an seine Vaterliebe appelliert. Sie reduziert ihren Rivalitätskonflikt auf die Vater-Tochter-Beziehung und suggeriert Mellefont, zwischen Arabella und Sara, zwischen der Vater- und Amantenrolle sich entscheiden zu müssen. Da Mellefont, der sich als empfindsamer Mensch nicht anders entscheiden kann, Arabellas Bitten nicht abweist, ohne sich jedoch eindeutig von Sara loszusagen, unterläuft er bereits die ihm oktroyierte, nur zum Scheine tragische Entscheidungssituation unbewußt, so daß Marwood, ihren Absichten mehr schadend als nützend, ihr wichtiges Faustpfand verliert, die Tochter ihm geradezu zuspielt. Objektiv, ohne es zu ahnen, ist sie selbst Opfer ihrer eigenen Intrige geworden. Objektiv, wie der Zuschauer aus seiner übergeordneten Perspektive erkennt, ist bereits ihr Plan, Saras Vater für ihre Zwecke zu mediatisieren, gescheitert, da dieser nicht, wie sie vermutet, angekommen ist, um nur seine Tochter heimzuholen. Da Marwood nicht wissen kann, daß Sir Sampson seine Einstellung grundlegend geändert hat, kann sie subjektiv noch glauben, ihr Verstellungsspiel sei erfolgreich gewesen.

Marwoods Triumph und der Triumph der Empfindsamkeit: das Scheitern

Die Diskrepanz zwischen der figurenbezogenen Perspektive Marwoods, der an Mellefonts Sicht gebundenen Irritationen und der übergeordneten Rezeptionsperspektive, dieser Zustand der Schwebe in der Intrigenhandlung, der sich im Rollenspiel Marwoods und in Mellefonts unklarer Reaktionsweise nachweisen läßt, erlaubt es Lessing, auf eine komplexe Art und Weise alle drei konfliktbeladenen Handlungsstränge und alternativen Lösungsmöglichkeiten darzustellen. Erst wenn Marwood die nicht unkluge, intrigante Doppelstrategie ihres Handelns aufdeckt, erfährt der Zuschauer Marwoods Intentionen, die sie veranlaßten, dem Vater den Aufenthaltsort seiner Tochter mitzuteilen; zugleich wird erkennbar, daß verdeckt am Anfang des bürgerlichen Trauerspiels eine Intrige der Gegenspielerin steht, daß Marwoods Gegenhandlung nicht erst am Ende des ersten und zu Beginn des zweiten Aufzugs einsetzt.

Wichtiger als der Nachweis, daß Sir Sampson nicht zufällig im richtigen Wirtshaus ankam, ist das jetzt klar durchschaubare Prinzip des potenzierenden, kontrastiven Verschränkens der Handlungsphasen. Als wesentlicher Teil ihrer Intrige kommt der Ankunft des Vaters im Kontrast der Figurenperspektiven erneut ein gegenläufiges Moment zu, das Marwoods Maskenspiel und ihren Sieg, ohne daß es die Antagonistin ahnt, in den Bereich des Scheins verweist; denn Sir Sampson, der von seiner Rolle im Intrigenspiel Marwoods nichts weiß, ist entgegen der Erwartungshaltung der Intrigantin seiner Tochter nachgereist, um auch Mellefont zu vergeben. Unbewußt entzieht er sich damit einer rein strategischen Rolle, die er als zorniger Vater unfreiwillig in der Intrige zu spielen gehabt hätte. Die Intrige aktualisiert nicht nur Marwoods und Mellefonts gemeinsame Vergangenheit und bringt die Handlung nicht nur in Gang, sondern kann auch ironischerweise ihren handlungsdeterminierenden Anspruch nicht einlösen, da sie an Bedingungen der Vergangenheit geknüpft ist, die, weil sie keine Gültigkeit mehr besitzen, das Verstellungsspiel objektiv als Spiel erkennen lassen, das nur noch scheinhaft eine Handlungsvariante dramatisch präsentiert. Die Gegenhandlung schlägt um, verstärkt eher die harmonisch gesetzten Akzente der angedeuteten Lösungen des Opponenten- und Amantenkonflikts als deren Verhinderung. Indem der Intrige subjektiv und objektiv eine unterschiedliche Bewertung zukommt, ist Marwoods Camouflage zugleich ein integrierendes und integriertes Moment der Handlung, deren Komplexität auf dem Hintergrund der zäsurierten Expositionen im ersten Aufzug und der das Verstellungsspiel vorbereitenden Szenen nun erst entfaltet ist und damit erkennbar wird. Der Kontrast zwischen Marwoods verfehlter Fremdeinschätzung Sir Sampsons und seinem tatsächlichen Verhalten eröffnet retrospektiv die futurische, handlungsbefördernde Funktion der isolierten Exposition der Lösungsmöglichkeit des Konfliktes zwischen Sara und ihrem Vater.

Diese besondere Art der Segmentierung der Darstellung, der unterschiedlichen Gewichtung und dramatischen Präsentation der Phasen der ihr zugrundeliegenden Geschichte, die zeitliche Verschiebung im Arrangement der Konflikte, schafft Distanz, die strukturell und wirkungsbezogen das Handlungspotential facettenreich darlegt. Damit wird die Form der Handlungsentwicklung zu einer notwendigen Voraussetzung für die Handlungs- und Affektreflexion im Drama, da erst mit der Kenntnis und der Darstellung der Fabelvarianten der Abstand erreicht wird, der eine Objektivation des Gegenstandes ermöglicht. Schufen die Briefszene und Marwoods Gespräch mit ihrer Dienerin sowie die Maskenprobe Distanz zum eigentlichen Intrigenspiel, die durch Marwoods Selbstdekuvrierungen und durch die zunächst eindeutigen Absagen Mellefonts auch während der Darstellung des Verstellungsspiels immer wieder betont wurde, so verschleiert das scheinbare Gelingen die Distanziertheit des Spiels.

Die Szenenanapher als Mittel des poetischen Diskurses

Diese Distanz wird in der unmittelbar sich anschließenden Szene des rekapitulierenden Rückblicks erneut thematisiert, da Marwood ihr wahres Gesicht zeigt, ihre Bediente und auch den Zuschauer nicht darüber im Unklaren läßt, daß ihr Vergeben, ihr Verzicht auf Mellefonts Vermögen und Arabellas Bitten nur strategische Waffen waren, um den ‚sauren' Sieg über Mellefont erringen zu können. Doch nur wenige Augenblicke kann sie ihren Triumph genießen; denn Mellefont kehrt nach kurzer Zeit zurück und erklärt ihr, *betäubt*, aber *nicht bewegt* worden zu sein durch ihre Ränke. Er ist zurückgekommen, um Marwood nicht im Irrtum zu lassen, daß er sich für Sara entschieden habe und daß er Arabella mitnehmen werde. Diese Szenenanapher, die erneute Konfrontation zwischen Marwood und Mellefont, das erneute Durchspielen einer Handlungssequenz, erlaubt es, eine weitere Variante der Affektenreflexion dramatisch zu präsentieren. Hat Marwood kurz zuvor angedeutet, ihr anderes Gesicht kaum noch verbergen zu können, reagiert sie nun, da sie sich selbst über den Ausgang der Intrige getäuscht hat, wütend und befiehlt Hannah, Arabella fortzuführen, um zu verhindern, daß er seine Tochter fortbringen kann. Damit hat Mellefont die ihm aufgezwungene Entscheidung, zwischen Sara und Arabella wählen zu müssen, als scheinhafte entlarvt.

Ihre Intrige zeigt Wirkungen, welche die Intentionen Marwoods und ihren Erfolg konterkarieren. Mellefonts klarem, moralisch vernichtendem Verdikt, sie sei eine „wollüstige, eigennützige, schändliche Buhlerin, die sich jetzo kaum mehr muß erinnern können, einmal unschuldig gewesen zu seyn" (II/7, S. 35), kann sie nur, sich selbst jedoch diskreditierend, entgegnen: „Habe ich dir meine Tugend nicht Preis geben können, so habe ich doch meinen guten Namen für dich in die Schanze geschlagen. Jene ist nichts kostbarer als dieser. Was sage ich kostbarer? Sie ist ohne ihm ein albernes Hirngespinst, das weder ruhig noch glücklich macht. Er allein giebt ihr noch einigen Werth, und kann vollkommen ohne sie bestehen." (ebd.). Und wenn sie fortfährt, ihm vorzuhalten, auf die Ehe verzichtet zu haben, um in den Genuß der erhofften Erbschaft des Vetters zu gelangen, liefert sie selbst die Beweise für ihre ‚Wollust', ihren ‚Eigennutz' und ihre ‚Schändlichkeit'. Krasser kann sie sich nicht in einen Gegensatz zu Sara stellen, die bereit ist, auf ihren guten Namen und auf das Erbe zu verzichten. Die Präferenz vor einem internalisierten, natürlichen Tugendsystem gibt Marwood ihrem öffentlichen Ansehen, ihrem guten Ruf, die sie jedoch der Priorität des Eigennutzes, des Genusses materieller Güter unterordnet, auch wenn diese nur in Aussicht gestellt werden. Sie kehrt die natürliche Werteskala um, stellt sie geradezu auf den Kopf. Als sie erfährt, daß auch die Schwierigkeiten der Erbschaftsangelegenheit kurz vor einer Lösung stehen und Mellefont erneut auf die Rückgabe des väterlichen Vermögens verzichtet, erkennt sie, daß er auch finanziell von ihr unabhängig ist, daß ihr höchster Wert, der Genuß materieller Güter, wert- und wirkungslos bleibt.

Die Peripetie der Intrigenhandlung: Medea und der Schrecken

Erst jetzt gibt sie ihren Versuch auf, Mellefont zu überreden. Sie gesteht ihre Niederlage ein und befindet sich auf der Werteskala bürgerlicher, natürlicher Normvorstellungen an einem Tiefpunkt, da sie bekennt, daß sie die höchsten natürlichen Tugenden zu käuflichen Waren hat werden lassen. Sie beschließt, alles anzuwenden, um Mellefont zu *vergessen*. Die Gleichgültigkeit, ein Affekt, der eine der drei emotional bestimmten Handlungsmöglichkeiten aufnimmt, die von Mellefont in der Briefszene reflektiert worden sind, kehrt Marwood um, indem sie ihre Niederlage mit Rachegefühlen und mit einem Mordversuch an Mellefont zu mildern sucht. Ihre Wut steigert sie zur Raserei. Wenn sie äußert, daß er für seine Tochter *zittern* solle, daß ihr Leben die Nachwelt nicht an ihre *verachtete Liebe* erinnern werde, sondern die *Grausamkeit*, mit der sie sich explizit in die Nachfolge Medeas[124] stellt, erreicht sie in ihrem Dialog einen neuen Höhepunkt und thematisiert die ihr verbleibenden Handlungsalternativen, entweder Arabella Mellefont zu überlassen oder ihn mit dem Mord an seiner Tochter zu ‚bestrafen'.

Der Übergang von der vorgetäuschten Bewunderung zum Schrecken wird mit Hilfe der affektiven Korrelation von Verachtung und Raserei eingeleitet. Marwood analysiert präzise ihre Situation. Sie nennt ihr Motiv, die verachtete Liebe, und die beabsichtigte grausame Handlung, Arabella zu ermorden, sowie die Wirkung, daß Mellefont zittern und erschrecken werde. Um den Schrecken bei Mellefont zu erregen, bedarf es nicht der dramatischen Umsetzung der beabsichtigten Handlung. Bereits die Ankündigung läßt die Wirkung real werden. Mit der Wirkung ihrer Rache ist zugleich die Grundstruktur ihrer Handlungsmöglichkeit gegeben. Das werkästhetische Prinzip des Schreckens bestimmt die Handlungsstruktur des Umschlags der Intrige. Bewunderung, Mitleid und Schrecken, die primären Affekte der Poetik des Mitleids, spiegeln wirkungspsychologisch den Aufbau der Gegenhandlung Marwoods wider, so daß im Scheitern der Intrige die überszenische Funktion des Handelns der Rivalin sichtbar wird. Die Intrige wird zum gebrochenen Spiegelbild der Poetik des Mitleids, indem die elementaren Affekte mit den Handlungssequenzen verbunden und in die szenische Darstellung überführt werden. Treibt die Intrige die Handlungsentwicklung voran, so sensibilisiert sie den Zuschauer zugleich für die gattungskonstituierenden Affekte, die verbalisiert und dargestellt werden. Die szenisch gedrängten Übergänge von der Bewunderung zum Mitleid, vom Mitleid zum Schrecken entsprechen formal der kontrastiv gefügten Gegenhandlung.

Sowohl Marwoods Charakter als auch die thematischen und situativen Äquivalenzen des ‚Schlagabtausches' in der zweiten Konfrontationsszene sind nach dem Prinzip der Umkehrung, des überraschenden Umschlagens der Handlung, strukturiert. Die Analogien in der Umkehrung[125] sind weitere Mittel, um die Distanz und die Einheit der Handlung trotz bzw. wegen der dramatischen Präsentation differierender Handlungsalternativen zu erzeugen, um einen bruchlosen, motivierten und kausalen Handlungsumschlag zu ermöglichen. Und es ist bezeichnend, daß es nicht der äußeren Handlung bedarf, um die Affekte zu erregen; denn die sprachliche Darstellung zukünftigen, möglichen Handelns bewirkt bereits Schrecken, der real empfunden wird, wenn sie den Mord, bei dem wenigstens Marwood selbst empfinden wird, „wie süsse die Rache sey" (II/7, S. 36), bis ins Detail schildert. Die Art und Weise der Schilderung, mit deren sinnlich grausamen Bildern Marwoods Gefühlszustand in statu nascendi wiedergegeben wird,[126] und der Kontrast zwischen der Vollkommenheit des Kindes und dem ihm drohenden, ungeheuren Unglück, die Maßlosigkeit ihres Racheplans erregen Schrecken. Der Schmerz und die Beklemmung eliminieren die Bewunderung, steigern das Mitleid hin zum Extremwert des Schreckens.

Motiviert wird der affektive Wechsel Marwoods mit ihrer verachteten sinnlichen Liebe, mit der Ablehnung ihrer libertinen, ausschließlich am Genuß orientierten Lebensweise. Und entsprechend der Lehre von der vermischten Empfindung des Mitleids kann nicht die Liebe, sondern nur der unkontrollierte Affekt der Wut, deren Extreme sich in der Rache und Raserei äußern, Schrecken generieren.[127] Wenn Mellefont unmittelbar auf ihre Racheabsichten antwortet, sie rase, bringt er ihre Gefühlslage auf den Begriff und eröffnet zugleich kommentierend den Blick auf die Struktur dieser Handlungssequenz. Die schrecklichen Bilder erregen allmählich Mellefonts Schrecken, der sukzessiv in die Realität der Empfindungen überführt wird. Den Abschluß und Höhepunkt dieses Prozesses bildet Marwoods Mordversuch an Mellefont, wenn sie ihren Absichten die Tat folgen läßt und ihre Waffen nicht mehr moralische oder ‚amoralische' Werte sind, sondern ein Dolch. Ihre Absicht, Arabella zu Tode zu martern, wird durch den Mordversuch glaubwürdig, wahrscheinlich. Der Schrecken wird nicht nur durch ihre Rachepläne, sondern auch durch die Darstellung des Mordversuchs unmittelbar erregt.

Die Maske der empfindsamen Mutter: Verwunderung versus Bewunderung

Verwirkt Marwood auf diese Weise ihre ‚moralischen' Ansprüche auf Arabella und Mellefont, so wird im Scheitern des Mordversuchs der Umschlag vom Schrecken zur harmonischen Lösung erkennbar. Über die sich aus dem Scheitern der Tat ergebenden Handlungsalternativen, die im folgenden Dialog genannt werden, wird die versöhnliche Lösung des Opponentenkonflikts mit dem Ausgang der Konfrontation zwischen Marwood und Mellefont verbunden. Marwood zu töten, lehnt Mellefont ab mit der Begründung, die Strafe müsse „einer ehrlosen Hand aufgehoben seyn" (II/7, S. 36). Marwoods Bitte, ihr den Dolch zurückzugeben, um sich selbst zu töten mit der heroischen Geste, „eher dem Leben als [seiner] Liebe entsagen" zu wollen (ebd., S. 37), erfüllt Mellefont nicht. Statt dessen ruft er Marwoods Bediente, damit diese sich für die Sicherheit Arabellas verbürgt. Marwood kann sich nur noch entschuldigen: „Ist es zu *verwundern*, daß die *Heftigkeit meines Schmerzes* mich des Verstandes nicht mächtig ließ? Wer bringt mich zu *so unnatürlichen Ausschweifungen*? Sind Sie es nicht selbst? Wo kann Bella sicherer seyn, als bey mir? Mein Mund tobet wider sie, und mein Herz bleibt doch immer Mutter. Ach, Mellefont, vergessen Sie meine *Raserey*, und denken, zu ihrer Entschuldigung, nur an die Ursache derselben" (II/8, S. 37; Hervorhebungen v. M.S.).

Marwood stellt sich selbst als Opfer ihrer Empfindungen dar mit der Absicht, Mellefonts Mitleid zu erregen, um ihn davon abzuhalten, sie einem Gericht auszuliefern, sie von ihrem wichtigsten Faustpfand, von Arabella, zu trennen. Indem sie ihre Person in zwei Hälften aufspaltet, in den ‚tobenden Mund' und in das ‚Herz einer Mutter', gelingt es ihr, sich erneut als Empfindsame zu maskieren. Sie fädelt eine neue Intrige ein, die sich unmittelbar gegen Sara richten wird. Die ‚Unwahrscheinlichkeit' ihres raschen Rollenwechsels, von der rasenden Frau zur empfindsamen Mutter, verschleiert sie mit einer rhetorischen Frage. Das Verschleiernde besteht in der Wortwahl des Prädikats des übergeordneten Satzes: denn das Verb ‚verwundern' verweist auf die Verwunderung, auf einen terminus technicus aus der Poetik des Mitleids.[128] Der Hinweis auf die Verwunderung hat die Funktion, den möglichen Einwand Mellefonts, daß eine jähe Veränderung in ihrem Charakter unglaubwürdig sei, vorwegzunehmen und zu entkräften, um ihm *Bewunderung* für ihre Reue abzuzwingen, um sein Mitgefühl zu erregen, damit er ihr vergebe. Verwunderung erregt nicht nur, wie rasch Marwood ihre Kontenance wiedererlangt, sondern auch die Präzision, mit der sie abermals über die Terminologie der Theorie der vermischten Empfindungen verfügt. Zugleich wird ihre Taktik und damit die Struktur ihrer Argumentation sichtbar, die der Vorbereitung und Einleitung der neu einsetzenden Gegenhandlung dienen. Der Leser oder Zuschauer, der ihr Spiel durchschaut, empfindet weder Verwunderung noch Bewunderung oder Mitleid, sondern er ahnt den Schrecken, den ihr zukünftiges Handeln bewirken wird.

Mellefont ist bereit, ihrer Bitte zu entsprechen, wenn sie unverzüglich nach London abreist und sich von Arabella trennt. Da Marwood diese Bedingungen akzeptiert, scheint die Gefahr, die von ihr ausgeht, zunächst gebannt, und die Erwartung, daß auch der Rivalitätskonflikt harmonisch zu lösen sei, wird verstärkt. Zugleich wird aber mit der Annahme der Bedingungen ihre Entschuldigung unglaubwürdig, da sie als Mutter nun bereit ist, ihre Tochter zu verlassen. Durch diese Widersprüche wird deutlich, daß ihre Reue und ihre Bereitschaft, auf die Bedingungen einzugehen, strategische Mittel sind und daß sie ihr Vorhaben noch nicht aufgegeben hat. Mellefont muß ihr eine weitere Bitte erfüllen, Sara wenigstens einmal sehen zu dürfen. Sie gibt als Grund vor, selbst urteilen zu wollen, ob Sara der Untreue Mellefonts an ihr wert sei, ob sie noch auf seine Liebe wenigstens hoffen könne. Sie schlägt Mellefont vor, sie unter falschem Namen als eine Verwandte bei Sara vorzustellen. Ihrer Bitte verleiht sie Nachdruck mit dem Appell an Mellefonts Mitleid und mit der Drohung, falls er ihre Bitte nicht erfüllen sollte, selbst in wahrer Gestalt vor ihr zu erscheinen. Erneut sieht sich Mellefont vor eine ähnliche Entscheidung gestellt wie in der Briefszene am Schluß des ersten Aufzugs. Wiederum gelingt es Marwood, die harmonische Lösung des Rivalitätskonflikts in Frage zu stellen. Und erneut ist es der Schrecken vor Marwoods Wut, wie Mellefont gegenüber seinem Bedienten im vierten Aufzug erklärt, aber auch Nachsicht, Übereilung und die „Begierde, sie durch den Anblick der besten ihres Geschlechts zu demüthigen" (IV/3, S. 61), die ihn veranlassen, ihr diesen Wunsch zu gewähren.

Interferenzen zwischen dem Opponenten- und Rivalitätskonflikt

Am Schluß der letzten Szene des zweiten Aufzugs, nachdem Mellefont gegangen ist, kann Marwood ihre Maske fallen lassen. Rückblickend auf ihre bisher gescheiterte Intrige und auf ihren mißlungenen Mordversuch, bedauert sie, daß ihre „Kräfte nicht so groß sind als [ihre] Wuth", und gibt offen zu erkennen, ihr Vorhaben noch nicht aufzugeben (II/8, S. 38). Es ist ihr gelungen, die Erfüllung von Mellefonts Bedingungen zeitlich aufzuschieben und ihm eine unfreiwillige Helferrolle aufzuzwingen. Der Rivalitätskonflikt spitzt sich somit auf die Konfrontation zwischen Sara und Marwood zu. Wenn die Intrigantin für Mellefonts Entgegenkommen bereit ist zu versprechen, ihn von dem „Überfalle" des Vaters zu befreien, erinnert sie nicht nur an die ebenfalls unfreiwillige Helferrolle, die Sir Sampson nach ihrem Plan in ihrer Intrige spielen soll, sondern thematisiert zugleich den Opponentenkonflikt. Mellefont lehnt dieses Angebot ab: „Dieses haben Sie nicht nöthig. Ich hoffe, daß er auch mich in die Verzeihung mit einschliessen wird, die er seiner Tochter wiederfahren läßt. Will er aber dieser nicht verzeihen; so werde ich auch wissen, wie ich ihm begegnen soll – –" (ebd.). Indem Mellefont Marwoods Hilfe zurückweist, expliziert er die Lösungsmöglichkeiten des Konflikts zwischen dem Vater und den Liebenden, die einerseits komplementär und anderseits konträr zu Marwoods erwarteter Reaktion des Vaters stehen. Die Thematisierung des Opponentenkonflikts, die den Zuschauer an die ersten Auftritte des Trauerspiels und an die Endphase der ersten Konfrontation zwischen Mellefont und Marwood erinnert, und das strategisch geschickt neu eingeleitete Gegenspiel der Antagonistin, diese Vor- und Rückgriffe, versetzen den Rezipienten in einen Zustand antizipierender Erwartung, in die Erwartung der Freude über das mögliche Versöhnungstableau und der Furcht über die zukünftigen, nur vage angedeuteten Aktivitäten Marwoods. Diese vermischten, kontrastiven Haltungen entsprechen der Struktur des Mitleids, steigern die Spannung, da die positive Peripetie ebenso möglich erscheint wie die negative. Das Arrangement der Konflikte und die sich hieraus ergebende Offenheit der Handlungsentwicklung stehen in einer Analogie zum Ende des ersten Aufzugs.

Der Opponentenkonflikt: der Höhepunkt

Der Brief des Vaters als Mittel der poetologisch-poetischen Selbstreflexion im Drama

Die Reflexion am Ende des zweiten Aufzugs auf die möglichen makrostrukturellen Varianten des Konflikts zwischen Sara und ihrem Vater leitet inhaltlich unmittelbar zur ersten Szene des dritten Aufzugs über, der wie alle übrigen im Gasthof spielt, in dem Sara vorübergehend wohnt. Die situativen, thematischen und konfigurativen Äquivalenzen des Auftritts im dritten Akt markieren anaphorisch einen Rückgriff auf die Exposition des Opponentenkonflikts, der nun ins Zentrum des Geschehens rückt und den Mittelpunkt des axial-symmetrisch gebauten Trauerspiels bildet. Wie im ersten Aufzug durchbricht eine Zäsur, die leere Szene am Ende des Dialogs zwischen Sir Sampson und Waitwell, die liaison des scènes, so daß, wenn im zweiten Auftritt Mellefont den bevorstehenden Besuch einer „Anverwandten" Sara mitteilt, die Spannung, die sich durch die Offenheit der Handlungsmöglichkeiten ergibt, intensiviert wird. Jedoch findet im dritten Akt nicht der Besuch, sondern, wie zu Beginn angekündigt, die Übergabe des Briefes des Vaters durch Waitwell statt, so daß die Freude über das immer noch ausstehende Versöhnungstableau in der Erwartungshaltung der Zuschauer dominiert.

Das abermals verwandte Mittel, mit einer Binnenexposition zu Beginn eines neuen Aktes eine entsprechende, zunächst nur vage exponierte Handlungsphase zu präzisieren, im Rückgriff zukünftiges Handeln vorwegzunehmen, hebt die streng kausale Sukzession progredierenden Geschehens partiell auf. Im Gespräch zwischen Sir Sampson und seinem Diener wird der Plan, mit einem Brief, in dem er sich als zärtlicher und zur Vergebung bereiter Vater über „nichts, als über ihre [Saras] Abwesenheit beklaget" (III/1, S. 39),[129] sein Zusammentreffen mit Sara vorzubereiten und ihre Antwort abzuwarten, detailliert begründet. Bevor der Vater seine Tochter wieder ‚in die Arme schließt', will er sicher sein, ob sie ihn noch liebe. Er will ihr die Gelegenheit geben, „alles was ihr die Reue kläglisches und erröthendes eingeben könnte, schon ausgeschüttet zu haben, ehe sie mündlich mit mir spricht. Es wird ihr in einem Brief weniger Verwirrung, und mir vielleicht weniger Thränen kosten" (ebd.). Auf der primären Ebene der Handlung begründet der Vater mit seiner Furcht vor zu heftigem Mitleiden seinen Entschluß. Auf der Ebene der Reflexion benennt er die ihm offenstehenden Handlungsalternativen, entweder direkt mit seiner Tochter zu reden oder das Gespräch mit ihr durch einen Vermittler vorzubereiten. Bewußt und begründet entschließt er sich, Waitwell, der den Brief überbringen soll, die Vermittlerrolle anzuvertrauen. Obwohl er selbst in der entscheidenden Szene abwesend ist, wird er durch seinen Brief auf eine besondere Weise anwesend sein.[130]

Diese mittelbare Form der Anwesenheit des Vaters verzögert nicht nur das Versöhnungstableau und erzeugt damit erneut Spannung, sondern schafft auch aktionsfreie Räume, in denen über die Motive, die Gesinnungen, über die Moralität u n d über die neue Poetologie reflektiert werden kann.[131] Der Brief schafft per se die dazu notwendige Distanz, da er als schriftlich fixierte Rede, als Schriftstück, von der unmittelbaren Dialogrede abgehoben ist und da der Verfasser nicht in persona gegenwärtig ist. Indem Sir Sampson seine neue, veränderte Haltung, seine Absichten und Pläne schriftlich fixiert, hat er nicht mehr die Möglichkeit, seine Position je nach der Reaktionsweise Saras zu korrigieren, zu ändern oder gar zurückzunehmen. Da der Brief von Waitwell überbracht wird, kann dieser, wie es auch in der Briefszene (vgl. III/3) geschieht, die Unverrückbarkeit der Äußerung des Vaters partiell aufheben.

Sara dagegen erhält einen größeren Freiraum, um in einer geradezu sophistischen Manier alle Alternativen der Handlung empfindsam zu reflektieren. Da der Inhalt des Briefes ihr unbekannt ist und da sie unentschlossen ist, ob sie den Brief lesen soll, eröffnen sich weitere, spannungssteigernde Möglichkeiten. Die vielfältigen Implikationen, die an einen Brief geknüpft sind, seine Manipulierbarkeit, die offenen Fragen, ob er den Empfänger erreicht, welche Wirkungen er haben wird, wann, wo und von wem und vor allem wie er gelesen wird, ob er ein Fremdkörper im dramatischen Dialog bleibt oder in diesen integriert wird, lassen ihn zu einem geeigneten Mittel werden, um eine poetologische und poetische Selbstreflexion im Drama zu initiieren. Im Vorfeld, da der Brief verschlossen eintrifft und seine Botschaft wie ein Geheimnis hütet, wird die Bühne zu einem Raum, der es erlaubt, die dargestellten Handlungsphasen und -sequenzen immer wieder durch vorgestellte, mögliche Handlungsfügungen zu ergänzen, zu komplettieren, die gesamte Handlungsvielfalt zu präsentieren, d. h. zumindest verbal durchzuspielen. Zu diesem Vorfeld gehört der Dialog zwischen dem Diener und seinem Herrn, in welchem nicht nur die Begründung für den Brief, sondern auch der Inhalt und die möglichen Wirkungen dem Zuschauer mitgeteilt werden. Und wenn Waitwell explizit die Art und Weise, wie der Vater sein Zusammentreffen vorbereitet, gutheißt, begegnet Lessing im Drama, im Gegenstand, möglichen poetologischen Einwänden der Kritik mit den Argumenten und Kommentaren der dramatis personae. Der möglichen Kritik, daß es unwahrscheinlich sei, mit einem Brief die Begegnung zwischen Vater und Tochter zu verschieben, zumal beide in ein und demselben Wirtshaus sich aufhalten und der Brief im strengen Sinne kein zeiträumliches Intervall überwindet, wie etwa Marwoods Schreiben, wird die Grundlage entzogen.[132]

Waitwells Frage, wie sich Sir Sampson gegenüber Mellefont verhalten werde, gibt erneut Gelegenheit, alle wichtigen Sequenzen des Opponentenkonflikts zu thematisieren: die Unmöglichkeit, nur Sara und nicht auch Mellefont zu verzeihen, den Fehler des Vaters, da dieser Mellefont erst den Zutritt zum Haus der Sampsons und die Gelegenheit verschaffte, die Achtung Saras in Liebe zu verwandeln, das Unglück, die Erkundigungen des Vaters über den früheren, hedonistischen Lebenswandel Mellefonts, die väterliche Strenge gegen den Verführer und die Erkenntnis, daß diese zur Flucht der Liebenden führte. Indem er sein Unglück, die Abwesenheit seiner Tochter, sowie seine Vollkommenheiten, seine Liebe und Bereitschaft zu vergeben, benennt und seinen Fehler bekennt, daß er nicht schuldlos an Saras und seinem Unglück ist, wird er in einer explizit begründeten Weise zum ‚Gegenstand' des Mitleidens. Erst jetzt, nachdem die Vorgeschichte nochmals und präziser dargelegt worden ist, erhält Waitwell und auch der Zuschauer die Antwort: „Ich muß sie selbst zurückholen, und mich noch glücklich schätzen, wenn ich aus dem Verführer nur meinen Sohn machen kann. Denn wer weis, ob er seine Marwood und seine übrigen Creaturen eines Mädchens wegen wird aufgeben wollen, das seinen Begierden nichts mehr zu verlangen übrig gelassen hat, und die fesselnden Künste einer Buhlerin so wenig versteht?" (III/1, S. 40). Der Vater teilt nicht nur seine Absicht, sondern auch seine Hoffnungen und seine Skepsis mit.

Da Mellefont sich von ‚allen Marwoods' getrennt und die Wirkungslosigkeit der

‚fesselnden Künste der Kokotten' demonstriert hat, kommen der skeptischen Fremdeinschätzung Sir Sampsons mehrere Funktionen zu. Aus der Perspektive des Vaters ist die Skepsis begründet, die eine mögliche Lösung gegen eine erhoffte des Opponentenkonflikts abgrenzt. Aus der übergeordneten Perspektive des Zuschauers ist diese Befürchtung obsolet, da dieser selbst ‚Zeuge' des Scheiterns der Verführungskünste Marwoods war. Wie in der verfehlten Fremdeinschätzung Marwoods, die vom Vater die Übernahme einer unfreiwilligen Helferrolle erwartet, zeichnet sich in der Sorge Sir Sampsons die Thematisierung nicht nur der tatsächlichen, sondern auch der bloß denkbaren, aber nicht mehr möglichen Lösungen ab. Ohne daß es ihm bewußt ist, liefert er ex negatione mit seinem Zweifel einen Kommentar zum vorausgegangenen Akt. Und wenn er Waitwells Zweifel, es sei „wohl nicht möglich, daß ein Mensch so gar böse seyn könnte – –", ebenso verallgemeinernd entgegenhält, „daß sich die Grenzen der menschlichen Bosheit noch viel weiter erstrecken" (ebd.), so trifft diese pessimistische Sentenz eher auf Marwood als auf den Geliebten seiner Tochter zu.

Wut, Gleichgültigkeit, Liebe und Mitleid, Bewunderung und Schrecken als strukturierende Affekte des Opponentenkonflikts

Die Begründung des Auftrags an Waitwell, bei der Übergabe des Briefes auf Saras Mienen zu achten, da „sie die Verstellung noch nicht gelernt haben" kann, „zu deren Larven nur das eingewurzelte Laster seine Zuflucht nimt" (III/1, S. 40), dient ebenso der Schärfung der Aufmerksamkeit Waitwells und des Zuschauers, auf die Wirkungen des Briefes zu achten, wie einer retrospektiven, unbewußten, aber genauen Charakterisierung Marwoods. Die Unwissenheit des Vaters über das Geschehen im zweiten Aufzug verleiht seinen Hoffnungen und Befürchtungen Bedeutungen, welche die vergangene, dargestellte Handlung konzis und präzise zusammenfassen. Wenn er seinem Diener eindringlich nahelegt, sich keine Miene Saras entgehen zu lassen, die „etwa eine Gleichgültigkeit gegen [ihn], eine Verschmähung ihres Vaters, anzeigen könnte", und fortfährt: „Denn wenn du diese unglückliche Entdeckung machen solltest, und wenn sie mich nicht mehr liebt, so hoffe ich, daß ich mich endlich werde überwinden können, sie ihrem Schicksale zu überlassen" (ebd.), nennt er die Alternativen seines Handelns und die möglichen Varianten des Dénouements seines Konfliktes. Er verleiht seinen pessimistischen Gefühlen Ausdruck und reflektiert emotional aus seiner Perspektive die offene Struktur der Handlung. Implizit lehnt er damit einen erneuten affektiven Wechsel zum Zorn und zur Rache ab. Entweder beantwortet er Saras Liebe mit Gegenliebe, oder ihre Gleichgültigkeit wird ihn ebenfalls zur Gleichgültigkeit, zum Vergessen seiner Tochter bringen. Beide Möglichkeiten sind nicht gleichwertig; als empfindsamer Familienvater gibt er der glücklichen Lösung den Vorrang. Da der Rezipient der Zwischenbemerkung aus der Traumerzählung entnehmen konnte, daß Sara ihren Vater noch liebt und ihn nicht vergessen kann, stellt sich die thematisierte Handlungsalternative als scheinhafte in der übergeordneten Rezeptionsperspektive heraus. Nur Sir Sampson kann sie als Berechtigte objektivieren, weil er nicht weiß, was seine Tochter derzeit fühlt und denkt. Des Vaters skeptische Einschätzung Mellefonts ist ebenso für den Zuschauer unbegründet wie seine pessimistischen Befürchtungen, daß Sara ihn nicht liebe.

Der Kontrast in der Erwartungshaltung des Zuschauers: die Offenheit der Handlung als Mittel des poetischen Diskurses

Einerseits werden zu Beginn des dritten Aufzugs die konträren, spannungsvollen Erwartungen spezifiziert zugunsten der stärkeren Betonung des positiven Dénouements des Opponentenkonflikts; andererseits verweist die Verwendung derselben Worte, mit denen der glückliche im Kontrast zum unglücklichen Ausgang bezeichnet wird, auf ihre für die Fabel des Dramas strukturelle Bedeutungsdimension. Die Worte Liebe, Zorn und Gleichgültigkeit bzw. Vergessen werden zu Begriffen, zu Handlungskategorien des empfindsamen Trauerspiels *Miß Sara Sampson*, die als primäre Affekte der dramatis personae mit den primären Affekten der Zuschauer, mit dem Mitleid, der Bewunderung und dem Schrecken, korrespondieren. Beide emotionalen Begriffsketten lassen sich auf ein und dieselbe semantische Opposition reduzieren, auf das Unglück und Glück, die zugleich die Ingredienzen der vermischten Empfindung ‚Mitleid' abgeben. Jeweils am Ende des ersten und zweiten Aufzugs sowie am Schluß der leeren Szenen zu Beginn des ersten und dritten Akts, deren Gemeinsamkeit mit den Abschlüssen im totalen Konfigurationswechsel zu sehen ist, wird der erste Grad des Mitleids erregt, die Rührung, da der virtuelle, glückliche Ausgang der Handlung mit der möglichen Peripetie, dem Handlungsumschlag ins Unglück, kontrastiert wird. Dieser Kontrast indiziert zugleich den möglichen Übergang vom Genre des rührenden Lustspiels zum empfindsamen Trauerspiel. Weil in den ‚leeren Szenen' ausschließlich auf den Opponenten- und nur andeutungsweise auf den Amantenkonflikt, und zwar in der Form der verfehlten Fremdeinschätzung Mellefonts durch Saras Vater, eingegangen wird und weil beide Konflikte eigentlich gelöst sind – es bedarf nur noch der Taten, der Eheschließung und des Versöhnungstableaus, der Rekonstitution der Idylle der bürgerlichen Kleinfamilie –, sind die ihnen zugehörigen Peripetieversionen aufgrund der diskrepanten Informiertheit der dramatis personae zwar denkbar, aber aus der übergeordneten Zuschauerperspektive unwahrscheinlich, ja unmöglich. Sie erregen im strengen Sinne die Rührung nur als zweiten mitgeteilten Affekt, da das befürchtete Unglück innerhalb der Fiktion für den Rezipienten unwirklich ist. Die Thematisierung der Peripetieversionen dient der umfassenden Darlegung der varietas und copia des Handlungspotentials, der ex contrario vollzogenen Intensivierung der auf Harmonie und Glück ausgerichteten Erwartungshaltung des Rezipienten. Die in der Gegenhandlung Marwoods angelegte Peripetie ist dagegen wahrscheinlich. Nur sie kann den Umschlag der Handlung wirklich herbeiführen und Situationen schaffen, in denen auch der Zuschauer Schrecken und Mitleid als primäre Affekte empfindet.

Die Zäsur aufgrund des totalen Konfigurationswechsels nach dem ersten Auftritt schafft die nötige Distanz, um die Handlungssequenz des Opponentenkonflikts mit der erneut einsetzenden Gegenhandlung Marwoods zu unterbrechen, um die bloß vorgestellte Peripetie mit der wahrscheinlichen zu konfrontieren. Das Gespräch zwischen Sara und Mellefont, das thematisch und situativ an den abgebrochenen Dialog im achten Auftritt des ersten Aufzugs anknüpft, aktualisiert nicht nur spannungsintensivierend die Intrige der Antagonistin, indem Mellefont seine ihm aufgezwungene Helferrolle spielt und ihren Besuch ankündigt, sondern eröffnet auch implizit durch die Kontrastierung der Konflikte auf der Ebene der Segmentierung der Darstellung, welche die Kontinuität der Einteilung und Phasen der Geschichte unterläuft, makrostrukturelle Räume für die poetologische Selbstreflexion im Drama. Innerhalb des Rivalitätskonflikts spaltet sich die Handlung aufgrund der Intrigenstruktur auf.

Mellefont, Sara täuschend, erklärt, daß der Brief, den er erhalten habe, von einer Verwandten mit dem Namen ‚Lady Solmes' verfaßt worden sei und daß diese Sara besuchen wolle, um sie kennenzulernen. Mellefonts Fehler, sein erneuter Vertrauensbruch, ermöglicht es Marwood, in der Maske einer Verwandten ihre Gegenhandlung zu realisieren, den Handlungsumschlag und damit den unglücklichen Ausgang des Dramas herbeizuführen. Da Mellefonts Verhalten in der letzten Szene des ersten und zweiten Aufzugs motiviert wurde und da er selbst die neue Intrige Marwoods nicht durchschaut, ist der Fehler ein menschlicher, allzumenschlicher, will er doch Sara nicht ins Unglück stürzen, sondern sie vor der Wut Marwoods bewahren. Erst durch sein Fehlverhalten wird aber auch er am Ende des Trauerspiels zur mitleidswürdigen Person werden, weil er an Saras und an seinem Unglück nicht frei von Schuld ist. Er ist als dramatis persona gemäß der Lehre des mittleren Charakters konzipiert.

Sara dagegen kennt die wahre Identität der Lady Solmes nicht, so daß aus ihrer Perspektive, da sie unbegrenztes Vertrauen Mellefont entgegenbringt, das Verstellungsspiel nicht als Spiel erkennbar wird, sondern real ist. Dadurch wird erneut die Handlungsvielfalt vergrößert. Und wiederum werden die Handlungsvariationen dieser Sequenz, Saras anfängliches Ablehnen und schließlich ihre Zusage, im Dialog dargelegt. Das verbale Durchspielen der verschiedenen Möglichkeiten dient ebenso der strukturellen Reflexion wie der Spannungssteigerung, die durch die unbewußt ironischen Äußerungen Saras verstärkt werden.[133] Ironisch ist auch Saras Hoffnung am Schluß der Szene, wenn Mellefont gegangen ist, um die Lady sogleich zu ihr zu bringen: „Wenn es nur keine von den stolzen Weibern ist, die voll von ihrer Tugend, über alle Schwachheiten erhaben zu seyn glauben. Sie machen uns mit einem einzigen verächtlichen Blicke den Proceß, und ein zweydeutiges Achselzucken ist das ganze Mitleiden, das wir ihnen zu verdienen scheinen" (III/2, S. 42). Nur der Zuschauer versteht die Ironie dieser Äußerung, da Marwood keine stolze und tugendhafte Frau ist, weder Verachtung noch Mitleid gegenüber Sara empfindet.

Thematisierung der idealtypischen Rezeptionshaltung – Zum makrostrukturellen Reflexionsraum des Trauerspiels

Mit ihrer Befürchtung schärft Sara nicht nur die Rezeptionshaltung, die Erwartung der Zuschauer, wie Marwood die Rolle einer Verwandten Mellefonts spielen wird, sondern legt auch ex negatione die für die Poetik des Mitleids einzig mögliche und angemessene Rezeptionsweise implizit fest: Der Zuschauer, der eine stolze, rigoristische Tugendauffassung vertritt, wird nur Verachtung für die mittleren Charaktere des bürgerlichen Trauerspiels empfinden können. Mitleiden kann er nur, wenn er nicht über alle menschlichen Schwächen erhaben ist, wenn er bereit ist, den Unglücklichen ihre Fehler zu vergeben. Damit wird das soziale Moment des Mitleids gegenüber einer selbstgenügsamen Tugend implizit benannt.[134] Sir Sampsons Verhalten wird indirekt zum idealtypischen der Rezipienten.

Mittelbar sind somit beide Szenenschlüsse thematisch eng miteinander verknüpft. Unmittelbar jedoch ist der Auftritt Marwoods ebenso wahrscheinlich wie Waitwells Übergabe des Briefes. Pointierter kann der Kontrast zwischen dem Rivalitäts- und

Opponentenkonflikt in der Struktur des Dramas nicht angelegt werden; denn in der Erwartungshaltung des Publikums konkurriert die Darstellung der Konfrontation zwischen Sara und Marwood mit der des Zusammentreffens zwischen Sara und Waitwell. Diese Möglichkeit, einen der beiden Konflikte im Zentrum des axial-symmetrisch gebauten Dramas darzustellen, leitet eine implizite poetologische Selbstreflexion auf die Makrostruktur der Handlung im Drama ein. Aufgrund der Zäsur nach dem ersten Auftritt des dritten Aufzugs sowie des Vorgriffs auf die zukünftige Sequenz innerhalb des Konflikts zwischen Sara und ihrem Vater, der Übergabe des Briefes und der damit erneuten Verzögerung des Versöhnungstableaus, des Zusammentreffens Sir Sampsons mit seiner Tochter, und aus den Perspektiven Saras und Mellefonts erscheint in der Erwartungshaltung des Zuschauers die Präsentation der Konfrontation zwischen Sara und Marwood im Zentrum des bürgerlichen Trauerspiels wahrscheinlicher als die Darstellung des Opponentenkonflikts. Die Dominanz der erwarteten Inszenierung der Konfrontationsszene in der Perspektive der Zuschauer wird durch das Genre verstärkt, da in der klassizistischen Tragödie im Mittelakt die Auseinandersetzung der rivalisierenden Figuren stattfindet, mit der die Peripetie, der Glückswechsel des Helden, der Umschlag der Handlung in die Katastrophe, eng verbunden ist. Gegen diese Erwartung verstoßend, vollzieht sich mit der Darstellung des empfindsamen, möglichen Dénouements des Opponentenkonflikts ein Umschlag in der Handlungsführung hin zum Glück Saras. Makrostrukturell kehrt die Bauform des Trauerspiels die tradierte Form klassizistischer Tragödien um. Das Innovatorische des empfindsamen Trauerspiels wird kontrapunktisch gegen die genrespezifische Geschichte der Tragödie gesetzt. Die strukturelle Verfremdung des klassizistischen Bauschemas stellt eine implizite poetologische Selbstreflexion im Drama dar, und zwar indem Dramengeschichte, nach dem Prinzip der Umkehrung gestaltet, Eingang in die neue Form des bürgerlichen Trauerspiels findet, poetisch dargestellt wird. Die Briefszene ersetzt nicht die Konfrontationsszene zwischen Sara und ihrer Rivalin, sondern verdrängt sie aus dem Zentrum des Dramas. Das Innovative wird poetisch gestaltet und zum Gegenstand der Reflexion, indem der Opponentenkonflikt dem Rivalitätskonflikt übergeordnet wird. Der Bruch mit der Tradition des klassizistischen Dramas schlägt sich poetisch in der Form, in den Zäsuren nach dem ersten und zweiten Auftritt des dritten Aufzugs sowie in dem Einschnitt nach dem zweiten Akt nieder. Die Einteilung und Kontinuität des Dargestellten und die Segmentierung der Darstellung sind somit strukturell mehrmals kontrastiv gegeneinander verschoben. Erst in dieser spezifischen Gegenläufigkeit konstituiert sich aus der dem Drama zugrundeliegenden Geschichte die Fabel des empfindsamen Trauerspiels. Indem die Handlungsphasen durch den Aktschluß und durch die leeren Szenen sowie durch den Handlungswechsel nach dem zweiten Auftritt unterbrochen werden, wird die Emphase auf den empfindsamen Vater-Tochter-Konflikt gesetzt, die auf der Ebene der Geschichte zunächst nur möglich, aber nicht notwendig ist. Die Darlegung des Handlungspotentials, der Kontrast zwischen der erwarteten und präsentierten Handlungsphase, die Gegenläufigkeit zwischen den Ebenen des Dargestellten und der Darstellung[135] sind Ausdruck des bewußten Formwillens des neuen Genres, des bürgerlichen Trauerspiels.

Daß die Zusammenkunft eines Dieners, dessen handlungsgestaltende Funktion ihm eher einen Platz in der Komödie als in einem Trauerspiel zuweisen müßte, und nicht des Vaters mit der adligen Protagonistin das Zentrum des bürgerlichen Trauerspiels bildet und daß am Schluß der Szene erneut das Versöhnungstableau, die

Schlußszene des rührenden Lustspiels, dominieren wird, sind Indizien für einen weiteren bewußten Verstoß Lessings gegen die klassizistische Tragödie und deren Ständeklausel. Der Diener und die Landadlige, ständisch unter- und oberhalb des Bürgers stehend, gehen den Weg weiter, den die ernsthafte Komödie dem bürgerlichen Helden eröffnet hat, der nicht mehr der Lächerlichkeit, sondern der Rührung preisgegeben wird; zwar betritt er selbst noch nicht die Szene, aber seine empfindsame, natürliche Moralität bildet thematisch und strukturell den Mittelpunkt der Darstellung des Trauerspiels, eines Genres der vermischten dramatischen Gattung wie das rührende Lustspiel, welche die Auflösung der ständisch gegliederten genera betreiben. Konfiguration und Handlungsentwicklung sowie die dominierende Rolle des Dieners in der Briefszene wirken wie Reminiszenzen an den von der Rührkomödie eingeleiteten Paradigmenwechsel innerhalb des Dramas und der Dramaturgie der Aufklärung.[136] Und schon der Sachverhalt, daß das erste deutsche Trauerspiel in England spielt, unter den englischen Landadeligen, muß von den Gottschedianern, die ihre Tragödientheorie an der französischen Klassizistik ausgerichtet haben, provokativ empfunden worden sein.[137]

Die Briefszene

Legt die Montage der verschiedenen Handlungsphasen die möglichen Makrostrukturen der weiteren Handlungsentwicklung offen, in denen Saras Glück mit ihrem Unglück kontrastiert wird, da die positive Peripetie mit der negativen in der Erwartungshaltung des Publikums konkurriert, so rückt nun in der dritten Szene auf eine spektakuläre Weise in das Zentrum der Darstellung der Opponentenkonflikt. Ebenso konsequent wie auf der makrostrukturellen Ebene des Arrangements der Konflikte nutzt Lessing im Aufbau dieses Auftritts die sich aus der Verwendung des dramatischen Mittels, des Briefes, ergebenden, handlungsentlasteten Räume, um mit einer Akribie die Handlungsmöglichkeiten innerhalb des Konflikts zwischen Sara und ihrem Vater zu sezieren. In drei Phasen gliedert sich die Briefszene: Die erste hat die Ankunft Waitwells, die zweite Saras Weigerung, den Brief anzunehmen, und die dritte das Lesen des Schreibens zum Gegenstand. Quantitativ überwiegen die ersten beiden Phasen die letzte, so daß formal betrachtet erkennbar wird, wie intensiv die dramatis personae ihre Handlungsalternativen reflektieren. Saras Lesen des Briefes umfaßt nur eine halbe der sieben Seiten langen Szene.

Zu Beginn der Szene findet ein doppelter Umschlag in der Erwartungshaltung des Publikums statt: der erste durch das Auftreten Waitwells, der sich glücklich schätzt, Sara wiederzusehen, und der zweite durch Saras Vorstellung, der Diener bringe ihr die Nachricht vom Tode ihres Vaters. Erneut wird die auch von Waitwell erwartete, rasche, lineare Entwicklung hin zum positiven Dénouement des Konflikts zwischen dem Vater und der Tochter unterbrochen, indem sie sich die schlimmste Wirkung, die ihre Flucht auf ihren Vater gehabt haben könnte, vorstellt. Sie beschwört geradezu den Diener zu sagen, „daß die letzten Augenblicke seines Lebens ihm durch [ihr] Andenken nicht schwerer wurden; daß er [sie] *vergessen* hatte; daß er eben so ruhig starb, als er sich sonst in [ihren] Armen zu sterben versprach; daß er sich [ihrer] auch nicht einmal in seinem letzten Gebete erinnerte – –" (III/3, S. 42; Hervorhebung v. M.S.). Überraschend wirkt nicht nur der Auftritt Waitwells, nicht nur Saras Imagination vom Tode des Vaters, sondern vor allem ihre Schilderung der Sterbeszene, einer

Szene, mit der das „Mitleiden im höchsten Grade" erregt werden kann, der jedoch hier die entscheidenden Momente, das Gebet und das Vergeben als Zeichen der Liebe und Güte des Vaters, fehlen.[138] Diesen Bruch akzentuiert Sara, wenn sie ihre Imagination vom Tode des Vaters gegen das Bild des in ihren Armen sterbenden Vaters, gegen das empfindsame Tableau, abhebt. Wie innerhalb der Traumerzählung hofft sie, ihr Vater habe sie vergessen und sei nicht im Schmerz über die Abwesenheit seiner Tochter gestorben. In ihrer falschen Vorstellung aktualisiert sie eine bestimmte Situation der Vorgeschichte und deren mögliche Entwicklung, die als imaginierte konträr zur tatsächlichen Haltung Sir Sampsons steht. Indirekt reflektiert Sara mit der Thematisierung der Handlungsversion des ‚Vergessens' auf die entsprechenden handlungsdeterminierenden Affekte des Zorns und der Wut des Vaters, denen die emotionalen Phasen der Gleichgültigkeit und des Vergessens sowie der Verachtung folgen können. Damit wird diese Situation der Vorgeschichte nicht nur thematisiert, sondern es wird auch ihre mögliche Entwicklungslinie nachgezeichnet. Saras Vorstellung hat nicht nur eine binnenexpositorische Funktion, sondern wirkt zugleich handlungseröffnend und spannungsintensivierend, da sie kontrafaktisch die Gültigkeit einer Situation unterstellt, die der Vergangenheit angehört, die in der Exposition außer Kraft gesetzt worden ist.

Wenn Waitwell ihr entgegnet, ihr Vater lebe noch, gelingt es ihm nur zum Teil, ihre falsche Vorstellung zu korrigieren; denn er weist nur Saras Einbildung vom Tod des Vaters zurück, nicht aber auch die von ihr hypostasierte emotionale Haltung, so daß sie den Diener ein weiteres Mal auffordert, ihr wenigstens zu sagen, „daß es ihm nicht hart fällt, ohne [sie] zu leben; daß es ihm leicht geworden ist, eine Tochter aufzugeben, die ihre Tugend so leicht aufgeben können; daß ihm [ihre] Flucht erzürnet, aber nicht gekränkt habe; daß er [sie] verwünsche, aber nicht betaure" (ebd., S. 42 f.). Diese Dialogpassage, die thematisch, situativ und teilweise fast wörtlich an das Gespräch zwischen Waitwell und Sir Sampson in der ersten Szene des Dramas anknüpft (vgl. I/1, S. 9 f.), ist analog zur vorhergehenden aufgebaut, und zwar ist sie nach den rhetorischen Figuren der Anapher, des Asyndeton, des Parallelismus, der Antithese und der Klimax strukturiert. Diese Fülle der rhetorischen Figuren der Wiederholung, die in dieser ersten Phase des Dialogs von der Epipher und der Häufung von Satzfragmentreduplikationen[139] ergänzt werden, dienen der intensivierenden, präzisierenden Thematisierung der kontrafaktischen Auffassungen Saras über die Emotionen und damit Motivationen ihres Vaters. Sara bestimmt die von ihr erhoffte Gefühlslage des Vaters genauer mit der Nennung der entsprechenden primären Affekte, des Zorns und der Verwünschung als Ausdruck väterlicher Wut, die in antithetischen Fügungen vom Gekränktsein und ‚B e t a u e r n', dem M i t l e i d e n, abgegrenzt werden.

Saras Hoffen, wenn ihr Vater sie nicht vergessen habe, daß er ihr doch wenigstens Zorn und kein Mitleid und damit keine Liebe entgegenbringe, steht im krassen Kontrast zu den Einschätzungen und zu den Hoffnungen ihres Vaters, des Dieners und des Publikums über die mögliche positive Lösung des Opponentenkonflikts. Nicht die falsche Vorstellung oder die kontrafaktisch dem Vater unterstellten Affekte werden der in den Dialogszenen zwischen Sir Sampson und Waitwell antizipierten, positiven Peripetie entgegengesetzt, sondern Saras eigene, an ihre Perspektive gebundene, subtile, antithetische Beurteilung des Konflikts. Das Dénouement ergibt sich nicht notwendigerweise mit der Aufhebung der diskrepanten Informiertheit Saras; denn der von ihr bewirkte Umschlag und Kontrast wird durch die Entgegnung des Dieners, der Vater lebe noch, nicht revoziert. Die Umkehrung geschieht durch den Perspektivenwechsel in der Reflexion auf das Handlungspotentials des Opponentenkonflikts. Hofft ihr Vater auf ihre Liebe, so setzt sie ihre Hoffnung, er liebe sie nicht und empfinde Zorn und Wut, dagegen. Stellt für Sara das Vergessen des Vaters eine mögliche Lösung dar, mit der auf die Austragung des Konflikts verzichtet würde, so bedeutet für Sir Sampson die Gleichgültigkeit seiner Tochter ein Unglück. Liebe und Zorn, Gleichgültigkeit und Vergessen als Folgen der Wut des Vaters bestimmen erneut die Reflexion und werden aus den unterschiedlichen Perspektiven diametral bewertet. Der scheinbar der Lösung nahestehende Opponentenkonflikt bricht erneut auf. Und scheinbar widersprüchlich zu Saras Charakter, und ein gewisses Maß an Ironie in sich bergend, ist es gerade die Liebe Saras zu ihrem Vater, die sie hoffen läßt, dieser liebe sie nicht mehr. Die empfindsame Protagonistin hofft auf ein nicht empfindsames Dénouement des Konflikts. Konzis wie zu Beginn des Trauerspiels, nun jedoch konträr in der Bewertung, rückt der Affekt der Liebe in das Zentrum der Darstellung und wird zum Kristallisationspunkt, an dem sich der Konflikt neu entzündet.

Als Waitwell, ihren Hoffnungen widersprechend, äußert, daß Sir Sampson „noch immer der zärtliche Vater, so wie sein Sarchen noch immer die zärtliche Tochter ist, die sie beyde gewesen sind", nennt sie ihn einen Boten des „Unglücks, des *schrecklichsten* Unglücks unter allen, die [ihr ihre] feindselige Einbildung jemals vorgestellet hat!" Und sie fährt fort: „Er ist noch der zärtliche Vater? So *liebt* er mich ja noch? So muß er mich ja beklagen? Nein, nein, das thut er nicht; das kann er nicht thun!" (III/3, S. 43; Hervorhebungen von M.S.). Sara erstarrt, d. h. empfindet Schrecken über den Gedanken, daß ihr Vater sie liebt und Tränen vergießt, das Erkennungszeichen der empfindsam Liebenden, das siebenmal von ihr genannt wird. Die Begründung, daß die Tränen des Vaters ihr Verbrechen, ihr Laster und ihren Undank vergrößern, läßt die neue Qualität des Konflikts erkennen. Das Leiden und Mitleiden des Vaters vergrößert auch ihr Mitleiden, da sie ihn liebt. Würde ihr Vater sie vergessen haben, wäre ihr Konflikt zwischen der Liebe zu ihrem Vater und der zu Mellefont zumindest nicht mehr akut. Erst jetzt wird es verständlich, warum Waitwell ein Bote des schrecklichsten Unglücks ist. Saras Versuch, das Mitleiden des Vaters herunterzuspielen, als „leichte Regungen des Bluts", als „einige von den geschwind überhin gehenden Regungen, welche die kleinste Anstrengung der Vernunft besänftiget", zu bezeichnen, scheitert, da Waitwell weinend sagt, daß der Vater es zu Tränen nicht hat kommen lassen. Sie erkennt den Widerspruch zwischen seiner Äußerung und Mimik, wenn sie erwidert: „Ach, dein Mund sagt nein; und deine eignen Thränen sagen ja." (ebd.).

Am Ende dieser ersten Phase des Dialogs zwischen Sara und Waitwell ist nicht nur sukzessiv ein großer Teil des Informationsdefizits der empfindsamen Protagonistin abgebaut, sondern es wird zugleich induktiv auf der Ebene der primären Affekte der dramatis personae neues, bisher unerwartetes Konfliktpotential differenziert aufgebaut. Die Darstellung des Opponentenkonflikts geht über die in den Szenen zwischen Waitwell *und* Sir Sampson antizipierten Handlungsalternativen hinaus, da die positive Peripetie von Sara negativ beurteilt wird. Saras anfängliche Hyperbolik, als sie das unempfindsame Bild der Sterbeszene schildert, stellt sich im weiteren Verlauf des Dialogs nicht nur als Ausdruck ihres Eigensinns, sondern auch als ein Beleg für ihren empfindsamen Scharfsinn dar, der den Konflikt in einem neuen Licht deutet. Der Konflikt zwischen Vater und Tochter wird durch ihre perspektivische Beurteilung vertieft und dadurch autonom, so daß er nicht ausschließlich im Kontrast zur Intrige Marwoods handlungsbestimmend wirkt. Die eher handlungsabschließende und -hemmende Funktion des in der Exposition angedeuteten Versöhnungstableaus erfährt in sich einen handlungseröffnenden Umschlag, den Waitwell, als er Sara den Brief des Vaters übergeben will, wirkungspsychologisch thematisiert: „Ich versprach mir Freude davon; aber Sie verwandeln mir diese Freude in Betrübniß – –" (ebd.).

Sara zögert, den Brief anzunehmen, da sie zunächst Genaueres über den Inhalt von dem Diener erfahren will. Als er mitteilt, der Brief enthalte „Liebe und Vergebung" und „vielleicht ein aufrichtiges Betauern, daß er die Rechte der väterlichen Gewalt gegen ein Kind brauchen wollen, für welches nur die Vorrechte der väterlichen Huld sind" (ebd., S. 43 f.), bewirkt Sara mit ihrer Replik erneut die widersprüchlich scheinende Umkehrung: „So behalte nur, deinen grausamen Brief!" Deutet Saras anfängliches Zögern auf eine Bereitschaft hin, unter bestimmten Bedingungen, die vom Inhalt abhängen, den Brief zu lesen, so führen gerade die Liebe, die Vergebung und das Schuldbekenntnis des Vaters, inhaltliche Bestimmungen, von denen Waitwell, Sir Sampson und auch der Zuschauer eine rasche, positive Lösung erhoffen, zur Ablehnung. Indem sie den Brief als „grausamen" prädiziert, reagiert Sara wie am Ende der ersten Phase, als sie Waitwell einen Boten des schrecklichsten Unglücks nannte, nachdem dieser ihr berichtet hatte, daß Sir Sampson immer noch der zärtliche Vater sei. Die Standpunkte werden nicht bloß wiederholt, sondern zugleich begrifflich präzisiert. Liebe und Vergebung, zwei zentrale Begriffe der protestantischen, bürgerlichen, natürlichen Ethik, werden auf der Ebene der Affekte der dramatis personae zu werkästhetisch-strukturalen Begriffen, welche erneut die positive Peripetie indizieren.

Da Waitwell, der fragend das Epitheton des Briefes aufnimmt, glaubt, Sara gehe abermals von einer falschen Vorstellung aus, fügt er hinzu, daß sie frei über ihr Herz und ihre Hand verfügen könne, daß der Vater auch Mellefont in sein Haus aufnehmen werde. Indirekt thematisiert der Diener in seiner Replik die Variante, von der Marwood in ihrer Intrige ausgeht, nämlich der Vater sei gekommen, um nur seine Tochter heimzuholen. Aber gerade diese Möglichkeit, die ein neues Aufbrechen des Konflikts nahelegt, wird von Sara ausgeschlossen; sie bezieht diese nicht einmal in ihre Argumente ein. Implizit legt sie damit ein bedingungsloses Bekenntnis ihrer Liebe zu Mellefont ab, den sie auf keine Weise zum Gegenstand des Gesprächs über die Auseinandersetzung mit der Position des Vaters werden läßt. Im Gegenteil, gerade weil der Vater beiden vergibt, nennt sie den Brief grausam; denn sie selbst kann es nicht verantworten, daß der Vater nur aus Liebe zu ihr Mellefont aufnehme.

Der realen Situation setzt sie eine hypothetische entgegen. Wenn der Brief von einem aufgebrachten Vater geschrieben worden wäre, würde sie ihn „zwar mit Schauer",[140] aber doch lesen können. Sie würde sich gegen den „Zorn" verteidigen können, um den Vater, „wo möglich, noch zorniger zu machen". Der ‚gewaltsame Zorn' des Vaters würde sich nicht in einen ‚wehmütigen Gram', sondern „endlich glücklich in eine bittere Verachtung" gegen sie verwandeln. Ihre Darlegung der hypothetischen Situation beschließt sie mit der Sentenz: „Wen man aber verachtet, um den bekümmert man sich nicht mehr. Mein Vater wäre wieder ruhig, und ich dürfte mir nicht vorwerfen, ihm auf immer unglücklich gemacht zu haben" (ebd., S. 44). Und wiederum ist es der Zorn in der vorgestellten Lösung, der Schauer, d. h. Schrecken bei Sara bewirken würde, der den tatsächlichen Affekt der Liebe kontrastiert, der schließlich zur Verachtung, zum Vergessen, zur Ruhe und damit zu einem begrenzten Glück des Vaters führen könnte.

Waitwell versucht abermals im Sinne des Vaters Sara umzustimmen, indem er ihr sagt, daß sie sich den Vorwürfen noch weniger aussetze, „wenn Sie jezt seine Liebe wieder ergreifen, die ja alles vergessen" wolle. Pointert nimmt er die Gegenposition ein, da er der Liebe, nicht dem Zorn, das Vergessen zuordnet. Sara hält ihm entgegen, daß er sich irre, da ihr Vater durch ihre Abwesenheit und durch das ‚sehnliche Verlangen' nach ihr vielleicht verführt worden sei, ihr zu vergeben, was er später notwendigerweise bereue, so daß er für immer unglücklich sein werde. Bewunderung könne sie für die väterliche Liebe nur empfinden, wenn sie diese nicht mißbrauche und sich „als eine reuende und gehorsame Tochter zu seinen Füssen" werfe, ihrem Vater alles aufopfere, was sie nicht kann, da sie Mellefont liebt. Der Mißbrauch der Liebe des Vaters erregt in ihr Schrecken, während die Aufgabe Mellefonts ihr es ermöglichen würde, den Brief anzunehmen, um „die Stärke der väterlichen Liebe darinne [zu] bewundern".

Beide Handlungsmöglichkeiten, die erneut durch die werkästhetischen und wirkungspsychologischen Kategorien des Schreckens und der Bewunderung auf den Begriff gebracht werden, lehnt sie als empfindsam-tugendhafte Person ab. Am Ende der Reflexion auf den hypothetischen Fall steht die conclusio: „kurz, daß er mich mit Entsagung seiner eignen Glückseligkeit glücklich gemacht habe – – Und es auf diese Art zu seyn wünschen, trauest du mir das wohl zu, Waitwell? – -" (ebd., S. 45). Waitwell reagiert irritiert, so daß Sara die Ablehnung des Briefes wiederholt und mit einer abschließenden, die Handlungsalternativen bezeichnenden conclusio ihr Verhalten begründet: „Wenn mein Vater durch mich unglücklich seyn muß; so will ich selbst auch unglücklich bleiben. Ganz allein ohne ihm unglücklich zu seyn, das ist es, was ich jetzt stündlich von dem Himmel bitte; glücklich aber ohne ihm ganz allein zu seyn, davon will ich durchaus nichts wissen." Aus Liebe zu ihrem Vater lehnt sie eine egoistische Handlungsweise ihrerseits zugunsten einer altruistischen ab. Sie zieht die Gleichheit im Unglück ihrem ‚alleinigen Glück' vor. Differenzierter und pointierter kann die perspektivisch gebundene Einschätzung Saras, welche das Versöhnungstableau nicht zu verzögern, sondern zu verhindern droht, nicht dargelegt werden. Ihre Zweifel an der Stärke der väterlichen Liebe sind, was sie selbst nicht wissen kann, nicht unberechtigt, da Sir Sampson von der Liebe Mellefonts zu seiner Tochter nicht überzeugt ist und seine Bereitschaft, Sara und Mellefont zu vergeben, vor allem durch die Liebe zu seiner Tochter und durch das Verlangen, sie heimzuholen, motiviert ist. Erst im fünften Aufzug, wenn er sich von der Liebe Mellefonts selbst überzeugt hat, wird seine Liebe so stark sein und Mitleid verbreiten.

Saras Sichtweise stellt also nicht nur ein sophistisches Durchspielen denkbarer Handlungsmöglichkeiten dar, sondern auch eine Reflexion, welche die unterschiedlichen Entwicklungen des Konflikts in der ganzen Vielfalt komplementär erfaßt. Und durch die Spiegelung thematischer und situativer Äquivalenzen, durch die gegenläufige Realisation dramatischer Vorgriffe, durch die dramatische Präsentation neuer Kontexte werden neue Bedeutungen und bisher nicht erwartete Sichtweisen der Handlung eröffnet. Die Repetitionsstrukturen, sowohl zwischen Prolepse und Realisation als auch innerhalb des Dialogs, die sich auch in den rhetorischen Mitteln, in den Satzfragmentreduplikationen und in der Wiederholung der affektiven, werkästhetisch-strukturalen Wörter und Begriffe widerspiegeln, gehören unter anderem zu den Voraussetzungen, die eine illusionistische, poetologische Selbstreflexion auf das Handlungspotential der Konflikte im Drama ermöglichen. Da diese Repetitionen einander nicht nur korrelieren, sondern vor allem zueinander gegenläufig, nach dem Prinzip des Umschlags und der Umkehrung gestaltet sind, verlieren die Einschätzungen, Beurteilungen und damit verbundenen Erwartungen der dramatis personae und der Zuschauer ihre Prätention auf Objektivität und Notwendigkeit. Und das Moment der Überraschung, das dem Schrecken als ‚überraschtes' Mitleid anhaftet, wird mit der Umkehrung der rezeptiven Erwartungshaltung verknüpft. In Saras hyperbolischem Eigensinn manifestiert sich ihre eigene, empfindsame Subjektivität, welche die erwartete, scheinbar unabwendbare, positive Peripetie, die Rekonziliation der bürgerlichen Familie und die Rekonstitution der familiären Idylle, in Frage stellt. Die Wahlverwandtschaft zwischen der bürgerlichen Komödie und dem empfindsamen Trauerspiel wird in der Subjektivität Saras evident, die im Gegensatz zur literarischen Gestaltung der Subjektivität als Individualität im Sturm und Drang an die empfindsame, allgemeinmenschliche, natürliche Moral gebunden bleibt. Saras subtile Argumentation läßt den Opponentenkonflikt in eine impasse münden. Ihre Demonstration ab-soluter Selbstlosigkeit droht in einen Fehler, in Eigensinn und tugendhaften Stolz, von dem sie sich am Ende der zweiten Szene distanziert hat, umzuschlagen.

Mit einer kleinen Intrige, die der Diener der Tradition entsprechend mit einem aparté wie in der sächsischen Typenkomödie einleitet, versucht er, die aus seiner Sicht zum Eigensinn neigende Sara zur Erkenntnis des Fehlverhaltens zu bringen,[141] um die ausweglos erscheinende Situation abzuwenden. Diese Intrige der Komödie, die Besserung der Person, die der Heirat, der Eheschließung, hindernd im Wege steht, wird nuanciert nicht gegen den Vater, sondern gegen Sara, die ja die Trauung fordert, gewendet. Die Struktur des Verstellungsspiels wird nur noch formal übernommen, und zwar in der Umkehrung der situativen und thematischen Äquivalenzen der Lustspieltradition; denn der empfindsame Vater hat bereits selbst sein Verhalten korrigiert. Nicht der Vater, der zunächst gegen die Ehe opponierte, sondern Sara soll von einem übersteigerten Tugendgefühl ‚gereinigt' werden, das rechte Maß der Mitte wiedererlangen. Mit selbstironischen Äußerungen kommentierend, erklärt er Sara gegenüber, daß der Einfall, der Brief enthalte nichts als Liebe, Vergebung und ein Schuldbekenntnis des Vaters, ein ungeschickter gewesen sei, mit dem er sie bewegen wollte, das väterliche Schreiben zu lesen. Er entschuldigt sich, nicht so weit gedacht zu haben, und schmeichelt ihr, wenn er sagt, daß sie „freylich alles genauer" überlege, als er es könne. „Ich wollte Sie nicht erschrecken", fährt Waitwell fort, „der Brief ist vielleicht nur allzuhart; und wenn ich gesagt habe, daß nichts als Liebe und Vergebung darinn enthalten sey, so hätte ich sagen sollen, daß ich nichts als dieses darinn enthalten zu seyn wünschte" (ebd., S. 45). Der Diener läßt die reflektierten Situationen umschlagen und bringt genau den Fall ins Spiel, unter dessen Bedingungen sie bereit ist, den Brief anzunehmen. Er erklärt die von Sara hypothasierte Situation zur realen und thematisiert die affektiven Strukturbegriffe, Schrecken, Liebe und Vergebung, ex negatione.

Erst jetzt will Sara den Brief lesen. Innerhalb der Intrige wird so der von ihr bloß angenommene Fall in die dramatische Präsentation überführt. Sentenzhaft objektiviert sie abermals ihre Motive: „Wenn man den Zorn eines Vaters unglücklicher Weise verdient hat, so muß man wenigstens gegen diesen väterlichen Zorn so viel Achtung haben, daß er ihn nach allen Gefallen gegen uns auslassen kann. Ihn zu vereiteln suchen, heißt Beleidigungen mit Geringschätzigkeit häufen. Ich werde ihn nach aller seiner Stärke empfinden." Ihre Gefühle sprachlich objektivierend, äußert sie weiter: „Du siehst, ich zittre schon – Aber ich soll auch zittern; und ich will lieber zittern, als weinen – – [. . .] Nun ist er erbrochen! Ich bebe – –" (ebd., S. 45 f.). Minuziös kommentiert sie ihr Handeln, das Annehmen und Öffnen des Briefes, sowie ihre Gefühle, lieber Schrecken als Mitleid empfinden zu wollen. Da sie bereits aus der Anrede erkennt, daß der Diener, den sie nun einen ‚alten Betrüger' nennt, getäuscht hat, lehnt sie es ab, den Brief weiter zu lesen.

Waitwells Intrige scheitert, kaum daß sie begonnen hat. Zugleich aber gelingt es ihm durch die Reflexion der Motive seines kleinen Betrugs, einen zweiten Versuch einzuleiten, um Sara zur Annahme der Vergebung zu bewegen. Er bittet Sara um Verzeihung und analysiert seine Intrige, indem er seinen Fehler bekennt, den Betrug eingesteht, den er generalisierend und sentenzhaft herunterspielt: „Wer einmal betriegt, Miß, und aus einer so guten Absicht betrieget, der ist ja deswegen noch kein alter Betrieger." Waitwell weist Saras überzogenes Verdikt somit zurück und stellt seinen ‚Betrug' als Notlüge dar; denn er kann einem „so guten Vater seinen Brief" nicht ungelesen wiederbringen; eher will er ihn verlassen. Indem er seinen Fehler bagatellisiert und den Betrug als notwendigen hinstellt, zwingt er indirekt Sara, zumindest den Brief zu lesen, da sie sonst erneut Schuld auf sich laden und das Unglück des Vaters vergrößern würde. Bereits in der Reflexion auf seine kleine Intrige ist die Umdeutung der Position Saras angelegt. In Analogie zu der geäußerten Sentenz – „und ein Kind kann wohl einmal fehlen, es bleibt deswegen doch ein gutes Kind" – versucht er, Saras Eigensinn entgegenzuwirken. Es erscheint ihm nicht *natürlich*, daß ein ‚gutes Kind' die Verzeihung des Vaters ablehnt und in seiner Einbildung den Fehler vergrößert, um „sich selbst mit solchen vergrösserten Vorstellungen" zu martern. Indem er Sara auffordert, das Vergeben des Vaters anzunehmen, reduziert er die diffizile Konfliktsituation auf die bürgerliche, natürliche Kardinaltugend der Güte, des Vergebens. Damit hat Waitwell die Ebene der Intrige verlassen und geht nun offen auf die aus seiner Sicht verfehlte Einschätzung Saras ein. Obwohl sie sich der Wirkung seiner Argumentation nicht ganz entziehen kann, erhärtet sie abermals ihre Position, daß es egoistisch sei und das Unglück des Vaters nur vergrößere, wenn sie die Vergebung annehme. Wiederum stilisiert sie die Verführung zu einem Verbrechen. Der Diener greift in seiner Antwort diese ihre Hyperbolik auf und deutet sie um: „. . . ist denn nicht das Vergeben für ein gutes Herz ein Vergnügen? [. . .] Ich fühlte so etwas sanftes, so etwas beruhigendes, so etwas himmlisches dabey, daß ich mich nicht entbrechen konnte, an die große unüberschwengliche Seligkeit Gottes zu denken, dessen ganze Erhaltungen der elenden Menschen ein immerwährendes Vergeben ist. [. . .] Rechte schmerzhafte Beleidigungen, rechte tödliche Kränkungen zu vergeben, [. . .] muß eine Wollust seyn, in der die ganze Seele zerfließt. – – Und nun, Miß, wollen Sie denn so eine grosse Wollust ihrem Vater nicht gönnen?" (ebd., S. 47). Das Verhalten des Vaters steht im Einklang mit der göttlichen Ordnung, während Saras Weigerung unnatürlich erscheint, gegen diese erste göttliche Tugend verstößt. Die Annahme der Vergebung erscheint jetzt als altruistische Handlungsmöglichkeit, die dem Vergebenden eine Fülle positiver Empfindungen gewährt, in der sich der Vater gottähnlich fühlen kann. Bewußt setzt der Diener die Klimax ein, mit der er die Empfindungen des Vergnügens, des Glücks, von etwas Sanftem, Beruhigendem hin zum Gefühl zu etwas Himmlischem, zu einer großen Wollust steigert. Die empfindsame Argumentation, die zur Umkehrung der Bewertung des Vergebens führt, affiziert die empfindsame Sara, die nicht mehr ihre Position hartnäckig verteidigt, sondern nur noch Waitwell auffordert, weiter zu sprechen.

Indem er Saras Weigerung, den Brief zu lesen, analysiert, sie sei keine „stolze, unbiegsame" Frau, „die durchaus nicht gestehen [will], daß sie unrecht getan", sondern eine Frau, die ihren Fehler bekenne, deren „Weigern nur eine rühmliche Besorgniß, nur eine tugendhafte Schüchternheit sey", und davor warnt, diese Besorgnis und Schüchternheit, dieses empfindsame „Mißtrauen" nicht zu übertreiben, erleichtert er es Sara, ihre Opposition aufzugeben und den Brief zu lesen. Der uneinsichtige Stolz und die Rigorosität der selbstgenügsamen Tugendhaftigkeit werden als Gefahrenpunkte expliziert, die zugleich mögliche Entwicklungslinien in Saras Charakter indizieren, falls sie sich erneut ablehnend verhalten würde. Durch die Nennung der Extreme und durch das Einlenken Saras wird indirekt auf ihren mittleren Charakter verwiesen, werden die potentiellen Handlungsweisen virtuell in den Dialog einbezogen. Mit der Intrige und deren Rechtfertigung sowie mit der Reduktion der Konfliktsituation auf die bürgerliche Kardinaltugend des Vergebens ist Waitwell nicht nur der Bote, der den Brief übergibt, sondern er wird zugleich zu einem aktiven Dialogpartner Saras, der die Position des Vaters gegenüber ihren Einwänden erfolgreich durchzusetzen vermag. Die bloße Übergabe des Briefes hätte die positive Peripetie der Handlung verhindert. Erst durch Waitwells Eingreifen und Argumentieren wird das positive Dénouement wiederum möglich.

Der Brief selbst wird so in den dramatischen Dialog integriert. Selbst das Lesen des väterlichen Vergebungsschreibens wird in die wiedergebende und kommentierende Rede umgesetzt, so daß das schriftlich Fixierte seine Fremdartigkeit verliert. Bevor Sara ihn liest, thematisiert sie erneut ihre Gefühle, die „Bisse" und „Schmerzen", die sie empfinden wird. Waitwell präzisiert diese Gefühle, wenn er ihr antwortet, daß es „Schmerzen, Miß, aber angenehme Schmerzen" sein werden, und verweist so auf die veränderte Situation. In Analogie zur ersten Szene changieren auch bei der Lektüre die Wörter zwischen den geschriebenen, auf Harmonie ausgerichteten und denen, die Sara kommentierend denen des Briefes entgegensetzt. Der Inhalt des Briefes gipfelt in der Verzeihung auch Mellefont gegenüber, den der Vater seinen Sohn nennt, so daß die dritte Phase dieser Szene direkt auf das Versöhnungstableau verweist, das stattfinden könnte, wenn nun Sir Sampson auftreten würde. Die Vergebung, die Bitte, die „übereilte Strenge zu vergessen", die Liebe, die Annahme des Geliebten seiner Tochter als Sohn bilden die wichtigsten Voraussetzungen und Elemente dieses Tableaus, das emotional bereits in Saras Reaktion real ist.

Ist sie durch Waitwells empfindsame Argumentation „überredet" worden, den Brief zu lesen, so scheint sie nun affektiv überzeugt zu sein. Sie entschließt sich, unmittelbar die Bitte des Vaters zu erfüllen. Der Kontrast zwischen der Schilderung der Sterbeszene zu Beginn des Auftritts und dem zwar nur indirekt vermittelten, empfindsamen Versöhnungstableau am Ende, in dem sich die Bewunderung für das Verhalten des Vaters ankündigt, läßt erneut den erwarteten harmonischen Ausgang der Handlung dominieren. Sowohl das Vergeben als auch die Annahme der Verzeihung werden zu altruistischen moralischen Akten, die dem Rigorismus einer isolierten, ab-soluten Tugend entgegensteuern. Bewundert werden nicht stoizistische oder glänzende Eigenschaften, die das Mitleid zu ersticken drohen, sondern Eigenschaften und Vollkommenheiten, über die jeder Mensch verfügt. Großmut und das Vergeben zählen zu den Vollkommenheiten, deren Bewunderung essentielle Bestandteile der vermischten Empfindung des Mitleids sind. Der ihnen zugrundeliegende Affekt ist die Liebe im Gegensatz zum Zorn und zur Wut, die eher ‚Beklemmung', den ‚grausamen Schmerz' und Schrecken erregen. Bevor Sara ihren Antwortbrief zu schreiben beginnt, verleiht Waitwell in Anspielung auf den Fürstenspiegel seiner Bewunderung für Sir Sampson Ausdruck: „Wenn alle Herren Sir Sampsons wären, so müßten die Diener Unmenschen seyn, wenn sie nicht ihr Leben für sie lassen wollten" (ebd., S. 49).

Die sich anschließende, e r s t e Monologszene des Trauerspiels, in der Sara rückblickend ihre Situation und ihre Überraschung über die positive Auflösung des Konflikts mit ihrem Vater, die Verwirrung in ihren Gedanken und Gefühlen und die Schwierigkeit, den Antwortbrief zu verfassen, thematisiert, setzt eine deutliche Zäsur in formaler und inhaltlicher Sicht und betont den zentralen Stellenwert der Briefszene, die den Rivalitätskonflikt im konkreten Sinne aus dem Zentrum des Trauerspiels verbannt. In zweifacher Hinsicht wird die Tradition des Dramas aufgehoben: Analog zur klassizistischen Tragödie rückt die Möglichkeit der positiven Lösung als Höhepunkt in den Mittelpunkt der Darstellung, die den Gipfel der notwendigen Fallhöhe beschreibt, die zum Ausgangspunkt der Katastrophe werden wird. Im Unterschied zur dramengeschichtlichen Überlieferung jedoch ist es nicht die Konfrontation beider Rivalinnen, sondern der die gattungskonstituierenden Empfindungen erregende und mögliche Affekte reflektierende Dialog zwischen Sara und dem Diener ihres Vaters, der zum Ausgangspunkt für die Peripetie wird. Die von den dramentheoretischen Affekten determinierte, polyperspektivische Reflexion des Opponentenkonflikts und die erneute Monoperspektivierung der Handlung wirken retardierend, forcieren den glücklichen Ausgang, der denkbar nahegerückt zu sein scheint. Die durch die leeren Szenen im ersten und dritten Aufzug aufgebaute, handlungswirksame, diskrepante Informiertheit der dramatis personae im Hinblick auf den Opponentenkonflikt ist für Sara und wird für die übrigen Personen in den folgenden Szenen sukzessiv aufgehoben, so daß abermals die handlungsabschließende Funktion der Exposition in den Vordergrund tritt. Begleitet wird dieser Abbau der Informationsdefizite durch die Reflexionen und Bewertungen der neuen möglichen und alten, nun für alle Personen erkennbar, unmöglichen Handlungsvarianten. Wenn Sara, nachdem sie einige Zeilen niedergeschrieben hat, den Anfang ihres Briefes überdenkt, ihn als einen „frostigen" in Frage stellt und abwägt, ob sie bei der Liebe des Vaters oder bei ihrem Verbrechen anfangen solle, und sich für das letztere entscheidet, ihren Fehler zu bekennen, ihn übertrieben und in den „gräßlichsten" Zügen zu schildern, bezieht sie sich rückblickend auf die Grundpositionen ihres Dialogs mit Waitwell und somit auf die aus den unterschiedlichen Perspektiven gegebenen Handlungsalternativen. Das Überzeichnen ihres Fehlers als Verbrechen steht jedoch der Liebe und der Versöhnung nicht mehr entgegen, sondern läßt die Güte des Vaters zu einer ‚bewundernswerten' Tugend werden.

Die Makrostruktur als Mittel der immanenten Poetik

Das Prinzip, in einem Aufzug jeweils eine bzw. zwei Auftritte, die formal mit Hilfe der Szenenanapher eng miteinander verknüpft werden, wie es im zweiten Aufzug zu beobachten war, als dramatisches Zentrum zu gestalten, wird im dritten Aufzug in besonderer Weise wiederholt; denn der dritte Akt stellt axial-symmetrisch den Höhepunkt der empfindsamen Handlung dar. Die Mikrostruktur der Briefszene, der

Aufbau des dritten Aufzugs und die Makrostruktur des Trauerspiels werden zu formalen Mitteln, deren sich die immanente Poetik im Drama bedient. Sowohl die Reflexion auf die Affekte als auch die sich aus ihnen abgeleitete Struktur sind insofern implizite und explizite Formen der poetologischen Selbstreflexion, als sich in ihnen die Gestaltungs- und Kompositionsprinzipien der Dramaturgie und des Dramas enthüllen, die zugleich den dramengeschichtlichen Standort des neuen Genres darstellen.

Die folgenden Szenen – die fünfte und sechste, in denen Sara Mellefont und Marwood, die ihr in der Maske einer Verwandten Mellefonts gegenübertritt, sowie Betty den Inhalt des Briefes mitteilt, und die siebte, die ebenfalls wie die erste, den Aufzug eröffnende Szene durch einen totalen Konfigurationswechsel die liaison des scènes unterbricht, in der Waitwell Sir Sampson über Saras Reaktionen berichtet – wirken wie Rückblicke und Reflexe auf die eigentliche, empfindsame Handlung der Briefszene. Ebenso wie die erste und letzte Szene des dritten Aktes als Vorgriff und Rückgriff die Briefszene einfassen, bilden im ersten Auftritt des Dramas die Ankunft des Vaters und die in den letzten Auftritten des fünften Aufzugs stattfindende Begegnung zwischen Sara und ihrem Vater den Rahmen des Trauerspiels. In den Zwischenakten zwei und vier wie in den Auftritten zwei und fünf des dritten Aufzugs konzentriert sich das Geschehen auf die Gegenhandlung Marwoods. Der Mittelakt bildet nicht nur axial-symmetrisch die Achse des empfindsamen Trauerspiels, sondern spiegelt auch die Makrostruktur des Dramas wider. Die Handlungsphase der Rekonziliation umschließt das Trauerspiel. Die Handlungssequenz des Briefes innerhalb des Opponentenkonflikts eröffnet und bestimmt den Mittelteil und schließt den dritten Akt, der durch den Auftrag, den Brief zu überbringen, durch die Übergabe und durch den Bericht über die Wirkung des Briefes auf Sara strukturiert wird.[142] Zum ersten Mal gelangen am Ende der dritten Szene bzw. am Schluß des dritten Aktes die Segmentierungen auf der Ebene des Dargestellten und der Darstellung fast zur Deckung. Nahezu gerät der Aktschluß zu einem Ruhepunkt im Gegensatz zu den Schlüssen des ersten und zweiten Aufzugs. Pointiert wird die dramatische Form als Mittel der immanenten Poetik eingesetzt.

Wie bewußt dieser Wille zur innovatorischen Form des neuen Genres eingesetzt wird, zeigt nicht nur die kontrastive Fügung der ersten beiden Szenen des dritten Aufzugs, welche die Offenheit der Handlungsentwicklung provokativ präsentiert, sondern auch das Auftreten Mellefonts und Lady Solmes' unmittelbar im Anschluß an Saras Monologszene; denn das verspätete Eintreffen Marwoods wirkt wie eine Reminiszenz an die großen Konfrontationsszenen rivalisierender dramatis personae im Mittelakt. Die ersten Dialogpassagen der fünften Szene hätten unmittelbar dem zweiten Aufzug folgen können. Explizit knüpft Sara an ihre Befürchtung an, wenn sie das galante Kompliment Lady Solmes', im ersten Augenblick vom Glück ihres Vetters Mellefont und von der Vollkommenheit Saras überzeugt zu sein, entgegnet, daß diese Schmeichelei fast ein versteckter Vorwurf sei, um, wenn sie die Lady „nicht für viel zu großmüthig hielte, ihre Ueberlegenheit an Tugend und Klugheit eine Unglückliche fühlen zu lassen" (III/5, S. 50). Thematisch und situativ wird der Zuschauer an den zweiten Auftritt, an die neu einsetzende Gegenhandlung erinnert. Kalt, das Kennzeichen der Verstellung,[143] der Intrigenrolle, die Marwood in der Maske der Verwandten spielt, erwidert sie, untröstlich zu sein, wenn Sara ihr „andre als die freundschaftlichsten Gesinnungen" zutraue (ebd.). Nachdem Mellefont sie ermahnt, nicht zu vergessen, wer sie sein wolle, spielt sie die Rolle der b e w u n -

d e r n d e n Verwandten: „Die Bewunderung ihrer liebsten Miß, führte mich auf die Betrachtung ihres Schicksals. Es gieng mir nahe, daß sie die Früchte ihrer Liebe nicht in ihrem Vaterlande genießen soll. Ich erinnerte mich, daß sie einen Vater, und wie man mir gesagt hat, einen sehr zärtlichen Vater verlassen müßte, um die ihrige seyn zu können; und ich konnte mich nicht enthalten, ihre Aussöhnung mit ihm zu wünschen." Marwoods intrigantes Rollenspiel, ohne ‚Maskenverlust' ihre eigenen Absichten zu realisieren, indem sie zunächst als Mitleidende die Geschichte der Amanten, ihre Flucht, deren mögliche Fortsetzung ins Ausland und den Wunsch der Aussöhnung zwischen Sara und ihrem Vater thematisierend revue passieren läßt, korreliert aufgrund ihres Wissens unbewußt mit der vorausgegangenen Wende innerhalb des Opponentenkonflikts. Ihr bigotter Wunsch nach der Aussöhnung grenzt rückblickend das Erreichte gegen das Mögliche ab. Der aus ihrer Sicht nur spielerisch intendierte Wunsch ist bereits Realität geworden; wird, wie sie später erkennen und zugestehen muß, zur Selbstironie, kehrt sich wider sie. Auf Saras Andeutung hin, daß der Wunsch „erfüllt wurde, ehe die Lady die Liebe für uns hatte, ihn zu thun", reagiert Mellefont gemäß seinem Wissensstand und geht vom Zorn des Vaters aus, der gekommen sei, um seine Tochter heimzuholen. Er erwägt, die Flucht fortzusetzen, und bereut, Sara noch nicht geheiratet zu haben, um eine Trennung zu verhindern. Wovor Mellefont sich fürchtet, darauf setzt Marwood ihre Hoffnungen. Daß diese für die Amanten negative Lösung Teil der Intrige Marwoods ist, daran läßt Mellefont keinen Zweifel, wenn er gegen Marwood äußert: „Wie hasse ich den Nichtswürdigen, der uns ihm verrathen hat" (ebd., S. 51).

Die Verknüpfung der Konflikte

Das Verstellungsspiel und die Verteilung des differierenden Wissens, Saras Wissen um die Vergebung des Vaters und ihre Ahnungslosigkeit gegenüber Lady Solmes, Marwoods und Mellefonts Nicht-Wissen um die Lösung des Vater-Tochter-Konflikts, das Spiel mit den Rollen und das Spiel mit der diskrepanten Informiertheit der dramatis personae, verweisen auf die Verknüpfung der drei Konflikte unter dem Primat des zu erwartenden Versöhnungstableaus, dem eine handlungsintegrative Funktion zukommt. Der harmonischen Handlungsentwicklung innerhalb des Opponentenkonflikts ordnen sich die zunächst gleichrangig exponierten und präsentierten Handlungsstränge des Rivalitäts- und Amantenkonflikts unter. Die in der Briefszene dargestellte Veränderung bildet auch den inhaltlichen und nicht nur formalen Mittelpunkt der dreigliedrigen Handlungsführung. Das empfindsame Moment wird nicht nur durch die Placierung auf- und neu bewertet, sondern verändert entscheidend die Situation in allen drei Konflikten. Der Aufschub der Zeremonie ist nun nicht mehr mit dem materiellen Argument, die Entscheidung der Erbschaftsangelegenheit wegen der Mittellosigkeit Mellefonts abzuwarten, zu rechtfertigen (vgl. IV/2). Marwood muß sich das Fehlschlagen ihrer Intrige, die vor dem Dramenbeginn einsetzt, in einem aparté selbst eingestehen: „Wie sehr habe ich mir selbst geschadet! Ich Unvorsichtige!" (III/5, S. 51); hatte sie Sir Sampson doch als zornigen Vater eine entscheidende, ihm jedoch nicht bewußte Helferrolle in ihrem Verstellungsspiel zugedacht, als sie ihn über den Aufenthaltsort seiner Tochter informierte. Ihre Intrige wird durch die Veränderung der Ereignisse und damit der Ausgangsbedingungen zum Scheitern gebracht, ohne daß ihr intrigantes Spiel aufgedeckt wird. Das, was sie mit diesem Winkelzug beabsichtigte, steht im Gegensatz zu dem, was sie mit diesem bewirkt hat: statt der Trennung der Amanten hat sie deren Glück befördert.

Die für Sara unbewußte, für den Zuschauer und für Marwood nicht zu überhörende Ironie, mit der Sara Lady Solmes mitteilt, ihr Vater habe beiden, ihr und Mellefont, vergeben, bringt abschließend den Stand der Handlungsentwicklung auf den dramentheoretischen Begriff: „Ja wohl, Lady, haben Sie *Ursache, diese Veränderung zu bewundern*" (ebd., Hervorhebung v. M.S.). Die durch die subtilen Reflexionen auf mögliche Handlungsalternativen geprägte Briefszene, deren grundlegende Fabelvarianten durch die Thematisierungen des zärtlichen, vergebenden Vaters durch Marwood und des zornigen durch Mellefont aktualisiert werden, erhält nun retrospektiv ihre poetologische Begriffsbestimmung, indem die realisierte Variante mit der Kategorie der Bewunderung präzise von Sara erfaßt wird. Wiederum wird die poetologische Selbstreflexion im Drama induktiv herbeigeführt. Wurden in den ersten beiden Phasen der Briefszene die verschiedenen Versionen mit den entsprechenden affektiven Kategorien im Dialog dargelegt, so gelingt es erst jetzt, wenn sie der unmittelbaren Wirkung der Briefszene enthoben ist und wenn sie Lady Solmes und Mellefont über das Geschehene berichtet, der veränderten, nun aber eindeutigen Handlungsentwicklung die entsprechende, dramentheoretische Kategorie der Bewunderung zuzuordnen.

Während die vergebende Liebe des Vaters Mellefont erstaunen läßt, glaubt Sara, daß diese Veränderung von Lady Solmes bewundert werde, da sie in der Rolle der Verwandten zuvor ihre Bewunderung für Sara ausgedrückt und ihren Vater als einen zärtlichen charakterisiert hat. Aus der figurenbezogenen Perspektive Saras ist diese nuancierte Sichtweise gerechtfertigt, da Mellefont nur den Zorn, die Wut und die Strenge Sir Sampsons kennengelernt hatte und da sie die Maske der Lady nicht durchschaut. Mellefont hat zuvor im Gegensatz zu Marwood die Version des zürnenden Vaters thematisiert und seinen Schrecken darüber ausgedrückt: „In diesem Augenblicke empfinde ich alle das Unglück, das unser entdeckter Aufenthalt für mich nachziehen kann" (ebd.).[144] Bevor er den Inhalt des Briefes genau kennt, geht er, ähnlich wie Sara, von einer hypostasierten Situation aus. Obwohl Sara ihm ein Erstaunen, ein Sich-*Verwundern* voraussagt, wenn er durch den Brief von der Liebe des Vaters überzeugt wird, da diese Wandlung Sir Sampsons ihm unvermutet, überraschend erscheinen müßte, reagiert er zunächst schweigend, und nur die toposartige Träne, „die aus [seinem] Auge schleicht", wie Sara kommentiert, „sagt weit mehr, als [sein] Mund ausdrücken könnte!" Die Furcht und der Schrecken vor dem Zorn des Vaters weichen der ‚Träne der Freude', die Sara von seiner Wange küssen will. Bewunderung und nicht Verwunderung[145] empfindet Mellefont, wenn er Sir Sampson als „göttlichen Mann" verklärt, da er ihnen vergeben hat: „denn was ist göttlicher als vergeben." In Übereinstimmung mit Waitwells Argumentation und Saras Affekt reiht Mellefont sich mit seiner „Thräne" und mit der Bestimmung der Ursache dieser Veränderung, die zur Bewunderung führt, erneut in den Kreis der Empfindsamen ein. Und konsequent reflektiert er den möglichen Schluß: „Hätten wir uns diesen glücklichen Ausgang nur als möglich vorstellen können, [...] Welche Glückseligkeit wartet auf mich!" (ebd., S. 51 f.).

Der Umschlag vom Schrecken zur Bewunderung wird nicht nur rückblickend thematisiert, sondern auch emotional in den Reaktionsweisen Mellefonts dramatisch präsentiert. Die Umkehrung der Gefühlslage, der Umschlag zum „glücklichen Ausgang", wiederholt sich und forciert die Erwartung auf die harmonische Tableauszene. Nicht Mellefont ist es, der verwundert reagiert, sondern Lady Solmes, die im Gegensatz zu Saras Erwartung diese Veränderung nicht bewundert; denn Marwood reagiert verwundert, erstaunt über diese aus ihrer Sicht „unvermutete Güte" des Vaters. Ihren Schrecken kann sie nur mühsam ohne Maskenverlust verbergen mit dem Hinweis, sie zittere für Sara und Mellefont, da die „unvermutete Güte" des Vaters eine Verstellung, eine List sein könne.[146] Sara weist diese Möglichkeit als Unterstellung zurück, da die Verstellung ein Laster ist, zu dem ihr empfindsamer Vater sich nicht herablassen kann. Nachdem Marwood den Brief des Vaters gelesen hat, entfärbt sie sich und zittert, d. h. sie empfindet im Gegensatz zu Sara und Mellefont Schrecken. Aus der Sicht Saras haben sich nun vollständig die von ihr vermuteten Reaktionsweisen umgekehrt. Marwoods gespielte Bewunderung schlägt um in Verwunderung und erregt Schrecken.[147] Affektiv stellt sie sich außerhalb des Kreises der Versöhnten. Da sich ihre eigenen Empfindungen ihrem Verstellungsspiel entziehen, von ihr nicht kontrolliert werden können, steht sie in der Gefahr, sich selbst zu demaskieren, ihre wahre Identität preiszugeben; worüber Mellefont erschrocken ist. Diese Variante wird zwar nur angedeutet, aber wiederum mit dem expliziten Verweis auf den Schrecken präzise erfaßt. Mellefont kann die Situation retten, indem er Marwood vorschlägt, sich an der frischen Luft von dem ‚kleinen Schwindel' zu erholen. Von der veränderten Situation überrascht, willigt die erschrockene, zitternde Marwood ein und verläßt zusammen mit Mellefont Saras Zimmer.

Der Kontrast zwischen der gespielten, vorgespiegelten und ihrer wahren Identität, die Stimmigkeit zwischen der auf einen glücklichen Ausgang zueilenden Handlung und des Besuchs einer Verwandten Mellefonts, die Anteil an dem Unglück und Glück der Liebenden zu nehmen scheint, und die Unstimmigkeit zwischen der Versöhnung und ihrem die eigene, wahre Identität enthüllenden Schrecken spiegeln in der Disposition der Intrige und im gespaltenen Rollenspiel Marwoods die Turbulenzen der Umkehrungen im dritten Aufzug wider; Turbulenzen, die zwar zunächst Unruhe durch die häufigen Umschläge der Erwartungshaltungen ins Spiel bringen, deren Ziele aber die Wiederherstellung der Ruhe, des Glücks und der Zufriedenheit sowie das Versöhnungstableau sind. Es ist, als ob bereits die dramatische Ökonomie der Handlungsführung einen Auftritt der Marwood in ihrer wahren Gestalt an dieser Stelle, zu diesem Zeitpunkt und in dieser Situation unmöglich mache, so daß nicht sie allein sich maskiert, sondern diese Maske, die dem Harmonischen angepaßt ist, durch die Veränderung der Situation nahezu erzwungen werde. Marwoods Maske ist Teil ihrer Intrige und Funktionsträger der harmonischen Lösung.

Das Prinzip der Umkehrung als Mittel der poetologischen Selbstreflexion

Nicht nur aus der Sicht Saras, sondern auch aus den Perspektiven Marwoods und Mellefonts sowie des Zuschauers haben sich die Erwartungen umgekehrt, so daß die positive Lösung denkbar nahe gerückt scheint. Die geradezu auffällige Häufigkeit der Verwendung des strukturellen Prinzips der Umkehrung im gesamten dritten Aufzug des bürgerlichen Trauerspiels ist ein Mittel sowohl der Intensivierung der Detail- und Finalspannung der Handlung als auch der poetologischen Selbstreflexion im Drama; denn die Umkehrungen vollziehen sich in der Montage der handlungsentlasteten Dialoge, in denen die Handlungsalternativen expliziert werden. Die Umkehrungen, die auch die ersten beiden Aufzüge strukturieren, bestimmen die Makro-

und Mikrostruktur des bürgerlichen Trauerspiels. Formal ist das Prinzip der Umkehrung als Moment der Handlungsstruktur und -entwicklung eng an das Strukturprinzip der Wiederholung geknüpft; denn die Umkehrung kann als Alternative zu wiederholten Situationen und Charakteren das unerwartete Abschlußglied der Kette der Repetitionen bilden, das Zukünftiges in überraschender Weise in das Blickfeld und damit in den Raum der Reflexion rücken läßt.[148] Ist die Umkehrung eingetreten, holt sie retrospektiv noch einmal das Vergangene ein, das im Perspektivenwechsel als zurückliegender Vorgriff kontrastierend realisiert wird, das als Umgekehrtes wiederholt thematisiert wird in seiner Gegenläufigkeit. Die Umkehrung ist eine bestimmte Variation der Wiederholung. Sie konterkariert die Wiederholungsstruktur, bildet deren Extrem und erzeugt so Spannung. Die Umkehrung ist eine strukturale Sonderform des allgemeinen dramatischen Bauprinzips der Handlungsduplizität „von Vorgriff und Verwirklichung", von „vorausdeutender Spiegelung und rückgreifender Parallelfabel"; „denn Umkehrung ist Umkehrung von etwas, was früher schon geplant und getan wurde. Wenn sie sich ereignet, bewirkt sie keine Spannung, sondern Ü b e r r a s c h u n g. Sie steht daher häufig am Ende eines Dramas oder einer Handlungsstrecke."[149]

Da die Wiederholung und Umkehrung, die in Lessings erstem bürgerlichen Trauerspiel auch die Sprache und die Form der Argumentation durchsetzen, und zwar mit den rhetorischen Figuren der Wiederholung und mit den Satzfragmentreduplikationen, zu den wichtigsten, sehr häufig und kunstvoll verwandten Mitteln der Lessingschen Jugendkomödien gehören,[150] weist sich am Ende des dritten Aktes das Trauerspiel *Miß Sara Sampson* als ein Drama aus, das formal und inhaltlich in der Tradition der Komödie steht. Obwohl die toposartige Schlußszene des rührenden Lustspiels – das Versöhnungstableau, das seit der Exposition der Handlung das Geschehen innerhalb des Opponentenkonflikts bestimmt, da der für die Komödie typische Umschlag in der Handlung des Vaters der Vorgeschichte angehört – kaum Erstaunen bzw. Verwunderung beim Zuschauer auslösen dürfte, wirkt jedoch die Placierung der empfindsamen Briefszene, die von einem Diener beherrscht wird, überraschend. Der möglich erscheinende harmonische Ausgang des bürgerlichen Trauerspiels am Ende des dritten Aufzugs konterkariert die genrespezifische Erwartungshaltung des Zuschauers. Die Umkehrung wird zu einem Strukturprinzip des Wirkungsprozesses. Da das Prinzip der Umkehrung dramengeschichtlich vorgeformt ist, weil es eng mit der Wiederholung verbunden ist und da es teilhat sowohl an der Werk- als auch an der Wirkungsstruktur, zeichnet es sich in besonderer Weise als ein Mittel der poetologischen Selbstreflexion im Drama aus.

Affinität zwischen Komödie und Trauerspiel

Sind die Prinzipien der Wiederholung und der Umkehrung, die Grundstrukturen des Komischen darstellen, geradezu prädestiniert, Menschen und ihre Konflikte sowie Gegenstände aus unterschiedlicher und damit distanzsetzender Perspektive zu zeigen, das Dysfunktionale, das Nicht-Notwendige in Bewegung zu setzen, ontische Irritationen, die Vermischung des Gegensätzlichen, ins Spiel zu bringen, so dienen sie auch dazu, und zwar jeweils in abschließenden Handlungsphasen, das Verirrte und Verwirrte, das Besondere und Absonderliche zu entwirren und in der Wiederholung oder Umkehrung zu regulieren, regelmäßig werden zu lassen. Neben ihrem

Überraschungseffekt vermag die Umkehrung „dialektisch zu wirken. Sie kann durch Vorzeigen der Kehrseite widerlegen und überführen. Mit ihrer logisch exakten Antithetik liefert sie schlagende Beweise".[151] Und nicht nur in der Hand des aufgeklärten Komödiendichters, sondern auch in der des Trauerspieldichters ist sie eine spitze Waffe, um bisher unentdecktes Terrain mit und gegen die Tradition zu erobern.

Die Wiederholungen und Umkehrungen der Ereignisse, die den komischen Effekt intensivieren können, sind in sich schon komisch;[152] zugleich aber erzeugen die Mehrfachthematisierungen, die situativen und thematischen Äquivalenzen, die Wiederholungen von Situationen und Charakteren,[153] die Intrigenstruktur, das Maskenspiel, die Briefe, die (Szenen-)Anapher, die Repetitionen von Vorgriffen, Verwirklichungen und Rückblicken, die affektiven Antizipationen und die retrospektive, resümierende affektive Bestimmung der erreichten Handlungssituationen sowie die Umkehrungen immer wieder Distanzen, welche zu den notwendigen Voraussetzungen der Reflexion gehören. Daß gerade die Mittel der Komödie im ersten bürgerlichen Trauerspiel dominieren, belegt einerseits die Nähe des neuen Genres zur Komödie und andererseits die enge Verbundenheit zwischen dem Phänomen der immanenten Reflexion und der Komödie; ist doch bereits im Prinzip des Komischen das Moment der Distanz verankert. Das bürgerliche Trauerspiel *Miß Sara Sampson* übernimmt komödienhafte Strukturelemente und damit deren Möglichkeiten zur Distanzbildung, die verwirklicht werden. Und dramengeschichtlich bestand geradezu ein Zwang zu poetologischen Selbstreflexionen im Drama, um das Neue, das Innovatorische dieses Genres, mit der Tradition gegen diese abzugrenzen, zumal die Theorie in expliziter Form noch gar nicht vorlag. Nahezu jede dramatische Figur verfügt über ein erhebliches Reflexionsvermögen, das sie fast ständig räsonieren, hypostasieren, argumentieren läßt,[154] um in den kasuistischen Imaginationen und Demonstrationen das Neue gegen das andere, gegen das Tradierte und damit Bekannte abzuheben. Das Innovatorische bedarf des Kontrastes, aber auch der Wiederholung und der Umkehrung, um sich in das Bewußtsein der Rezipienten einzuprägen, um sich gegen die vorgeprägten Muster der Tradition durchsetzen zu können, die zugleich zersetzt werden. Und die Komödie, die noch weit bis in das 18. Jahrhundert hinein von der Theorie des Dramas unbelastet geblieben war, da diese eher im Umkreis der Tragödie stattfand, wie es bereits die Poetik des Aristoteles eindrucksvoll belegt, sah sich seit jeher besser als die Tragödie imstande, „ästhetische Gebote und Verbote zu umspielen und andernorts peinlich respektierte Grenzen aufzuheben",[155] so daß auch in ihrer theoretischen Unbelastetheit und Unvoreingenommenheit die Affinität zum Paradigmenwechsel innerhalb der Dramenpraxis und -theorie und damit zur poetologischen Selbstreflexion evident wird. Daß sowohl dramengeschichtlich als auch genrespezifisch im Sinne eines strukturalen Grundtypus das Trauerspiel die distanzsetzenden, antiautoritären, antiklassizistischen Momente der Komödie der Aufklärung aufnimmt, und zwar inhaltlich und formal, ist nicht zufällig geschehen. Die Verwandtschaft zwischen der Rührkomödie und Lessings empfindsamen Trauerspiel manifestiert sich nicht nur im tertium comparationis der Rührung,[156] sondern auch in der anti-gottschedschen Stoßrichtung beider Genre; denn sein erstes Trauerspiel hat „keine Staatsaktion, nicht das Schicksal der ‚Großen' zum Gegenstand [...], sondern das von Gellert so genannte ‚Privatleben'".[157]

Bereits in der *Abhandlung vom Trauerspiele* aus dem Jahre 1755 wird die Nähe zwischen Lustspiel und bürgerlichem Trauerspiel theoretisch erkannt. Als Differenzkriterium gegenüber dem ‚lyrischen' und ‚heroischen' Trauerspiel wird die Fabel genannt, die sowohl dem Lustspiel als auch dem bürgerlichen Trauerspiel zugeordnet wird; ferner betont Pfeil, der Verfasser dieser Abhandlung, die Freiheiten des Dichters und damit das Experimentelle beider Untergattungen des Dramas.[158] Gegen starre Antinomien, gegen Normen, gegen den festen Bezugsrahmen einer Metaphysik sich zu richten, ein Spiel zu treiben, das nach immer neuen Spielräumen Ausschau hält, das Moment der Subjektivität gegen das der Objektivität zu setzen, grenzen gattungsgeschichtlich sowohl die Komödie von der Tragödie als auch das empfindsame Trauerspiel vom heroischen ab.[159] Weder das Schuldlos-Schuldig-Werden der Menschen[160] und der Bann des Schicksals noch Naturereignisse oder von einem Gott dem Menschen auferlegte Prüfungen sind für die Komödie und das empfindsame Trauerspiel von Gewicht, in denen es in der Macht der Menschen steht, Konflikte zu lösen, bestehende Mißverhältnisse zu verändern.[161] Komödie und bürgerliches Trauerspiel lassen den Menschen nicht zum Objekt werden, sondern gewähren ihm Frei- und Handlungsräume, so daß beide Genre zu adäquaten ästhetischen Ausdrucksformen fortschreitender Subjektivität in der Aufklärung werden.[162]

Exkurs:
Das Trauerspiel: Empfindsamkeit, Aufklärung und die immanente Poetik des Mitleids

Die Empfindsamkeit und besonders Lessings und Mendelssohns Theorie der angenehmen Empfindung, deren literarischen und erkenntnistheoretischen Traditionslinien weder zum deutschen Pietismus noch nach Frankreich, sondern nach England führen, lassen die Selbst-Wahrnehmung, das Sich-Selbst-Empfinden, das Selbst-Gefühl und das Selbst-Bewußtsein in das Zentrum des Erkenntnisinteresses des Menschen rücken.[163] Nicht erst in der Empfindsamkeit wird das Subjekt der Erkenntnis sich selbst zum Objekt. Ich-Gefühl und Selbst-Bewußtsein, Eigenwille und Introspektion waren schon vor der Empfindsamkeit Gegenstände eines recherchierenden Ich. Die lange Tradition der Rhetorik, der Redekunst, welche die Affekterregung, das „conciliare", „delectare" und „movere" in den Dienst des „persuadere" stellte, die bereits bei Gorgias und Aristoteles in einer engen Verbindung zur Wirkungspoetik gebracht wurde, gehört ebenso wie der Zwang zur Selbst- und Fremdbeobachtung in der höfischen Gesellschaft und die Notwendigkeit der Selbstkontrolle des ökonomischen Subjekts auf dem freien Markt zu den historischen Arten der Reflexion des Individuums. In Deutschland entwickelte sich vor der Empfindsamkeit der Pietismus, dessen religiöse Muster der Selbstbespiegelung und Erweckungserlebnisse eher die Individualität in den stereotypen Selbstanalysen aufhoben als setzten. Der Pietismus gehört zum Umfeld der Empfindsamkeit, und es waren die vom englischen Sensualismus und von den psychologischen Elementen der deutschen Schulphilosophie beeinflußten empfindsamen Strömungen, die den deutschen Pietismus veränderten.[164]

Der Mensch, dessen Perfektibilität Telos sowohl der rationalen als auch der empfindsamen Aufklärung ist, wird zum Souverän, wenn er sich nicht wahllos seiner Vernunft, seinem Willen und seinen Gefühlen ausliefert, sondern bewußt und reflektiert sich selbst beobachtet.[165] Erst in der sich selbst reflektierenden Subjektivität wird der Mensch tugendhaft, indem er nicht mehr Objekt der „herrschenden Begierden", des Lasters, sondern Subjekt und damit Herrscher über die Begierden ist.[166] Lessing hat nicht nur wie Bodmer, Breitinger, Meier, Baumgarten, Sulzer und Mendelssohn die unteren Seelenvermögen, die Empfindungen aufgewertet, sondern in seiner Poetik und in seinen Trauerspielen bzw. in seiner ernsten Komödie das Mitleid zu dem Prinzip erhoben, das die Perfektibilität des Menschen zuallererst befördert, das vor dem Willen und dem Verstand rangiert.[167] Den Herrschaftsformen der Rationalität, die ihre negative Dialektik entfaltet, wird mit der Reflexionstheorie des Mitleids ein Gewicht entgegengestellt, das den Menschen der einzig wahren, n a - t ü r l i c h e n Herrschaft, der ‚Herrschaft der inneren Natur' unterstellt. Die Theorie des Mitleids zeigt gerade nicht einen Menschen, der, nachdem er partiell Herrscher über die äußere Natur geworden ist, nun prätendiert, die Herrschaft ü b e r seine innere Natur anzutreten.[168] Endzweck der Theorie und der Darstellung des Mitleids ist es, den Menschen seine wahre Natur, seine ursprünglichste Empfindung, das Mitleid selbst, erneut zu entdecken, um den Abbau von Herrschaftsstrukturen betreiben zu können.[169]

Empfindsamkeit ist keine antiaufklärerische Bewegung, die mit einer irrationalistischen Rührseligkeit, mit der „Empfindelei" zu identifizieren wäre, sondern ein emotional-rationaler Prozeß, in dem das Affektive des Menschen, seine Emotionalität, zum Gegenstand der Beobachtung wird. Sie richtet sich ebenso gegen die höfische Rationalität und Zweckrationalität des Bürgers wie gegen die Schwärmerei, „Empfindelei", den Irrationalismus. Geradezu idealtypisch findet die Empfindsamkeit in Lessings Poetik des Mitleids ihre ‚Kritische Theorie', in der die natürliche Selbstdarstellung des Menschen – zumindest ihrer Intention nach – den ganzen Menschen aufklärt. Das Moment der subjektiven Reflexivität der Empfindsamkeit, einer nicht ausschließlich literarischen Epoche der Aufklärung, in der die neuen Dramenformen, das rührende Lustspiel und das bürgerliche Trauerspiel, entstehen, begünstigt in besonderer Weise die Applikation der poetologischen Selbstreflexion in einem Drama, das die natürlichste Leidenschaft des Menschen, das Mitleiden, zum Prinzip seiner Dramaturgie erhoben hat. Da die Emotionalität des Menschen bereits im außerliterarischen Raum Gegenstand der Reflexion ist, eignet sie sich im besonderen Maße, Gegenstand einer illusionistischen, auf Fiktionsironien verzichtenden, poetisch-poetologischen Selbstreflexion im empfindsamen Drama zu sein.[170] Das Innovative, der Zwang, sich gegen Tradiertes abzugrenzen, und das rationale Moment der Empfindsamkeit, einer Phase der deutschen Aufklärung, deren Grundströmungen die „progressive Universalisierung"[171] und die „progredierende Subjektivität" bilden, schaffen ideale Voraussetzungen für das Phänomen der immanenten Poetik des Mitleids, deren Universalität, Subjektivität und Spontaneität wiederum idealtypisch mit diesen Grundtendenzen der Aufklärung koinzidieren.

Da der Mensch sich selbst als emotionales Individuum reflektiert, gehört die emotionale Selbstreflexion, der immer schon ein Moment des Rationalen qua Reflexion innewohnt, zu den „unteren" Seelenvermögen des Menschen, der sich in ihr ursprünglich seiner selbst, seiner Existenz versichert. Die strenge Trennung von Gefühl und Verstand, von Empfindung und Erkenntnis war selbst der Leibniz-Wolffschen Schulphilosophie fremd. Die unteren Seelenvermögen, die Empfindungen, die Vorstellungstätigkeit der Seele, wurde von Leibniz der cognitio intuitiva als anschauende Erkenntnis zugeordnet. Die anschauende Erkenntnis erfaßt den Gegenstand simultan, nicht wie der Verstand diskursiv, sukzessiv. Die symbolische Erkenntnis, d. h. die begriffliche, nimmt den Gegenstand zergliedernd und trennend bzw. ‚klar', ‚deutlich' und ‚ausführlich' wahr.[172]

Wenn in Lessings bürgerlichem Trauerspiel nur ‚stoffliche' Affekte, d. h. diejenigen, die dem dargestellten Gegenstand unmittelbar anhaften, wie z.B. Zorn, Eifersucht, Haß, Wut, Liebe, dramatisch präsentiert werden, kann der Zuschauer nur fühlen, daß ein anderer sie empfindet. Er wird nicht p r i m ä r affiziert. Wenn jedoch diese unmittelbaren Affekte der dramatis personae auf jene bezogen werden, welche die dramatische H a n d l u n g formen, auf das Mitleid und dessen Konstituenten Schrecken und Bewunderung, so daß das Publikum das Mitleid selbst fühlt, kongruiert der dargestellte Affekt mit dem erregten, ohne daß die Distanz zwischen dem Objekt und wahrnehmenden Subjekt aufgehoben wird. Indem der Zuschauer das Mitleid fühlt, identifiziert er sich mit dem Gegenstand, der jedoch als Ursache und als Mittel der Wirkung von empfindenden Subjekt getrennt bleibt. Dieser Rezeptionsprozeß spiegelt die Struktur der Reflexion wider: Einerseits identifiziert sich das Publikum affektiv mit der dargestellten Handlung und andererseits bleibt die Grenze zwischen Bühne und Zuschauerraum bestehen. Die Identität von Darstellung und Wirkung im dargestellten Gegenstand ist also die Voraussetzung für das r e a l e Empfinden des Mitleids. Da das Mitleid Ursache, Mittel u n d Wirkung in sich vereint, kann der Zuschauer emotional die Identität zwischen sich und dem Präsentierten herstellen. Das Moment der Distanz und der Identität, die Einheit von Ursache, Mittel und Wirkung lassen das Mitleid zu einer idealtypischen Form der poetisch-poetologischen Selbstreflexion im empfindsamen Drama werden; denn das Mitleid ist das Prinzip der dramatischen Form, des Inhalts und der Wirkung. Im Mitleid spiegelt sich die Struktur der Reflexion wider; der Fremd- und Selbstbezug, das Moment der Distanz und der Identität trägt dieser natürliche Affekt in sich. Die theatralische Illusion bedarf weder fiktionaler Ironien, weder desillusionistischer noch anti-illusionistischer Momente, um real wirken zu können. Aufgrund dieser Universalität ist das Mitleid auch Mittel u n d Inhalt s o w i e Grundtypus des illusionistischen, poetischen Diskurses.[173]

Die Poetik des Mitleids stellt rezeptionstheoretisch eine Wirkungsästhetik dar, der ihrerseits ein Subjektivismus inhärent ist, da ein Publikum vorausgesetzt wird, durch dessen Rezeption im Sinne eines ästhetischen Subjekts über den Wert und das Wesen des ästhetischen Gebildes entschieden wird.[174] Nicht mehr aus der Objektivität des Kunstwerks wird dessen ästhetischer Wert abgeleitet, sondern aus dessen Wirkung. Im Gegensatz zu Dubos' ästhetischem Subjektivismus und zu Nicolais bloßer Emotionalisierung des Dramas sowie in Abgrenzung zu Gottscheds rationalistischem Moralismus und abstraktem Objektivismus nimmt Lessing eine vermittelnde Position ein, da er das Mitleid nicht nur als wirkungspsychologische, sondern auch als werkästhetische Kategorie des neuen Genres definiert hat und da das Mitleid als wirkungsbezogener Affekt unmittelbar bessert im Gegensatz zur Bewunderung, deren Wirkung eine deutliche Erkenntnis der Vollkommenheit voraussetzt.[175] Ist unter dem Aspekt der Wirkung die rationale Legitimation zwar irrelevant, da der Zuschauer direkt die Leidenschaften, und zwar bestimmte im Sinne der Lessingschen Unterscheidung zwischen primären und sekundären Affekten, das Mitleid sowie Schrecken und Bewunderung, insoweit sie Elemente der übergeordneten, primären vermischten Empfindung sind, empfinden soll, so ist doch die Poetik des Mitleids unter dem Gesichtspunkt der Produktionsästhetik rational ausgerichtet. Erst die kausale

Verknüpfung der Elemente des Mitleids, wie Lessing es selbst in der Analyse des ‚Bettler-Beispiels' eindrucksvoll belegte, garantiert die intendierte Wirkung. Die Rationalität im produktionsästhetischen Moment, durch die das Mitleid, der Schrecken und die Bewunderung zu werkästhetischen Prinzipien der dramatischen Form werden, läßt das Mitleid in der Rezeption zu einem herrschenden, in der Komposition zu einem beherrschten, dem Willen des Dichters unterstellten Affekt werden.

Weil der zentrale Affekt der neuen Dramaturgie objektivierbar und manipulierbar ist, können auch die dramatis personae, mit dem Wissen des Dichters ausgestattet, ihr Reflexionsvermögen und -niveau unter Beweis stellen. Das, was dem Zuschauer zur Aufgabe gegeben wird, haben die dramatis personae im Trauerspiel bereits erreicht: ihr Fähigkeit, Mitleid zu fühlen, stellen sie als Fertigkeit vor. Die Wirkung wird von der Darstellung eingeholt und ist ihr nicht bloß nachgeordnet. Da die affektiven Darstellungs- und Wirkungsprinzipien verbalisiert werden, sind sie nicht nur Mittel der poetologischen Selbstreflexion, sondern haben zugleich die Funktion, als Textkulisse auf das Zusammenwirken von Sprache und Gebärde beim Schauspieler hinzuarbeiten, um „die vorgestellte Handlung durch fein aufeinander abgestimmte sprachliche wie mimisch gestische Elemente" gemäß der Illusion und der inneren Wahrscheinlichkeit so darzustellen, „daß der Zuschauer aus dem Stadium der Betrachtung eines Kunstwerks herausgerissen und zu dem starken Mitempfinden eines wirklichen Geschehens gebracht" und daß die Distanz zwischen Bühnen- und Zuschauerraum aufgehoben wird.[176] Sozial-, philosophie-, theater- und literaturgeschichtlich sowie poetisch-poetologisch und rezeptionstheoretisch betrachtet, sind die Bedingungen für die Anwendung des Phänomens der immanenten Poetik um die Mitte des 18. Jahrhunderts äußerst günstig.

Rührkomödie und Trauerspiel: die Substitution des Versöhnungstableaus

Poetologisch, dramengeschichtlich, dominiert in expliziter Form das Genre des ‚rührenden Lustspiels', das die ersten drei Aufzüge des Trauerspiels prägnant prägt und das den Autoritätsverlust des klassizistischen Dramas seit den 40er Jahren entschieden betreibt. Das von Gellert in Deutschland geschaffene Muster der ‚ernsten Komödie' wird von Lessing jedoch nicht unreflektiert übernommen, sondern auf eine signifikante Art und Weise der Konfiguration, der Fügung thematischer Komponenten und der Makrostruktur zugrundegelegt. Am Anfang steht das Ende des für die ernste Komödie typischen Sujets, die Aufgabe der Opposition gegen die Heirat der Liebenden, und die Frage, ob das Versöhnungstableau stattfinden wird, bildet neben dem Rivalitätskonflikt den Spannungsbogen bis zum Höhepunkt im dritten Aufzug. Das empfindsame Trauerspiel thematisiert nicht mehr die Abschlußphase des rührenden Komödiensujets, sondern leitet auch dessen Endphase ein; denn eigentlich tragisch im poetologischen, dramengeschichtlichen Sinne wäre es, wenn das erste deutsche bürgerliche Trauerspiel als Rührkomödie enden würde. Das Versöhnungstableau darf unter dem Aspekt der genrespezifischen Erwartungshaltung nicht auf dem Höhepunkt stattfinden, da die Bewunderung nicht nur zum Ruhepunkt des Mitleids werden, sondern auch dem Trauerspiel, dessen erste Absicht es ist, Mitleid zu erregen, einen unangemessenen Schlußpunkt setzen würde.

Die Auftrittsfolge nach der Briefszene ist primär retrograd bestimmt, so daß gerade die letzten beiden Szenen, deren Konfigurationen analog sind, das Tableau substituieren. Sara dankt ihrer Dienerin Betty für die Dienste, die sie ihr in den letzten n e u n Wochen geleistet hat; und ihr Dank gilt nicht den alltäglichen Diensten einer Bedienten, sondern ihrem empathetischen Mitleid. Sara will ihr den empfindsamen Brief ihres Vaters geben, damit sie ihn lesen kann, und fügt hinzu: „Dein gutes Herz hat so oft mit mir geweint, nun soll es sich auch mit mir freuen. Ich werde wieder glücklich seyn, und dich für deine guten Dienste belohnen können" II/5, S. 53). Und zuvor hat Betty, ebenfalls resümierend und indirekt auf die Gegenläufigkeit zwischen dem Opponenten- und dem Rivalitätskonflikt hinweisend, geäußert: „Aber je mehr ich Sie ansehe, Miß – – Sie müssen mir meine Freyheit verzeihen – je mehr finde ich Sie *verändert*. Es ist etwas *ruhiges*, etwas *zufriednes* in ihren Blicken. Lady muß ein sehr angenehmer Besuch, oder der alte Mann ein sehr angenehmer Bothe gewesen seyn" (ebd.; Hervorhebungen v. M.S.). Zwar hat das Tableau noch nicht stattgefunden, aber es ist bereits affektiv Realität geworden, da Saras Glück in ihrer „Gemüthsruhe", in ihrer Zufriedenheit zum Ausdruck gelangt. Wiederum wird diese Veränderung sprachlich objektiviert, und es ist ein emotionaler Zustand erreicht, den Sara sich selbst und ihrem Vater gewünscht hat. Sprach Mellefont von der Glückseligkeit, Sara von ihrem Glück, so verweisen die von der Dienerin beobachteten Veränderungen an Sara, ihre Ruhe und Zufriedenheit, auf die Verwirklichung des höchsten Ziels des aufgeklärten Menschen, dessen Bestimmung nach Thomasius und Wolff die im Diesseits, nicht im Jenseits zu verwirklichende Glückseligkeit ist. Mellefonts, Saras und Bettys Äußerungen stehen in wörtlicher Analogie zu der von Thomasius vertretenen Auffassung: „Die größte Glückseligkeit ist d i e G e m ü t s r u h e, und die Mutter und Tochter derselben ist die vernünftige Liebe."[177] Die Liebe, die affektive Quelle des Mitleids, der Tugendhaften hat sich gegen die nicht gemäßigte, unvernünftige, sinnliche, unnatürliche Liebe Marwoods und gegen die Wut und den Zorn durchsetzen können.

Nicht Gleichgültigkeit und das Vergessen, die Isolation der empfindsamen Charaktere, sondern deren Rekonziliation ist das herrschende Thema und Gefühl am Ende des dritten Aufzugs. Auch Sir Sampson versäumt es nicht, nachdem Waitwell ihm die Briefszene erzählt hat, die Liebe und das Tableau in den Vordergrund zu rücken: „Sie liebt mich noch! Was will ich mehr? – – Geh ja bald wieder zu ihr, Waitwell. Ich kann den Augenblick nicht erwarten, da ich sie aufs neue in diese Arme schliessen soll, die ich so sehnlich gegen den Tod ausgestreckt hatte. Wie erwünscht wäre er mir in den Augenblicken meines Kummers gewesen! Und wie fürchterlich wird er mir in meinem neuen Glücke seyn" (III/7, S. 54). Ebenso wie Betty expliziert Waitwell die Zufriedenheit des Vaters, die er als empfindsamer Mensch genießt. Und zum Danke hebt Sir Sampson alle Unterschiede zu seinem Diener auf, so daß die Aussöhnung der Stände, eine Konsequenz der empfindsamen, ständeübergreifenden, natürlichen Egalität unter den Menschen, zu einem angemessenen Ersatz des verhinderten Versöhnungstableaus zwischen Tochter und Vater wird; eine Konsequenz, die nicht deutlicher den sozialen und politischen Anspruch des empfindsamen Bürgers ins Bild setzen kann.[178] Die von der Rührkomödie betriebene Auflösung der ständischen genera wird im bürgerlichen Trauerspiel symbolisch auch als Tat vollzogen, die das Tableau ersetzt; denn entscheidend ist nicht nur der Vollzug, sondern auch die Placierung, und das Substituierende sowie das Substituierte erhalten implizit durch die Verletzung des Erwartungshorizonts, die formal sich im Bruch der liaison des scènes niederschlägt, eine zusätzliche Bedeutungsnuance. Sir Sampson hat mit seinem Versöhnungsbrief die Rekonstitution seiner in Unordnung geratenen Familienverhältnisse zwar eingeleitet, greift aber darüber hinausgehend in das soziale Gefüge der ständischen Gesellschaft aus dem Blickwinkel des empfindsamen, aufgeklärten Vaters ordnend und korrigierend mit der Aufhebung der ständischen Unterschiede ein. Dem Versöhnungstableau zwischen *Diener* und *Herrn,* der Beseitigung eines Herrschaftsverhältnisses, ist ein sozialpolitischer ‚Mehrwert' inhärent, im Gegensatz zum Tableau zwischen Vater und Tochter, obwohl bereits Sir Sampson auf seine auctoritas als pater familias in seinem Brief Sara gegenüber ausdrücklich verzichtet hat. Der Abbau von Herrschaftsverhältnissen gehört zu den sozialen Implikationen der Poetik des Mitleids, der im Sinne einer konkreten Utopie auf die Sphäre des Privaten beschränkt bleibt. Diese Affirmation der Humanität schlägt um in Gesellschaftskritik, da Realität und Ideal noch weit auseinanderklaffen, was abermals die Nähe zur Komödie belegt, deren Funktionen die gesellschaftliche Kritik, die Aufforderung zum Räsonnement und zur öffentlichen Diskussion bei Lessing ist.[179]

Die letzte Szene des dritten Aufzugs bildet nicht nur formal aufgrund der leeren Szene, des totalen Konfigurationswechsels zum vorhergehenden Auftritt, und des Aktschlusses eine empfindsame Enklave, sondern auch situativ; denn der erste Auftritt des vierten Aufzugs knüpft unmittelbar an die Szene III/6 an, an deren Ende Sara sich entschließt, die Antwort an ihren Vater zusammen mit Mellefont zu schreiben. Da Mellefont in der ersten Szene bereits anwesend ist, wirkt die Versöhnung zwischen Sir Sampson und Waitwell simultan zur Sukzession der eigentlichen Handlung. Diese Simultaneität bildet den Abschluß der retrograden Szenenfolge ab der Briefszene, deren Funktion es ist, die situative Veränderung festzuhalten, begrifflich zu erfassen. Auf der Ebene der Geschichte läßt sich der positive Ausgang der Konflikte lakonisch zusammenfassen: Marwood ist beschämt, da ihre Intrigen gegenüber Mellefont und Sir Sampson gescheitert sind. Mellefont ist bekehrt und Sara, Sir Sampson und Waitwell sind glücklich. Jetzt brauchte nur noch der zärtliche, vergebende Vater eintreten, um das Versöhnungstableau stattfinden zu lassen. Lessings Trauerspiel hätte so im dritten Aufzug als ‚Rührkomödie' enden können.

Zusammenfassung: die komödienhaften Elemente

Da Lessing mikrostrukturell Elemente der Komödie benutzt und makrostrukturell die Segmentierungsebenen der Geschichte und der Darstellung in der komödientypischen Erwartungshaltung des Versöhnungstableaus konvergieren läßt, erhärtet sich die These, daß das bürgerliche Trauerspiel *Miß Sara Sampson* seine eigene gattungsgeschichtliche Entwicklung poetisch gestaltet.[180] Die Rührkomödie bildet die Zwischenstation und den Katalysator, um zum Zielpunkt ‚bürgerliches Trauerspiel' zu gelangen. Daß die Zerstörung des tradierten Dramensystems gerade ‚von unten' durchgeführt wird, d. h. ausgehend von der Komödie,[181] ist ein ästhetischer Ausdruck der progredierenden Subjektivität und der Universalisierungstendenz der Aufklärung. Das Bürgertum reflektiert ästhetisch seine subversiven Anfänge der eigenen Emanzipation. Das poetische Verfahren, ein dramatisches Genre als Kontrast- und Korrespondenzfolie zu benutzen, ist weder für Lessing noch für das bürgerliche Drama um die Mitte des 18. Jahrhunderts neu.[182] Neu dagegen ist die Art und Weise, wie Lessing sich in der Fein- und Großstruktur mit der tradierten Autorität poetisch auseinandersetzt und literarische Muster als Mittel der poetologischen Selbstreflexion im Drama einsetzt, um produktiv die genrespezifischen Erwartungen zu verletzen. Die Verletzung der Erwartungshaltung gegenüber einem Trauerspiel durch die Dominanz des Gattungsmusters ‚rührendes Lustspiel' bis zum dritten Aufzug einschließlich wird ihrerseits wiederum gebrochen, da die Versöhnung nur in Ersatzhandlungen stattfindet und die Heirat, eine Komödiennorm dieser Zeit, weiterhin aussteht, obwohl die Selbstbestätigung der Empfindsamkeit und bürgerlicher Tugendhaftigkeit im Vordergrund steht. Die Verzögerung der Erfüllung der Erwartungen verweist bereits auf die Entwicklung der Fabel hin zum Trauerspiel.

Neben den vorherrschenden strukturellen Elementen der Rührkomödie finden sich viele Einsprengsel aus der sächsischen Typenkomödie, so die Wahl des Handlungsortes, die Rolle des Wirtes, die an die italienische Komödientradition erinnert, die Eheescheu und Flatterhaftigkeit des Faunen ‚Mellefont' sowie dessen Bekehrung, das Sujet der verhinderten Heirat, das der Vorgeschichte angehört, und die damit verbundene Abkehr von der satirischen Komödie durch die Liebe des Vaters, die ihn selbst zur Änderung seines Verhaltens veranlaßt, Marwoods Mienenspiel und ihre Intrige, die Überlegenheit bzw. Ebenbürtigkeit der Dienerfiguren Betty, Norton und Waitwell, dessen kleine Intrige in der Briefszene und der so durch die Vernunft u n d durch die Empfindsamkeit errungene Sieg, der ein Fehlverhalten der Protagonistin korrigiert bzw. verhindert, die Appelletiva; ferner gehören die formalen Elemente, wie die Distanz, die Wiederholung, die Umkehrung und der Kontrast dazu. Selbst die Anlage des Rivalitätskonflikts erinnert noch an die binomische Grundstruktur der sächsischen Typenkomödie,[183] da zwei Paradigmen, das der leichtgläubigen und vertrauensvollen Sara und das der lasterhaften, intrigierenden Marwood, aufeinander bezogen werden, obwohl die dramatis personae Sara und Marwood kein Paradigma komischer Wirkung mehr sind; denn das Muster des rührenden Lustspiels hat eine Entfaltung der satirischen Momente der Typenkomödie verhindert.[184] Dieser auf den ersten Blick überraschende Sachverhalt, satirische neben rührenden Momenten im ersten Trauerspiel Lessings zu finden, vertieft und modifiziert die These von der gattungsgeschichtlichen Selbstreflexion im Trauerspiel, da die Entwicklungslinien bis zur sächsischen Typenkomödie nachgezeichnet werden; zugleich vertieft sich die Affinitätsthese, da bereits das ‚rührende Lustspiel' deutscher Provenienz im Gegensatz zur französischen comédie larmoyante, die auf Komik verzichtet, satirische und rührende Elemente mischt,[185] so daß der Nachweis von Elementen der Typenkomödie in einem Trauerspiel, das inhaltlich und strukturell von der ‚Rührkomödie' geprägt ist, gattungsgeschichtlich möglich und wahrscheinlich ist.

Das syntagmatische und das paradigmatische Kompositionsprinzip: zur These der gattungsgeschichtlichen Selbstreflexion im bürgerlichen Trauerspiel

Indem Elemente der Typen- und Rührkomödie neben die des Trauerspiels treten, wird der Übergang von dem paradigmatischen, auf Wiederholung gleichartiger Momente, Situationen und Charaktere basierenden Kompositionsprinzip, das für die Typenkomödie und für das rührende Lustspiel bestimmend ist, zum syntagmatischen poetisch gestaltet;[186] denn trotz aller paradigmatischen Strukturen dominiert die syntagmatische Organisation des Handlungsablaufs, da produktions- und rezeptionsästhetisch das Mitleid im Zentrum des Dramas und der Dramaturgie steht. Kausalität, Möglichkeit, Wahrscheinlichkeit und Notwendigkeit sowie das Postulat der

Ganzheit, poetologische Normen, die das Trauerspiel strukturell vom Typenlustspiel und von der Rührkomödie abheben, bilden die syntagmatischen Katalysatoren des neuen Genres. Lessings Bild von der Waage und deren Waagschalen aus dem ‚Bettler-Beispiel' illustriert auf das Eindringlichste, daß die Fabel die Vorherrschaft über die Paradigmen der Komödientradition angetreten hat; denn die Paradigmatik des rührenden Lustspiels, in dem satirische und rührende Elemente nebeneinander auftreten, bedurfte der Reduktion, um den Übergang zum empfindsamen Trauerspiel zu ermöglichen.

Ist es Gellert und auch noch Nicolai ausschließlich auf die Rührung angekommen, so setzt Lessing das Mitleid dagegen, ein vermischter Affekt, der erst durch eine bestimmte Fabelstruktur und -entwicklung generiert wird, die ein syntagmatisches Ordnungsprinzip voraussetzt. Dienen einerseits die Szenen zwischen Sir Sampson und seinem Diener sowie zwischen Sara und Waitwell den Tugendbeweiswiederholungen, welche das paradigmatische Ordnungsgefüge der Rührkomödie durchscheinen lassen, so sind sie andererseits Handlungssequenzen des Opponentenkonflikts, dessen Dénouement am Ende des dritten Aufzugs dominiert. Damit unterscheidet sich die syntagmatische Fabelstruktur der Vater-Tochter-Handlung zwar nicht inhaltlich, wohl aber formal vom rührenden Lustspiel, da die Handlungsführung der Isolierbarkeit rührender Tableaus übergeordnet wird. In der strukturellen Umgewichtung wird die Affinität zwischen rührendem Lustspiel, ernster Komödie mit reduzierter Paradigmatik, bürgerlichem Trauerspiel und der generell syntagmatisch organisierten, klassizistischen Tragödie evident. Rührendes und ernstes Lustspiel sowie das empfindsame Trauerspiel eignen sich als Mischgattungen im Gegensatz zur Tragödie besonders, Gattungsmuster produktiv poetisch zu gestalten, da sie strukturell nicht eindeutig festgelegt sind. Da das Sujet des empfindsamen Lustspiels in Lessings erstem Trauerspiel zur Kernhandlung wird, die dem Primat der Handlung unterstellt ist, verweist es durch die syntagmatische Struktur formal auf das Genre des Trauerspiels, wird strukturell zum Übergangsphänomen, das nicht nur die Traditionslinien, sondern auch das Telos, das Trauerspiel, formal offenlegt. Auf dem Hintergrund der getroffenen Differenzierung möglicher, polarer Organisationsformen ist die These der gattungsgeschichtlichen Selbstreflexion erneut zu modifizieren. Nicht nur die Traditionslinien zur Typenkomödie und zum empfindsamen Lustspiel, sondern auch die Möglichkeit zur innovatorischen Grenzüberschreitung hin zum Trauerspiel nimmt bereits am Ende des dritten Aufzugs poetische Gestalt an, und zwar aufgrund der gattungskonstituierenden Emotion des Mitleids, das als werkästhetisches Prinzip den Übergang von der paradigmatischen zur syntagmatischen Organisation des empfindsamen Komödiensujets bewirkt. In dem bürgerlichen Trauerspiel dramatisiert Lessing das erfolgreiche Scheitern der Rührkomödie und anderer kanonisierter Gattungsmuster. Das empfindsame Drama *Miß Sara Sampson* stellt somit eine *poetisierte* Form der Dramengeschichte, der Verbürgerlichung dieser Gattung im 18. Jahrhundert dar.

Sowohl das syntagmatische Organisationsprinzip als auch die genrespezifische Erwartungshaltung der Zuschauer überschatten die harmonische Lösung des Opponentenkonflikts und lassen den erreichten Höhepunkt im dritten Aufzug zum Ruhepunkt, nicht aber zum Endpunkt des Trauerspiels werden. Die am Ende des Aufzugs dominierende Bewunderung, welche die Vergebung des Vaters bei den dramatis personae und beim Zuschauer erregt, ist ebenfalls ein affektiver „Ruhepunkt", da sie dem Mitleid Schranken setzt und dem Publikum eine emotionale Pause gönnt, um nicht stumpf gegen das zukünftige Mitleid zu werden.[187] Der Ruhepunkt ist zugleich Scheitelpunkt der Handlung und des erregten Affekts, da er die deutliche Zäsur, den Glückswechsel vorbereitet, der sich affektiv im Umschlag von der Bewunderung zum Schrecken und Mitleid niederschlagen wird. Nicht nur vom Stand der Handlungsentwicklung, sondern auch unter dem Gesichtspunkt der dramentheoretischen Affekte ist ein Scheitelpunkt erreicht, der zugleich den Endpunkt, den Gipfel der Fallhöhe bezeichnet und zum Ausgangspunkt des Falls und der Katastrophe wird. Erst die Möglichkeit einer glücklichen Lösung der Konflikte läßt die noch zu bewältigende Strecke zwischen Glück und Unglück emotional erkennbar und fühlbar werden. Ferner werfen eine Reihe offener Handlungssequenzen, Motive und Andeutungen Fragen auf, die der Antwort bedürfen: so Saras ausstehender Antwortbrief, das Versöhnungstableau, ‚Lady Solmes'' Abschied von Sara, Saras Traum, die Existenz Arabellas, Marwoods Medea-Anspielung, ihre Nachdenklichkeit und Entschlossenheit.

Der Rivalitätskonflikt: tragisches Moment

Binnenexposition und Schrecken

Obwohl die Szenen III/4 bis IV/2 einschließlich thematisch durch den Antwortbrief an Saras Vater verknüpft sind, kündigt sich die Peripetie und die Katastrophe im Dialog zwischen Sara und Mellefont (vgl. IV/1) durch den Kontrast zwischen der Glückserwartung und der emotionalen Unruhe der Protagonistin an, indem sie den Umschlag von der Bewunderung zum Schrecken ahnungsvoll vorwegnimmt. Unsicher, ob das unerwartete Glück ein angenehmer Traum, aus dem sie im „alten Jammer" erwachen werde, oder wirklich sei, und voller Furcht, die Glückseligkeit sei nur ein kurzes Aufblitzen, ein Strahl, der „nur darum schmeichelhaft näher [kommt], damit er auf einmal wieder in die dickste Finsterniß zerfließe, und [sie] auf einmal in einer Nacht lasse, derer *Schrecklichkeit* [ihr] durch diese kurze Erleuchtung erst recht fühlbar geworden" (IV/1, S. 55 f.; Hervorhebung v. M.S.), gibt Sara eine prägnante Schilderung ihrer Empfindungen, denen sie selbst fragend einen antizipierenden Charakter zuerkennt: „Was für Ahndungen quälen mich! – – Sind es wirklich Ahndungen, Mellefont, oder sind es gewöhnliche Empfindungen, die von der Erwartung eines unverdienten Glücks, und von der Furcht es zu verlieren, unzertrennlich sind? – Wie schlägt mir das Herz, und wie *unordentlich* schlägt es! Wie stark jezt, wie geschwind! – Und nun, wie matt, wie *bänglich*, wie zitternd! – – Jezt eilt es wieder, als ob es die letztern Schläge wären, die es gern recht schnell hintereinander thun wolle. – Armes Herz!" (ebd.; Hervorhebungen v. M.S.). Prägnant ist diese Dialogpassage, weil Sara resümierend ihren ‚Aufstieg' zu dem unverhofften Glück im Kontrast zum „alten Jammer" und ahnungsvoll mit der die Affekte konkretisierenden Lichtmetaphorik ihren Fall thematisiert und ihr Glück und damit die Bewunderung als ein Durchgangsstadium empfindet, das den Schrecken „erst recht fühlbar" machen wird. Glück und Unglück, Bewunderung und Schrecken, Aufstieg und Fall, Peripetie und Pathos sind die Voraussetzungen, um das Mitleid erregen zu können, so daß diese Stelle dem Prinzip des induktiven affektiven Spannungsaufbaus dient und die

Ausgangssituation darstellt, zukünftiges Geschehen einzuleiten und dessen Reflexion vorzubereiten; ihr innerer Gefühlszustand, die ‚Aktionen' ihres Herzens werden zu Vorzeichen, in denen sich Zukünftiges, die Katastrophe und ihr Leiden manifestieren. Die Kraftlosigkeit, die Furcht und das Zittern des Herzens und der Hinweis auf die letzten Schläge des Herzens sowie ihre Anspielung auf den Traum rücken ihre unmittelbaren Gefühle in die direkte Nähe des dramentheoretischen Affekts ‚Schrecken'. Mellefonts beschwichtigender, rationaler Erklärungsversuch, daß die „Wallungen des Geblüts, welche plötzliche Ueberraschungen nicht anders als verursachen können, [...] sich legen" werden, daß die Schläge des Herzens nicht auf das Zukünftige zielen und „des Bluts mechanische Drückungen [nicht] zu fürchterlichen Propheten" gemacht werden dürfen, verstärkt eher den prophetischen Charakter von Saras Empfindungen. Aus der übergeordneten Perspektive des Zuschauers und auf dem Hintergrund der Struktur der Poetik des Mitleids nimmt Mellefonts rationaler Grund, die „plötzliche Ueberraschung" des positiven Glückswechsels, verräterische, vorausdeutende und ironische Züge an, da der Schrecken die plötzliche Überraschung des Mitleids, „das überraschte u n d u n e n t w i c k e l t e Mitleiden" ist und somit besonders im Kontrast zur Bewunderung steht, um zum Ausgangspunkt für neues Mitleid zu werden.[188]

Diese atmosphärischen Störungen, durch die – statt der erwarteten Freude über die bevorstehende Aussöhnung – eine ‚furchtsame' Stimmung verbreitet wird, verstärken sich durch die Erinnerung Mellefonts an den Verlust seiner Eltern und Saras an den Tod ihrer Mutter im Wochenbett. Hypochondrisch klagt sie sich selbst an, wider ihr Verschulden eine „Muttermörderin" und fast eine „vorsätzliche Vatermörderin" zu sein. Ihre Erinnerungen, Schuldgefühle und Visionen kontrastieren vergangenes und mögliches Unglück mit der glücklichen Lösung des familiären Konflikts einerseits und weisen andererseits, indem sie sich die verschiedenen Rollen ihrer Mutter vorstellt, auf die Nicht-Notwendigkeit des Konflikts mit ihrem Vater hin. Damit wird implizit die gesamte Handlung des Trauerspiels erneut einem metaphysischen Rahmen, dem Objektiv-Tragischen entzogen und den Menschen selbst überantwortet. Sara bezieht mit ihren Vorstellungen über das Mögliche einen Standpunkt, der den bisherigen Entwicklungsgang und das Geschehen selbst objektiviert, so daß die Versöhnung als das Fiktional-Wirkliche bzw. -Zukünftige auf zweifache Weise, durch den Kontrast zu vergangenem Unglück und durch das Fiktional-Mögliche, ihre Unmittelbarkeit verliert und in Distanz gesehen wird. Mit der Liebeserklärung an Mellefont und an ihren Vater sowie mit dem Hinweis auf die Güte der Vorsehung beschwört sie geradezu noch einmal das Glück, das eine „schmeichelhafte" Empfindung bei ihr erregt. Die nur mühsam und für kurze Zeit zurückgewonnene Direktheit des Glücksgefühls wird sogleich durch die „Schmeichelhaftigkeit" der Empfindung, die wörtlich auf die kontrastive Lichtmetaphorik anspielt, und durch das „rebellische Etwas", das sich in ihrem Innersten regt, aufgegeben. Und Mellefonts erneuter Versuch, mit Hilfe der konkretisierenden Metapher der schnellen Kreisbewegung das ‚Etwas' rational zu erklären, intensiviert abermals eher die Furcht vor neuem Unglück als die Bewunderung über das unerhoffte Glück.

Im strengen Sinne einer Logik der Handlung gehören die Kindheitserinnerungen der Amanten nicht zu den notwendigen Bestandteilen der Fabel. Obwohl der Dialog thematisch vage durch die Schuldbekenntnisse und durch den bereits gefaßten Entschluß, Sir Sampsons Brief zu beantworten, mit dem erreichten Stand der Handlung verknüpft ist, wird er, da er von allen Handlungszwängen, selbst von Entschlüssen zu Aktionen entlastet ist, zum Funktionsträger, der den Blick auf die dramentheoretische Struktur und auf die Lehre der vermischten, vom Gegensatz bestimmten Affekte freigibt. Indem Sara das zu erwartende Glück mit dem vergangenen Unglück konfrontiert und ihre schrecklichen Ahnungen auf Zukünftiges verweisen, hat die erste Szene des vierten Aufzugs die Funktion, die zukünftige Handlung emotional zu exponieren. Nicht nur die Ahnungen und Erinnerungen Saras, sondern auch das Wissen des Zuschauers, daß Marwood eine weitere Intrige plant, lassen den Affekt der Bewunderung und das harmonische Dénouement des Opponentenkonflikts bzw. aller Konflikte allmählich in den Hintergrund treten. Ebenso wie Sara ahnt der Zuschauer nur, daß die Aussicht auf das Versöhnungstableau die Funktion hat, den Schrecken und das Mitleid, die durch die Katastrophe ausgelöst werden, „erst recht fühlbar" werden zu lassen. Das Episodenhafte, der Übergangscharakter der rührenden, harmonischen Lösung sind zunächst nur emotional erfahrbar, da keiner der dramatis personae, und auch nicht das Publikum, Genaueres über das noch ausstehende Geschehen weiß. Selbst Marwood weiß noch nicht, daß sie ihre Gegenspielerin töten wird, und der Mord ist noch nicht einmal Gegenstand ihres Plans. Sind die Exposition des Trauerspiels und die Binnenexpositionen des zweiten und dritten Aufzugs durch klare und eindeutige Handlungsalternativen gekennzeichnet, denen die entsprechenden affektiven Kategorien zugeordnet werden, so wird das Geschehen des vierten Aufzugs zunächst nur affektiv, durch den überaschenden Übergang von der Bewunderung zum Schrecken exponiert. Statt ungetrübter Freude empfindet Sara Furcht vor einem möglichen Unglück. Die erneute Verletzung und Umkehrung der Erwartungshaltung erfolgt nicht wie z. B. im dritten Aufzug abrupt, sondern die Peripetie und das Pathos, der Schrecken, die Trauer und die Verzweiflung werden in statu nascendi dargestellt, und zwar ausgehend von den Gefühlen der Protagonisten.

Der Charakter ‚Mellefont' als Funktionsträger der Handlung und der Dramaturgie

In einer überraschenden Weise verstärkt sich die Umkehrung der Erwartung auf ein positives Ende, als Mellefont melancholisch über die Unfreiheit in der Ehe reflektiert, nachdem Sara ihn verlassen hat, damit beide die Antwortbriefe schreiben können.[189] Verweisen Saras Ahnungen auf ihren Traum, den sie in I/7 erzählt hat, so aktualisiert mit dem Komödienmotiv der Ehescheu Mellefont den Amantenkonflikt, der erneut aufzubrechen droht. Begründete Mellefont im ersten Dialog mit Sara die Verzögerung der Zeremonie materiell, d. h. mit der noch ungelösten Frage der Erbschaft, so äußert er nun seine Furcht und zugleich seinen Schrecken über seine ‚ungeheuren' Gedanken, daß die Ehe ihm die Freiheit und damit die Liebe zu Sara nehmen würde. Diese Möglichkeit, den Erwartungshorizont eklatant verletzend, die Versöhnung durch Mellefont selbst und nicht durch die Antagonistin zu gefährden, motiviert Lessing n i c h t in der Subjektivität des Charakters, sondern mit der hedonistischen Vergangenheit Mellefonts. Es „sind keine Gesinnungen; es sind Einbildungen! Vermaledeyte Einbildungen, die mir durch ein zügelloses Leben so natürlich geworden! Ich will ihrer los werden, oder – – nicht leben" (IV/2, S. 58).
Nicht die Subjektivität und deren unbedingter Anspruch,[190] nicht ein „objektive[r], auf der Grundlage der bürgerlichen Gesellschaft unlösbare[r] Widerspruch zwischen freier, individueller Liebe und bürgerlicher Konvenienzehe"[191] und nicht die Überset-

zung des Komödienmotivs der Ehescheu ins Tragische sind der Anlaß für die Reflexion auf diese Fabelvariante, sondern allein die Möglichkeit, daß Mellefont seine lasterhafte, libertine Lebensweise der bürgerlichen Ordnung vorziehen könnte. Mellefont verläßt also nicht das bürgerlich-empfindsame Wertsystem, sondern bezieht die Möglichkeit eines Rückfalls in das Kalkül der Handlungsreflexion ein. Er ist somit kein subjektiver Charakter, der auf die Dramaturgie des Sturm und Drang vorausweist, sondern Funktionsträger der empfindsamen Poetik des Mitleids. Diente seine Ehescheu in I/7 dazu, ohne ihn eindeutig als ‚lasterhaften Menschen' abzustempeln, die besondere, für Sara unglückliche Situation zu begründen, so daß die Versöhnungsbereitschaft des Vaters in zweifacher Hinsicht für die Amanten ein unverhofftes Glück darstellt, indem sowohl der Konflikt zwischen Sara und Mellefont als auch zwischen den Amanten und dem Vater positiv gelöst wurde, so hat Mellefonts ‚eingebildete' Furcht vor der Ehe in IV/2 die Funktionen, zum einen den Affekt der Bewunderung und die Unmittelbarkeit der harmonischen Lösung weiterhin abzubauen, und zwar mit dem Hinweis auf den Schrecken, den eine Weigerung Mellefonts erregen würde, zum anderen durch die Negation dieser Variante, das Geschehen auf die noch ausstehende Intrigenhandlung Marwoods zu lenken; ferner werden implizit wichtige Momente der Exposition des ersten Aufzugs aktualisiert, so zum Beispiel Mellefonts libertine Vergangenheit und seine Flatterhaftigkeit, Themen, die Marwood als Waffen bei ihrem erneuten Zusammentreffen mit Sara einsetzen wird. Die Peripetie wird sowohl affektiv als auch thematisch in dieser Monologszene und damit anknüpfend an die vorhergehende vorbereitet.[193] Haben Sara und Waitwell in der Briefszene die Fabelvarianten des Opponentenkonflikts umfassend reflektiert, so ergänzt Mellefont die bisher nicht thematisierte Version der negativen Lösung des Amantenkonflikts, so daß die poetisch-poetologischen Reflexionen auf die präsentierten und vorgestellten, möglichen Handlungsfügungen programmatische Züge annehmen, um die Handlungsvielfalt des ersten bürgerlichen Trauerspiels umfassend darstellen und thematisieren zu können. Da die Fabelreflexionen dramatische Funktionen haben, bilden sie integrale Elemente des Trauerspiels und keine Fiktionsironien.

Die Skepsis Sir Sampsons und Nortons gegenüber Mellefonts Tugendhaftigkeit, Marwoods Vertrauen, daß Mellefont die Freiheit der Ehe mit Sara vorziehen werde, und Saras vage angedeuteter Zweifel an seiner Liebe stellen Fremdeinschätzungen des Charakters Mellefonts dar, die zum ersten Mal aus der eigenen Sicht der dramatischen Person nicht unbegründet erscheinen. Die endgültige Absage an die hedonistische Vergangenheit wird jedoch zu einem erneuten Beweis für Mellefonts Bekehrung zum empfindsamen Menschen. Ist die Monologszene ambivalent, da sie sowohl die Glückserwartung steigert als auch das Geschehen in den Schwebezustand eines möglichen Umschlags rückt, so wirkt sie zugleich als kontrastiver Bezugspunkt für die Katastrophe, da sie mögliches Unglück dem Zuschauer bewußt werden läßt und weil unter dem Gesichtspunkt der Gefühlsintensität des zukünftigen Leidens Saras die Ehefeindlichkeit Mellefonts nicht den Schrecken erregen würde, der durch die Ermordung Saras bewirkt wird. Nicht nur durch den Kontrast zum Versöhnungstableau, sondern auch durch die Abstufungen des Schreckens, des potentiellen Unglücks für die Protagonisten, wird die Peripetie über die Ahnungen Saras und möglichen Verhaltensweisen Mellefonts eingeleitet. Die affektive Disposition des Publikums wird durch die Kontrast- und Korrespondenzrelationen zwischen dem Fiktional-Wirklichen und Fiktional-Möglichen schrittweise aufgebaut. Und es ist bezeichnend, daß gerade Mellefont diese Variante ins Spiel bringt, zeichnete er sich doch in der Vergangenheit, in der Vorgeschichte des Trauerspiels, durch seine Untreue und Unbeständigkeit aus, Eigenschaften, die den Ausgangspunkt dauernder Veränderungen bilden könnten.[194]

Nortons Verwunderung: die Ständeklausel

Konfigurativ und situativ knüpft die folgende Szene zwischen Mellefont und seinem Diener (IV/3) an die Auftritte III/6 und 7 an und setzt den Umschlag in der Erwartungshaltung aus IV/2 thematisch fort. Im Gegensatz zu Betty kann Norton seine ‚Verwunderung' über die „Mäßigung" seines Herrn nicht verschweigen, stellte er sich doch angesichts der Versöhnung des Vaters vor, seinen Herrn „in lauter Entzükkung zu finden", dem höchsten Grad der Empfindung, der „durch den Genuß des vollkommenen Gegenstandes erregt" wird.[195] Im Kontrast zu seiner Reaktion in III/5 beurteilt Mellefont die „Entzückung" pejorativ; denn nur „der Pöbel wird gleich ausser sich gebracht, wenn ihn das Glück einmal anlächelt" (IV/3, S. 60). Wenn Norton diese Ansicht seines Herrn aufgreift und umkehrt – „Vielleicht, weil der Pöbel noch sein Gefühl hat, das bey Vornehmern durch tausend unnatürliche Vorstellungen verderbt und geschwächt wird" –, so ist dies nicht nur eine „sozial pointierte Kritik an Mellefonts lasterhaftem Wesen",[196] sondern stellt zugleich eine Umkehrung und Umwertung ständischer Einflüsse auf die Poetik des Dramas dar. Rangierte der Pöbel als Gegenstand und potentieller Rezipient des Dramas an unterster Stelle, so wird er nun aufgrund seiner natürlichen Empfindsamkeit den übrigen Ständen übergeordnet, implizit geradezu zum idealtypischen Zuschauer des empfindsamen Trauerspiels erklärt. Die Warnungen Mellefonts an seinen Diener, nicht zu vergessen, wer er sei, sowie sein Urteil über die Empfindungen des Pöbels stehen im krassen Widerspruch zu den Verhaltensweisen Saras gegenüber ihrer Dienerin und besonders zu denen Sir Sampsons zu seinem Diener Waitwell. Diese das Versöhnungstableau ersetzenden Szenen werden durch Mellefonts Verhalten gegenüber Norton konterkariert, da die Möglichkeit der Ehefeindlichkeit die Versöhnung verhindern könnte; aber auch das Verhältnis zwischen Mellefont und Norton ist den Reaktionen Saras und Sir Sampsons entgegengestellt. Versuchte Mellefont Saras Ahnungen rational zu erklären, um sie zu entkräften, so intensivieren seine Einbildungen, sein Gefühlszustand und die Art und Weise, wie er seinem Diener begegnet, die Erwartungen auf einen Glücksumschlag.

Da Norton nicht allein die Mäßigung der Gefühle, die zur Gleichgültigkeit tendieren würde, seinem Herrn vorwirft, sondern auch „Kaltsinn, Unentschlossenheit, Widerwille[n]", thematisiert er sukzessiv einen affektiven Zustand, der dem Glück genau entgegengesetzt ist. Mellefonts Ausweichen, daß es die Gegenwart Marwoods sei, die bei ihm diese Gefühle bewirke, weist Norton zurück: Diese könnte ihn „wohl besorgt, aber nicht niedergeschlagen machen. – – Sie beunruhigt etwas anders. Und ich will mich gern geirret haben, wenn Sie es nicht lieber gesehen hätten, der Vater wäre noch nicht versöhnt. Die Aussicht in einen Stand, der sich so wenig zu ihrer Denkungsart schickt –" (ebd.). An dieser Stelle unterbricht ihn Mellefont und gibt zu, daß Norton sich nicht geirrt habe. Er nennt ihn einen ‚erschrecklichen Bösewicht', da er es erraten konnte. Mit dem Adjektiv „erschrecklich" wird zugleich die affektive Struktur dieser Variante indiziert, hat Mellefont doch bereits in der Monologszene sein „Erschrecken" über diese Einbildungen geäußert. Dominierte in IV/1 ausschließlich der affektive Umschlag, so werden in der zweiten und dritten Szene eine Handlungsvariante mit dem entsprechenden Affekt durchgespielt, die in der Monologszene verbalisiert und im Dialog zwischen Mellefont und seinem Diener thematisiert wird. Obwohl Mellefont Norton beruhigt, da es sich nur um eine „närrische Grille" handle, über die er siegen werde, befürchtet der Diener, daß Marwood den „alten Vorurtheilen zu Hülfe kommen" werde. Hat Mellefont noch zuvor mit dem Hinweis auf Marwood eine Ausflucht gesucht, um seine Ehescheu verbergen zu können, so wird durch Nortons Befürchtung, die er bereits in I/9 äußerte, die Verknüpfung des Amanten- mit dem Rivalitätskonflikt über das Motiv der Ehefeindseligkeit vollzogen. Nicht nur Marwoods Intrige, sondern auch deren zentrales Thema sind damit präzise benannt. In der Negation der mehrfach thematisierten Version des Amantenkonflikts kündigt sich der Fokus des vierten Aufzugs, die Konfrontation zwischen Sara und Marwood, an.

Der Rivalitätskonflikt

Die Perspektivierung der Handlungsführung erfolgt aufgrund von Mellefonts Bericht über sein Zusammentreffen mit Marwood im zweiten Akt durch den Hinweis auf Marwoods Wunsch, Sara sehen zu wollen. Resümiert werden die wichtigsten Ereignisse der Konfrontation zwischen Mellefont und seiner früheren Geliebten, so das zunächst scheinbare Gelingen ihrer Intrige durch die Anwesenheit Arabellas, seine Standhaftigkeit und ihr „in der schrecklichsten Wuth" ausgeführter Mordversuch sowie die Bedingung, daß Marwood noch heute nach London zurückreise und zuvor die Gelegenheit erhalte, in der Maske einer Verwandten Sara zu besuchen. Äußert Norton Unverständnis für die subjektiven Motive Mellefonts, aufgrund derer er Marwoods Verlangen entsprach, so entgegnet er seinem Diener, daß er objektiv keine Wahl gehabt habe. „Eigentlich wagte ich nichts mehr dabey, als ich im Falle der Weigerung gewagt hätte. Sie würde als Marwood vorzukommen gesucht haben; und das schlimmste, was bey ihrem unbekannten Besuche zu besorgen steht, ist nichts schlimmres" (ebd., S. 61). Lessing läßt Mellefont seine Entscheidung subjektiv und objektiv begründen, so daß zum einen die Kausalität der Handlung offengelegt und zum anderen eine eindeutige Schuld Mellefonts an der Katastrophe ausgeschlossen wird.

Evoziert Nortons Äußerung über den ersten Besuch Marwoods bei Sara – „Danken Sie dem Himmel, daß er so ruhig abgelaufen" – nochmals das positive Dénouement aller Konflikte, so nimmt die Antwort kontrastierende, ironische Züge an: „Er ist noch nicht ganz vorbey, Norton. Es stieß ihr eine kleine Unbäßlichkeit zu, daß sie sich, ohne Abschied zu nehmen, wegbegeben mußte. Sie will wiederkommen. – – Mag sie doch. Die Wespe, die den Stachel verloren hat, (i n d e m e r a u f d e n D o l c h w e i s e t, d e n e r w i e d e r i n d e n B u s e n s t e c k t) kann doch weiter nichts als summen. Aber auch das Summen soll ihr theuer werden, wenn sie zu überlästig damit wird" (ebd.). Indem Mellefont die Gefahr des zweiten Besuchs herunterspielt mit dem Bild der Wespe ohne Stachel, die nur noch summen kann, kommt der Prozeß des Umschlags in der Erwartungshaltung zum Ende. Verweist der Dolch auf die Fähigkeit Marwoods zu morden, so antizipiert das „Summen" vage die neue Strategie der letzten Intrigenhandlung der Antagonistin. Und es ist kein

Zufall, wenn Marwood in ihrer Monologszene unbewußt Mellefonts Bild nuanciert aufgreift und das Summen, die Mischung von Wahrheit, Verleumdung und Drohung, als Stachel begreift, der Sara verwunden soll (vgl. IV/5).

Binnenexposition als Mittel der immanenten Poetik – Die Negation des Schreckens

Indem Mellefont die negative Version des Amantenkonflikts ablehnt und indem er Marwoods Möglichkeiten und Fähigkeiten unterschätzt, wird ex negatione die Peripetie exponiert. Sowohl die Reflexion auf die Affekte als auch auf mögliche Fabelversionen revozieren sukzessiv die Unmittelbarkeit der harmonischen Lösung. Die bis zum Ende des dritten Aktes ungelösten Fragen, die durch die Dominanz der rührenden Auflösung des Opponentenkonflikts in den Hintergrund gedrängt wurden, sind neu gestellt und bedürfen der Antwort. Die Binnenexposition der Katastrophe, die partiell auf die entscheidenden Entwicklungen der ersten drei Aufzüge zurückgreift, stellt einen handlungsfreien Raum dar, der es erlaubt, alle Varianten implizit bzw. explizit zu reflektieren. Die dramatische Funktion der Exposition der Peripetie konvergiert mit dem Phänomen der immanenten Poetik. Die sukzessiv integrierte, perspektivische Binnenexposition in den ersten drei Auftritten des vierten Aufzugs wird zugleich zum Funktionsträger des neuen dramentheoretischen Programms, der Poetik des Mitleids.[197]

Statt das unerhoffte Glück zu genießen, bekennen Sara und Mellefont ihre Schuld, ahnen Unglück und denken an Möglichkeiten, welche die Versöhnung zu verhindern drohen. Bereits in Saras Monologszene (vgl. III/4) trat ihr Schuldgefühl in den Vordergrund, das in IV/1 zu ihren Ahnungen und Erinnerungen an den Traum führt. Wenn Mellefont Sara freispricht von aller Schuld und ihre Ahnungen rational zu entkräften sucht, legt er zugleich sein Schuldbekenntnis ab, das zu seiner libertinen Vergangenheit und damit zu der Möglichkeit eines Eheverzichts seinerseits überleitet, welche zugleich von Norton in Beziehung zu Marwoods Gegenhandlung gerückt wird. Nicht nur rein äußerlich durch die Absicht, den Brief des Vaters zu beantworten, sondern auch situativ, konfigurativ und inhaltlich sind die Szenen von III/4 bis IV/3 eng miteinander verknüpft. Indem die Möglichkeiten des Umschlags erwogen und widerlegt werden, antizipieren Sara und Mellefont unbeabsichtigt die Gegenläufigkeit der Handlung. Am Ende des dritten Auftritts des vierten Aufzugs haben die harmonische Lösung und die Bewunderung ihre Unmittelbarkeit verloren. Der Schrecken ist in seiner Negation thematisch geworden. Da der mögliche Schrecken in Beziehung zum erwarteten Glück und zur Bewunderung gesetzt wird, heben sich beide Affekte nicht auf, sondern existieren nebeneinander. Und virtuell bleibt die Handlungsentwicklung offen, da die Unmöglichkeit bzw. Ablehnung der reflektierten Variante, die Unterschätzung der Absichten Marwoods und die rationale Erklärung der Gefühle Saras einerseits die positive Erwartungshaltung forcieren und andererseits den Umschlag derselben initiieren. Erst durch den Auftritt Marwoods, der im Dialog zwischen Mellefont und seinem Diener Norton vorbereitet wird, wird der Umschlag in der Erwartungshaltung in die dramatische Präsentation überführt. Die Negation des Schreckens perspektiviert das zukünftige Geschehen, ohne die Bewunderung zu eliminieren, so daß im Nebeneinander beider Affekte sich bereits die vermischte Empfindung des Mitleids andeutet.

Marwoods Intrige

Entsprechend ihrer Absicht, Mellefont in Sicherheit zu wiegen (vgl. II/8, S. 38), spielt Marwood ihre Intrigenrolle. Ihre Kontenance, die sie bei ihrem ersten Besuch bei Sara zu verlieren drohte, hat sie zurückgewonnen, da sie sich gelassen gibt und Mellefont bittet, ihren ‚Sturm zu vergessen'. Geschickt versteht sie es, erneut die Mutter und die Selbstlose zu spielen sowie Mellefonts Demütigungen, seiner Anspielung auf Saras Reize und seinem Dank, daß sie es war, die sein Glück mit der Benachrichtigung des Vaters beförderte, auszuweichen. Ihr Unverständnis über das Verhalten des zärtlichen Vaters und ihre Äußerung, daß sie ihre „Rolle nicht gerne halb" spiele (IV/4, S. 63) und daß das, was geschehen muß, geschehen müsse, sind bereits Indizien dafür, wie schwer es ihr fällt, aus ihrer Rolle nicht herauszufallen. Ihr Hinweis auf ihre Rolle ist keine Fiktionsironie, sondern ein Beleg für ihre Intrige, die Marwood in ihrem Monolog selbstkommentierend thematisieren wird. Unter dem Aspekt der Fabelreflexion werden die Varianten der rationalen Lösung des Rivalitätskonflikts, die Trennung „ohne Bitterkeit, ohne Groll und mit Beybehaltung eines Grades von Hochachtung" (ebd., S. 62), und die des Vergessens, Marwoods Verzicht auf Arabella, expliziert. Mellefonts Versuch, sie vom Abschiedsbesuch bei Sara abzuhalten, scheitert. Seine Warnung, sie könne ihre Ruhe verlieren, wenn sie sich nicht hütet, „eine Person nochmals zu sehen, die gewisse Vorstellungen bey [ihr] rege machen muß – –" (ebd., S. 64), stellt eine weitere Demütigung dar, die eher Marwoods Rachegefühle intensiviert. „Spöttisch lächelnd", bringt sie nun ihre Achtung für Sara und ihre Verachtung für Mellefont zum Ausdruck. Obwohl Mellefont erkennt, daß Marwood ihre gespielte Kontenance aufzugeben scheint, daß ihre Maske Risse zeigt, und obwohl er die Unmöglichkeit einer Trennung in gegenseitiger Hochachtung bedauert sowie die Hoffnung äußert, daß diese sich vielleicht doch noch finde, „wenn nur das gährende Herz erst ausgebrauset hat", läßt er Marwood allein, um Sara zu holen; denn die Antagonistin besteht darauf, ihrer Rivalin das „Abschiedskompliment" machen zu dürfen.

Auch diese Szene trägt als Vorspiel der Intrige noch stark binnenexpositorische Züge, da die wichtigsten Informationen, die Abmachung zwischen beiden Kontrahenten, die Frage, was mit Arabella geschehen soll, und das Scheitern der Helferrolle Sir Sampsons expliziert werden. Da Marwood den aus der Perspektive Mellefonts positiven Lösungen des Rivalitätskonflikts gegenüber indifferent bleibt und diese damit ablehnt und da sie ihren Haß und ihre Rache nur noch mühsam mit spöttischen Bemerkungen kaschieren kann, wird erneut die Peripetie forciert. Dominiert in der Sicht Mellefonts noch einmal die glückliche Lösung, so wird im Wechsel von der vorgetäuschten Kontenance zum Spott der Schrecken sichtbar, den Marwoods Rachsucht erregen wird.

Marwoods Selbstreflexion ihres Charakters

Nachdem Mellefont sie alleingelassen hat, kann sie ihr wahres Gesicht und ihre wahren Gefühle, ihre „ohnmächtige Rachsucht", zeigen und thematisieren, unter welchem Zwang sie ihre Zuflucht im Maskenspiel nehmen muß. Einerseits reflektiert sie die Distanz zwischen der gespielten Rolle und dem Rollenspiel, andererseits legt sie nun ihre Strategie der Gegenhandlung offen. Rückblickend auf das Gespräch mit

Mellefont, scheint es ihr gelungen zu sein, ihn über ihre wahren Absichten zu täuschen, ihn in Sicherheit zu wiegen. Antizipierend nennt sie den nächsten Schritt ihrer Intrige, Mellefont durch eine List fortzulocken, um mit Sara allein sprechen zu können. Selbst ist sie jedoch unsicher, ob es ihr glücken wird, im Gespräch mit ihrer Rivalin Zweifel an Mellefonts Liebe zu erregen. Wahrheiten, die ihr vielleicht nicht neu sein werden, Verleumdungen, die sie vielleicht nicht glauben wird, und Drohungen, die sie vielleicht verachten wird, sollen sie in ihrer Liebe zu Mellefont verunsichern, um sie im günstigsten Falle von ihrem Geliebten zu trennen. Ausdrücklich äußert Marwood, als Sara und Mellefont kommen, sie sei „nun nicht mehr Marwood"; sie sei „eine nichtswürdige Verstossene, die durch kleine Kunstgriffe die Schande von sich abzuwehren sucht; ein getretner Wurm, der sich krümmt und dem, der ihn getreten hat, wenigstens die Ferse gern verwunden möchte" (IV/5, S. 65). Nicht nur die Untreue Mellefonts, sondern auch eine fingierte, rührende Darstellung Marwoods in der Maske der Lady Solmes sollen Sara bewegen, sich von ihrem Geliebten zu trennen. Zweifel und Mitleid werden Marwoods Waffen sein. Analog zum zweiten Aufzug wird durch die Darlegung des Intrigenplans die Rezeptionsperspektive geschärft, und das Interesse richtet sich nicht mehr primär auf das ‚Was' der bevorstehenden Handlung, sondern auf die Art, wie die Intrige durchgeführt wird. Im Monolog wird allein der Zuschauer zum confident Marwoods; denn nur er erfährt von ihren Plänen und Absichten, die ihn in Schrecken versetzen. Durch den Monolog wird der Schrecken als ein vom Zuschauer erwarteter Affekt seiner zeitlichen Beschränkung enthoben. Der kurze Moment des Schreckens, die plötzliche Überraschung des Mitleids, auf der Geschichts- und Darstellungsebene wird in der Rezeptionsperspektive durch die Vorgriffe zeitlich ausgedehnt, um bereits im Zuschauer für Sara Schrecken und Mitleid zu erregen, wenn sie sich selbst, trotz ihrer Ahnungen, noch glücklich weiß.[198]

Die Intrige und die diskrepante Informiertheit als Mittel der Reflexion

Schon in der Dekuvrierung des Verhaltens Marwoods wird erkennbar, daß Lessing die Intrige erneut als Mittel der immanenten Reflexion nutzt, um in der spannungsvollen Distanz zwischen bloß vorgestellter Handlungsweise und tatsächlichem Charakter weitere, mögliche Handlungsversionen durchzuspielen. Der Aufbau einer intriganten Gegenhandlung erlaubt es, die Variante dramatisch zu präsentieren. Wiederum ist es bezeichnend, daß der handlungsentlastete, den notwendigen Reflexionsraum gewährende Dialog gewählt wird, da Marwood als Lady Solmes die fingierte, mitleiderregende Lebensgeschichte der Marwood erzählt. Suggeriert Marwood, Sara eine beglaubigte Fremdeinschätzung der Person Marwood zu geben, was aufgrund der Intrige und der damit verbundenen diskrepanten Informiertheit nur möglich ist, so durchschaut der Zuschauer aus seiner übergeordneten Informationsperspektive das bloß vorgetäuschte Spiel. Die vorgestellte Selbsteinschätzung als getarnte Fremdcharakterisierung, die doppelte Brechung der Rezeptionsperspektive und Saras zunächst unmittelbare Betroffenheit von Marwoods angeblich wahrer Lebensgeschichte generieren Distanzen zur vermittelten Empfindung des Mitleids, die den zentralen Affekt der neuen Dramaturgie in besonderer Weise, mehrfach gebrochen objektivieren. Selbst in der Binnenerzählung der Intrige wird das Mitleid zum Gegenstand der Reflexion, was nicht nur in der zeitgenössischen Rezeption Irritationen auslöste.[199] Poetologisch entscheidend ist, daß Handlungsalternativen, die den realen Charakteren des Dramas zuwiderlaufen, unter einer fingierten Figurenkonstellation, die nur innerhalb der Intrigenhandlung möglich ist, dramatisch präsentiert und reflektiert werden. Die Version des libertinen Mellefont und der tugendhaften, aber unglücklichen Marwood deutet die Möglichkeit an, den eindeutig negativen Charakter Marwoods auf ein mittleres Maß zu beschränken. Wäre Marwood die Frau, die sie als Lady Solmes vorgibt zu sein, so würde Mellefont zum ‚lasterhaften Menschen' par excellence, was seinen bisherigen Verhaltensweisen genau widerspräche, und Sara müßte den Platz, den sie als ‚mitleidswürdigste Person' bisher eingenommen hat, an Marwood abtreten. Dieser überraschende Umschlag, der so durch eine verzögerte Exposition bewirkt würde, verstieße gegen die Strukturprinzipien des Mitleids und würde die gesamte dargestellte Handlung in den Bereich eines vorgetäuschten Spiels verweisen.

Bevor die große, vom dritten in den vierten Aufzug verlagerte Konfrontationsszene stattfinden kann, steht noch aus, ob es Marwood gelingt, Mellefont fortzulocken. Das drohende Mißlingen ihrer List, indiziert durch ihre häufigen apartés und durch Mellefonts Drängen, den Besuch auf ein paar Abschiesworte zu beschränken, erhöhen die Spannung. Als endlich die von Marwood lancierte, gefälschte Nachricht von Betty überbracht wird, daß jemand Mellefont unverzüglich zu sprechen wünsche, fordert er Marwood auf, ihren Besuch zu beenden. Erst die Vermutung, es sei endlich eine Nachricht von dem Vergleich, und Saras ahnungsloses, zweimaliges Bitten, die Lady möge solange bei ihr bleiben, bis er zurückkehre, sowie ihre Aufforderung an Mellefont, sich nicht länger aufzuhalten, bewegen ihn, beide allein zu lassen. Trotz seiner Warnung an Marwood, augenblicklich zurückzukehren, bezeichnet sie in ihrem letzten aparté diesen Teilerfolg ihrer Intrige als ‚glücklichen'; denn ihre Intrige kann Mellefont durch seine Anwesenheit nicht mehr vereiteln. Im Kontrast zwischen der Furcht der Zuschauer und der subjektiven Einschätzung Marwoods ist der mögliche Umschlag von der Bewunderung zum Schrecken aufgehoben.

Marwoods fingierte Lebensgeschichte: eine mitleiderregende Fabel

Zu Beginn der Konfrontationsszene beabsichtigt Sara, mit ihrer rhetorischen Frage, ob sie „nicht das glücklichste Frauenzimmer mit [. . .] Mellefont" (IV/8, S. 67) werde, das Thema des Dialogs, anknüpfend an ihr Gespräch mit Lady Solmes in III/5, auf das unerhoffte Glück zu lenken, das die Bewunderung einer Verwandten verdient, die Anteilnahme an ihrem Unglück geäußert hat. Sowohl die Formulierung der Frage Saras als auch Lady Solmes' Antwort – „Wenn sich Mellefont in sein Glück zu finden weis, so wird ihn Miß Sara zu der beneidenswürdigsten Mannsperson machen. Aber – –" – geben dem Gespräch die von Marwood gewünschte Wende; denn nicht erst die adversative Konjunktion, sondern inhaltlich die sich im Bedingungssatz andeutende Untreue des Geliebten und die im Attribut implizierten Motive der Konkurrenz, der Rivalität und der Eifersucht evozieren indirekt die Gegenläufigkeit der Thematik, die für das Publikum aufgrund der Monologszene Mellefonts (vgl. IV/2) erkennbar wird. Durch das Ausweichen Lady Solmes' beunruhigt, fordert Sara sie auf, ihre Einwände genauer zu benennen; denn es „mag wohl eine *grausame Barmherzigkeit* seyn, ein Uebel, das man zeigen könnte, nur argwohnen zu lassen" (ebd.; Hervorhebung v. M. S.). Geschickt versteht es Marwood, ihre Rolle als Verwandte und als Frau zu thematisieren, die Mellefont kennt, die aber zugleich ihre Solidarität mit den Frauen höher einschätzt, wenn eine Beleidigung des Geschlechts drohe, die selbst eine Schwester oder Mutter nicht hinnehmen könnte. Als Sara zitternd reagiert und ihre Ruhe sich bereits jetzt bis zur Unruhe, bis zum Schrecken gesteigert hat, gibt Lady Solmes vor, das Gespräch wegen der Erregtheit Saras abbrechen zu wollen, was, wie beabsichtigt, die Gesprächsbereitschaft und Neugierde Saras erhöht, was Sara veranlaßt, die Lady eine ‚grausame Frau' zu nennen, eine Bezeichnung, welche die „grausame Barmherzigkeit" der Lady aufnimmt, welche aus der Perspektive des Zuschauers ironisch wirkt, da Sara unbewußt den Ausgang des Dialogs antizipiert, und zwar affektiv und verbal. Sowohl die vage Bestimmung des Themas als auch die Explikation der Gesprächsrollen Lady Solmes' als Verwandte, als mitempfindende Frau und damit als Vertraute zeigen einerseits, wie souverän und erfolgversprechend Marwood ihr Rollenspiel in der Eröffnungsphase ihrer Intrige noch beherrscht, und andererseits, mit welcher Konsequenz Lessing bereits zu Beginn der Konfrontation den affektiven Umschlag von der Bewunderung zum Schrecken zur Darstellung bringt.

Das Allgemeine und das Besondere – das Mögliche und das Wirkliche

Als Lady Solmes erneut Saras Gesprächsbereitschaft motiviert, indem sie äußert, an Saras Stelle das Angebot, etwas über den zukünftigen Ehemann erfahren zu können, als eine „Wohltat" anzusehen, lenkt sie indirekt, aber gezielt das Gespräch auf die Ehe, deren Voraussetzungen nach der bürgerlichen Moral die Liebe und die Treue sind. Saras Versicherungen, Mellefont sehr genau zu kennen und zu wissen, daß er sie liebe, kommen der Strategie Marwoods entgegen, da sie nun auf seine Untreue, auf seine libertine Vergangenheit anspielen kann. Gelingt es Sara, den Hinweis auf die hedonistische Vergangenheit zu entwerten, so versucht Marwood verallgemeinernd zwar nicht die Liebe, wohl aber die „Flatterhaftigkeit" als Verbrechen zu brandmarken. Wenn Sara die Allgemeingültigkeit dieses Urteils bezweifelt, da es auf die „Gegenstände der Liebe" ankomme, und wenn Marwood ihr moralisierend vorhält, „Miß Sampsons Sittenlehre scheinet nicht die strengste zu seyn" (ebd., S. 68), werden nicht nur gegensätzliche Standpunkte in dieser Frage bezogen, sondern zugleich mittelbar die strategischen Strukturen der Intrige offengelegt.

Marwood intendiert mit einem rigorosen Verständnis der Tugend, dem die Liebe untergeordnet wird, Sara in einen Konflikt mit der bürgerlichen Moral zu bringen. Sara kehrt das Verhältnis von Tugend und Liebe um, indem sie erwidert, daß die menschlichen Schwächen zu entschuldigen und deren „Folgen nach den Regeln der Klugheit zu beurtheilen" seien (IV/8, S. 69). Ihre differenzierte Sicht dieses allgemeinen Falls exemplifiziert sie an Mellefonts Vergangenheit, an einem ‚wirklichen' Fall. Ihre nicht sehr strenge, aber kluge und gerechte Sittenlehre enthebt sie der Allgemeingültigkeit und wendet sie auf Mellefonts Situation, auf den besonderen Fall an: „Wenn zum Exempel, ein Mellefont eine Marwood liebt, und sie endlich verläßt; so ist dieses Verlassen, in Vergleichung mit der Liebe selbst, etwas sehr gutes. Es wäre ein Unglück, wenn er eine Lasterhafte deswegen, weil er sie einmal geliebt hat, ewig lieben müßte" (ebd.). Saras Applikation des allgemeinen moralischen Satzes auf eine wirkliche, konkrete Situation widerlegt Lady Solmes' rigoroses Tugendverständnis und führt zum Scheitern dieser Phase ihrer Intrige. Zugleich wird sie selbst empfindlich getroffen, da sie in der Maske einer Verwandten eine klare Verurteilung ihrer Person hinnehmen muß, ohne offen widersprechen zu können. Da Marwood bemüht ist, nach außen hin ihren guten Ruf zu wahren, muß sie sich beleidigt fühlen und nicht Sara durch die bevorstehende Heirat mit Mellefont.

Im Gesamtkontext des Trauerspiels hat diese Dialogphase die Funktion, das schon zu Beginn des Dramas aufgehobene Schwarz-Weiß-Klischee eines Tugend-Laster-Schematismus erneut zugunsten des Primats der Liebe und des Glücks zu begründen. Das Trauerspiel ist somit auch ein Exempel der praktischen Sittenlehre, die sich nicht mit der Möglichkeit begnügt, sondern die Wirklichkeit darstellt.[200] Aber der besondere Fall, das Exempel, das den ‚symbolischen', d. h. diskursiv begrifflichen Schluß Saras veranschaulicht, wirkt erst durch die Darstellung, durch das Drama selbst auf die Zuschauer, da diese durch die anschauende Erkenntnis „einen Satz geschwinder übersehen, und so in einer kürzern Zeit mehr Bewegungsgründe in ihm entdecken können, als wenn er symbolisch ausgedrückt ist: so hat die anschauende Erkenntnis auch einen weit größern Einfluß in den Willen, als die symbolische".[201] Es wäre jedoch verfehlt, aufgrund des Verhältnisses zwischen einem als möglich und als wirklich dargestellten Fall und aufgrund des Vorzugs der anschauenden Erkenntnis in der praktischen Sittenlehre Lessings Trauerspiel in die Nähe der Gottschedschen Konzeption zu rücken, da das ‚Wesen' der Lessingschen Dramaturgie nicht die Erkenntnis, sondern die Erregung der Leidenschaften ist.[202] Indem Sara das Besondere als wirklich und nicht bloß als möglich betrachtet, erhält es die Individualität zurück, „unter der es allein wirklich sein kann, wenn die anschauende Erkenntnis den höchsten Grad ihrer Lebhaftigkeit erreichen, und so mächtig, als möglich, auf den Willen wirken soll".[203] Dem Übergang vom Allgemeinen zum Besonderen, in dem das Allgemeine anschauend erkannt wird, der Art und Weise von Saras Argumentation ist die Steigerung der Affekte inhärent. Die Sujethaftigkeit der Ereignisse, daß die Verführung Saras durch Mellefont nicht beider Unglück, sondern ihr Glück ermöglichte, daß ein ‚Verbrechen' durch die Liebe zu einer ‚Erlösung des Lasterhaften', des ‚Unglücklichen', wird, ist Gegenstand ihres Exempels, so daß implizit die Fabel des Trauerspiels in Abgrenzung zu dem moralischen Schematismus der Dramentradition objektiviert wird. Dadurch daß Sara Mellefonts Verlassen der lasterhaften Marwood zum Exempel ihrer Sittenlehre macht, wird die Fabel bzw. der Einsatzpunkt der Handlung auf der Ebene der Geschichte, nicht der Darstellung, im dramatischen Dialog gegenständlich. Da es sich hier nicht um eine expositorische Funktion handelt, kommt dieser Dialogpassage neben der handlungsfördernden eine poetologische Funktion zu, die als implizite Form der immanenten Reflexion einzuordnen ist.

Die Tugendprobe: der Diskurs als Mittel der Reflexion

Zugleich erscheint die Thematisierung des glücklichen Ausgangs an dieser Stelle möglich, eine Wende, die Lady Solmes verhindert, da sie Saras Bild von Marwood in Frage stellt; eine notwendige Konsequenz, weil es ihr nicht gelungen ist, Saras Bild von Mellefont zu erschüttern und weil es um ihres guten Rufes willen notwendig ist, ihr Bild zu korrigieren, die Beleidigung zurückzuweisen. Lady Solmes weist Saras Auffassung von der lasterhaften Marwood als eine durch Mellefonts subjektive Beschreibung entstellte zurück. Sara entzieht sich zunächst den Fragen der Verwandten, die Mellefonts Glaubwürdigkeit erschüttern sollen, indem sie die Ebene des unmittelbaren Gesprächs verläßt und von einer Metaebene aus auf die Strategie des Dialogs reflektiert: „Nun merke ich es erst, Lady, daß Sie mich auf die Probe stellen wollen. Mellefont wird lächeln, wenn Sie es ihm wieder sagen werden, wie ernsthaft ich mich seiner angenommen" (IV/8, S. 69). Sie durchschaut jedoch nur die Taktik, deren Gefahren sie nicht einschätzen kann, da sie die wahre Identität Lady Solmes' nicht kennt. Mit ihrem Kommentar versucht sie einerseits die Situation zu entschärfen, da sie die Äußerungen der Lady als nur scherzhaft gemeinte Tugendprobe zu durchschauen glaubt, andererseits jedoch expliziert sie unbewußt die Funktion dieser Szene, in der sie erneut ihre Tugend und damit ihre verinnerlichte bürgerliche Moral unter Beweis stellen wird wie bereits im siebten Auftritt des ersten und im dritten Auftritt des dritten Aufzugs. Lessing nutzt hier die Distanz zwischen der Kommunikation und der Metasprache, um im Diskurs die für das bürgerliche Drama toposartige Tugendprobe zu verbalisieren.

Erneut thematisiert Marwood ihre Rolle als Verwandte, die sich nicht „zum Danke für eine wohlgemeinte Warnung" mit Mellefont entzweien lassen will, „die sich nur deswegen wider ihn erklärt, weil sie sein unwürdiges Verfahren gegen mehr als eine der liebenswürdigsten Personen unsers Geschlechts, so ansieht, als ob sie selbst darunter gelitten hätte" (ebd.). Untersagt sie einerseits Sara, Mellefont etwas von der Unterhaltung mitzuteilen, so weist sie andererseits die unterstellte Absicht, ihre Warnungen seien nur scherzhaft gemeint, zurück. Die Betonung ihres Motivs, eher als mitempfindende Frau und nicht als Verwandte zu reden, kulminiert in der Begründung, selbst Zeuge gewesen zu sein, wie Mellefont „mehr als eine der liebenswürdigsten Personen unsers Geschlechts" beleidigt hat durch seine Untreue. Deutet sie die Umkehrung der Bewertung der Person Marwoods als Tugendhafte an, so treibt sie selbst ihr Rollenspiel einem Höhepunkt entgegen, wenn sie hinzufügt, so dabei empfunden zu haben, „als ob sie selbst darunter gelitten hätte"; denn sie tarnt die fingierte Selbstdarstellung als beglaubigte Fremdcharakterisierung. Dieses Spiel mit den Identitäten, sprachlich durch den distanzierenden Gebrauch der dritten Person vermittelt, sie spricht von einer Verwandten, läßt den Rezipienten nicht nur die Souveränität, mit der sie ihre Intrigenrolle spielt, sondern auch die für Sara nicht verstehbare Ironie und den Zynismus erkennen. Obwohl sie versucht, ihre Äußerungen über Mellefont als ‚wohlgemeinte Warnungen' auszugeben, die Sara nicht mißbrauchen sollte, um eine Verwandte mit Mellefont zu entzweien, und verschweigt, welche Konsequenz Sara aus ihren Warnungen eigentlich zu ziehen habe, durchschaut Sara ihre Intention, ohne jedoch ihre Identität in Zweifel zu ziehen: „Ich will niemand entzweyen, Lady; und ich wünschte, daß es andre eben so wenig wollten" (ebd.).

Zum mittleren Charakter Saras: ein Funktionsträger der Handlung

Die Lady weicht Saras Wunsch aus und fragt unmittelbar, ob sie die Geschichte Marwoods erzählen solle. Mit ihrer Frage eröffnet sich ein möglicher Umschlag in der Gesprächsführung, da Sara es ablehnen kann, ihre Erzählung zu hören; doch nach anfänglichem Zögern siegt Saras Neugierde, und sie willigt ein. Wie in den Briefszenen, zumal die Erzählung ähnlich wie ein Brief im Gegensatz zur unmittelbaren Rede des Dialogs einen Fremdkörper darstellt, werden die einzelnen Sequenzen bis zum

Erzählen bzw. Lesen des Briefs dramatisch präsentiert. Haben sie auf der einen Seite die Funktion, die Spannung zu intensivieren, so schaffen sie auf der anderen Seite Reflexionsräume, um die Motive und Intentionen, metasprachliche Elemente, zu thematisieren. Nicht nur Marwoods Entschlossenheit und Mellefonts Einwilligung, daß Marwood als Verwandte Sara besuchen kann, sondern auch Saras eigene Neugierde bilden die Voraussetzungen für die Gegenhandlung. Sara handelt eigenverantwortlich, wie sie es später selbst erkennt: „Bin ich doch auch oft begierig gewesen, die Marwood zu sehen. Mellefont weis wohl, daß wir neugierige Geschöpfe sind" (V/1, S. 77).

Ihre Neugierde, die sie als einen Grundzug der Frauen ausgibt, wird zu dem Fehler, der sie nicht ohne eigenes Verschulden der Intrige Marwoods ausliefert, der jedoch nicht im Sinne eines direkten Ursache-Wirkung-Verhältnisses die Katastrophe auslöst bzw. vorbereitet. Ihr Fehler ist kein ‚verwerflicher', sondern ein menschlich-allzumenschlicher, eine ‚weibliche Schwäche', die den Handlungsumschlag beschleunigt. Da sie als tugendhafte Frau weder der Verstellung noch der Vorstellung einer Intrige und noch viel weniger des Erkennens des fingierten Spiels fähig ist, wird sie ahnungslos Objekt der Gegenhandlung, und ihre Neugierde wird zu einer gefährlichen Schwäche. Nicht Saras Verführbarkeit, ein sittliches Fehlverhalten, das gegen das Verdikt einer streng moralischen Rigorosität verteidigt, das einer harmonischen, aufgeklärten Lösung zugeführt wird und das nicht eine Katastrophe im Sinne der Bestrafung nach dem Prinzip der inneren Notwendigkeit auslöst,[204] bildet den Ausgangspunkt der Peripetie, sondern die allzumenschliche Neugierde Saras und ihr Nicht-Erkennen der Eifer- und Rachsucht ihrer Gegenspielerin sind Glieder in einer Kette, welche die tragische Situation als Teil eines ‚natürlichen' Handlungsablaufes erscheinen lassen. Die Korrelation zwischen Fehler und Unglück entsteht nicht aus der Regel der poetischen Gerechtigkeit; sie resultiert aus der Bestimmung des mittleren Charakters, so daß auch das moralische Schuld-Sühne-Prinzip nicht die Katastrophe determiniert.[205] Da Sara weder das tragische Opfer einer inneren Notwendigkeit noch eines fatalistischen Geschehens wird und da selbst ihr Tod nicht Teil der Intrige Marwoods ist, bewahrt die Protagonistin einerseits ihre Subjektivität, die sie andererseits, da ihr Charakter zum Funktionsträger der Handlungsentwicklung wird, unter dem Form- und Wirkungsprinzip des Mitleids aufgeben muß; denn erst im größten Leiden, in ihrem physischen Untergang, kann sie ihre Vollkommenheiten darstellen, damit das Mitleid bis zur maximalen Wirkung gesteigert wird.[206] Der mittlere Charakter ist der Handlung untergeordnet, deren Ziel es ist, das Mitleid zu erregen.

Die Erzählung

Saras Mitleid will Lady Solmes, die sich als empfindsame und nur scheinbar unparteiliche Erzählerin eingeführt hat, mit der mitleidswürdigen Geschichte einer der liebenswürdigsten Personen erregen, um den Urteilsspruch, Marwood sei lasterhaft, zu revidieren, um über den Beweis der Tugendhaftigkeit der verlassenen Marwood Mellefont des Verbrechens der Untreue anzuklagen. Wortwahl und die Art der Gesprächsführung evozieren eine gerichtsähnliche Situation, in der ein Verbrechen aufzuklären ist. Übernimmt Marwood in der Maske der Lady und einer solidarischen Frau die Verteidigung, so kommt Sara die Rolle des Opfers und die der Richterin zu, die bisher von Mellefont beeinflußt worden sei, so die Äußerung der Lady, da dieser „in seiner eignen Sache nichts anders, als ein sehr ungültiger Zeuge seyn" könne (IV/8, S. 69). Daß die Lady mit diesem Angriff auf Mellefonts Glaubwürdigkeit sich selbst treffend charakterisiert, ist jedoch nur für den Zuschauer erkennbar; denn Marwood kann als Lady in eigener Sache ein engagiertes, empfindsames, ‚offenherziges', ‚unverhülltes' Plädoyer halten; sie ist die bereits Verurteilte, die als Verwandte Mellefonts und Freundin Marwoods gegen ihr Urteil Revision einzulegen sucht. Gibt sie vor, die wahre Identität Marwoods aufklären zu wollen, so dient ihre Verteidigung nicht der Wahrheitsfindung, der Aufklärung, sondern der Täuschung, der Fälschung ihrer Identität und des eigenen Bildes.

Die Lady zeichnet das Bild einer tugendhaften Frau, die aus einem guten Geschlecht stammt, die als junge Witwe im Kreis ihrer Freundinnen Mellefont kennenlernte, der es weder an Schönheit noch Anmut fehlte, deren Namen ohne Flecken war. Was ihr fehlte, war allein Vermögen, hatte sie doch zuvor „ansehnliche Reichthümer" besessen, die sie für die Befreiung eines Mannes, den sie liebte, opferte. Analog zur Intrige gegen Mellefont charakterisiert sie sich als selbstlose und opferbereite Frau, was sowohl Mellefont Bewunderung abverlangte, als auch Sara zu der Äußerung veranlaßt: „Wahrlich ein edler Zug, Lady, von dem ich wollte, daß er in einem bessern Gemählde prangen könne!" (IV/8, S. 70). Zeichnet sich hier bereits durch die Schilderung der Vollkommenheiten Marwoods eine Verunsicherung Saras ab, so lassen die Merkmale, welche die Lady Marwood zuschreibt, Risse im Bild der edlen, tugendhaften Marwood erkennen, da diese sich vorherrschend auf äußere Kennzeichen beziehen, zu denen die Abstammung, die Schönheit, der gute Ruf zählen. Selbst die Opferbereitschaft und Selbstlosigkeit, die auf eine internalisierte Tugend schließen lassen könnten, werden unglaubwürdig, da sie diese edlen Züge Marwoods an ihrem Verhältnis zum Vermögen, zu ansehnlichen Reichtümern, zum Geld illustriert. Daß die materiellen Güter keine untergeordnete und für Marwood, wie zunächst vorgetäuscht, nebensächliche Rolle spielen, belegt bereits die exponierte Stelle, welche die Lady dem Thema ‚Geld' einräumt, und die geradezu auffällige Häufigkeit der Mehrfachthematisierung des Materiellen.

Trotz des „Mangels an Vermögen", so fährt die Lady in ihrer Erzählung fort, wurde Marwood von „reichen und vornehmen Anbetern" besucht, unter denen auch Mellefont auftrat. „Sein Antrag war ernstlich, und der Ueberfluß, in welchen er die Marwood zu setzen versprach, war das geringste, worauf er sich stützte" (ebd.). Wiederum versäumt sie es nicht, in der abwertenden Einstellung zum Geld die Uneigennützigkeit und die Zärtlichkeit Marwoods darzulegen und zu demonstrieren, da diese „eine Hütte einem Pallast würde vorgezogen haben, wenn sie in jener mit einer geliebten, und in diesem mit einer gleichgültigen Person hätte leben sollen". Sowohl die geschickte perspektivische Bewertung von Mellefonts Antrag als auch die hypothetisch-verallgemeinerte Exemplifizierung des Vorrangs der Liebe, der Zärtlichkeit vor dem Geld, was abermals die nur verdeckte Hochschätzung des Materiellen indiziert, verfehlen ihre Wirkung bei Sara jedoch nicht: „Wieder ein Zug, den ich der Marwood nicht gönne. Schmeicheln Sie ihr ja nicht mehr, Lady, oder ich möchte sie am Ende *betauern müssen*" (ebd., Hervorhebung v. M.S.).

Weil es der Lady gelingt, sich zugleich in den Standpunkt Saras zu versetzen, da auch sie die Liebe den zeitlichen Gütern vorzieht (vgl. I/7), bedarf es nur dieses schmucklosen Topos, um die Leidenschaften Saras, die Bewunderung und das zu erwartende Mitleid, stetig wachsen zu lassen, so daß diese sympathisieren muß, mag sie wollen oder nicht.²⁰⁷ Marwood wird in der Erzählung sowohl durch ihre äußeren Merkmale als auch durch ihre Gesinnung zu einer der Figur Sara ähnlichen Person stilisiert, so daß die Bedingungen für das Mitleiden erfüllt scheinen: Sie ist „von gleichem Schrot und Korn". Aus dieser Gleichheit entsteht Saras Furcht, daß ihr „Schicksal gar leicht dem [ihrigen] eben so ähnlich werden könne, als [sie] ihm zu sein [sich] selbst fühl[t]: und diese Furcht [ist] es, welche das Mitleid gleichsam zur Reife bring[t]."²⁰⁸

Die Erzählsituation als Reflexionsform

Sara bestätigt der Lady in ihren Kommentaren zum Erzählten, daß sie sich der Wirkung nicht entziehen kann. Zugleich legt ihre Reflexion die literarischen Strukturen der Erzählung in der Bestimmung der Wirkung offen. Ihre Bewunderung und ihre Vorausdeutung auf das Ende der Geschichte, zuletzt Marwood ihr Mitleid entgegenbringen zu müssen, zielen auch ins Zentrum der Poetik des Mitleids und stellen Formen der expliziten, immanenten, ohne Fiktionsironien durchgeführten, poetisch-poetologischen Selbstreflexion im Drama dar. Als Zuhörerin verfügt Sara über die notwendige Distanz zum Erzählten, um über die Wirkung die werkästhetischen Prinzipien benennen zu können, während die Lady als Erzählerin die Freiheit besitzt, die Wahrheit und die Verleumdung, die Lüge, so miteinander zu verschränken, um das Mitleid als Waffe gegen die Empfindsame einzusetzen. In der Intrige, deren Teil die fingierte Lebensgeschichte Marwoods ist, werden der rationale produktionsästhetische und der unmittelbar emotionale, wirkungsästhetische Aspekt des Mitleids thematisch. Indem die Erzählung in den dramatischen Dialog integriert wird, kann sowohl die Erzählerin als auch die Zuhörende jederzeit aus dem Erzählzusammenhang heraustreten und sich kommentierend auf das Erzählte beziehen. Da weder die Lady irgendeine Geschichte erzählt noch Sara irgendwelche Affekte objektiviert, haben die Erzählung und die Erzählsituation, der Inhalt, die Form und die Wirkung derselben eine überszenische Funktion.

Obwohl die fingierte Geschichte von Mellefont und Marwood im Gegensatz zu den bisherigen Informationen über diese Beziehung stehen, erweitert diese Pervertierung im poetologischen Sinne den Reflexionsraum, indem sie Distanz schafft; denn zumindest bietet die Lady eine mögliche, zunächst noch in sich wahrscheinliche Version des Vorfalls. Das Mittel, eine epische Form in den dramatischen Dialog zu integrieren, bietet eine Fülle von objektivierenden Strukturen, um die Reflexion nicht nur auf das Erzählte, sondern auf das ganze Trauerspiel zu ermöglichen. Bewunderung und Mitleid – und wie Sara richtig voraussieht, bedarf es des Schreckens über das Unglück der Marwood, um den Übergang von der Bewunderung zum Mitleid vollziehen zu können – legen nicht nur strukturell die Entwicklung der erzählten Handlung fest, lassen nicht nur erkennen, welche Gegenstände und Wirkungen das noch nicht Erzählte haben werden, sondern objektivieren auch die Gefühlstrias, die das Trauerspiel als Ganzes und dessen Wirkung determinieren. Die Erzählung hat ferner die Funktion, sowohl Sara als auch den Zuschauer ‚fühlbar zu machen' für das zukünftige Geschehen, sie alle Stadien, das der Bewunderung, des Schreckens und des Mitleids, empfinden zu lassen. Die fingierte Lebensgeschichte wird zum Katalysator, um die Wirkung des Trauerspiels, des Zusammenspiels der vermischten Empfindungen, sicherzustellen. Die Erzählung, ihre Integration in den

Dialog und ihre Funktion innerhalb der Intrige, die Unterschiedlichkeit der Textarten, das Rollenspiel der Marwood und die Kommentare Saras: all diese Einzelelemente werden verbunden, um auch als Mittel des poetischen Diskurses im Drama wirken zu können.

Wird durch den Kommentar Saras ein mögliches Ende der Erzählung vorweggenommen und die Strategie Marwoods direkt mit der Nennung der zentralen Affekte bestimmt, so drängt sich die Frage auf, ob es der Lady wirklich gelingt, Mitleid zu erregen. Sie ist zunächst gegen ihre Intention gezwungen, in den folgenden Erzählpartien Mellefont als einen ‚edlen' und ‚großmütigen' Mann darzustellen, um Marwood noch ‚edler' und ‚großmütiger' zeichnen zu können; denn die Bewunderung, die sie Sara bisher abzwingen konnte, ist noch von ihren alten Vorbehalten geprägt. Erst wenn sie sicher sein kann, daß Sara das Bild der Marwood bewundert, kann sie mit Hilfe eines Umschlags in der Erzählhandlung und Erzählhaltung ihr Mitleid erregen, was Konsequenzen für die Dramenhandlung zeigen müßte, da das Erzählte sich auf die Vorgeschichte des Trauerspiels bezieht.

Die Erzählbrüche und die Brüche der Erzählung

Widersprüchlich zu ihrer bisherigen Meinung über Mellefont setzt sie die Erzählung fort. Die Heirat zwischen Marwood und Mellefont wurde durch den Tod eines Vetters verhindert, da dieser verfügt hatte, sein Vermögen Mellefont zu hinterlassen, wenn er eine entfernte Verwandte heirate. Wiederum ist es auffällig, daß die Lady den Wettstreit der Großmut, deren Wirkung sie in der Auseinandersetzung mit Mellefont bereits erprobt hat, am Thema Geld demonstriert, am Erbschaftsmotiv, das sowohl Sara als auch dem Zuschauer bekannt ist. „Hatte Marwood seinetwegen reichere Verbindungen ausgeschlagen, so wollte er ihr nunmehr an Großmut nichts nachgeben" (IV/8, S. 70). Er wollte mit der Heirat Marwoods auf das Vermögen seines Vetters verzichten. Obwohl Sara hätte bemerken müssen, daß Mellefont so uneigennützig nicht gewesen sein konnte, hatte er die Verzögerung der Ehe mit Sara doch mit eben dieser Erbschaftsangelegenheit begründet, bringt sie diesem Edelmut uneingeschränkt Bewunderung entgegen, so daß die Lady nun um so siegessicherer in ihrer Erzählung fortfahren kann. Als Marwood über andere von Mellefonts Erbschaftsverzicht erfuhr, verließ sie ihn. Im Abschiedsbrief begründete sie ihre Abreise und ihren Verzicht auf die Ehe damit, Mellefont in den Besitz des Vermögens zu bringen, „welches ein Mann von Ehre zu etwas wichtigern brauchen könne, als einem Frauenzimmer eine unüberlegte Schmeicheley damit zu machen" (ebd., S. 71). Die Marwood der Erzählung ordnet nicht nur das Geld ihrer Liebe unter, sondern ihre Liebe opfert sie auch der Karriere und dem Reichtum ihres Geliebten. Die Lady verleiht der Marwood damit altruistische Züge, da sie auf den Geliebten verzichtet, damit dieser äußere Güter, wie Ehre und Reichtum, genießen kann.

War Sara zu diesem Schritt nicht bereit, da sie ihre Liebe zu Mellefont weder der Vaterliebe noch materiellen Gütern opfern wollte, und erscheint das Bild der Marwood noch vollkommener als Sara, so wirken die Werte, die sie ihrer altruistischen Liebe überordnet, auch wenn sie Mellefont zugeschrieben werden, verräterisch. Ohne daß Sara es bemerkt, zeigt das Maskenbild weitere Risse, welche erkennen lassen, daß Marwood in ihrem Rollenspiel nur über ein äußeres Tugendverständnis verfügt, was sie in der Auseinandersetzung mit Mellefont scheitern ließ. Obwohl

Sara sich der unmittelbaren Wirkung dieser Gesinnungen nicht entziehen kann, schränkt sie abermals ihre Bewunderung ein, indem sie die Lady gegen Marwood ausspielt, ohne zu ahnen, welche Brisanz ihre Äußerung hat: „Aber Lady, warum leihen Sie der Marwood so vortreffliche Gesinnungen? Lady Solmes kann derselben wohl fähig seyn, aber nicht Marwood. Gewiß Marwood nicht" (ebd., S. 71). Noch bewahrt Marwood ihre Kontenance, indem sie sich in die Rolle Saras versetzt und erwidert: „Es ist nicht zu *verwundern*, Miß, daß Sie wider sie eingenommen sind" (ebd., Hervorhebung v. M. S.). Die Lady versucht so, Saras Kommentar zu widerlegen.

Zugleich ist das Verb ‚verwundern' ein poetologisches Signal, da die Diskrepanz zwischen den Vorstellungen, die Sara von Marwood hat, und dem Bild der Selbstlosigkeit begrifflich von Marwood aus der Sicht Saras erfaßt wird. Bewunderung löst das Bild aus, das im Vergleich zu der lasterhaften Marwood Verwunderung erregt, zumal Marwoods gezeichnete Tugend der Selbstaufopferung stoizistische Züge annimmt, einem mittleren Charakter nicht mehr entspricht. Gegen diese Überzeichnung des Charakters erhebt Sara Einwände, die von der Lady thematisiert und mit der Voreingenommenheit Saras erklärt werden. Hervorgehoben ist diese Stelle nicht nur durch die poetologische Funktion, da die übertriebene Darstellung der Vollkommenheiten die Bewunderung in die Verwunderung umschlagen läßt, sondern auch durch den Sachverhalt, daß die Lady zum ersten Mal innerhalb ihrer Erzählung den Kommentar Saras erwidert, die Rolle der Erzählenden für kurze Zeit verläßt. Und sie muß selbst feststellen, die Wirkung verfehlt zu haben, da sie statt Bewunderung Verwunderung bei Sara erregt.

Als sie fortfährt, daß Mellefont über Marwoods Entschluß von Sinnen überall Leute ausschickte, um sie suchen zu lassen, und er sie endlich fand, zwingt sie Saras Bemerkung – „Weil sie sich finden lassen wollte, ohne Zweifel" -, ihre Erzählerrolle erneut zu verlassen: „Keine bittere Glossen, Miß! Sie geziemen einem Frauenzimmer von einer sonst so sanften Denkungsart nicht –" (ebd., S. 71). Da Saras direkter Eingriff in die Erzählung ein Indiz für ihre Voreingenommenheit gegenüber Marwood ist und da sie erneut bekundet, ihr Bild der Marwood nicht zu revidieren, reagiert Lady Solmes drohend und zurechtweisend, was auf ihre Parteinahme für Marwood und damit auf den drohenden Konflikt verweist. Ihre Strategie, Sara für das Bild der Marwood Bewunderung abzuverlangen, bleibt abermals wirkungslos, so daß sie nun versucht, ihre Rivalin in eine Parallele zu Marwood zu bringen.

Als Mellefont Marwood an ihrem Zufluchtsort fand, gelang es ihm, so die Lady, nach anfänglicher Standhaftigkeit Marwood zu bewegen, nach London zurückzukehren. Sie schlossen den Kompromiß, „ihre Vermählung so lange auszusetzen, bis die Anverwandte, des langen Verzögerns überdrüßig, einen Vergleich vorzuschlagen gezwungen sey" (ebd.). Damit nähert sie die Charakterzüge Marwoods denen Saras an, obwohl diese einer solchen Vereinbarung nicht zugestimmt hätte (vgl. I/7). Die Annäherung beider Charaktere gipfelt für einen kurzen Augenblick in Saras empfindsamer Interjektion „Ach!", einem Empfindungswort, das der Zuhörenden entschlüpft und ein intimeres Verständnis der Rede der anderen verrät als eine umfängliche Antwort oder ein Kommentar. Dieses Einverständnis erzielt Lady Solmes durch die Schilderung der Verführungsszene, wenn sie auf Saras und Marwoods Verführbarkeit anspielt: Marwood gelang es zunächst, seine Besuche in den „Grenzen der Freundschaft", des ‚ehrfurchtsvollen Liebhabers' zu halten. „Aber wie unmöglich ist es, daß ein hitziges Temperament diese engen Grenzen nicht überschreiten sollte! Mellefont besitzt alles, was uns eine Mannsperson gefährlich machen kann. Niemand kann hiervon überzeugter seyn als Miß Sampson selbst." Nur für einen Augenblick kann die Lady Saras Mitleid und Mitempfinden erregen, da diese Erzählpartie Sara an ihre Verführung durch Mellefont erinnert. Die Erinnerung an ihr eigenes Unglück, ihre Selbstbetroffenheit ist das auslösende Moment; denn als die Lady das Eingeständnis Saras aufgreift und sie explizit in eine Parallele mit Marwood setzt – „Sie seufzen? Auch Marwood hat über ihre Schwachheit mehr als einmal geseufzet und seufzet noch" (ebd., S. 72) –, weist Sara dies als Beleidigung entschieden zurück. War sie selbst wegen ihrer Vollkommenheit und Verführbarkeit Gegenstand des Mitleids, so spricht sie Marwood diesen Platz ab, und zwar an der Stelle der Erzählung, die eine Gleichsetzung beider Figuren ermöglicht hätte. Damit ist es der Lady nicht gelungen, Sara mit dem Bild der Marwood zu identifizieren. Statt Bewunderung bewirkt ihre Erzählung Verwunderung.

Da aber die Identifikationsmöglichkeiten und die Bewunderung wichtige Voraussetzungen für die Erregung des Mitleids sind, kann die Lady nur noch das Scheitern ihrer poetischen Fähigkeiten eingestehen. Sie verläßt die Ebene der Erzählung und kann nur noch ihre Absicht, Saras Mitleid erregen zu wollen, darlegen: Die „Absicht war nicht, zu beleidigen, sondern bloß die *unglückliche Marwood* Ihnen in einem Lichte zu zeigen, in welchem Sie am richtigsten von ihr urtheilen könnten" (ebd., S. 72; Hervorhebung v. M.S.). Der Erzählzusammenhang, in sich schon an mehreren Stellen brüchig geworden und wirkungslos geblieben, beginnt, sich endgültig aufzulösen. Da Sara, wie sie zu Beginn der Geschichte noch fürchtete, kein Mitleid für Marwood empfindet, treibt Lady Solmes in abrupten Schritten die Geschichte voran. Nicht die Liebe, die Mellefont die Rechte eines Gemahls gaben, und nicht das uneheliche Verhältnis haben Marwood unglücklich gemacht; denn wie „glücklich wäre Marwood, wenn sie, Mellefont und der Himmel, nur allein von ihrer Schande wüßten! Wie glücklich, wenn nicht eine jammernde Tochter dasjenige der ganzen Welt entdeckte, was sie vor sich selbst verbergen zu können wünschte!" Anaphorisch insistierend und ihre wahren Gesinnungen preisgebend, beschreibt sie im Irrealis des Wunsches Marwoods Glücksvisionen, mit denen sie nicht deutlicher das auf Identifikation angelegte Bild der Marwood gegen die verinnerlichte, empfindsame Tugend Saras abgrenzen kann. Auf dem eigentlichen Höhepunkt der Geschichte führt die Lady selbst das intendierte Mitleiden Saras zum Scheitern.

Wie in der Auseinandersetzung mit Mellefont greift sie nun zum letzten Faustpfand; sie bringt die „jammernde Tochter" ins Spiel, als sie erkennt, daß ihre Erzählung die beabsichtigte Wirkung verfehlt. Aber nicht Mitleid, sondern Schrecken erregt sie mit der unglücklichen Tochter, die durch die „Darzwischenkunft der Sara Sampson alle Hoffnung ihre Aeltern jemals *ohne Abscheu* nennen zu können", verliert (ebd., Hervorhebung v. M.S.). Schrecklich ist diese Nachricht für Sara, weil Mellefont ihr die Existenz seiner Tochter verschwiegen hat und weil sie erkennt, mit ihrer Heirat quasi familiäre Bindungen zu zerstören. Taktisch klug bewertet die Lady aus der Sicht Arabellas die „Darzwischenkunft der Sara Sampson" mit dem Affekt des Abscheus; poetologisch erfaßt dieser Begriff präzise diese Fabelversion, da das Kind ohne eigenes Verschulden und ohne jeden Fehler ins ‚Unglück' geraten würde. Wiederum reduziert Marwood den Rivalitätskonflikt auf die Trennung der Tochter von ihren Eltern, was Sara affizieren muß, da sie selbst von ihrem Vater getrennt ist.

Mit der Einführung der Tochter und Saras in die Erzählung werden die zeitlichen Ebenen beider Textsorten verschränkt; das epische Präteritum wird in die Gegenwart und Zukunft des Dramas überführt. Inhaltlich und formal berühren sich die Ebenen der Erzählung und des Dramas, und Sara selbst verliert emotional ihre Distanz zur Lebensgeschichte der Marwood; ihr Schrecken liefert sie unmittelbar der Intrige aus: Der Lüge der Lady, Mellefont liebe immer noch Marwood, da eine zehn Jahre dauernde Liebe sich nicht plötzlich in Gleichgültigkeit verwandelt, kann sie nur ein vorausdeutendes „Sie tödten mich, Lady" entgegnen. Raffiniert weiß Lady Solmes Mellefonts „Flatterhaftigkeit" und „Ehescheu" so zu schildern, daß sie zu Beweisen seiner Liebe zu Marwood werden; da diese „auf seine Freyheit so eifersüchtig nicht gewesen" ist (ebd., S. 73). Hypothetisch sich an die Stelle Saras versetzend, spielt sie den ‚günstigsten Fall' durch: „Gesetzt aber, Miß, Sie wären die einzige Glückliche, bey welcher sich alle Umstände wider ihn erklärten; gesetzt Sie brächten ihn dahin, daß er seinen nunmehr zur Natur gewordenen Abscheu gegen ein förmliches Joch überwinden müßte: glaubten Sie wohl dadurch seines Herzens versichert zu seyn? [...] Sie würden seine Gemahlin heissen, und jene [Marwood] würd es seyn" (ebd., S. 72 f.). Diese Vorstellungen nehmen Sara so gefangen, daß sie die Schachzüge, das Changieren zwischen einer rigorosen und libertinen Moralität Marwoods, nicht durchschaut. Den perspektivisch einseitigen, den Rivalitätskonflikt reduzierenden Aufklärungen der Lady hat sie sich vollkommen ausgeliefert. Sie reagiert nur noch emotional und bittet, sie „nicht länger mit so schrecklichen Vorstellungen" zu martern. Erst jetzt akzeptiert sie die Lady als Ratgeberin: „Rathen Sie mir vielmehr, Lady, ich bitte Sie, rathen Sie mir, was ich thun soll. Sie müssen ihn kennen. Sie müssen es wissen, durch was es noch etwa möglich ist, ihm ein Band angenehm zu machen, ohne welches auch die aufrichtigste Liebe eine unheilige Leidenschaft bleibet" (ebd.).

Das Gleichnis und das Bild als Mittel der Reflexion

Mit dem ‚tändelnden Vogelgleichnis', eine toposartige Parabel aus dem Bereich der Erotik, vollzieht die Lady den Rollenwechsel von der unparteilichen Anwältin zur Ratgeberin, um ihren Urteilsspruch als Richterin vorzubereiten. Poetologisch konsequent wählt die Lady die literarische Form der Parabel, die sich mit der „Möglichkeit" eines „einzelnen Falls" begnügt, den die Fabel als ‚wirklich' vorstellt.[209] Der Möglichkeitscharakter dieser indirekten Form der Mitteilung wird durch das „Bild" des gefangenen Vogels potenziert, da das Bild „eine sinnliche Vorstellung eines Dinges nach einer einzigen ihm zukommenden Veränderung" ist. „Es zeigt mir nicht mehrere, oder gar alle mögliche Veränderungen, deren das Ding fähig ist, sondern allein die, in der es sich in einem und ebendemselben Augenblicke befindet." Es zeigt die Möglichkeit, nicht die Wirklichkeit.[210] Das Bild, welches Lady Solmes für Mellefont wählt, reduziert seinen Charakter auf die „Flatterhaftigkeit", und sie rät Sara, diesen „Vogel" erst gar nicht in die Schlinge zu locken, da „er die Schlinge ganz gewiß zerreissen werde" (IV/8, S. 73). Die Distanz zur Dialogebene erlaubt es, die Reflexion auf eine *mögliche Variante des Rivalitätskonflikts* zweifach durchzuführen: einerseits in der Erweiterung des Bildes zur Parabel und andererseits in der Auslegung des Gleichnisses. Wenn Lady Solmes ihren parteilichen Urteilsspruch verkündet im Namen des Verstandes und des Herzens, zeigt sie Sara eine Handlungsmöglichkeit auf, die zwar allgemein die Frage nach ihren Handlungsalternativen beantwortet, aber keinen Rat darstellt, wie das Band der Ehe Mellefont angenehm zu machen ist.

„– – – Mit einem Worte, ihr eigner Vortheil so wohl, als der Vortheil einer andern, die *Klugheit* so wohl als die *Billigkeit*, können und sollen Miß Sampson bewegen, ihre Ansprüche auf einen Mann aufzugeben, auf den Marwood die ersten und stärksten hat" (ebd., Hervorhebungen v. M.S.). Da Klugheit und Billigkeit, Verstand und Herz, Ratio und Emotion als oberste Entscheidungsinstanzen, als Gesetzesgrundlagen angerufen werden, beschränkt die Lady sich nicht nur auf die allegorische Auslegung der Parabel, sondern versucht, das Gleichnis in der Deutung zu einem umfassenden Urteil zu erweitern.

Wie vernünftig die Klugheit, wie herzlich die Billigkeit ist, demonstriert ihr Vorschlag über Saras Zukunft. Fast erinnert sich der Zuschauer der Frage Mellefonts – „Und meine Miß – –" (II/4, S. 31) –, deren Beantwortung ihn auf den Grund von Marwoods Herz sehen ließ, deren Antwort dekuvrierend wirkte und auch diesmal den wahren Charakter Marwoods zeigt: „Noch stehen Sie, Miß, mit ihm so, daß Sie, ich will *nicht* sagen *mit vieler Ehre*, aber doch *ohne öffentliche Schande* von ihm ablassen können. Eine kurze Verschwindung mit einem Liebhaber ist zwar ein Fleck; aber doch ein Fleck, den die Zeit ausbleichet. In einigen Jahren ist alles *vergessen*, und es finden sich für eine *reiche Erbin* noch immer Mannspersonen, die es so genau nicht nehmen" (IV/8, S. 73; Hervorhebungen v. M.S.). Der ‚unbefleckte Name', die tilgbare öffentliche Schande, der Reichtum Saras, der ihre neuen Schlingen verfänglich machen könnte, sind die entscheidenden Normen der Lady, welche die äußere Moralität, das maskierte Laster zum Gesetz werden lassen. Nahezu nahtlos könnte Marwood fortfahren, daß die Tugend „ein albernes Hirngespinst [sei], das weder ruhig noch glücklich macht. Er [der kostbare unbefleckte Name] allein giebt ihr noch einigen Werth, und kann vollkommen ohne sie bestehn" (II/7, S. 35). Die Lady demaskiert ihre Sprache und zeigt damit unverhüllt Marwoods wahre Tugenden, deren fingiertes Bild sich aufzulösen beginnt. Gelang es ihr zu Beginn des Gesprächs, sich mühelos in die Person Sara zu versetzen, so scheitert sie in ihrem Urteilsspruch, als sie versucht, Sara in einen Wettstreit der Großmut zu verwickeln.

Statt Übereinstimmung führt ihre offene Parteilichkeit für Marwood zum Mißlingen ihrer Strategie, Sara ein Bild einer tugendhaften, unglücklichen Marwood vorzuhalten. „Wenn Marwood in diesen Umständen wäre, und sie brauchte, weder für ihre im Abzuge begriffene Reitze einen Gemahl, noch für ihre hülflose Tochter einen Vater, so weis ich gewiß Marwood würde gegen Miß Sampson großmüthiger handeln, als Miß Sampson gegen die Marwood zu handeln, schimpfliche Schwierigkeiten macht" (IV/8, S. 73 f.). Wiederum schafft Marwood es an der entscheidenden Stelle des Gesprächs nicht, ihr Maskenspiel sprachlich durchzustehen. Sie fällt in ihre libertine Vorstellungswelt zurück. Statt des Beabsichtigten erreicht sie das Gegenteil. Statt Bewunderung, Mitleid und Schrecken bewirkt sie nun offene Ablehnung. Sara verwirft ihren Urteilsspruch, da die Lady zu weit gegangen ist. „Das gehet zu weit! Ist dieses die Sprache einer Anverwandtin des Mellefont?" Schritt für Schritt deckt Sara das Intrigenspiel auf. Die Sprache der Verstellung, deren ‚Giftigkeit', die Rolle der Lady als „Vorsprecherin" Marwoods, die alle Einbildungskraft aufbietet für einen „blendenden Roman", für eine Lügengeschichte, und die alle „Ränke" anwendet, um die Redlichkeit Mellefonts in Zweifel zu ziehen, um aus einem „Menschen" ein „Ungeheuer"[211] zu machen, werden von Sara durchschaut, erkannt. Nicht jedoch erkennt sie die wahre Identität der Lady, als sie ihre Distanz zur Erzählung, zum tändelnden Gleichnis und zum Urteilsspruch Marwoods zurückgewinnt. Saras vermeintliches Vorurteil Marwood gegenüber wird zum Urteil; das

Gespräch kehrt somit an den logischen Ausgangspunkt zurück, und die von der Lady entfaltete Variante der Lösung des Rivalitätskonflikts hat keine Chance mehr, dramatisch verwirklicht zu werden.

Aufgrund der besonderen formalen Struktur dieses Dialogs, durch die Integration des ‚blendenden Romans', des ‚tändelnden Bildes und Gleichnisses' in demselben, werden Saras und Lady Solmes' Äußerungen zu Kommentaren, die zugleich eine poetologische Funktion haben, ohne die Grenzlinien der Fiktion und Illusion zu überschreiten. Da die Dialogpassagen sich auf etwas beziehen, ist ihnen die zur poetologischen Selbstreflexion notwendige Distanz per se inhärent. Sowohl die Briefszene im dritten als auch die Konfrontationsszene im vierten Aufzug, die bereits wegen ihrer makrostrukturellen Placierung für das neue Genre des bürgerlichen Trauerspiels wichtige poetologische Funktionen übernehmen, da sie formal den Umsetzungsprozeß vom rührenden Lustspiel zum empfindsamen Trauerspiel in Abgrenzung zur klassizistischen Tragödie widerspiegeln, stellen auch mikrostrukturell und inhaltlich die zentralen Auftritte dar, an denen sich das Phänomen der poetologischen Selbstreflexion im Drama mehrschichtig nachweisen ließ.

Mit dem Scheitern der Intrige verliert Marwood die Gesprächsführung. Saras Verdikt, Marwood sei eine ‚verhärtete Buhlerin', stellt die Lady warnend in Frage, wenn sie entgegnet: „Sie brauchen, wahrscheinlicher Weise, Worte, deren Kraft Sie nicht überlegt haben" (IV/8, S. 74). Gibt die Lady zu erkennen, getroffen zu sein und ihre Kontenance zu verlieren, so fordert sie Sara zugleich auf, ihr Urteil zu begründen. Die Gültigkeit ihres Urteils erweist Sara, indem sie sich sukzessiv in die drei am Konflikt beteiligten Parteien versetzt, in die der Lady, in ihre eigene und in Marwoods.[212] Sie schlägt Lady Solmes mit ihren eigenen Waffen, wenn sie die Schilderung der Lebensgeschichte in ihre Beweisführung einbezieht, wenn sie den „Roman" wider die Lady wendet. Kehrte Lady Solmes die Tatsachen und Sachverhalte in ihrer Erzählung um,[213] so leitet Saras Korrektur, die Richtigstellung und die Widerlegung des Bildes der tugendhaften Marwood, die Peripetie ein. Vom besonderen Fall der Marwood ausgehend, verhängt Sara ihrer Sittenlehre entsprechend das moralische Urteil: „Wenn ich der Marwood Erfahrung gehabt hätte, so würde ich den Fehltritt gewiß nicht gethan haben, der mich mit ihr in eine so erniedrigende Parallel setzt. Hätte ich ihn aber doch gethan, so würde ich wenigstens nicht zehn Jahre darinn verharrt seyn. Es ist ganz etwas anders, aus Unwissenheit auf das Laster treffen, und ganz etwas anders, es kennen und dem ohngeachtet mit ihm vertraulich werden" (ebd., S. 74). Die Wirkung ihrer Worte überschätzend, sucht Sara die Zustimmung und das Mitempfinden der Lady zu erregen, wenn sie die Empfindungen beschreibt, die ihr die Verführung gekostet haben, wenn sie ihren Fehltritt nicht mehr als Verbrechen, sondern als Irrtum betrachtet; denn der „Himmel selbst hört auf, ihn als ein solches anzusehen; er nimt die Strafe von mir, und schenkt mir einen Vater wieder – –" (ebd., S. 75). Sara beruft sich auf den Himmel, auf die Vorsehung, als Zeugen und läßt ihr Plädoyer mit der Erinnerung an die harmonische Lösung, an den Glückswechsel, an die Aussöhnung mit ihrem Vater dem Höhepunkt entgegengehen, einem Höhepunkt, der durch das Mißlingen der Intrige Marwoods erneut erreicht wird. Zum Ausgangspunkt ihres Gesprächs zurückgekehrt, scheitert auch sie und bereitet ihren Fall vor.

Anagnorisis und Peripetie

Nicht die Einfühlung und das Mitgefühl der Lady bewirkt ihr Plädoyer, sondern Zorn und Wut, die aus den glühenden, starren Augen der Lady *schrecken*. Nicht nur die Augen, sondern auch die Mimik, die knirschende Bewegung des Mundes, die Veränderung der Gesichtszüge Lady Solmes' erschrecken Sara, die detailliert die Selbstdemaskierung und den Verlust der Selbstbeherrschung Marwoods beschreibt. Höhepunkt und Peripetie werden eng aneinandergefügt, und die Spannung wird intensiviert, wenn Sara „fußfällig" um Verzeihung und zugleich um die „Gerechtigkeit" bittet, wenigstens mit Marwood nicht in einen Rang gesetzt zu werden. Der Umschlag ist vollzogen, wenn Marwood der Gestik Saras nicht widerstehen kann und stolz zurücktretend ihre Rivalin am Boden liegen läßt. Triumphierend leitet sie die Anagnorisis ein, die Schrecken verbreitet und klassizistisch mit der Peripetie eng verbunden ist: „Diese Stellung der Sara Sampson ist für Marwood viel zu reitzend, als daß sie nur unerkannt darüber frohlocken sollte – – Erkennen Sie, Miß, in mir die Marwood, mit der sie nicht verglichen zu werden, die Marwood selbst fußfällig bitten" (ebd.). Demaskierung, Schrecken und Triumph spiegeln sich in der Gebärde Saras wider; die Gestik, sowohl die Marwoods als auch die Saras, werden zu unmittelbaren Bedeutungsträgern. Vor Erschrecken zitternd, zieht sich Sara zurück. Ihren Traum beschwörend,[214] erkennt sie Marwood im konkreten Sinne des Wortes wieder und bereitet selbst über die Identifikation der wahren Marwood, die ihre Fähigkeit zu morden bereits erwiesen hat, mit der Traumfigur, der ‚mörderischen Retterin', ihre Ermordnung vor: „Sie, Marwood? – Ha! Nun erkenn ich sie – – nun erkenn ich sie, die mördrische Retterin, deren Dolche mich ein warnender Traum Preis gab. Sie ist es! Fliehe unglückliche Sara! Retten Sie mich, Mellefont; retten Sie ihre Geliebte! Und du, süsse Stimme meines geliebten Vaters, erschalle! Wo schallt sie? Wo soll ich auf sie zueilen? – Hier? – Da? – Hülfe, Mellefont! Hülfe, Betty! Jetzt dringt sie mit tötender Faust auf mich ein! Hülfe!" (ebd.).

Diese Deutung des Traums, die Identifikaton der Marwood löst das rätselhafte Oxymoron der ‚mörderischen Retterin' auf. Der Traum wird retrospektiv als Allegorie erkennbar und deutbar. Spielte Marwood in der Maske der Verwandten die Rolle der Retterin Saras, so nennt Sara in ihrer höchsten Erregung, voller Schrecken, wenn sie die Demaskierung Marwoods in den Traum rückübersetzt, ihre Rivalin eine Mörderin. Vergangenes und Zukünftiges verschmelzen in dem Oxymoron, in Saras Deutung, die eine sich selbst erfüllende Prophezeiung darstellt; die von ihr unabhängige Gegenhandlung gelangt mit ihrer subjektiven Vision zu einer widersprüchlichen Identität und Realität, da Sara sich sowohl der Intrige als auch ihrem Traum ausliefert. Der Schlaf der Vernunft gebar ein ‚Ungeheuer', das seine Gestalt allmählich in Marwood annimmt. Beiden, Sara und Marwood, liefert Lessing, nachdem er sie stufenweise in höchste affektive Erregung, in Schrecken und Wut versetzt hat, emotionale Erklärungsmuster; denn erst durch Saras kopflose Reaktion wird Marwood die Möglichkeit bewußt, sich durch einen Mord rächen zu können in einer Situation, in der ihr klar wird, daß sie Saras Vertrauen nicht hat vergiften können mit ihrer Sprache der Verstellung. Auch ihre Intrigen gegen Mellefont und Saras Vater sind gescheitert, so daß für sie keine Möglichkeit mehr besteht, Mellefont zurückzugewinnen. Im Triumph über die Erniedrigung Saras erkennt sie zugleich ihre Niederlage, das Mißlingen ihrer Absicht.

In der folgenden Monologszene, die an ihren Monolog in IV/5 anknüpft und somit retrograde und proleptische Funktionen hat, die den Schluß der Szenensequenz von Vorgriff, Verwirklichung und Rückblick bildet, die zugleich die Handlung vorbereitet, die zur eigentlichen Peripetie führt, reflektiert Marwood, ihre Gefühle präzise analysierend, die Handlungsalternativen. Aus Verzweiflung ändert sie spontan ihren Plan: Sie entschließt sich, der geflohenen Sara zu folgen; aber statt der beabsichtigten Drohungen, die ihr nun als „armselige Waffen" erscheinen, faßt sie den sich allmählich herauskristallisierenden Entschluß, Sara zu vergiften. Nicht Taktik und Strategie, sondern ihre auf das höchste erregten Leidenschaften lassen diesen Wunsch entstehen und zum Entschluß werden. „Fort! Ich muß weder mich, noch sie zu sich selbst kommen lassen. Der will sich nichts wagen, der sich mit kaltem Blute wagen will" (IV/9, S. 76). Den ‚unglücklichen Ausgang' vorbereitend, ist Marwood nicht das ‚abscheuliche Ungeheuer', sondern Objekt ihrer herrschenden Leidenschaften; denn nahezu pedantisch wird ihr Entschluß zum Mord motiviert, und sie behält menschliche Züge, die sie einer grellen Schwarz-Weiß-Malerei entheben. Trotzdem bleibt sie die unentbehrliche funktionale Figur des Trauerspiels, die den dramaturgisch notwendigen Affekt des Schreckens in die Realität der Darstellung zu überführen hat. Als Funktionsträgerin der Handlung ist sie Garant für den kausalen Zusammenhang des Geschehens.[215]

Der Traum als poetische Metapher

Indem die zum Mord entschlossene Marwood auch ein Produkt der überhitzten Phantasie Saras ist, die im Zustand der Trance, und damit in ihre Traumwelt zurückfallend, den Mord ‚real' erlebt, vollziehen beide Figuren den dramatischen Um- und Übersetzungsprozeß der Geschichte in eine mitleiderregende Fabel. Die Möglichkeit des Falls wird in die Wirklichkeit der Darstellung in nuancierten Schritten überführt. Wenn Saras moralisches Verdikt die *Wut* aus Marwoods Augen *schrecken* läßt, wenn die Demaskierung zur Identifizierung Marwoods mit der Frau aus dem Traum führt und Sara den Schrecken im Zwischenbereich von Traum und Realität empfindet, und zwar in höchster Potenz, da sie die Realitätsebenen austauscht, und wenn Marwood aufgrund der Vision der schreckhaften Sara und aufgrund ihrer Erregtheit sich zum Mord entschließt, vollzieht sich graduell der Übergang vom Schrecken als Empfindung der dramatis personae zum Schrecken als primärem Affekt der Zuschauer. Der Traum wird zum Katalysator der Trauerspielhandlung; er löst seine expositorische Funktion ein und schlägt um in die Realität der Handlung. Der dramatische Stoff des expositorischen Traums wird in die dramatische Fabel übersetzt. Traum und Trauerspiel, Exposition und Drama hängen jedoch nicht nur wie Plan und Ausführung zusammen,[216] sondern der Traum wird zum auslösenden Moment der Katastrophe, da Sara durch ihre überraschende Assoziation Marwood geradezu zum Mord anstiftet. Sara ist Opfer und zugleich Mitschuldige, so daß Marwood sie als Entlastungszeugin benennen könnte.[217]

Indem Lessing Sara die Distanz zwischen Traum und Trauerspiel aufheben läßt, wird auf der einen Seite die Darstellung extrem subjektiviert, und auf der anderen Seite erscheint die Handlungsentwicklung durch die enge Verknüpfung von Anagnorisis, Traum und Peripetie objektiviert, da der Schrecken, ein wesentliches Element der gattungskonstituierenden Kategorie des Mitleids, allmählich in der dramatischen Präsentation als primärer Affekt generiert wird. Erst jetzt, wenn das Imaginierte, das Irreale real wirksam wird, kann das Publikum den Schrecken empfinden, den Sara in ihrer Traumerzählung beschrieb. Saras eingebildete Qualen werden durch Marwoods Entschluß real. Der Traum löst seine überszenische, dramatische und dramaturgische Funktion ein; er determiniert das Geschehen und die Leidenschaften. Als Grund- und ‚Schattenriß' des Dramas, als entscheidendes Moment der Handlungsmotivation stellt der Traum eine poetische Metapher dar, in der die spezifische Produktion und Wirkung des empfindsamen Trauerspiels ins Bild gesetzt werden. Mit der Illusion und der Fiktionalität des Dramas hat das Imaginative des Traums modellhaft das Moment des Nicht-Realen gemeinsam. Die implizite, immanente, poetische Programmatik der Metapher suggeriert, daß „die Fiktionalität des Dramas nicht nur illusionär wie ein Traum ist, sondern ihr auch jener Anspruch auf eine tiefere, visionäre Wirklichkeitssicht zukommt, wie sie für den Traum postuliert wird".[218] Und es ist die affektive Grundstruktur des Traums und des Trauerspiels, die das Nicht-Reale in den Affekten des Rezipienten real wirken läßt. Der gattungskonstituierende Affekt des Mitleids erzeugt in der Wirkung seine eigene Realität. Der Traum ist ein Mittel der immanenten Poetik, ein Spiegel der poetischen Reflexion.

Der vierte Aufzug, Saras Ahnungen, Mellefonts Irritationen, die binnenexpositorischen Szenen, der Dialog zwischen Sara und Marwood, Anagnorisis, Traumassoziation und der Mordentschluß haben die programmatische Funktion, den Umschlag von der Bewunderung zum Schrecken auch für das Publikum ‚fühlbar' zu machen. Indem die Möglichkeiten der Peripetie vorgestellt werden, wird der vom Zuschauer zu empfindende, reale Schrecken stufenweise aufgebaut. Da der gesamte Aufzug auf die Verwirklichung des Schreckens in der Rezeption hin angelegt ist, überrascht es nicht, wenn auf der Ebene der Darstellung die Handlung auf zweifache Weise entstofflicht wird. Vollzieht Sara mit der Identifikation Marwoods die Übersetzung des Traums in die Fiktionalität der Darstellung und zugleich die Rückübersetzung in die ontische Schicht des Traums, da sie in Trance den Mord erlebt, so führt Marwood den Umsetzungsprozeß bis zur Mordentscheidung konsequent weiter: Sara stirbt im Bereich des Traums ein zweites Mal, bevor ihre Gegenspielerin sich zum Mord entschlossen hat. Da mit dem Entschluß der Antagonistin der Aufzug endet und der Mord selbst nicht dargestellt wird, sondern als verdeckte Handlung in die Pause zwischen dem vierten und fünften Akt verlegt wird, wird der Rezipient im höchsten Maße in den Zustand antizipierbarer Erwartung versetzt. Indem der Aktschluß mitten in die Handlungssequenz fällt, herrscht Unsicherheit darüber, ob sie den Mord wird ausführen können, ob es Sara oder ihrer Bedienten wie Mellefont gelingen wird, den Mordanschlag zu vereiteln. Durch die Verlagerung des äußeren Geschehens in die Aktpause und durch das Abbrechen der Darstellung kurz vor dem aktionalen Höhepunkt der Auseinandersetzung zwischen Sara und Marwood werden die Aufmerksamkeit für den tatsächlichen Handlungsverlauf und die Intensität des Schreckens gesteigert. Da das Publikum von der Darstellung vorübergehend ausgeschlossen wird, liefert Lessing es seinen Ahnungen, Erwartungen, Befürchtungen und Vorstellungen aus, so daß der Schrecken, zum affektiven Kristallisationspunkt der Handlung geworden, aus sich heraus zu wirken beginnt.

Durch diese Segmentierung des Rivalitätskonflikts auf der Ebene der Darstellung entlastet Lessing nicht nur die Affekte vom äußeren Geschehen, sondern verleiht den Affekten einen Realitätsgrad, der jenseits der ontischen Grenzen der Bühne und der Fiktionalität des Trauerspiels liegt. Saras Traumerzählung und ihre Reflexion auf den Realitätsgrad des Schreckens, den sie ihr Traum empfinden ließ, lösen ihren

Modellcharakter für die Werk- und Wirkungsstruktur der Poetik des Mitleids ein. Und es ist evident, daß die Konfrontationsszene in pedantischer Analogie zum Traum steht; denn erst jetzt sind die „eingebildete[n] Quaalen doch Quaalen, und für die, die sie empfinde[n], wirkliche Quaalen". Saras Befürchtung – „Ach könnte ich Ihnen nur halb so lebhaft die Schrecken meiner vorigen Nacht erzehlen, als ich sie gefühlt habe!" (I/7, S. 16) – ist gegenstandslos geworden, da das epische Element in die dramatische Darstellung integriert ist. In der Wirkung ist die Fiktionalität des Trauerspiels partiell seiner Nicht-Realität affektiv enthoben. Der Traum als dramatisches Mittel erfüllt nicht nur seine expositorische Funktion, sondern wird zum Umschlagplatz der Handlung und der Affekte.

Der Opponentenkonflikt: die natürliche Katastrophe

Die verdeckte Handlung

Indem Lessing beide Rivalinnen im Zustand höchster Leidenschaften, im Schrecken und in Wut, abtreten läßt, enthebt er die Zuschauer ihrer übergeordneten Informationsperspektive und fesselt geradezu ihre Aufmerksamkeit, macht sie abhängig von dem Wissen einzelner Figuren, da die letzte Phase des Besuchs seinen Augen entzogen wird. Da das Geschehene der narrativen Vermittlung bedarf, um die Informationsdefizite auszugleichen, um die aufgeworfenen Fragen zu beantworten, verfügen im fünften Aufzug die dramatis personae in ihren Dialogen über handlungsentlastete Freiräume, die sie mit Kommentaren und Reflexionen über ihre Motive, über die Schuldfrage, über die Empfindungen und entsprechend ihrem Wissen mit dem Bericht über die verdeckte Handlung schrittweise anfüllen. Da im Gegensatz zum dritten Akt die Segmentierungsebenen der Geschichte und der Darstellung nicht zur Deckung gelangen, dominiert in der Darstellung des fünften Aufzugs die retrospektive narrative und affektive Vermittlung des Geschehens, ein dramatisches Verfahren, das eine vielschichtige Struktur von Distanzen schafft. Einerseits ist die indirekte narrative Vermittlung zeitlich dem mitgeteilten Geschehen nachgeordnet, andererseits sind Ursache und Wirkung, Handlung und Affekt durch die mittelbare Form der Mitteilung auf besondere Weise voneinander getrennt. Potenziert wird dieses System von Distanzen durch die diskrepante Informiertheit der dramatis personae untereinander und im Verhältnis zum Zuschauer, da dieser als Zeuge von Marwoods letztem Monolog nur um ihre Mordabsicht weiß.

Im Gespräch zwischen Betty und Sara erfährt das Publikum nichts Genaues, sondern nur Andeutungen, die seine Vermutungen erhärten, aber noch nicht zur Gewißheit werden lassen. Da Sara, wie ihre Bediente berichtet, in eine ‚tiefe Ohnmacht' gefallen ist, kann sie selbst weder etwas von den Absichten, von der Anwesenheit Marwoods noch etwas von einem Mord bzw. Mordversuch wissen. Auch ihre Bediente, Augenzeugin der verdeckten Handlung, kann nur berichten, daß die Rivalin gerührt schien und erst das Zimmer verlassen habe, als Sara erwacht sei und Arznei zu sich genommen habe. Wenn Sara jedoch berichtet, daß Norton sie über die Auseinandersetzung zwischen Mellefont und Marwood informiert habe, daß sie ihm nachgereist sei, getobt, gerast habe und ihn habe töten wollen, ruft sie den gesamten zweiten Aufzug in die Erinnerung des Zuschauers, der Augenzeuge ihres Mordanschlags war. Bagatellisiert Sara ihren Schrecken und ihre Ohnmacht, die sie für ein „Glück" hält, da sie sich so ihrer ‚giftigen Zunge' entziehen konnte, so widerspricht sie selbst dieser Deutung, wenn sie mit dem Hinweis auf den schrecklichen Traum der vergangenen Nacht ihren Zustand rückblickend als ‚kopflosen' beschreibt. Und wenn Betty Saras Zuckungen bemerkt und Sara antwortet, sie fühle einen „Stich, nicht ein[en] Stich, tausend feurige Stiche in einem" (V/1, S. 77), nimmt sie indirekt und unwissend, aber für den Rezipienten erkennbar das von Mellefont verharmlosend gebrauchte Bild der Wespe auf, die ihren Stachel, ihren Dolch, verloren hat (vgl. IV/4, S. 61). In der Reduktion des Bildes, das die Wirkung des Giftes beschreibt, werden Marwoods Waffen, Gift und Dolch in eine Analogie gesetzt, so daß sowohl erneut auf den Mordanschlag als auch auf Marwoods Absicht, Sara zu vergiften, angespielt wird. Das Geschehen des zweiten Aufzugs wird mit dem Monolog Marwoods assoziativ verknüpft, so daß sich die Vermutungen über das reale Geschehen der verdeckten Handlung, über den Mord, erhärten.

Das Widerspiel in der figuralen Perspektive, die Verweise, Anspielungen, das Bild, die figurenbezogene narrative Vermittlung des Geschehen und die sich widersprechende Bewertung des Berichteten, erzeugt und intensiviert aufs neue den für die Peripetie konstitutiven Affekt des Schreckens, der nicht punktuell wirkt, sondern prozessual, der noch im Entstehen begriffen ist und eine Erwartungshaltung über die befürchtete Katastrophe bestimmt, deren auslösende Handlung bereits der Vergangenheit angehört. Im Zustand der Unsicherheit und der Vermutungen sind die dramatischen Personen und die Zuschauer einem Affekt ausgeliefert, der ein zukünftiges Geschehen antizipiert und zugleich als strukturelle und wirkungspsychologische Kategorie der Katastrophe zeitlich bei- und nachgeordnet ist. Da der Mord nicht dargestellt wird, fallen im Affekt des Schreckens zeitlich die Momente des Vor- und Rückgriffs zusammen. In statu nascendi wird der Schrecken dargestellt, und der Affekt, nicht die Handlung selbst, beherrscht die Darstellung. Die Berichte nicht dargestellter Handlung und die Dialoge über Marwoods Mordanschlag, über ihre Wut und über ihre Erzählung, die erneute Thematisierung des Traums beziehen sich alle auf Situationen, die Schrecken erregten, so daß durch die indirekten Formen der Vermittlung der dargestellten und nicht-dargestellten Handlung und über die Reflexionen auf die Handlungsalternativen der Schrecken erregt und intensiviert wird. Da Sara zugleich mehrere Gelegenheiten erhält, ihre Tugend zu vergeben, ihre Liebe zu Mellefont und ihre Nachsicht gegenüber Marwood unter Beweis zu stellen, wird der Schrecken über ihr erahntes Unglück mit der Bewunderung über ihre Vollkommenheit kontrastiert und durch ihre eigenen Schuldbekenntnisse in eine rührende, das Mitleid erregende Verbindung gebracht.[219]

Mellefonts Intrigenreflexion und Sir Sampsons Handlungsreflexion

Objektiviert Nortons Erzählung, daß Mellefont von einem Unbekannten von dem Wirtshaus fortgelockt worden sei, der sich nach einiger Zeit von seiner Seite geschlichen habe, und daß Mellefont über diese List wütend geworden sei, den Beginn der letzten Intrige Marwoods, so stellt Mellefonts Kommentar zu dieser List – „Eine plumpe List, ohn Zweifel; aber eben weil sie plump war, war ich weit davon entfernt, sie dafür zu halten" (V/3, S. 79) – sowohl eine wiederholte Thematisierung und

Aufklärung der Intrigenhandlung Marwoods als auch eine aus auktorialer Sicht vollzogene Rechtfertigung dar. Den möglichen Vorwurf, die Konfiguration der Konfrontationsszene sei unzureichend und plump motiviert worden, läßt Lessing bereits durch Mellefonts Äußerung im Drama entkräften. Dieses Verfahren, daß Lessing die dramatis personae die Wahrscheinlichkeit der Handlung und deren Situationsveränderungen rechtfertigen läßt, um sich gegen den Vorwurf der Unwahrscheinlichkeit und des bloß Zufälligen zu sichern, ist eine weitere Form der immanenten poetologischen Selbstreflexion, da der Gegenstand der Reflexion die innere Wahrscheinlichkeit der Handlungsentwicklung, die Grundbedingung der Wirkung, ist. Kausalität, Möglichkeit und Notwendigkeit der Handlung gehören zu den dramatischen Gattungsgesetzen.

Da die schlüssige Motivierung der Katastrophe und damit der gesamten Trauerspielhandlung nicht im Widerspruch zur Lehre vom mittleren Charakter stehen darf, da das Unglück Saras, Mellefonts und Sir Sampsons nicht aus einer Kette von Situationsveränderungen entstehen darf, die eine ethische und nicht eine pragmatische Notwendigkeit realisiert, und da weder das Schuld-Sühne-Prinzip, die Regel der poetischen Gerechtigkeit, noch das Schicksal herrschende Prinzipien der Handlung sein können,[220] stellen auch Sir Sampsons erste Äußerung, als er Saras Zimmer betritt – „Du bleibst mir viel zu lange, Waitwell. Ich muß sie sehen!" (V/9, S. 85) – und sein Schuldbekenntnis eine poetologische Selbstreflexion im Drama auf die innere Wahrscheinlichkeit und Notwendigkeit der Trauerspielhandlung dar. Wirkt die Äußerung aus auktorialer Sicht ironisch auf das Publikum, hatte doch die Verzögerung des Versöhnungstableaus von den ersten Auftritten des Dramas bis in die neunte Szene des letzten Aufzugs auch die zeitgenössische Kritik zum Vorwurf der Unwahrscheinlichkeit herausgefordert,[221] so wird das Schuldbekenntnis zu einer umfassenden Apologie dieser Handlungssequenz, die das Trauerspiel eröffnet und beschließt. „Warum vergab ich dir nicht gleich? Warum *setzte ich* dich in die *Nothwendigkeit*, mich zu fliehen? Und noch heute, da ich dir schon vergeben hatte, was zwang mich, erst eine Antwort von dir zu erwarten? Jetzt könnte ich dich schon einen Tag wieder genossen haben, wenn ich sogleich deinen Umarmungen zugeeilt wäre. Ein heimlicher Unwille mußte in einer der verborgensten Falten des betrognen Herzens zurückgeblieben seyn, daß ich vorher deiner fortdauernden Liebe gewiß seyn wollte, ehe ich dir die meinige wieder schenkte. Soll ein Vater so eigennützig handeln? Sollen wir nur die lieben, die uns lieben? Tadle mich, liebste Sara, tadle mich; ich sahe mehr auf meine Freude an dir, als auf dich selbst" (V/9, S. 86; Hervorhebungen v. M.S.). Die Schuld des Vaters, seine Eigennützigkeit, geliebt werden zu wollen, die Thematisierung der Alternative, daß er Sara direkt nach seiner Ankunft hätte aufsuchen können, und die Explikation seiner Motive[222] weisen die Fabel des Trauerspiels als notwendig, nicht aber als zufällig oder gar unvermeidlich aus.[223] Ist Mellefonts Kommentar auf die Intrige Marwoods bezogen, so bezieht Sir Sampsons Reflexion die gesamte Handlung ein. Der Reflexion auf die innere Wahrscheinlichkeit, Kausalität und Notwendigkeit ist zugleich eine Objektivierung der Handlungsalternativen inhärent, da der mögliche Fall gegen den wirklichen Fall abgegrenzt wird. Im Fiktional-Wirklichen der Dramenhandlung wird das Fiktional-Mögliche, selbst die Variante, welche die Fabel des Trauerspiels in Frage stellt, reflektiert, so daß eine Zwangsläufigkeit, Unentrinnbarkeit bzw. Eigengesetzlichkeit des Trauerspiels negiert wird. Die dramatis personae sind nicht bloß Objekte der Handlung, sondern Subjekte, die in ihren Interaktionen Situationen entstehen lassen, in denen sie als Leidende dargestellt werden. In der Reflexion Sir Sampsons wird das Primat der Handlung gegenüber dem mittleren Charakter erneut bestätigt. Die handlungskonstituierenden Kategorien sind die Affekte Mitleid, Schrecken und Bewunderung.

Der plötzliche Übergang von der Bewunderung zum Schrecken

Schrecken und Bewunderung bilden implizit die strukturierenden Kategorien des Dialogs zwischen Sara und Mellefont, die sich über Marwoods Mordanschlag und über das von ihr Gesagte unterhalten, um die Wahrheit von der Verleumdung zu trennen. Während Mellefont Sara beschwichtigt, daß die Gefahr nicht so groß gewesen sei, da Marwood von „einer blinden Wuth umgetrieben" wurde, erregt Saras Äußerung – „Ich, Mellefont, ich würde den Stahl geschliffen haben, mit dem Sie Marwood durchstossen hätte – –" (V/4, S. 79) – Bewunderung, da sie bereits den möglichen Fall eines ‚großen Unglücks' berücksichtigt und grenzenlose Vergebungsbereitschaft demonstriert. Obwohl der Bewunderung dieses vorgestellten Fabelvariantenfragments der Schrecken bzw. die Beklemmung, der dritte Grad des Mitleids, inhärent ist[224] und obwohl das begriffliche Umfeld der retrospektiven Charakterisierung Marwoods den Schrecken verstärkt, dominiert allmählich die Darstellung der Vollkommenheit Saras und damit die Bewunderung. Diese Demonstration der Tugend am möglichen, bloß vorgestellten Fall antizipiert bildlich die Szene, in der Sara Marwoods schriftliches Geständnis als äußere Geste der Vergebung zerreißen wird, und verhindert zugleich, daß Saras Vollkommenheit angesichts ihres ‚maßlosen' Unglücks unglaubwürdig wird, statt Bewunderung Verwunderung erregt (vgl. V/10, S. 88).

Haben die Hinweise Marwoods auf die Existenz Arabellas und auf die Liebe Mellefonts zu ihr Sara in Schrecken versetzt, so versichert sich Sara nun der Liebe Mellefonts zu ihr und zu seiner Tochter, um sich von möglichen Zweifeln, bewirkt durch den ‚blendenden Roman' ihrer Gegenspielerin, zu befreien. Hat Marwood auf die „Sympathie des Blutes", auf die Liebe Mellefonts zu Arabella als entscheidende Waffe gesetzt, um ihn von Sara zu trennen, so ist diese „Sympathie" für Sara Anlaß, ihre Liebe zu Mellefont zu bekräftigen: „Wie sehr liebe ich Sie, auch um dieser Liebe willen" (ebd., S. 80). Die Wirkungslosigkeit von Marwoods Verleumdungen bedeutet das endgültige Scheitern ihrer Intrige, nicht ihrer Mordabsicht, die nicht Teil ihrer Strategie war.

Trotz einer ‚plötzlichen Beklemmung', trotz des Schmerzes, der Sara das Reden erschwert – ein weiteres Indiz, das die Vermutung des Zuschauers verstärkt, Sara sei vergiftet worden –, erfüllt sie Mellefonts Bitte, mit seiner Verwirrung „Mitleiden" zu haben, indem sie das Bild einer familiären Idylle zeichnet. Da sie von der Mordabsicht und dem Mordanschlag Marwoods weiß, mit denen sie ihre Rechte auf Arabella und Mellefont verwirkt hat, kann Sara Mellefont auffordern, seine Rechte über beide zu brauchen, um sie „an die Stelle der Marwood treten" zu lassen. „Gönnen Sir mir das *Glück,* mir *eine Freundin* zu erziehen, die Ihnen ihr Leben zu danken hat; *einen Mellefont meines Geschlechts. Glückliche Tage,* wenn mein *Vater, wenn* Sie, *wenn* Arabella, meine *Ehrfurcht,* meine vertrauliche *Liebe,* meine sorgsame *Freundschaft* um die Wette beschäftigt werden! *Glückliche Tage!"*[1] (ebd., S. 80 f.; Hervorhebungen v. M. S.). Die elliptischen Ausrufesätze, die den Rahmen des empfindsamen Tableaus bilden, wirken als Beschwörungsformeln der Idylle, deren Künstlichkeit, Stilisiertheit, Unwirklichkeit evident werden in der anaphorischen Insistenz der Konditionalsätze, die analog zum übergeordneten Glücksversprechen in der stilistischen Figur des versus rapportari ineinander verschränkt gegliedert sind. Entsprechend der Funktion der stilistischen Figur des versus rapportari, die häufig in Verführungsgedichten angewendet wird, läßt die sprachliche Form das Bild als Fälschung erkennbar werden, das kontrafaktisch und hermetisch, aus der „Begierde nach Glück" entstanden ist. Suggestiv den Gipfel einer Klimax beschwörend, evoziert Sara noch einmal die harmonische, das Glücksversprechen einlösende Rekonstitution und Rekonziliation der bürgerlichen Familie, in deren Zentrum sie selbst steht. Ihre natürlichen Tugenden, die „kindliche Ehrfurcht", die „vertrauliche Liebe" und die „sorgsame Freundschaft", treten nicht nur in einen Wettstreit der Empfindungen, sondern bilden auch ein empfindsames ‚Soziogramm' der familiären Idylle, in der Sara zugleich Tochter, Geliebte und Ehefrau, Mutter und Freundin ist. Intensiver als am Ende des dritten Aufzugs wird die harmonische Lösung, die nun auch den Rivalitätskonflikt umfaßt, ins Bild gesetzt, das zwar nur für kurze Zeit den Schrecken verdrängt, aber aufgrund seiner Geschlossenheit zu einem utopischen Tableau wird. Die promesse de bonheur sowie die Bewunderung lassen Sara nochmals eine Fallhöhe erreichen, um den Sturz, den Schrecken ‚fühlbar' zu machen.

Abrupt und plötzlich erfolgt der Umschlag, wenn Sara ihre Gefühle beschreibt, die ihre „Augen in eine andre Aussicht", eine „dunkle Aussicht in ehrfurchtsvolle Schatten", wenden (ebd., S. 81). Ihr schmerzverzerrtes Gesicht verhüllt sie. Wiederholt und pointiert einem Höhepunkt zugetrieben, wird die Peripetie affektiv dargestellt, ohne daß Sara oder Mellefont Gewißheit über das Handeln Marwoods haben. Und an dieser Stelle wird das, was bisher nur ahnungsvoll und andeutungsweise vermittelt wurde, auf die das Mitleid konstituierenden Begriffe gebracht, die ein Jahr später im Mittelpunkt um die theoretischen Bemühungen Lessings, Mendelssohns und Nicolais stehen werden, um das Wesen des Trauerspiels zu bestimmen. Der induktive Prozeß der Generierung der gattungskonstituierenden Kategorien kommt vorläufig zum Abschluß, wenn Mellefont explizit alle drei Affekte nennt, und zwar als primäre, welche den Handlungsstand, die Situationsveränderung, präzise in theoretischen Begriffen widerspiegeln: „Welcher *plötzliche Uebergang* von *Bewundrung* zum *Schrecken!* – –" (ebd., S. 81; Hervorhebungen v. M.S.).[225] Endete der vierte Aufzug mit dem plötzlichen Übergang von der Bewunderung zum Schrecken, so haben die ersten Auftritte des fünften Aktes die Funktion, die Vollkommenheiten der Protagonistin darzustellen, damit im erneuten Umschlag der Affekte das Unglück empfunden werden kann. Daß die dramatische Struktur ihre Wirkung nicht verfehlt, bestätigt Mellefonts Kommentar, der zugleich eine explizite, illusionistische, poetologische Selbstreflexion im Drama darstellt, der die idealtypische emotionale Rezeptionsweise dieser Szene verbalisiert. Und wenn er fortfährt, den Handlungsumschlag zu analysieren – „Was fehlt Ihnen, *großmüthige* Miß! *Himmlische Seele!* Warum verbirgt mir diese neidische Hand (i n d e m e r s i e w e g n i m m t) so holde Blicke? – – Ach es sind Minen, die den *grausamsten Schmerz*, aber ungern, verrathen! – – Und doch ist die Hand neidisch, die mir diese Minen verbergen will. Soll ich ihre *Schmerzen* nicht *mit fühlen*, Miß? Ich *Unglücklicher*, daß ich sie nur *mit fühlen* kann? – – Daß ich sie nicht *allein fühlen* soll? – –" (ebd., Hervorhebungen v. M.S.) –, so vollzieht er sprachlich den Übergang der Affekte nach. Der Verklärung der Großmut Saras wird der grausamste Schmerz entgegengesetzt, so daß der physische Schmerz Saras für ihn ‚mitfühlbar' wird. Das Mit-fühlen, das Mit-leiden,wird erst durch den „plötzlichen Uebergang" von der Bewunderung zum Schrecken erregt. Aber da der Schrecken das ‚überraschte, noch unentwickelte Mitleiden' ist, bedarf es noch der genauen Verknüpfung zwischen den Vollkommenheiten und dem Unglück, um das Mitleid seiner punktuellen Wirkung zu entheben.

Da Mellefont die Beziehungen der drei Affekte zueinander expliziert auf dem Hintergrund der Trauerspielhandlung, stellen sie eine Demonstration eines besonderen Falls der Poetik des Mitleids im Drama selbst dar. Retrospektiv betrachtet, antizipiert Mellefont nicht nur zukünftiges Geschehen des Trauerspiels, sondern auch die theoretische Explikation Lessings im *Briefwechsel über das Trauerspiel*. Es scheint, als ob Lessing im Brief vom 18. Dec. 1756 an Mendelssohn ex post einen theoretischen Kommentar zu Mellefonts Äußerung und zur Struktur der Peripetie liefere:

„So wie in dem Heldengedichte die Bewunderung das Hauptwerk ist, alle andere Affekten, das Mitleiden besonders, ihr untergeordnet sind: so sey auch in dem Trauerspiele das Mitleiden das Hauptwerk, und jeder andere Affekt, die Bewunderung besonders, sey ihm nur untergeordnet, das ist, diene zu nichts, als das Mitleiden erregen zu helfen. Der Heldendichter läßt seinen Helden unglücklich seyn, um seine Vollkommenheiten ins Licht zu setzen. Der Tragödienschreiber setzt seines Heldes Vollkommenheiten ins Licht, um uns sein Unglück desto schmerzlicher zu machen.

Ein großes Mitleiden kann nicht ohne große Vollkommenheiten in dem Gegenstande des Mitleids seyn, und große Vollkommenheiten, sinnlich ausgedrückt, nicht ohne Bewunderung. Aber diese großen Vollkommenheiten sollen in dem Trauerspiele nie ohne große Unglücksfälle seyn, sollen mit diesen allezeit genau verbunden seyn, und sollen also nicht Bewunderung allein, sondern Bewunderung und Schmerz, das ist, Mitleiden erwecken. Und das ist meine Meinung. Die Bewunderung findet also in dem Trauerspiele nicht als ein besonderer Affekt Statt, sondern blos als die eine Hälfte des Mitleids. Und in dieser Betrachtung habe ich auch Recht gehabt, sie nicht als einen besondern Affekt, sondern nur nach ihren Verhältnisse gegen das Mitleiden zu erklären."[226]

Makrostrukturell erhellen diese Aufführungen Lessings nachträglich die Notwendigkeit, mit der die Briefszene im dritten Aufzug die Konfrontationsszene in den vierten Akt verdrängen mußte; denn erst der ‚sinnliche Ausdruck' der Vollkommenheiten und des Glücks der Protagonistin macht deren Unglück um so schmerzlicher. Mikrostrukturell spiegelt sich in V/4 auf der Ebene der Darstellung und in den poetologischen Kommentaren dieses Baugesetz des Trauerspiels wider, dessen einzige Absicht es ist, das Mitleid zu erregen.

Saras Beschwichtigung, Mellefont nicht wieder erschrecken zu wollen, und seine Frage, was ihr geschehen sei, da die Schmerzen „nicht blosse Folgen einer Ohnmacht" sein könnten, leiten zur Aufklärung der nicht dargestellten Handlungssequenz über und lassen erneut den Schrecken über die Bewunderung dominieren. Norton, ausgeschickt, um Marwood nicht aus den Augen zu verlieren, kehrt zurück und berichtet, daß sie mit Arabella und ihrer Bedienten plötzlich abgereist sei und nur einen „versiegelten Zettel" für Mellefont hinterlassen habe. Als er dem ‚größten weiblichen Ungeheuer' Rache schwört und unentschlossen ist, das Siegel aufzubrechen, bittet Sara ihn, den Zettel nicht zu lesen, seine Rachepläne aufzugeben und gelassen zu bleiben. Wider Willen erbricht Mellefont den Brief. Mellefonts Gefühlslage als „ungeduldige Hitze" beschreibend, kommentiert sie seine Entschuldigung: Der Mensch wisse sich „zu trennen und aus seinen Leidenschaften ein von sich unterschiedenes Wesen zu machen, dem er alles zur Last legen könne, was er bey kaltem Blute selbst nicht billiget" (V/5, S. 82). Entschuldigt Sara Mellefonts Verhalten auf der einen Seite mit der Herrschaft der Leidenschaften, die ihn zum willenlosen Objekt machen, so spielt sie auf der anderen Seite, ohne es selbst zu wissen, in wörtlicher Analogie auf Marwoods letzte Äußerung aus der Monologszene an, mit der ihre Mordabsicht zwar nicht gerechtfertigt, wohl aber als affektiver Mordentschluß wahrscheinlich gemacht wurde.[227] Für sich selbst liefert Sara somit auch die Begründung, warum sie Marwood vergibt, die für sie kein ‚weibliches Ungeheuer' ist, sondern menschliche Züge bewahrt hat. Wiederum wird deutlich, daß im empfindsamen Trauerspiel sowohl vollkommen gute als auch vollkommen lasterhafte Charaktere abgelehnt werden. Unmittelbar für die dramatische Progression hat diese Sentenz die Funktion, Mellefonts entscheidende Äußerung, welche die schrecklichen Vermutungen zur Gewißheit werden lassen, vorzubereiten.

Unmittelbar an ihre Sentenz anknüpfend, die implizit die Mordabsicht Marwoods thematisiert, verlangt Sara, „einen neuen Schreck" befürchtend, nach ihrem Salz, da sie ahnt, daß der Zettel erneut ein Zeugnis der ‚giftigen Sprache' Marwoods sei. Mellefont, der zur gleichen Zeit den Brief liest, verrät nur indirekt den Inhalt durch seine Gestik und Mimik, die Sara beschreibt: „Siehst du, was der unglückliche Zettel für einen Eindruck auf ihn macht! – – Mellefont! – – Sie gerathen ausser sich! – – Mellefont! – – Gott! er erstarrt! – Hier, Betty! Reiche ihm das Saltz! – Er hat es nöthiger, als ich." Mellefont stößt Betty mit dem Salz zurück: „Nicht näher Unglückliche! – Deine Arzeneyen sind Gift! –" (V/5, S. 82). Indem Sara und Betty sowie das Publikum auf die indirekten Mitteilungsformen der Gestik und Mimik angewiesen sind und indem Mellefont durch seine konzise Replik die entscheidende Information mitteilt, werden der Affekt Schrecken und die nicht dargestellte Handlung Marwoods aufs engste miteinander verknüpft, und der Knoten wird auf eine wirkungsmächtige Art geschürzt. Gestik, Mimik, Kommentar und die Aufklärung über die für die Peripetie wichtige, hinter die Bühne verlagerte Szene fallen zusammen, und Mellefont gibt „in wenigen Worten dem Zuschauer alles Schreckliche auf einmal zu fühlen".[228] Selbst die den Schrecken steigernde Variante, daß Mellefont fast Opfer des Mordplans Marwoods geworden wäre, bleibt nicht unberücksichtigt. Affektiv und ironisch, die Spannung abermals einem Höhepunkt entgegentreibend, lassen Saras Sorge und Mellefonts Wut, Verzweiflung und Schrecken den langsam vorbereiteten Erkenntnisprozeß plötzlich in ein Wissen umschlagen. Obwohl Mellefont sich weigert, den Inhalt des Briefes mitzuteilen,[229] und statt dessen Sara voraussagt, daß sie ihn *hassen werde*, daß sie ihn *hassen müsse*, weiß auch der Zuschauer, daß Marwood nicht nur ihre „giftige Zunge" V/8, S. 74), ihre Sprache der Verstellung, sondern auch das „Gift", das für sie selbst bestimmt war (vgl. IV/9, S. 76), als ‚Arznei' für Sara tarnen konnte.[230] Mellefonts Prophezeiung, Saras Liebe und Güte werde ihrem Haß weichen, verweist zum einen auf eine mögliche Reaktion der Heldin, auf eine Variante der Fabel, die jedoch dem werkästhetischen Prinzip des Mitleids widersprechen würde und die bereits an dieser Stelle unwahrscheinlich ist, hat Sara doch geäußert, den Stahl schleifen zu wollen, wenn es Marwood gelungen wäre, Mellefont zu ermorden; zum anderen erhöht Mellefont die Aufmerksamkeit für Saras Vollkommenheiten, für die spannungssteigernde Frage, ob Sara als Sterbende noch bereit sein wird, ihrer

169

Gegenspielerin den Mord zu vergeben. Zeigt Mellefont ihr noch eine Handlungsalternative auf, so besitzt sie, soll ihr Charakter nicht unglaubwürdig erscheinen, objektiv diese Wahlmöglichkeit nicht mehr.

Sara entzieht sich als einzige der unmittelbaren Wirkung der kurzen Replik; sie nimmt das Äußerste, sterben zu müssen, bloß als möglichen Fall an und erklärt, den Inhalt des Briefes unterschätzend, daß Mellefont es sich wohl denken könne, „daß er das letzte Gift der Marwood enthalten müsse. –" Jedoch läßt Bettys verzweifelte Antwort, die bezeichnenderweise auf Mellefonts Replik zurückweist, keine Umdeutung zu: „Welche schreckliche Vermuthung! – Nein; es kann nicht seyn; ich glaube es nicht – –" (V/6, S. 83). In der Verneinung wird das ‚maßlose Unglück' Saras vorstellbar, und am Ende der siebten Szene, wenn Betty Norton im Abgehen mitteilt, sie habe die Arznei aus den Händen Marwoods genommen, kann das nicht dargestellte Geschehen bis ins Detail rekonstruiert werden. Analog zum Langsam-Wirksam-Werden des Giftes erhalten die dramatis personae sowie der Zuschauer wohl dosiert und über die ersten sieben Auftritte verteilt die Informationen, welche die schrecklichen Vermutungen zur Gewißheit werden lassen. En bloc dagegen wird die Mordszene erst dann narrativ vermittelt, wenn alle, nach dem Willen Sir Sampsons zum engeren Kreis der Familie gehörenden Personen zusammengekommen sind (vgl. V/10).

Das Verfahren der Mehrfachthematisierung, die narrative Repetition der nicht szenisch realisierten Handlungssequenz des Mordes, eines Geschehens, was sich nur einmal ereignet hat, löst nicht nur die zeitliche, sondern auch die ‚moralische' und ‚affektive' Ordnung, die mit dem harmonischen Ausgang verbunden ist, auf, indem in einer Inversion die Mordhandlung sukzessiv aufgeklärt wird. Obwohl Marwood selbst nicht mehr auftritt, beherrscht ihre Tat als das Unglück und den Schrecken auslösende Moment direkt und indirekt den letzten Aufzug. Marwoods Handeln wird durch die Repetitionen zeitlich überdimensioniert, so daß auch der Affekt des Schreckens, normalerweise auf den überraschenden Augenblick beschränkt, zur Entfaltung und damit erst zur Wirkung gebracht wird. Die indirekte narrative Vermittlung und die Repetition objektivieren sowohl die Tat als auch den Affekt und ermöglichen die Reflexion auf Fabelvarianten und auf die gattungskonstituierenden Affekte; denn der Schrecken wird mehrmals mit der Bewunderung kontrastiert, so daß auch die Peripetie nicht nur einmal affektiv und handlungsbezogen zur Darstellung gelangt.

Die Sterbeszene

Erst als Waitwell, der um Saras Sterben weiß, ihr sagt, sie sei mehr als nur krank, wird es auch ihr bewußt, daß sie ‚gefährlich krank' ist; Sara jedoch ‚schließt' es mehr aus der Bestürzung des Dieners und aus der „ungestümen Angst des Mellefont", als daß sie es fühlt. Nicht die Rekonstruktion des Geschehens, sondern die unmittelbaren Affekte, Bestürzung und ungestüme Angst, geben ihr den Aufschluß über ihr Unglück. Indem sie die Gefühle benennt, lehnt sie zugleich diese möglichen emotionalen Reaktionsweisen ihrerseits ab und distanziert sich von ihrem Unglück, so daß sie, sich selbst genau beobachtend, das langsame Absterben ihres Körpers beschreiben und kommentieren kann: „Diese Hand hängt wie todt an der betäubten Seite. – – Wenn der ganze Körper so leicht dahin stirbt, wie diese Glieder – Du bist ein alter Mann, Waitwell, und kannst von diesem letzten Auftritte nicht weit mehr entfernt seyn. Glaube mir, wenn das, was ich empfinde, Annäherungen des Todes sind, – – so sind die Annäherungen des Todes so bitter nicht, – – Ach! – – kehre dich nicht an dieses Ach! Ohne alle unangenehmer Empfindung kann es freylich nicht abgehen. Unempfindlich konnte der Mensch nicht seyn, unleidlich muß er nicht seyn –" (V/7, S. 84). In einer Selbstanalyse beschreibt sie zwei wichtige Beobachtungen: Verweisen die tote Hand und die betäubte Seite auf die allmähliche Unempfindlichkeit ihres Körpers – und es ist bezeichnend, daß zuerst die äußeren Glieder absterben, unempfindlich werden –, so leitet ihre empfindsame Interjektion ‚Ach', das Erkennungszeichen der Empfindsamen, zur sentenzhaften Deutung der Sterbeszene über.

Beobachtung und Beurteilung bzw. Einschätzung, optisch durch die Gedankenstriche, die akustisch Sprechpausen signalisieren, voneinander getrennt[231] wie Analyse und Reflexion, liefern die Stichworte, welche die Sterbeszene poetisch und poetologisch von den entsprechenden Szenen aus der klassizistischen Tragödie unterscheiden. Sara grenzt sich selbst gegen die Reaktionsweisen Mellefonts, Waitwells und Bettys auf der einen Seite sowie gegen den unempfindlichen, stoizistischen Helden auf der anderen Seite ab; sie stellt kein Beispiel „einer unerschütterten Festigkeit, einer unerbittlichen Standhaftigkeit, eines nicht zu erschreckenden Muths, einer heroischen Verachtung der Gefahr und des Todes" dar.[232] Sara ist trotz ihrer Vollkommenheiten, ihrer „Gelassenheit und Sanftmuth", ihrer Liebe und ihres grenzenlosen Vergebens, nicht eine unempfindliche Heldin, keine Märtyrerin und kein ‚schönes Ungeheuer', sondern sie ist nur so weit ‚standhaft', daß sie „nicht auf eine unanständige Art unter [ihrem] Unglücke erliege." Sie muß ihr Unglück empfinden, sie muß es „recht fühlen"; „denn sonst können wir es nicht fühlen".[233] Sie verfügt nicht wie etwa Cato oder Essex über große Eigenschaften, „die wir unter dem allgemeinen Nahmen des Heroismus begreifen können, weil jede derselben mit Unempfindlichkeit verbunden ist, und Unempfindlichkeit in dem Gegenstande des Mitleids, mein Mitleiden schwächt".[234] Wenn Sara Waitwell bittet zu bleiben, von ihrem Vater zu sprechen, alles zu wiederholen, was er ihr „vor einigen Stunden tröstliches" gesagt hat, zu wiederholen, daß ihr „Vater versöhnt ist" und ihr „vergeben hat", und wenn sie sich vorstellt, daß sie als Verzweifelte hätte sterben müssen, wenn sie vor Waitwells „Ankunft in diese Umstände gekommen wäre" (V/8, S. 84), begründet sie ihre Gefaßtheit. Aussöhnung, Liebe und Vergebung schützen sie vor der Verzweiflung; nicht ein übermenschlicher, stoizistischer, unmenschlicher Heldenmut, nicht die Halsstarrigkeit der Tugend, sondern gute Eigenschaften müssen es sein, wie Lessing ein Jahr nach dem Erscheinen des Trauerspiels erläutert, „deren ich den Menschen überhaupt, und also auch mich, fähig halte",[235] um Sara zum ‚Gegenstand' des Mitleids, nicht der Bewunderung werden zu lassen.

Das Versöhnungstableau

Im Dialog zwischen Sara und Waitwell, der, nachdem Sir Sampson die Standesunterschiede aufgehoben hat, zum engsten Kreis der Familie gehört, wird die Handlungssequenz des dritten Aufzugs mit der des vierten verknüpft; Glück und Unglück werden erneut miteinander konfrontiert, und die Transformation des empfindsamen Versöhnungstableaus ins Trauerspielhafte kündigt sich an in Saras „sehnlichstem Verlangen", ihren Vater zu sehen, und in Waitwells Kommentar: „Eine plötzliche

Freude ist so gefährlich, als ein plötzlicher Schreck" (V/8, S. 85). Saras Reflexionen auf ihren Tod werden durch die thematisierten Äquivalenzen zum dritten Aufzug überlagert, so daß erneut die Bewunderung gegenüber dem Schrecken in den Vordergrund tritt. Den tableauartigen Wiedersehens- und Versöhnungsszenen entsprechend, begrüßt der Vater seine Tochter mit dem empfindsamen Topos: „Ach, meine Tochter!". Und Sara antwortet: „Ach, mein Vater!" (V/9, S. 85). Pointiert wird im folgenden der gesamte Konflikt zwischen Sara und ihrem Vater zusammengefaßt. Ohne jeden Vorbehalt vergibt Sir Sampson seiner Tochter und Mellefont, da er aus Mellefonts ‚stürmischer Angst', aus seiner ‚hofnungslosen Betrübniß' erkennt, daß der einstige Verführer seine Tochter „aufrichtig liebet", und er fährt fort: „nun gönne ich dich ihm. Hier will ich ihn erwarten, und deine Hand in seine Hand legen. Was ich sonst nur gedrungen gethan hätte, thue ich nun gerne, da ich sehe, wie theuer du ihm bist" (ebd., S. 86). Der Kontrast kann nicht stärker ausgedrückt werden; denn wie am Schluß der Komödie, wenn der Vater sein letztes Vorurteil erkennt und revidieren muß, nachdem er sich selbst von der Vollkommenheit des Verführers seiner Tochter überzeugt hat, stehen die Versöhnung und die Vereinigung der Liebenden thematisch im Mittelpunkt. Ohne Fiktionsironien kann der Übergang vom rührenden Lustspiel zum bürgerlichen Trauerspiel die Darstellung bestimmen, da ein traditionelles Komödienmotiv in den Schluß des Trauerspiels eingefügt wird. In seiner Frage, ob es wahr sei, „daß es Marwood selbst gewesen ist, die dir *dieses Schrekken* verursacht hat" (ebd., Hervorhebung v. M.S.), und in Saras eindeutigem Hinweis, „alle Hülfe würde vergebens seyn", wird erneut der Glückswechsel thematisch: der Affekt der Bewunderung weicht dem Schrecken.

Marwoods Geständnis

Mellefont begrüßt voller Verzweiflung Saras Vater, der zu einer „schrecklichen Scene" gekommen ist, und schwört Marwood Rache. Der Bitte des Vaters an Mellefont, ihm eine Tochter und sich eine Gattin zu erhalten sowie zu vergessen, daß sie Feinde gewesen seien, Bitten, die an den harmonischen Ausgang erinnern, begegnet er mit Hoffnungslosigkeit. Und Schrecken erregt der Inhalt des letzten Briefes Marwoods, den Mellefont nun vorliest, der den Vater erstarren läßt, hat er doch kurz zuvor Sara beruhigen wollen mit der Äußerung, daß Mellefont die Gefahr höher einschätze, als sie in Wirklichkeit sei. Auch Saras Einwand, nicht wissen zu wollen, wer ihre Mörderin sei, da es ihr schon zu viel sei, es nur zu ahnen, kann Mellefont nicht hindern, das Geständnis Marwoods vorzulesen.

Der Zettel enthält jedoch nicht nur eine knappe Schilderung des Geschehens, sondern auch eine Analyse ihrer Affekte und Motive. Den Mord rechtfertigt sie als Bestrafung für Mellefonts Untreue. Den Plan, sich gerührt zu stellen, nachdem Sara vor „Schrecken" in „Ohnmacht" gefallen war, und das Kordialpulver gegen ein Giftpulver zu vertauschen, nennt sie einen glücklichen Einfall. Erst als Betty ihr die ‚Arznei' gegeben hatte, verließ sie „triumphirend" Saras Zimmer. „Rache und Wuth", so ihre Erklärung, „haben mich zu einer Mörderin gemacht; ich will aber keine von den gemeinen Mörderinnen seyn, die sich ihrer That nicht zu rühmen wagen" (V/10, S. 87). Sie sei nach Dover geflohen und habe als Geisel Arabella bei sich, die sie unverletzt zurücklassen wolle, wenn sie ungehindert England verlassen könne. Der Gift-Mord, die Flucht, ihr Triumph über die gelungene Rache rücken Marwood erneut in die Nähe der mythologischen Figur Medea,[236] so daß ihre Drohung, Arabella zu töten, den Schrecken intensiviert, hat sie doch mit der mythologischen Anspielung – „Sieh in mir eine neue Medea" (II/7, S. 36) – und mit der detaillierten, barbarischen Beschreibung der vorgestellten Kindestötung bereits Mellefont in Schrecken versetzt. Marwood zeigt nun unverhüllt ihr wahres Gesicht, schließt sich selbst aus dem Kreis der Empfindsamen aus und verwirkt ihre Rechte als Mutter, da sie erneut droht, ihr eigenes Kind zu ermorden. Sie beschreibt sich als Lasterhafte, weil sie sich von ihren Leidenschaften vollkommen beherrschen läßt und weil sie selbst in extremen Situationen noch über das Mittel der Verstellung verfügen kann.[237] Nur Sara kann sich der Wirkung des Briefes, dem Schrecken, entziehen, wenn sie Mellefont bittet, ihr das belastende Schriftstück zu geben, um es zu zerreißen. Im größten Unglück vergibt sie ihrer Mörderin. Mit der Geste ihrer vollkommenen Güte zeigt Sara Verständnis für Marwoods Tat, da ihr Geständnis sie nicht nur belastet, sondern auch entlastet; denn die Täterin selbst ist Opfer ihrer herrschenden Leidenschaften, ihrer Rache und Wut. Dieses Menschenbild Saras[238] zeigt die *neue* Medea und ist den Rachegefühlen Mellefonts entgegengesetzt.

Marwood: ein ‚denaturierter, öffentlicher Charakter'

Mit der Mitteilung des Inhalts des Briefes ist die Darstellung des Charakters Marwood im engeren Sinne abgeschlossen, und zwar mit einem wichtigen Dokument der Selbstrepräsentation. Betrachtet man rückblickend ihren Charakter, dessen wichtige Merkmale die Libertinage, die Geldgier und die Dominanz äußerer Normen wie Ansehen und guter Ruf sind und zu dem die Kunst der Verstellung, das Maskenspiel, gehört, so läßt er sich, abstrahiert man von den Einzelheiten, auf die Gabe der Verstellung und auf die Herrschaft der Leidenschaften reduzieren. Diesem moralisch-empfindsamen Verdikt über Marwood ist eine gesellschaftskritische, politische Dimension inhärent; denn auf der einen Seite stellt ihr Charakter als lasterhafter Typus geradezu ideal die drei Hauptlaster oder herrschenden Begierden dar, wie sie Thomasius im *Spiegel Der Erkäntniß seiner selbst und anderer Menschen* als „Wollust oder unmäßige Begierde zu Lustbarkeiten", „Ehrgeitz oder unmäßige Begierde nach Ruhm und Ehren" und „Geld=Geitz oder unmäßige Begierde nach Reichthum"[239] systematisiert hat. Selbst die einzelnen Bestimmungen der drei Hauptlaster korrelieren nahezu alle idealtypisch mit einzelnen Charakterzügen der Antagonistin, so daß der Schluß naheliegt, Lessing habe Marwoods Charakter nach Thomasius' Systematik des Lasters konzipiert. Diese These gilt nicht für den Charakter als Funktionsträger der mitleidswürdigen Handlung. Auf der anderen Seite, unter dem empfindsamen Aspekt der Verbindung zwischen Verstellungskünsten und dem Laster, bilden die aus bürgerlich-moralischer Sicht empfindsamen Topoi der Hofkritik, wie z.B. die Falschheit, die Verstellung und die Theatralik, das politische, gesellschaftskritische Moment.[240]

Mellefont, vor seiner Bekehrung zum empfindsamen Menschen, und Marwood erscheinen als ‚typische' Vertreter höfischer Lebensweise, da sie ausschließlich ererbtes Geld verschwenden, verspielen.[241] Die Berichte über Mellefonts Vergangenheit, das väterliche Erbe, die noch ausstehende, auszuhandelnde Erbschaft, Marwoods Geldgier und Geltungssucht, ihr auf Repräsentation ausgerichteter Lebensstil, ihre ‚fingierte' Lebensgeschichte belegen die Korrelation zwischen dem Laster und der höfischen Gesellschaft. Sir Sampson, ein englischer Landadliger, dagegen steht im Kontrast zur höfischen Gesellschaft, wenn er als empfindsamer Mensch seinen Diener Waitwell in den engeren Kreis der Familie aufnimmt (vgl. III/7). Saras Vater ist ebenso verbürgerlicht im Sinne der Empfindsamkeit wie Mellefont, dessen Gewissen durch Norton verkörpert wird, dessen Moral und Gefühl durch Saras Liebe empfindsam geworden sind.

Lessing gestaltet in seinem ersten empfindsamen Trauerspiel idealtypisch die Endphase der bürgerlichen Emanzipation, die durch die Ablehnung der höfischen Gesellschaft und durch die Assimilation des Landadels an das Bürgertum und dessen Normen gekennzeichnet ist. Lessing spiegelt nicht die historische Realität der bürgerlichen Emanzipation wider,[242] sondern stellt eine Utopie dar, die für das 18. Jahrhundert eine konkrete war. Die Superiorität bürgerlich-empfindsamer Gesinnung in der Gestalt eines Adligen wird ihren Höhepunkt am Ende des Trauerspiels in der Apotheose der Liebe und der Familie finden, im abgeschlossenen Raum des Privaten, der zum utopischen Entwurf einer natürlichen Gesellschaft wird. Entzieht sich die höfische Gesellschaft mit ihrer typischen Ausformung einer repräsentativen Öffentlichkeit dieser Scheidung zwischen öffentlichen und privaten Lebensbezirken, so ist diese für die bürgerliche Gesellschaft essentielle Differenzierung eine notwendige Voraussetzung, um die Freiräume für die Moral und das Gefühl zu schaffen.[243] Erst auf dem Hintergrund dieses Prozesses, des Übergangs der höfischen in eine bürgerliche, industrielle Gesellschaft, der Umformung der repräsentativen in eine bürgerliche Öffentlichkeit, der eine Privatsphäre gegenübersteht,[244] läßt sich die politische Dimension dieses empfindsamen Trauerspiels genauer bestimmen, das zu Recht den Untertitel „Ein bürgerliches Trauerspiel" – verstanden auch im soziologischen Sinne – trägt.

Ich kehre nun nach diesem kurzen Exkurs zur Analyse des Briefes und dessen Wirkung zurück.

Sara: ein ‚natürlicher, öffentlicher Charakter'

Die „großmüthige That" der Heldin, das Zerreißen des belastenden Briefes, verhindert, daß Mellefont oder ihr Vater als Ankläger Marwoods auftreten können. Sie hebt zugleich die Regel der poetischen Gerechtigkeit auf.[245] Sara unterwirft sich bedingungslos der Vorsehung, wenn sie Marwood der Gerechtigkeit Gottes, des Schicksals, überantwortet, wenn sie selbst es ablehnt sowie Mellefont und ihrem Vater untersagt zu strafen, so daß sie selbst in der Sterbestunde ihre Diesseitsbezogenheit zeigt. Ihr Glaube an die Fügungen des Himmels, aber auch ihr Wissen um die Tyrannei der Leidenschaften, die ‚der Himmel' in der Gewalt der Menschen gelassen hat (vgl. I/7, S. 16), ermöglichen es ihr, Marwood bedingungslos zu vergeben. Das entscheidende Motivationsmoment stellt jedoch der Vollzug des Vergebens selbst dar, der Saras „Ruhe" und „Sanftmuth" bewirkt; denn als sie erkannte, daß sie sterben wird, bat sie Waitwell, alles zu wiederholen, was er ihr vor einigen Stunden Tröstliches gesagt habe, daß der Vater versöhnt sei und ihr vergeben habe (vgl. V/8, S. 84). War Sara in der Briefszene des dritten Aufzugs davon überzeugt, die Vergebung sei vom Vater weder zu verlangen noch anzunehmen, so hat Waitwell sie mit der empfindsamen Deutung der Vergebung zwar nicht überzeugen, wohl aber überreden und ihre Sympathie erregen können. Erst die Äußerungen Waitwells geben einen umfassenden Aufschluß über Saras Verhalten und über ihre Affekte, zeichnete er doch das vollkommene Bild des empfindsamen Menschen, dessen Kardinaltugend die Großmut, das Vergeben, ist, ein Akt der höchsten Selbsterfahrung des empfindsamen Menschen: „[. . .] ist denn nicht das *Vergeben* für ein *gutes Herz* ein *Vergnügen*? Ich bin in meinem Leben *so glücklich* nicht gewesen, daß ich *dieses Vergnügen oft empfunden hätte*. Aber der wenigenmale, die *ich es empfunden habe*, erinnere ich mich noch *immer gern. Ich fühlte so etwas sanftes, so etwas beruhigendes, so etwas himmlisches* dabey, daß ich mich nicht entbrechen konnte, an die *grosse unüberschwengliche Seligkeit Gottes* zu denken, dessen *ganze Erhaltungen der elenden Menschen ein immerwährendes Vergeben* ist. Ich wünsche mir, *alle Augenblicke verzeihen* zu können, und schäme mich, daß ich nur solche Kleinigkeiten zu verzeihen hatte. *Rechte schmerzhafte Beleidigungen, rechte tödliche Kränkungen zu vergeben*, sagte ich zu mir selbst, muß eine Wollust seyn, in der die ganze Seele zerfließt. – –" (III/3, S. 47; Hervorhebungen v. M.S.).[246] Die Liebe und die Gelassenheit sowie Sanftmut sind die „natürlichen" Affekte, nicht die „ungeduldige Hitze" (vgl. V/5, S. 82). Und die Liebe ist für den empfindsamen Menschen die Voraussetzung für die Vergebung und für die Versöhnung.

Indem Waitwell das „immerwährende Vergeben" Gottes als welterhaltendes Prinzip darstellt, das die Existenz der Menschen und ihrer Gesellschaft sichert, und so die Liebe und das Vergeben bzw. das Versöhnen zu universalen Existenzprinzipien des Menschen erklärt werden, ist Saras Akt des Vergebens, den sie sterbend vollzieht, eine Demonstration und reinster Ausdruck ihrer Empfindsamkeit, ihrer Menschenliebe und ihres Lebenswillens, ihrer Natürlichkeit. In ihrem Sterben verkörpert sie den *mitleidigsten Menschen*, welcher der *beste Mensch* ist,

> „zu allen *gesellschaftlichen Tugenden*, zu *allen Arten* der *Großmuth* der aufgelegteste. Wer uns also mitleidig macht, macht ums besser und tugendhafter, und das Trauerspiel, das jenes thut, thut auch dieses, oder – es thut jenes, um dieses thun zu können" (Hervorhebungen v. M.S.).[247]

Im privatesten Augenblick demonstriert Sara pragmatisch die Tugend, welche das gesellschaftliche Leben der Menschen nach der Auffassung der Empfindsamen ermöglicht: Im höchsten Grad ihrer Privatheit wird sie zur idealtypischen Repräsentantin der bürgerlichen Öffentlichkeit, der bürgerlichen, natürlichen Empfindsamkeit. Hatte die unbeherrschte Leidenschaft Mellefonts die familiäre Idylle, den Privatraum der Sampsons gestört, hatte Sir Sampson, von seiner Wut und Rache beherrscht, die bürgerliche Familie zerstört und war seine Vergebungsbereitschaft noch an Bedingungen, an die Liebe Saras zu ihm, geknüpft und wollte er Mellefont nur als notwendiges Übel akzeptieren, so vollzieht Sara bedingungslos die Vergebung, indem sie die Wut und die Rache ablehnt, Affekte, die sowohl die Öffentlichkeit als auch die Privatheit zerstören, Affekte, die Leben vernichten, idealtypische Formen des menschlichen Zusammenlebens zerstören. Sara verkörpert nicht nur einen mittleren Charakter aus der Sphäre der Privatheit, der Familie, sondern entwickelt sich zum ‚öffentlichen' Charakter; sie ist eine dramatische Figur, die in ihrer Privatheit Öffentlichkeit und Universalität prätendiert. Im größten Unglück nimmt Sara die Möglichkeit wahr, nicht nur „schmerzhafte Beleidigungen", sondern „rechte tödliche Kränkungen" zu vergeben, und sie muß, so paradox es klingt, nach den Empfindungen Waitwells das höchste Glück genießen, „eine Wollust, in der die ganze Seele zerfließt". Im empfindsamen Genuß ihrer ganzen Subjektivität löst sich für Sara im Unglück das Glücksversprechen ein. Saras Tod ist die triumphierende Apotheose der

Menschenliebe, nicht das moralische Sühneopfer der Fallibilität ihrer Liebe. Sie zeigt und fühlt die Integrität ihres Herzens, ihrer Natürlichkeit.

Transformation des rührenden Motivs der Vergebung: das ‚entzückende Mitleiden'

Das Vergebungsmotiv – kein bürgerliches Trauerspiel wird auf dieses Motiv verzichten[248] – ist ein Erbe der Rührkomödie,[249] das als zentrales Moment der Sterbeszene ins Trauerspielhafte übersetzt wird. Der Transformation dieses Motivs ist die Aufhebung der Regel der poetischen Gerechtigkeit inhärent; ein dramatisches Verfahren, das Lessings erstes bürgerliches Trauerspiel zum Unikat dieses Genres in den 50er Jahren des 18. Jahrhunderts werden läßt; denn die nachfolgenden Trauerspiele von Brawe, Pfeil und Breithaupt sind dem ‚docere', der Didaktik, der poetischen Gerechtigkeit, dem Tugend-Laster-Schema verpflichtet, eine Abhängigkeit, die eine enge Bindung an die klassizistische Alexandrinertragödie evident werden läßt, von der sich Lessing mit seinem gattungskonstituierenden Affekt des Mitleids entschieden abgrenzt. Lessing stellt sich dagegen dramengeschichtlich ausdrücklich in die Traditionslinie des rührenden Lustspiels.[250]

Saras Vergeben und die daraus resultierende ‚Straffreiheit' Marwoods spiegeln nicht nur den auf die Menschenliebe gegründeten Geschichtsoptimismus der Aufklärung wider, sondern sind unter dem Aspekt der affektiven Dramaturgie auch die entscheidenden Handlungen, die das Komödiensujet ins Trauerspielhafte kehren. Haben Marwoods Intrige und Saras Traumassoziation die Peripetie und damit die Katastrophe ausgelöst, das rührende, uneingeschränkt harmonische Versöhnungstableau verhindert, so bringt erst Saras Vergeben in der Sterbeszene diesen Innovationsprozeß zum Abschluß. Erst in der Sterbeszene verwirklicht sich das empfindsame Trauerspiel par excellence, wenn der Tugend-Laster-Schematismus aufgebrochen worden ist, um die Wirkabsicht, Mitleid zu erregen, dramatisch umzusetzen.[251] Nicht die Demonstration eines allgemeinen Lehrsatzes der Ethik steht im Vordergrund, sondern die Darstellung einer anthropologischen Kardinaltugend wird der Wirkungsabsicht untergeordnet. Saras Vergeben erregt weder V e r w u n d e r u n g noch B e w u n d e r u n g, sondern „ein *recht entzückendes Mitleiden*, und zwar *ganz natürlich*, weil diese großmütige That aus [ihrem] Unglücke fließet und ihren Grund in demselben hat" (Hervorhebungen v. M.S.).[252] Mit dem Vergeben Saras wird der Übergang vom Entsetzen, vom Abscheu und vom Schrecken, vom Schmerz und der Beklemmung über die Tat Marwoods und über das Unglück der Heldin zum Mitleid im höchsten Grade vollzogen; denn der Mord Marwoods, eine „rechte tödliche Kränkung" für Sara, versetzt die Heldin erst in die Situation, in der sie den Akt des Vergebens vollkommen vollziehen kann. Ihre Menschenliebe und das Geständnis Marwoods liefern die Motive, die Gründe, für ihre „großmüthige That".

Aber Sara vergibt nicht nur, sondern betrachtet Mellefont und Arabella als ihr Erbe, das sie ihrem Vater überantwortet. Sir Sampson, so das Vermächtnis Saras, soll Mellefont als „Sohn, anstatt einer Tochter" und Arabella als Tochter annehmen. Mellefont und Arabella vererbt Sara die väterliche Liebe. Jetzt erst bittet sie ihren Vater um den letzten Segen. Nicht materielle Güter hinterläßt Sara den Zurückbleibenden, sondern sie vererbt ihre Liebe, welche die bürgerliche, empfindsame, natürliche Familie der Sampsons rekonstruiert. Saras Testament der Liebe ist ein Auftrag an ihren

Vater, die Familie neu zu gründen. Nicht die zufällige, äußere Blutsverwandtschaft, sondern die Liebe wird zum empfindsamen Fundament der Familie erklärt, eine Thematik, die in Lessings Spätwerk *Nathan der Weise* noch im Vordergrund stehen wird. Indem sie ihre Liebe als Vermächtnis zurückläßt, wird der Grund, warum sie auch Marwood vergibt, im Handeln dargestellt und nicht diskursiv erörtert. Sie spricht nicht nur von ihrer Liebe, sondern löst sie ein, indem sie handelt; sie verändert ihre Situation und damit die gesamte Handlungssituation grundlegend[253].

Da die emotionalen Verfassungen der zum engsten Kreis der Familie gehörenden, anwesenden Personen von Sara genau beschrieben werden, grenzt sie ihre ‚Gelassenheit' nicht nur ab, sondern weist auch auf die Haltungs- und Handlungsalternativen hin, zeigt den Übergang vom Entsetzen zum Mitleid, der sich in nur durch Nuancen getrennten Schritten vollzieht. Kehrte Mellefont voller Verzweiflung zurück und las Marwoods Geständnis vor, das Sir Sampson erstarren ließ, das Waitwell in Bestürzung und in „einen trostlosen Kummer" versetzte, so hat sich die „Beklemmung" des Vaters durch Saras Vergeben und durch ihr Vermächtnis der Liebe gelöst, er weint, und poetologisch bedeutsam kommentiert Sara in ihren letzten Minuten: „Wem *fliessen* diese *Thränen*, mein Vater? Sie fallen als *feurige Tropfen* auf mein Herz; und doch – doch sind sie mir *minder schrecklich*, als die *stumme Verzweiflung*. Entreissen Sie sich ihr, Mellefont!" (V/10, S. 89; Hervorhebungen v. M.S.). Noch in ihrer ‚letzten Sekunde' fürchtet sie um Betty, da Mellefont verzweifelt ist und sich an ihr rächen könnte. Sie vergibt Betty und bittet, ihr keine Vorwürfe zu machen wegen ihrer Unvorsichtigkeit. Erst jetzt ist der Augenblick da. Die „feurigen Thränen" des Vaters sind äußere Zeichen für den allmählichen Übergang vom Entsetzen, vom Schrecken, von der stummen Verzweiflung zu den „Thränen des Mitleids", zum mittleren Grad des Mitleids. Die ‚feurigen Thränen' erfassen das Moment des Transitorischen, haben noch teil am Entsetzen und sind schon Teil des „weinenden Mitleids".

Der ‚poetische Mehrwert' des Dramas

Wird Lessing im *Briefwechsel über das Trauerspiel* von Nicolai aufgefordert, die Selbstbeobachtung zu erklären, daß er bis zum fünften Aufzuge der *Sara* öfters Tränen vergossen habe, aber am Ende vor starker Rührung nicht habe weinen können, und antwortet Lessing, daß das Mitleiden dann „keine Thränen mehr" gebe, „wenn die schmerzhaften Empfindungen in ihm die Oberhand gewinnen",[254] so belegen die Beobachtungen des Zuschauers Nicolai und die Erklärung Lessings, wie präzise die Poetik des Mitleids in der *Miß Sara Sampson* nicht nur antizipiert, sondern auch dramatisch dargestellt u n d poetisch reflektiert wird. Die vier Versionen des ‚Bettler-Beispiels' sowie das ‚Canut-' und ‚Kaufmann-Beispiel', die Lessing im theoretischen Text ex post als Illustrationen seiner Antwort darlegt, legen die Struktur seines ersten bürgerlichen Trauerspiels in diskursiver Sprache offen; spiegeln sie einerseits Teilaspekte des Dramas wider, so bleiben sie jedoch andererseits in ihrer Gesamtheit hinter dem poetischen Text zurück. Das Drama, das dem *Briefwechsel über das Trauerspiel* vorausgeht, stellt in der Sterbeszene seinen ‚poetischen Mehrwert' gegenüber dem diskursiven Text unter Beweis, realisiert doch z.B. die vierte Variante des ‚Bettler-Beispiels' nur in vereinfachender Weise die Strukturen der Peripetie des Trauerspiels.[255] Spiegelt das ‚Canut-Beispiel' in vergröbernden Grundzügen die Motivierung der Katastrophe formal wider, so ist das ‚Kaufmann-Beispiel' eine Parabel für die Sterbeszene.[256] Zergliedert der diskursive Text notwendigerweise das Drama, so ist das Trauerspiel nicht die Summe dieser einzelnen Aspekte, sondern bildet ein „Ganzes", einen „Schattenriß", einen „Mikrokosmos", dessen poetischer Mehrwert nicht in der Summe der Teile besteht.[257]

Das „entzückende Mitleiden" des Zuschauers, „die feurigen Thränen" des Vaters und der „trostlose Kummer" Waitwells werden erneut in den Wirkungsprozeß des Trauerspiels einbezogen, wenn Mellefont voller Verzweiflung davor zurückschreckt, die „kalte Hand" Saras zu berühren, da ihn die „gemeine Sage schreckt [...], daß der Körper eines Erschlagenen durch die Berührung seines Mörders zu bluten anfange" (V/10, S. 89). Er fühlt sich als Mörder Saras und beschwört den Vater, nun seinen „Schmerz in verdiente Verwünschungen" auszulassen. Seine Schuld bekennend, Sara verführt, eine „unerfahrne Tugend [...] aus den Armen eines geliebten Vaters" gerissen zu haben, äußert er Unverständnis für den „barmherzigen Blick" des Vaters. „Wie soll ich ihre Wuth besser reitzen? [...] Sie machen mich mit ihrer Langmuth ungeduldig, Sir! Lassen Sie mich es hören, daß Sie Vater sind" (ebd.). Indem Mellefont seiner Verzweiflung Ausdruck gibt, stellt er eine Handlungsalternative des Vaters vor, die zur Kontrastfolie für den empfindsamen Sir Sampson wird, da er nicht seine Liebe in Haß und Wut umschlagen läßt: „Ich bin Vater, Mellefont, und bin es zu sehr, als daß ich den letzten Willen meiner Tochter nicht verehren sollte. – Laß dich *umarmen, mein Sohn*, den ich theurer nicht erkaufen konnte!" (ebd., Hervorhebung v. M. S.). Erst jetzt, dem Beispiel seiner Tochter folgend, ist auch Sir Sampson bereit, bedingungslos zu vergeben und das Vermächtnis in die Handlung umzusetzen. Unglück und Vollkommenheit des Vaters werden nicht nur in die „rechte Proportion" gesetzt, sondern der Schrecken über eine mögliche Verwünschung des Verführers oder gar Bestrafung schlägt um in ein „entzückendes Mitleiden", da auch die „großmüthige That" des Vaters „ganz natürlich [...] aus seinem Unglücke fließet" und den „Grund in demselben hat". Die Versöhnung zwischen Mellefont und Sir Sampson ist unter dem Aspekt des gattungskonstituierenden Affekts Mitleid werkästhetisch und wirkungspsychologisch der Sterbeszene Saras analog. In der Wiederholung der affektiven Grundstruktur werden zwei Handlungssequenzen in unmittelbarer Folge dargestellt, die das „Mitleiden im höchsten Grade" erregen.

Mellefonts Selbstmord

Diese Abfolge von mitleiderregenden Höhepunkten wird fortgesetzt, wenn Mellefont die Versöhnung verweigert, da Sara, „diese Heilige", mehr befahl, „als die menschliche Natur vermag!" (V/10, S. 90).[258] Schuldbewußt erinnert er an den Mordversuch Marwoods, und indem er ihren Dolch in der Hand hält und reflektiert, daß Sara noch leben könnte, wenn er das „schuldige Opfer" der „Eifersucht Marwoods" geworden wäre, wird der Schrecken aufs neue erregt. Unmittelbar sich auf die Gerechtigkeit berufend, begeht Mellefont Selbstmord.[259] Aber nur noch in dieser subjektiven Perspektive ist die Regel der poetischen Gerechtigkeit zugelassen und der Kausalität der Situationsveränderung untergeordnet. Enthebt die Reflexion auf diese Fabelvariante das gesamte Geschehen erneut einer unabänderlichen Zwangsläufigkeit und verweist nochmals auf die Fehler und Motive, die zum Tode Saras geführt haben, so zeigt die Anspielung auf die Regel der poetischen Gerechtigkeit, wie bewußt sich der Formwille Lessings äußert, wie bewußt es ihm gewesen ist, daß Marwood ungestraft entkommen mußte, wie bewußt er sein Trauerspiel der klassizistischen Tragödie entgegengesetzt, um die Tugend-Laster-Dichotomie, welche auch die Komödie der Gottschedianer bestimmt, mit dem Paradigma des Mitleids aufzuheben.

Wenn Sir Sampson erneut gezwungen ist, seinem Schmerz Ausdruck zu geben – „Was für ein neuer Streich auf mein gebeugtes Haupt!" – und wenn er wünscht, daß „das dritte hier erkaltende Herz das [seine] wäre", wird der Schrecken durch diese angedeutete Variante intensiviert, um erneut als Kontrastfolie für das Handeln des Vaters zu dienen. Mellefont – und auch seine Sterbeszene stellt eine Variante zu Saras Sterben dar, da er sein Unglück, seinen Tod, als Selbstbestrafung ‚verursacht' –, zeigt erst jetzt seine Vollkommenheit, indem er den letzten Willen Saras bekräftigt und Gott um Gnade bittet. Der Schrecken, das Entsetzen über den Selbstmord verwandelt sich abermals in ein „entzückendes Mitleiden", „sobald man ihn [...] zu Gott beten hört", sobald man ihn für Arabella bitten hört, sobald man hört, wie er um die Vaterliebe Sir Sampsons bittet, „und zwar ganz natürlich, weil diese großmüthige[n] That[en] aus seinem Unglücke fließ[en]". Sir Sampsons Aufforderung an Waitwell, mit ihm um die Gnade Gottes zu bitten, und sein Urteil über Mellefont – „Ach, er war unglücklicher als lasterhaft" – lassen auch den Selbstmörder zum Gegenstand des Mitleids werden. Mellefonts Sterbeszene ist zugleich eine Bekehrungsszene, die das Urteil des Vaters rechtfertigt,[260] ein Urteil, welches das Vorurteil über Mellefont, das Sir Sampson und Waitwell zu Beginn des Trauerspiels geäußert haben, direkt revoziert.

Die Vergebung als Strafe

Lessing gestaltet mit dem Selbstmord Mellefonts die Kehrseite der Vergebung, wenn sie das ‚menschliche Maß' zu übersteigen droht; denn demjenigen, der die Vergebung annimmt, wird die Schuld bewußt: Die „großmüthige Vergebung" nimmt die Form der empfindsamen Strafe an. Mellefonts Selbstmord ist eine Art der Selbstbestrafung, eine Form der Strafe, die ihm grundsätzlich von Sara und Sir Sampson verweigert wird. Saras Tod erregte bei Mellefont Beklemmung, die seine schmerzhaften Empfindungen verrät. War Saras Vergeben schon die Tat einer „Heiligen", so muß Sir Sampsons Verzeihen den Schmerz unerträglich werden lassen. Dieses Leiden Mellefonts läßt ihn als Empfindsamen zum ‚Gegenstand' des Mitleidens werden. Lessing selbst stellt die enge Verbindung zwischen der Vergebung und deren Strafcharakter her, weist die Großmut als eine der „härtesten Straffe[n]" aus;

> „und wenn wir mit denen Mitleiden haben, welche Straffe leiden, so können wir auch mit denen Mitleiden haben, welche außerodentliche Vergebung annehmen müssen."[261]

Bei der Beurteilung der Charaktere Cinna und Augustus aus Pierre Corneilles Tragödie *Cinna ou la clémence d'Auguste* (1640/41) gewährt Lessing Cinna, dem Augustus vergibt, seine Tränen des Mitleids.[262] Um wieviel mehr gehören jetzt Mellefont die „Thränen des Mitleids", da seine Reue ihn zum Selbstmord treibt, der zum äußeren Zeichen des ‚unmenschlichen', inneren Schmerzes wird.

> „Ist es nicht die Annäherung der Strafe, der Anblick der entsetzlichsten physikalischen Uebel, die uns gar mit einem Ruchlosen gleichsam aussöhnen, und ihm unsere Liebe erwerben? Ohne Liebe könnten wir unmöglich mitleidig mit seinem Schicksal seyn."[263]

Mendelssohn bezieht zwar diese Sätze auf die öffentliche Hinrichtung eines Lasterhaften, der ausschließlich Greueltaten begangen hat, was auf Mellefont nicht zutrifft; entscheidend jedoch ist, daß es Lessing mit der Darstellung des Selbstmordes gelang, selbst diese Extremsituation der Hinrichtung[264] empfindsam zu steigern, indem er Mellefont sich selbst richten läßt. Zugleich wird indirekt erkennbar und deutlich, daß die Hinrichtung Marwoods, wäre sie noch bzw. überhaupt Gegenstand der Darstellung, Mitleid erregen müßte. Die Ähnlichkeit der Namen und der Lebensweisen zwischen Marwood und „Milwood, a lady of pleasure" aus George Lillos *The London Merchant*[265] könnte ein Indiz dafür sein, daß sich Lessing dieser Handlungsvariante durchaus bewußt gewesen ist, daß er sich bewußt für die Variante des Selbstmordes als eine Art der Selbsthinrichtung entschieden hat, und zwar bevor Mendelssohn diese Ausnahmesituation in seinen „Briefen" schriftlich niedergelegt hat.

Indem Lessing die ‚äußere' Bestrafung Mellefonts und Marwoods durch Saras Großmut und Güte verhindert, die bloß äußere Regel der poetischen Gerechtigkeit, die der „wahren Sittlichkeit" Einlaß in das Theater gewährt, aufhebt, gelingt es ihm, auf eine subtilere Weise eine Sittlichkeit darzustellen, die härtere Strafen ausspricht, als es je ein Richter tun könnte. Die Vollkommenheit Saras verursacht Mellefonts Leiden. Lessings Theorem über das Verhältnis von Vollkommenheit und Unglück im Trauerspiel erhält durch diesen Selbstmord eine eigentümliche Nuance:

> „Der Tragödienschreiber setzt seines Helden Vollkommenheiten ins Licht, um uns sein Unglück desto schmerzlicher zu machen."[266]

Lessing setzt die Vollkommenheiten Saras und Sir Sampsons ins Licht, um uns Mellefonts Unglück desto schmerzlicher zu machen. Das Mitleid wird von einzelnen dramatis personae abgelöst und so eng mit deren Handlungsweisen verknüpft. Erst auf diese Weise wird es zum literarischen Formprinzip der Darstellung der H a n d l u n g und zu dem Mittel der poetischen Reflexion katexochen. Erst so ist es gewährleistet, daß der Zuschauer nicht nur das Mitleiden Sir Sampsons fühlt, „nicht blos fühlt, ein andrer fühle" es,[267] sondern soweit von Lessing gebracht wird, „daß er diese Leidenschaften *selbst* f ü h l t" (Kursivhervorhebung v. M.S.).[268]

So paradox es auch klingen mag, das tugendhafte Verhalten Sir Sampsons, dem Ver- und Entführer seiner Tochter zu vergeben, muß als ‚unsittlich' bezeichnet werden; denn würde er seinem berechtigten väterlichen Zorn folgen, hätte er Mellefonts Leben retten können. Sara und Sir Sampson tragen deshalb eine ‚empfindsame' Schuld an der Selbsttötung Mellefonts, die zwischen ‚vergebener' Hinrichtung und Selbstgerechtigkeit steht. Sowohl der Mord Marwoods an Sara als auch Mellefonts Selbstmord entziehen sich der eindeutigen Bestimmung, nicht aber der klaren Interpretation, da gerade ihre Unbestimmtheit geeignet ist, Mitleid als handlungsbezogene Kategorie zu erregen. Die Vermischung von Glück und Unglück, von Lust und Unlust, von Vollkommenheit und Unvollkommenheit, beugt sich nicht einer „wahren Sittlichkeit", sondern der theatralischen, der Poetik des Mitleids.

Da die vermischte Empfindung zugleich in ihren Bestandteilen von einzelnen Personen abgelöst und auf andere verlagert wird – so etwa das Lasterhafte Marwoods, das Saras Unglück herbeiführt, welche wiederum in sich selbst die mitleiderregende Proportion zur Darstellung bringt, wenn sie ihrer Rivalin vergibt, oder die Vollkommenheit Saras, die Mellefonts „physicalisches Uebel" mit verursacht, der jedoch im Sterben ebenfalls ein Zeugnis seiner Empfindsamkeit ablegt, wenn er Saras Vermächtnis bekräftigt, und so erneut das mitleiderregende Verhältnis in sich aufnimmt – wird das Mitleid zum handlungtragenden Prinzip. Die Lösung dieser Leidenschaft von den Personen erlaubt es, im Zuschauer diejenige Affekt d i s p o s i t i o n zu erzeugen, die es ihm erst ermöglicht, das Mitleid selbst zu fühlen, seine Fähigkeit, Mitleid zu empfinden, zu erweitern.

Diese emotionale, wohl proportionierte Affektlage ist aber nicht vom ‚Gegenstand', von ihrem ‚Inhalt' zu trennen. Mit dem Affekt Mitleid, erzeugt als ästhetisches Phänomen, ist die Sittlichkeit und Moralität, die sich selbst fühlende Menschlichkeit, notwendig gegeben. Das Mitleid ist zum primären Affekt im Z u s c h a u e r geworden. Die Fiktion wird und wirkt real. Das Mit-leiden trägt den Selbstbezug in sich. Begrifflich erfaßt Lessing die Selbstbezogenheit des Mitleids mit der besonderen Stufe der Katharsis, der Furcht, die er „als das auf uns selbst bezogene Mitleid"[269] definiert. Die Reinigung des Affekts zur selbst empfundenen Menschenliebe, die notwendigerweise den Zuschauer moralisch bessert, kann erst durch diese Reflexivität den Umschlag von der Reaktion zur Aktion ermöglichen.

Das Mitleid als werk- und wirkungsästhetisches Formprinzip: ein Mittel der poetologischen Selbstreflexion und der poetischen Reflexion: zur Einheit der inneren Handlung

Deshalb ist die Handlungsweise des Vaters am Schluß des Trauerspiels stringent von Lessing motiviert worden. Die „Thränen des Mitleids" zwingen ihn zu handeln. Lessing gestaltet in dieser dramatischen Figur die idealtypische, utopische, natürliche Rezeptionsart seines Trauerspiels; denn der Vater hat sein anthropologisches Vermögen, Mitleid zu fühlen, zur Fertigkeit erweitert, die eine soziale ist. Gerade das Mitleid als empfindsames, ästhetisches und anthropologisches Grundvermögen erlaubt nicht den schwärmerischen Rückzug ins Innere, in die kompensatorische und eskapistische Innerlichkeit des politisch ohnmächtigen Landadligen bzw. Bürgers.

Im Mitleiden Sir Sampsons kulminiert rezeptions- und werkästhetisch die Darstellung des dramatischen Form- und Wirkungsprinzips des natürlichen Trauerspiels. Indem Lessing das Baugesetz des neuen Dramas als wirkungsbezogene Kategorie dramatisch präsentiert, veranschaulicht, kongruiert die Produktions- mit der Wirkungsästhetik. Im Mitleiden spiegeln sich die Bedingungen und Möglichkeiten der poiesis, der natürlichen Poetik des Mitleids. Indem die Wirkung Gegenstand der Darstellung ist, werden die Grenzen zwischen der poetisch hervorgebrachten Wirklichkeit und der Realität des Publikums aufgehoben. Dramatische Fiktion und Wirklichkeit, Bühne und Zuschauerraum gelangen zur Deckung, so daß das dramatische Formprinzip des Mitleids in besonderer Weise zu einem Mittel der poetischen Reflexion, der immanenten Poetik wird. Das Mitleid spiegelt Lessings Verständnis der Realität wider, das die Werkstruktur des Trauerspiels grundlegend bestimmt. Das Mitleid leistet nicht bloß die Analyse der Wirklichkeit, mit diesem natürlichen Affekt wird nicht nur die Utopie des natürlichen Menschen fiktionalisiert und damit konkretisiert, sondern auch der poetische Prozeß, die transzendentale Komponente der

Poetik des Mitleids, die Bedingungen und Möglichkeiten des Hervorbringens von Realität und Fiktion, wird reflektiert, ist Gegenstand der Darstellung. Die Besonderheit dieses poetischen Reflexionsprozesses liegt darin, daß nicht die dramatische Fiktion gegen die Realität abgegrenzt wird, sondern die Grenze zwischen beiden ontischen Bereichen überschritten, im konkreten Sinne des Wortes, aufgehoben wird; denn der Ort des Geschehens wird nicht in den Zuschauerraum verlagert. Im Gegenteil, durch die Darstellung des Mitleids verschmelzen beide Räume zu einer Einheit, die poetisch die Lehre der drei Einheiten radikalisiert und zugleich um diese neue Einheit des Ortes erweitert. Da das ästhetisch generierte Mitleid das Wesen der Wirklichkeit, der wahren Natur des Menschen, darstellt, vollzieht sich in dieser neuen Einheit von Bühne und Zuschauerraum auch die emotionale Identifikation des Publikums mit den natürlichen Charakteren. Im Gegensatz zu einem äußeren, materiellen Handlungsbegriff bildet das Sym-pathisieren der Zuschauer mit den mitleiderregenden und mitleidempfindenden dramatis personae die **fünfte Einheit, die Einheit der inneren Handlung**.[270] In der Einheit der inneren Handlung kongruieren die Fiktion des natürlichen Menschen und das Wesen des Rezipienten, der ästhetische Spiegel der natürlichen Gesellschaft mit der konkreten Utopie einer mitleidigen, herrschaftsfreien Gemeinschaft der Menschen. Als Mittel der poetologischen Selbstreflexion im Trauerspiel negiert das neue, natürliche dramatische Formprinzip die zu Automatismen erstarrten Regeln klassizistischer Dramaturgie und der heroischen Tragödie, des Dramas der Bewunderung. Als Mittel der poetischen Reflexion reflektiert das Mitleid die eigenen Bedingungen und Möglichkeiten der natürlichen Realität, indem im Trauerspiel die Poetik des Mitleids ihren Anspruch auf Realität pragmatisch-fiktional einlöst und zugleich objektiviert. Der Prozeß der Negation wird ersetzt durch den der Innovation. Dieser Doppelcharakter des Mitleids weist es als universales Mittel der poetologischen Selbstreflexion und der immanenten Poetik des empfindsamen Trauerspiels aus. Saras Traum als poetische Metapher in seiner überszenischen Funktion und die Darstellung des mitleidenden und mitleiderregenden Sir Sampson sind die idealtypischen Formen der poetischen Reflexion im ersten bürgerlichen Trauerspiel Lessings. Sowohl im Traum als auch im Mitleiden wird die Aufhebung der Grenze zwischen Fiktion und Wirklichkeit, empfindsamer Kunst und Realität, dramatisch gestaltet. In und durch die Darstellung des Mitleids wird die Lessingsche Utopie des natürlichen Menschen **konkret**.[271]

Sir Sampson und das empfindsame, natürliche Erbe seiner ‚Kinder'

Sir Sampsons Entschluß, daß „ein Grab" beide umschließen soll, das Motiv der Vereinigung der Liebenden nach dem Tode, und sein Drängen, „schleunige Anstalt zu machen, und dann [...] auf Arabellen [zu] denken"; denn sie „sey, wer sie sey; sie ist ein Vermächtniß [seiner] Tochter" (V/11, S. 90), sind Zeugnisse des empfindsamen Vaters, der das empfindsame Erbe seiner Tochter antritt, da er Arabella als „imaginäres Kind" seines ‚Sohnes' und seiner Tochter in den beschützten Raum der Familie holen will.[272] Ebenso wie siebzehn Jahre später Odoardo Galotti es ablehnen wird, Selbstmord zu begehen, und zwar bezeichnenderweise mit einer poetologischen Selbstreflexion im Trauerspiel, da nur „schale Tragödien" so enden,[273] entscheidet sich Sir Sampson gegen die von Mellefont dargestellte Handlungsalternative. Obwohl der Selbstmord seines ‚Sohnes' sein Unglück vergrößert, legt er wiederholt ein Zeugnis seiner Vollkommenheit ab und erregt das ‚Mitleid im höchsten Grade'. Dieser ungebrochene Optimismus des bürgerlich empfindsamen Menschen lassen die Katastrophen gebrochen erscheinen, mildern das Entsetzen zum ‚entzückenden Mitleid'. Durch den optimistischen, harmonischen, versöhnlichen, die familiäre Idylle antizipierenden Ausblick wird am Ende des Trauerspiels das ‚komödienhafte happy-end' nicht völlig ausgeblendet. Äußert Lessing in einem Brief an Nicolai, daß er es in das Gutdünken des Dichters stelle, „ob er lieber die Tugend durch einen glücklichen Ausgang krönen, oder durch einen unglücklichen uns noch interessanter machen will",[274] so hat sich Lessing selbst, ein Jahr vor der Abfassung dieses Briefes, am Ende seines ersten bürgerlichen Trauerspiels dem Diktat der vermischten Empfindung, dem Mitleid, gebeugt.

Da Sir Sampson selbst Mitleid empfindet und zugleich Mitleid erregt, vertritt er in einem besonderen Maße das aufklärerische Postulat, menschlich-empfindsam zu handeln. Er gibt sich nicht dem Schmerz über den Tod seiner Kinder, der Resignation, hin, sondern drängt zur Aktion, zur raschen Gründung einer neuen Familie. Glück und Unglück stehen am Schluß nebeneinander, aber nicht unvermittelt. Das „Maßlose" des Unglücks verstärkt das Mitleiden, so daß es nur noch in Handlung umschlagen kann. Der gebrochene Schluß verrät durch Sir Sampsons Zukunftspläne seinen appellativen Charakter, ruft im Sinne Lessings zum aufgeklärten, empfindsamen, sozialen, natürlichen Handeln auf. Hierin ist die Poetik des Mitleids der Dramaturgie des epischen Theaters verwandt. In diesem Punkt konvergieren das bürgerliche Trauerspiel und die Dramen Brechts. Die affektive Wandlung des Vaters, seine Katharsis, ist selbst Gegenstand dieser Schlußszene, um dem Zuschauer die natürlichen Konsequenzen der ‚Katastrophe' vor Augen zu stellen. Der Kantische Auftrag der Aufklärung, den Mut zu haben, sich seines eigenen Verstandes zu bedienen,[275] wird von Lessing empfindsam auf dem Theater antizipiert. Die Herrschaft der inneren Natur, die Unterwerfung des Willens unter das Gefühl, erfährt im Mitleid seine soziale Vermittlung, mit der der Mensch seinen Ausgang aus seiner selbst verschuldeten Unempfindsamkeit verwirklichen kann. Mitleid im Sinne des Selbstgefühls, als ein zwingendes Mittel des Selbstbewußtseins, bewahrt das Subjekt vor dem Autismus; denn es ist ein „geselliges Gefühl", das anthropologische Grundvermögen, welches den Menschen entsprechend seinen natürlichen Anlagen zum sozialen Wesen macht, den Menschen von der Isolation im Naturzustand zur natürlichen Gesellschaft übergehen läßt.

Das Mitleiden als primärer Affekt

Der gesamte letzte Aufzug der *Miß Sara Sampson* stellt das Sterben Saras dar, eine für das zeitgenössische Drama ungewöhnliche überszenische Entfaltung dieser Handlungssequenz,[276] die jedoch notwendig ist, um die vermischte Empfindung des Mitleids einerseits mehrmals in einem Höhepunkt kulminieren zu lassen und um andererseits die Elemente des Mitleids, den Schrecken, die Bewunderung, die Beklemmung und den Schmerz, die Verzweiflung, den trostlosen Kummer sowie die feurigen Tränen des Mitleids eng mit der Handlungsführung zu verbinden, um die überraschenden, wiederholten Umschläge von der Bewunderung zum Schrecken im Übergang von dem bloß vermuteten, bloß vorgestellten Unglück, vom möglichen Fall zum wirklichen Fall im „entzückenden Mitleiden" enden zu lassen. Sara, Mellefont und Sir Sampson werden zu ‚Gegenständen' des Mitleidens, da ihre Verhaltensweisen kausal mit den Situationsveränderungen der Handlung verknüpft sind, so daß der Zuschauer das Mitleid real empfinden kann; denn „diesen Affekt empfinden nicht die spielenden Personen, und wir empfinden ihn nicht blos, weil sie ihn empfinden, sondern er entsteht in uns ursprünglich aus der Wirkung der Gegenstände auf uns; es ist kein z w e y t e r mitgetheilter Affekt".[277]

Indem die Disposition des Affekts in dieser reihenden Darstellung die Emotionen der Zuschauer in Bewegung versetzt, und zwar so, daß er das Mitleid ursprünglich empfindet, kann „das Trauerspiel durch Erzeugung der Leidenschaften bessern".[278] Die Bestimmung der Tragödie, „u n s r e F ä h i g k e i t, M i t l e i d z u f ü h l e n, [zu] erweitern",[279] ist von Lessing erfüllt worden, b e v o r er sie theoretisch in Abgrenzung zu Nicolai formulierte, um sein Trauerspiel nachträglich und indirekt gegenüber seinen Berliner Freunden zu rechtfertigen. Saras Vermächtnis, Mellefonts Bekräftigung desselben und Sir Sampsons Bereitschaft und Entschluß, das Erbe anzutreten, lassen die moralischen Inhalte zur Darstellung gelangen. Lessing beschränkt sich nicht nur auf die rein formale, ästhetisch vermittelbare Affektlage, um es mechanisch auszudrücken, auf die zu erregende Frequenz des mitleidigen Herzens, sondern füllt diesen Affekt inhaltlich mit Saras moralischem Testament an. Sara erfüllt beides, sowohl den ästhetischen als auch den moralischen Anspruch der dramaturgischen, einzig real darstellbaren und rezipierbaren Empfindung. Das Trauerspiel *Miß Sara Sampson* kann zu Recht auf dem Hintergrund der Empfindsamkeit und der Lessingschen Poetik des Mitleids als ein Drama der aufklärenden, empfindsamen, moralischen Anstalt betrachtet werden. Jeder ahistorisch ansetzende Interpretationsversuch, sei es ein literaturpsychologischer oder ein literatursoziologischer, muß die politisch-soziale Brisanz der Poetik des Mitleids und, kontextbezogen betrachtet, notwendig die politisch-soziale Sprengkraft dieser Dramaturgie und deren poetische Umsetzung verfehlen, wenn das Mitleid nicht zur zentralen Analysekategorie erhoben wird.

Dramengeschichtliche Einordnung

Daß Lessing „recht mit Willen" in seinem Trauerspiel gewagt hat, Grenzen zu überschreiten, zeigt nicht nur der letzte Aufzug, in dem die Poetik des Mitleids umfassend poetisch dargestellt wird, sondern auch die Äußerungen der dramatis personae, die mit den neuen dramentheoretischen, gattungskonstituierenden Begriffen die Strukturveränderungen im Drama und der Gattung selbst poetologisch und poetisch reflektieren. In den Kommentaren der Figuren sowie in der Makro- und Mikrostruktur des Dramas wird der Paradigmenwechsel hin zur Poetik des Mitleids poetisch vollzogen. Lessings bürgerliches Trauerspiel *Miß Sara Sampson* stellt einen illusionistischen Typus der poetisch-poetologischen Selbstreflexion im Drama dar, in dem sowohl der Bühnenraum als auch der Zuschauerraum mit den Reflexionsräumen zur Deckung gebracht werden. Das erste deutsche bürgerliche Trauerspiel stellt k o n t e x t b e z o g e n den P r o t o t y p u s des noch in der Entstehungsphase begriffenen deutschen Trauerspiels dar, einen Prototypus, der zwar einen Paradigmenwechsel in der Theorie und in der Praxis des Dramas initiiert, aber nicht umfassend das deutsche bürgerliche Trauerspiel inauguriert hat.[280] Lessings *Miß Sara Sampson* leitet für die zweite Hälfte der 50er Jahre eine Experimentierphase ein, wie die Dramen von Pfeil, Cronegk, Kleist, Klopstock, Wieland und Weiße belegen.[281] Im Gegensatz zu seinen Fragmenten – *Kleonnis, Lucretia, Fatime, Alcibiades, Horoskop* und seinem ‚anti-gottschedianischen' *Faust* vollendet Lessing nur den *Philotas,* ein Trauerspiel in einem Aufzug,[282] das gegen die Bewunderung des Stoizismus und Heroismus im Drama sich wendet. Aus dieser Zeit stammen auch die ersten Pläne, brieflichen Äußerungen und ein Fragment zu einem bürgerlichen Virginia-Trauerspiel *Emilia Galotti,* das Lessing, entgegen seinen eigenen Ankündigungen, weder 1757 noch 1758 vollendet hat. Es ist erst 1772 einzeln und zusammen mit seinen Trauerspielen *Miß Sara Sampson* und *Philotas* erschienen.

Selbst gegen Nicolai und Mendelssohn, die die Bewunderung als selbständigen, gattungskonstituierenden Affekt verfechten, hat Lessing weder mit der *Sara* noch mit seinen *Briefen über das Trauerspiel* die Poetik des Mitleids durchsetzen können; hat doch 1758 Cronegks *Codrus*[283] den ersten Preis erhalten im Wettbewerb um das beste Trauerspiel, das nach den Maßstäben aus Nicolais eigener *Abhandlung vom Trauerspiele* ermittelt worden ist, einer Schrift, deren Thesen Lessing im *Briefwechsel über das Trauerspiel* kritisiert. Cronegks *Codrus,* ein Alexandrinerdrama, schließt mit dem Satz: „Sein Tod will nicht beweint; er will bewundert seyn."[284] Der antithetische Aufbau dieses Schlußverses drückt eindeutig die Gegensätzlichkeit beider Positionen aus: der Poetik des Mitleids läßt Cronegk in der Form einer poetologischen Selbstreflexion eine klare Absage erteilen zugunsten der Poetik der Bewunderung. Im Brief an Nicolai vom 19. Februar 1757 empfiehlt Lessing Brawes *Freigeist,* ein Trauerspiel, das den Gellertschen und seinen eigenen Positionen verpflichtet ist.[285] Im 81. Literaturbrief, vom 7. Februar 1760, äußert Lessing bei einem Vergleich zwischen Cronegk und Brawe, daß „von [...] beiden ohne Zweifel der letztere das größere tragische Genie war".[286]

Drittes Kapitel

Die Poetik des Mitleids
oder
Die Rückkehr des natürlichen Menschen

Zur Reflexionstheorie des Mitleids

1. Zur Psychologisierung der Ästhetik: Mendelssohns objektive Vollkommenheitsästhetik und Lessings subjektive Poetik des Mitleids

Herrscht in Mendelssohns *Briefen über die Empfindungen* noch die Vollkommenheitsästhetik, die auf Leibniz' Lehre von der prästabilierten Harmonie und der besten aller Welten basiert, die also metaphysisch bestimmt und den Fragen nach der Quelle der angenehmen Empfindung und des Vergnügens überhaupt übergeordnet ist, so zeigt sich in der Erörterung und Lösung der Selbstmordproblematik in den „Briefen" der Übergang zur Psychologisierung der Ästhetik an. Die Selbstmordfrage ist auf dem Hintergrund der Auseinandersetzung zu sehen, daß ausschließlich die Vollkommenheit, die von der Schönheit abgesondert wird, Vergnügen bereitet. Nach Mendelssohn ist der Selbstmord des Menschen ein Widerspruch und unsittlich, da er dem Urtrieb des Menschen nach Vervollkommnung entgegengesetzt ist. Nur auf der Schaubühne, wenn der Selbstmord d a r g e s t e l l t wird und die w a h r e Sittlichkeit außer Kraft gesetzt worden ist, kann diese Unvollkommenheit Vergnügen bereiten, und zwar durch das Mitleid, die einzige vermischte Empfindung, die als schmerzhafte Vergnügen bereitet. Im Trauerspiel rückt an die Stelle der Maxime der Vollkommenheit der oberste Zweck, Leidenschaften zu erregen.[1] Deshalb kann das, was nicht auf Vollkommenheit gegründet und im Leben unsittlich, „abscheulich" ist, theatralisch gut sein. Die theatralische Sittlichkeit muß die wahre verdecken, damit das Mitleiden nicht in Abscheu umschlage;[2] denn das Mißvergnügen über das Unglück würde andernfalls das Vergnügen, das aus der Liebe entsteht, überwiegen. Will der Zuschauer „Lust" empfinden, muß die Liebe, welche durch die Vollkommenheit erregt wird, stärker sein. Die Darstellung des Unglücks darf nur der Intensivierung der Liebe dienen. Es

> „macht uns den unschuldigen Geliebten schätzbarer und erhöhet den Werth seiner Vortreflichkeiten. [...] Wenn sich einige bittere Tropfen in die honigsüsse Schale des Vergnügens mischen; so erhöhen sie den Geschmack des Vergnügens und verdoppeln seine Süßigkeiten."[3]

Zwei Grundoppositionen, die den Inhalt der *Briefe über die Empfindungen* bestimmen, fließen direkt und indirekt in die Argumentationskette ein, die das Mitleid, das notwendigerweise die Liebe voraussetzt, als Ausnahme der Theorie der angenehmen Empfindungen kennzeichnet. Direkt wird der dargestellte Gegenstand nicht mehr ausschließlich vom Gehalt, sondern von der Wirkung her beurteilt. Indirekt zeichnet sich hier bereits der Paradigmenwechsel von der objektiven Vollkommenheitsästhetik zur empfindsamen, wirkungspsychologischen, durch das Subjekt bestimmten Poetik des Mitleids ab.

Mendelssohn nennt noch eine zweite Ausnahme, das Vergnügen, das die Römer beispielsweise bei ihren „blutigen E r g ö t z l i c h k e i t e n",[4] den Fechterkämpfen, empfanden. Hier ist es aber nicht die Liebe, sondern die Bewunderung der physischen Geschicklichkeit, der vollkommenen Körperbeherrschung, die zur Quelle der Lust wird. Und er weist ausdrücklich darauf hin, daß allein die Römer mit ihrer angeborenen martialischen Gesinnung im Gegensatz zu den empfindsamen Griechen Gefallen an derartigen Spielen finden konnten. Die Bewunderung unterdrückt das Mitleiden, das sich für die Empfindsamen in Schauer und Abscheu verwandeln würde; die Römer „unterdrückten das sanftere Gefühl der Menschlichkeit, und weideten sich an der Geschicklichkeit der Fechter, und an ihren körperlichen Vollkommenheiten".⁵ Indem Mendelssohn die Roheit der Römer gegen die Empfindsamkeit der Griechen ausspielt und die „schmerzhaften Ergötzlichkeiten"⁶ vom Mitleid trennt, liefert er ungewollte Argumente für Lessings These, daß die Bewunderung kein selbständiger Affekt des empfindsamen Trauerspiels sein könne; denn beide Affekte, das Mitleid und die Bewunderung als autonome Leidenschaften, schließen einander aus. An dieser Stelle wird deutlich, wie subtil Lessing im Brief vom 18. Dezember 1756 Mendelssohn gegen Mendelssohn ausspielt, wenn er dessen Beispiel über den Seiltänzer erweitert, um die körperliche Vollkommenheit des Artisten in Analogie zu der stoischen Vollkommenheit der Todesverachtung, der Ataraxie überhaupt, zu setzen.

Trotz der scharfen Trennung von Mitleid und Bewunderung im Sinne autonomer Affekte liegt beiden die Theorie der vermischten Empfindung zugrunde. Für den aufgeklärten, empfindsamen, nach Vervollkommnung strebenden Menschen sind jedoch die „blutigen Ergötzlichkeiten" abscheulich. Diese Abscheulichkeiten fallen unter das Verdikt des Theorems der Vollkommenheit, das besagt, daß „die Seele die Vorstellung einer Vollkommenheit lieber haben als nicht haben, und die Vorstellung einer Unvollkommenheit lieber nicht haben als haben wolle".⁷ Mendelssohn beruft sich an dieser Stelle auf Descartes und Maupertuis.⁸ Die Gegenthese vertritt Dubos, der behauptet, daß sich das Gefühl des Vergnügens auch auf Unvollkommenheiten gründe.⁹ Überprüft man genau die Argumentationsweise, mit der Mendelssohn die Ausnahme der Bewunderung rechtfertigt, so ist es unzulässig zu behaupten, Dubos' Theorie konvergiere mit der Theorie der vermischten Empfindung des Mitleids. Was beiden Ausnahmen, der der Bewunderung und der des Mitleids, formal gemeinsam ist, nämlich das Vergnügen an der physischen bzw. psychischen Vollkommenheit, und was beide von einander trennt, nämlich daß der Empfindsame kein Vergnügen an körperlichen Geschicklichkeiten verbunden mit „blutigen Ergötzlichkeiten" fühlen kann, dient der Bestätigung der Regel, des Grundsatzes der Vollkommenheit, durch die Ausnahme. Das Mitleid, soll es Vergnügen bereiten, bedarf der Liebe, die stärker sein muß als das Mißvergnügen über das Unglück. Das Vergnügen der vermischten Empfindung wird auf die Lust an der Vollkommenheit zurückgeführt.

Das Vergnügen der Seele am Vollkommenen, durch das sich der Mensch erst seiner Existenz versichert, hat umfassend Leibniz mit der Lehre von der prästabilierten Harmonie und mit der Theodicée sowie der Monadologie metaphysisch begründet. Leibniz' Philosophie vermittelt zwischen dem Rationalismus Descartes' und dem Sensualismus Lockes. Wenn Mendelssohn sich auf Descartes und Maupertuis beruft, versucht er mit den Gegnern der Leibnizschen Philosophie eben diese zu verteidigen. Descartes' und Maupertuis' Grundsatz über das Vergnügen, über die angenehme Empfindung, widerspricht nicht den Grundannahmen Leibniz'. Selbst Dubos' Theorem wird in das Leibnizsche System der Empfindungen integriert, um die Richtigkeit desselben zu demonstrieren.

Bietet die Lehre von der prästabilierten Harmonie die Grundlage für die Vollkommenheitsästhetik, für eine von Mendelssohn entwickelte, objektive Theorie des Vergnügens, so steht die subjektive Theorie in einer engen Verbindung zur Monadologie; denn die Monade ist eine Substanz, deren Tätigkeit „Vorstellung", d. h. Empfinden ist. Bei Mendelssohn liegt das Schwergewicht auf dem Vollkommenen, und das Schöne faßt er als Sonderfall, als sinnliche Vollkommenheit, das in seinen Teilen k l a r, bezogen auf das Ganze aber u n d e u t l i c h erkannt wird;[10] er vertritt in den *Briefen über die Empfindungen* die objektive Theorie. Das Mitleid, „die eintzige unangenehme Empfindung, die uns reitzet",[11] begründet im Sinne Dubos' die subjektive Theorie, da das auslösende Moment, der Gegenstand, gleichgültig geworden ist. Das Schwergewicht ruht hier auf der Rührung des empfindenden Subjekts. Die fühlende Seele aber, das *denkende Selbst*,[12] die *Zuschauerin des Körpers*,[13] bedarf der Rührung, da der Grad ihrer Vorstellungs- bzw. Empfindungskraft mit dem Grad ihrer Realität konvergiert.[14] Das S e l b s t g e f ü h l schließt nicht das S e l b s t b e w u ß t s e i n aus. Die Reflexivität des Subjekts ist die Voraussetzung, um sich seiner Realität, seiner Existenz zu vergewissern. Die Empfindungen bilden den essentiellen Gegenstand der Reflexion. Emotionales und Rationales widersprechen einander nicht, sondern ergänzen sich. Die These, daß die Empfindsamkeit keine irrationalistische Gegenströmung zur Aufklärung ist, findet in Mendelssohns Theorie der angenehmen Empfindung, deren metaphysischer Charakter, deren Objektivität noch eindeutig festzustellen sind, einen wichtigen Beleg. Zugleich ist der Punkt erreicht, an den Lessing anknüpft, um die Ausnahme, welche die Regel bestätigen soll, das Mitleid, zur Grundlage der reflexiven Theorie der vermischten Empfindung zu machen. Nicht mehr Descartes wird gegen Locke oder Maupertuis gegen Dubos gewendet, sondern Leibniz' Monadologie wird gegen seine eigene Theorie der prästabilierten Harmonie gesetzt.

Anstoß der im *Briefwechsel über das Trauerspiel* geführten Auseinandersetzung ist die Bestimmung Nicolais und Mendelssohns, der Zweck des Trauerspiels sei, Leidenschaften zu erregen.[15] Lessing verfeinert diese Wesensbestimmung, indem er fordert, der Dichter müsse den Zuschauer nicht so weit rühren, „daß er diese Leidenschaften in der spielenden Person billiget", sondern ihn so weit bringen, „daß er diese Leidenschaften *s e l b s t   f ü h l t* und nicht blos fühlt, ein anderer fühle sie. [. . .] Kurz, ich finde keine einzige Leidenschaft, die das Trauerspiel in dem Zuschauer rege macht, als das Mitleiden" (Kursivhervorhebung v. M.S.).[16] Unter dem Primat der Wirkung – und zwar einer unmittelbaren, die selbst den Fremdbezug zum Gegenstand der Affektation unterdrückt, die *reflexiv* vom Standpunkt des empfindenden Subjekts, des Zuschauers, aus wirkt – vollzieht Lessing den Übergang von der Vollkommenheitsästhetik, die nach seiner Auffassung allenfalls noch für das Epos Gültigkeit habe, zur subjektiven Theorie der vermischten Empfindung. Lessings Vorrede zu den Trauerspielen Thomsons, in der das Mitleid als die *„sich selbst fühlende* Menschlichkeit" (Hervorhebung v. M.S.) bestimmt wird und in der die Reflexivität dieser vermischten Empfindung zum Wertkriterium des Geschmacks im Gegensatz zur Regelhaftigkeit der Gottschedschen Dramen erhoben wird, ist ein weiterer Beleg dafür, wie sich diese Transformation der Dramaturgie, die Hinwendung zum Subjekt, vollzogen hat. Nicht die Lehre der Vollkommenheit ist für die Lessingsche Theorie des Mitleids entscheidend. Oder anders ausgedrückt: Dubos erhält den Vorzug vor Maupertuis.

> „Darinn sind wir doch wohl einig, liebster Freund [angesprochen wird Mendelssohn], daß alle Leidenschaften entweder heftige Begierden oder heftige Verabscheuungen sind? Auch darinn: daß wir uns bey jeder heftigen Begierde oder Verabscheuung, *eines größeren Grades unsrer Realität bewußt* sind, und daß *dieses Bewußtseyn nicht anders als angenehm seyn kann*? Folglich sind alle Leiden-

schaften, auch die unangenehmsten, als Leidenschaften angenehm" (Hervorhebungen v. M.S).[17]

Die Ablehnung der Bewunderung als tragender Affekt des Trauerspiels, die Negation der Mendelssohnschen Position, läßt abermals diese Gewichtsverlagerung evident werden. Die Bewunderung als unvermischte Empfindung der Vollkommenheit erregt Lust. Dies illustriert den Grundsatz der Vollkommenheitsästhetik und der objektiven Theorie der angenehmen Empfindung. Tritt die Bewunderung als vermischter Affekt auf, wird die Vollkommenheit gepaart mit der Unvollkommenheit, dem Unglück, so ist nach Lessing das Wesen des Epos bestimmt. Entscheidend ist die Relation der vermischten Empfindung, in der das Schwergewicht auf die Vollkommenheit verlagert wird. Die Theorie und das Epos selbst lassen sich also ganz im Sinne der Mendelssohnschen Argumentation, die er anwendet, um die Ausnahmen der Theorie der angenehmen Empfindungen auf deren Theoreme zurückzuführen, erklären.[18] Fehlerhaft jedoch nach Lessing ist es, auch das Mitleid innerhalb der objektiven Theorie bestimmen zu wollen; denn im Mitleid kommt dem Unglück, der Unvollkommenheit, das entscheidende Gewicht zu:

„Der Heldendichter läßt seinen Helden unglücklich seyn, um seine Vollkommenheit ins Licht zu setzen. Der Tragödienschreiber setzt seines Helden Vollkommenheit ins Licht, um uns sein Unglück desto schmerzlicher zu machen."[19]

Für das Trauerspiel ist also das Unglück, die Unvollkommenheit, der Schmerz, der Schrecken, wichtiger als die Vollkommenheit und die Bewunderung derselben. Genau dies manifestiert sich in Lessings Formel „Mitleid und Schrecken", die gegen Mendelssohns Primat der Bewunderung gerichtet ist, der diese als „Mutter der Tugend" definiert hat.[20] Erst in der *Rhapsodie* (1761) vollzieht auch er diesen Übergang,[21] der sich bereits bei der Erklärung der „Ausnahmen", die der Bewunderung und die des Mitleids als vermischte Empfindungen, und bei der Erörterung der Selbstmordproblematik in den *Briefen über die Empfindungen* (1755) abgezeichnet hat; denn Mendelssohn verlagert sein Erkenntnisinteresse von den Quellen und Ursachen der Empfindung auf die W i r k u n g und bezieht so verstärkt die subjektive Komponente ein.

2. Zur Moralität der Poetik des Mitleids

Ausgangspunkt und Endpunkt dieser Entwicklung innerhalb der psychologisch orientierten Ästhetik bilden die objektive und subjektive Wirkungsästhetik. Die Vollkommenheitsästhetik der Schulphilosophie – Gottscheds „Critische Dichtkunst", die ästhetisch den Leibniz-Wolffschen Rationalismus umsetzt, ist eine rationale, moralische Vollkommenheitsästhetik par excellence – ist eine gegenstandsorientierte Gehaltsästhetik, in die als bestimmendes Merkmal die außerkünstlerische Bewertung des Gegenstandes als Bestandteil der Wirkung einfließt. Sie schließt die positive bzw. neutrale Darstellung des ‚Häßlichen', dessen, was mißbilligt wird von der vernünftigen Moral, aus.[22] Deshalb haben trotz aller Unterschiede das klassizistische Drama, die heroische Tragödie und die sächsische Typenkomödie, sowie das rührende Lustspiel einen Berührungspunkt: Der lasterhafte Antagonist wird entweder dem Abscheu oder der Lächerlichkeit preisgegeben. Lessing dagegen verbannt diesen Rigorismus der Moral, der Tugend, des Willens, in die Vorgeschichte seines ersten bürgerlichen Trauerspiels. Da Sir Sampson Sara ‚jenseits von Gut und Böse' als die ihn noch liebende Tochter heimführen will, zeichnet sich bereits zu Beginn des empfindsamen Trauerspiels die Verlagerung von einer objektiven, wirkungsbezogenen Vollkommenheitsästhetik zur subjektiven Wirkungspoetik des Mitleids ab; denn der Gegenstand der dramatischen Handlung ist nicht die Demonstration vollkommener Tugendhaftigkeit, sondern die Darstellung der ‚gefallenen Tugend'. Wenn am Ende des Dramas Sara ihrer Gegenspielerin Marwood vergibt, wandelt sich der Abscheu, den die Antagonistin mit ihrer Mordtat erregt hat, in Mitleid, da Sara erkennt, daß „das heftige Brausen ihrer Leidenschaften" Marwood „diesen verzweifelten Entschluß eingegeben hat".[23] Mit dieser Erkenntnis, die das „Lasterhafte", Abscheuliche ihrer Tat verdeckt, wird auch Mellefonts Selbstmord am Ende des Trauerspiels von Sir Sampson im Sinne der theatralischen Sittlichkeit verstehbar gemacht; denn man lasse, so schreibt Moses Mendelssohn in seinen *Briefen über die Empfindungen,*

> „den bedrängten S i r S a m p s o n in dem Augenblicke, da sich seiner Tochter Entführer ersticht, ihm diese Worte zurufen: W a s t h u s t d u B ö s e w i c h t ! W i l s t d u L a s t e r d u r c h L a s t e r b ü s s e n . Den Augenblick würde die theatralische Sittlichkeit nebst dem Endzwecke des Dichters verschwinden. Unser Mitleiden, das kaum rege zu werden anfing, würde sich, in dem Spiegel der wahren Sittlichkeit, den man uns vorhält, in Abscheu verwandeln."[24]

Die Frage nach der Moralität, nach der moralisierenden, aufklärenden, bessernden Kunst und deren Antworten werden zum Kristallisationspunkt, an dem sich der nuancenreiche Übergang von der objektiven zur subjektiven Wirkungsästhetik nachzeichnen läßt. Für Gottsched ist die Moral das entscheidende Geschmackskriterium, die Erregung der Leidenschaften ist nicht der Hauptzweck der Dichtung. Sie ist lediglich als M i t t e l zugelassen. Die Gegenposition zu Gottsched vertritt Nicolai, indem er sich auf die sensualistische Theorie Dubos' bezieht und den Hauptzweck des Trauerspiels in der Erregung der Leidenschaften sieht, die gegenüber der Moral indifferent sein können, da allein die Tätigkeit der Seele die angenehmen Gefühle erzeuge.[25] Nicolais Deutung der Aristotelischen Tragödiendefinition – der Zweck des Trauerspiels sei die Reinigung der Leidenschaften[26] – im Sinne des genetivus subjectivus, d. h. durch die Erregung des Schreckens und Mitleidens wird der Zuschauer nicht von Schrecken und Mitleid (genetivus objectivus), sondern von den vorgestellten Leidenschaften gereinigt, läßt die Tragödie zur Schule der Tugend werden.[27] Die auf der Katharsis basierende Tragödie setzt die Verbindung von Kunst und Moral als notwendige und wesensbestimmende voraus. Das beste Trauerspiel für Nicolai ist aber dasjenige, welches die Leidenschaften erregt, nicht das, welches sie reinigt.[28] Für ihn ist die Verbindung zwischen Kunst und Moral *möglich,* aber nicht notwendig. Die Katharsis gehört somit nicht zu den wesensbestimmenden Merkmalen des Trauerspiels. Die dargestellte Moral, und hier beruft sich Nicolai auf die Mendelssohnsche Unterscheidung zwischen der wahren und theatralischen Sittlichkeit,[29] darf der wahren nicht widerstreiten, damit nicht die Illusion und die Erregung der Leidenschaften gestört werde.[30] Die Sittlichkeit, bei Gottsched noch das essentielle Element der guten Dichtung, wird bei Nicolai zum Mittel des ungestörten Illusionsaufbaus.³¹ Die Vorzeichen haben sich in ihr Gegenteil verkehrt. Die sensualistische Trauerspieltheorie unterläuft die Herrschaft der Moral, die sie in der rationalistischen Poetik Gottscheds innehatte.

Trotz dieser Gegensätzlichkeit der Standpunkte ist beiden Ansätzen die Trennung von Kunst und Moral gemeinsam; beide Theoretiker fassen das Verhältnis als Zweck-Mittel-Relation auf, allerdings mit umgekehrten Vorzeichen. Ist bei Gottsched die Dichtkunst Medium der Moral, und zwar ganz im Sinne der Wolffschen Vermögenspsychologie und dem Gedanken der Perfektibilität des Menschen, so wird bei Nicolai die wahre Sittlichkeit dem Ziel des Trauerspiels, den Menschen zu sensibilisieren, untergeordnet. Die Moral ist ein Mittel der Illusion, ist ein Katalysator, der vorübergehend die Tätigkeit der oberen Erkenntnisvermögen ausschaltet, um die Leidenschaften auf das heftigste erregen zu können. Diesem Sensualismus ist die Aufwertung der unteren Seelenvermögen, der anschauenden Erkenntnis, inhärent. Zugleich zeichnet sich bereits die Überwindung der dualistischen Vermögenspsychologie der Leibniz-Wolffschen Schulphilosophie ab, da das Gefühl sich anschickt, neben Verstand und Willen, neben dem Erkenntnis- und Begehrungsvermögen seine Autonomie zu behaupten. Die Emanzipation des Gefühls von der Vorherrschaft des Verstandes und des Willens³² kündigt sich in Nicolais Gesetz vom Primat der Handlung gegenüber dem des Charakters an: „So kann kein Trauerspiel ohne Handlung aber wohl ohne Sitten seyn."³³ Weder Nicolai noch Gottsched fassen das Verhältnis von Moral und Kunst als ein notwendiges auf; es ist ein mögliches, da beide Moral und Kunst voneinander scheiden.³⁴

Mendelssohn nimmt zwischen den antagonistischen Ansätzen Nicolais und Gottscheds eine mittlere Position ein, da er einerseits den Theoremen Nicolais zustimmt, bzw. die psychische Funktion der Moral in der Illusionstheorie vorformuliert hat, und andererseits sich der moralisierenden Kunstkonzeption Gottschedianischer Provenienz annähert, wenn er den erkenntnistheoretischen Mechanismus der anschauenden Erkenntnis, die sinnliche Überzeugungskraft der Kunst, für die moralische Didaxe einsetzen will. In den *Briefen über die Empfindungen* hat Mendelssohn den Zweck des Trauerspiels im Erregen der Leidenschaften gesehen und die wahre Sittlichkeit von der theatralischen geschieden: Bestimmungen, die für Gottsched unannehmbar sind. Diese Aufwertungen der unteren Seelenkräfte, der Empfindungen bilden jedoch die Ausnahmen, die er auf die rationalistische Theorie der angenehmen Empfindungen psychologisch zurückführt. Im *Briefwechsel über das Trauerspiel* modifiziert Mendelssohn diese Theorie des Mitleids entscheidend: Einerseits wertet er die Empfindungen, die unteren Seelenkräfte, auf, indem er sie vom Willen und Verstand trennt. Der Wille, das Begehrungsvermögen, bedarf der Leitung des Verstandes, um das Gute zu wollen, um den Menschen zu vervollkommnen. Da aber die anschauende Erkenntnis sich rascher vollzieht als die symbolische, d. h. die begriffliche, diskursive, kann der Wille fehlgeleitet werden. Mendelssohn verweist auf Ovids Satz: „video meliora proboque, Deteriora sequor." [Ich sehe das Bessere und billige es, folge aber dem Schlechteren.]³⁵ Der Wille zur Moral muß sich sowohl der Herrschaft des Verstandes und des Gefühls unterwerfen. Da aber die Empfindungen gegenüber der Moral indifferent sind, müssen sie ihrerseits der Urteilskraft des Verstandes untergeordnet werden, damit die Schnelligkeit der anschauenden Erkenntnis für den Willen positive Wirkungen hat. Die Empfindsamkeit muß sittlich ausgebildet werden: „Wer die Empfindlichkeit eines Menschen vermehrt, hat ihn dadurch noch nicht tugendhaft gemacht, wenn er nicht zugleich seine Urteilskraft gebessert hat."³⁶ Die unteren Seelenkräfte müssen mit den oberen harmonieren. Erst dann kann das Trauerspiel die Vollkommenheit des Menschen befördern. Hat Mendelssohn in den *Briefen über die Empfindungen* die Selbständigkeit und Autonomie der Leidenschaften für das Trauerspiel konzediert, unter dem Aspekt der Wirkung die Eigenschaften sensualistisch bestimmt, so argumentiert er nun rational im Sinne der Wolffschen Schulphilosophie, um die Empfindungen der Leitung des Verstandes zu unterwerfen. Maupertuis herrscht über Dubos.

Im Unterschied zu Nicolai, den er im *Briefwechsel über das Trauerspiel* „Du Bos" nennt,³⁷ und zu Gottsched arbeitet Mendelssohn die Autonomie des Gefühls heraus u n d unterstellt sie der symbolischen Erkenntnis, um die Wirkungskraft der anschauenden Erkenntnis für den nach Vollkommenheit strebenden Menschen nutzbar zu machen. Moral und Kunst sind auch in Mendelssohns Ansatz voneinander getrennt. Sind für Gottsched die Empfindungen Mittel der Kunst, der ästhetischen Wirkung, um moralisch den Menschen zu bessern, so ist für Mendelssohn die Empfindung autonom; die Moral ist eine *„akzidentelle* Bestimmung" der Kunst.³⁸ In den *Briefen* wird die Moralität noch psychologisch begründet, auf dem Hintergrund der Illusionstheorie in die Dramaturgie des Trauerspiels eingebracht. Im *Briefwechsel* dominiert die rationalistische Position, um das Trauerspiel für die empfindsame, moralische Aufklärung des Menschen einzusetzen. Nach Mendelssohn muß das Trauerspiel nicht notwendigerweise eine moralische Anstalt sein; es darf und kann nicht der Moral entgegengesetzt sein, wenn es den Zuschauer bessern will. Die Verbindung von Mitleid oder Bewunderung und Moral ist demnach auch bei Mendelssohn eine mögliche, nicht aber eine ästhetisch notwendige.

Unter diesem Aspekt konvergieren die Positionen Gottscheds, Nicolais und Mendelssohns. Mit der Bestimmung, daß die moralische Wirkung für die Kunst nur akzidentelle Bedeutung habe, unterscheiden sich Mendelssohn und Nicolai von Gottsched. Die Ansätze von Nicolai und Mendelssohn wiederum differieren in den Traditionslinien, in denen sie stehen. Nicolai beruft sich ausdrücklich auf die sensualistische Position Dubos', Mendelssohn versucht, diesen Sensualismus in das rationalistische System der Schulphilosophie zu integrieren. Unter dem Gesichtspunkt der Autonomie des Gefühls und dem der empfindsamen Kunst nimmt jedoch Nicolai die radikalere Position ein, da er das Problem des Tragischen von der Wirkung her definiert, ohne den dargestellten Gegenstand im Sinne der Moral zu werten. Den vorläufigen Endpunkt dieser subjektiven Wirkungsästhetik bildet Kant mit seiner Definition des Schönen, das als Gefühl i n t e r e s s e n l o s e s Wohlgefallen errege. Das Gefühl ist autonom und tritt zwischen den Verstand und den Willen.

Faßt man das Verhältnis zwischen Kunst und Moral unter dem Aspekt der Trennung von Darstellung bzw. Gegenstand der Darstellung und Wirkung der Darstellung, so erfährt der Gegenstand bei Gottsched durch die Moral seine essentielle Bestimmung; bei Mendelssohn dagegen wird die Moral als Element der Wirkung betrachtet, und Nicolai ordnet sie ausschließlich der Wirkung bzw. den Mitteln der Illusion unter.

Lessing bezieht eine völlig neue Position, und zwar nicht erst in der Auseinandersetzung mit Nicolai und Mendelssohn im *Briefwechsel über das Trauerspiel*, sondern bereits in seinem ersten Trauerspiel. Indem er das Mitleiden und nicht die Leidenschaften schlechthin zum Endzweck des Trauerspiels erklärt, grenzt er sich gegen seine beiden Briefpartner entschieden ab. Nicht das Fühlen oder Mitempfinden, sondern das Selbst-Fühlen der dargestellten Leidenschaft wird zum entscheidenden Argument, um das Mitleid als formgebende und wirkungskonstituierende Kategorie des neuen Genres zu bestimmen. Diese dramentheoretische Wesensbestimmung, in der die R e f l e x i v i t ä t des M i t l e i d s das Abgrenzungskriterium bildet, ergänzt Lessing um eine moralphilosophische Komponente, da er das Mitleid mit der Moralität identifiziert.[39] Die ästhetische Seite des Mitleids, bezogen auf Lessings Unterscheidung der primären von den sekundären Affekten, besteht in dem Selbst-Fühlen der dargestellten Leidenschaft, die moralische Seite in dem Theorem, daß der mitleidigste Mensch der beste Mensch sei. Da das Mitleid nicht der Form nach von seinem Inhalt getrennt werden kann, folgert Lessing, daß derjenige, der „uns also mitleidig macht", uns zugleich moralisch bessere.[40]

Wenn Lessing George Lillos *The London Merchant* gegen Gottscheds *Sterbenden Cato* abgrenzt –

> „Bey einer einzigen Vorstellung des erstern sind, auch von den Unempfindlichsten, mehr Thränen vergossen worden, als bey allen möglichen Vorstellungen des andern, auch von den Empfindlichsten, nicht können vergossen werden. Und nur diese *Thränen des Mitleids,* und *der sich fühlenden Menschlichkeit,* sind die Absicht des Trauerspiels, oder es kann gar keine haben" (Hervorhebung v. M.S.).[41] –,

wird der mittlere Grad des Mitleids formal und inhaltlich bestimmt: Die moralische Komponente, die *sich fühlende Menschlichkeit,* trägt jedoch die ästhetische Struktur der Wirkungspoetik in sich, verweist auf das Moment der Reflexivität. Nicht die fühlende Menschlichkeit, in der ja noch der Fremdbezug zum leidenden Gegenüber dominieren würde, das Fühlen der dargestellten Menschlichkeit, sondern das ‚Selbst-Fühlen' der ‚Sich-Fühlenden-Menschlichkeit' zeichnet die „Thränen des Mitleids" gegenüber dem Schrecken und der Bewunderung aus. Empfindsame Reflexion und Menschlichkeit, Mitleid und Moral sind zwei Seiten ein und derselben Sache. Moral und Kunst, ästhetisches und sittliches Empfinden sind bei Lessing zwar unter den Gesichtspunkten der Form und des Inhalts verschieden, nicht aber voneinander geschieden. Nur eine am Mitleid orientierte Wirkungsästhetik kann das Dargestellte real werden lassen, und zwar im natürlichen Sinne. Für Lessing sind Mitleid und Moral untrennbar miteinander verbunden. Die Form setzt den Inhalt. Der Inhalt setzt die Form. Nur das empfindsame Trauerspiel kann den Menschen bessern, und zwar nur dann, wenn es das Mitleid erregt.

Sowohl die ästhetische Bestimmung des formalen Selbstbezugs des Rezipienten, der beginnt, die dargestellten Leidenschaften selbst zu fühlen, als auch die ethisch-moralische Dimension als inhaltliche Charakterisierung des Mitleids sowie die unaufhebbare Verknüpfung zwischen Form und Inhalt trennen Lessing von Gottscheds Position ebenso wie von den Auffassungen Nicolais und Mendelssohns. Die Verbindung von Moral und Kunst ist keine mögliche, sondern eine n o t w e n d i g e. Die Sittlichkeit ist ein Wesenselement der empfindamen Kunst.[42] Lessings Poetik des Mitleids kündigt die von Mendelssohn noch als notwendig geforderte Führungsrolle der oberen Erkenntnisvermögen auf und wertet somit das Mitleid als die Form der anschauenden Erkenntnis auf, die den Willen effektiver beeinflußen kann als die oberen Vermögen. Zugleich wird Nicolais Sensualismus Dubos'scher Provenienz zurückgewiesen, da nicht jede dargestellte Leidenschaft idealtypisch wirken könne. Indem Lessing erst dem Mitleid diese Reflexionsstruktur zuspricht, da erst das Mitleid als fiktionale, dargestellte Leidenschaft r e a l im Sinne eines primären Affekts empfunden wird, hebt er den Widerspruch zwischen dem reinen Sensualismus und der Moral auf. Beschränken Nicolai und Mendelssohn die Wirkung des Trauerspiels auf die Spielzeit, auf die Dauer der Aufführung, der Illusion, so beabsichtigt Lessing mit der Poetik des Mitleids, der affektiven Wirkung eine Dauer ü b e r den letzten Aktschluß hinaus zu verleihen; denn erst die Langzeitwirkung ermöglicht die Besserung der Menschen.

Formal betrachtet, führt Lessing Dubos' Ansatz konsequent fort; inhaltlich hebt das Mitleid das Einbeziehen der oberen Seelenkräfte auf. Die Metaphysik der Schulphilosophen mit dem Primat der oberen Erkenntnisvermögen und der Abwertung der anschauenden Erkenntnis, der Mendelssohn nur als ästhetisch vermittelte Autonomie zugesteht, wird in entscheidenden Punkten zerstört,[43] da Lessing durch das Theorem der Identität zwischen Mitleid und Moral der Kunst eine gesellschaftsfördernde Funktion zuerkennt, da er im Mitleid die empfindsame Aufklärung des Menschen und dessen Vervollkommnung idealtypisch vermittelt sieht. Die Kunst, das mitleiderregende Trauerspiel, ist nicht bloß Mittel zum außerkünstlerischen Zweck, sondern Ursache bzw. Bewegungsgrund,[44] Mittel und Ziel bzw. Endzweck. Die Zweck-Mittel-Relation, die ein mögliches Verhältnis zwischen den Empfindungen und der Moral voraussetzt, wird in eine Ursache-Wirkung-Relation überführt, die von der notwendigen Verknüpfung beider ausgeht. Nicht nur die Moralität des Mitleids, sondern auch und vor allen Dingen das formale Moment der affektiven Reflexion trennt Lessings Ansatz von den übrigen und beweist die Originalität seines ersten bürgerlichen Trauerspiels und seiner Poetik des Mitleids.

Lessings Forderung an den Tragödienschreiber, „das Mitleiden nur überhaupt [zu] ü b e n, und nicht uns in diesem oder jenem Falle zum Mitleiden [zu] bestimmen", läßt bereits den hohen Grad der Verknüpfung zwischen Affekt und Moral deutlich werden. Er fährt fort:

> „Gesetzt auch, daß mich der Dichter gegen einen unwürdigen Gegenstand mitleidig macht, nehmlich vermittelst falscher Vollkommenheiten, durch die er meine Einsicht verführt, um mein Herz zu gewinnen. Daran ist nichts gelegen, wenn nur mein Herz rege wird, und sich gleichsam gewöhnt, immer leichter und leichter rege zu werden."[45]

Bereits die poetische Darstellung nach dem literarischen Formprinzip des Mitleids, unabhängig vom Gegenstand der Handlung, realisiert das Wesen des empfindsamen Trauerspiels, da diejenige affektive Disposition im Zuschauer erregt wird, die unabhängig vom Dargestellten ein Selbstgefühl hervorruft, das von der sich selbst fühlenden Menschlichkeit nicht getrennt werden kann. Die in der Proportion von Lust und Unlust, von Bewunderung und Schrecken, von Vollkommenheit und Unvollkommenheit, von Glück und Unglück gegebene formale Struktur, das Verhältnis der Vermischung, entscheidet über die Qualität des Dramas. Da die dargestellte Vollkommenheit nicht notwendig eine moralische, wahre sein muß, um die Affektlage im Zuschauer zu erzeugen, dominiert das literarische Formprinzip des Mitleids über den dargestellten Inhalt, ohne seine moralische Kraft einzubüßen.[46] Das Dargestellte ist inhaltlich vom Gegenstand der empfundenen Wirkung trennbar. Selbst der gegenständliche Betrug in der Illusion kann den Zuschauer moralisch nicht fehlleiten. Die Wirkungen des Mitleids sind „unendlich besser und sicherer"[47] als die der Bewunderung; denn diese, wie Mendelssohn am Beispiel der martialischen Gesinnung der Römer demonstriert, kann das Mitleid unterdrücken und die Vervollkommnung des Menschen behindern. Werkästhetisch bestimmt das Mitleid seiner Form nach das bürgerliche Trauerspiel hinreichend; wirkungspsychologisch ist mit der Form notwendig der moralisch bessernde Inhalt gegeben, selbst dann, wenn der dargestellte Inhalt dem Gegenstand des im Zuschauer erregten Gefühls widerspricht. Das Trauerspiel vollendet sich erst im Rezeptionsprozeß formal und inhaltlich im Sinne des aufklärerischen Postulats, daß das Theater eine moralische Anstalt zu sein habe, damit der Mensch seine Bestimmung, sich selbst zu vervollkommnen, erfülle.[48]

Indem das Mitleid einen emotionalen Selbstbezug im Zuschauer auslöst, da dieser die dargestellte Empfindung des Mitleids *selbst fühlt*, wird die Fähigkeit des Menschen mitzuleiden zur Fertigkeit ausgebildet. Zugleich erweitert Lessing mit dieser Reflexionstheorie des Mitleids inhaltlich den Darstellungsbereich des Trauerspiels, das sich nun nicht mehr auf die tugendhaften, moralisch positiven Inhalte zu beschränken braucht. Deshalb kann auch die ‚gefallene Tugend' in Lessings erstem bürgerlichen Trauerspiel die Handlung und Sir Sampsons Äußerung, „lieber von einer lasterhaften Tochter, als von keiner geliebt" zu werden (I, S. 10),[49] die Exposition bestimmen. Das Tugend-Laster-Schema einer rationalen, objektiven Vollkommenheitsästhetik wird von der empfindsamen, subjektiven Poetik des Mitleids aufgehoben. Nicht die Mediatisierung des Dramas, sondern die Darstellung des anthropologischen Vermögens, mitleiden zu können, nutzt den von Mendelssohn beschriebenen Mechanismus der anschauenden Erkenntnis in vollkommener Weise, da der Einfluß des Verstandes eher die Besserung des Menschen hindert als befördert. Ohne Zweifel ist „derjenige der beste Mensch [...], der die größte Fertigkeit im Mitleiden hat".[50]

3. Zur Genese der Reflexionstheorie des Mitleids

3.1. Das Vorfeld der Poetik des Mitleids

Es ist wichtig und lohnenswert, sich die Genese der Reflexionstheorie des Mitleids im Zusammenhang mit ihrer Funktionsweise erneut und etwas genauer zu vergegenwärtigen. Das weitere, genetische Umfeld – frühe Äußerungen Lessings über die Einheit von ästhetischer Lust und moralischem Effekt[51] sowie die Bezüge zu Curtius,[52] Meier, Baumgarten, Sulzer und Shaftesbury, Gellert sowie Spalding[53] – wird zugunsten der unmittelbaren Quellen der Lessingschen Mitleidstheorie unberücksichtigt bleiben.

Im ersten Stück der *Theatralischen Bibliothek* (1754) hat Lessing die *Abhandlungen von dem weinerlichen oder rührenden Lustspiele* von Gellert und Chassiron übersetzt und eingeleitet. Dort gibt er das ‚nicht eingelöste' Versprechen, eine Theorie des bürgerlichen Trauerspiels zu schreiben. Die weiteren Schriften des ersten Stückes der *Theatralischen Bibliothek* bilden u.a. das *Leben des Hern Jacob Thomson*, dessen Werke er 1756 mit der berühmten Vorrede herausgab, ein *Auszug aus dem spanischen Trauerspiele Virgina, des Don Augustino de Montiano y Luyando*, ein *Auszug aus dem Schauspieler des Herrn Remond von Saint Albine*. Im zweiten Stück, ebenfalls 1754 erschienen, hat Lessing seine Abhandlung *Von den lateinischen Trauerspielen welche unter dem Namen des*

Seneca bekannt sind, publiziert, die den wichtigen Abschnitt „Vorschlag für einen heutigen Dichter" enthält. Es schließt sich *Des Herrn Ludewig Riccobini Geschichte der italiänischen Schaubühne* an. Im dritten Stück (1755) übersetzt Lessing Dubos' *Réflexions critiques sur la poésie et sur la peinture* (1719) in Auszügen unter dem Titel *Des Abts d u B o s Ausschweifung von den theatralischen Vorstellungen der Alten*. Zu Mylius' deutscher Übersetzung der Schrift *The Analysis of Beauty* von William Hogarth, die 1754 erschienen ist, schreibt Lessing den „Vorbericht" und eine Rezension.[54] Moses Mendelssohn debütiert Anfang 1755 mit seinen *Philosophischen Gesprächen* und verfaßt zusammen mit Lessing das Pamphlet *Pope ein Metaphysiker!* (1755).[55] In der Einleitung zu dieser Kampfschrift, die von Lessing stammen soll, wird der Dichter vom Philosophen unterschieden und der Dichtung Autonomie zugestanden. Im Unterschied zum Philosophen, der mit Vernunftschlüssen arbeitet, denkt der Dichter anders. „Alles was er sagt, soll gleich starken Eindruck machen; alle seine Wahrheiten sollen gleich überzeugend *rühren*" (Hervorhebung v. M.S.).[56] Der Kontext dieser Schrift ist von Baumgartens Ästhetik und der Leibniz-Wolffschen Schulphilosophie geprägt. Im Frühjahr desselben Jahres dichtet Lessing sein erstes bürgerliches Trauerspiel *Miß Sara Sampson*, das bereits zur Ostermesse 1755 erscheint. Im gleichen Jahr übersetzt und publiziert Lessing mit der Jahreszahl 1756 die Schrift *A System of Moral Philosophy* von Francis Hutcheson, die zu den Hauptwerken der Moral-Sense-School gehört.[57] Ebenfalls 1755 veröffentlicht Jean-Jacques Rousseau den *Discours sur l'origine et les fondemens de l'inégalité parmi les hommes*. Lessing kündigt in der *Berlinischen Privilegierten Zeitung* am 10. Juli 1755 das Erscheinen u n d die von Moses Mendelssohn geplante deutsche Übersetzung an.[58] Diese wird zusammen mit einem *Sendschreiben an den Herrn Magister Lessing in Leipzig* im Januar 1756 veröffentlicht. In dem Jahr zuvor hat Mendelssohn, Lessings Freund, seine *Briefe über die Empfindungen* erscheinen lassen. Und mit seiner Privatkorrespondenz an den sich in Leipzig aufhaltenden Lessing eröffnet dieser im Oktober 1755 den *Briefwechsel über das Trauerspiel*, den beide zusammen mit Nicolai bis in das Jahr 1757 führen werden.

Stichwortartig läßt sich die Fülle und die Breite des Kontextes in der Nähe zur Entstehungszeit des ersten bürgerlichen Trauerspiels folgendermaßen zusammenfassen: Das rührende Lustspiel, das englische, spanische und lateinische Trauerspiel, die italienische Schaubühne, die Theorien der Schauspielkunst, die ästhetische Theorie Dubos', Hogarths Begriff des Schönen, Baumgartens Ästhetik und die Leibniz-Wolffsche Schulphilosophie, Popes *Essay on Man* (1733/34), Shaftesbury und Hutcheson als führende Vertreter der Moral-Sense-School, Mendelssohns Theorie der angenehmen Empfindungen, Rousseaus *Discours sur l'inégalité* und die Mendelssohnsche Übersetzung desselben sowie Lessings bürgerliches Trauerspiel *Miß Sara Sampson* bestimmen die theoretische Entwicklung der Poetik des Mitleids im *Briefwechsel über das Trauerspiel*. Die Rhetorik, Ethik und Poetik des Aristoteles sowie die 1753 erschienene deutsche Übersetzung der *Poetik* von Curtius und dessen Kommentar sowie Nicolais *Abhandlung vom Trauerspiele* prägen ebenfalls die neue Dramaturgie Lessings. Auffallend ist die Sonderstellung Lessings, der statt der versprochenen Abhandlung über das bürgerliche Trauerspiel seine *Miß Sara Sampson* verfaßt und vorlegt.

Bei der Fülle dieser Einflüsse ist es abermals notwendig, diesen engeren Kontext einzuschränken. Mendelssohns Brief vom Oktober 1755 an Lessing gibt über die wichtigsten Bezüge im unmittelbaren Umfeld der Theoriediskussion die entsprechenden Hinweise. Deshalb eröffnet er – im Gegensatz zu der bisher herrschenden Auffassung, daß Lessings Brief an Nicolai, vom 20. Juli 1756, und Nicolais Brief an

Lessing, vom 31. August 1756, den Disput über das neue Genre einleiten – bereits im Oktober 1755 diskursiv den *Briefwechsel über das Trauerspiel*. Der eigentliche Beginn der Auseinandersetzung liegt jedoch noch früher, in der ersten Hälfte des Jahres 1755; denn Lessings erstes bürgerliches Trauerspiel erscheint zur Ostermesse 1755 und stellt zum ersten Mal geschlossen die immanente Poetik des Mitleids dar.

Mendelssohn eröffnet den Brief vom Oktober 1755 mit dem Satz: „Unsere Correspondenz mag hiemit angehen." Die folgenden thematischen Schwerpunkte des Schreibens bilden eine Passage über das Lachen aus Hutcheson *short Introd. to moral Philosophy*, B.1. Ch.1. § 14,[59] die Nachricht, daß Rousseaus *Discours sur l'origine et les fondemens de l'inégalité parmi les hommes* übersetzt sei und der Anhang aus einem „Sendschreiben an den Hrn. M. Lessing" bestehen werde, ferner eine „genetische Erklärung vom Schmerze" sowie ein negatives Urteil über Hutcheson:

> „In H u t c h e s o n s I n t r o d u c t i o n t o m o r a l P h i l o s o p h. finde ich außer einigen Stellen, nichts Sonderliches. Er ist manchmahl, wie es scheinet, ziemlich seicht. Besonders vom B e t e n hat der Mann triviale Begriffe; auch seine Definitionen sind alle unvollständig."[60]

Lessings Übersetzung von Hutchesons *System of Moral Philosophy*, Mendelssohns Übertragung von Rousseaus *Discours sur l'inégalité* ins Deutsche und seine im *Sendschreiben* niedergelegte Kritik an Rousseau gehören neben Lessings Trauerspiel zum engeren Umfeld der im *Briefwechsel* geführten Diskussion über die Poetik des Mitleids. Zeitlich sind die nichtfiktionalen Schriften zwischen dem Erscheinen der *Miß Sara Sampson* und demjenigen Brief Nicolais, der eine Zusammenfassung der damals noch unpublizierten *Abhandlung vom Trauerspiele* gibt, einzuordnen. Im folgenden wird durch eine genaue Analyse von Lessings Trauerspieldefinition die Frage nach den Gemeinsamkeiten und Unterschieden zwischen Lessing, Hutcheson, Mendelssohn und Rousseau beantwortet, um die Selbständigkeit der Mitleidstheorie Lessings, die besondere Struktur dieses Affekts und die Wirkung dieser ästhetisch-moralisch-sozialen Leidenschaft zu klären.[61]

3.2. Lessings Trauerspieldefinition

3.2.1. Das Umfeld der Definition

Ausgangspunkt der Trauerspieldefinition ist die Frage, ob „das Trauerspiel d u r c h Erzeugung der Leidenschaften bessern kann" (Hervorhebung v. M.S.).[62] Die Antwort macht Lessing von der Art der Leidenschaft abhängig, die durch das Trauerspiel erregt werden kann. Entschieden werden die bloß dargestellten, fiktionalen Affekte abgelehnt, die der Zuschauer nur während der Illusion fühlt, und zwar so, daß er lediglich fühlt, ein anderer empfinde sie. Weder Schrecken und Bewunderung noch Freude, Liebe, Zorn, Rachsucht können poetisch so präsentiert werden, daß diese vom Publikum selbst empfunden werden; denn diese Leidenschaften wirken in der Darstellung als gegenstandslose, als ‚zweyte Affekte' auf den Zuschauer. Es gibt nur eine Leidenschaft, das Mitleid, das im Zuschauer als ‚primärer Affekt' erzeugt wird durch die dramatische Präsentation.

Lessing bezieht sich indirekt auf eine Stelle des „Beschlusses" aus den *Briefen über die Empfindungen*. Mendelssohn hat dort die besondere Struktur und die damit verknüpfte Exklusivität des Mitleids gegenüber allen anderen Affekten betont. Es heißt dort:

> „Nicht anders verhält es sich mit dem tragischen Dichter; die Gefahr, das Unglück, das er abbildet, betrift ihn nicht selber; sie hat ihn also nicht in Verwirrung setzen können, *und nur das Mitleiden* ist in diesen Fällen die Seele unseres Vergnügens.
> Es ist die *eintzige unangenehme Empfindung,* die uns reitzet, und dasjenige, was in den Trauerspielen unter dem Namen des *Schreckens* bekannt ist, ist *nichts als ein Mitleiden, das uns schnel überrascht;* denn die Gefahr drohet niemals uns selbst, sondern unserm Nebenmenschen, den wir bedauern. Was hat also diese Empfindung vor allen andern voraus, daß sie unangenehn seyn, und uns dennoch gefallen kann?" (Hervorhebungen v. M.S.).[63]

Im Gegensatz zu allen übrigen Empfindungen konstituieren Schrecken und Bewunderung die vermischte Empfindung des Mitleids, wie gezeigt worden ist, die rechte Proportion zwischen ‚guten Eigenschaften' und dem Unglück, dem Schmerz. Indem Lessing sowohl den Schrecken als auch die Bewunderung als selbständige Affekte des Trauerspiels negiert, wird ausschließlich Mendelssohns Ausnahme der Theorie der angenehmen Empfindungen, das Mitleid, zum Fundament der Trauerspieltheorie gemacht. Da Lessing die Ausnahme zum Regelfall, zum einzigen gültigen Paradigma erhebt, wird die Theorie der vermischten Empfindung, in der das V e r h ä l t n i s zweier Gegensätze dominiert, dem Erklärungsmodell der angenehmen Empfindung und damit einer Dramaturgie der Bewunderung vorangestellt. Führt Mendelssohn die Ausnahmen, die der Bewunderung ‚blutiger Ergötzlichkeiten' und die des Mitleids, noch auf den Regelfall zurück, indem er die Lust über die Unlust herrschen läßt und die Vermischung l i n e a r auflöst, um die Ausnahmen in das System zu integrieren,[64] so bilden bei Lessing die Lust und die Unlust eine unzertrennliche Einheit. Die Ausnahme, das Mitleiden, ist zum Regelfall geworden. Die Poetik der Bewunderung ersetzt Lessing durch die Poetik des Mitleids. Die Bewunderung ist nur die eine Hälfte des Mitleids und in ihrer Bedeutung der anderen Hälfte, dem Schrecken, untergeordnet. Schrecken und Mitleid, nicht Bewunderung und Mitleid soll das bürgerliche Trauerspiel nach Lessings Auffassung erregen.

Zugleich wird der durch Nicolai in der Trauerspieldiskussion eingeleitete Perspektivenwechsel, das Wesen des Trauerspiels von seiner Wirkung her zu bestimmen, radikalisiert. Die metaphysische Vollkommenheitsästhetik wird durch den subjektiven Ansatz der affektiven Wirkungspoetik abgelöst. Spielt bei Nicolai und Mendelssohn die Illusion, die Unterscheidung der wahren von der theatralischen Sittlichkeit eine wichtige Rolle, so hebt Lessing im Mitleid die ontische Differenz zwischen Fiktionalität und Realität auf. Die dargestellten Affekte, die verschiedenen Grade des Mitleids, sollen r e a l empfunden werden.[65] Die zeitliche Begrenztheit der Wirkung, so Lessings Postulat, muß aufgehoben werden, sie darf nicht durch den letzten Vorhang aufgelöst werden, wenn das Trauerspiel den Menschen bessern will. Art und die Dauer des Affekts sind die Kriterien, die das Mitleid als besondere Empfindung aus der Reihe aller anderen Leidenschaften hervorhebt. Erst derjenige Affekt, der wirklich gefühlt wird und nicht in seiner Wirkung an die Illusion gebunden ist, erst diejenige Leidenschaft, welche die Bezeichnung des Affekts zu Recht trägt, kann bessern, kann die Vervollkommnung des empfindsam-aufgeklärten Menschen befördern. Deshalb darf und kann der Dichter den Verstand des Zuschauers betrügen, nicht aber sein Herz.[66]

Das Vorfeld der eigentlichen Definition des Trauerspiels legt bereits systematisch die Theorie, die Dramaturgie, fest. Lessing betrachtet die beiden Sätze – „Die Tragödie soll Leidenschaften erregen" (so die Position Nicolais und bedingt auch die Mendelssohns) und „Das Trauerspiel soll bessern" (z.B.Gottscheds Ansatz) – nicht als gegensätzliche, sondern als „Mittel" u n d „Endzweck" des Trauerspiels: „das Trauerspiel [kann] *durch* Erzeugung der Leidenschaften *bessern*" (Hervorhebungen v. M.S.). Diese ausgesprochene Zweck-Mittel-Relation überführt Lessing in eine kausale, als er äußert: „Wenn ich die Mittel habe, so habe ich den Endzweck, *aber nicht umgekehrt*" (Hervorhebung v. M.S.). Die Irreversibilität des Satzes setzt das kausale Moment: Die Erregung der Leidenschaft ist die Ursache der Wirkung, verursacht die Besserung, die Vervollkommnung des Menschen. Der Endzweck ist, formal betrachtet, ‚sekundär', d. h. den Mitteln nachgeordnet. Die dargestellten Leidenschaften wirken aber erst dann als Ursache, wenn sie real vom Rezipienten gefühlt werden, wenn dieser sie selbst fühlt. Mit der Qualität des Mitleids, mit der Reflexivität, dem Selbstbezug, der Selbstempfindung, dem Selbstgefühl und dem damit verknüpften Selbstbewußtsein, ist die Begrenzung der Wirkung durchbrochen worden. Das real empfundene Mitleiden erlangt Autonomie gegenüber der fiktionalen Präsentation dieser Leidenschaft, deren Wirkung es ist. Das erregte Mitleiden hat sich von der Illusion, von der Darstellung dieses Affekts gelöst. Das von den Zuschauern selbst gefühlte Mitleiden wird nicht mehr durch die Illusionszeit begrenzt. Warum kommt gerade und ausschließlich dem Mitleid diese Qualität zu? Warum empfindet sich der Zuschauer selbst, wenn er von dieser Emotion affiziert wird? Warum erregt das Mitleid eine dauerhafte Wirkung? Um diese Fragen zu beantworten, muß die Trauerspieldefinition inhaltlich und formal sowie in ihrer Genese genau analysiert werden.

3.2.2. Die Trauerspieldefinition

„Wenn es also wahr ist, daß die ganze Kunst des tragischen Dichters auf die *sichere Erregung* und *Dauer des einzigen Mitleidens* geht, so sage ich nunmehr, die Bestimmung der Tragödie ist diese: sie soll u n s r e F ä h i g k e i t , M i t l e i d z u f ü h l e n , *erweitern*. Sie soll uns *nicht blos lehren*, gegen diesen oder jenen Unglücklichen Mitleid zu fühlen, sondern sie soll uns *so weit fühlbar machen*, daß uns der Unglückliche *zu allen Zeiten* und *unter allen Gestalten*, rühren und für sich einnehmen *muß*. Und nun berufe ich mich auf einen Satz, den Ihnen Herr Moses vorläufig *demonstriren* mag, wenn Sie, *Ihrem eignen Gefühl zum Trotz*, daran zweifeln wollen. D e r m i t l e i d i g s t e M e n s c h i s t d e r b e s t e M e n s c h , zu *allen gesellschaftlichen Tugenden*, zu *allen Arten der Großmuth* der *aufgelegteste*. Wer uns *also* mitleidig *macht*, macht uns besser und tugendhafter, und das Trauerspiel, das jenes thut, thut *auch* dieses, oder – es thut jenes, *um* dieses thun *zu können*. Bitten Sie es dem Aristoteles ab, oder widerlegen Sie mich.

Auf gleiche Weise verfahre ich mit der Komödie. Sie soll uns *zur Fertigkeit verhelfen*, alle Arten des Lächerlichen leicht wahrzunehmen. Wer *diese Fertigkeit* besitzt, wird in seinem Betragen alle Arten des Lächerlichen zu vermeiden suchen, und eben dadurch der wohlerzogenste und gesittetste Mensch werden. Und so ist auch die Nützlichkeit der Komödie gerettet" (Kursivhervorhebungen v. M.S.).

3.2.2.1. Die erste Prämisse

Die Definition, die in ihrem Kern zwei Prämissen und eine conclusio enthält, also syllogistisch strukturiert ist, steht in einem Bedingungsgefüge, das die formale Struktur des Mitleids, die Vermischung von Schrecken und Bewunderung, und dessen Qualität der Wirkung widerspiegelt. Diese Bedingungen bestimmen unmittelbar die erste Prämisse, die eine Fülle von Implikationen in sich birgt, in der jedes Wort eine tragende Bedeutung besitzt. Nichts ist redundant. Es handelt sich um eine Prämisse im Sinne eines ‚strengen Satzes'.

Ziel und Mittel des Trauerspiels weisen bereits eine identische Setzung auf, da Lessing der ersten Voraussetzung einen postulatorischen Charakter verleiht: „sie soll". In dem konditionalen Vordersatz hat Lessing die Perspektive von dem zuvor dargelegten Mittel auf den Endzweck des neuen Genres verlagert. Er geht also von der Mittelbestimmung zur Definition des Trauerspiels über, in der der Zweck, der Wirkungsaspekt dominiert. Die Einschränkung der formgebenden Leidenschaften auf die einzige, die tragisch als realer Affekt, als selbst gefühlte Empfindung, präsentiert werden und wirken kann, auf das M i t l e i d, ist entscheidend vom Wirkungsgesichtspunkt des Dramas beeinflußt. Mittel und Zweck sind schon im Feld der Vorüberlegungen nicht mehr eindeutig trennbar. Ausgangspunkt ist aber nicht die Frage nach der Besserung oder Moralität, sondern die affektive Disposition des „Selbst-Fühlens" der dargestellten Leidenschaften. Setzt die Mittelwahl eine formale Qualität voraus, so bedingt der Endzweck, die Besserung, eine inhaltliche Bestimmung. Die erste Prämisse jedoch enthält überraschenderweise eine formale Charakterisierung der affektiven Disposition des Mitleids, überraschend, weil Lessing das Ziel des Trauerspiels benennt. Es „soll u n s r e F ä h i g k e i t, M i t l e i d z u f ü h l e n, erweitern". Er sagt nicht, es soll uns bessern oder tugendhafter machen, bzw. die Moral des Zuschauers befördern, sondern das Trauerspiel soll eine *Fähigkeit erweitern*. Die inhaltliche Bestimmung ist der formalen gewichen. Im Zentrum der ersten Voraussetzung steht eine Fähigkeit, ein Vermögen.

Da diese Fähigkeit erweitert werden soll, nicht erst dem Menschen vermittelt werden muß, verfügt der Zuschauer über dieses Vermögen. Es ist eine anthropologische Grundkomponente, oder anders ausgedrückt: Die Fähigkeit, Mitleid zu fühlen, ist ein n a t ü r l i c h e s, jedem Menschen qua Menschsein zukommendes Vermögen. Ein inhaltlicher, konkreter, rationaler Moralbegriff wird durch einen formalen, auf das natürliche Vermögen des Menschen abzielenden, emotionalen Begriff abgelöst. Die der ersten Prämisse nachgestellte Erläuterung, daß das Trauerspiel „nicht blos lehren" soll, im E i n z e lfall, Mitleid zu empfinden, sondern das Publikum f ü h l b a r machen soll, daß der Unglückliche den Zuschauer i m m e r einnehmen m u ß, radikalisiert diese Umwertung. Das Lehren, die Demonstration am Einzelfall, wird der Universalität und Ubiquität des Mitleids untergeordnet. Der Zwang dieses Gefühls, seine Universalität, Ubiquität und Spontaneität, seine Natürlichkeit werden zu den wichtigen Qualitäten, die das Mitleid gegenüber einer von der Vernunft beherrschten Moral auszeichnen. Nicht der besondere Fall, die Demonstration des Gefühls bessert wirksam, sondern ein Trauerspiel, das prärational die Fähigkeit des Menschen, Mitleid zu fühlen, erweitert, und zwar mit Hilfe der anschauenden Erkenntnis. Die empfindsame Poetik des Mitleids steht in einem klaren und deutlichen Gegensatz zur rationalistischen Poetik der Bewunderung.

Die Zwangsläufigkeit, die Universalität und Ubiquität des Mitleids sichern erst die Moralität des empfindsamen Menschen. Die Voraussetzung dieser Qualitäten des anthropologischen Vermögens ist die Natürlichkeit des Affekts. Die Spontaneität des Menschen, Mitleid zu fühlen, zu sym-pathisieren, wird im Trauerspiel genutzt, um die Fähigkeit des Menschen zu erweitern, um das Grundvermögen zur Fertigkeit auszubilden. Mit der Aufwertung eines bestimmten Gefühls und damit des unteren Seelenvermögens wird die Theorie des Mitleids zu einer prärationalen Dramaturgie, die der Steuerung durch den Verstand, wie sie Mendelssohn fordert, nicht mehr bedarf. Die Rationalität schlägt sich nur noch im Schaffensprozeß des Dichters nieder, der kausal den Schrecken mit der Bewunderung verknüpfen muß, um Mitleid erregen zu können. Die quantitativ zu unterscheidenden Wirkungsgrade des bürgerlichen Trauerspiels – die Rührung, die Tränen des Mitleids und die Beklemmung – haben das emotionale Grundvermögen des Menschen zur Voraussetzung. Allein in der Furcht als „das auf uns selbst bezogene Mitleid", die sich qualitativ von den übrigen Graden des Mitleids unterscheidet, vollzieht der Zuschauer eine kognitive Leistung. Rhetorisch ausgedrückt, impliziert die erste Prämisse den begrenzten Stellenwert des „docere" gegenüber dem „delectare", der Bewunderung guter Eigenschaften, und dem „movere", dem Schrecken über das große Unglück.

Die nähere Charakterisierung des Vermögens als „unsre" Fähigkeit ist zweifach auszulegen. Einerseits weist das Possessivpronomen diese Fähigkeit als anthropologische, als natürliche aus. Andererseits wird indirekt der Selbstbezug deutlich. Dem Mit-leiden sind ein Fremd- und Selbstbezug inhärent. Indem wir das Leid, den Schmerz des anderen wahrnehmen, wird eine uns selbst zukommende Fähigkeit, Schmerz zu empfinden, aktiviert. Da wir diese Sympathie nicht verweigern können, wird unsere eigene Empfindung erregt, und allmählich wird unsere Fähigkeit, Mitleid zu fühlen, zur Fertigkeit vervollkommnet. Da mit der Tätigkeit der Seele nach Descartes und Leibniz aber gleichzeitig ein höheres Bewußtsein unserer Existenz verbunden ist, ein höherer Grad unserer Realität, wird im Mitleiden dem Zuschauer ein Selbstgefühl u n d ein Selbstbewußtsein vermittelt. Das Mitleid ist r e f l e x i v.

3.2.2.2. Der Vollkommenheitsbegriff: Lessing, Mendelssohn, Rousseau

Indem Lessing das Mitleid als Fähigkeit bestimmt, negiert er Mendelssohns Vollkommenheitsbegriff. Aufschluß über die Divergenzen im Perfektibilitätsbegriff gibt Lessings Antwortbrief auf Mendelssohns Rousseau-Kritik, die dieser im *Sendschreiben* vom 2. Januar 1756 niederlegte. Daß sich in der ersten Prämisse der Trauerspieldefinition die Selbständigkeit des Lessingschen Ansatzes implizit äußert, deutet Lessing durch den die zweite Voraussetzung einleitenden Satz an: „*Und nun* berufe ich mich auf einen Satz, den Ihnen Herr Moses vorläufig demonstriren mag, wenn Sie, Ihrem eignen Gefühl zum Trotz, daran zweifeln wollen." Neben der noch zu beantwortenden Frage, auf welchen Satz Mendelssohns Lessing an dieser Stelle verweist, läßt sich dieser Äußerung das Beweisverfahren und die aggressive Art der Argumentation entnehmen. Auf der einen Seite beansprucht Lessing einen Evidenzbeweis; auf der anderen Seite wird das Argumentationsverfahren deutlich, daß er Mendelssohn mit seinen eigenen ‚Waffen' schlagen wird. Weder von der diskursiven Demonstration seines Gegners, weder von der Vernunft noch vom Gefühl, vom Herzen, so Lessings Anspruch, ist die Gültigkeit seiner Aussage zu widerlegen.

Im Brief an Mendelssohn, vom 21. Januar 1756, heißt es über Lessings „Einwürffe" gegen Mendelssohns Kritik an Rousseaus Begriff der „perfectibilité":

> „Sie [die „Einwürffe] betreffen vornehmlich das zweyte Stück,[67] aus welchem Sie, nach den eignen Einräumungen des R o u s s e a u, die Moralität den Menschen wieder zusprechen wollen; die P e r f e c t i b i l i t é. Ich weis eigentlich noch nicht, was R o u s s e a u für ein Begriff mit diesem Worte verbindet, weil ich seine Abhandlung noch bis jetzt mehr durchgeblättert, als gelesen habe. Ich weiß nur, daß ich einen ganz andern Begrif damit verbinde, als einen, woraus sich das, was Sie daraus geschloßen haben, schließen ließe. Sie nehmen es für eine *B e m ü h u n g, sich vollkommner zu machen*;[68] und ich verstehe bloß die *Beschaffenheit* eines Dinges darunter, *vermöge* welcher es vollkommner werden *kann*; eine Beschaffenheit, welche alle Dinge in der Welt haben, und die zu ihrer Fortdauer unumgänglich nöthig war. Ich glaube der Schöpfer mußte alles, was er erschuf *fähig* machen, vollkommner zu werden, wenn es in der Vollkommenheit, in welcher er es erschuf, bleiben sollte. Der Wilde, zum Exempel, würde, ohne die Perfectibilität, nicht lange ein Wilder bleiben, sondern gar bald nichts beßer als irgend ein unvernünftiges Thier werden; *er erhielt also die Perfectibilität nicht deswegen, um etwas beßers als ein Wilder zu werden, sondern deswegen, um nichts geringers zu werden*" (Kursivhervorhebungen v. M.S.).[69]

Der offene Bruch mit Mendelssohns Position und die auffallende Zurückhaltung gegenüber Rousseau, dessen Schrift Lessing bisher nur „durchgeblättert" habe, wirken zunächst irritierend, da Lessing sowohl ins Zentrum der Mendelssohnschen Rousseau-Kritik als auch in das der Rousseauschen Mitleidstheorie aus dem *Discours sur l'inégalité* trifft. Wenn Lessing sagt, er wisse, daß er „einen ganz andern Begrif damit verbinde", betont er ausdrücklich die Eigenständigkeit seiner Auffassung. Und doch, die Nähe zu Rousseau ist nicht zu übersehen, der unter „perfectibilité" eine Fähigkeit, ein Vermögen, eine Eigenschaft versteht und der die „perfectibilité" als Kernbegriff des Evidenzbeweises für die Unterscheidung zwischen Tier und Mensch – übrigens mit derselben Perspektive, daß der Mensch nicht *tiefer* als das Tier sinke – über den Begriff des freien Willens als Differenzkriterium stellt.

Der Wille zur Freiheit als E i g e n s c h a f t, nicht das Erkenntnisvermögen, unterscheidet den Menschen vom Tier:

> „Ce n'est donc pas tant l'entendement qui fait parmi les animaux la distinction spécifique de l'homme que *sa qualité d'agent libre*. La nature commande à tout animal, et la bête obéit. L'homme éprouve la même impression, mais il se reconnaît libre d'acquiescer ou de résister; et c'est surtout dans la conscience de cette liberté que se montre la spiritualité de son âme" (Hervorhebung v. M.S.).[70]

Und über die Vervollkommnungsfähigkeit in Abgrenzung zur Willensfreiheit heißt es bei Rousseau:

> „Mais, quand les difficultés qui environnent toutes ces questions laisseraient quelque lieu de disputer sur cette différence de l'homme et de l'animal, il y a une autre qualité très spécifique qui les distingue, et sur laquelle il ne peut y avoir de contestation: *c'est la faculté de se perfectionner, faculté* qui, à l'aide des circonstances, développe successivement toutes les autres, et réside parmi nous tant dans l'espèce que dans l'individu; au lieu qu'un animal est au bout de quelques mois ce qu'il sera toute sa vie, et son espèce au bout de mille ans ce qu'elle était la première année de ces mille ans. Pourquoi l'homme seul est-il sujet à devenir imbécile? N'est-ce point qu'il retourne ainsi dans son état primitif, et que, tandis que la bête, qui n'a rien acquis et qui n'a rien non plus à perdre, reste toujours avec son instinct, l'homme, reperdant par la vieillesse ou d'autres accidents tout ce que sa *p e r f e c t i b i l i t é* lui avait fait acquérir, *retombe ainsi plus bas que la bête même?* Il serait triste pour nous d'être forcés de convenir que *cette faculté distinctive et presque illimitée* est la source de tous les malheurs de l'homme; que c'est elle qui le tire, à force de temps, de cette condition originaire dans laquelle il coulerait des jours tranquilles et innocents; que c'est elle qui, faisant éclore avec les siècles ses lumières et ses erreurs, ses vices et ses vertus, le rend à la longue le tyran de lui-même et de la nature" (Kursivhervorhebungen v. M.S.).[71]

Rousseau bestimmt die Fähigkeit, sich zu vervollkommnen, als eine natürliche, die dem einzelnen Menschen und der Gattung zukommt. Da dieses Vermögen den Menschen nicht tiefer als irgendein Tier sinken läßt, bedarf es zusätzlicher Fähigkeiten, um den Menschen real vollkommner zu machen; denn die „perfectibilité" kann ebenso die Quelle des Glücks wie des Unglücks sein. Der Sündenfall der Vernunft, der rationalen Reflexion, die dem Menschen seine „amour propre", seine Selbstsucht, über seine „amour de soi", seine Eigenliebe, seinen Selbsterhaltungstrieb setzen läßt, die im Sinne der Zweckrationalität das Vermögen, sich zu vervollkommnen, zu einer Quelle des Unglücks, der Ungleichheit, der Unterdrückung der eigenen Individualität und der Natur pervertiert, und die Gesellschaftskritik werden von Rousseau angedeutet. Die negative Dialektik der Aufklärung, die im Laufe der Jahrhunderte die den Menschen auszeichnende, nahezu unbegrenzte Fähigkeit zur Quelle allen Unglücks – „la source de tout les malheures de l'homme" – verkommen läßt, wird von Rousseau nicht nur an dieser Stelle klar erfaßt und beschrieben; es würde jedoch zu weit führen, den „Sündenfall" der réflexion, die Ausbildung der reflexiven Verstandestätigkeit und die diesen Prozeß begleitende Umwandlung der „amour de soi" in die „amour propre" hier darzulegen.[72]

Wenn Mendelssohn „la perfectibilité" als Bemühung, sich zu vervollkommnen, im *Sendschreiben* an Lessing übersetzt und geradezu triumphierend fortfährt:

> „O! was für siegreiche Waffen hat er [Rousseau] durch dieses Eingeständnis seinen Gegnern in die Hände gegeben! Der Wilde hat ein Bestreben, sich vollkommner zu machen – –",[73]

dann ist dies ein verständlicher, aber wohl kaum zu rechtfertigender Übersetzungsfehler, auf den Lessing korrigierend eingeht. Rousseaus These, daß der natürliche, prärationale Mensch besser sei als der sittliche, aufgeklärte, gesellige Mensch des 18. Jahrhunderts, und seine Abwertung der reflexiven Vernunft, die wider die Natur sei, seine aggressive These, daß ein grübelnder Mensch ein entartetes Tier sei,[74] müssen die Kritik des Schulphilosophen herausfordern; denn die Leibniz-Wolffsche Vollkommenheitsphilosophie sieht in der rationalen Erkenntnis der Harmonie der besten aller Welten das Prinzip, welches den Fortschritt, die Aufklärung des Menschen bewirkt. Der Wille muß den oberen Vermögen unterworfen sein, wenn der Mensch vollkommen und glücklich werden will. Rousseau aber setzt den natürlichen Zustand des Menschen dem entarteten gesellschaftlichen entgegen.

Lessing geht einen dritten Weg, wie er selbst im Brief vom 21. Januar 1756 andeutet, den er bereits mit seinem ersten bürgerlichen Trauerspiel beschritten hat. Gemeinsam mit Rousseau vertritt er die Auffassung, daß der Mensch die Vollkommenheit als anthropologische Qualität, als Fähigkeit, als Vermögen besitzt, das es zu erweitern gilt. Da er ebenso wie Rousseau nicht von der notwendig richtigen Entwicklung dieser Fähigkeit zu einer Fertigkeit ausgeht, stellt sich abermals die Frage nach der Instanz, nach einem Vermögen, das die moralische Führung übernehmen kann. Wenn Lessing schreibt, daß der Mensch diese „Perfectibilität nicht deswegen [erhielt], um etwas beßres als ein Wilder zu werden, sondern deswegen, um nichts geringers zu werden", wertet er bedingungslos den Naturzustand auf und gibt den entscheidenden Hinweis, daß es nicht der Verstand sei, dem diese Leitung zufalle. Erst im November 1756, in seiner Trauerspieldefinition wird er diese indirekte Negation des Verstandes durch die bestimmte ersetzen: Das Trauerspiel „soll u n s r e F ä h i g k e i t , M i t l e i d z u f ü h l e n , erweitern". Es soll nicht lehren, Mitleid zu empfinden, sondern den Menschen „fühlbar machen", so daß er ‚mitleiden muß', „er mag wollen oder nicht".

Nicht der Verstand, sondern das zur Fertigkeit ausgebildete Mitleiden, ein prärationales Vermögen, ist die Instanz, die den Menschen vollkommener macht. Und deshalb lautet der die zweite Prämisse der Trauerspieldefinition einleitende Kernsatz: Nicht der rational aufgeklärte, sondern der „m i t l e i d i g s t e M e n s c h i s t d e r b e s t e M e n s c h , zu allen gesellschaftlichen Tugenden, zu allen Arten der Großmuth der aufgelegteste". Mit jedem höheren Grad der Fertigkeit im Mitleiden ist notwendig ein höherer Grad der Vollkommenheit verbunden. Und es ist bezeichnend, daß Lessing trotz der inhaltlichen Präzisierung der Vollkommenheit durch die gesellschaftlichen Tugenden, unter denen er die Großmut besonders hervorhebt, erneut im Attribut der Apposition – „aufgelegteste" – den Vermögenscharakter der Perfektibilität und Moralität betont. Die Fertigkeit im Mitleiden und in der Ausübung gesellschaftlicher Tugenden wird in das Zentrum der Definition gerückt, nicht die Fülle moralischer Erkenntnisse.

Mit der affektiven Disposition des Mitleids wird die natürliche Beschaffenheit des Menschen, fähig zu sein, sich zu vervollkommnen, ausgebildet. Die natürliche Empfindung des Menschen, seine natürliche Beschaffenheit, „vermöge welcher e[r] vollkommner werden kann", und die natürliche Moralität, die ihn zum sozialen Wesen macht, werden als anthropologische Qualitäten des Naturzustandes bestimmt. Im Gegensatz zu Hobbes' Verständnis des martialischen Naturzustandes ist bei Rousseau und Lessing der Mensch, der seine Vollkommenheit nur empfinden kann, von Natur aus gut. Im Gegensatz zu Mendelssohn vertreten Rousseau und Lessing einen mit einer bestimmten Affektlage verbundenen Moralbegriff. Ist für Mendelssohn die Moral auf deutliche und klare Vernunftschlüsse begründet, so hebt Lessing die emotionale Disposition der Moralität, die selbst wiederum eine Fähigkeit darstellt, hervor.[75] Für Lessing ist das Mitleid ein natürliches, anthropologisches Vermögen, das, wird es zur Fertigkeit erweitert, die Vollkommenheit des Menschen befördert und die moralische, tugendhafte Entwicklung der Gesellschaft sichert. Daß Lessing auch für die oberen Seelenvermögen, für die symbolische Erkenntnis, die Fähigkeit zu erkennen höher einschätzt als den Besitz der Wahrheit, hat er eindrucksvoll in der *Duplik* (1778) dargelegt:

> „Wenn Gott in seiner Rechten alle Wahrheit, und in seiner Linken den einzigen immer regen Trieb nach Wahrheit, obschon mit dem Zusatze, mich immer und ewig zu irren, verschlossen hielte, und spräche zu mir: wähle! Ich fiele ihn mit Demut in seine Linke, und sagte: Vater, gib! die reine Wahrheit ist ja doch nur für dich allein! –"[76]

3.2.2.3. Das bürgerliche Trauerspiel: ein sozial-politisches Agitationsdrama

Auf dem Hintergrund der radikalen Gesellschaftskritik Rousseaus, der die Laster und die Selbstsucht der Menschen anprangert, zu denen er die Eitelkeit, das Ansehen, die Verachtung, den Besitz, die Beleidigungen, die Rache und den guten Ruf, die Ehre ebenso zählt wie die gesellschaftliche Auszeichnung der Menschen – und Mendelssohn stimmt Rousseau in diesem Punkt zu und führt ferner die Schande der Verstellung, der Arglist, der Schmeichelei und der Unterdrückung an, die „gewisse verderbliche Staatsverfassungen" aufweisen[77] –, gewinnt Lessings Darstellung des Mitleids in seinem ersten bürgerlichen Trauerspiel eine gesellschaftspolitische und kritische Dimension.

Wenn Sir Sampson seinen Diener Waitwell in seine Familie aufnimmt,[78] ein Herrschaftsverhältnis abbaut, indem er nicht nur das Herr-Knecht-Verhältnis auflöst, sondern zugleich an dessen Stelle die freundschaftliche, empfindsame, natürliche, familiale Beziehung zwischen gleichberechtigten Menschen treten läßt, und wenn Marwood geradezu par excellence über die Künste ‚gewisser verderblicher Staatsverfassungen' verfügt, wenn Sara d i e gesellschaftliche Tugend der Großmut selbst ihrer ‚Mörderin' zuteil werden läßt, gelingt es Lessing, den natürlichen Menschen gegen den gesellschaftlichen verderbten zu stellen. Nicht die Frontstellung zwischen Bürgertum und Adel, sondern der Gegensatz zwischen der Natur und der die Natur des Menschen unterdrückenden Gesellschaft bestimmt das neue Genre Lessingscher Provenienz.

Die fehlende Liebe der Tochter, deren Sir Sampson bedarf, um leben zu können, für die er sein rigoroses Tugendverständnis opfert, hat ihn veranlaßt, Sara zu folgen, um sie heimzuholen, nicht aber ein klarer und deutlicher Vernunftschluß.[79] Und nicht die klare und deutliche Demonstration ihrer Libertinage, ihrer wollüstigen, habgierigen Liebe[80] kann Marwood bessern (vgl. II), sondern allein die Erregung der unterdrückten Fähigkeit mitzuleiden. Obwohl die ‚Bekehrung' Marwoods nicht dargestellt wird und obgleich der Zuschauer nichts über ihr weiteres Leben erfährt, so kann er nicht ganz unberechtigt schließen, daß es gerade Saras gesellschaftliche Tugend, ihre Großmut, ist, die eine der „härtesten Straffen" für Marwood bedeutet, da sie eine „außerordentliche Vergebung annehmen" muß. Ihr Haß und ihre Rache würden der Reue, einer schmerzhaften Empfindung, weichen, „und diese schmerzhaften Empfindungen können mein Mitleiden erwerben, und können mir Thränen kosten".[81] Saras Vergeben beruht auf der Einsicht und dem Verständnis einer Empfindsamen für die Mordtat, so daß die Mörderin bereits aus der Perspektive des Opfers nicht zu dem Ungeheuer wird, das nur noch Abscheu erregt. Indem die ‚wollüstige' Marwood nur durch den „Schmerz der Reue" bekehrt werden kann, der die ‚heroische' Tugend Saras in das Zwielicht der strafenden Tat rückt, wird das Mitleid zu einem Mittel der Gesellschaftskritik, einer subtilen Kritik, und zu einer Leidenschaft, die zu einer Korrektur der verfehlten Entwicklung des Menschen führt.

Die Rückkehr in einen prärationalen Naturzustand wird weder von Lessing noch von Rousseau[82] propagiert, sondern es wird die Aufhebung der Herrschaft d e r j e n i g e n Vernunft gefordert, die das Mitleid unterdrückt und den Menschen so zur „amour propre", zur Selbstsucht und Habgier verführt. Da das Mitleiden nicht zerstört, wohl aber unterjocht werden kann – „telle est la force de la pitié naturelle, que les moeurs les plus dépravées ont encore peine à détruire"[83] –, ist das empfindsame Trauerspiel, welches das Mitleid darstellt und als primären Affekt im Zuschauer erregt, e i n e Möglichkeit, die Vervollkommnung des Menschen zu befördern. Das bürgerliche Trauerspiel, die immanente Poetik des Mitleids, stellt den n a t ü r l i c h e n Menschen dar, um der Unterdrückung der inneren und äußeren Natur ein Ende zu bereiten. Derjenige, der Lessings erstes Trauerspiel als ‚moralisches Schauturnen'[84] und die „Thränen des Mitleids" als zerfließende Zeichen einer eskapistischen, kompensatorischen Larmoyanz disqualifiziert, hat die historische Distanz nicht überbrücken können und muß notwendigerweise die politische, empfindsame, aufklärerische Stoßkraft der n a t ü r l i c h e n Poetik des Mitleids verkennen. Das dramatische „Training" des Mitleids, um die Fähigkeit in eine Fertigkeit zu verwandeln, dient allein der aktiven Veränderung der gesellschaftlichen Fehlentwicklung. Indem Lessing das Mitleid zur Quelle der gesellschaftlichen Tugenden macht,[85] über die jeder Mensch verfügt, entwirft er ein Konzept für eine aufgeklärte, empfindsame Gesellschaft, deren Ziel nicht in der Zukunft oder gar im Jenseits liegt, sondern k o n t r a f a k t i s c h jeweils im Sinne der k o n k r e t e n U t o p i e jederzeit eingelöst werden kann.[86] Die moralische Anstalt, das empfindsame Theater, ist immer auch politisches Theater, da im Spiegel der natürlichen Empfindung die Herrschaft nicht nur kritisiert, sondern auch schon aufgehoben wird. Lessing und Rousseau treten für den aufgeklärten, empfindsamen Absolutismus ein. Die Familie wird zur Idylle verklärt, zu einem Ort, an dem die Gewohnheit des Zusammenlebens die „zartesten Gefühle, die man unter Menschen kennt, entstehen [läßt]: die Gattenliebe und die Elternliebe. Jede Familie wurde eine Gesellschaft im kleinen. Sie war um so inniger, [als] gegenseitige Zuneigung und Freiheit ihre einzigen Bande waren."[87]

Rousseaus Hochschätzung dieser Familie, einer natürlichen Gesellschaft im kleinen, in der nur Zuneigung und Freiheit herrschen – nicht aber die Arbeit, die Teilung derselben und das Besitzdenken, die zu Quellen des Unglücks werden – konvergiert geradezu par excellence mit dem idealtypischen Ort des bürgerlichen Trauerspiels, an dem die Empfindsamen befreit von allen Zwängen der politischen und ökonomischen Herrschaft die Utopie einer empfindsamen, herrschaftsfreien Gesellschaft konkretisieren. Fordert nicht die Darstellung des natürlichen, sozialen Menschen im Kreis der Familie, in der nur Zuneigung und Freiheit herrschen – soll die dargestellte Handlung wahrscheinlich und glaubwürdig sein –, die Charaktere des Trauerspiels aus dem Stand der englischen Landadligen zu nehmen, einer Gruppe, die weder der höfischen, denaturierten Gesellschaft noch dem arbeitenden und kapitalanhäufenden Bürgertum angehört? Sir Sampson, ein englischer Landadliger, hat sich ebenso der Herrschaft des Marktes wie der höfischen Gesellschaft entzogen. Er ist als Adliger Repräsentant einer ständischen Gesellschaft; als empfindsamer Vater aber verkörpert er die Idealgestalt. Wenn er seinen Diener Waitwell in die Familie aufnimmt, läßt er diesen Raum des Privaten zu einem herrschaftsfreien werden. Als empfindsamer Landadliger hat er eine Familie gegründet – und nach dem Tod seiner Tochter wird er eine neue Familie zusammen mit Arabella und Waitwell bilden –, in der Herrschaft und Geld, Arbeit und Abhängigkeiten nicht mehr existent sind.

Der empfindsame Landadlige trägt die Züge bürgerlicher Utopie. Von der unmittelbaren Notwendigkeit zur Arbeit ebenso entlastet wie vom Zwang der höfischen Rationalität und deren Herrschaftsstrukturen, gestalten sich die Freiräume, die eine Reflexion auf das eigene Ich ermöglichen. Die ursprünglich bürgerliche Reflexionsneigung, sich selbst durch die Rückwendung auf die eigene innere Natur zu legitimieren, kann vom Landadligen idealtypisch vollzogen werden. Mit dem Bürger teilt er die politische Ohnmacht. Im Gegensatz zum Bürger ist er vom Zwang zur Arbeit befreit und lebt in einem Zustand, den der Bürger als Utopie anstrebt. Der Widerspruch zwischen dem Markt und der Familie, zwischen dem Privaten und Öffentlichen löst sich im Landadligen harmonisch auf. In der Familie realisiert der empfindsame Aussteiger seine Utopie.[88]

Mellefont und Sara sind geflüchtet und warten nun seit neun Wochen in einem Gasthof auf den „glücklichen" Ausgang einer Erbschaftsangelegenheit. Weder Mellefont noch Sara, beide von vornehmer Abstammung, gehen einer Beschäftigung nach; bisher haben sie auch nichts Entscheidendes unternommen, um ihren Konflikt mit dem Vater zu lösen und den Zustand ihrer eigenen Unentschlossenheit aufzuheben. Sie verharren in einer nahezu völligen Handlungslähmung. Ihr einziger Zeitvertreib ist die ständige Reflexion und Analyse ihrer Lage. Je länger die Wartezeit wird, desto größer wird der Reflexionsdrang: Er wuchert geradezu in der neunten Woche bei Sara. Erster Höhepunkt dieser unablässigen Selbstobjektivierung ist ihr Traum, ihre schreckenerregende Imagination, die zu neuem Handeln antreibt.

Sara bleibt als Frau, als Tochter, vom Markt ausgeschlossen, und dies um so mehr, da sie adlig ist; Mellefont brauchte bisher aufgrund des väterlichen Erbes und der noch ausstehenden Erbschaft nicht zu arbeiten. Er wird erst durch die empfindsame Sara bekehrt, gibt seinen früheren, lasterhaften Lebenswandel auf. Durch Sara lernt er die Liebe kennen, die ihn lehrt, diese von der Wollust Marwoods zu unterscheiden. Erst durch Saras Leiden wird er sich seiner ursprünglichen Empfindungsfähigkeit wieder bewußt, Mitleid zu fühlen. Marwood, wie ihre Lebensgeschichte zeigt, hat ihre Liebe den äußeren Werten der adligen Gesellschaft untergeordnet: Sie verkauft sich als Kokotte, um nach außen hin Reichtum, Ehre sowie einen guten Namen repräsentieren zu können. Im Gegensatz zu Marwood verfügt Sara über die menschlichen Empfindungen, die um so mehr Konturen erhalten, als sie nun außerhalb der familialen Idylle lebt und den wahren Wert erst durch den Verlust der Geborgenheit erkennt. Sie leidet und erregt Mitleiden. Insofern ist es auch konsequent, wenn Lessing Sara zum eigentlichen Gegenstand des Mitleidens macht,[89] wenn Mellefonts Mitleid durch Saras Unglück, durch ihren Traum, erregt wird, ohne daß er sich dieser natürlichen Empfindung entziehen kann.[90]

Die Landadligen – so muß Lessings Entscheidung, seine dramatis personae des ersten bürgerlichen Trauerspiels adlig sein zu lassen, verstanden und erklärt werden – gehören derjenigen Schicht an, die ihre Familien zu natürlichen Gesellschaften im kleinen formen kann. Saras Vision der „glücklichen Tage, wenn [ihr] Vater, wenn [Mellefont], wenn Arabella [ihre] kindliche Ehrfurcht, [ihre] vertrauliche Liebe, [ihre] sorgsame Freundschaft um die Wette beschäftigen werden! Glückliche Tage!" (V/4), zeigt den Ort der Familie als einen herrschaftsfreien. Aber bereits die durch rhetorische Strukturen erzeugte Hermetik läßt die Geschlossenheit dieser natürlichen Inseln der Empfindsamen transparent werden. Saras Vorstellung über die Familienidylle ist nicht nur visionär, weil sie bald am Gift ihrer Gegenspielerin sterben wird, sondern sie stellt auch durch die Form ihrer Äußerung die Begrenztheit dieser konkreten Utopie des Landadels dar. Lessing fordert die natürliche Gesellschaft, und die Vision der idyllischen Familie ist nur ein Bild, dessen Gebrochenheit er sich durchaus bewußt ist. Die gebrochene Apotheose der Menschheitsfamilie, welche die Grenzen der Religionen, Nationalitäten und Stände, alle erdenklichen Unterschiede zwischen den Menschen aufheben soll, wie Lessing sie im Schlußtableau des dramatischen Gedichts, des *bürgerlichen, natürlichen* Gedichts *Nathan der Weise* darstellt, macht die selbstkritische Maßlosigkeit der konkreten Utopie des Mitleids deutlich. Lessing ist der Utopie des Mitleids, das den Menschen bessert und tugendhafter macht, verfallen; aber deswegen ist er noch kein Phantast.

Wenn Sara ihrem Vater den Auftrag gibt, Arabella zu adoptieren, eine neue empfindsame, nicht durch Blutsverwandtschaft gebundene Familie zu gründen, wird sie zur idealtypischen Repräsentantin einer empfindsamen, natürlichen Gesellschaft: Sie ist ein „öffentlicher" u n d „n a t ü r l i c h e r", kein „privater" Charakter.[91] Steht Saras Vermächtnis, Arabella zu adoptieren, am Schluß von Lessings erstem bürgerlichen Trauerspiel, und zwar als Sir Sampson seine einzige Tochter und den „Sohn" verloren hat, so wird Nathans erste gute Tat, nachdem er im Pogrom seine gesamte Familie verloren hat, die Adoption Rechas, eines Christenmädchens, sein. Der Verlust der gesamten Familie und die Adoption werden zwar der Vorgeschichte des bürgerlichen Gedichts angehören, aber dessen Ende entscheidend bestimmen.[92] Wichtiger als die bloße Feststellung dieser Analogie ist die Konstanz des Motives vom ersten bürgerlichen Trauerspiel bis zum letzten dramatischen Gedicht Lessings. In der *Miß Sara Sampson* hat sich Lessing noch mit dem idealtypischen Bild der Familie als der natürlichen Gesellschaft im kleinen begnügt; im Spätwerk klagt er die Universalität des Mitleids für die gesamte Menschheit ein; die Menschheitsfamilie wird zum natürlichen Weltentwurf. In dieser Menschheitsfamilie, die nicht mehr die Gesellschaft im kleinen darstellt, weichen alle Unterschiede, die zwischen den drei großen Religionen, die ständischen zwischen Bürgertum und Adel, die zugleich den Konflikt zwischen dem jüdischen, bürgerlichen Kaufmann und den übrigen Ständen in sich bergen, der Utopie des natürlichen Menschen. Hatte Nathan mit der Adoption und der Erziehung Rechas als natürliche Tochter bereits das Primat familialer Bindungen gegenüber der Religionszugehörigkeit in die Tat umgesetzt, so wird im Schlußtableau diese Rangskala natürlicher Werte universalisiert. Wenn der Grundkonflikt dieses b ü r g e r l i c h e n Gedichts zwischen der partnerbezogenen, erotischen, sinnlichen Liebe und der natürlichen Liebe, der Liebe zwischen Tochter und Vater sowie zwischen Geschwistern, nicht im klassischen Sinne tragisch ausgetragen wird, wenn die ‚Herrschaft der Begierden', die „unvernünftige Liebe" zur empfindsamen, natürlichen, „vernünftigen Liebe" geläutert werden, dominieren die Gegensätze zwischen Gesellschaft und Natur, zwischen äußerer und innerer Natur, zwischen Laster und Moralität, zwischen „Wollust" und „Philanthropie" im letzten dramatischen Gedicht Lessings ebenso wie in seinem ersten bürgerlichen Trauerspiel. Nicht der ständische Gegensatz, sondern der Konflikt zwischen der pervertierten Gesellschaft des 18. Jahrhunderts mit ihrer denaturierten Staatsverfassung und der empfindsamen Natur des Menschen ist das Wesensmerkmal des bürgerlichen Dramas. Die bürgerlichen Trauerspiele, die ernste Komödie und das ‚bürgerliche' Gedicht Lessings sind n a t ü r l i c h e Dramen, in denen die Utopie eines herrschaftsfreien Naturzustandes kontrafaktisch real wirksam wird. Im natürlichen Drama wird der natürliche Mensch, l'homme naturel, zum idealtypischen Helden, der gegen den tyrannischen Monarchen, gegen den Hofadligen, gegen die höfische Gesellschaft ebenso kämpft wie gegen den bourgeois u n d citoyen,[93] gegen die erst im Entstehen begriffene bürgerliche Gesellschaft und deren Zweckrationalität, gegen die Unterwerfung der äußeren und inneren Natur. Lessings bürgerliche Dramen gehören zum politischen, in seinem Anspruch radikalen Avantgardismus, da in ihnen eine natürliche Gesellschaft, in letzter Konsequenz die Auflösung jeglicher politischer und gesellschaftlicher Herrschaftsstruktur gefordert wird.[94] Der aufgeklärte Absolutismus bildet nur ein Übergangsstadium, um idealiter die nächste Stufe, die bürgerliche Gesellschaft, überspringen zu können, um direkt den höfischen Absolutismus durch den n a t ü r l i c h e n A b - s o l u t i s m u s zu ersetzen.[95]

Die Poetik des Mitleids als natürliche Dichtungstheorie kann und darf nicht von ihrem moralisch-gesellschaftlichen Kern getrennt werden. Sie ist deshalb auch keine spezifische Theorie des Trauerspiels, sondern die Poetik aller dramatischen Gattungen, wenn sie empfindsam aufklärerisch wirken wollen. Das Mitleid wird zur Wesensbestimmung des Dramas erweitert, um öffentlich zu werden, um die Grenzen der familialen Utopie aufzuheben. Im Gegensatz zum Gedicht und Roman ist dem Drama die Öffentlichkeit, das Verlassen der Sphäre des Privaten, die Aufführung wesensgemäß.[96] Die besondere Art der Präsentation und der Rezeption konvergieren mit Lessings entwicklungsgeschichtlichem Konzept einer natürlichen, moralischen, gesellschaftlichen Poetik des Mitleids idealtypisch. Das bürgerliche Drama Lessings zielt auf eine Sensibilisierung der natürlichen Fähigkeit des Menschen, um diese zur Fertigkeit zu formen. Mit der natürlichen Sensibilität des Menschen ist nicht eine ästhetische Erziehung des Menschengeschlechts zu einer apolitischen Tugendhaftigkeit verbunden, sondern eine Vervollkommnung der gesellschaftlichen Tugenden. Das bürgerliche Drama betreibt emotional den Abbau von Herrschaftsstrukturen, durch den, nach Rousseau und Lessing, die Ungleichheit in der bestehenden bürgerlichen Gesellschaft und im absolutistischen Staat beseitigt wird.

Wenn sich der gesellschaftliche Mensch durch die Darstellung und Empfindung des Mitleids seiner natürlichen Vermögen erinnert, wenn dem gesellschaftlich verderbten Menschen der Spiegel der natürlichen Empfindungen vorgehalten wird, in dem er sich selbst und seine Natur wiedererkennt, kann das Drama nicht die gesellschaftlichen Fehlentwicklungen nachahmen. Nicht die imitatio, die naturalistische Darstellung der politischen, zeitgeschichtlichen Zustände, sondern die mimesis der Natur des Menschen wird vom Drama gefordert. Gottscheds Grundprinzip der Nachahmung der Natur wird von Lessing im Sinne der Naturlehre, einer natürlichen Anthropologie umgedeutet. Die moralische Anstalt, das Theater, stellt dem „zivilisierten", entarteten Menschen, dem Tyrannen, den natürlichen Menschen entgegen. Das empfindsame Drama wird so zu einem politischen. Ziel ist nicht die Rückkehr in die Wildheit des Naturzustandes, sondern die Harmonisierung des natürlichen mit dem gesellschaftlichen Zustand. Das empfindsame Drama ist ein „sentimentalisches", nicht ein „naives". Der aufgeklärte Absolutismus und der mit ihm verbundene Geschichts- und Erziehungsoptimismus der empfindsamen Aufklärung, deren ästhetische Erziehung in der Poetik des Mitleids programmatisch wird, basieren auf der prärationalen Naturlehre, wie sie von Lessing und Rousseau um 1755 vertreten wird. Der von Bert Brecht formulierte, pointierte Gegensatz zwischen der dramatischen Form und der epischen des Theaters, zwischen Passivität und Aktivität, zwischen Suggestion und Argument, zwischen Gefühl und Ratio, zwischen dem Satz, das Denken bestimme das Sein, und dem materialistischen Grundsatz, das gesellschaftliche Sein bestimme das Denken, zwischen Illusion und Desillusionierung, ist, historisch betrachtet, nicht aufrechtzuhalten. Das in der aristotelischen Tradition stehende bürgerliche Trauerspiel ist das sozial-politische Agitationstheater der Empfindsamkeit, und insofern ist es dem epischen Theater verwandter, als es ein ahistorisch verfahrender Ansatz vermuten läßt.[93]

3.2.2.4. Die Unterschiede zwischen Lessing und Rousseau

Mendelssohns Lehre von der angenehmen Empfindung, Lessings Theorie und poetische Darstellung der vermischten Leidenschaft, des Mitleids, weisen ebenso untereinander wie gegenüber der Rousseauschen Lehre vom Naturzustand des Menschen gravierende Unterschiede auf, so daß jeder Eigenständigkeit und Originalität für seinen Ansatz beanspruchen kann. Offensichtlich ist der Gegensatz zwischen Rousseau und Lessing in der Einschätzung der Wirkungsmöglichkeit des Theaters als einer moralischen Anstalt. Bereits im *Discours sur l'inégalité* diskreditiert er die Kunst schlechthin als ein entartetes Phänomen, als einen Luxus der bürgerlichen Gesellschaft,[98] als unnützlich und schädlich. Im *Lettre à Philopolis* heißt es:

> „[...] et qu'il faut des arts, des lois, des Gouvernements aux peuples, comme il faut des béquilles aux vieillards."[99]

Direkt stellt Rousseau die Poetik des Mitleids im *Lettre à d'Alembert sur les Spectacles* (1758) in Frage und spricht ihr die positive Wirkung ab. Während das natürliche Mitleid eine Empfindung ist, die zum Handeln motiviert, verkomme das theatralische Mitleid zu einer passiven, inaktiven Leidenschaft:

> J'ENTENDS dire que la Tragédie meme à la pitié par la terreur; soit, mais quelle est cette pitié? *Une émotion passagere et vaine*, qui ne dure pas plus què l'illusion qui l'a produite; *un reste de sentiment naturel*, étouffé bientôt par les passions, *une pitié stérile*, qui se repaît de quelques larmes, et *n'a jamais produit le moindre acte d'humanité*" (Hervorhebungen v. M.S.).[100]

Alle Qualitäten, die das natürliche Mitleid auszeichnen, fehlen dem theatralischen Mitleid, das in seiner Wirkung auf die Illusionsdauer beschränkt bleibt.

Der Gegensatz zu Lessing ist unüberbrückbar, der gerade dem theatralischen Mitleid als einzigem Affekt die natürlichen Eigenschaften zuordnet, so daß allein diese Leidenschaft bessern könne, ja bessern muß. In der Beurteilung der Wirkungsqualität der Empfindung nähert sich Rousseau den Auffassungen Nicolais und Mendelssohns an. Lessing geht von der Universalität und Spontaneität dieser natürlichen, ursprünglichen Leidenschaft aus, die prärational, unmittelbar bessert;

> „[...] bessert, ohne daß wir selbst etwas dazu beytragen dürfen; bessert den Mann von Verstande sowohl als den Dummkopf."[101]

Nortons Kritik an Mellefonts Unentschlossenheit, an dessen Kaltsinn und Widerwillen, Empfindungen, die er als „unnatürliche Verstellungen" der Vornehmen bezeichnet, welche das Gefühl der Vornehmen verderben und schwächen, und die damit verknüpfte Aufwertung des natürlichen Gefühls, das der „Pöbel" noch unmittelbar empfindet (IV/3), verweist auf die ständeübergreifende Wirkung des Mitleids. Implizit negiert der Diener, ein Angehöriger des vierten Standes, die Ständeklausel radikal. Nicht der „Dummkopf" wird dem „Mann von Verstande" gleichgesetzt, sondern dem „Pöbel" wird ein größeres Vermögen zugesprochen, rascher die Fähigkeit mitzuleiden zur Fertigkeit zu vervollkommnen, da er über einen höheren Grad an Natürlichkeit seines Gefühls verfügt als der Vornehme, der Adlige. Hat Mendelssohn in den *Briefen über die Empfindungen* den „Pöbel" noch diffamiert, da er es sei, der noch Genuß beim Anblick „blutiger Ergötzlichkeiten" empfinde, so spricht Lessing gerade dieser ungebildeten, unverbildeten Schicht trotz aller Roheit einen höheren Grad an Menschlichkeit zu. Insofern ist der Poetik des Mitleids und dem ersten bürgerlichen Trauerspiel ein demokratisches Verständnis der natürlichen Gesellschaft inhärent, weil auch und in besonderer Weise mit dem ästhetischen Mitleid die moralische, menschliche, natürliche Dimension zur Darstellung gelangt, die eher vom Pöbel, der sein Mitleid nicht durch den Verstand und durch kalte Empfindungen unterdrücken kann, emotional rezipiert wird als von den Vornehmen, deren natürliche Empfindungsfähigkeit geschwächt ist.

Rousseaus Auffassung vom natürlichen Mitleid und Lessings ästhetische Bestimmung differieren in diesem Punkt nicht.[102] Die unterschiedliche Beurteilung der Wirkungsmöglichkeiten des Theaters, diese Differenz zwischen Rousseau und Lessing, wird nahezu unbedeutend, da beide nur die Mittel zur Besserung, zur Vervollkommnung des Menschen jeweils anders einschätzen, nicht aber die grundlegenden Qualitäten des Mitleids.

Rousseau bestimmt das Mitleid und die Eigenliebe (amour de soi) als die beiden einzigen Prinzipien des Naturzustandes, die vor dem Verstand existieren. Die Eigenliebe, nicht die Selbstsucht (amour propre), sorgt für das Wohlergehen und die eigene Erhaltung. Das Mitleid erregt einen natürlichen Widerwillen (une répugnance naturelle), irgendein empfindendes Wesen, vor allem aber den Nebenmenschen, sterben oder leiden zu sehen.

> „C'est du concours et de la combinaison que notre esprit est en état de faire de ces deux principes, *sans qu'il soit nécessaire d'y faire entrer celui de la sociabilité*, que me paraissent découler toutes les règles du droit naturel" (Hervorhebung v. M.S.).[103]

Solange der Mensch dem inneren Impuls des Mitleids (l'impulsion intérieure de la commisération) nicht widersteht, kann er nichts Böses tun. Der Widerwille ist angeboren und die einzige natürliche Tugend des Menschen.[104] Das natürliche Gefühl der Eigenliebe wird vom Verstand (raison, nicht aber durch die réflexion[105]) geleitet und vom Mitleid gemildert, so daß Menschlichkeit und Tugend entstehen („produit l'humanité et la vertu"). Das Mitleid ist die Quelle aller gesellschaftlichen Tugenden.[106] Das Böse entsteht durch die „réflexion", die das Mitleid unterdrückt, die Eigenliebe zur Selbstsucht pervertieren läßt.[107]

> „Il est donc bien certain que la pitié est un sentiment naturel, qui, modérant dans chaque individu l'activité de l'amour de soi-même, concourt à la conservation mutuelle de toute l'espèce."[108]

Ausdrücklich wird das Mitleid als Anlage (disposition) definiert, die um so wirksamer ist, wenn sie der réflexion vorausgeht.[109] Die Stärke des Gefühls hängt von dem Grad der Identifikation ab, die durch den Verstand gestört wird. Im Naturzustand war diese Einfühlung stärker als im Zustand der Denkkraft.[110] Da der Mensch im Naturzustand vereinzelt lebt und nur so sich allein zum Zuschauer hat,[111] kennt er nur zwei Übel: den Hunger und den Schmerz, nicht aber den Haß oder gar die Rachsucht.[112] Der Selbsterhaltungstrieb ist dem Hunger, das Mitleid dem Schmerz zugeordnet; denn die eigene Empfindung des Schmerzes erlaubt es dem natürlichen Menschen, sich mit leidenden oder sterbenden Nebenmenschen zu identifizieren. Im Naturzustand verfügt der Mensch weder über die Erkenntnis noch über die Einbildungskraft.[113]

Die Bestimmung des Mitleids als natürliche, angeborene, nicht zu zerstörende Disposition, als erstes Gefühl der Menschlichkeit, als spontanes und universales Vermögen des Menschen, als Korrektiv der Vernunft (raison) und der Eigenliebe (amour de soi), als erste und einzige natürliche Tugend, als Quelle sozialer Tugenden, als schmerzhafte Empfindung, als prärationales Vermögen, das vom Grad der Identifikation, der Stärke der Einfühlung in den Naturzustand abhängt, läßt sich ohne Widersprüche auf Lessings Theorie des Mitleids beziehen und liefert den naturrechtlichen Hintergrund für seine Poetik und für sein Trauerspiel des Mitleids. Trotz der Fülle der Gemeinsamkeiten zeigen sich weitere, gravierende Unterschiede. Im Gegensatz zu Rousseau definiert Lessing das Mitleid als vermischte Empfindung im Sinne Mendelssohns, das auf Lust und Unlust basiert, das den Menschen gesellig macht und notwendig moralisch gut ist. Sind bei Rousseau die Eigenliebe und das Mitleid die einzigen natürlichen Prinzipien, so fügt Lessing ein drittes hinzu, die Liebe. Erst die Annahme der Liebe als drittes Prinzip ermöglicht die Theorie der vermischten Empfindung. Nicht die Eigenliebe und der Schmerz bilden die Voraussetzungen für das Mitleid, sondern die allgemeine Menschenliebe. Liebe und Mitleid machen den natürlichen Menschen gesellig. Rousseau dagegen betrachtet das Mitleid zwar als Quelle der sozialen Tugenden, geht aber nicht so weit, zwischen beiden eine notwendige Verbindung anzunehmen. An dieser Stelle steht Lessing dem englischen Moralphilosophen Hutcheson näher, der die Selbstliebe und die Liebe gegen andere voraussetzt. Beide bestimmen den Willen, aber die Liebe ist ein

> „ruhiger Trieb der Seele, die grösste Glückseligkeit und Vollkommenheit der ganzen ihr bekannten Welt zu verlangen."[114]

3.2.2.5. Zur zweiten Prämisse der Trauerspieldefinition.
Zu den Unterschieden zwischen Lessing und Mendelssohn

Noch näher aber steht Lessing Mendelssohn, hat er doch die zweite Prämisse seiner Trauerspieldefinition mit der Äußerung eingeleitet:

> „Und nun berufe ich mich auf einen Satz, den Ihnen Herr Moses vorläufig demonstriren mag, wenn Sie, Ihrem eignen Gefühl zum Trotz, daran zweifeln wollen."

Erst dann folgt der zweite evaluative Kernsatz:

> „Der mitleidigste Mensch ist der beste Mensch, zu allen gesellschaftlichen Tugenden, zu allen Arten der Großmuth der aufgelegteste."

Er bereitet die zweite, allgemein wirkungsbezogene Prämisse vor:

„Wer uns also mitleidig macht, macht uns besser und tugendhafter, [...]"

Bereits durch die äußere Form der Definition macht Lessing seinen Anspruch auf Selbständigkeit für die erste Prämisse geltend. Die Analyse der unterschiedlichen Perfektibilitätsbegriffe bewies, daß dieser Anspruch Lessings zu Recht besteht. Und es scheint kein Zufall gewesen zu sein, daß Lessing mit seiner Kritik an Mendelssohns Vollkommenheitsbegriff den entscheidenden ‚Übersetzungsfehler' des Rousseauschen *Discours* aufdeckt – Mendelssohn hat im *Sendschreiben* „*la perfectibilité*" mit der „Bemühung, sich vollkommner zu machen" wiedergegeben -; denn auch Lessings zweiter Bezug auf das *Sendschreiben*, in dem sein Berliner Freund die Liebe als geselligen Affekt definiert, trifft seinen z w e i t e n, man kann sagen, ‚kapitalen' Fehler genau. Im *Sendschreiben* heißt es:

„Das Mitleiden selbst, dieses menschliche Gefühl, das Rousseau dem Wilden noch läßt, nachdem er ihm alle übrigen geistigen Fähigkeiten geraubt hat, ist keine ursprüngliche Neigung, dafür er es angesehen hat. In uns lieget keine ausdrückliche Bestimmung, an den Schwachheiten anderer Geschöpfe *Mißvergnügen* zu haben. Nein!" (Hervorhebung v. M.S.[115]

Rousseau aber spricht von einem „natürlichen Widerwillen" („une répugnance naturelle"),[116] nicht von einem „Mißvergnügen".

In mehrerer Hinsicht ist Mendelssohns falsche Demonstration der Rousseauschen Position aufschlußreich, ‚kapitalträchtig': Erstens, Lessings Hinweise auf die beiden Zentralbegriffe der Rousseau-Kritik Mendelssohns belegen, daß jener Rousseaus Schrift genauer kennt, als er im Brief vom 21. Januar 1756 vorgibt. Zweitens, Mendelssohns ‚Übersetzungsfehler' im *Sendschreiben* zeigen, daß er der Rousseauschen Mitleidstheorie einfach seine Theorie der angenehmen Empfindungen überstülpt, um sie dann, vermeintlich Rousseau gegen Rousseau ausspielend, zu kritisieren. Drittens, und dies ist der wichtigste Punkt, ebnet er Lessing den Weg, aus den Widersprüchen zwischen seiner und der Rousseauschen Theorie eine dritte, eigene zu entwickeln. Weder ist das Mitleid bloß die Quelle der sozialen Tugenden, über daß der *un*gesellige, natürliche Mensch verfügt (Rousseau), noch ist das Mitleid ein zweiter, aus der Liebe abgeleiteter Affekt (Mendelssohn), sondern das Mitleid ist ein ursprünglicher, geselliger Affekt, eine natürliche Fähigkeit des Menschen (Lessing). Die Verknüpfung von Mitleid und sozialer Moralität ist im Lessingschen Ansatz eine notwendige.

Um die Brisanz, die Ironie von Lessings Satz, der die zweite Prämisse einleitet, erkennen zu können, muß Mendelssohns Rousseau-Kritik vollständig zitiert werden. Nach seinem emphatischen „Nein!" fährt er fort:

„Mitleiden gründet sich auf Liebe, Liebe gründet sich auf die Lust an Harmonie und Ordnung. Wo wir Vollkommenheiten erblicken, da wünschen wir sie wachsen zu sehen; und sobald sich ein Mangel bey ihnen äusert: So entspinnet sich bey uns darüber *eine Unlust, die wir Mitleiden nennen*. Nehmet also einen Wilden, raubet ihm alles Menschliche, und lasset ihm nur das Mitleiden, das der Verfasser der Fabel von den Bienen den Menschen Widerwillen hat einräumen müssen;[117] so wird er zur Liebe aufgelegt seyn, so wird die Lust an Vollkommenheiten ihn antreiben, sich in der Schöpfung umzusehen, um die

Gegenstände seiner Neigung aufzusuchen. Wo will er sie herrlicher finden, als in seinem Nebenmenschen? Ist der wilde Mensch selbst nicht, nach dem Gesitteten, das angemessenste Bild eines Schöpfers, das Muster der göttlichen Vollkommenheit? Thun wir die vorzügliche Neigung zu seines gleichen hinzu, davon bey den wildesten Thieren nicht selten Spuhren angetroffen werden: So haben wir einen sichern Grund zur Geselligkeit geleget, und die Natur treibet den Wilden an, sich mit seinen Nebenmenschen zusammen zu thun; *denn sie hat einen Funke von Liebe in seine Seele gelegt, der bereit ist, auf ihren ersten Wink in eine Flamme aufzufahren. Kann ein Schluß bündiger seyn als dieser?* Ist der Wilde fähig – und dieses läugnet Rousseau nicht – mit seinem Nebenmenschen Mitleiden zu haben; so muß er ihn lieben. Liebet er ihn; so wird er sich zu seinen Vorzügen vergnügen, so wird er ungern von ihm weichen, das heißt, er wird gesellig seyn" (Hervorhebungen v. M.S.).[118]

Die erste Ableitung des Mitleids gelingt Mendelssohn ohne Brüche und ganz im Sinne seiner Theorie der angenehmen Empfindungen. Sowohl die Beweiskette Mitleid – Liebe – Lust an Harmonie und Ordnung als auch die Umkehrung, von der Vollkommenheit über den Mangel zur Unlust, zum Mitleiden, ist in sich schlüssig. Diesen Satz kann Lessing nicht gemeint haben, als er in seiner Trauerspieldefinition auf Mendelssohn verweist, da dieser hier erst seine Position gegen die Rousseaus antithetisch abgrenzt und deshalb nicht die Richtigkeit der zweiten Prämisse Lessings beweisen kann. Auch wird an dieser Stelle noch nicht von der Geselligkeit gesprochen. Mendelssohn räumt Rousseau lediglich ein, daß das Mitleid ein m e n s c h - l i c h e s G e f ü h l sei, aber kein ursprüngliches. Das Mitleid entspringt aus der Liebe, die sich auf die Lust an der „prästabilierten Harmonie" gründet. Erst jetzt beginnt die Demonstration des Satzes, mit der er glaubt, immanent Rousseaus Theorie widerlegen zu können. Diese Demonstration ist ebenfalls wie die doppelte Ableitung des Mitleids aus der Lust an der Vollkommenheit in zwei Teile gegliedert.

Der erste Teil der Demonstration am Beispiel beginnt mit dem Mitleid des Wilden und endet bei der Feststellung, daß dieser die Vollkommenheit im Nebenmenschen finde und deshalb gesellig sei. Den zweiten, wichtigeren Teil eröffnet Mendelssohn mit der Annahme, daß nach dem gesitteten Menschen der Wilde das angemessenste Muster der göttlichen Vollkommenheit sei. Bis hierher ist der Beweisgang in sich geschlossen. Durch die Zusatzbedingung, der Wilde erhalte eine „vorzügliche Neigung zu seines gleichen", was evident sei, da selbst die wildesten Tiere darüber verfügten, wird jedoch die Demonstration brüchig; denn der Wilde besitzt nur die Anlage zur Geselligkeit, die aber den Menschen nicht notwendigerweise veranlaßt, in einer Gesellschaft zu leben. Es fehlt etwas, was diesen Funken der Liebe in seiner Seele zur Flamme werden läßt. Und nun fügt Mendelssohn den Satz ein: „Kann ein Schluß bündiger seyn als dieser?", um seine Demonstration abzubrechen. Es folgt wieder die erste Beweiskette ‚Mitleid – Liebe – Vollkommenheit'. Das letzte Glied der umgekehrten Beweiskette fehlt aber in der Demonstration. Was kann den Funken der Liebe entfachen zu einer Flamme, deren Drang der Mensch nicht widerstehen kann?

Die Beantwortung dieser Frage und die sich aus dem ‚bündigen Schluß' ergebende Hierarchie zwischen dem Mitleid und der Liebe hat Lessing erst im 76. Stück der *Hamburgischen Dramaturgie* geliefert und damit das fehlende Glied in der Demonstration Mendelssohns nachträglich ergänzt, und zwar in einer expliziten Form:

> „Und eben diese Liebe, sage ich, die wir gegen unsern Nebenmenschen *unter keinerlei Umständen ganz verlieren können*, die unter der Asche, mit welcher sie andere stärkere Empfindungen überdecken, *unverlöschlich fortglimmet*, und *gleichsam nur einen günstigen Windstoß von Unglück und Schmerz und Verderben* erwartet, um in die *Flamme des Mitleids auszubrechen*; eben diese Liebe ist es, welche Aristoteles unter den Namen der *Philantropie* verstehet. Wir haben Recht, wenn wir sie mit unter dem Namen des Mitleids begreifen" (Hervorhebungen v. M.S.).[119]

Lessing nimmt Mendelssohns Bild vom Funken der Liebe, der zur Flamme wird, auf, bestimmt aber die Flamme, die den Menschen auf natürliche Weise zwingt, gesellig zu werden, als M i t l e i d . Der „erste Wink" der Natur ist das Unglück, der Schmerz und das Verderben, der die Menschenliebe in Mitleid verwandelt. Erst der Funke der Liebe, vermischt mit dem Windstoß des Schmerzes, entfacht die Flamme des Mitleids. Die Flamme des Mitleidens, nicht der schwache Funke der Menschenliebe, ist die gesellige Empfindung, die gesellige Leidenschaft. Das Mitleid als vermischte Empfindung umfaßt diese Menschenliebe. Es ist weder eine abgeleitete noch eine sekundäre Leidenschaft, sondern das natürliche, ursprüngliche Vermögen des Menschen, das nicht die Quelle oder den Ursprung der Moralität bildet.[120] Da Lessing entsprechend seinem Vollkommenheitsbegriff das Mitleid als Dispositionsaffekt, als Fähigkeit, als Vermögen versteht, ist die Moralität untrennbar mit der Fähigkeit, Mitleid zu fühlen, verbunden.

Lessing gelingt es, spätestens im 76. Stück der *Hamburgischen Dramaturgie*, beide Theorien, die Rousseaus und die Mendelssohns, zu einer dritten, eigenständigen zu vereinigen. Die ‚Liebe gegen unsern Nebenmenschen' nimmt Mendelssohns Zusatzbedingung, den „Grund zur Geselligkeit", auf. Das Bild vom ‚Funken der Liebe' löst Lessing auf in die Liebe, die unter der Asche „unverlöschlich fortglimmet"; zugleich zitiert Lessing so genau die Stelle aus dem *Discours sur l'inégalité*, an der Rousseau das Mitleid als unzerstörbare Empfindung des Menschen definiert hat.[121] Wenn der Funken der Liebe zur Flamme des Mitleids wird, und zwar entfacht durch den Schmerz, das Unglück, sind beide Leidenschaften untrennbar miteinander verknüpft. Weder die Menschenliebe noch das Mitleid können zerstört werden; sie können lediglich von anderen Empfindungen unterdrückt werden. Durch das Unglück werden das Mitleid und die Menschenliebe geradezu in der Glut zusammengeschmiedet. Stellt Rousseau das Mitleid neben den Schmerz und die Eigenliebe und versucht Mendelssohn, das Mitleid aus der Liebe abzuleiten, so weist Lessing die Untrennbarkeit beider Empfindungen mit der Mendelssohnschen Demonstration nach. Wenn der Funke der Menschenliebe den Grund der Geselligkeit bildet, dann wird das so verstandene Mitleid zum geselligen Affekt, dann kann Lessing mit dem Verweis auf die Demonstration des Satzes durch Mendelssohn, allerdings gegen dessen Intention, behaupten, und zwar zwölf Jahre vor dem 76. Stück der *Hamburgischen Dramaturgie*:

> „D e r   m i t l e i d i g s t e   M e n s c h   i s t   d e r   b e s t e   M e n s c h , zu allen gesellschaftlichen Tugenden, zu allen Arten der Großmuth der aufgelegteste;"

denn kein anderer „Schluß" kann „bündiger seyn, als dieser". Da Mendelssohn in einer unvollständigen Demonstration Lessings evaluativen Kernsatz aus der Trauerspieldefinition logisch bewiesen hat und da Lessing selbst die Gültigkeit seiner Definition bereits ein Jahr zuvor in seinem bürgerlichen Trauerspiel dramatisch präsentiert hat, genügt im Brief vom November 1756 an Nicolai der Verweis auf den Schulphilosophen. Und der Appell an Nicolais Gefühl, an sein Herz, daß dieser Satz nicht anzuzweifeln sei, darf und kann als indirekter Hinweis auf das Trauerspiel bewertet werden.

Der Kontext des 76. Stücks der *Hamburgischen Dramaturgie* legt den Bezug zu einer zweiten Textstelle Mendelssohns offen. Unmittelbar vor der Aufnahme des Bildes vom Funken der Liebe aus dem *Sendschreiben* vom 2. Januar 1756 zitiert Lessing eine längere Passage aus Mendelssohns *Briefen über die Empfindungen*, und zwar diejenige aus dem „Beschluss", in der Lessings Freund erklärt, warum die Zuschauer mit einem vollkommen Lasterhaften, dessen ‚Greueltaten' sie kennen, dennoch Mitleid haben, wenn der Verbrecher hingerichtet wird. Im Augenblick der Hinrichtung wünschen

> „*aller Herzen, daß ihm verziehen würde:* Ihm? Dem Gegenstande ihres Abscheues, den sie einen Augenblick vorher selbst zum Tode verurtheilt haben würden? Wodurch wird ietzt der *Strahl der Menschenliebe* wiederum bey ihnen rege? Ist es nicht die Annäherung der Strafe, der Anblick der entsetzlichsten physicalischen Uebel, die uns so gar mit einem Ruchlosen gleichsam aussöhnen, und ihm unsere Liebe erwerben? Ohne Liebe könnten wir unmöglich mitleidig mit seinem Schicksale seyn" (Hervorhebungen v. M.S.).[122]

Und Lessing könnte anfügen: Ohne Mitleid könnten wir unmöglich ihn lieben und ihm verzeihen.

Wenn Lessing in der folgenden Passage des 76. Stücks der *Hamburgischen Dramaturgie* genau diese Stelle aus den *Briefen über die Empfindungen* in dasjenige Bild setzt, was Mendelssohn im *Sendschreiben* verwandt hat, um Rousseau zu widerlegen, so vervollständigt er das Bild und macht es zu einer Allegorie, die umfassender erklärt, warum der Mensch für einen ‚ruchlosen Verbrecher' Mitleid fühlt. Lessing fügt also nichts hinzu, sondern bezieht zwei Stellen aus den Schriften Mendelssohns aufeinander, die sich gegenseitig ergänzen, und schließt so die Lücke der ‚Demonstration' aus dem *Sendschreiben*. Er verweist somit auf den Satz aus den *Briefen über die Empfindungen*, der lautet: „Ohne Liebe könnten wir unmöglich mitleidig mit seinem Schicksale seyn", dessen Brisanz aber erst deutlich wird, wenn Mendelssohns Rousseau-Kritik beachtet wird.

Bezieht sich Rousseau auf Mandeville,[123] um die Ursprünglichkeit des Mitleids und die Tugendhaftigkeit des natürlichen Menschen beweisen zu können, indem er Mandeville gegen Mandeville wendet, und verweist Mendelssohn auf Mandeville u n d auf Rousseau, um seine These zu belegen, daß das Mitleid keine ursprüngliche Neigung sei, indem er ‚Rousseau gegen Rousseau' auszuspielen versucht, so macht Lessing sich dieses formale Verfahren der Kritik ebenfalls zu eigen. Nur beruft er sich gegenüber Nicolai nicht auf Mandeville oder gar auf Rousseau, sondern auf Mendelssohn, um ihn, seinen Gegner, zum Kronzeugen seiner Poetik des Mitleids zu machen, indem er, Mendelssohns Beweisverfahren gegen Mendelssohns Intention ausspielend, dessen Beweisführung implizit aufnimmt, um die Richtigkeit und Gültigkeit des Kernsatzes zu beweisen. Das diesem Argumentationsverfahren inhärente Moment der Ironie wird geradezu durch den Kontext, durch die Bezüge auf Mandeville, Rousseau und Mendelssohn, verschärft. Mandeville und Rousseau, der ja jenen zitiert, beweisen, daß selbst die entartetsten Sitten das Mitleid nicht zerstören können; wenn der entartete Mensch sieht, wie ein wildes Tier, „das ein Kind vom Busen seiner Mutter reißt, mit seinen mörderischen Zähnen seine schwachen Glieder bricht und mit seinen Krallen die zuckenden Eingeweide dieses Kindes zerfetzt", kann er sein Mitleiden nicht mehr unterdrücken.[124] Aus derselben Darstellungsperspektive wird Mendelssohn im *Sendschreiben* seinen Beweis führen. In den *Briefen über die Empfindungen* dagegen ist er einen Schritt weiter gegangen, da er die Erzählperspektive wechselte und die moralischen Bewertungen umkehrte. Nicht mehr der Lasterhafte selbst wird gerührt, wenn er das Unglück eines unschuldigen Kindes sieht, sondern die Tugendhaften empfinden Mitleid selbst dann, wenn sie zuschauen, wie ein ‚ruchloser Verbrecher' verdient leidet. Mandevilles und Rousseaus Exempel sind noch zu einfach, zu stilisiert, als daß sie die Struktur des Mitleids umfassend verdeutlichen könnten. Erst Mendelssohns Beispiel vom „blutenden Schauergerüste", vergleichbar mit eben jener letzten Szene aus George Lillos *The London Merchant*, läßt das Mitleid als vermischte Empfindung erkennbar werden. Selbst in extremen Situationen, wenn ein Mörder hingerichtet wird, entsteht Mitleid und das Verlangen, ihm zu vergeben. Wiederum ist es die Großmut, die als Tugend von Mendelssohn besonders hervorgehoben wird. Und die Großmut spielt sowohl in Lessings bürgerlichem Trauerspiel als auch in der Trauerspieldefinition eine herausragende Rolle.

Beide Extreme, das des maßlosen Unglücks eines unschuldigen Kindes und die Hinrichtung einer Mörderin bestimmen direkt bzw. indirekt Lessings Trauerspiel *Miß Sara Sampson;* beide Extreme gelangen zwar nicht zur Darstellung, werden aber im Dialog als mögliche Handlungsalternativen reflektiert. Marwoods Drohung, Arabella umzubringen, steht den Exempeln von Mandeville und Rousseau in der Drastik der Schilderung in nichts nach. Die Flucht der früheren Geliebten Mellefonts hätte mit der Hinrichtung enden können, wenn Sara Rache und Haß ihr gegenüber empfunden hätte. Da Sara das Selbstgeständnis ihrer Gegenspielerin vernichtet, eröffnet Lessing eine andere, neue Handlungsperspektive, in der Marwood selbst Gegenstand des Mitleidens werden muß; denn sie muß eine „außerordentliche Vergebung annehmen", und die so entstehenden „schmerzhaften Empfindungen" der Reue[125] entfachen den „Funken der Liebe" zur „Flamme des Mitleids".[126] Mellefont kann diese „schmerzhaften Empfindungen" nicht ertragen und begeht deshalb Selbstmord, der ihn zum Gegenstand des Mitleidens werden läßt. Sara, die Tochter Sir Sampsons, wird von Marwood vergiftet, und sie ist nicht das unschuldige Opfer der Rachsucht. Sie bekennt selbst, daß sie nicht frei von Schuld sei. Lessing präsentiert in seinem ersten bürgerlichen Trauerspiel eine Fülle von fein abgestuften Situationen, die differenziert alle Arten des Mitleidens darstellen. Indem er die plakativen, krassen Extremsituationen vermeidet und die Handlung zwischen den Paradigmen der Folterung, Ermordung eines unschuldigen Kindes und der Hinrichtung einer Mörderin entwickelt, gelingt es ihm, verfeinert und in Abstufungen die Vielfalt des dramatischen Formprinzips, des Mitleids, a n s c h a u l i c h z u p r ä s e n t i e r e n.

3.2.2.6. Unterschiede und Gemeinsamkeiten zwischen Lessing, Mendelssohn und Rousseau: eine Zusammenfassung

Lessings Verweis auf ‚Mendelssohns Satz' eröffnet die wichtigen Kontexte, zu denen Mendelssohns *Sendschreiben* vom 2. Januar 1756, seine Rousseau-Übersetzung, seine *Briefe über die Empfindungen* (1755), Rousseaus *Discours sur l'inégalité* (1755), Mandevilles *The Fable of the Bees* und Lessings *Miß Sara Sampson* gehören. Die Nähe Lessings zu Mendelssohn und die sich zugleich einstellende Distanz, da Mendelssohn als Schulphilosoph diesen „bündigen Schluß" der Theorie des Mitleids nicht ziehen kann, lassen die Ironie, aber auch die Hommage erkennen, die Lessing in dem einleitenden Satz zur zweiten Prämisse seiner Trauerspieldefinition mit dem Hinweis auf Mendelssohn äußert, der für die Klärung der Genese der Poetik des Mitleids entscheidend ist. Mendelssohn erst öffnet den Weg zu einer ästhetischen Theorie des Mitleids, deren prärationaler Charakter auch von ihm anerkannt wird. Daß aber bereits die prärationale Empfindung, das Mitleid, eine moralische sei, scheidet beide und verbindet Lessing mit Rousseau. Die Strukturbestimmung des Mitleids als vermischte Empfindung und besonders die Verknüpfung mit der Menschenliebe trennt Lessings Theorie von der Rousseaus. Da Lessing die Unmittelbarkeit der Wirkung des Affekts, die von allen anerkannt wird, den prärationalen Charakter des Mitleids, notwendig mit der Moralität verbindet, die dem Mitleid aufgrund des Verhältnisses zwischen Unglück und Vollkommenheit inhärent ist, konzipiert er seinen eigenen Ansatz, den er im *Briefwechsel über das Trauerspiel* diskursiv entfaltet, aber bereits zur Ostermesse 1755 in seinem bürgerlichen Trauerspiel *Miß Sara Sampson* ‚anschaulich-dramatisch' präsentiert hat. Dasjenige, was Lessing von Gottsched, Mendelssohn und Nicolai trennt, nämlich die notwendige I d e n t i t ä t von Mitleid und gesellschaftlicher Moralität, unterscheidet ihn auch von Rousseau, der das Mitleid als Q u e l l e der gesellschaftlichen Tugenden versteht. Die unterschiedliche Beurteilung der Wirkungsmöglichkeiten des Dramas, der poetischen Darstellung des natürlichen Mitleids, wird erst verständlich, wenn die feinen, aber grundlegenden Differenzen beider Konzepte der natürlichen Leidenschaft deutlich sind. Obwohl Lessing Rousseaus Unterscheidung zwischen „amour de soi" und „amour propre" sowie zwischen „raison" und „réflexion" nicht direkt aufnimmt, stehen sie nicht im Widerspruch zu Lessings Verständnis von der Menschenliebe und des Mitleids. Beide Konzepte sind zeitgenössische Ausdrucksformen der negativen Dialektik der Aufklärung; beide Theorien wenden sich gegen eine Rationalität, die auf die Herrschaft über die äußere und innere Natur abzielt.

Lessing läßt Tellheim als Kronzeugen seiner natürlichen Poetik des Mitleids auftreten, wenn dieser äußert, als er vom ‚Unglück' Minnas erfährt:

> „Ärgernis und verbissene Wut hatten meine ganze Seele umnebelt; die Liebe selbst, in dem *vollsten Glanze des Glücks*, konnte sich darin *nicht Tag schaffen*. Aber sie sendet *ihre Tochter, das Mitleid*, die, mit dem *finstern Schmerze vertrauter*, die *Nebel zerstreuet*, und alle Zugänge meiner Seele den *Eindrücken der Zärtlichkeit* wiederum öffnet. Der *Trieb der Selbsterhaltung* erwacht, da ich *etwas Kostbareres zu erhalten habe, als mich*, und es durch mich zu erhalten habe. Lassen Sie sich, mein Fräulein, das *Wort Mitleid nicht beleidigen.*" (Hervorhebungen v. M.S.).[127]

Indem Lessing den Bildbereich des Nebels mit der Lichtmetapher der Aufklärung verknüpft, die im Bild des Funkens der Liebe ihre Entsprechung findet, stellt er in der Form der poetisch-poetologischen Selbstreflexion im Lustspiel seine Poetik des Mitleids dar. Liebe und Mitleid werden personifiziert, zu ‚Blutsverwandten', zu Mutter und Tochter. Ärgernis und verbissene Wut sind die „andere[n] stärkere[n] Empfindungen", welche die Liebe unterdrücken, die unter der Asche unverlöschlich fortglimmt. Minnas ‚Unglück' ist der „günstige Windstoß", der die Liebe zur Flamme des Mitleids entfacht, die mit dem „finstern Schmerze vertrauter" ist und den Tag erhellt, die „Nebel zerstreuet", Tellheim empfindsam macht. Seine Empfindsamkeit läßt den Trieb der Selbsterhaltung erwachen, seine „amour de soi", die ihn „gesellig" macht und erkennen läßt, daß er „etwas Kostbares zu erhalten" hat als sich selbst. „Lassen Sie sich, mein Fräulein, das Wort Mitleid nicht beleidigen"; denn diese Beleidigung des „Schmerzes" würde ihn zum „Ungeheuer" machen, zu einem Tier, das seine Menschlichkeit nicht mehr zu fühlen vermag. Und Tellheim fährt fort:

> „Von der *unschuldigsten Ursache unsers Unglücks*, können wir es ohne Erniedrigung hören. Ich bin diese Ursache; durch mich, *Minna*, verlieren Sie Freunde und Anverwandte, Vermögen und Vaterland. Durch mich, in mir müssen Sie alles dieses wiederfinden, oder ich habe das Verderben der Liebenswürdigsten Ihres Geschlechts auf meiner Seele. Lassen Sie mich keine Zukunft denken, wo ich mich selbst hassen mußte" (Hervorhebungen v. M.S.).[128]

Das ‚unverschuldete Unglück' der Minna, der „Minne", das Tellheims Mitleid erregt, benennt die conditio sine qua non der natürlichen Empfindung, deren Verachtung den Menschen erniedrigt, ‚tiefer sinken läßt, als ein Tier fallen kann'. Wenn die Liebe von ihren familialen Bindungen getrennt wird, ohne daß dieses Unglück Mitleid erzeugt, wird der Selbsthaß wach, eine Empfindung, die Tellheim ohne Zukunft lassen würde. Das Mitleid allein kann die Liebe stärken, die Nebel vertreiben, den Tag aufhellen; das Mitleid allein, diese gesellige Empfindung, kann Freunde und Anverwandte, Vermögen und Vaterland ersetzen. Das Mitleid allein führt zum ‚happy-end' des Lustspiels, zur Heirat, zur Gründung einer auf Mitleid basierenden Familie, einer „Gesellschaft im kleinen".[129] In dieser Äußerung Tellheims verbindet Lessing die gegensätzlichen Standpunkte Rousseaus und Mendelssohns und läßt die dramatische Figur die eigene Position vertreten. Und es ist bezeichnend, daß eine Person aus einem e r n s t e n L u s t s p i e l die Dramaturgie des Trauerspiels immanent reflektiert, zeichnet sich doch bereits hier wie später im bürgerlichen Gedicht *Nathan der Weise* die Universalisierung der Poetik des Mitleids über die Grenzen des bürgerlichen Trauerspiels hinaus ab.

3.2.2.7. Zur conclusio

Der die zweite Prämisse vorbereitende Kernsatz zeigt das Mitleid aus einer anderen Perspektive, in der die erste normative Voraussetzung aufgehoben ist. Der mitleidigste Mensch ist derjenige, der seine anthropologische „Beschaffenheit", seine Eigenschaft, seine Fähigkeit mitzuleiden zur Fertigkeit ausgebildet hat. Er hat sich „so weit fühlbar [gemacht], daß [ihn] der Unglückliche *zu allen* Zeiten und *unter allen Gestalten*, rühren und *für sich einnehmen muß*" (Hervorhebung v. M.S.).[130] Da das Mitleid ein natürliches, geselliges Empfinden ist und da der mitleidigste Mensch diesem natürlichen Affekt nicht w i d e rstehen kann, hat der Mensch sich entsprechend seiner geselligen Natur vervollkommnet und ist zum besten Menschen geworden. Der höchste Grad der Empfindsamkeit korreliert mit dem höchsten Grad der Perfektibilität. Die Vollkommenheit des empfindsamen, geselligen Menschen läßt ihn z u g l e i c h über den höchsten Grad an Tugendhaftigkeit, an Großmut, verfügen. Die Identität von Affekt (Grund), Perfektibilität (Mittel) und gesellschaftlicher Tugendhaftigkeit (Endzweck) ermöglicht den Übergang vom bewertenden Kernsatz zur zweiten Prämisse. „Wer uns also *mitleidig* macht, macht uns besser *und* tugendhafter" (Hervorhebung v. M.S.). Mitleid, das Gute, die Vollkommenheit und die Tugend werden in eine Ursache-Wirkung-Relation überführt, so daß der Grund, die Mittel und der Endzweck nicht mehr getrennt voneinander gedacht werden können. Auch dies ist eine Präsupposition, ein Satz, der die zweite Prämisse als Obersatz auszeichnet und den Herr Moses Mendelssohn Nicolai demonstrieren kann:

> „Die wahre Liebe in ihrem ganzen Umfange betrachtet, ist der B e w e g u n g s g r u n d, das M i t t e l und der E n d z w e c k aller Tugenden."[131]

Da nach Mendelssohns eigenem Beweisverfahren die Liebe nicht ohne das Mitleid existiert, gilt diese Identität von Ursache, Mittel und Endzweck auch für das Mitleid. ‚Das Mitleid, in seinem ganzem Umfange betrachtet, ist der B e w e g u n g u n g s g r u n d, das M i t t e l und der E n d z w e c k aller Tugenden.' Die natürliche Bestimmung des Menschen, seine Fähigkeit Mitleid zu fühlen, zu erweitern, da er sich nur so vervollkommnen kann, wenn er nicht seinen Verstand allein, sondern auch sein Herz aufklärt, läßt die zweite Prämisse zum Prinzip der aufgeklärten Empfindsamkeit werden. Dem Argumentationsverfahren Lessings liegt folgende schlußlogische Tiefenstruktur zugrunde:

Obersatz: Derjenige, der uns mitleidig macht, macht uns besser und tugendhafter.
Untersatz: Das Trauerspiel soll unsere Fähigkeit, Mitleid zu fühlen, erweitern.
Schlußfolgerung: Das Trauerspiel, das unser Mitleid erregt, bessert und macht uns tugendhafter.

Deshalb kann Lessing die conclusio erweitern und behaupten:

> „und das Trauerspiel, das jenes thut, thut auch dieses, oder – es thut jenes, um dieses thun zu können."

Aber auch dieses Schlußverfahren hat Mendelssohn in seinen *Briefen über die Empfindungen* nahegelegt, wenn er unmittelbar nach dem für Lessing so wichtigen Beispiel vom ‚blutenden Schauergerüste' äußert:

> „Um wie viel mehr muß also nicht die theatralische Vorstellung unzähliger Unglücksfälle, denen ein Tugendhafter unterliegt, unsere Liebe zu seinen Vollkommenheiten erhöhen und ihn in unsern Augen würdiger machen?"[132]

Da Lessing direkt nach seiner Trauerspieldefinition die Komödie in seine Überlegung einbezieht und auch das Lachen als vermischte Empfindung bestimmt, dessen Vergnügen es mit dem Mitleiden als eine Hälfte gemeinsam hat, antizipiert er Tellheims Äußerung und verweist auch auf die Gültigkeit der Mitleidstheorie für die ernste Komödie.

3.3. Die Reflexionstheorie des Mitleids

Der von Descartes aufgestellte Satz, die Vorstellungstätigkeit der Seele, ihre Empfindungen, führe zu einem höheren Grad des Bewußtseins ihrer Realität, beeinflußte Leibniz' *Monadologie* (1710), Dubos' *Réflexions* (1719) ebenso wie die Auffassungen Wolffs und Mendelssohns sowie Levesque de Pouillys *Théorie des sentimens agréables* (1747)[133] und Calepios Erklärung des „Ergötzens" in Bodmers Briefwechsel von der Natur des poetischen Geschmacks.[134] Dieser Satz bietet auf der Grundlage der Lessingschen Trauerspieldefinition die Möglichkeit, Descartes' rationalistischen Existenzbeweis empfindsam umzudeuten: Descartes' „je pens donc je suis" bzw. „cogito ergo sum" wird zum „je sens donc je suis".[135] Descartes' rationales Schlußverfahren legt die Reflexionsstruktur des Denkens offen. Lessings Theorie des Mitleids ist ebenfalls durch die Reflexion gekennzeichnet; im Gegensatz zu Descartes' Satz und dessen rationalem Selbstbezug ist das Mitleid durch eine prärationale, emotionale Reflexionsstruktur geprägt. Die Erweiterung der Fähigkeit, Mitleid zu fühlen – und Lessing sagt nicht mitzuleiden – impliziert die Charakterisierung des Mitleids als natürlichen Dispositionsaffekt. Daß Lessing die Empfindung betont und die Fähigkeit zu fühlen dem Menschen vor allem Gebrauch seiner Vernunft zuspricht, bestimmt die Reflexionsstruktur des Mitleids emotional. Der Zuschauer fühlt nicht nur die dargestellte Leidenschaft, das Mitleid, selbst, sondern ist sich zu gleicher Zeit eines höheren Grades seiner Realität bewußt. Affektiv wird er gezwungen, sich selbst zu objektivieren, ein Selbstgefühl zu empfinden, so daß er sich seiner selbst bewußt wird. Der Gegenstand dieses Affekts ist also kein beliebiger, sondern seine Menschlichkeit. Nicht Haß, Wut oder Zorn kann er primär fühlen, wenn diese Leidenschaften dargestellt werden, sondern allein seine natürliche Menschlichkeit, durch die sein Selbsterhaltungstrieb und seine natürliche Verpflichtung zur Geselligkeit gestärkt werden.

Rousseaus hypothetisch abgeleiteter Naturzustand ist ebenfalls durch diese prärationale Reflexionsstruktur gekennzeichnet. Er geht vom ungeselligen Menschen aus, der nur sich allein zum Zuschauer hat, der sich selbst beobachtet, der sich nur für sich selbst interessiert. Damit ist die Annahme der natürlichen Eigenliebe (amour de soi) begründet.[136]

> „Wahrnehmen und Fühlen wird sein erster Zustand sein, den er mit allen Tieren gemein hat. Wollen und Nichtwollen, Wünschen und Fürchten werden die ersten und fast einzigen Tätigkeiten seiner Seele sein, bis neue Umstände neue Fortschritte hervorrufen."[137]

> „Die einzigen Güter, die er in dem Universum kennt, sind Nahrung, ein Weib und Ruhe. Die einzigen Übel, die er fürchtet, sind Schmerz und Hunger."[138]

Der Schmerz, der das Mitleiden erregt, muß aber zuerst selbst empfunden worden sein, damit der Mensch die Leiden, die Schmerzen anderer, fühlen kann. Das Selbst-Fühlen des Schmerzes geht dem Mitleiden voraus und bildet die Grundlage der Identifikationsfähigkeit des Menschen mit seinem leidenden Nebenmenschen. Die Furcht vor Schmerz ist die Kehrseite des Selbsterhaltungstriebes, der „amour de soi"; mit ihr ist die Fähigkeit, Mitleid zu fühlen, als ein natürliches Vermögen des Menschen gegeben. Nur so kann er das Mitleiden selbst fühlen und sich zugleich selbst empfinden und ein Selbstgefühl, die erste Stufe des Selbstbewußtseins, der Subjektivität, entwickeln. Das durch ein leidendes ‚Objekt' ausgelöste Mitleiden kann erst aufgrund des Selbstbezugs, der Reflexion, real empfunden werden. Der Akt der Mitleidens wird real, wenn der Mensch bzw. der Zuschauer selbst den Schmerz fühlt und nicht bloß empfindet, ein anderer bzw. die dramatis persona fühle Schmerzen. Die Unmittelbarkeit des Mitleidens wird also erst über den Selbstbezug, in der affektiven Reflexion, erzeugt. Nur das Mitleid verfügt über diese besondere Qualität und ermöglicht die emotionale Transgression, da das dargestellte Mitleid als dispositionaler Affekt wirkt. Diese Besonderheit der natürlichen Leidenschaft läßt das ästhetisch vermittelte Mitleid real wirken. Lessing hat diesen Prozeß der Wirkung, die Unterscheidung zwischen „primären" und zweiten, bloß mitgeteilten Affekten, in seinem „Saiten-Beispiel" exemplifiziert.[139]

Formal gleicht die rationale Reflexion der emotionalen. Diskursiv wird in der Reflexion der Vollzug des Denkens zum Gegenstand des Denkens.

> „Die Reflexion ist eine Wahrnehmung im Denken, die das, was wahrgenommen wird, in ein Vorstellungsverhältnis einschließt. Dieses, daß sie ein Vorstellungsverhältnis ist, verbindet sie mit dem Mitleiden."[140]

In der affektiven Reflexion wird der Gefühlsakt des Leidens zum Objekt, dessen Unmittelbarkeit in eine Distanz zum wahrnehmenden, fühlenden Subjekt verwandelt wird, da diesem nicht direkt ein Schmerz zugefügt wird. Die Distanz, der ‚Abstand zur Schmerzquelle', wird durch das auf sich selbst zurückbeziehende Fühlen, durch das Mitleiden, aufgehoben. Diese Form des Selbstgefühls und der Selbstwahrnehmung wird zum Selbstbewußtsein für Lessing, da er sich auf einen der entscheidenden Kernsätze der Leibniz'schen Monadologie berufen kann. Deshalb bildet auch das Mitleid im Zustand der Gesellschaft die Empfindung, in der sich das Subjekt seiner eigenen Existenz versichern kann.

Unabdingbare Voraussetzung ist die Einbildungskraft des Menschen, die es erst ermöglicht, das notwendige Vorstellungsverhältnis zu konstituieren; denn der Mensch muß sich mit dem leidenden identifizieren können, um das Mitleid und damit den Schmerz selbst zu fühlen. Dieses kann er aber nur, wenn er eine Vorstellung vom Schmerz hat, die nicht mehr an bestimmte Situationen gebunden sein darf. Der mitleidende Mensch muß in der Lage sein, eine Vorstellung vom Leiden auch auf andere Situationen zu übertragen, da er nur so über die Affektlage, über die Disposition, über die Fähigkeit, verfügt. Bezogen auf Lessings „Saiten-Beispiel" bedeutet dies, daß diejenige Saite eines Instruments, die durch eine direkte Berührung in Schwingung gerät, eine andere Saite ohne direkte Berührung in „Bebung" versetzt. Der leidende Mensch kann den zuschauenden aber nur dann rühren, wenn das betrachtende Subjekt aufgrund der Selbstbeobachtung und Selbstwahrnehmung eigener Gefühle eine richtige Vorstellung von der entsprechenden Frequenz des dargestellten Affekts hat. Wenn zum Angeschauten die eigene Vorstellung hinzutritt, ist es möglich, sich mit dem Leidenden zu identifizieren, ohne den Selbstbezug aufgeben zu müssen. Im Gegenteil, im betrachtenden Subjekt verbinden sich mit dem Grad der Rührung assoziativ Gegenstände, die das Mitleid zum primären Affekt werden lassen; denn es ist eine ursprüngliche Empfindung, die untrennbar mit dem Schmerz und dem Bewußtsein der Menschlichkeit verknüpft ist.

Lessing überträgt sein Gleichnis direkt auf das Theater und zieht den entscheidenden Schluß, mit dem er bereits im November 1756 Nicolais und Mendelssohns Theorie der angenehmen Empfindung kritisiert: allein das Mitleid kann und muß vom

Zuschauer real empfunden werden. Die Affekte der spielenden Personen versetzen das Publikum nur in „Bebung" und berühren es nicht ursprünglich. Der Zuschauer fühlt lediglich, daß andere Haß und Zorn empfinden. Er fühlt den Haß, ohne einen „unangenehmen Gegenstand dabey zu denken".[141] Das Vergnügen, das in ihm bei der Darstellung unangenehmer Emotionen erregt wird, so Mendelssohn in seinen *Briefen über die Empfindungen*, speist sich aus der „Erinnerung, daß es nichts als ein künstlicher Betrug sey".[142] Lessing aber überschreitet die Grenzen der Theorie der angenehmen Empfindungen, die das Theater dem Vorwurf des Betrugs und der „Empfindelei", der Larmoyanz, aussetzt, mit seiner Theorie der vermischten Empfindung. Die Illusion im bürgerlichen Trauerspiel betrügt nicht den Verstand und die Sinne, die Empfindungen des Publikums, sondern hält ihm den natürlichen Spiegel des Mitleids vor, so daß es real sympathisieren muß und sich der dargestellten Leidenschaft nicht entziehen kann.

Das Mitleid, ein natürliches, emotional-reflexives Vermögen des Menschen, stellt erst die Verbindung zwischen dem Zuschauerraum und der Bühne her. Wenn sowohl die Struktur der dargestellten Handlung als auch die Form der Wirkung durch das Mitleid determiniert werden, wenn es die Disposition, die F o r m des Dramas festlegt, wird die eine Seite, der Bühnenraum, entsprechend der natürlichen Empfindungsfähigkeit des Menschen gestaltet. Indem affektiv die Bühne mit dem Zuschauerraum im Mitleiden zu Deckung gelangt, kann sich das Publikum dem dargestellten Affekt, dieser anthropologischen Grundkonstante, nicht mehr entziehen. Da die Handlung dem Zuschauer sein natürliches Empfindungsvermögen wie einen ungetrübten Spiegel vorhält, muß er sich selbst fühlen. Das empfindsame Theater spiegelt die Menschlichkeit, den geselligen Urtrieb des Menschen wider. Das Theater ist nicht ein Gesellschafts-, ein Fürstenspiegel, sondern der Spiegel des natürlichen Menschen. Das Moment der Reflexion, das dem Mitleid anhaftet und es zum ursprünglichen Selbstgefühl und zur natürlichen Selbstwahrnehmung werden läßt, zeichnet auch das literarische Form- und Wirkungsprinzip des empfindsamen Trauerspiels aus. Im Mitleid spiegelt sich die dramatische Handlung. Weder stehen die Bühne und der Zuschauerraum in einer Zweck-Mittel-Relation noch in der die Räume trennenden Ursache-Wirkung-Relation, sondern Beweggrund und Mittel sowie Endzweck bilden eine Einheit, die beide Räume gleich strukturiert. Indem der Bewegungsgrund, das Mittel und der Endzweck des Trauerspiels Gegenstände der Darstellung sind, indem das Mitleid d r a m a t i s c h p r ä s e n t i e r t wird, Darstellung, Dargestelltes und die Wirkung umfaßt, sich selbst reflektiert, kann Lessing die poetisch-poetologische Selbstreflexion in seinem ersten bürgerlichen Trauerspiel ohne Illusionsbrüche vollziehen.

Wenn Mellefont den plötzlichen Übergang von der Bewunderung zum Schrecken thematisiert, objektiviert er seine eigene Empfindung und zugleich die Grundstruktur des Mitleids. Dadurch daß er die Wirkung der Geschehnisse, der Handlungsphasen, sprachlich präzise erfaßt, wird die Handlung in ihrer Struktur zu sich selbst in Beziehung gesetzt, und die Kompositionsprinzipien des empfindsamen Trauerspiels werden ebenso offengelegt wie die Konstituenten des natürlichen Affekts. Da der Bewegungsgrund, das Mittel, der Endzweck und die Wirkung im Mitleid zwar zu unterscheiden, nicht aber von diesem Affekt zu trennen sind, kann Lessing im bürgerlichen Trauerspiel auch den Wirkungsprozeß poetisch darstellen. Er kann die Kausalität der Handlung makro- und mikrostrukturell ebenso im Drama vergegenständlichen wie das Mittel, ohne die Rampe, die Grenzlinie zwischen Bühne und

Zuschauerraum, zu überschreiten, da das literarische Formprinzip mit der affektiven Disposition des Zuschauers kongruiert. Gerade die Reflexionsstruktur des Mitleids, die Distanzsetzung und das Auf-sich-selbst-Zurückbeziehen, die Identitätsstruktur, und die Untrennbarkeit von Ursache, Mittel, Endzweck und Wirkung sowie die Spontaneität, Universalität und Ubiquität bilden die Voraussetzungen in einem das Mitleid erregenden Trauerspiel, um die Wirkung und damit diese Wirkungspoetik zu Gegenständen bzw. zum Gegenstand der Darstellung zu machen. Um überhaupt zwingend wirken zu können, muß sich das empfindsame Trauerspiel selbst thematisieren; denn nur auf diese Art und Weise übt das Trauerspiel auf das Publikum den Zwang aus, daß es mitleiden muß, mag es wollen oder nicht. Die Konkretisierung des illusionistischen Typus der poetisch-poetologischen Selbstreflexion im bürgerlichen Trauerspiel ist in besonderer Weise von der Kongruenz zwischen der poetischen Produktion und der Wirkungspoetik abhängig. Die Einfühlung des Zuschauers ist eine notwendige Voraussetzung dieser Poetik, damit er sich des Mitleids, des dramatischen Kompositionsprinzips, u n d seiner gesellschaftlichen Kritikfähigkeit bewußt werden kann. In der Rezeption wird der Zuschauer mit seiner Natur konfrontiert. Die Wahrnehmung der Darstellung wird zur Selbstwahrnehmung, zum Selbstgefühl, zum Selbstbewußtsein. In der qualitativ von den übrigen Graden des Mitleids unterschiedenen Furcht, die Lessing in der *Hamburgischen Dramaturgie* als „das auf uns selbst bezogene Mitleid" definiert,[143] wird die Reflexionsstruktur dieser natürlichen Leidenschaft und ihr kognitives Moment klar und deutlich auf den Begriff gebracht.

Während in der rezeptionsästhetischen Formel „Furcht und Mitleid" der Fremd- und Selbstbezug, die Objektivierung und die psychische Identifikation, dominieren,[144] während durch die dramatische Darstellung die Darbietungs- und Auffassungsweise kongruieren, die Grenzen zwischen Fiktion und Wirklichkeit aufgehoben werden, indem die Bühne mit dem Zuschauerraum vereinigt wird und indem sich das Publikum mit den dramatis personae in der E i n h e i t d e r i n n e r e n H a n d l u n g identifiziert,[145] ist der selbständige Affekt der Bewunderung als dramatisches Formprinzip primär durch den ‚Objektsbezug' gekennzeichnet, der sich jedoch vom Fremdbezug des Mitleids, das durch einen ins Unglück geratenen mittleren Helden des Trauerspiels ausgelöst wird, unterscheidet. Der dargestellte Held im empfindsamen Trauerspiel wird zum Neben-, zum Mitmenschen für den Zuschauer, der seine sympathetische Empfindung nur seinesgleichen entgegenbringen kann; „und wenn wir mit Königen Mitleiden haben, so haben wir es mit ihnen als mit Menschen, und nicht als mit Königen."[146] Voraussetzungen der Reflexivität der natürlichen Empfindung, der ‚vertu naturelle', sind die Eigenliebe, die Philantropie und die Gleichheit unter den Menschen sowie eine seelisch starke Autonomie des Individuums. Um zu bewegen und zu rühren, bedarf es nicht der Fürsten, der Heroen, der Titel, sondern der „geheiligten Namen des Freundes, des Vaters, des Geliebten, des Gatten, des Sohnes, der Mutter, des Menschen überhaupt: diese sind pathetischer, als alles; diese behaupten ihre Rechte immer und ewig".[147] Die Reflexivität der Poetik des Mitleids basiert auf dem Prinzip der ständeübergreifenden Egalität des Menschen, die das Fundament der ständischen, denaturierten Gesellschaft, die Macht- und Herrschaftsstrukturen, die Anerkennung von Autoritäten erschüttert. Literatursoziologisch betrachtet, prätendiert Lessing mit seinem bürgerlichen Trauerspiel und dessen Poetik des Mitleids, die Emanzipation des Bürgers – verstanden im Sinne des 18. Jahrhunderts als die Befreiung des Menschen – unaufhaltsam voranzutreiben. Die neue Form des Dramas und das Streben nach der Emanzipation des Menschen werden legitimiert mit der menschlichen Natur, dem natürlichen Gesetz der Gleichheit.

Die Bewunderung hingegen ist ein Gefühl, das sich im Lessingschen Sinne als eigenständiger Affekt auf „große", „unempfindliche", „schöne Ungeheuer", Helden bezieht.

> „Die Bewunderung in dem allgemeinen Verstande, in welchem es nichts ist, als das sonderliche Wohlgefallen an einer seltnen Vollkommenheit, bessert vermittelst der Nacheiferung, und die Nacheiferung setzt eine deutliche Erkenntniß der Vollkommenheit, welcher ich nacheifern will, voraus."

Im Gegensatz zum Mitleid bessert die Bewunderung mittelbar, und zwar „den Mann von Verstande". Sie ist „eine weit ungeschicktere Lehrerinn des Volks als das Mitleiden". Die großen, bewunderungswürdigen Eigenschaften, den Heroismus, schließt Lessing von der natürlichen Darstellung aus, „weil jede derselben mit Unempfindlichkeit verbunden ist", die das Mitleiden, die Natur des Menschen, schwächt und unterdrückt. Deshalb wird das Heroische auf das Menschliche, die „bewundernswürdige Eigenschaft" auf eine „gute Eigenschaft" reduziert, „deren ich den Menschen überhaupt, und also auch mich, für fähig halte".[148] Bezogen auf die Natur des Menschen erscheint die Bewunderung als das Seltene, Fremde, Unempfindliche, Distanzbehaftete, das Unnatürliche. Derjenige, der bewundert, verfügt nicht über das Bewunderte. Wirkungsästhetisch nimmt der Zuschauer gegenüber dem Helden, dem „schönen Ungeheuer", eine inferiore Stellung ein. Die Wirkung der Bewunderung ist gekennzeichnet vom „Pathos der Distanz"[149] im Gegensatz zur Reflexivität des Mitleids, die sich durch das einfache ‚Ethos der Identität' auszeichnet. Die Bewunderung trägt die Züge des Aristokratischen, Unnatürlichen, des Ständischen. Wenn Lessing sie auf das natürliche Maß beschränkt und als eine Hälfte des Mitleids definiert, tritt an die Stelle des Aristokratischen das Egalitäre, an die des Unnatürlichen das Natürliche, an die des Ständischen das Ständeübergreifende. Negiert das Mitleid die absolutistische Gesellschaft des 18. Jahrhunderts, so dient die Darstellung und die Bewunderung des Heroischen der Affirmation der „s e l b s t v e r s c h u l d e t e n   U n m ü n d i g k e i t".[150]

Die Grundtendenzen der rationalen Aufklärung, die Universalisierung und die progredierende Subjektivität, finden im bürgerlichen Trauerspiel ihr empfindsames Pendant. Das empfindsame Trauerspiel befördert die Aufklärung des Menschen über seine innere, wahre Natur. Die Poetik des Mitleids bildet das Gegengewicht zur rationalen Aufklärung, deren wahres Gesicht in der negativen Dialektik der Zweckrationalität, in einem neuen Mythos erstarrt. Das Mitleid, so Lessings Intention, soll die Herrschaft über den Willen und über die entartete Vernunft antreten; denn die Rationalität, sei es die höfische oder die des Marktes, läßt die „raison" zur „réflexion" und die „amour de soi" zur „amour propre" pervertieren. Die Empfindsamkeit, das Mitleid, mäßigt die Eigenliebe und die Vernunft, läßt den Menschen das r e c h t e Maß empfinden. Die so verstandene Empfindsamkeit ist keine irrationalistische Strömung, keine antiaufklärerische Gegenbewegung. Sie ist auch nicht die weltliche Erbin des Pietismus, sondern wurzelt in der Lehre von der empfindsamen Natur des Menschen.

Mit der Poetik des Mitleids und mit der Theorie des Mitleids, mit dem *Discours sur l'inégalité* unterlaufen Lessing und Rousseau die Legitimationstheorien des Absolutismus u n d die bürgerliche Herrschaft der Vernunft, der Zweckrationalität. Mandeville, der Verächter menschlicher Tugenden, der die privaten Laster zu den Quellen der öffentlichen Wohlfahrt erklärt hat, und Hobbes haben die Natur des Menschen diskreditiert. Besonders die Hobbes'schen Formeln „homo homini lupus" oder „bellum omnium contra omnes" werden durch die Theorie und durch die Poetik des Mitleids nicht in Frage gestellt, sondern radikal negiert. Der Mensch ist von Natur aus gut,[151] nicht das wilde Tier, das durch die absolutistische Gesellschaft und Herrschaft befriedet wird. Die Vertragslehre weicht dem empfindsamen Geschichts- und Erziehungsoptimismus. Im Mitleid sind das politische, soziale und moralische Moment nicht dialektisch vermittelt, durch das dramatisch dargestellte Mitleid wird nicht literarisch die politische Öffentlichkeit antizipiert, sondern die politische und soziale Utopie, der Naturzustand, das Mitleiden, wird auf der Bühne kontrafaktisch unterstellt, wirkt wirklich.[152] Die Poetik des Mitleids und das bürgerliche Trauerspiel der Empfindsamkeit bilden die Theorie und die Darstellung sowie Einlösung der neuen, empfindsamen, a n a r c h i s t i s c h e n Geschichtsphilosophie.

3.4. Lessings Poetik des Mitleids versus Mendelssohns Poetik der Bewunderung: zum primären Kontext der Poetik des Mitleids

Sowohl der Aufbau und die Form als auch der Inhalt von Lessings erstem bürgerlichen Trauerspiel *Miß Sara Sampson* verweisen auf zwei für das Drama des 18. Jahrhunderts wichtige Traditionslinien, auf das klassizistische Drama und dessen Dramaturgie sowie auf die Poetik des Aristoteles, die durch die deutsche Übersetzung und Kommentierung durch Curtius (1753) eine entscheidende Rolle spielt. Nicht nur das Mitleid, sondern auch die dramentheoretischen Kategorien, wie z.B. die Peripetie, die Anagnorisis und das Pathos, die der Einheit der Handlung, dem Mythos, untergeordnet werden, haben eine ahistorische Gültigkeit erlangt.[153] Die Interpretation der *Miß Sara Sampson* hat gezeigt, daß innerhalb der Poetik des Mitleids dem Pathos, dem Leiden, dem Schmerz, gegenüber der Peripetie und der Anagnorisis das entscheidende Gewicht zukommt. „Schrecken und Mitleid" heißt die poetische und poetologische Formel Lessings, die der Dramaturgie der Bewunderung entgegengesetzt wird. Bereits bei Curtius findet sich die enge Verknüpfung des Mitleids mit dem Gefühl der Menschlichkeit, der Menschenliebe, die das Mitleiden zum herausragenden, einzigen dramatischen Affekt werden läßt, den der Zuschauer real empfinden kann. Die Unterscheidung zwischen Epopee und Drama, zwischen Bewunderung und Mitleid, welche Lessing in demselben Brief trifft, in dem er das bürgerliche Trauerspiel definiert, geht auf Curtius zurück. Einerseits leitet Lessings radikale Trennung der Gattungen auf der psychologischen Grundlage der Wirkungspoetik, in der die ontische Differenz zwischen Fiktion und Realität aufgehoben ist und die zugleich eine Fremdbestimmung des Dramas durch äußere, außerästhetische Bewertungen des Gegenstandes als Bestandteil der Wirkung negiert, die Abgrenzung zur Theorie der angenehmen Empfindungen ein. Andererseits wird dieser Prozeß durch die Unterordnung des Schreckens und der Bewunderung unter das Mitleid verschärft. Lessing richtet sich sowohl gegen Nicolais Ansatz, der sich an den Dubosschen Theoremen der Illusion und der bloßen Affektsteigerung orientiert, als auch gegen Mendelssohns Vorherrschaft der oberen Seelenvermögen, welche die Moralität des Trauerspiels erst sichern sollen.

Mendelssohn hat in seinen *Briefen über die Empfindungen* das Mitleid ebenfalls als eine besondere, einzigartige Leidenschaft charakterisiert, die als unangenehme reize, die mit der Liebe essentiell verbunden sei, die im Trauerspiel als Schrecken, als überraschtes Mitleid wirke. Betont Lessing mit seiner Formel „Schrecken und Mitleid" das Primat des Leidens für das Trauerspiel, so ist seine Definition der Bewunderung als Ruhepunkt des Mitleids ingeniös. In dieser Bestimmung wird die Herrschaft des Verstandes im Trauerspiel negiert, da die Vollkommenheit dem prärationalen Mitleiden untergeordnet wird. Daß die Tragödie durch das Mitleiden und n u r durch das Mitleiden bessere, bildet den eigentlichen ‚Sprengsatz' für die metaphysisch überformte Theorie des Trauerspiels, wie sie Mendelssohn vertritt. Die Ablehnung der Bewunderung als selbständige dramaturgische Kategorie und die Kritik an der Illusionstheorie Nicolais und Mendelssohns durch die natürliche Poetik des Mitleids trennt Lessing ebenso von Gottsched wie von Rousseau und Hutcheson.

Beachtet man die Chronologie, so kann der Einfluß von Rousseau und Hutcheson für das Trauerspiel ausgeschlossen werden. Der Aristotelische Kontext, durch Curtius' Kommentar und Übersetzung in besonderer Weise vermittelt, und die Ausnahmen in den *Briefen über die Empfindungen* schränken den primären Kontext der Genese der immanenten Poetik des Mitleids in Lessings bürgerlichem Trauerspiel *Miß Sara Sampson* ein. 1754 haben sich Lessing, Nicolai und Mendelssohn in Berlin kennengelernt, und sie schlossen eine enge Freundschaft, wie den Briefen aus der zweiten Hälfte des Jahres 1755 und zu Beginn des folgenden zu entnehmen ist. Da diese ersten Briefe charakteristisch für den empfindsamen Freundschaftskult der Aufklärung und damit unverzichtbar für ein kontextbezogenes Verständnis der empfindsamen Poetik des Mitleids sind, gehören sie notwendigerweise zu dem *Briefwechsel über das Trauerspiel*.

Wenn es richtig ist, daß in der von Mendelssohn und Lessing gemeinsam verfaßten Kampfschrift *Pope, ein Metaphysiker!* die ästhetischen Fragen nach der Autonomie der Dichtung und deren Beantwortung Lessing zuzuschreiben sind, erscheinen auch die entsprechenden Passagen über das Mitleid und über das Drama aus den *Briefen über die Empfindungen* in einer neuen Perspektive. Auffallend ist, daß die Unterscheidung der theatralischen und wahren Sittlichkeit, die Zulässigkeit des theatralischen Selbstmordes an Lessings erstem Trauerspiel exemplifiziert werden. Mellefonts Selbstmord liefert das Paradigma. Diese ästhetische Ausnahme wird in einer Form reflektiert, die auf die Lessingsche Art und Weise der Argumentation verweist; denn die wahre Sittlichkeit wird von der Bühne verbannt, da sie A b s c h e u im Zuschauer erregen würde. Und liefert nicht gerade dieser Selbstmord Anfang 1755 das Paradigma für Lessings Trauerspieldefinition, da es die Aufgabe des Trauerspiels ist, die Fähigkeit, Mitleid zu fühlen, zu erweitern,

> „gesetzt auch, daß mich der Dichter gegen einen unwürdigen Gegenstand mitleidig macht, nehmlich vermittelst falscher Vollkommenheiten, durch die er meine E i n s i c h t verführt, um mein Herz zu gewinnen"?

Diese extreme Form der Gegenstandsbestimmung der Darstellung, die das Primat des literarischen Formprinzips, des Mitleids, nicht klarer zum Ausdruck bringen kann, legt Lessing im Brief vom 18. Dezember 1756 schriftlich nieder. Ist es deshalb auch nicht wahrscheinlich, daß Lessing durch sein bürgerliches Trauerspiel Mendelssohn veranlaßt hat, die Ausnahmen seiner Theorie der angenehmen Empfindungen darzulegen? Weist nicht gerade die Placierung der entscheidenden Gedanken über das Mitleid im „Beschluss" der *Briefe über die Empfindungen* auf den Einfluß des Dichters auf die Theorie des Philosophen hin? Ist nicht die naheliegende Assoziation zur letzten Szene aus George Lillos *The London Merchant*, in der wirkungsästhetisch das Mitleid wegen seiner engen Bindung an die Menschenliebe erregt wird, ein weiterer Beleg, da Lessing später im *Briefwechsel über das Trauerspiel* die Konzeption seines ersten Trauerspiels durch das „Canut-Beispiel", durch das „Kaufmann-Beispiel" und durch das „Bettler-Beispiel" erläutert und verteidigt? Und weil Lessing in seinem Trauerspiel bereits die ‚Ausnahme' zum Regelfall gemacht hat, kann die These formuliert werden, daß er mit seinem ersten bürgerlichen Trauerspiel *Miß Sara Sampson* Mendelssohns Position in den *Briefen über die Empfindungen* beeinflußt und poetisch die Darlegung der Poetik des Mitleids im *Briefwechsel über das Trauerspiel* antizipiert hat. Mellefonts Äußerung – „Welcher plötzliche Uebergang von Bewundrung zum Schrecken" - nimmt direkt Mendelssohns Bestimmung des Mitleids – „Es ist die eintzige unangenehme Empfindung, die uns reitzet, und dasjenige, was in den Trauerspielen *unter dem Namen des Schreckens bekannt* ist, ist nichts als ein Mitleiden, das uns schnel überrascht" (Hervorhebungen v. M.S.) – und die poetologische Strukturbeschreibung Lessings, daß das Mitleid allein durch Bewunderung und Schrecken erregt werden könne, vorweg. In dieser Dialogpassage Mellefonts wird der Wechsel von der Poetik der Bewunderung zur Dramaturgie des Mitleids thematisch.

Dieser Indizienbeweis läßt sich auch für die dramaturgische Kategorie der Bewunderung führen. Das Trauerspiel negiert, wie die Interpretation zeigte, die Bewunderung als selbständige Leidenschaft des Dramas. Curtius und Lessing sehen in ihr den Wesenszug der Epopee. Mendelssohn dagegen hat die Bewunderung als die „Mutter der Tugend" bezeichnet und dem Mitleid vorangestellt, in ihr das Wesen der Tragödie bestimmt. Lessing widerspricht dieser Auffassung, die zum zentralen Punkt des Disputs wird. Diese Hochschätzung der Bewunderung und der damit verbundenen rationalen Dramaturgie des Schulphilosophen steht in einem auffälligen Widerspruch zur diskursiven Darstellung der Theorie der angenehmen Empfindungen in den „Briefen" von 1755. Dort dient sie der Charakterisierung der Roheit und der martialischen Gesinnung der Römer, die das Unverständnis der empfindsamen Griechen ebenso hervorrief wie das der aufgeklärten Menschen zur Zeit der Empfindsamkeit. Die Aufwertung der griechischen gegenüber der römischen Antike korreliert mit dem Übergang von der Poetik der Bewunderung zu der des Mitleids.[154]

Deutlich wird dieser Widerspruch zwischen der Geringschätzung der Bewunderung und deren Aufwertung im *Briefwechsel über das Trauerspiel* bereits in Mendelssohns Brief an Lessing vom 26. Dezember 1755:

> „Was halten Sie dafür? kann die Großmuth Thränen auspressen, wenn sich kein Mitleiden in das Spiel mischt. Z.E. die Stelle *soyons amis*, C i n n a u.s.w.[155] rührt uns ungemein, weil uns *die Großmuth des Augustus so unerwartet überrascht*. Haben Sie aber bemerkt, daß diese Worte den Zuschauern Thränen gekostet haben? Beweisen Sie mir ja nichts aus einer Stelle in Plautus Gefangenen, da der Alte sagt: die Großmuth dieser Leute preßt mir Thränen aus.[156] Ich glaube, dort läuft etwas Mitleid mit unter."[157] (Kursivhervorhebung von M.S.).

Im Brief vom 23. November 1756 stellt Mendelssohn seine Definition der Bewunderung gegen die Lessings, der die Bewunderung als „Ruhepunkt des Mitleids" bestimmt hat. Er glaubt, so Lessings „ganzes System niederreißen zu können".[158] Im

Brief aus der ersten Hälfte Dezembers 1756 gibt Mendelssohn seine Definitionen, die nahezu wörtlich auf seine Auffassung vom Dezember 1755 anspielen:

> „Eine unvermuthete Begebenheit, deren Ursache ich nicht ergründen kann, setzt mich in V e r w u n d e r u n g. [...] Ich bewundere hingegen einen Menschen, an welchem ich eine gute Eigenschaft gewahr werde, die ich ihm nicht zugetrauet habe, die aber dennoch in seinem sittlichen Charakter gegründet ist. [...] Wenn eine vorzüglich tugendhafte Person (Cato) so handelt, daß er gleichsam die menschliche Natur übertrifft, oder wenn ein zweydeutiger Charakter so handelt, daß er uns von seinen Gesinnungen eine bessere Meinung beybringt, so entsteht B e w u n d e r u n g. Jetzt will ich mein eigen Herz untersuchen. B e w u n d r e i c h d i e G ü t i g k e i t d e s A u g u s t u s? Ja! und zwar mit Cinna und dem römischen Volke, weil sie dem herrschsüchtigen Kayser keine solche Sanftmuth zugetrauet haben."[159]

Zwischen den Briefen Mendelssohns von November und Dezember 1756 hat Lessing seine Definitionen dargelegt und im „Bettler-Beispiel" der Bewunderung noch nicht einmal einen Grad des Mitleids zugesprochen. Was Mendelssohn unter dem Affekt der Bewunderung versteht, definiert Lessung als Verwunderung:

> „Wenn ich an einem gute Eigenschaften gewahr werde, die meine Meinung v o n i h m übertreffen, so heißt das nicht, ich b e w u n d e r e ihn, sondern ich v e r w u n d e r e mich über ihn."[160]

Nicht heroische, sondern gute, mittlere, menschliche Eigenschaften erregen die Bewunderung, die dem Charakter jedoch nicht überraschend und unerwartet zukommen dürfen. Sie müssen wahrscheinlich sein.[161] Lessing exemplifiziert die Verwunderung, die in Mitleid umschlagen kann, wenn der Zuschauer an einem Lasterhaften p l ö t z l i c h eine gute Eigenschaft entdeckt, an Voltaires *Alzire* (1736). Gusmann, ein „christlicher Barbar", wird von Zamor, dem „edlen Wilden", erstochen (V/7);

> „er erstach ein Ungeheuer, das eine Welt verwüstete; wo sollte das Mitleiden herkommen? Nunmehr aber höre ich, er *vergiebt;* er thut die erste und letzte gute That, die ich nicht von ihn erwartet hätte; das Mitleid erscheint an der Hand der Verwunderung, das ist, es entsteht durch die endlich und plötzlich entdeckte gute Eigenschaft."

Auffallend an dieser Äußerung Lessings ist die fast wörtliche Analogie zur Definition des Schreckens „als die plötzliche Überraschung des Mitleids", die sich in der Bestimmung der Verwunderung als das plötzliche Erkennen bzw. Entdecken einer guten Eigenschaft, einer Vollkommenheit, widerspiegelt. Lessing fährt fort:

> „Ich sage mit Fleiß: plötzlich [...] Ich bin, als ich diese Scene zum erstenmahl las, über die Vergebung des Gusmann e r s c h r o c k e n. Denn den Augenblick fühlte ich mich in der Stelle des Z a m o r. *Ich fühlte seine Beschämung*, seine *schmerzliche* Erniedrigung, *ich fühlte es*, was es einem Geiste, wie dem seinigen, kosten müsse, zu sagen: i c h s c h ä m e m i c h d e r R a c h e! Zum Tode, dem kleinern Uebel, war er vorbereitet; zur Vergebung, dem größern nicht" (Kursivhervorhebungen v. M.S.).[162]

Indem Lessing die Verwunderung über Gusmann auf den Schrecken über die Vergebung und die damit verbundene schmerzliche Erniedrigung Zamors zurückführt, integriert er die Verwunderung in sein System der vermischten Empfindung, in seine Poetik des Mitleids. Provokativ stellt Lessing in demselben Brief Mendelssohn die Frage: „Bewundern Sie die Gütigkeit des Augustus [. . .]?",[163] die von diesem mit einem klaren Ja beantwortet wird.

Dreierlei ist bedeutsam: erstens die perspektivische Neueinschätzung des Mitleids, das nicht Gusmann, sondern Zamor erregt, und zweitens die ebenso an die Perspektive gebundene Neubewertung der Großmuth, des Vergebens, und drittens der direkte Bezug auf Corneilles Tragödie *Cinna*. Im Brief vom 21. Januar 1756 antwortet Lessing auf die Frage Mendelssohns aus dem Brief vom 26. Dezember 1755, ob die Bewunderung Tränen auspressen könne, mit einem klaren Nein; denn die Tränen sind nicht auf Augustus' Vergebung, auf seine Großmuth zurückzuführen, sondern auf Cinnas „schmerzhafte Empfindung seiner Reue". Cinna, nicht Augustus, bzw. Zamor, nicht Gusmann, würde Lessing beweinen.[164]

Die Gegensätze zwischen Mendelssohn und Lessing sind bereits im Dezember, spätestens aber im Januar 1756, offenkundig. Der Aufwertung der Bewunderung durch Mendelssohn und Lessings Antwort, die Bewunderung nur als eine Hälfte des Mitleids zu betrachten, bestimmen die konträren Positionen. Gegen Mendelssohns Poetik der Bewunderung steht Lessings Poetik des Mitleids.

Mendelssohns Frage nach den „Thränen" der Bewunderung eröffnet thematisch den Disput über das Trauerspiel, da seine These, daß die bewunderte Großmut ‚Thränen auspresse', ins Zentrum der Lessingschen Theorie zielt. Seine Fragestellung erlangt er nicht zuletzt deshalb Schärfe und Aggressivität, weil er sich auf die physische Objektivation des Mitleids, auf die „Thränen" bezieht und diese als Zeichen der Bewunderung deuten will. Empirisch begründet, tritt er einen Evidenzbeweis an, um Lessings Poetik des Mitleids als bloßes Theoriengebäude niederreißen zu können.

Mendelssohns polemische Genauigkeit und Treffsicherheit zu Beginn des *Briefwechsels über das Trauerspiel* ist ein weiteres Indiz, daß zur Zeit der Entstehung von Lessings erstem bürgerlichen Trauerspiel *Miß Sara Sampson* in den Gesprächen zwischen den Freunden die Poetik des Mitleids entwickelt worden ist. Mendelssohns Vorwegnahme und Negation der Plautus-Stelle aus dem Drama *Die Gefangenen*, das Lessing 1750 übersetzt hat, stellt den Bezug zur Poetik des Mitleids explizit her. In dem wichtigen Brief vom Dezember 1756 verweist Mendelssohn auf den dritten Auftritt aus Lessings Lustspiel *Der Schatz*, auf Theophanes aus Lessings *Der Freygeist* und nicht zuletzt auf die sterbende Sara, die nicht Mitleid, sondern Bewunderung errege,[165] um mit den Dramen seines Freundes den Beweis für seine Poetik der Bewunderung zu führen. Indem er Sara an die Seite Augustus' und Catos sowie anderer dramatis personae stellt, deutet er Lessings erstes Trauerspiel als heroisches und verleiht seiner Auffassung, die Großmut sei eine heroische Tugend, Nachdruck. Die Tränen, welche die vergebende, sterbende Sara auspreßt, haben ihre Ursache in ihrer Großmut. Und hat nicht Mellefont die entscheidenden Stichworte im vierten Auftritt des fünften Aktes gegeben, als er die Bewunderung und den plötzlichen Übergang zum Schrecken thematisiert, die Mendelssohn ebenso wie Lessing, allerdings nur oberflächlich betrachtet, für sich in Anspruch nehmen können? Ist Lessing nicht schon aufgrund dieser subtilen Vorgehensweise seines Kontrahenten gezwungen, neben dem „Bettler-Beispiel" sich auch auf Schlegels *Canut*, das Nicolai als das herausragende deutsche Drama neben den ausländischen gelobt hat, und auf Lillos *The London Merchant* zu beziehen, um die Modifikationen und Nuancen des Mitleids präzise und anschaulich darlegen zu können, um die poetische Präsentation des Mitleids in seinem bürgerlichen Trauerspiel verteidigen zu können? Mendelssohns Fragestellung und die Poetik der Bewunderung im Kontext der Briefe aus den Jahren 1755 bis 1757 lassen den Bezug zum Trauerspiel deutlich werden und bestätigen die aufgestellte These, daß die im *Briefwechsel über das Trauerspiel* konzipierte Poetik des Mitleids nicht ohne deren Darstellung im Drama, nicht ohne das bürgerliche Trauerspiel *Miß Sara Sampson*, adäquat rezipiert werden kann.

Zugleich wird der Scheidepunkt zwischen den heroischen und guten, menschlichen Eigenschaften, zwischen der heroischen Tugend der Großmut und deren menschlichem Maß als Grenzwert bestimmt. Saras Vergeben, ihre Großmut gegenüber ihrer Mörderin, steht auf der Grenze zwischen der Tugend des heroischen und bürgerlichen Trauerspiels. Die dargestellte Vollkommenheit wirkt aber bloß als eine Hälfte des Mitleids und erregt zusammen mit dem Schrecken die affektive Disposition im Zuschauer, in der er sympathisieren muß, mag er wollen oder nicht. Hat Lessing die Genese des bürgerlichen Trauerspiels aus der Lustspieltradition poetisch dargestellt, so gelingt es ihm zugleich, das empfindsame gegen das heroische Trauerspiel abzugrenzen. Und es ist kein Zufall, daß diskursiv die Bewunderung an einer Szene aus Pierre Corneilles Tragödie *Cinna* von Mendelssohn exemplifiziert wird; denn Corneille hat im Gegensatz zu Racine Römertragödien geschrieben, die auf Bewunderung der heroischen Tugenden abzielen. Wenn Lessing dieses Drama des wichtigsten Vertreters der klassizistischen Tragödie im Sinne seiner empfindsamen Poetik des Mitleids umdeutet, wenn er Augustus die Tränen verweigert, die er Cinna gewährt, ist die Grenze des bürgerlichen Trauerspiels exakt nach „oben hin" bestimmt.

Aber nicht nur die Grenzziehungen nach oben oder nach unten, sondern auch die Verknüpfung zwischen der Großmut und dem Mitleid liefert das gegenstandsbestimmte Paradigma der Poetik des Mitleids, da inhaltlich diese Tugend vor allen anderen rangiert. Lessings *Miß Sara Sampson* stellt sowohl inhaltlich als auch formal die Poetik des Mitleids in all ihren Perspektiven, Schattierungen und Nuancen dar und führt das neue Genre bis an die Grenzen seiner Belastbarkeit. Lessings *Philotas*, das ernste Lustspiel *Minna von Barnhelm*, das Trauerspiel *Emilia Galotti* und das dramatische Gedicht *Nathan der Weise* lassen sich mit den Gattungsnormen der klassizistischen Dichtungstheorie weder klassifizieren noch interpretieren. Die Art und Weise, wie Lessing gerade in seinen Trauerspielen die Großmut und das Mitleid darstellt, ist gegen ein heroisches, starres, rigoroses, stoisches Tugendsystem und damit gegen die klassizistische Tragödie gerichtet. Wenn Sara als „Heilige", als „Engel" bezeichnet wird (V/10), wenn Emilia ihren Vater an die Heiligen, an die Märtyrer erinnert (V/7), werden dem aufgeklärten Empfindsamen die Grenzen gesetzt, die er nicht überschreiten darf, will er Mitleid und nicht Bewunderung erregen. Die christliche Variante der klassizistischen Tragödie, das Märtyrerdrama, wird ebenso durch die Poetik des Mitleids und durch das bürgerliche Trauerspiel negiert wie die sich an der römischen Antike orientierende klassizistische Haupt- und Staatsaktion. Auf diesem Hintergrund erhält Lessings Bearbeitung der „römischen Virginia" als „bürgerliche Virgina", sein ‚bürgerliches' Trauerspiel *Emilia Galotti*, eine besonders aggressive Stoßrichtung gegen den französischen Klassizismus.[166]

Mendelssohns Poetik der Bewunderung klärt nur die eine Seite des Widerspruchs, der sich durch die auffällige Abwertung dieser Empfindung in den *Briefen über die Empfindungen* ergeben hat. Da diese negative Einschätzung der Bewunderung eher auf Lessings Einfluß auf den „Beschluss" der „Briefe" schließen läßt, erhärtet sich der Verdacht, daß Lessing in besonderer Weise mit seinem bürgerlichen Trauerspiel die Ausnahmen der Mendelssohnsschen Theorie der angenehmen Empfindungen beeinflußt hat.

Zwei weitere Stellen werden im folgenden angeführt, um diese Vermutungen abzusichern. Im Brief vom 18. Dezember 1756 illustriert Lessing am Beispiel eines Seiltänzers, eines Artisten, der über einen hohen Grad an körperlicher Geschicklichkeit verfügt, die Bewunderung als selbständigen Affekt, um die Vollkommenheiten als einzige Gegenstände des Trauerspiels, der dramatischen Präsentation auszuschließen, da sie „das Mitleid zernichten".[167] Im vierten Kapitel, Punkt drei des *Laokoon* verteidigt Lessing Sophokles' *Philoktet* gegenüber der römischen Lehre Ciceros von der Erduldung des Schmerzes. Die Roheit der Römer wird gegen die Empfindsamkeit der Griechen gesetzt:

„Ich bekenne, daß ich an der Philosophie des Cicero überhaupt wenig Geschmack finde; am allerwenigsten aber an der, die er in dem zweiten Buche seiner Tusculanischen Fragen über die Erduldung des körperlichen Schmerzes auskramet. Man sollte glauben, er wolle einen Gladiator abrichten, so sehr eifert er wider den äußerlichen Ausdruck des Schmerzes. In diesem scheinet er allein die Ungeduld zu finden, ohne zu überlegen, daß er oft nichts weniger als freiwillig ist, die wahre Tapferkeit aber sich nur in freiwilligen Handlungen zeigen kann. Er hört bei dem Sophokles den Philoktet nur klagen und schreien, und übersieht sein übriges standhaftes Betragen gänzlich. Wo hätte er auch sonst die Gelegenheit zu seinem rhetorischen Ausfalle wider die Dichter hergenommen? ‚Sie sollen uns weichlich machen, weil sie die tapfersten Männer klagend einführen.' Sie müssen sie klagen lassen; denn ein Theater ist keine Arena. Dem verdammten oder feilen Fechter kam es zu, alles mit Anstand zu tun und zu leiden. Von ihm mußte kein kläglicher Laut gehöret, keine schmerzliche Zuckung erblickt werden. Denn da seine Wunden, sein Tod, die Zuschauer ergötzen sollten: so mußte die Kunst alles Gefühl verbergen lehren. Die geringste Äußerung desselben hätte Mitleiden erweckt, und öfters erregtes Mitleiden würde diesen frostig grausamen Schauspielen bald ein Ende gemacht haben. Was aber hier nicht erregt werden sollte, ist die einzige Absicht der tragischen Bühne, und fordert daher ein gerade entgegen gesetztes Betragen. Ihre Helden müssen Gefühl zeigen, müssen ihre Schmerzen äußern, und die bloße Natur in sich wirken lassen. Verraten sie Abrichtung und Zwang, so lassen sie unser Herz kalt, und Klopffechter im Kothurne können höchstens nur bewundert werden. Diese Benennung verdienen alle Personen der sogenannten Senecaschen Tragödien, und ich bin der festen Meinung, daß die Gladiatorischen Spiele die vornehmste Ursache gewesen, warum die Römer in dem Tragischen noch so weit unter dem Mittelmäßigen geblieben sind. Die Zuschauer lernten in dem blutigen Amphitheater alle Natur verkennen, wo allenfalls ein Ktesias seine Kunst studieren konnte, aber nimmermehr ein Sophokles. Das tragischste Genie, an diese künstliche Todesszenen gewöhnt, mußte auf Bombast und Rodomontaden verfallen. Aber so wenig als solche Rodomontaden wahren Heldenmut einflößen können, eben so wenig können Philoktetische Klagen weichlich machen. Die Klagen sind eines Menschen, aber die Handlungen eines Helden. Beide machen den menschlichen Helden, der weder weichlich noch verhärtet ist, sondern bald dieses bald jenes scheinet, so wie ihn itzt Natur, itzt Grundsätze und Pflicht verlangen. Er ist das Höchste, was die Weisheit hervorbringen, und die Kunst nachahmen kann."[168]

Die zynischen Analogien bedürfen keiner weiteren Erklärung und Kommentierung, wenn Lessing „den Polyeukt des Corneille", den Protagonisten einer christlichen Märtyrertragödie,[169] zum Seiltänzer macht oder die „blutigen Ergötzlichkeiten" der römischen Gladiatoren mit den Klopffechtern, mit Raufbolden, mit gewerbsmäßigen Fechtern, die im 17. Jahrhundert auf Jahrmärkten ihre körperlichen Fertigkeiten zur Schau stellten, vergleicht, wenn er die römische Arena zum Jahrmarkt verkommen läßt.

Sowohl die Makro- und Mikrostruktur des Trauerspiels *Miß Sara Sampson* als auch einzelne Äußerungen der dramatis personae, die eine poetisch-poetologische Selbstreflexion im Trauerspiel darstellen, widersprechen weder den Ausnahmen der Mendelssohnschen Theorie der angenehmen Empfindungen noch den Positionen Lessings im *Briefwechsel über das Trauerspiel*. Indem Lessing die Ausnahmen zum Regelfall macht, wird er der Außenseiter, der die neue Poetik des Mitleids inauguriert. Und klagt Lessing nicht 13 Jahre nach dem Erscheinen seines Trauerspiels und der *Briefe über die Empfindungen* seine geistige Urheberschaft für die Passagen aus dem „Schluss" der „Briefe" ein, wenn er im 76. Stück der *Hamburgischen Dramaturgie* genau die Stelle aus den „Briefen" zitiert, an der Mendelssohn den Zwang, mitleiden zu müssen, dargelegt hat? Im 75. Stück der *Hamburgischen Dramaturgie* läßt Lessing eine Passage aus der *Rhapsodie*, die 1761 als *Zusätze zu den Briefen über die Empfindungen* erschienen ist, drucken.[170] Dieses Zitat ist eine Erläuterung zu der Stelle aus dem „Beschluss", in dem der Schrecken als modifiziertes Mitleid definiert wird. Beide Passagen über den Schrecken und über das Mitleid, das selbst beim Anblick einer öffentlichen Hinrichtung, wie sie George Lillo am Schluß seines *London Merchant* darstellt, erregt wird, ergänzen einander und unterstreichen die innovative Kraft der poetologischen Formel „Schrecken und Mitleid".

Aufgrund dieser Indizien läßt sich die These vertreten, daß Lessing mit seinem bürgerlichen Trauerspiel *Miß Sara Sampson* bereits im Frühjahr 1755 geschlossen seine Poetik des Mitleids dramatisch präsentiert, daß seine eigenständige Theorie der vermischten Empfindung die Mendelssohnsche Theorie der angenehmen Empfindungen beeinflußt hat. Der primäre Kontext der Genese des bürgerlichen Trauerspiels und der Poetik des Mitleids ist auf die Frontstellung gegen Gottscheds Dramaturgie, auf die Einflüsse Aristoteles und dessen deutschen Vermittlers, Curtius, der seine Poetik übersetzt und kommentiert hat, auf die Abgrenzung zu Nicolais sensualistischer Theorie und zu Mendelssohns Theorie der angenehmen Empfindungen sowie zu dessen Poetik der Bewunderung und auf Leibniz' Monadologie einzuschränken. Hutchesons und Rousseaus Entwürfe liefern eher willkommene Adaptionsfolien, die den Disput über das Trauerspiel zwischen Lessing, Mendelssohn und Nicolai beeinflußen, nicht aber Lessings Darstellung der Poetik des Mitleids in seinem Trauerspiel. Lessings erstes bürgerliches, empfindsames, natürliches Trauerspiel und die Poetik des Mitleids sind durch die bestimmte Negation erkenntnistheoretischer, psychologischer, poetischer und poetologischer Positionen gekennzeichnet. Gerade hierin hat der Dichter seine kritische Eigenständigkeit bewiesen. Erst Lessings P r ä - s e n t a t i o n der P o e t i k d e s M i t l e i d s in seinem empfindsamen, bürgerlichen, natürlichen Trauerspiel *Miß Sara Sampson* aber verdient die Bezeichnung einer „Critischen Dichtkunst".

Viertes Kapitel

Anmerkungen

Anmerkungen zum ersten Kapitel:
Einleitung

¹ Die begriffliche Präzisierung der Poetik als eine Form d i s k u r s i v e r Vermittlung und der Poesie als eine der p r ä s e n t a t i v e n geht auf Susan K. Langers Buch *Philosophie auf neuem Wege. Das Symbol im Denken, im Ritus und in der Kunst* (aus dem Amerikanischen übersetzt von Ada Löwith, o.O. 1965; Originalausgabe: *Philosophy in a New Key*, Cambridge (Mass.) 1942, 1951, 1957) zurück. Diese Unterscheidung zweier Symbolmodi steht in der direkten Traditionslinie zur aufklärerischen Schulphilosophie und deren Lehre von den Erkenntnisvermögen. Bereits Descartes, besonders aber Leibniz und Wolff unterschieden zwischen der symbolischen, d.h. begrifflichen, sukzessiv verfahrenden, zergliedernden, d i s k u r s i v e n Erkenntnis, dem oberen Vermögen, und der anschaulichen, d.h. simultan das Ganze erfassenden, p r ä s e n t a t i v e n Erkenntnis, dem unteren Vermögen. Während für Gott als vollkommenes Wesen die Anschauung die höchste Form der Erkenntnis darstellt, ist für den Menschen als kreatürliches, endliches, unvollkommenes Wesen die symbolische Erkenntnis der anschaulichen übergeordnet, da er als erkennendes Subjekt nur Ausschnitte, nicht aber das Ganze der Natur wahrnehmen kann. Nach Wolff und Leibniz hat die anschauende Erkenntnis nur einen Wert für denjenigen, der über die begriffliche, diskursive Sprache der Wissenschaften bzw. der Philosophie nicht verfügt. Gottscheds didaktische Auffassung der Kunst, mit deren anschaulichen Mitteln auch das Volk, der „Pöbel", gebildet werden kann, ist noch Ausdruck dieser Geringschätzung der Kunst und der anschaulich-künstlerischen Darstellungsform gegenüber der Wissenschaft und Philosophie. Erst für Sulzer, Meier, Baumgarten, Mendelssohn wird allmählich der Prozeß der Aufwertung der anschauenden Erkenntnis gegenüber der begrifflichen vorangetrieben. Lessing hat, wie noch zu zeigen ist, der natürlichen Kunst einen höheren Stellenwert eingeräumt als der diskursiv vermittelnden Wissenschaft. Da das Theater, verstanden als natürlichmoralische Anstalt, sich durch die sinnliche Realität, durch die Anschauung und szenische Darstellung auszeichnet, ist es in besonderer Weise für die Aufklärer geeignet, die Menschen aufzuklären, sie vollkommener zu machen. Lessing, lebte er heute, würde sich neben dem Drama wohl vorrangig dem Film widmen. Vgl. bes. Lessings Brief an Nicolai, 26. Mai 1769, in *Lessings sämtliche Schriften*, a.a.O., Bd. 17, S. 290f.; ders., Laokoon: oder über die Grenzen der Malerei und Poesie (1766), in *Lessing, Werke*, a.a.O., Bd. 6, S. 109–113 et passim; vgl. hierzu Tzvetan Toderov, Ästhetik und Semiotik im 18. Jahrhundert. G.E. Lessing: Laokoon, in: Gunter Gebauer (Hrsg.), *Das Laokoon-Projekt*, a.a.O., S. 9, 16–20.

Die Unterscheidung zwischen diskursivem und präsentativem Symbolmodus, zwischen cognitio symbolica (begrifflicher Erkenntnis) und cognitio intuitiva (anschauender Erkenntnis) – vgl. Leibniz, Gottfried Wilhelm, Meditationes de Cognitione, Veritate et Ideis (1684), in: ders.: *Philosophische Schriften*, hrsg. von C.J. Gerhardt, 7 Bde., Nachdr. d. Ausg. Berlin 1875–90, Hildesheim/New York 1978, S. 422ff. und vgl. zu den Differenzen und Gemeinsamkeiten sowie zu den Bezügen zu Lessing und Mendelssohn: Jochen Schulte-Sasse, Der Stellenwert des Briefwechsels in der Geschichte der deutschen Ästhetik, in: Gotthold Ephraim Lessing, Moses Mendelssohns, Friedrich Nicolai: *Briefwechsel über das Trauerspiel*. Hrsg. und kommentiert von J.S.-S., München 1972, S. 175–179; vgl. Kap. II, Anm. 172 – steht auch in Amalogie zu Mendelssohns Abgrenzung des Schönen vom Wahren – vgl. Moses Mendelssohn, *Briefe über die Empfindungen* (Berlin 1755), in: ders., *Gesammelte Schriften*. Jubiläumsausgabe, hrsg. von I. Elbogen, J. Guttmann und E. Mittwoch, Bd. 1, Berlin 1929, S. 48f. und S. 54–61 – und zu den Hegelschen Gegenüberstellungen des Poetischen und Prosaischen, Kunst und Wissenschaft, des Ausdrucks und des Aussprechens – vgl. *G.W.F. Hegel's Werke*. Vollständige Ausgabe, Bd. 10, Dritte Abteilung: Georg Wilhelm Friedrich Hegel's Vorlesungen über die Aesthetik, hrsg. von D.H.G. Hotho, Dritter Theil, Berlin ²1843, S. 229, 232, 238ff., 243, 244, 249, 252, 253, 257, 275, 319f., 322.

Lessings Hochschätzung des empfindsamen Trauerspiels als eine besondere, natürliche Form der Anschauung und Friedrich Schlegels Definition der romantischen Poesie als U n i v e r s a l -

p o e s i e – vgl. Kap. I, S. 11–14 – stellen spezifische und umfassende Weisen der Säkularisierung bzw. Poetisierung der cognitio adaequata intuitiva Gottes dar (vgl. Jochen Schulte-Sasse, Stellenwert, a.a.O., S. 174f.). Die Suprematie des Präsentativen, des Anschaulichen, Intuitiven spiegelt sich in Nietzsches Musikverständnis als die höchste Kunst des Poetischen ebenso wider wie in Thomas Manns poetischer Musikmetaphorik in seinem Roman *Doktor Faustus*. Dadaismus und Surrealismus, die konkrete Poesie, der „Nouveau Roman" beispielsweise sind künstlerische Strömungen des 2o. Jahrhunderts, die bewußt nach neuen präsentativen Symbolen suchen.
Im strengen Sinne bilden also die wissenschaftlichen, logischen, denotativen Sprachen den Idealtypus des diskursiven Symbolmodus, so z.B. die Sprachsysteme Freges, Russells, Wittgensteins und Carnaps (vgl. S.K. Langer, Philosophie, a.a.O, S. 88f.). Der diskursive Verstand zergliedert, trennt, um die verschiedenen Aspekte begrifflich erfassen zu können. Die Eigenschaft der Diskursivität ist die Reihung, das Nebeneinander, die Sukzession, vergleichbar „Kleidungsstücke[n], die übereinander getragen werden, [jedoch] auf der Wäscheleine nebeneinander hängen" (ebd., S. 88). Die präsentativen Symbole, die „unserem rein sensorischen Sinn für Formen" entspringen (ebd., S. 99), „werden nur durch die Bedeutung des Ganzen verstanden, durch ihre Beziehungen innerhalb der ganzheitlichen Struktur. Daß sie überhaupt als Symbole fungieren, liegt daran, daß sie alle zu einer simultanen, integralen Präsentation gehören" (ebd., S. 103). Im Gegensatz zum Denotat des diskursiven Sprachzeichens ist das präsentative Sprachsymbol konnotativ.
Mit dieser Unterscheidung zwischen wissenschaftlichen und künstlerisch-anschaulichen Sprachmodi – wird sie auf die poetische Sprache allein angewandt – läßt sich beispielsweise das Evolutionstheorem des russischen Formalismus, die Deformation literarischer Automatismen (vgl. Kap. I, S. 7, 8f.) erläutern, da eine normierte, kanonisierte Literatursprache allmählich einen denotativen Charakter erhält und deshalb durch neue, präsentative, konnotative Ausdrucksformen ersetzt werden muß.

² Dieser Gefahrenpunkt schließt jedoch nicht prinzipiell den systematischen Ansatz aus, da es durchaus sinnvoll und lohnend ist, die Veränderung der Typen, Mittel und Inhalte der Dramenreflexion deduktiv zu untersuchen.

³ Zur Abgrenzung der illusionistischen, desillusionistischen und anti-illusionistischen Form vgl. die Einleitung, S. 21.

⁴ Diese Unterscheidungsmöglichkeiten gehen auf Peter Pütz, Grundbegriffe der Interpretation von Dramen (in: Walter Hinck (Hrsg.), *Handbuch des deutschen Dramas*, Düsseldorf 1980, S. 11–25, 13) zurück.

⁵ Ebd., S. 12. In diesem Aufsatz wird die These vertreten, daß im Gegensatz zur lyrischen und epischen Gattung das Drama im geringeren Maße in der Lage sei, „mit seinen eigenen poetischen Mitteln poetologische Selbstreflexion zu leisten. Hieraus resultiert die Tendenz zu einer verstärkten externen Theoriebildung, außerhalb des Dramas, häufig zwar, wie zu sehen war, von Dramatikern betrieben, jedoch nicht in ihren poetischen Texten, nicht auf der Bühne. [...] In der dramatischen Literatur hingegen bleiben derartige Reflexionen außerhalb der fiktionalen Texte oder finden sich allenfalls als Einsprengsel wie in der commedia dell'arte, in Tiecks ‚Gestiefelten Kater' oder Büchners ‚Leonce und Lena' – in Komödien also, die sich seit jeher besser als Tragödien imstande sahen, ästhetische Gebote und Verbote zu umspielen und andernorts peinlich respektierte Grenzen aufzuheben. Generell jedoch gilt, daß die Dramatiker im Unterschied zu den Epikern erst in jüngerer Zeit Versuche unternommen haben, poetologische Selbstreflexion poetisch zu verarbeiten (Beckett, Handkes ‚Publikumsbeschimpfung'), doch dabei haben sie die Grenzen des Theaters eher aufgewiesen als erweitert." (Ebd. S. 11f.)
Diese Behauptung bedarf der Modifikation und Nuancierung, da ihr ein zu enger Begriff der poetologischen Selbstreflexion zugrundegelegt worden ist im Sinne der Illusionsbrüche und Fiktionsironien, die in Komödien dominieren. Das ‚Überspielen der Rampe' bildet nur einen Typus des poetisch-poetologischen Diskurses. Die zentrale Analysekategorie dieser Studie ist weiter gefaßt, um auch den illusionistischen Typus der poetischen und poetologischen Refle-

xion im Drama darstellen zu können. Vgl. hierzu die entsprechenden Abschnitte zur Definition der poetologischen Selbstreflexion und der poetischen Reflexion.

⁶ Vgl. Ernst Weber, *Die poetologische Selbstreflexion im deutschen Roman des 18. Jahrhunderts. Zu Theorie und Praxis von „Roman", „Historie" und pragmatischem Roman*, Stuttgart/Berlin/Köln/Mainz 1974, S. 14f.

⁷ Manfred Schmeling, Autothematische Dichtung als Konfrontation. Zur Systematik literarischer Selbstdarstellung, in: *Zeitschrift für Literaturwissenschaft und Linguistik* 8, 1978, H. 32, S. 77–97, bes. S. 80–82, 87f.

⁸ Vgl. Viktor Šklovskij, Der Zusammenhang zwischen dem Verfahren der Sujetführung und dem allgemeinen Stilverfahren, in: Jurij Striedter (Hrsg.), *Texte der russischen Formalisten*, Bd. 1, München 1969, S. 51; vgl. Roman Jakobson, Über den Realismus in der Kunst, ebd., S. 377.

⁹ Manfred Schmeling, Autothematische Dichtung, a.a.O., S. 92 und vgl. S. 88f., 94f.

¹⁰ Vgl. ebd., S. 78.

¹¹ Lucien Dällenbach, *Le récit speculaire. Essai sur la mise en abyme*, Paris 1977; vgl. Manfred Schmeling, Autothematische Dichtung, a.a.O., S. 78f.

¹² Ebd., S. 78.

¹³ Vgl. Viktor Šklovskij, Die Parodie auf den Roman: Tristram Shandy, in: ders., *Theorie der Prosa*, hrsg. und aus dem Russischen übersetzt von Gisela Drohla, Frankfurt/M. 1966, S. 131–162; vgl. ders., Der Zusammenhang zwischen dem Verfahren der Sujetführung und dem allgemeinen Stilverfahren, a.a.O.

¹⁴ Manfred Schmeling, Autothematische Dichtung, a.a.O., S. 81.

¹⁵ Ernst Weber, Die poetologische Selbstreflexion, a.a.O.; vgl. auch Werner Hahl, *Reflexion und Erzählung. Ein Problem der Romantheorie von der Spätaufklärung bis zum programmatischen Realismus*, Stuttgart/Berlin/Köln/Mainz 1971.

¹⁶ Anthony J. Niesz, *Dramaturgy in German Drama: From Gryphius to Goethe*, Heidelberg 1980. Zuerst als Diss. University of Wisconsin–Madison 1977 erschienen.

¹⁷ Wolfgang Theile, *Immanente Poetik des Romans*, Darmstadt 1980.

¹⁸ Vgl. Ernst Weber, Die poetologische Selbstreflexion, a.a.O., S. 13f.

¹⁹ Ebd., S. 13, 15.

²⁰ Vgl. auch Anthony J. Niesz, Dramaturgy in German Drama, a.a.O., S. 13ff.

²¹ Wolfgang Theile, Immanente Poetik, a.a.O., S. 1f., 3.

²² Ebd., S. 3.

²³ Vgl. ebd., S. 69.

²⁴ Vgl. hierzu Manfred Schmeling, Autothematische Dichtung, a.a.O., S. 91f.

²⁵ Friedrich Schlegel, Athenäums-Fragment, 116, in: *Kritische Friedrich-Schlegel-Ausgabe*, hrsg. von Ernst Behler unter Mitwirkung von Jean-Jacques Anstett und Hans Eichner, München/Paderborn/Wien/(seit 1962 zugleich) Zürich 1958 ff., Abt. I, Bd. II, S. 182f.; Athenäums-Fragment 238, ebd. S. 204; vgl. auch die Lyceums-Fragmente 115, 117, ebd. S. 161, 162.

²⁶ Friedrich Schlegel, Lyceums-Fragment 60, ebd., S. 154.

²⁷ Etymologisch bezeichnet das „Romantische" im sprachgeschichtlichen Sinne die Tochtersprachen des Lateinischen, im aufwertenden Sinne das „Vulgärsprachliche", dessen Dichtung sich den klassischen Maßstäben entzog, aber auch und im besonderen Maße das, was der Wirklichkeit entgegengesetzt ist: „das Unglaubliche, Unwahrscheinliche, Unwirkliche, Phantastische, Exotische." Der Konnotationsraum des „Romantischen" bezieht ferner den Bereich der Liebe und den des Gattungsbezogenen, Poetologischen, ein. Im Sprachgebrauch des 18. Jahrhunderts bezeichnet das Wort „Roman" die ‚Liebesgeschichte' – vgl. Friedrich Schiller, *Kabale und Liebe*, III/1 –, die ‚erdichtete Liebesgeschichte', aber auch die erfundene, lügenhafte Geschichte – vgl. G.E. Lessing, *Miß Sara Sampson*, IV/8. Zur Vielfalt der Bedeutungen und zur Etymologie vgl. Hans Eichner, Einleitung zum zweiten Band der ersten Abteilung der *Kritischen Friedrich-Schlegel-Ausgabe*, a.a.O., S. LII-LVIII.

²⁸ Zum Begriff der romantischen Ironie: vgl. Ernst Behler, *Klassische Ironie, romantische Ironie, tragische Ironie*, Darmstadt 1972; vgl. Ingrid Strohschneider-Kohrs, *Die romantische Ironie in Theorie und Gestaltung*, 2. durchgeseh. und erweit. Aufl., Tübingen (1. Aufl. 1960) 1977.

²⁹ Friedrich Schlegel, Athenäums-Fragment 238, a.a.O., S. 204.
³⁰ Eberhard Huge, *Poesie und Reflexion in der Ästhetik des frühen Friedrich Schlegel*, Stuttgart 1971, S. 118.
³¹ Friedrich Schlegel, Lyceums-Fragment 7, a.a.O., S. 148.
³² Vgl. Eberhard Huge, Poesie und Reflexion, a.a.O., S. 104.
³³ Friedrich Schlegel, *Philosophische Lehrjahre 1796–1806 nebst philosophischen Manuskripten aus den Jahren 1796–1828*, Erster Teil, mit Einleitung und Kommentar hrsg. von Ernst Behler, in: Kritische Friedrich-Schlegel-Ausgabe, a.a.O., Abt. II, Bd. XVIII, 1963, S. 476.
³⁴ Friedrich Schlegel, Athenäums-Fragment 238, a.a.O., S. 204.
³⁵ Eberhard Huge, Poesie und Reflexion, a.a.O., S. 126f.
³⁶ Jakob Michael Reinhold Lenz, *Die Soldaten. Eine Komödie*, I/4.
³⁷ Vgl. Hans Eichner, Einleitung, a.a.O., S. LIV.
³⁸ Zu Tieck vgl. auch die ausführlichen Untersuchungen von Manfred Schmeling, *Das Spiel im Spiel. Ein Beitrag zur vergleichenden Literaturkritik*, o.O. 1977, S. 149–172.
³⁹ Vgl. die Interpretation, Kap. II, S. 167ff.
⁴⁰ Vgl. Lessings Brief an Mendelssohn, vom 2. Februar 1757, in: *Briefwechsel über das Trauerspiel*, a.a.O., S. 103; vgl. auch Kap. II, S. 58, 86, 183f.
⁴¹ Anthony J. Niesz, Dramaturgy in German Drama, a.a.O., S. 9f.
⁴² Ebd., S. 10.
⁴³ Vgl. ebd., S. 258ff.
⁴⁴ Vgl. ebd., S. 109f. Niesz nimmt weder den expliziten Kernsatz der dialogischen Dramaturgie in diesem Trauerspiel – vgl. Mellefonts Äußerung in V/4 – noch Tellheims explizite, dialogische, poetologische Selbstreflexion – *Minna von Barnhelm*, V/5; vgl. dazu Kap. III, S. 221f. – wahr. Die zentrale Kategorie der Lessingschen Dramaturgie, das Mitleid, wird nicht zum Gegenstand der Analyse, obwohl sie durch das Raster der dialogischen Dramaturgie nicht hätte fallen können.
⁴⁵ Die ursprüngliche Anlage dieser Arbeit umfaßte Dramen von Shakespeare bis Botho Strauß, um diachron die Typen der poetisch-poetologischen Reflexion, den illusionistischen, den desillusionistischen und den anti-illusionistischen vorzustellen. Die Sichtung des Materials und die Besonderheit der analytischen Perspektive machten einschneidende Einschränkungen notwendig, so daß nur der illusionistische Typus detailliert dargelegt werden sollte. Aus der Vielzahl der in der Einleitung aufgeführten Gründe erfolgten weitere Reduktionen, die letztlich die Beschränkung auf e i n Drama erforderlich machten, um einen bestimmten Sonderfall dieses Reflexionstypus auf die Mittel und Inhalte möglichst umfassend zu untersuchen. Als weitere Arbeiten sind von mir die Analyse der immanenten Poetik des Mitleids im gesamten dramatischen Werk Lessings und in einem weiteren Schritt die Ausweitung des Zeitraums der zu untersuchenden Dramen bis zur Romantik geplant, um die Veränderungen der immanenten Poetik des Mitleids und des Illusionsdramas aufzuzeigen. Die Untersuchungen zu Dramen Pirandellos und Brechts sowie die detaillierte Interpretation von Peter Handkes Sprechstück *Publikumsbeschimpfung* in diesem Einleitungskapitel belegen die ‚Brauchbarkeit' der neuen typologischen Unterscheidungen auch auf der Ebene der literaturwissenschaftlichen Analyse.
⁴⁶ J.W. Goethe, Maximen und Reflexionen, in: *Goethe, Berliner Ausgabe*, Bd. 18, Berlin/Weimar 1972, S. 638:
„Die Allegorie verwandelt die Erscheinung in einen Begriff, den Begriff in ein Bild, doch so, daß der Begriff im Bilde immer noch begrenzt und vollständig zu halten und zu haben und an demselben auszusprechen sei.
Die Symbolik verwandelt die Erscheinung in Idee, die Idee in ein Bild, und so, daß die Idee im Bild immer unendlich wirksam und unerreichbar bleibt und, selbst in allen Sprachen ausgesprochen, doch unaussprechlich bliebe."
⁴⁷ Friedrich Wilhelm Joseph Schelling, Allgemeiner Theil der Philosophie der Kunst, in: *Schellings Werke*. Nach der Originalausgabe in neuer Anordnung hrsg. von Manfred Schröter. Dritter Hauptband: *Schriften zur Identitätsphilosophie 1801–1806*, München 1927, S. 427:
„Erläuterungssätze.

Diejenige Darstellung, in welcher das Allgemeine das Besondere bedeutet, oder in welcher das Besondere durch das Allgemeine angeschaut wird, ist S c h e m a t i s m u s.

Diejenige Darstellung aber, in welcher das Besondere das Allgemeine bedeutet, oder in welcher das Allgemeine durch das Besondere angeschaut wird, ist a l l e g o r i s c h.

Die Synthesis dieser beiden, wo weder das Allgemeine das Besondere, noch das Besondere das Allgemeine bedeutet, sondern wo beide absolut eines sind, ist das S y m b o l i s c h e.

Diese drei verschiedenen Darstellungsarten haben das Gemeinschaftliche, daß sie nur durch Einbildungskraft möglich und Formen derselben sind, nur daß die dritte ausschließlich die absolute Form ist."

[48] Vgl. Eberhard Huge, Poesie und Reflexion, a.a.O., S. 120f.

[49] Vgl. die „Conti-Szene" aus Lessings Trauerspiel *Emilia Galotti (1772)*, I/4, in: Herbert G. Göpfert (Hrsg.), *Gotthold Ephraim Lessing, Werke*, Bd. 2, Darmstadt 1971, S. 131–135. Vgl. hierzu Anthony J. Niesz, Dramaturgy in German Drama, a.a.O., S. 119–126. Zum Begriff der ästhetischen Reflexion vgl. auch Horst Turk, *Dialektischer Dialog. Literaturwissenschaftliche Untersuchung zum Problem der Verständigung*, Göttingen 1975, S. 21–38.

[50] Zum Begriff der Rekonstruktion: vgl. Jürgen Habermas, *Zur Rekonstruktion des Historischen Materialismus*, Frankfurt/M. ²1976, S. 9–48.

[51] Vgl. hierzu:
Hans Schwab, *Das Schauspiel im Schauspiel zur Zeit Shakespeares*, Wien/Leipzig 1896 (Wiener Beiträge zur Englischen Philologie, Bd. V), Nachdr.: London 1964.
Max Dessoir, Das Schauspiel im Schauspiel (1925), in: ders., *Beiträge zur allgemeinen Kunstwissenschaft*, Stuttgart 1929, S. 137–150.
Joachim Voigt, *Das Spiel im Spiel. Versuch einer Formbestimmung an Beispielen aus dem deutschen, englischen und spanischen Drama*, Diss. Göttingen 1954.
Erich Proebster, *Theater im Theater*, Diss. München 1955 (Masch.).
Robert J. Nelson, *Play within a Play. The Dramatist's Conception of His Art: Shakespeare to Anouilh*, New Haven, Yale University Press 1958.
Lionel Abel: *Metatheatre. A New View of Dramatic Form*, New York 1963.
Dieter Mehl, Die Entwicklung des ‚Play within a Play' im elisabethanischen Drama, in: *Shakespeare Jahrbuch 97*, 1961, S. 134–152.
Wolfgang Iser, Das Spiel im Spiel. Formen dramatischer Illusion bei Shakespeare, in: *Archiv für das Studium der Neueren Sprachen und Literaturen 198*, 1962, S. 209–226.
Dieter Mehl, Forms and Functions of the Play within the Play, in: *Renaissance Drama 7*, 1965, S. 41–62.
Jörg Henning Kokott, *Das Theater auf dem Theater im Drama der Neuzeit. Eine Untersuchung über die Darstellung der Theatralischen Aufführung durch das Theater in ausgewählten Dramen von Shakespeare, Tieck, Pirandello, Genet, Ionesco und Beckett*, Diss. Köln 1968.
Sidney Homan, When the Theatre Turns to Itself, in: *New Literary History 2*, 1971, S. 407–417.
Walter Pache, Pirandellos Urenkel. Formen des Spiels im Spiel bei Max Frisch und Tom Stoppard, in: *Sprachkunst. Beiträge zur Literaturwissenschaft IV*, 1973, S. 124–141.
Joseph Anthony Federico, *Metatheater: Self-Consciousness and Role-Playing in the Dramas of Max Frisch, Friedrich Dürrenmatt, and Peter Handke*, Diss. Ohio State University/Ann Arbor 1976.
Manfred Schmeling, Das Spiel im Spiel, a.a.O.

[52] Vgl. z.B. Aristophanes, *Thesmophoriazusai (Die Frauen am Thesmophorienfest)*; G.E. Lessing, *Die alte Jungfer*; Chr.F. Weiße, *Die Poeten nach der Mode*; J.M.R. Lenz, *Pandämonium Germanicum*; J.W. v. Goethe, *Tasso*; A. Schnitzler, *Der Reigen*; T. Dorst, Toller; P. Weiss, Hölderlin; G. Salvatore, *Büchners Tod*. – Vgl. auch Manfred Kux, *Moderne Dichterdramen. Dichter, Dichtung und Politik in Theaterstücken von Günter Grass, Tankred Dorst, Peter Weiss und Gaston Salvatore*, Köln/Wien 1980.

[53] Vgl. z.B. Aristophanes, *Die Frösche*; W. Shakespeare, *A Midsummer-Night's Dream*; A. Gryphius, *Absurda Comica. Oder Herr Peter Squentz. Schimpff-Spiel*; L. Tieck, *Der gestiefelte Kater*; A. Schnitzler, *Der grüne Kakadu*; G. Grass, *Die Plebejer proben den Aufstand*.

[54] Vgl. beispielsweise Lilly Pietsch-Ebert, *Die Gestalt des Schauspielers auf der deutschen Bühne*

des 17. und 18. Jahrhunderts, Berlin 1942; vgl. Alexander Ostrowskij, *Der Wald;* Anton Tschechov, *Die Möwe;* Arthur Schnitzler, *Der grüne Kakadu;* Luigi Pirandello, *Sei personaggi in cerca d'autore.*

[55] Vgl. z.B. J.M.R. Lenz, *Die Soldaten,* I/4.

[56] Vgl. ders., *Der neue Menoza;* zur Regelfeindlichkeit der Stürmer und Dränger vgl. Kap. II, Anm. 9.

[57] Vgl. beispielsweise Luigi Pirandello, *Sei personaggi in cerca d'autore* – vgl. hierzu die Interpretation, Kap. I, S. 24–29 –; ders., *Ciascuno a suo modo;* ders., *Vestire gli ignudi;* A. Schnitzler, *Der grüne Kakadu;* ders., *Zum großen Wurstel.*

[58] Vgl. Volker Klotz, *Dramaturgie des Publikums. Wie Bühne und Publikum aufeinander eingehen, insbesondere bei Raimund, Büchner, Wedekind, Horvath, Gatti und im politischen Agitationstheater,* München/Wien 1976; zu Lessing vgl. Benjamin Bennett, The Idea of the Audience in Lessing's Inexplicit Tragic Dramaturgy, in: *Lessing Yearbook* XI, 1979, S. 59–68.

[59] Vgl. z.B. Shakespeare, *A Midsummer-Night's Dream;* A. Gryphius, *Absurda Comica. Oder Herr Peter Squentz;* L. Tieck, *Der gestiefelte Kater;* L. Pirandello, *Sei personaggi in cerca d'autore;* G. Grass, *Die Plebejer proben den Aufstand;* Peter Weiss, *Die Verfolgung und Ermordung Jean Paul Marats dargestellt durch die Schauspielergruppe des Hospizes zu Charenton unter der Anleitung des Herrn de Sade.* Vgl. auch Karlernst Schmidt, *Die Bühnenprobe als Lustspieltyp in der englischen Literatur,* Halle (Saale) 1952.

[60] Tom Stoppard, *Rosencrantz und Guildenstern are Dead,* 1966. Deutsche Übersetzung von Hanna Lunin unter dem Titel *Rosenkrantz und Güldenstern,* Reinbek b. Hamburg (1967) 1977.

[61] Vgl. Aristoteles, *Poetik.* Eingeleitet, übersetzt und erläutert von Manfred Fuhrmann, München 1976, Kap. 5,24 am Anfang, Kap. 26, 3. Absatz; vgl. Peter Pütz, Grundbegriffe der Interpretation von Dramen, a.a.O., S. 12f.

[62] Vgl. Hans Hoppe, *Das Theater der Gegenstände,* Bensberg-Frankenforst 1971.

[63] Bereits Plato differenziert zwischen den beiden literarischen Formen der einfachen Erzählung (d i e g e s i s), in der der Dichter selbst redet, und der Darstellung (m i m e s i s), in der es scheint, ob ein anderer der Redende wäre als er selbst. Vgl. Plato, *Politeia,* 3. Buch, 392ff.; dt. von Friedrich Schleiermacher, in: *Plato. Sämtliche Werke,* hrsg. von Walter Franz Otto, Ernesto Grassi, Gert Plamböck, Bd. 3, [Reinbek] (1958) 1967, S. 125–127.

[64] Vgl. Kap. I, Anm. 61.

[65] Vgl. zu den Wahrscheinlichkeits- und Illusionstheorien Gottscheds, Bodmers, Calepios, Johann Elias Schlegels, Lessings und Mendelssohns die Studie von Otto Haßelbeck, *Illusion und Fiktion. Lessings Beitrag zur poetologischen Diskussion über das Verhältnis von Kunst und Wirklichkeit,* München 1979.

[66] Luigi Pirandello, *Sechs Personen suchen einen Autor* (Ital. Originaltitel: *Sei personaggi in cerca d'autore),* deutsch von Georg Richert, in: *Spectaculum* VI, 1963, S. 265–316.

[67] Vgl. ders., Gedanken über Kunst, in: *Spectaculum* VI, 1963, S. 362 f.

[68] Vgl. ebd., S. 362.

[69] Vgl. Peter Szondi, Theorie des modernen Dramas (1880–1950), in: ders., *Schriften I,* Frankfurt/M. 1978, S. 117.

[70] Vgl. Schillers Brief an Goethe, vom 2. Oktober 1797, und vorher Goethes Brief an Schiller, vom 22. April 1797, und Schillers Antwort vom 25. April 1797, in: *Goethe. Gedenkausgabe der Werke, Briefe und Gespräche.* 20. Band: *Der Briefwechsel zwischen Goethe und Schiller,* Zürich/Stuttgart (1950), ²1964, S. 433–439, 334–337, 337–340.

[71] Besonders die Stieftochter tritt hartnäckig für ihr Drama ein, um sich an dem Vater rächen zu können, und wehrt sich entschieden gegen das Drama des Vaters, der sich durch seine Tragödie von seinen Schuldgefühlen lösen will. (vgl. S. 302). Vgl. hierzu Peter Szondi, Theorie des modernen Dramas, a.a.O., S. 120: „Zugleich vertritt die Stieftochter das Strindbergsche Ich, welches die Bühne für sich in Alleinherrschaft fordert. Die Kritik des Direktors, die sie damit hervorruft, läßt sich als Kritik an der subjektiven Dramatik insgesamt lesen."

[72] Vgl. Luigi Pirandello: Vorwort zu *Sechs Personen suchen einen Autor,* in: *Spectaculum* VI, 1963, S. 374.

73 „VATER   Aber das ganze Unglück liegt ja in den Worten! Wir haben alle eine Welt in uns, jeder seine eigene. Aber wie sollen wir uns verstehen, Herr Direktor, wenn ich in meine Worte den Sinn und die Bedeutung der Dinge lege, so wie ich sie empfinde, während derjenige, der sie hört, sie unvermeidlich mit dem Sinn und der Bedeutung der Dinge erfüllt, die zu seiner Welt gehören! Wir glauben, uns zu verstehen – wir verstehen uns nie! Schauen Sie – mein Mitgefühl, mein ganzes Mitleid für diese Frau – z e i g t   a u f   d i e   M u t t e r – ist von ihr als grausamste Unbarmherzigkeit aufgefaßt worden." (S. 279)

74 Vgl. Peter Szondi, Theorie des modernen Dramas, a.a.O., S. 120f.
75 Vgl. ebd., S. 17.
76 Bertolt Brecht, *Der kaukasische Kreidekreis*, Frankfurt/M. ^{8}1969.
77 Peter Szondi, Theorie des modernen Dramas, a.a.O., S. 107.
78 Vgl. Bertolt Brecht, Die Mutter, in: ders., *Gesammelte Werke*, Bd. 2, Frankfurt/M. 1967, S. 825.
79 Bertolt Brecht, *Über Schauspielkunst*, Berlin 1973, S. 158.
80 Vgl. ders., Dialog über eine Schauspielerin des epischen Theaters, in: ders., *Über Schauspielkunst*, a.a.O., S. 154.
81 Vgl. ders., Anmerkungen zur Oper *Aufstieg und Fall der Stadt Mahagonny*, in: ders., *Gesammelte Werke*, Bd. 17, Frankfurt/M. 1967, S. 1009f.
82 Über das Vorspiel „Streit um das Tal" ist in der Rezeptionsgeschichte der Streit – sowohl in West als auch in Ost – entbrannt. Vgl. Helmut Jendreiek, *Bertolt Brecht. Drama der Veränderung*, Düsseldorf 1969, S. 297–302.
83 Peter Handke, Publikumsbeschimpfung, in: ders., *Publikumsbeschimpfung und andere Sprechstücke*, Frankfurt/M. ^{13}1976, S. 5–48; vgl. ders., Straßentheater und Theatertheater (1968), in: ders., *Ich bin ein Bewohner des Elfenbeinturms*, Frankfurt/M. 1972, S. 51–55; vgl. ders., Für d a s Straßentheater gegen d i e Straßentheater (1968), ebd., S. 56–62; vgl. ders., Horváth und Brecht (1968), ebd., S. 63f.; vgl. ders., Theater und Film: Das Elend des Vergleichens (1968), ebd., S. 65–77; vgl. ders., Die Arbeit des Zuschauers (1969), ebd., S. 88–125.
84 J.W. Goethe, Faust. Eine Tragödie, V. 96–97, in: *Goethe, Berliner Ausgabe*, Bd. 8, Berlin/Weimar o.J., S. 151.
85 Vgl. Aristoteles, Poetik, a.a.O., Kap. 4.
86 Vgl. J.W. Goethe, Shakespeare und kein Ende (1816/1826), in: *Goethe, Berliner Ausgabe*, Bd. 18, Berlin/Weimar 1972, S. 158.
87 Vgl. ders., Faust, a.a.O., V. 39.
88 Ebd., V. 239–242.
89 Friedrich Schiller, An die Freunde (Gedicht), 1802, in: *Schillers Werke*, Textrevision von Heinrich Kurz, Bd. 1, Leipzig/Wien o.J., S. 90f.; vgl. J.W. Goethe, Shakespeare und kein Ende, a.a.O., S. 157.
90 Ebd., S. 159.
91 Ebd.
92 Ebd.
93 Vgl. ebd., S. 160.
94 Vgl. Gustav Freytag, *Die Technik des Dramas*, 13. Aufl., Nachdr. Darmstadt 1965, S. 102.
95 J.W. Goethe, Regeln für Schauspieler (1803), in: *Goethe, Berliner Ausgabe*, Bd. 17, Berlin/Weimar 1970, S. 101, § 74.
96 Ebd.
97 Vgl. Ludwig Wittgenstein, *Philosophische Untersuchungen*, hrsg. von G. Anscombe und R. Rhees, Oxford 1953, S. 43.
98 Jürgen Habermas, Vorbereitende Bemerkungen zu einer Theorie der kommunikativen Kompetenz, in: J. Habermas und Niklas Luhmann, *Theorie der Gesellschaft oder Sozialtechnologie – Was leistet die Systemforschung?* Frankfurt/M. (1971) 1975, S. 105.
99 Vgl. hierzu ebd., S. 111f.
100 Vgl. ebd., S. 106.

[101] Vgl. ebd., S. 112f.
[102] Vgl. Ludwig Tieck, Die verkehrte Welt. Ein historisches Schauspiel in fünf Aufzügen (1798), in: *L. Tieck's Schriften*, Bd. 5, Berlin 1828, S. 319f., 321f.; vgl. Peter Szondi, Friedrich Schlegel und die romantische Ironie. Mit einer Beilage über Tiecks Komödien, in: ders., *Schriften II*, Frankfurt/M. 1978, S. 29–31.
[103] Vgl. Peter Pütz, *Die Zeit im Drama. Zur Technik dramatischer Spannung*, Göttingen (1970) ²1977, S. 11.
[104] Vgl. ders., *Peter Handke*, Frankfurt/M. 1982, S. 16.

Anmerkungen zum zweiten Kapitel:
Poetologische Selbstreflexion im Drama:
Lessings immanente Poetik des Mitleids in dem bürgerlichen Trauerspiel *Miß Sara Sampson*

[1] Vorbemerkung: Ich werde im folgenden den von Karl Eibl besorgten Neudruck der Fassung 1755a benutzen, da Lessings bürgerliches Trauerspiel in dieser Druckfassung historisch gewirkt hat.
Karl Eibl, *Gotthold Ephraim Lessing. Miß Sara Sampson. Ein bürgerliches Trauerspiel*, Frankfurt/M. 1971, S. 7–90.
Zur Textkritik vgl. ebd., S. 91–93.
Zur Entstehung, zu den Quellen, zur Überlieferung verweise ich ferner auf die entsprechenden Kommentare von Kurt Wölfel (Hrsg.), *Lessings Werke*, 3 Bde., 1. Bd., Frankfurt/M. 1967, S. 645, und von Gerd Hillen, in: *Gotthold Ephraim Lessing: Werke*, 8 Bde., hrsg. von Herbert G. Göpfert, in Zusammenarbeit mit Karl Eibl et al., 2. Bd., (München 1971); Lizenzausgabe Darmstadt 1971, S. 692–693. Vgl. ferner Richard Daunicht, *Die Entstehung des bürgerlichen Trauerspiels in Deutschland*, Berlin ²1965, S. 276–289.
Zum Forschungsstand: Auf die Darstellung des Forschungsstands werde ich verzichten, weil einerseits in der Sekundärliteratur nur Einsprengsel und Randbemerkungen zum Phänomen der poetisch-poetologischen Reflexion zu finden sind und weil andererseits der Stand der literaturwissenschaftlichen Forschung in folgenden Arbeiten nachzulesen ist:
Karl Eibl, G.E. L. Miß Sara Sampson, a.a.O., S. 166–171.
Peter Weber, *Das Menschenbild des bürgerlichen Trauerspiels. Entstehung und Funktion von Lessings „Miß Sara Sampson"*, Berlin (1970), 2. ergänzte Aufl. 1976, S. 9–36; S. 229–236.
Roland Purkl, *Gestik und Mimik in Lessings bürgerlichen Trauerspielen M i ß   S a r a   S a m p s o n . E m i l i a   G a l o t t i*, Diss. Heidelberg 1979, S. 7–14.
Zur Literatur bis 1971:
Siegfried Seifert, *Lessing-Bibliographie*, Berlin/Weimar 1973, S. 677–682, Nr. 5418–5457.
Kurzüberblick für den Zeitraum 1926–1970:
Karl Eibl, G.E. L. Miß Sara Sampson, a.a.O., S. 254.
Eine kurz kommentierte Bibliographie bis zum Jahre 1980 bieten:
Wilfried Barner et al., *Lessing. Epoche – Werk – Wirkung*, München (1975), 4. völlig neubearb. Aufl. 1981, S. 159–161.
Ergänzungen zur Bibliographie:
Erich Schmidt, *Lessing. Geschichte seines Lebens und seiner Schriften*, 2 Bde., Berlin (1884/92) ³1909, Bd. 1, S. 272–316.
Fritz Brüggemann, Die Entwicklung der Psychologie im bürgerlichen Drama Lessings und seiner Zeit, in: *Euphorion* 26, 1925, S. 376–388.
Ders., Lessings Bürgerdramen und der Subjektivismus als Problem. Psychogenetische Untersuchung, in: *Jahrbuch des Freien Deutschen Hochstifts*, 1926, S. 69–78.
Benno von Wiese, *Lessing: Dichtung, Ästhetik, Philosophie*, Leipzig 1931, S. 31–40.
Fritz Brüggemann, Einführung, in: ders. (Hrsg.), *Die Anfänge des bürgerlichen Trauerspiels in den fünfziger Jahren*, Leipzig 1934, unveränderter reprograph. Nachdr., Darmstadt 1964, S. 7–9.
Hans Rempel, *Tragödie und Komödie im dramatischen Schaffen Lessings*, Berlin 1935, reprograf. Nachdruck, Darmstadt 1967, S. 35–51, 80f., 116.
Benno von Wiese, *Die deutsche Tragödie von Lessing bis Hebbel*, 2 Tle., Hamburg (1948) ⁶1964, S. 31–33.
Heinz Knorr. *Wesen und Funktion des Intriganten im deutschen Drama von Gryphius bis zum Sturm und Drang*, Diss. Erlangen 1951, S. 84–85.
Eva Reissland, *Das Gattungsproblem im dramatischen Schaffen Lessings. Ein Beitrag zur Geschichte des deutschen Dramas in der zweiten Hälfte des achtzehnten Jahrhunderts*, Diss. Greifswald 1962, S. 176–180.

Richard Vospernick, *George Lillo und die Anfänge des bürgerlichen Trauerspiels in Deutschland*, Diss. Innsbruck 1962, S. 53–55 (Masch.).
Wolfgang Schaer, *Die Gesellschaft im deutschen bürgerlichen Drama des 18. Jahrhunderts. Grundlagen und Bedrohung im Spiegel der dramatischen Literatur*, Bonn 1963.
Rose Götte, *Die Tochter im Familiendrama des achtzehnten Jahrhunderts*, Diss. Bonn 1964, S. 92–108.
Walter Müller-Seidel, Nachwort, in: ders., *Bürgerliches Trauerspiel und soziales Drama*, Freiburg 1964, S. 492–499.
Elisabeth Brock-Sulzer, *Gotthold Ephraim Lessing*, Hannover (1967), ^{2}1972 S. 30–38.
Heinz Birk, *Bürgerliche und empfindsame Moral im Familiendrama des 18. Jahrhunderts*, Diss. Bonn 1967.
Karl S. Guthke, *Gotthold Ephraim Lessing*, (1. Aufl. 1967), 3., erweit. und überarb. Aufl., Stuttgart 1979, S. 31.
Klaus Scheele, *Soziales Drama. Seine Struktur und seine Geschichte in Deutschland*. Diss. Erlangen 1969 (Masch.).
(Anm.: Scheeles Studie war über den öffentlichen Leihverkehr nicht zu erhalten; vgl. Ursula Friess: Verführung ist die wahre Gewalt, in: *Jahrbuch der Jean-Paul-Gesellschaft* 6, 1971, S. 104, Anm. 8).
Peter Weber, Lessings „Miß Sara Sampson". Entstehung und Stilcharakter des „Bürgerlichen Trauerspiels", in: *Weimarer Beiträge* 15, 1969, S. 655–660 (Autoreferat zur Phil. Diss. Berlin 1968).
Ursula Friess, *Buhlerin und Zauberin. Eine Untersuchung zur deutschen Literatur des 18. Jahrhunderts*, München 1970, S. 31–51 und S. 178–194.
Gerd Hillen, Die Halsstarrigkeit der Tugend. Bemerkungen zu Lessings Trauerspielen, in: *Lessing Yearbook* II, 1970, S. 119–122.
Elmar Buck, *Die Dramaturgie des Dramatikers Gotthold Ephraim Lessing: Impulse und Praktiken seines dramatischen Schaffens*, Diss. Hannover 1971, S. 29–33.
Joachim Desch, *Lessings Dramaturgie und Religionsphilosophie in ihrem Zusammenhang*, Diss. Marburg 1971, S. 72–78.
Ursula Friess, „Verführung ist die wahre Gewalt". Zur Politisierung eines dramatischen Motivs in Lessings bürgerlichen Trauerspielen, in: *Jahrbuch der Jean-Paul-Gesellschaft* 6, 1971, S. 102–130.
Helmut Göbel, *Bild und Sprache bei Lessing*, München 1971, S. 78–101.
F.J. Lamport, Lessing and the „Bürgerliches Trauerspiel", in: P.F. Ganz (Ed.), *The Discontinuous Tradition. Studies in German Literature in honor of Ernest Ludwig Stahl*, Oxford 1971, S. 15–17.
Karl S. Guthke, *Das bürgerliche Trauerspiel*, Stuttgart (1972), ^{2}1976, S. 49–53.
Ferdinand van Ingen, Tugend bei Lessing. Bemerkungen zu „Miss Sara Sampson", in: *Amsterdamer Beiträge zur neueren Germanistik* I, 1972, S. 43–73.
Gerd Labroisse, Zum Gestaltungsprinzip von Lessings Miß Sara Sampson, in: *Amsterdamer Beiträge zur neueren Germanistik* I, 1972, S. 75–102.
Klaus-Detlef Müller, Das Erbe der Komödie im bürgerlichen Trauerspiel. Lessings ‚Emilia Galotti' und die commedia dell'arte, in: *Deutsche Vierteljahrsschrift für Literaturwissenschaft und Geistesgeschichte* 46, 1972, S. 28–60, bes. S. 52f.
Jürgen Schröder, *Gotthold Ephraim Lessing. Sprache und Drama*, München 1972, S. 162–189.
Horst Steinmetz, Aufklärung und Tragödie, in: *Amsterdamer Beiträge zur neueren Germanistik* I, 1972, S. 19–22, 33–37.
Wilfried Barner, *Produktive Rezeption. Lessing und die Tragödien Senecas*, München 1973, S. 35–52, 74.
Willi Flemming, Die Bühne in Lessings Dramen, in: *Germanisch-romanische Monatsschrift* 54, N.F. 23, 1973, S. 465–467.
Reinhart Meyer, *„Hamburgische Dramaturgie" und „Emilia Galotti". Studie zu einer Methodik des wissenschaftlichen Zitierens entwickelt am Problem des Verhältnisses von Dramentheorie und Trauerspielpraxis*, Wiesbaden/Frankfurt/M. 1973, S. 226–228.

Helmut Peitsch, Private Humanität und bürgerlicher Emanzipationskampf. Lessings ‚Miß Sara Sampson', in: Gert Mattenklott und Klaus R. Scherpe (Hrsg.), *Literatur der bürgerlichen Emanzipation im 18. Jahrhundert*, Kronberg/Ts. 1973, S. 179–192.

Hinrich C. Seeba, *Die Liebe zur Sache. Öffentliches und privates Interesse in Lessings Dramen*, Tübingen 1973, S. 45–55.

Peter Szondi, Tableau und coup de théâtre. Zur Sozialpsychologie des bürgerlichen Trauerspiels bei Diderot. Mit einem Exkurs über Lessing, in: ders., *Lektüren und Lektionen*, Frankfurt/M. 1973, S. 11–41, bes. S. 34 ff.

A. Scott, The Rôle of Mellefont in Lessing's ‚Miss Sara Sampson', in: *German Quarterly* 47, 1974, S. 394–408.

Knud Willenberg, *Tat und Reflexion. Zur Konstitution des bürgerlichen Helden im deutschen Trauerspiel des 18. Jahrhunderts*, Stuttgart, 1975.

Volker Riedel, *Lessing und die römische Literatur*, Weimar 1976, S. 102–106.

Karl Eibl, Identitätskrise und Diskurs. Zur thematischen Kontinuität von Lessings Dramatik, in: *Jahrbuch der deutschen Schillergesellschaft* 21, 1977, S. 161–168.

Gunter Grimm, *Rezeptionsgeschichte*, München 1977, S. 161–166, 181 ff.

Friedrich A. Kittler, „Erziehung ist Offenbarung". Zur Struktur der Familie in Lessings Dramen, in: *Jahrbuch der deutschen Schillergesellschaft* 21, 1977, S. 111–137.

Rüdiger Müller, *Das Problem des Zufalls bei Lessing*, Diss. Wuppertal 1977, S. 61–70.

Peter Horst Neumann, *Der Preis der Mündigkeit. Über Lessings Dramen. Anhang: Über Fanny Hill*, Stuttgart 1977, S. 22–29, 87.

Ariane Neuhaus-Koch, *Gotthold Ephraim Lessing. Die Sozialstrukturen in seinen Dramen*, Bonn 1977, S. 27–29, 37–40, 52–56, 68–70, 82–89, 105–111.

Volker Nölle, *Subjektivität und Wirklichkeit in Lessings dramatischem und theologischem Werk*, Berlin 1977, S. 28–46, 117–130.

Albert M. Reh, Zu Lessings Charakterzeichnung: Ein Beitrag zur Literaturpsychologie des 18. Jahrhunderts, in: E.P. Harris und R.E. Schade (Hrsg.), *Lessing in heutiger Sicht. Beiträge zur Internationalen Lessing-Konferenz Cincinnati, Ohio 1976*, Bremen/Wolfenbüttel 1977, S. 169–176.

Klaus Weimar, ‚Bürgerliches Trauerspiel'. Eine Begriffsklärung im Hinblick auf Lessing, in: *Deutsche Vierteljahrsschrift für Literaturwissenschaft und Geistesgeschichte* 51, 1977, S. 218f.

Hendrick Birus, *Poetische Namengebung. Zur Bedeutung der Namen in Lessings „Nathan der Weise"*, Göttingen 1978. (Zu den Namen in Lessings „Miß Sara Sampson" vgl. das Register).

Winfried Woesler, Lessings M i s s   S a r a   S a m p s o n und Senecas M e d e a, in: *Lessing Yearbook* X, 1978, S. 75–93.

Albert M. Reh: Das Motiv der Rettung in Lessings Tragödie und ‚ernster Komödie', in: *Lessing Yearbook* XI, 1979, S. 35–58, bes. S. 53–54.

Steven R. Cerf, Miss Sara Sampson and Clarissa: the use of epistolary devices in Lessing's drama, in: Edward R. Haymes (Ed.), *Theatrum mundi. Essays on German drama and German literature. Dedicated to Harald Lenz on his 70th birthday, Sept. 11, 1978*, München 1980, S. 22–30.

Karl S. Guthke, Das bürgerliche Drama des 18. und 19. Jahrhunderts, in: Walter Hinck (Hrsg.), *Handbuch des deutschen Dramas*, a.a.O., S. 76–92.

Jochen Hörisch, Die Tugend und der Weltlauf in Lessings bürgerlichem Trauerspiel, in: *Euphorion* 74, 1980, S. 186–197.

Denis Jonnes, S o l c h e   V ä t e r. The sentimental Family Paradigm in Lessing's Drama, in: *Lessing Yearbook* XII, 1980, S. 157–174.

Gert Mattenklott, Drama – Gottsched bis Lessing, in: Ralph-Rainer Wuthenow (Hrsg.), *Rationalismus, Empfindsamkeit, Sturm und Drang 1740–1786*, Reinbek b. Hamburg 1980, S. 277–298.

Klaus Peter, *Stadien der Aufklärung. Moral und Politik bei Lessing, Novalis und Friedrich Schlegel*, Wiesbaden 1980.

Friedrich Otto Wilhelm Röhrs, *Narrative Strukturen in Lessings Dramen. Eine strukturalistische Studie*, Diss. Hamburg 1980, S. 366–382.

Jochen Schulte-Sasse, Drama, in: Rolf Grimminger (Hrsg.), *Deutsche Aufklärung bis zur Französischen Revolution 1680–1789*, München 1980, S. 423–499.
F.J. Lamport, *Lessing and the Drama*, Oxford 1981, S. 52–94.
Peter Michelsen, Zur Entstehung des bürgerlichen Trauerspiels. Einige geistes- und literaturgeschichtliche Vorüberlegungen zu einer Interpretation der „Miß Sara Sampson", in: Jürgen Brummack et al. (Redaktionskollegium), *Literaturwissenschaft und Geistesgeschichte. Festschrift für Richard Brinkmann*, Tübingen 1981, S. 83–98.
Albert M. Reh, *Die Rettung der Menschlichkeit. Lessings Dramen in literaturpsychologischer Sicht*, Bern/München 1981, S. 147–185.
Bernd Witte, Die Tränen des Vaters. Zu einigen sozialgeschichtlichen Interpretationen von Lessings bürgerlichen Trauerspielen, in: Dorothea Ader et al., *Sub tua platano. Festgabe für Alexander Beinlich. Kinder- und Jugendtheater, Deutschunterricht, Germanistik*, Emsdetten 1981, S. 536–538.
F. Andrew Brown, Reason and Emotion in Lessing's Theory of Tragedy, in: Ehrhard Bahr et al. (Hrsg.), *Humanität und Dialog: Lessing und Mendelssohn in neuer Sicht. Beiheft zum Lessing Yearbook*, Detroit/München 1982, S. 249–258.
Dieter Kafitz, *Grundzüge einer Geschichte des deutschen Dramas von Lessing bis zum Naturalismus*, Bd. 1, Königstein/Ts. 1982, S. 62–77.
Steven D. Martinson, Authority and Criticism: Lessing's Critical and Dramatic Procedure, in: Ehrhard Bahr et al. (Hrsg.), *Humanität und Dialog*, a.a.O., S. 147–150.
Sybille Maurer-Schmoock, *Deutsches Theater im 18. Jahrhundert*, Tübingen 1982, S. 9, 34f., 128, 130, 137, 141, 154, 190.

[2] George Lillo, *The London Merchant; or The History of George Barnwell* (1731), ed. by William H. McBurney, LonColn 1965.
Deutsche Übersetzung aus dem Englischen von Henning Adam Bassewitz, Hamburg [1752], in: Fritz Brüggemann (Hrsg.), *Die Anfänge*, a.a.O., S. 19–89.
Kritische Ausgabe mit Materialien und einer Einführung, hrsg. von Klaus-Detlev Müller, Tübingen 1981.

[3] Anonym [Johann Gottlob Benjamin Pfeil], Vom bürgerlichen Trauerspiele, in: *Neue Erweiterung der Erkenntnis und des Vergnügens. Ein und dreyßigstes Stück*, Sechster Band [hrsg. von Johann Daniel Tietz], Leipzig 1755, S. 1–25.
Zur Verfasserfrage: vgl. Alberto Martimo, *Geschichte der dramatischen Theorie in Deutschland im 18. Jahrhundert*, Bd. 1. Aus dem Italienischen von Wolfgang Proß, Tübingen 1972, S. 419 f.; vgl. Erich Schmidt, *Lessing*, a.a.O., Bd. 1, S. 267.
Neudrucke: Karl Eibl, G.E. L. Miß Sara Sampson, a.a.O., S. 173–189. Jürg Mathes (Hrsg.), *Die Entwicklung des bürgerlichen Dramas im 18. Jahrhundert. Ausgewählte Texte, mit einem Nachwort von J.M.*, Tübingen 1974, S. 48–57 (Auszug).

[4] Christian Leberecht Martini, Rhynsolt und Sapphira. Ein prosaisches Trauerspiel in dreien Handlungen, (Altona/Leipzig 1755), in: Fritz Brüggemann (Hrsg.), *Die Anfänge*, a.a.O., S. 90–111.

[5] Denis Diderot, Le Fils naturel, ou Les épreuves de la vertu (1757), in: ders., *Œuvres complètes*, Bd. 10, Paris 1980, S. 13–81; ders., Le Père de famille, avec un Discours sur la poésie dramatique (1758), in: ders., *Oeuvres complètes*, a.a.O., S. 162–427.

[6] G. E. Lessing, Abhandlungen von dem weinerlichen oder rührenden Lustspiele. (In: ders., Theatralische Bibliothek, Erstes Stück, Berlin 1754, S. 1–85.) In: Lessing, Werke, a.a.O., Bd. 4, S. 12–58.
Originaltitel:
— Pierre Mathieu Chassiron, *Réflexions sur le comique larmoyant*, Paris 1749;
— Christian Fürchtegott Gellert, *Pro comoedia commovente*, Leipzig 1751.

[7] G. E. Lessing, Abhandlungen von dem weinerlichen oder rührenden Lustspiele, a.a.O., S. 13.

[8] Obwohl Lessing in dem Brief vom 20. Julius aus Embden an Nicolai schreibt: „Ich habe eine Menge unordentlicher Gedanken über das bürgerliche Trauerspiel aufgesetzt, die Sie vielleicht

zu der bewußten Abhandlung [Nicolais Abhandlung vom Trauerspiele] brauchen können, wenn Sie sie vorher noch ein wenig durchgedacht haben. Ich will sie Ihnen schicken; aber ich wünschte, daß Ihnen auch Herr Moses [Mendelssohn] seine Gedanken darüber sagen möchte" – und obwohl Nicolai im Brief vom 31. August 1756 aus Berlin an Lessing antwortete, daß er die „Gedanken über das bürgerliche Trauerspiel [...] mit Begierde" erwarte, kommt dem bürgerlichen Trauerspiel Miß Sara Sampson uneingeschränkt der poetologische Stellenwert zu, da erstens Lessings ‚Gedanken über das bürgerliche Trauerspiel' weder erhalten noch erschienen sind und weil zweitens der Briefwechsel über das Trauerspiel aus den Jahren 1756 und 1757 zuerst im 27. und 28. Teil der Sämmtlichen Schriften (Berlin 1794 gedruckt wurde. G.E. Lessing, M. Mendelssohn, F. Nicolai, Briefwechsel, a.a.O., S. 45 und S. 47. Vgl. auch Lessings Hinweis auf ein ‚Buch' im Brief vom 29. März 1757, ebd., S. 105. Friedrich Nicolai, Abhandlung vom Trauerspiele. (In: Bibliothek der schönen Wissenschaften und der freyen Künste, Bd. 1, Stück 1, Leipzig 1757, S. 17–68.) In: Briefwechsel, a. a. O., S. 11–44. Im Brief vom 31. August 1756 an Lessing gibt Nicolai eine Zusammenfassung der wichtigsten Thesen seiner Abhandlung. Diesen Brief erhielt Lessing im November 1756 (vgl. Lessings Brief an Nicolai, im Nov. 1756, ebd., S. 52). Erst im Brief an Mendelssohn, vom 2. Februar 1757, teilt Lessing mit, daß er Nicolais Abhandlung gelesen habe (vgl. ebd., S. 103); und im Brief vom 2. April an Nicolai schreibt er seine Anmerkungen zu Nicolais Abhandlung von dem Trauerspiele nieder (vgl. ebd., S. 106–109).
Ebenso wie Lessings ‚Gedanken über das Trauerspiel' sind interessanterweise auch seine Schrift Der Schauspieler: Ein Werk, worinne die Grundsätze der ganzen körperlichen Beredtsamkeit entwickelt werden, aus demselben Jahre wie die Abhandlungen von dem weinerlichen oder rührenden Lustspiele, Fragmente geblieben. Daß die Debatte um die Theorie der Schauspielkunst, die um 1750 aufgenommen wurde und an der sich Lessing beteiligte, indem er eine vermittelnde Position einnahm, Wirkungen auf die Konzeption seines bürgerlichen Trauerspiels gehabt hat, das unter dem theatertheoretischen Aspekt der Schauspielkunst zu einem programmatischen Drama wird, hat Theodore Ziolkowski in seinem Aufsatz „Language and Mimetic Action in Lessing's Miss Sara Sampson" (in: The Germanic Review 40, 1965, S. 261–276) nachgewiesen. Vgl. auch Roland Purkl, Gestik, a.a.O., bes. S. 45–68; vgl. Jürgen Schröder, G.E. Lessing, a.a.O., S. 181f.; vgl. Albert M. Reh, Zu Lessings Charakterzeichnung, a.a.O., S. 169–176; vgl. ders., Die Rettung der Menschlichkeit, a.a.O., S. 149: „Nach den beiden maßgebenden Theorien der Zeit kreierte der Schauspieler diese ‚körperliche Beredsamkeit' entweder ‚aus einer gewissen Beschaffenheit der Seele [...], auf welche sie von selbst erfolgt' – das war die Auffassung Sainte Albine's – oder als bewußt gewollte Bewegung ohne jegliche emotionale Beteiligung – das war die Theorie Riccobinis."
Vgl. Kap. II, Anm. 126.

Literatur zum Briefwechsel über das Trauerspiel:
Vgl. die Literaturhinweise in der von Jochen Schulte-Sasse besorgten Edition des Briefwechsels, a.a.O., S. 243f.; vgl. ferner:
Bruno Strauss, Anmerkungen zu Moses Mendelssohn, Briefwechsel, I. 1754–1762. Zu den Briefen Nr. 10–49, Oktober 1755–Mai 1757, in: M.M., Gesammelte Schriften, a.a.O., Bd. 11, 1932, S. 391–427.
Jochen Schulte-Sasse, Der Stellenwert des Briefwechsels in der Geschichte der deutschen Ästhetik, in: Briefwechsel, a.a.O., S. 168–237.
Reinhart Meyer, „Hamburgische Dramaturgie", a.a.O., S. 137–150.
Klaus Bohnen, Geist und Buchstabe. Zum Prinzip des kritischen Verfahrens in Lessings literarästhetischen und theologischen Schriften, Köln/Wien 1974, S. 52–69.
Gert Mattenklott und Helmut Peitsch, Das Allgemeinmenschliche im Konzept des bürgerlichen Nationaltheaters. Gotthold Ephraim Lessings Mitleidstheorie, in: Gert Mattenklott und Klaus R. Scherpe (Hrsg.), Westberliner Projekt: Grundkurs 18. Jahrhundert, a.a.O., S. 151–165.
Ulrich Kronauer, Rousseaus Kulturkritik und die Aufgabe der Kunst. Zwei Studien zur deutschen Kunsttheorie des 18. Jahrhunderts, Heidelberg 1978, S. 11–58.
Otto Haßelbeck, Illusion, a.a.O., S. 85–93, 98–102.

Arnold Heidsieck, Der Disput zwischen Lessing und Mendelssohn über das Trauerspiel, in: *Lessing Yearbook* XI, 1979, S. 7–34.
Roland Purkl, Gestik, a.a.O., S.21–34.
Hans-Jürgen Schings, *Der mitleidigste Mensch ist der beste Mensch. Poetik des Mitleids von Lessing bis Büchner*, München 1980, S. 34–45.
Brigitte Pantis, Zum Begriff der Schuld bei Lessing, in: *Neophilologus* LXV, 1981, No. 3, S. 405–409.
Eva J. Engel, Moses Mendelssohn: His Importance as a Literary Critic, in: Ehrhard Bahr et al. (Hrsg.), Humanität und Dialog, a.a.O., S. 259–273.
Dieter Kimpel, Das anthropologische Konzept in literarästhetischen Schriften Lessings und Mendelssohns, ebd., S. 275–286.
Gerhard Sauder, Mendelssohns Theorie der Empfindungen im zeitgenössischen Kontext, ebd., S. 237–248.
Vgl. Kap. II, Anm. 58.

[9] Anonym [G.E. Lessing], Rezension zu *G. Ephr. Lessings Schriften*, fünfter und sechster Theil, Berlin bei Chr. Fr. Voß 1755. (In: Berlinische Privilegierte Zeitung, 53. Stück, 3. Mai 1755.) In: Lessing, Werke, a.a.O., Bd. 3, S. 246; vgl. ders., Vorrede zu *Des Herrn Jakob Thomson Sämtliche Trauerspiele* (Leipzig 1756), in: Lessing, Werke, a.a.O., Bd. 4, S. 143–145, vgl. Kap. II, Anm. 47; vgl. bes. Friedrich Nicolai, Briefe über den itzigen Zustand der schönen Wissenschaften in Deutschland, 1755, hrsg. von Georg Ellinger, Berlin 1894: Der eilfte Brief: Von der Schaubühne der Deutschen, S. 82–94.
Vgl. u.a. anonym [Daniel Heinrich Thomas und Johann Ehrenfried Jacob Dahlmann], *Vermischte critische Briefe*, Rostock 1758. 17. Brief, S. 138–164, hier S. 139–141: „Es ist wahr; H.L. hat die Einheit des Ortes mehr verändert, als er sie beybehalten hat, da der Schauplatz bald ein Saal im Gasthofe, welchen Sir Sampson einnimmt, bald ein Saal des Mellefonts, bald ein Zimmer der Sara, bald ein Saal des Mellefonts, ia bald ein Saal der Marwood in einem andern Gasthofe ist [sic!]; allein wird dieses noch bey allen den Schönheiten, welche der Dichter durch die Hinteransezzung der Regeln seinem Werke mitgetheilet hat, da er sein Genie von dem Joche der theatralischen Regeln befreiete, und hiedurch die grössesten Leidenschaften, die heftigsten Bewegungen, die anziehendsten und rührendsten Scenen vorstellen konte, noch in Betrachtung zu ziehen seyn? oder hat man Ursache zu wünschen, daß H.L. eine einzige, auch die geringste von allen Schönheiten, welche in diesem unverbesserlichen Trauerspiele enthalten sind, allen Regeln aufgeopfert hätte? ich glaube nicht: und mir scheinet diese Anmerkung sehr richtig zu seyn, welche ich in dem englischen Zuschauer [die von Addison und Steele begr. engl. Zeitschrift „The Spectator"] gelesen zu haben mich erinnere: daß man mehr Urteilskraft braucht, von den Regeln der Kunst abzugehen, als ihnen nachzuleben; und daß in dem Werke eines erhabenen Geistes, der gar keine Regeln kennet, mehr Schönheit enthalten ist; als in den Schriften eines seichten Kopfes, welcher dieselben nicht allein kennet, sondern auch aufs genaueste beobachtet. Dieses ist unstreitig. Das Genie allein muß sich würksam bezeigen."
Der Topos, die Gleichsetzung der Regelfeindlichkeit mit dem Wesen des Genies, wird auch zu Beginn der literarischen Epoche Sturm und Drang sowohl die Poesie als auch die Literaturkritik wie ein innovatorisches Signal bestimmen:
Goethes *Götz von Berlichingen* charakterisiert Herder in seinen Humanitätsbriefen als „groß und unregelmäßig" (Johann Gottfried Herder, *Sämmtliche Werke*, hrsg. von Bernhard Suphan, Berlin 1877–1913, Bd. XVIII, S. 123). Voß nennt Lenzens *Hofmeister* „eine Komödie, eben so empörerisch gegen das Regulbuch, als Götz von Berlichingen" (*Briefe von Johann Heinrich Voß, nebst erläuternden Beilagen* hrsg. von Abraham Voß, Halberstadt 1829, Bd. I, S. 169: Brief vom 13. Juni 1774). Bürger feiert enthusiastisch in einem Brief an Boie Goethe: „Boie! Boie! Der Ritter mit der eisernen Hand, welch ein Stück! – Ich weiß mich vor Enthusiasmus kaum zu lassen. [...] Edel und frey, wie sein Held, tritt der Verfasser den elenden RegelnCodex unter die Füße [...] Glück zu, dem edlen freyen Mann, der der Natur gehorsamer als der tyrannischen Kunst war" (*Briefe von und an Gottfried August Bürger. Ein Beitrag zur Literaturgeschichte seiner Zeit*, hrsg. von Adolf Strodtmann, 4 Bde., Berlin 1874, Bd. I, S. 129 f.). Vgl. Hans-Wolf Jäger, *Politische Katego-*

rien in Poetik und Rhetorik der zweiten Hälfte des 18. Jahrhunderts, Stuttgart 1970, S. 36–39). Bezeichnend ist, daß Lenz in seiner Komödie *Der Neue Menoza* (1774) in der zweiten und dritten Szene des letzten Aktes die Regelhaftigkeit explizit thematisiert und problematisiert, die Lehre der drei Einheiten der Lächerlichkeit preisgibt (Jakob Michael Reinhold Lenz, *Der Neue Menoza oder Geschichte des cumbanischen Prinzen Tandi. Eine Komödie,* in: ders., *Werke und Schriften,* 2 Bde., hrsg. von Britta Titel und Hellmut Haug, Stuttgart 1967, Bd. II, S. 176–179). Werther grenzt die Natur, das wahre Gefühl der Natur, den wahren Ausdruck des Naturgefühls und das Genie gegen die Regeln der bürgerlichen Gesellschaft, gegen die regelhafte Kunst, die keine ist, ab. Er erzählt das Gleichnis von der Liebe, die, wenn sie von Regeln bestimmt wird, sich nicht entfalten kann und abstirbt (Johann Wolfgang Goethe, *Die Leiden des jungen Werther,* in: Goethe, Berliner Ausgabe, a. a. O., Bd. 9, S. 130: Brief vom 26. Mai).

10 So die von Karl Eibl vertretene These zur charakterisierenden Funktion des Ortes. Vgl. ders., G.E.L. Miß Sara Sampson, a.a.O., S. 142f.

11 Vgl. Lessings Brief an Nicolai, im Nov. 1756, in: Briefwechsel, a.a.O., S. 56 und Lessings Brief an Mendelssohn, Leipzig, den 18. Dec. 1756, ebd., S. 82 f. Lessing gibt im folgenden zwei Beispiele, das des ‚Canuts' und das des Vetters von George Barnwell aus dem *London Merchant.* Vgl. auch Lessings ‚Bettler-Beispiel' aus dem Brief an Nicolai, Leipzig, den 29. Nov. 1756, ebd., S. 68f. Zu den drei Beispielen vgl. Kap. II, S. 61–68.

12 Das Elternhaus Saras wird erwartungsgemäß an den Stellen, an denen es explizit genannt wird, positiv dargestellt: vgl. I/3, S. 13; II/4, S. 31; III/1, S. 39.

13 „Der städtische Adel freilich, besonders der für das übrige Europa maßgebende der französischen Hauptstadt, hält weiterhin ‚Haus' und verpönt die Innerlichkeit bürgerlichen Familienlebens. Die Geschlechterfolge, zugleich Erbfolge der Privilegien, wird durch den Namen allein ausreichend garantiert; dazu bedarf es nicht einmal des gemeinsamen Hausstandes der Ehepartner, die oft genug ihr eigenes ‚hôtel' bewohnen und sich zuweilen in der außerfamilialen Sphäre des Salons häufiger treffen als im Kreis der eigenen Familie. Die maîtresse ist Institution und dafür symptomatisch, daß die fluktuierenden, gleichwohl streng konventionalisierten Beziehungen des ‚gesellschaftlichen Lebens' eine Privatsphäre im bürgerlichen Sinne nur selten erlauben. Verspielte Intimität, wo sie dennoch zustande kommt, unterscheidet sich von der dauerhaften Intimität des neuen Familienlebens. Diese hebt sich andererseits gegen die älteren Formen großfamilialer Gemeinsamkeit ab, wie sie vom ‚Volke' noch, besonders auf dem Lande, weit über das 18. Jahrhundert hinaus festgehalten werden und vorbürgerlich auch in dem Sinne sind, daß sie sich der Unterscheidung von ‚öffentlich' und ‚privat' nicht fügen." Jürgen Habermas, *Strukturwandel der Öffentlichkeit. Untersuchungen zu einer Kategorie der bürgerlichen Gesellschaft,* Neuwied/Berlin (1962) [7]1975, S. 61; vgl. dort bes. § 6: „Die bürgerliche Familie und die Institutionalisierung einer publikumsbezogenen Privatheit", S. 60–69.

14 Diese weitere Kontrastrelation ‚Land' versus ‚Stadt' gehört zur zentralen Motivik der Literatur des 17. und 18. Jahrhunderts. Lessing hatte sich zwar 1751 zu der Neuübersetzung von Antonio de Guevaras Werk *De molestiis aulae et ruris laude* (vgl. Lessing, Werke, a.a.O., Bd. 3, S. 67f.) kritisch geäußert, doch hinderte ihn diese nicht, das Klischee indirekt in der *Miß Sara Sampson* – Sir Sampson, dessen Titel ihn als L a n dadligen ausweist, bezeichnet das „Städtchen" als „armseligen Flecken" (V/9, S. 86). Marwood, die ‚Inkarnation des Bösen' soll nach dem gescheiterten Fluchtversuch nach London zurückkehren – sowie in *Minna von Barnhelm* und direkt in der *Emilia Galotti* anzuwenden. Vgl. auch Lessings Rezension zu Rousseaus *Discours sur les sciences et les arts* von 1750, in: Lessing, Werke, a.a.O., Bd. 3, S. 84–92.

15 Vgl. G.E. Lessing, *Hamburgische Dramaturgie* (1767–69), 45./46. Stück, in: Lessing, Werke, a.a.O., Bd. 4, S. 438–447, bes. S. 440. Ein typisches Beispiel für den Primat der physischen vor der moralischen Einheit, für die Erfüllung der Worte der Regel im Gegensatz zum Geist, zum Wesen stellt die wahrscheinlich von Johann Jakob Dusch verfaßte Kritik an Lessings *Miß Sara Sampson* dar. Vgl. ders. (Hrsg.), *Vermischte kritische und satyrische Schriften nebst einigen Oden auf gegenwärtige Zeiten,* Altona 1758, S. 46–100, bes. S. 51–58 (‚Zum Wirtshaus,).

16 Rose Götte, Die Tochter, a.a.O., S. 92f.

17 „DER WIRTH. [. . .] Ein Wirth nimmt sein Geld, und läßt seine Gäste machen, was ihnen

gut dünckt. [...] Aber ich hoffe, daß Sie [Sir Sampson] ihm [Mellefont] keinen Verdruß verursachen werden. Sie würden mein Haus in einen üblen Ruf bringen, und gewisse Leute würden sich scheuen, bey mir abzutreten. Unser einer muß von allen Sorten Menschen leben –" (I/2, S. 10f.).

Im Lustspiel *Minna von Barnhelm* ist der Schauplatz ein Wirtshaus, nicht der idealtypische Ort der Familie; in *Emilia Galotti* sind die Handlungsorte die Stadtwohnung der Galottis, die privaten Kabinette des Prinzen sowie sein Lustschloß; und in *Nathan der Weise* bilden der Kreuzgang, Nathans Hausflur und die Privaträume Saladins sowie der zum Topos werdende Platz unter Palmen die räumlichen Kraftzentren der Handlung: Räume, die sich erst auf der höheren ‚moralischen' Ebene als Einheiten begreifen lassen. Auffallend ist, daß Lessing nie den idealtypischen Ort wählte, sondern Räume des Übergangs, Zwischenräume, die sowohl zur Sphäre des Privaten als auch des Öffentlichen hin geöffnet sind, die in ihrem transgredierenden Status Konfliktentwicklungen ermöglichen und lösen helfen. Der idealtypische Ort der bürgerlichen Familie wirkt gerade durch seine Nicht-Darstellung als Fluchtpunkt, als ideelles Kraftzentrum der Dramen.

[18] „DER WIRTH. So früh, meine Herren, so früh? [...] Ihr seyd ohne Zweifel die Nacht gefahren?" (I/2, S. 10).

[19] Bereits 1750 in der „Kritik über die Gefangenen des Plautus" (in: Anonym [G.E. Lessing und Christlob Mylius (Hrsg.)], *Beyträge zur Historie und Aufnahme des Theaters*, Drittes und viertes Stück, Stuttgart 1750. Fotomechanischer Nachdruck Leipzig 1976, S. 369–435 u. S. 573–591 (auch in: Lessing, Werke, a.a.O., Bd. 3, S. 444–505)) setzt sich Lessing mit der Gottschedschen Position, die in der Form eines Leserbriefes eingebracht wird, auseinander (ebd., S. 444–448). Bis heute ist es noch umstritten, ob der Brief echt oder fingiert ist (vgl. die Hinweise von Karl S. Guthke zur umstrittenen Verfasserfrage in den Erläuterungen zum dritten Band von Göpferts Lessing-Ausgabe, S. 750). Wichtiger ist der Kontext; denn die Übersetzung von Corneilles *Trois Discours* (1680) wird in unmittelbarer Nähe zur „Plautus-Abhandlung" Lessings abgedruckt, und zwar in dem ersten, zweiten und dritten Stück der „Beyträge":
1. Abhandlung von dem Nutzen und den Theilen des dramatischen Gedichts, 1. Stück, S. 53–95.
2. Die zweyte Abhandlung des Peter Corneille, von den Trauerspielen insbesondere, und von den Mittel, sie nach der Wahrscheinlichkeit und Nothwendigkeit auszuführen, 2. Stück, S. 211–265.
3. Die dritte Abhandlung des Peter Corneille, von den drey Einheiten, der Handlung, der Zeit, und des Orts, 3. Stück, S. 545–572.

Ferner verweise ich u.a. auf die bereits zitierte Selbstrezension in der *Berlinischen Privilegierten Zeitung* (1755) und auf den 17. Brief von D.H. Thomas und J.E.J. Dahlmann (1758) sowie auf die Kritik Duschs (1758): vgl. Kap. II, Anm. 9, 15.

[20] „MELLEFONT. (u n a n g e k l e i d e t   i n   e i n e m   L e h n s t u h l e) Wieder eine Nacht, die ich auf der Folter nicht grausamer hätte zubringen können!" (I/3, S. 11). Vgl. auch Bettys Bericht über Saras letzte Nacht (I/4, S. 13). Ferner Mellefonts Äußerung zu Sara: „Sie haben eine unruhige Nacht gehabt; liebste Miß – – SARA. Ach, Mellefont, wenn es nichts als eine unruhige Nacht wäre – –" (I/6, S. 14). In I/7 schildert Sara die „schrecklichen Bilder" ihres Traums der vergangenen Nacht.

[21] Vgl. Max Kommerell, *Lessing und Aristoteles. Untersuchungen über die Theorie der Tragödie*, Frankfurt/M. (1940) [4]1970, S. 26 u. S. 201; vgl. Otto Haßelbeck, Illusion, a.a.O., S. 90f.

[22] G.E. Lessing, Abhandlungen über die Fabeln (1759), in: Lessing, Werke, a.a.O., Bd. 5, S. 373. Vgl. Kap. II, Anm. 253.

[23] Tellheim bezeichnet, indem er seine Situation analysiert, das Mitleid als Tochter der Liebe, das, „mit dem finstern Schmerze vertrauter, die Nebel zerstreuet, und alle Zugänge [s]einer Seele den Eindrücken der Zärtlichkeit wiederum öffnet". G.E. Lessing, *Minna von Barnhelm oder das Soldatenglück*. Ein Lustspiel in fünf Aufzügen (1763), in: Lessing, Werke, a.a.O., Bd. 1, S. 690 (V/5). Vgl. Kap. III, S. 221f.

„Die Empfindungen.
Die Bewegungen, welche am geschwindesten in der Seele entstehen, wozu die Ueberlegung nichts beyträgt, und die sich unsrer augenblicklich, fast wider unsern Willen bemächtigen, sind die einzigen, welche man mit dem Namen Empfindungen belegen sollte. Zwey davon sind die Hauptempfindungen, die man gleichsam als die Quellen aller übrigen ansehen kann, der Zorn und die Liebe.
Alles was nicht aus diesen zwey Quellen herfließt, ist von einer andern Art. Zum Exempel, Freude, Traurigkeit, Furcht sind einfache Eindrücke. Die Ehrsucht, der Geiz sind überlegende Leidenschaften. Das Mitleiden aber ist eine Empfindung, die aus der Liebe entspringt; Haß und Verachtung sind Kinder des Zorns.
Diese Unterscheidung [...] war nöthig, damit ich [...] den Grund zeigen könne, warum ich alle Empfindungen nur unter zwey Classen bringe. In der einen sind die z ä r t l i c h e n, in der andern die h e f t i g e n Empfindungen. Die ersten haben ihre vornehmste Eigenschaft von der Liebe, die andern sind allezeit mehr oder weniger mit Zorn verbunden."
Die Schauspielkunst an die Madame*** durch den Herrn Franciscus Riccobini, den jüngern. Aus dem Französischen übersetzt von [G.E. Lessing], in: Beyträge zur Historie, a.a.O., Viertes Stück, S. 510–511. Vgl. Moses Mendelssohn, Briefe über die Empfindungen, a.a.O., S. 41–123, bes. S. 110f.; vgl. ders., Rhapsodie, oder Zusätze zu den Briefen über die Empfindungen (1761), in: ders., *Gesammelte Schriften*, a.a.O.,Bd.1, S. 381–424, S. 395: „Das Mitleiden z.B. ist eine vermischte Empfindung, die aus der Liebe zu einem Gegenstande, und aus der Unlust über dessen Unglück zusammengesetzt ist."
„Mitleiden gründet sich auf Liebe, Liebe gründet sich auf die Lust an Harmonie und Ordnung. Wo wir Vollkommenheiten erblicken, da wünschen wir sie wachsen zu sehen; und sobald sich ein Mangel bey ihnen äusert: So entspinnet sich bey uns darüber eine Unlust, die wir Mitleiden nennen." Ders., Sendschreiben an den Herrn Magister Lessing in Leipzig, 2. Jan. 1756, in: ders., *Gesammelte Schriften*, a.a.O., 2. Bd., Berlin 1931, S. 86, und S. 91:
„Die wahre Liebe in ihrem ganzen Umfange betrachtet, ist der B e w e g u n g s g r u n d, das M i t t e l und der E n d z w e c k aller Tugenden; [...]."
Zum genaueren Kontext dieser Äußerungen Mendelssohns in Abgrenzung zu Rousseau und Lessing vgl. Kap. III, S. 222f. Vgl. G.E. Lessing, Hamburgische Dramaturgie, a.a.O., 74. Stück, S. 572.

<u>Zum Verhältnis Liebe, Philanthropie und Mitleid:</u>
vgl. ebd., 76. Stück, S. 585–587;
vgl. Moses Mendelssohn, Briefe über die Empfindungen, a.a.O., S. 110f.

<u>Zur ideengeschichtlichen Genese, zur Säkularisation der Liebe und Menschenliebe im 18. Jahrhundert in Abgrenzung zur christlichen Nächstenliebe:</u>
vgl. Paul Kluckhohn, *Die Auffassung der Liebe im 18. Jahrhundert und in der Romantik*, Halle (Saale) ²1931;
vgl. Leo Balet und E. Gerhard, *Die Verbürgerlichung der deutschen Kunst, Literatur und Musik im 18. Jahrhundert* (1. Aufl. Straßburg/Leipzig/ Zürich/Leiden 1936.) Neudruck Frankfurt/M./Berlin/ Wien 1973, S. 261:
„Die Liebe ist nicht mehr ein amüsantes und pikantes Gesellschaftsspiel, sondern der ursprünglichste und edelste aller menschlichen Triebe. So konzentriert sich alles auf das Menschliche in seiner allgemeinsten Form."
Vgl. Dagobert de Levie, *Die Menschenliebe im Zeitalter der Aufklärung. Säkularisation und Moral im 18. Jahrhundert. Ein Beitrag zur Ideengeschichte des 18. Jahrhunderts*, Bern/Frankfurt/M. 1975.
[24] Briefwechsel, a.a.O., S. 102–103.
[25] Vgl. J.J. Dusch (Hrsg.), Vermischte kritische und satyrische Schriften, a.a.O., S. 50: „Vielleicht ist es ihnen nicht so begreiflich [...], daß sehr oft das Komische herdurch siehet?"
[26] Vgl. Hendrik Birus, Poetische Namengebung, a.a.O., S. 83.

<u>Vgl. allgemein zu den Komödienelementen in Lessings Trauerspielen:</u>
Hans Rempel, Tragödie, a.a.O.;

Robert R. Heitner, Lessing's Manipulation of a Single Comic Theme, in: *Modern Language Quarterly* 18, 1957, S. 183–198;
Klaus-Detlef Müller, Das Erbe der Komödie, a.a.O.;
Karl Eibl, Identitätskrise, a.a.O., S. 161–168.
[27] Vgl. J.J. Dusch (Hrsg.), Vermischte kritische und satyrische Schriften, a.a.O., S. 63f.
[28] Horst Steinmetz, *Die Komödie der Aufklärung*, Stuttgart (1966) ²1978, S. 49; vgl. Richard Daunicht, Die Entstehung, a.a.O., S. 53–98.
[29] Vgl. Kap. II, Anm. 11.
[30] Lessings Brief an Mendelssohn, vom 18. Dec. 1756, in: Briefwechsel, a.a.O., S. 83. Vgl. auch G.E. Lessing, Hamburgische Dramaturgie, a.a.O., 27. Stück, S. 355f.; 30. Stück, S. 361f.; 34. Stück, S. 386–389; 35. Stück, S. 393; 38. Stück, S. 406; 79. Stück, S. 598f.
[31] Vgl. Lessings Brief an Nicolai, im Nov. 1756, in: Briefwechsel, a.a.O., S. 54: „Kurz, ich finde keine einzige Leidenschaft, die das Trauerspiel in dem Zuschauer rege macht, als das Mitleiden." Ebd., S. 55: „Wenn es also wahr ist, daß die ganze Kunst des tragischen Dichters auf die sichere Erregung und Dauer des einzigen Mitleidens geht, so sage ich nunmehr, die Bestimmung der Tragödie ist diese: sie soll u n s r e F ä h i g k e i t , M i t l e i d z u f ü h l e n , erweitern." Ebd., S. 56: „Das Trauerspiel soll so viel Mitleid erwecken, als es nur immer kann [...]"
[32] Johann Elias Schlegel, *Canut. Ein Trauerspiel* (Copenhagen 1746), hrsg. von Horst Steinmetz, Stuttgart (1967) 1977. Vgl. Friedrich Nicolai, Briefe über den itzigen Zustand, a.a.O., S. 90: „Der C a n u t ist das einzige gewissermassen volkommene Stükk, das wir mit den Trauerspielen der Ausländer vergleichen können."
[33] Lessings Brief an Mendelssohn, vom 18. Dec. 1756, in: Briefwechsel, a.a.O., S. 83. Lessing bezieht sich hier indirekt auf die Kritik Nicolais an der dramatischen Gestalt ‚Canut', allerdings nicht auf die Kritik aus der *Abhandlung vom Trauerspiele*, sondern aus dem Brief Nicolais an Lessing, vom 31. Aug. 1756. Vgl. auch Kap. II, Anm. 8. Zu den Bezügen zwischen den „Beispielen" und dem Trauerspiel vgl. auch Ferdinand van Ingen, Tugend bei Lessing, a.a.O.
[34] Im Gegensatz zu Lessing hatte Nicolai im Brief vom 31. Aug. 1756 an Lessing die Güte allein als Fehler Canuts definiert; in: Briefwechsel, a.a.O., S. 49: „Die tragischen Charaktere sind, ein tugendhafter Mann, welcher durch einen Fehler, den er begeht, unglücklich wird, und ein Bösewicht, der auch unglücklich wird, aber der durch ein falsches System von Sittenlehre uns gewissen Maßen für sich einnimmt (ein Satz von Hrn Moses). So ist Canut, ein Beyspiel eines guten Königs, aber kein tragischer Held, eben darum, weil er keinen Fehler begeht. Ulfo hingegen, seiner Gottlosigkeit ungeachtet, nimmt uns durch sein falsches System von Ehre so ein, daß er uns auf gewisse Weise heroisch scheinet; eben darum ist er tragisch. Der Fehler in einem Charakter ist nichts Böses, sondern eine Handlung oder Neigung, welche eben dadurch, daß sie für den Helden unglücklich ausschlägt, ein Fehler wird; so ist z. E. in des Sophocles Oedipus der Fehler des Oedipus nicht der Mord des Lajus, welcher außer der Handlung ist, sondern die Neugier, aus welcher die Auflösung fließt. Eben so hätte auch Schlegel Canuts Gütigkeit selbst zu dem Fehler machen können, wodurch sein Trauerspiel ein ganz anderes Ansehen bekommen haben würde. Nehmlich die Gütigkeit Canuts, daß er dem Ulfo bey seiner Versöhnung ein Heer anzuführen giebt, müßte [...] die Folge haben, daß Ulfo den Canut ermordete, und Canut dem Ulfo auch noch im Sterben vergäbe usw."
Vgl. die entsprechenden Passagen aus der *Abhandlung vom Trauerspiele*, a.a.O., S. 33–37.
Die These, daß „Nicolai auf Grund seiner für die Zeit höchst fortschrittlichen (und gegenüber Lessing wesentlich präziseren) Deutung der hamartia" gelange (Brigitte Kahl-Pantis, *Bauformen des bürgerlichen Trauerspiels. Ein Beitrag zur Geschichte des deutschen Dramas im 18. Jahrhundert*, Frankfurt/M./Bern/Las Vegas 1977, S. 140, Anm. 68), ist kaum haltbar, da erstens Lessing die entsprechenden Passagen aus der *Abhandlung vom Trauerspiele* noch nicht kannte (vgl. Kap. II, Anm. 8 und 33), in denen Nicolai eine klare, auf Aristoteles bezogene Deutung der hamartia gibt (vgl. *Abhandlung vom Trauerspiele*, a.a.O., S. 36), und weil zweitens Lessing mit seiner Fehlerdefinition als ‚Mangel an Klugheit' das ‚fehlerhafte Handeln' mit dem ‚unvernünftigen' Handeln identifiziert (vgl. Brigitte Kahl-Pantis, Bauformen, a.a.O., S. 140). Indem Lessing auf das

Kausalitätsprinzip und auf das Postulat, das Kunstwerk müsse ein G a n z e s bilden, hinweist, kommt er der Aristotelischen Bestimmung der hamartia näher als Nicolai, obwohl Lessing sich ausdrücklich gegen Aristoteles abgrenzt. Vgl. Kap. II, Anm. 11 und vgl. Max Kommerell, Lessing, a.a.O., S. 221.

[35] Lessing lehnt sich hier an die Fabelvariante Nicolais aus dem Brief vom 31. Aug. 1756 an (vgl. Anm. 34). Schlegels Trauerspiel endet mit der Entdeckung von Ulfos Plan, so daß der König ihn gefangennehmen kann. Bei einem Befreiungsversuch wird Ulfo getötet.

[36] Vgl. zum universalen Prinzip der progredierenden Subjektivität: Peter Pütz, Zwischen Klassik und Romantik: Georg Forsters ‚Ansichten vom Niederrhein', in: *Zeitschrift für deutsche Philologie* 97, 1978, Sonderheft, S. 11–13.

[37] Vgl. Zum Verhältnis von Notwendigkeit und Wahrscheinlichkeit im Drama und in der Dramaturgie der Aufklärung:
Otto Haßelbeck, Illusion, a.a.O., S. 27, 92, 140ff.;
Brigitte Kahl-Pantis, Bauformen, a.a.O., S. 154–160.
Zum Begriff des ‚Tragischen' und zur Problematik der Anwendung eines ahistorisch normativen Begriffs auf das Drama der Aufklärung und zum Verhältnis von ‚Tragik' und ‚Theodizee' vgl. ebd., S. 160–168.
Vgl. Brigitte Kahl-Pantis, Zum Begriff der Schuld bei Lessing, a.a.O., S. 404–423.
Zum säkularisierten, ästhetischen Gattungsgesetz der ‚Kausalität' bzw. ‚Motivation' vgl. G.E. Lessing, Von den lateinischen Trauerspielen, welche unter dem Namen des Seneca bekannt sind (in: *Theatralische Bibliothek*, 2. Stück, Berlin 1755, S. 3–134), in: Lessing, Werke, a.a.O., Bd. 4, S. 58–141, S. 91f.

[38] Vgl. ebd., S. 126f. und vgl. ders., Abhandlungen über die Fabeln, a.a.O., S. 384f.; vgl. Otto Haßelbeck, Illusion, a.a.O., S. 144–149.

[39] So die These von Brigitte Kahl-Pantis; vgl. dies., Bauformen, a.a.O., S. 157.

[40] G.E. Lessing, Hamburgische Dramaturgie, a.a.O., 79. Stück, S. 598. Vgl. besonders Lessings Kritik an Corneilles Tragödie *Rodogune* (1664). Ebd., 29.–32. Stück, S. 364–380, bes. 30. Stück, S. 368f. u. 32. Stück, S. 376–378.
In seiner Kritik der Charaktere aus Favarts *Les trois sultanes ou Soliman second* (1761) – Lessing hat diesen Stoff in seinem Fragment *Giangir* (1748) bearbeitet – und in bezug auf Marmontels *Contes moraux* (1760) grenzt Lessing den historischen vom poetischen Charakter ab und bestimmt die Kunst als eigene Welt gegenüber der Wirklichkeit und der Geschichte: „Marmontels Solimann hätte daher meinetwegen immer ein ganz anderer Solimann, und seine Roxelane eine ganz andere Roxelane sein mögen, als mich die Geschichte kennen lehrt: wenn ich nur gefunden hätte, daß, ob sie schon nicht aus dieser wirklichen Welt sind, sie dennoch zu einer andern Welt gehören könnten; zu einer Welt, deren Zufälligkeiten in einer andern Ordnung verbunden, aber doch eben so genau verbunden sind, als in dieser; zu einer Welt, in welcher Ursachen und Wirkungen zwar in einer andern Reihe folgen, aber doch zu eben der allgemeinen Wirkung des Guten abzwecken; kurz, *zu der Welt eines Genies*, das – (es sei mir erlaubt, den Schöpfer ohne Namen durch sein edelstes Geschöpf zu bezeichnen!) das, sage ich, um das höchste Genie im Kleinen nachzuahmen, *die Teile der gegenwärtigen Welt versetzet, vertauscht, verringert, vermehret*, um sich *ein eigenes Ganze* daraus zu machen, mit dem es *seine eigene Absichten* verbindet." 34. Stück, S. 386 (Hervorhebungen v. M.S.).
Besonders aufschlußreich sind Lessings Gedanken zur Bestimmung der Kunst im 70. Stück, in dem er sich mit dem ästhetischen Prinzip der Nachahmung der Natur und dem Mischspiel, der komischen Tragödie, auseinandersetzt und die klassischen Gedanken der Differenzqualität zwischen Kunst und Wirklichkeit durch Abgrenzung und Absonderung, der Vielfalt in der Einheit, des organischen Ganzen, der Vermittlung des Besonderen und Allgemeinen, der Schönheit, Vollkommenheit und Harmonie vage antizipiert. Die Kunst emanzipiert sich von der Vorherrschaft der Vernunft, indem die ‚anschauende Erkenntnis' ihre Autonomie gegenüber der ‚symbolischen' beansprucht. Vgl. weitere Belegstellen zum ästhetischen Postulat des Ganzen: Kap. II, Anm. 30.
Lessing, der mit Hilfe der Kategorien des Charakters, der Fabel und der inneren Wahrschein-

lichkeit die Unterscheidung von Geschichte und Poesie vornimmt, stellt sich selbst, und besonders natürlich vom Kontext der *Hamburgischen Dramaturgie* her gesehen, in die Tradition Aristoteles', der im 9. Kapitel seiner *Poetik* die Dichtung, die *poiesis*, von der Geschichtsschreibung abgrenzt; die *poiesis* sei philosophischer und ernsthafter als diese, da die Dichtung „mehr das Allgemeine (t a k a t h ó l u), die Geschichtsschreibung hingegen das Besondere (t a k a t h' h é k a s t o n) mit[teilt]. Das Allgemeine besteht darin, daß ein Mensch von bestimmter Beschaffenheit nach der Wahrscheinlichkeit oder Notwendigkeit bestimmte Dinge sagt oder tut [...]" Aristoteles, Poetik, a.a.O., S. 59.

[41] Vgl. Kap. II, S. 58 und Anm. 24; vgl. Lessings Brief an Nicolai, im Nov. 1756, in: Briefwechsel, a.a.O., S. 53f.

[42] Vgl. G.E. Lessing, Hamburgische Dramaturgie, a.a.O., 51. Stück, S. 470: „Die verschiedensten Charaktere können in ähnliche Situationen geraten; und da in der Komödie die Charaktere das Hauptwerk, die Situationen aber nur die Mittel sind, jene sich äußern zu lassen, und ins Spiel zu setzen: so muß man nicht die Situationen, sondern die Charaktere in Betrachtung ziehen, wenn man bestimmen will, ob ein Stück Original oder Kopie genennt zu werden verdiene. Umgekehrt ist es in der Tragödie, wo die Charaktere weniger wesentlich sind, und Schrecken und Mitleid vornehmlich aus den Situationen entspringt. Ähnliche Situationen geben also ähnliche Tragödien, aber nicht ähnliche Komödien. Hingegen geben ähnliche Charaktere ähnliche Komödien, anstatt daß sie in den Tragödien fast gar nicht in Erwägung kommen." Vgl. ebd., 92. Stück, S. 657; 38. Stück, S. 408–409.

[43] Es „bleibt eine vollkommen genaue Erklärung übrig: die nämlich, daß die Tragödie, mit einem Worte, ein Gedicht ist, welches Mitleid erreget. Ihrem Geschlechte nach, ist sie die Nachahmung einer Handlung; so wie die Epopee und die Komödie: ihrer Gattung aber nach, die Nachahmung einer mitleidswürdigen Handlung. Aus diesen beiden Begriffen lassen sich vollkommen alle ihre Regeln herleiten: und sogar ihre dramatische Form ist daraus zu bestimmen." Ebd., 77. Stück, S. 588.

[44] Lessings Brief an Nicolai, im Nov. 1756, in: Briefwechsel, a.a.O., S. 55; und vgl. Lessings Brief an Mendelssohn, vom 18. Dec. 1756, ebd., S. 80. Vgl. Michael Conrad Curtius, Abhandlung von der Absicht des Trauerspiels, in: *Aristoteles Dichtkunst. Ins Deutsche übersetzt, mit Anmerkungen, und besondern Abhandlungen, versehen, von M.C.C.*, Hannover 1753, S. 389–396; S. 390f.; vgl. auch die *Beykommenden Blätter* (Moses Mendelssohn, Von der Herrschaft über die Neigungen) zum Brief von Mendelssohn (und Nicolai) an Lessing, im Januar 1757, in: Briefwechsel, a.a.O., S. 94–100, bes. S. 95–99.

Zur Definition der ‚Fertigkeit':
„Durch die Uebung [...] wird eine jede Fähigkeit in unsrer Seele zu einer Fertigkeit. Eine Fertigkeit besteht in einem Vermögen, etwas so geschwind zu verrichten, daß wir uns nicht mehr alles dessen bewußt bleiben, was wir dabey vorgenommen." Ebd., S. 96.

Zur Dichtung, ihrer Wirkung und ihrem Bezug zur anschaulichen Erkenntnis:
„Wenn wir die symbolischen [d.h. begrifflichen] Schlüsse der practischen Sittenlehre in eine anschauende Erkenntniß verwandeln, das heißt, wenn wir sie von den abstracten Begriffen auf einzelne Begebenheiten in der Natur zurück führen, und die Anwendung derselben aufmerksam beobachten; so erlangen sie dadurch eine größere Gewalt, in den Willen zu wirken. [...] Die anschauende Erkenntniß erlangen wir [...] durch Erdichtungen, die öfters bessere Wirkungen thun können, als die Beyspiele, weil sie 1. durch die Nachahmung angenehmer werden, und 2. wahrscheinlicher und nicht so sehr mit fremden Begebenheiten untermischt seyn müssen, als die wahrhaften Begebenheiten in der Natur." Ebd., S. 97f.
Vgl. G.E. Lessing, Abhandlungen über die Fabeln, a.a.O., S. 381f.
Vgl. allgemein zum Verhältnis zwischen Curtius und Lessing in Abgrenzung zu Gottscheds rationalistischem Moralismus und Nicolais bloßer Emotionalisierung: Kurt Wölfel, Moralische Anstalt. Zur Dramaturgie von Gottsched bis Lessing, in: Reinhold Grimm (Hrsg.), *Deutsche Dramentheorien, Bd. 1: Beiträge zu einer historischen Poetik des Dramas in Deutschland*, Wiesbaden (1971) 3. verb. Aufl. 1980, S. 113–117; vgl. Kap. III, S. 192–198.

[45] In Anm. 23 (Kap. II) habe ich bereits auf den erweiterten Kontext der Poetik des Mitleids,

auf die Liebe und die Menschenliebe im 18. Jahrhundert hingewiesen. Aus der bisherigen Interpretation ist deutlich geworden, daß ein literatursoziologischer Ansatz den Affekt ‚Mitleid' zur zentralen Analysekategorie erheben muß. Ich verweise hier exemplarisch auf weiterführende Literatur:
Zur Dialektik zwischen dem privaten und öffentlichen Bereich:
Reinhart Koselleck, *Kritik und Krise. Eine Studie zur Pathogenese der bürgerlichen Welt*, (1. Aufl. Freiburg/München 1959) Frankfurt/M. ²1976.
Jürgen Habermas, Strukturwandel, a.a.O.
Norbert Elias, *Die höfische Gesellschaft. Untersuchungen zur Soziologie des Königtums und der höfischen Aristokratie mit einer Einleitung: Soziologie und Geschichtswissenschaft*, Neuwied/Berlin 1969.
Jochen Schulte-Sasse, Der Stellenwert des Briefwechsels, a.a.O., S. 227–232.
Ders., *Literarische Struktur und historischer Kontext. Zum Beispiel Lessings ‚Emilia Galotti'*, Paderborn 1975.
Reinhart Meyer, Hamburgische Dramaturgie, a.a.O., S. 150–164.
Gerhart von Graevenitz, Innerlichkeit und Öffentlichkeit. Aspekte deutscher „bürgerlicher" Literatur im frühen 18. Jahrhundert, in: *Deutsche Vierteljahrsschrift für Literaturwissenschaft und Geistesgeschichte* 49, 1975, S. 1*–82*.
Klaus Peter, Stadien der Aufklärung, a.a.O.
Jochen Schulte-Sasse, Das Konzept bürgerlich-literarischer Öffentlichkeit und die historischen Gründe seines Zerfalles, in: Christa Bürger et al. (Hrsg.), *Aufklärung und literarische Öffentlichkeit*, Frankfurt/M. 1980, S. 83–115.
Hans Georg Werner, Zum Verhältnis zwischen „öffentlicher" und „privater" Sphäre im dichterischen Weltbild Lessings, in: Ehrhard Bahr et al. (Hrsg.), Humanität und Dialog, a.a.O., S. 83–102.
Zum Begriff ‚bürgerlich' und zur Empfindsamkeit:
Lothar Pikulik, *Bürgerliches Trauerspiel und Empfindsamkeit*, (Köln/Graz 1966) Köln/Wien ²1981.
Peter Szondi, *Die Theorie des bürgerlichen Trauerspiels im 18. Jahrhundert. Der Kaufmann, der Hausvater und der Hofmeister*, Frankfurt/M. 1973.
Gerhard Sauder, *Empfindsamkeit*, Bd. 1: *Voraussetzungen und Elemente*, Stuttgart 1974.
Gerhard von Graevenitz, Innerlichkeit und Öffentlichkeit, a.a.O.
Klaus Weimar, Bürgerliches Trauerspiel, a.a.O.
Jochen Schulte-Sasse, Drama, a.a.O.
Dagmar Walach, *Der aufrechte Bürger, seine Welt und sein Theater. Zum bürgerlichen Trauerspiel im 18. Jahrhundert*, München 1980.
Reinhard Assling, *Werthers Leiden. Die ästhetische Rebellion der Innerlichkeit*, Frankfurt/M./Berlin 1981, S. 7–69.
Allgemeine, einführende Literatur zur Aufklärung:
Leo Balet und E. Gerhard, Die Verbürgerlichung der deutschen Kunst, a.a.O.
Walter Horace Bruford, *Germany in the 18th Century. A Social Background of the Literary Revival*, Cambridge 1935. Deutsche Ausgabe: *Die gesellschaftlichen Grundlagen der Goethezeit*, (Weimar 1936) Frankfurt/M./Berlin/Wien (1975) 1979.
Norbert Elias, *Über den Prozeß der Zivilisation. Soziogenetische und psychogenetische Untersuchungen*, 2 Bde., (1. Aufl. Basel 1939) Frankfurt/M. ⁶1979.
Max Horkheimer und Theodor W. Adorno, *Dialektik der Aufklärung. Philosophische Fragmente*, (1. Aufl. Amsterdam 1947) Neudruck Frankfurt/M. (1969) 1973.
Peter Pütz, *Die deutsche Aufklärung*, Darmstadt 1978.
Ders. (Hrsg.), *Erforschung der deutschen Aufklärung*, Königstein/Ts. 1980.
Rudolf Vierhaus, *Lessing und die Zeit der Aufklärung*, Göttingen 1968.

[46] Vgl. Lessings Brief an Nicolai, im Nov. 1756, in: Briefwechsel, a.a.O., S. 56.
[47] „Ich will bei diesem Gleichnisse bleiben, um meine wahre Meinung von den Regeln zu erklären. So wie ich unendlich lieber den allerungestaltetsten Menschen, mit krummen Beinen, mit Buckeln hinten und vorne, e r s c h a f f e n, als die schönste Bildsäule eines Praxiteles

gemacht haben wollte: so wollte ich auch unendlich lieber der Urheber des ‚Kaufmanns von London', als des ‚Sterbenden Cato' [ein Trauerspiel von Gottsched, das 1732 erschien als Mustertragödie, hrsg. von Horst Steinmetz, Stuttgart 1964] sein, gesetzt auch, daß dieser alle die mechanischen Richtigkeiten hat, derenwegen man ihn zum Muster für die Deutschen hat machen wollen. Denn warum? Bei einer einzigen Vorstellung des ersten sind, auch von dem Unempfindlichsten, mehr Tränen vergossen worden, als bei allen möglichen Vorstellungen des andern, auch von den Empfindlichsten, nicht können vergossen werden. *Und nur diese Tränen des Mitleids, und der sich fühlenden Menschlichkeit, sind die Absicht des Trauerspiels, oder es kann gar keine haben."* (Hervorhebung v. M.S.). G.E. Lessing, Vorrede zu *Des Herrn Jakob Thomson Sämtliche Trauerspiele* (Leipzig 1756), a.a.O., S. 144; vgl. Kap. II, Anm. 9.

[48] Lessings Brief an Mendelssohn, vom 18. Dec. 1756, in: Briefwechsel, a.a.O., S. 83. Vgl. zur Kritik an der Deutung Lessings: Peter Szondi, Die Theorie, a.a.O., S. 157–160.

[49] So die von Brigitte Kahl-Pantis vertretenen Thesen: Vgl. dies., Bauformen, a.a.O., S. 140–141.

[50] Vgl. Peter Szondi, Die Theorie, a.a.O., S. 157.

[51] Das Mitleiden, von dessen Tränen auch George Lillo spricht, ist noch der ‚poetischen Gerechtigkeit' untergeordnet und dient eher als Vehikel, als Katalysator der Didaxe. Barnwell ist ein Anti-Held, dessen dargestellter Lebensweg den Zuschauer abschrecken soll, damit es ihm nicht so gehe wie dem Lasterhaften, der seine gerechte Strafe erhält, nämlich den Tod. Vgl. ebd.

[52] Vgl. Lessings Brief an Nicolai, vom 29. Nov. 1756, in: Briefwechsel, a.a.O., S. 67–69. Lessing antwortet hier auf die Kritik Nicolais an seinem bürgerlichen Trauerspiel *Miß Sara Sampson* aus dem Brief vom 3. Nov. 1756 (vgl. ebd., S. 52). Vgl. bes. Kap. II, Anm. 252.

[53] Ebd., S. 68f.; vgl. G.E. Lessing, Laokoon: oder über die Grenzen der Malerei und Poesie (1766), in: Lessing, Werke, a.a.O., Bd. 6, S. 28–40 (IV. Kapitel).
Es bedarf eigentlich keiner besonderen Anmerkung, daß sich in Lessings *Hamburgischer Dramaturgie* eine Fülle von Parallelen zum „Bettler-Beispiel" finden lassen. Die bekannteste und immer wieder zitierte ist Lessings Kritik an Weißes Drama *Richard der Dritte* – vgl. 73. Stück und die folgenden. Besonders aufschlußreich ist Lessings „dreizehnter Brief" aus dem zweiten Teil seiner Schriften, die 1753 erschienen. Mit Ausnahme des zweiten Absatzes publizierte Lessing diesen zuerst im 84. Stück der *Berlinischen Privilegierten Zeitung*, vom 15. Juli 1751, unter dem Titel „Die väterliche Liebe". Da Lessing die Theorie der vermischten Empfindung, des Mitleids, in diesem Brief antizipiert und weil dieser Brief in unmittelbarer Analogie zum „Bettler-Beispiel" und zum Dialog zwischen Mellefont und Norton – (IV/3);vgl. die Interpretation, Kap. II, S. 142f. – steht, verweise ich auf diesen wichtigen Brief ausdrücklich. Zu Beginn heißt es:
„Die Natur weiß nichts von dem verhaßten Unterschiede, den die Menschen unter sich fest gesetzt haben. Sie teilet die Eigenschaften des Herzens aus, ohne den Edeln und den Reichen vorzuziehen, und es scheinet sogar, als ob die natürlichen Empfindungen bei gemeinen Leuten stärker, als bei andern, wären. Gütige Natur, wie beneidenswürdig schadlos hälst du sie wegen der nichtigen Scheingüter, womit du die Kinder des Glücks abspeisest! Ein fühlbar Herz – – wie unschätzbar ist es! Es macht unser Glück, auch alsdann es unser Unglück zu machen scheinet – –". In: G.E. Lessing, Briefe, in: Lessing, Werke, a.a.O., Bd. 3, S. 296f.

[54] Lessings Brief an Nicolai, vom 29. Nov. 1756, in: Briefwechsel, a.a.O., S. 69.

[55] Ebd., S. 68.

[56] Lessing exemplifiziert bereits hier die später in der *Hamburgischen Dramaturgie* vertretene Auffassung, daß die affektive Kategorie des Mitleids das Fundament der dramatischen Form sei, daß diese Kategorie neben ihrer wirkungspsychologischen Dimension auch eine werkästhetische besitze. Vgl. Kap. II, Anm. 21 und 43.

[57] „Der Held ist unglücklich, aber er ist über sein Unglück so weit erhaben, er ist selbst so stolz darauf, daß es auch in meinen Gedanken die schreckliche Seite zu verlieren anfängt, daß ich ihn mehr beneiden, als bedauern möchte." Lessings Brief an Nicolai, im Nov. 1756, in: Briefwechsel, a.a.O., S. 54.

„Der Held oder die beste Person muß nicht, gleich einem Gotte, seine Tugenden ruhig und ungekränkt übersehen." Ebd., S. 56.
Die Diskussion um den Affekt der Bewunderung gehört zu den wichtigsten Streitpunkten im *Briefwechsel über das Trauerspiel*. Haben Nicolai und Mendelssohn die Bewunderung als eigentlich dramatische Leidenschaft bestimmt, so läßt Lessing die Bewunderung, „das entbehrlich gewordene Mitleid" (ebd., S. 54), nur in Beziehung zum Mitleid gelten, und zwar als dessen Ruhepunkt. Die Ablehnung der Bewunderung führt Lessing zur Ablehnung des Heroismus im Trauerspiel, zur Ablehnung des stoizistischen Helden, des christlichen Märtyrers. Damit ist Lessings Poetik des Mitleids besonders gegen die Dramaturgien Gottscheds und Corneilles gerichtet. Vgl. u.a. auch Lessings Kritik an Cronegks *Olint und Sophronia* (1757) im 1. und 2. Stück der *Hamburgischen Dramaturgie* sowie die Kritik an Corneilles *Polyeukt* (1640), dem Prototypus der christlichen Tragödie, im 2. Stück der *Hamburgischen Dramaturgie*, a.a.O., S. 234–243.

[58] „Ein großes Mitleiden kann nicht ohne große Vollkommenheiten in dem Gegenstande des Mitleids seyn, und große Vollkommenheiten, sinnlich ausgedrückt, nicht ohne Bewunderung. Aber diese großen Vollkommenheiten sollen in dem Trauerspiele nie ohne große Unglücksfälle seyn, sollen mit diesen allezeit genau verbunden seyn, und sollen also nicht Bewunderung allein, sondern *Bewunderung und Schmerz, das ist, Mitleiden erwecken*" (Hervorhebung v. M.S.). Lessings Brief an Mendelssohn, 18. Dec. 1756, in: Briefwechsel, a.a.O., S. 77. Vgl. auch Lessings Brief an Nicolai, 13. Nov. 1756, ebd., S. 58.

<u>Zum Verhältnis zwischen der Mitleidstheorie und der Theorie der vermischten Empfindungen:</u>
Rousseau, Lessing und Mendelssohn: vgl. Hans-Jürgen Schings, Der mitleidigste Mensch, a.a.O., S. 34–45.
Hutcheson, Lessing und Mendelssohn: vgl. Arnold Heidsieck, Der Disput zwischen Lessing und Mendelssohn, a.a.O.

<u>Allgemein zur Diskussion um die Mitleidtheorie:</u>
Die wichtigsten Titel der neueren Sekundärliteratur verzeichnet Hans-Jürgen Schings, Der mitleidigste Mensch, a.a.O., S. 85f., Anm. 6. Folgende ältere und neuere Arbeiten ergänze ich auswahlweise:
Max Dessoir, *Geschichte der neueren deutschen Psychologie*, 1. Bd., Berlin ²1902, S. 574f.
Max Kommerell, Lessing, a.a.O.
Wolfgang Schadewaldt, Furcht und Mitleid? Zur Deutung des Aristotelischen Tragödienansatzes, in: *Hermes* 83, 1955, S. 129–171.
Ders., Furcht und Mitleid? Zu Lessings Deutung des Aristotelischen Tragödienansatzes, in: *Deutsche Vierteljahrsschrift für Literaturwissenschaft und Geistesgeschichte* 30, 1956, S. 137–140.
Max Pohlenz, Furcht und Mitleid? Ein Nachwort, in: *Hermes* 84, 1956, S. 49–74.
Wolf-Hartmut Friedrich, Sophokles, Aristoteles und Lessing, in: *Euphorion* 57, 1963, S. 4–27.
Hans Joachim Schrimpf, *Lessing und Brecht. Von der Aufklärung auf dem Theater*, Pfullingen 1965, bes. S. 45.
Hans Meyer, Lessing und Aristoteles, in: Egon Schwarz, Hunter G. Hannum und Edgar Lohner (Hrsg.), *Festschrift für Bernhard Blume. Aufsätze zur deutschen und europäischen Literatur*, Göttingen 1967, S. 61–75.
Kurt Wölfel, Moralische Anstalt, a.a.O., S. 115–122.
Reinhart Meyer, Hamburgische Dramaturgie, a.a.O., S. 8–12, 65–125, 128, 139.
Gerhard Sauder, *Empfindsamkeit*, Bd. 1: *Voraussetzungen und Elemente*, Stuttgart 1974, S. 183–192.
Jochen Schulte-Sasse, Literarische Struktur, a.a.O., S. 48–53.
Horst Turk, Dialektischer Dialog, a.a.O., S. 150–162.
Otto Haßelbeck, Illusion und Fiktion, a.a.O., S. 85–97.
Manfred Fuhrmann, Die Rezeption der aristotelischen Tragödienpoetik in Deutschland, in: Walter Hinck (Hrsg.), Handbuch des deutschen Dramas, a.a.O., S. 93–105.

Burckhard Garbe, Die Komposition der aristotelischen ‚Poetik' und der Begriff der Katharsis, in: *Euphorion* 74, 1980, S. 312–332.
Peter Pütz, Grundbegriffe der Interpretation von Dramen, a.a.O., S. 11–25, bes. 13–21.
Käte Hamburger, Mitleid und Furcht – ein Lessingproblem, in: Johannes Janota und Jürgen Kühne (Hrsg.), *Ehrenpromotion Käte Hamburger am 25. Juni 1980*, Siegen 1980, S. 25–34.
Jochen Schulte-Sasse, Poetik und Ästhetik Lessings und seiner Zeitgenossen, in: Rolf Grimminger (Hrsg.), Deutsche Aufklärung, a.a.O., S. 304–326.

Zur Einführung in die Deutungskontroverse:
vgl. Jochen Schulte-Sasse, Der Stellenwert des Briefwechsels, a.a.O., S. 207–213.

[59] Lessings Brief an Mendelssohn, 18. Dec. 1756, in: Briefwechsel, a.a.O., S. 77.
[60] Lessings Brief an Nicolai, im Nov. 1756, ebd., S. 54 u. S. 55.
[61] Lessings Brief an Mendelssohn, 18. Dec. 1756, ebd., S. 78.
[62] Lessings Brief an Nicolai, im Nov. 1756, ebd., S. 56; vgl. Moses Mendelssohn, Briefe über die Empfindungen, a.a.O., S. 110:
„[...] und dasjenige, was in den Trauerspielen unter dem Namen des Schreckens bekannt ist, ist nichts als ein Mitleiden, das uns schnel überrascht; [...]".
[63] Lessings Brief an Nicolai, im Nov.1756, in: Briefwechsel, a.a.O., S. 54.
[64] Ebd., S. 56. Nuanciert wird Lessing diese Metaphorik in seinem ‚Canut-Beispiel' zur Begründung des ästhetischen Kausalitätsprinzips verwenden.
[65] Lessings Brief an Mendelssohn, 18. Dez. 1756, ebd., S. 76.
[66] Vgl. die erste Version des ‚Bettler-Beispiels' und vgl. das ‚Cato-Beispiel' aus dem Brief Lessings an Nicolai, im Nov. 1756, ebd., S. 54f.
[67] G.E. Lessing, *Emilia Galotti*, a.a.O., S. 187: „Und glauben Sie, glauben Sie mir: wer über gewisse Dinge den Verstand nicht verlieret, der hat keinen zu verlieren" (IV/ 7 und vgl. V/5, S. 199).
[68] Lessings Brief an Mendelssohn, 28. Nov. 1756, in: Briefwechsel, a.a.O., S. 64.
[69] Vgl. Lessings Brief an Nicolai, im Nov. 1756, ebd., S. 56.
[70] Vgl. ders., Hamburgische Dramaturgie, a.a.O., 86. Stück, S. 630ff.
[71] Lessings Brief an Mendelssohn, vom 18. Dec. 1756, in: Briefwechsel, a.a.O., S. 77.
[72] Vgl. G.E. Lessing, Hamburgische Dramaturgie, a.a.O., 73.–80. Stück.
[73] Vgl. zur wirkungspsychologischen Unterscheidung zwischen dem Mitleid und der Bewunderung: Lessings Brief an Mendelssohn, vom 28. Nov. 1756, in: Briefwechsel, a.a.O., S. 66; Lessings Brief an Mendelssohn, vom 18. Dec. 1756, ebd., S. 79f.
[74] G.E. Lessing, Hamburgische Dramaturgie, a.a.O., 78. Stück, S. 595.
[75] Lessings Brief an Nicolai, vom 2. April 1757, in: Briefwechsel, a.a.O., S. 107.
[76] G.E. Lessing, Hamburgische Dramaturgie, a.a.O., 75. Stück, S. 579. Im 76. Stück greift Lessing wörtlich seine im Brief vom 2. April 1757 niedergeschriebenen Gedanken über das Verhältnis von Furcht und Mitleid auf. Vgl. ebd., S. 583.
[77] Vgl. Max Dessoir, Geschichte der neueren deutschen Psychologie, a.a.O., S. 574f.; vgl. Joachim Schmidt-Neubauer, *Die Bedeutung des Glücksbegriffes für die Dramentheorie und -praxis der Aufklärung und des Sturm und Drang*, Bern/Frankfurt/M./ Las Vegas 1982, S. 61–64.
[78] G.E. Lessing, Hamburgische Dramaturgie, a.a.O., 76. Stück, S. 584.
[79] Ebd.
[80] Ebd., 77. Stück, S. 587f.
[81] Ebd., 74. Stück, S. 575.
[82] Lessings Brief an Nicolai, im Nov. 1756, in: Briefwechsel, a.a.O., S. 54.
[83] Vgl. Manfred Fuhrmann, Einführung zu *Aristoteles. Poetik*, a.a.O., S. 22f.; vgl. Lessings Hinweis auf die Aristotelische Rhetorik:
„Die authentische Erklärung dieser Furcht, welche Aristoteles dem tragischen Mitleid beifüget, findet sich in dem fünften und achten Kapitel des zweiten Buchs seiner Rhetorik." Hamburgische Dramaturgie, a.a.O., 75. Stück, S. 579; vgl. Käte Kamburger, Mitleid und Furcht, a.a.O., S. 29.

⁸⁴ So z. B. in seinem Brief an Nicolai, vom 2. April 1757, in: Briefwechsel, a.a.O., S. 106: „Lesen Sie, bitte ich, das zweyte und achte Hauptstück des zweyten Buchs der aristotelischen Rhetorik: denn das muß ich Ihnen beyläufig sagen, ich kann mir nicht einbilden, daß einer, der dieses zweyte Buch und die ganze aristotelische Sittenlehre an den Nicomachus nicht gelesen hat, die Dichtkunst dieses Weltweisen verstehen könne." Und im 75. Stück der *Hamburgischen Dramaturgie* heißt es: „Aristoteles will überall aus sich selbst erklärt werden. Wer uns einen neuen Kommentar über seine Dichtkunst liefern will, welcher den Dacierschen weit hinter sich läßt, dem rate ich, vor allen Dingen die Werke des Philosophen vom Anfange bis zum Ende zu lesen. Er wird Aufschlüsse für die Dichtkunst finden, wo er sich deren am wenigsten vermutet; besonders muß er die Bücher der Rhetorik und Moral studieren" (S. 579). Bereits dieser Kontext von Poetik, Rhetorik und Morallehre erklärt die eine Traditionslinie der Verbindung zwischen dem wirkungsästhetischen Affekt Mitleid und der Moralität. Vgl. dazu das Kap. III, Gliederungspunkt 2.

⁸⁵ Vgl. Gert Ueding, *Einführung in die Rhetorik. Geschichte, Technik, Methode*, Stuttgart 1976, S. 222f.

⁸⁶ Besonders interessant und aufschlußreich für die Entstehung der mittleren Gattung zwischen Komödie und Tragödie, für die Genese des bürgerlichen Trauerspiels wird es sein, die Beziehungen zwischen der Ethik, Rhetorik und Poetik genauer zu analysieren, die Beziehungen zwischen den mittleren Affekten Mitleid und Furcht, die Katharsis, dem Aristotelischen Begriff einer r e c h t e n M i t t e aus der Ethik, der Lehre vom mittleren Charakter, dem zentralen aufklärerischen Begriff des r e c h t e n M a ß e s, des Maßvollen, des Gemäßigten, und der Gattungsbezeichnung ‚bürgerliches Trauerspiel' bzw. dem Diderotschen Begriff der ernsthaften Gattung („le genre sérieux") präzise zu untersuchen. Vgl. Horst Turk, Dialektischer Dialog, a.a.O., S. 86ff.; vgl. Käte Hamburger, Mitleid und Furcht, a.a.O., S. 32.

⁸⁷ Siehe Kap. II, Anm. 44 und vgl. Kap. III, S. 195–198.

⁸⁸ Vgl. Lessings Brief an Mendelssohn, vom 18. Dec. 1756, in: Briefwechsel, a.a.O., S. 77.

⁸⁹ G. E. Lessing, Hamburgische Dramaturgie, a.a.O., 1. Stück, S. 235; vgl. 35. Stück sowie 101.–104. Stück; vgl. Klaus Dockhorn, *Macht und Wirkung der Rhetorik. Vier Aufsätze zur Ideengeschichte der Vormoderne*, Bad Homburg/Berlin/Zürich 1968, S. 20, 23f.

⁹⁰ Vgl. ebd., S. 20.

⁹¹ Aus der Fülle der Literatur zur Rhetorik und besonders zum Themenkomplex Rhetorik und Poetik nenne ich nur drei Werke, die besonders geeignet sind, in die Problemkreise und Lösungen dieser für die Lessingsche Poetik des Mitleids noch ungeklärten Fragestellung einzuführen:
Klaus Dockhorn, Macht und Wirkung der Rhetorik, a.a.O.
Gert Ueding, *Schillers Rhetorik. Idealistische Wirkungsästhetik und ihre rhetorische Tradition*, Tübingen 1971.
Ders., Einführung in die Rhetorik, a.a.O., bes. Kap. I, III, IV.
Vgl. auch die weiteren Aufsätze Klaus Dockhorns:
Ders., Rhetorica movet, in: Helmut Schanze (Hrsg.), *Rhetorik. Beiträge zu ihrer Geschichte in Deutschland vom 16.–20. Jahrhundert*, Frankfurt/M. 1974, S. 17–42.
Ders., Kritische Rhetorik? in: Heinrich Plett (Hrsg.), *Rhetorik. Kritische Positionen zum Stand der Forschung*, München 1977, S. 252–275.

⁹² Vgl. Aristoteles, Poetik, a.a.O., S. 58: „Aus dem Gesagten ergibt sich auch, daß es nicht Aufgabe des Dichters ist mitzuteilen, was wirklich geschehen ist, sondern vielmehr, was geschehen könnte, d.h. das nach den Regeln der Wahrscheinlichkeit oder Notwendigkeit Mögliche (d y n a t á)." Vgl. auch ebd., S. 102, 110.

⁹³ Ernesto Grassi, *Die Theorie des Schönen in der Antike*, Köln 1962, S. 175; vgl. auch und besonders Friedrich Nicolai, Briefe über den itzigen Zustand, a.a.O., S. 88f.: Nachdem Nicolai die herausragende Stellung Johann Elias Schlegels unter den deutschen Dramatikern und Poetikern gewürdigt hat, fährt er fort:
„H r . L e ß i n g ist der einzige, der sich nach ihm mit glükklichem Erfolg in diese Bahn gewaget hat, und von dessen besonderer Einsicht in die theatralische Dichtkunst sich die deutsche

Schaubühne viele Vortheile versprechen kan. Diese würden noch grösser sein, wann er nicht die Kritik über die deutschen dramatischen Werke unglükklicher Weise aus seiner n e u e n t h e a t r a l i s c h e n B i b l i o t h e k, gänzlich ausgeschlossen hätte, und zwar aus welcher Ursache? Weil er selbst in die Reihe der dramatischen Schriftsteller, getreten ist; Eine Ursache, die ihn gerade zu dem Gegentheil bewogen haben solte; *Ein Kunstrichter kan seinen Beruf zur Kritik durch nichts besser als durch Meisterstücke in dem Theile der Kunst, in dem schreibet, beweisen*
    l e t t h o s e t e a c h o t h e r s
    w h o t h e m s e l v e s e x c e l l/
    a n d c e n s u r e f r e e l y w h o h a v e
    w r i t t e n w e l l.   Pope.
Ich wünsche, daß H r. L e ß i n g hierin seine Meinung ändern möge. Ist unsern Schauspielen und Schauspielern Kritik nöthig, woran niemand zweifelt, so werden sie ihren Lob und Tadel am besten aus dem Munde eines solchen Mannes empfangen, der in den Regeln ihrer Kunst und in der Ausübung derselben ein Meister ist." (Kursivhervorhebung v. M.S.)
Die Darlegung in diesem Abschnitt folgt der aufschlußreichen Passage aus Gert Ueding, Schillers Rhetorik, a.a.O., S. 6–9. Das Phänomen der poetisch-poetologischen Selbstreflexion im Drama bzw. im Kunstwerk bezieht Ueding jedoch nicht in seine Überlegungen ein.

[94] Ebd., S. 7f.
[95] Vgl. Kap. II, S. 131ff.; vgl. Kap. III, S. 222f.
[96] Vgl. Gert Ueding, Schillers Rhetorik, a.a.O., S. 120.
[97] Ebd., S. 39f.
[98] Friedrich Schiller, Ästhetische Vorlesungen. Fragmente, Winterhalbjahr 1792/93, in: Schillers Werke, Nationalausgabe, a.a.O., 21. Bd., S. 68.
[99] Vgl. Lessings Brief an Mendelssohn, vom 28. Nov. 1756, in: Briefwechsel, a.a.O., S. 65.
[100] Vgl. Kap. II, Anm. 8.
[101] Vgl. Kap. II, Anm. 27.
[102] In der zeitgenössischen Rezeption von Lessings *Miß Sara Sampson* hat bereits Dusch auf die ‚Überflüssigkeit' der ersten beiden Szenen hingewiesen: „Wenn die erste Scene ganz wegbleibt, so verlieren sie nichts, als ein Paar Nachrichten von der S a r a und dem Vater derselben, die in der andern Scene mit zwey Worten hätten gesagt werden können. Der Anfang, h i e r m e i n e T o c h t e r! hier in diesem elenden W i r t h s h a u s e? – muß ohnedem wegbleiben: denn es war kein elendes Wirthshaus; und zudem ist dieser Umstand von der Handlung so abgesondert, daß seiner hernach fast mit keinem Worte mehr gedacht ist; [...] In der zweyten Scene geschiehet weiter nichts, als daß der Wirth, eine unnütze Person, dem S i r S a m p s o n sein Zimmer anweiset. Eine leere Scene!" J.J. Dusch (Hrsg.), Vermischte kritische und satyrische Schriften, a.a.O., S. 60–62.
[103] Vgl. Peter Pütz, Die Zeit im Drama, a.a.O., S. 11–17, bes. S. 11.
[104] Die sinnliche und moralische Liebe werden im 18. Jahrhundert verschiedenen Bereichen, dem Laster und der Tugend, zugeordnet. „Die Verteufelung der Triebe war der Preis, den das 18. Jahrhundert für den Optimismus zahlte, für den die Tugend steht. Erst im Sturm und Drang änderte sich das. Indem die moderne Psychologie den Trieb mehr und mehr vom Makel des Lasters befreite, nahm sie der Tugend das entscheidende Motiv, von dem sie lebte: Ohne den Gegensatz zum Laster ist sie nichts." Klaus Peter, Stadien der Aufklärung, a.a.O., S. 27. Zum Sturm und Drang: vgl. Gert Mattenklott, *Melancholie in der Dramatik des Sturm und Drang*, Stuttgart 1968, S. 37.
[105] Vgl. Kap. III, Gliederungspunkt 3.2.2.3.
[106] Lessings Brief an Nicolai, im Nov. 1756, in: Briefwechsel, a.a.O., S. 56.
[107] Vgl. Peter Weber, Das Menschenbild, a.a.O., S. 38f.; vgl. Brigitte Kahl-Pantis, Bauformen, a.a.O., S. 16–19.
[108] Die szenenabschließenden Kommentare von Mellefont (I/5) und Norton (I/6) knüpfen an Bettys Äußerung – „Das Herz muß mir springen" (I/4, S. 13) an und bestimmen ebenfalls die Rezeptionsperspektive der zu rührenden Zuschauer: „MELLEFONT. [...] – Still, sie [Sara] kömmt. Wie schlägt mir das Herz –" (I/5, S. 14). „NORTON. (i m a b g e h e n) Ich wollte auch

nicht da bleiben, und wenn mir gleich jeder Augenblick mit Golde bezahlt würde –" (I/6, S. 14).

[109] Vgl. zu den drei Konflikten in dem bürgerlichen Trauerspiel *Miß Sara Sampson*: F.O.W. Röhrs, Narrative Strukturen, a.a.O., S. 368f.

[110] Zu der für die Empfindsamkeit typischen Opposition zwischen Herz und Verstand, Gefühl und Vernunft, anschauender und symbolischer Erkenntnis: vgl. u.a. Jochen Schulte-Sasse, Literarische Struktur, a.a.O., S. 19–39.

[111] In der Seneca-Abhandlung schlägt Lessing vor, das Erscheinen der Gottheit, das für die zeitgenössische Bühne nicht mehr akzeptabel sei, durch einen Traum zu ersetzen: „Ich wollte raten die persönliche Erscheinung der Juno in einem göttlichen Traum eines Priesters zu verwandeln. Er müßte selbst kommen, und es dem Herkulischen Hause erzählen, was er in seiner Entzückung gesehen, und welche schreckliche Drohungen er gehöret. Diese Drohungen aber müßten in allgemeinen Ausdrücken abgefaßt sein; sie müßten etwas orakelmäßiges haben, damit sie den Ausgang so wenig, als möglich verrieten, [...]"
G.E. Lessing, Von den lateinischen Trauerspielen, welche unter dem Namen des Seneca bekannt sind, a.a.O., S. 88.
Dieser Vorschlag für den zeitgenössischen Dichter liest sich wie eine Regieanweisung, die er selbst in seinem ersten bürgerlichen Trauerspiel erfüllte. Vgl. hierzu auch: Manfred Durzak, Äußere und innere Handlung in ‚Miß Sara Sampson'. Zur ästhetischen Geschlossenheit von Lessings Trauerspiel, in: *Deutsche Vierteljahrsschrift für Literaturwissenschaft und Geistesgeschichte* 44, 1970, S. 52, 60f., 62.
F. Andrew Brown, *Gotthold Ephraim Lessing*, New York 1971, S. 52.
Jürgen Schröder, Gotthold Ephraim Lessing, a.a.O., S. 177f.
Wilfried Barner, Produktive Rezeption, a.a.O., S. 44.
F. Andrew Brown, Seneca und „Sara": Parallels and Problems, in: Edward P. Harris und Richard E. Schade (Hrsg.), Lessing in heutiger Sicht, a.a.O., S. 143–156.

[112] Lessings Brief an Mendelssohn, vom 2. Febr. 1757, in: Briefwechsel, a.a.O., S. 103.

[113] Lessing fordert in der *Hamburgischen Dramaturgie* vom Genie in Abgrenzung vom bloß witzigen Kopf, „die Leidenschaften, nicht [zu] beschreiben, sondern vor den Augen des Zuschauers entstehen [zu lassen], und ohne Sprung, in einer so illusorischen Stetigkeit wachsen zu lassen, daß dieser sympathisieren muß, er mag wollen oder nicht [...]" G.E. Lessing, Hamburgische Dramaturgie, a.a.O., 1. Stück, S. 235.

[114] Zur Unterscheidung von Ankündigung und Andeutung, vgl. Peter Pütz, Die Zeit im Drama, a.a.O., S. 62f.; zur Weissagung vgl. ebd., S. 66–70; zum Traum vgl. ebd., S. 103–105.

[115] Vgl. dagegen Karl Eibl, G.E.L. Miß Sara Sampson, a.a.O., S. 121.

[116] Bezeichnend ist, daß Lessing Mellefonts Weigerung, die Trauung sofort stattfinden zu lassen, mit der Erbschaftsangelegenheit motiviert, also Liebe und Geld thematisch verknüpft. Mellefont verzögert die Trauung „aus gewichtigen Gründen, denn die Sorge um seine und Saras finanzielle Sicherheit darf keineswegs als blosse Ausflucht angesehen werden, hatten sie doch alle Aufklärer seit Wolff als eine der drei Hauptpflichten des Menschen anerkannt." Hans M. Wolff, Mellefont: Unsittlich oder unbürgerlich, in: *Modern Language Notes* 61, 1946, No. 6, S. 376. Vgl. Christian Wolff, Von den Pflichten in Ansehung unsers äusserlichen Zustandes, in: ders., *Vernünftige Gedanken. Von der Menschen Thun und Lassen, zu Beförderung ihrer Glückseligkeit*, (4. Aufl. hin und wieder vermehret, Franckfurt/Leipzig 1733), in: ders., *Gesammelte Werke*, hrsg. und bearbeitet von J. Ecole, G.E. Hofmann, M. Thomann u. H.W. Arndt. I. Abt., Bd. 4, hrsg. und mit einer Einleitung versehen von Hans Werner Arndt, Hildesheim/New York 1976, S. 350–450, bes. S. 350ff. Vgl. Christian Fürchtegott Gellerts moralische Vorlesungen. 15. Vorlesung, in: ders., *Sämtliche Werke*, 10 Bde.; 6. Bd., Carlsruhe 1818, S. 322ff.
Die Liebe, die Ideen der Freiheit und der Bildung konnten idealtypisch im abgeschirmten Raum der Privatheit, der bürgerlich patriarchalischen Sozialisationsform der Familie Realität gewinnen. Das Geld bzw. die Geldwirtschaft bildet im 18. Jahrhundert die ökonomische, der Absolutismus die gesellschaftspolitische Voraussetzung für den privaten Bereich der Familie, dem idealtypischen Paradigma für den Staat. Den Gedanken der Familie als exemplarische, vorbild-

hafte Sozialisationsform des Staates gestaltete Lessing in seinem dramatischen Gedicht *Nathan der Weise*. Die konflikthafte Polarität zwischen Familie und Absolutismus bestimmt Lessings Trauerspiel *Emilia Galotti*. „Die ökonomische Abhängigkeit der Familie verrät vor allem die Rolle, die das Geld in ihr spielt. In Gellerts Z ä r t l i c h e n S c h w e s t e r n steht eine Erbschaft im Mittelpunkt: Obwohl und gerade weil Lottchen das Geld zunächst der Schwester gönnt, wird am Ende ihre Tugend damit belohnt. Auch in M i ß S a r a S a m p s o n geht es um eine Erbschaft. Mit Grund wartet Mellefont auf das Geld: Ohne die finanzielle Sicherung fehlt der Ehe die Grundlage, die Bedingung zum Glück; es ist bezeichnend, daß Sara dies nicht versteht. [Bezeichnend deshalb, weil junge Frauen „in der Literatur des 18. Jahrhunderts so oft im Zentrum des Geschehens [stehen]: von allen Familienmitgliedern hatten sie am wenigsten mit der ‚Welt' zu schaffen, mit dem Erwerb der Mittel, die die Familie erhalten."]
Schließlich bringt auch in N a t h a n d e r W e i s e nur das Geld, das Nathan, der Kaufmann, so reichlich besitzt, die Familie zusammen, die das Stück so emphatisch feiert. Einzig in E m i l i a G a l o t t i spielt das Geld keine ähnliche Rolle. Dies liegt an dem anderen, dem nichtbürgerlichen Status der Familie Galotti: Ihr Vermögen beruht auf Grundbesitz, nicht auf Geld. Autonomer freilich ist sie deshalb nicht; wie das Stück zeigt, täuscht sich Odoardo, der meint, auf dem Land, als Gutsbesitzer, vor Gefahren sicher zu sein." Klaus Peter, Stadien der Aufklärung, a.a.O., S. 74f. Vgl. bes. Jürgen Habermas, Strukturwandel, a.a.O., S. 58f. und S. 60. Vgl. Reinhart Koselleck, Kritik und Krise, a.a.O., S. 8, 29, 41, 43, et passim. Vgl. Hans Richard Altenheim, *Geld und Geldeswert im bürgerlichen Schauspiel des 18. Jahrhunderts*, Diss. Köln 1952.
Vgl. Paul Mog, *Ratio und Gefühlskultur. Studien zu Psychogenese und Literatur im 18. Jahrhundert*, Tübingen 1976, S. 49–57.
Vgl. auch die ‚heroische Rolle', die das Geld in George Lillos *London Merchant* spielt: ders., The London Merchant, a.a.O. (I/1): Die Kaufleute von London retten ihr Vaterland, da sie mit ihrem Geld verhindern, daß die Genueser Banken dem spanischen König Gelder zur Ausrüstung einer Flotte zur Verfügung stellen; denn dieser beabsichtigt, England anzugreifen.
Die thematische Verknüpfung von Liebe und Geld, die materiell begründete Verzögerung der Zeremonie, wird jedoch in IV/2-3 relativiert; denn Mellefont befürchtet, seine Freiheit, die ihm die Libertinage gewährte, durch die Ehe zu verlieren. Beide Erklärungen haben eine dramatische, situative Funktion und stellen keinen Bruch im Charakter Mellefonts dar. Vgl. die Ausführungen zu IV/2, Kap. II, S. 140ff.

[117] Daß Lessing sein erstes bürgerliches Trauerspiel in England spielen und Mellefont planen läßt, nach Frankreich überzusetzen, ist nicht rein zufällig, hatte er doch in seinem Vorwort zu den *Abhandlungen von dem weinerlichen oder rührenden Lustspiel* (1754) die Neuerung der ‚comédie larmoyante' dem Nationalcharakter der Franzosen, die Entwicklung zum bürgerlichen Trauerspiel den Engländern zugeschrieben. Vgl. G.E. Lessing, Abhandlungen von dem weinerlichen oder rührenden Lustspiele, a.a.O., S. 13; vgl. auch ders., Vorrede zu den ‚Beyträgen zur Historie und Aufnahme des Theaters'(1750), a.a.O., ohne Paginierung [S. 10 u. S. 12]; vgl. ders., Briefe, die neueste Literatur betreffend (1759–1765), in: Lessing, Werke, Bd. 5, S. 70–73 (17. Literaturbrief); vgl. ders., Vorrede zu ‚Des Herrn Jakob Thomson Sämtliche Trauerspiele', a.a.O., S. 145 (siehe Kap. II, Anm. 47). Vgl. auch Friedrich Nicolai, Briefe über den itzigen Zustand, a.a.O., S. 82, 86ff.
Im Gegensatz zur französischen Orientierung Gottscheds kommen die neuen Vorbilder für die deutsche Literatur der Empfindsamkeit aus England. Die englische Restaurationskomödie – z.B. Thomas Shadwells *Squire of Alsatia*, Charles Johnsons *Caelia: Or, The perjur'd Lover* und William Congreves Dramen – und die englischen Familienromane, besonders Richardsons *Clarissa* und *Pamela*, beeinflußten die empfindsamen Dramensujets in Deutschland.
Vgl. Karl Eibl, G.E.L. Miß Sara Sampson, a.a.O., S. 117–119.
Vgl. Peter Weber, Das Menschenbild, a. a. O., S. 178–197 (Die Rezeption von Richardsons *Clarissa*).
Vgl. Lawrence M. Price, *Die Aufnahme englischer Literatur in Deutschland 1500–1960*, Bern/München 1961, S. 43–220 (zu Lessings Miß Sara Sampson, S. 160–163, 169–186).
Vgl. Paul Albrecht, *Leszing's Plagiate*, 4.–6. Bd., Hamburg/Leipzig 1888–1891.

Vgl. Paul P. Kies, The Sources and Basic Model of Lessing's *Miß Sara Sampson*, in: Modern Philology 24, 1926/27, S. 65–90.
Vgl. allgemein zu den nationalen Gegensätzen zwischen Frankreich und England sowie zum dominanten Einfluß Englands auf Deutschland zur Zeit der Empfindsamkeit: Leo Balet und E. Gerhard, Die Verbürgerlichung der deutschen Kunst, a.a.O., S. 430 et passim.

[118] Diese Äußerung Saras, die an dieser Stelle ihr Abtreten motiviert, ist typisch für die Verstellungsszenen Marwoods: vgl. II/1–2; III/5; bes. IV/5.

[119] Der Einfall, Arabella mitzunehmen, ist in einem zweifachen Sinne ein glücklicher: Erstens benutzt Marwood Arabella als Mittel, Mellefont umzustimmen. Zweitens, über das eigentliche Intrigengeschehen hinausweisend, realisiert Lessing einen eigenen Vorschlag aus seiner Seneca-Abhandlung. Er empfiehlt dort dem zeitgenössischen Dichter, wenn dieser „eine Vermehrung der Personen vorzunehmen für nötig befände, [...] vielleicht nicht ohne Glück eines von den Kindern des Herkules, welche seine beiden Vorgänger nur stumm aufführen, mündig" zu machen. „Er müßte den Charakter derselben aus Zärtlichkeit und Unschuld zusammen setzen, um unser Mitleiden um so schmerzlicher zu machen, wenn wir es von den blinden Händen seines geliebten Vaters sterben sehen." G.E. Lessing, Von den lateinischen Trauerspielen, welche unter dem Namen des Seneca bekannt sind, a.a.O., S. 89.
Arabellas Auftritt in II/4 stellt eine der ersten Sprechrollen eines Kindes auf dem deutschen Theater dar. Lessing rechtfertigt durch Hannahs Äußerung poetisch seinen Einfall als äußerst glücklichen, welcher der Erregung des Mitleids dient, das Mellefont auch beim Anblick seiner Tochter empfindet. Vgl. zu weiteren Vorformen von Kinderrollen im Drama: Karl Eibl, G.E.L. Miß Sara Sampson, a.a.O., S. 124f.
Vgl. auch Moses Mendelssohn, Ueber das Erhabene und Naive in den schönen Wissenschaften, in: ders., Gesammelte Schriften, a.a.O., Bd. 1, S. 494: „Das ganze Parterre lacht über die Unschuld der kleinen A r a b e l l a, ohne daß dadurch die tragische Empfindung verringert wird. Ja unser Mitleiden mit diesen Kindern wird desto lebhafter, je mehr sie durch ihre naiven Handlungen zu erkennen geben, daß sie das Unglück nicht fühlen, welches sie doch am meisten betrifft. Man siehet hieraus, wie ungegründet die Meynung einiger Kunstrichter sey, die alle Empfindungen, die einen Anstrich vom Lächerlichen haben, von der tragischen Schaubühne verbannen wollen."

[120] Bereits die zeitgenössische gottschedianische Kritik brachte Lessing hinsichtlich des einen Wirtshauses, in dem Sara sich aufhält, den Vorwurf der Unwahrscheinlichkeit ein; denn ein ‚elendes' Wirtshaus könne nicht so viele Zimmer haben, um die Handlung wahrscheinlich erscheinen zu lassen. Vgl. die ausführliche räumliche Analyse des Wirtshauses von J.J. Dusch: Kap. II, Anm. 15.

[121] Vgl. Kap. II, S. 51–54.

[122] <u>Zu den Thränen der Freude:</u> „[...] alle Betrübniß, welche von Thränen begleitet wird, ist eine Betrübniß über ein verlohrnes Gut; kein anderer Schmerz, keine andre unangenehme Empfindung wird von Thränen begleitet. Nun findet sich bey dem verlohrnen Gute nicht allein die Idee des Verlusts, sondern auch die Idee des Guts, und beyde, diese angenehme mit jener unangenehmen, sind unzertrennlich verknüpft. Wie, wenn diese Verknüpfung überall Statt hätte, wo das Weinen vorkommt? Bey den Thränen des Mitleids ist es offenbar. Bey den *Thränen der Freude* trift es auch ein: denn man weint nur da vor Freude, wenn man vorhero elend gewesen, und sich nun auf einmal beglückt sieht; niemahls aber, wenn man vorher nicht elend gewesen." Lessings Brief an Mendelssohn, 13. Nov. 1756, in: Briefwechsel, a.a.O., S. 58 (Hervorhebung von M.S.).
Vgl. auch Moses Mendelssohn, Briefe über die Empfindungen, a.a.O., S. 110: „Wenn zu dem Begriff eines gegenwärtigen Glückes die wehmüthige Erinnerung jenes Elends darinn wir vorher gelebt, hinzukömmt; so vergiessen wir Freudenthränen; Thränen, die der Gipfel aller Freuden sind. Warum? Der Begrif einer vergangenen Unvollkommenheit, streitet nicht wider den Begrif der gegenwärtigen Vollkommenheit. Beide können mit einander bestehen, und jene uns zum Gefühle des Vergnügens empfindlicher machen.
<u>Zur Entzückung:</u> „Gleichgültigkeit, Wollen, Verlangen, Begierde, Sehnsucht, sind die Stufen

der Begehrlichkeit, oder desjenigen Affects, der in uns erregt wird, wenn der vollkommene Gegenstand abwesend ist. So wie Gleichgültigkeit, Behaglichkeit, Lust, Vergnügen, Wollust, Entzückung, die Grade der Empfindung ausdrücken, die durch den Genuß des vollkommenen Gegenstandes erregt werden." Moses Mendelssohn, Beykommende Blätter, a.a.O., S. 94.

[123] Lessings Brief an Mendelssohn, 18. Dec. 1756, in: Briefwechsel, a.a.O., S. 83; vgl. auch Lessings Kritik an Weißes *Richard der Dritte*, Hamburgische Dramaturgie, a.a.O., 74. Stück, 79. Stück, 82. Stück.

[124] Zur These der Verwandtschaft des zweiten Aufzugs mit den *Medea*-Dramen: vgl. Paul Albrecht, Leszing's Plagiate, a.a.O., Bd. 5, S. 2036, 2100; vgl. Karl Eibl, G.E.L. Miß Sara Sampson, a.a.O., S. 125f.: Eibl widerlegt dort kritisch die sich widersprechenden Positionen von Erich Schmidt und Theodor W. Danzel und vertritt die These, daß die Nennung ‚Medea' „als Zitierung des Archetypus zu verstehen" sei; ebd., S. 126; vgl. Helmut Koopmann, *Drama der Aufklärung. Kommentar zu einer Epoche*, München 1979, S. 123f.; vgl. Friedrich O. W. Röhrs, Narrative Strukturen, a.a.O., S. 367f.; vgl. Wilfried Barner, Produktive Rezeption, a.a.O., S. 35–52; vgl. Winfried Woesler, Lessings M i s s S a r a S a m p s o n und Senecas M e d e a , a.a.O., S. 75–93; vgl. Volker Riedel, Lessing und die römische Literatur, a.a.O., S. 102–106.

[125] Das Prinzip der Umkehrung ist bis in einzelne Dialogpassagen hinein zu verfolgen. Versuchte Marwood Mellefonts Mitleid zu erregen, indem sie ihm vorwarf, arm, verachtet, ohne Ehre und ohne Freunde zu sein, wenn er sie verlasse (vgl. II/3, S. 28), so hält Mellefont ihr nun entgegen, das Erkennen der wahren Marwood koste ihm sein Vermögen, seine Ehre, sein Glück (vgl. II/7, S. 35).

[126] Lessing selbst hat, um die Kritik Mendelssohns zu widerlegen, daß diese Stelle im Trauerspiel indeklamabel sei, erläutert: „Einen Theil der Gebehrden hat der Schauspieler jederzeit in seiner Gewalt; er kann sie machen, wenn er will; es sind dieses die Veränderungen derjenigen Glieder, zu deren verschiednen Modifikationen der bloße Wille hinreichend ist. Allein zu einem großen Theil anderer, und zwar gleich zu denjenigen, aus welchen man den wahren Schauspieler am sichersten erkennt, wird mehr als sein Wille erfordert; eine gewisse Verfassung des Geistes nehmlich, auf welche diese oder jene Veränderung des Körpers von selbst, ohne sein Zuthun, erfolgt. Wer ihm also diese Verfassung am meisten erleichtert, der befördert ihm sein Spiel am meisten. Und wodurch wird diese erleichtert? Wenn man den ganzen Affekt, in welchem der Akteur erscheinen soll, in wenig Worte faßt? Gewiß nicht! Sondern je mehr sie ihn zergliedern, je verschiedener die Seiten sind, auf welchen sie ihn zeigen, desto unmerklicher geräth der Schauspieler selbst darein. Ich will die Rede der Marwood auf der 74. Seite [vgl. die von Eibl besorgte Ausgabe: S. 36] zum Exempel nehmen. – Wenn ich von einer Schauspielerinn hier nichts mehr verlangte, als daß sie mit der Stimme so lange stiege, als es möglich, so würde ich vielleicht mit den Worten: v e r s t e l l e n , v e r z e r r e n u n d v e r s c h w i n d e n , schon aufgehört haben. Aber da ich in ihrem Gesichte gern gewisse Züge der Wuth erwecken möchte, die in ihrem freyen Willen nicht stehen, so gehe ich weiter, und suche ihre Einbildungskraft durch mehr sinnliche Bilder zu erhitzen, als freylich zu dem bloßen Ausdrucke meiner Gedanken nicht nöthig wären. Sie sehen also, wenn diese Stelle tadelhaft ist, daß sie es vielmehr dadurch geworden, weil ich zu viel, als weil ich zu wenig für die Schauspieler gearbeitet." Lessings Brief an Mendelssohn, 14. Sept. 1757, in: ders., *Sämtliche Schriften*, hrsg. von Karl Lachmann, 3., auf's neue durchgesehene und vermehrte Aufl., besorgt durch Franz Muncker, 23 Bde., Stuttgart/Leipzig/Berlin 1886–1924, Bd. 17, Leipzig 1904, S. 121f.

Lessings Anmerkungen zeigen sehr deutlich, wie bewußt er sprachliche Mittel einsetzt, um die Wut als primären Affekt beim Schauspieler zu erwecken, deren fiktionale Echtheit darüber entscheidet, ob Mellefont und die Zuschauer Schrecken empfinden werden oder nicht. Die Rationalität, mit der bestimmte Gefühle kalkuliert und wirksam werden, belegt, daß die Poetik des Mitleids, vom Produktionsaspekt her betrachtet, nicht in einem polaren Gegensatz zur Ratio steht. Vgl. die Ausführungen zur Struktur des Mitleids, bes. zur Furcht: Kap. II, S. 68–71; vgl. Horst Steinmetz, E m o t i o n a l i t ä t v e r s u s R a t i o n a l i t ä t : Gegensätze zwischen Theorie und Praxis des Dramas bei Lessing, in: Edward P. Harris und Richard E. Schade (Hrsg.), Lessing in heutiger Sicht, a.a.O., S. 165–168; vgl. F. Andrew Brown, Reason, a. a. O.

Die Verbindung zwischen der Rationalität und der Emotionalität und die gerade für die Schauspielertheorie wichtigen Einsichten sind vor allem auf die Assoziationstheorien von Wolff und Hume zurückzuführen. Mendelssohn legt in der Nachschrift zum *Sendschreiben an den Herrn Magister Lessing in Leipzig*, vom 2. Jan. 1756, seine Assoziationstheorie dar, die im wesentlichen der Humeschen folgt. Besonders aufschlußreich ist der Zusatz der Fußnote: „Wenn man diesen Lehrsätzen gehörig nachdächte; so könnte man auf besondere Kunstgriffe gerathen, unserm Gedächtnisse zu Hilfe zu kommen. Ich habe einen Menschen gekannt, der, wenn er sich alles genau erinnern wollte, was bey einer gewissen Gelegenheit vorgefallen ist, die Sprache, Minen und Geberden der redenden Personen nachahmte, und all ihre Worte laut zu wiederholen anfing. Durch diesen erneuerten Eindruck erinnerte er sich der kleinsten Umstände so genau, daß sich alle darüber verwunderten, die seinen Kunstgriff anfangs verspotteten." Moses Mendelssohn, Sendschreiben an den Herrn Magister Lessing in Leipzig, a.a.O., S. 105f.; vgl. *Philosophische Versuche über die Menschliche Erkenntniß von David Hume. Als dessen vermischter Schriften zweyter Theil*, Hamburg/Leipzig 1755, S. 46f.

[127] Vgl. hierzu die vierte Version des ‚Bettler-Beispiels,: Kap. II, S. 65 und S. 66f. Im Gegensatz zum Bettler verfügt Marwood nicht über Vollkommenheiten im Sinne der bürgerlichen Moral des 18. Jahrhunderts.

[128] Lessing grenzt im *Briefwechsel über das Trauerspiel* die Bewunderung von der Verwunderung ab: „Also, wenn ein Bösewicht oder jede andere Person eine gute Eigenschaft zeigt, die ich in ihm nicht vermuthet hätte, so entsteht keine Bewunderung, sondern eine Verwunderung [...]" Lessings Brief an Mendelssohn, 28. Nov. 1756, in: Briefwechsel, a.a.O., S. 63.
Vgl. auch G.E. Lessing, *Der Schatz. Ein Lustspiel in einem Aufzuge* (1750), in: Lessing, Werke, a.a.O., Bd. 1, S. 564–572, Dritter Auftritt: In diesem Dialog zwischen Staleno und Philto gestaltet Lessing den Umschlag von der Verwunderung zur Bewunderung; denn Staleno muß sein Vorurteil revidieren und Philtos Vollkommenheit, von der er unerwartet überzeugt wird, b e - w u n d e r n. Zu dieser Szene vgl. auch Moses Mendelssohns Brief an Lessing, erste Hälfte Decembers 1756, in: Briefwechsel, a.a.O., S. 70. Lessing widerspricht seinem Freund nicht direkt, faßt aber beide Begriffe kausal auf. Vgl. auch Mendelssohns Brief an Lessing, vom 23. Nov. 1756, ebd., S. 59f.
Einen guten Überblick über die Position Mendelssohns bietet Bruno Strauß in seinen „Anmerkungen" zu Moses Mendelssohns Briefwechsel, I, 1754–1762, a.a.O., S. 413f., 417.

[129] Daß die Klage über die Abwesenheit eines Familienmitgliedes ein wichtiges Bestimmungsmerkmal bürgerlicher Dramen ist, hat Peter Szondi in seiner Analyse der ersten Szenen aus Diderots *Le Père de famille* nachgewiesen. Vgl. Peter Szondi, Die Theorie, a.a.O., S. 121–126.

[130] Zu den Verwendungsarten, Merkmalen und Wirkungen eines Briefes im Drama vgl. Volker Klotz, *Bühnen-Briefe. Kritiken und Essays zum Theater. Davor eine Abhandlung über Briefszenen in Schauspiel und Oper*, Frankfurt/M. 1972, S. 3–87, bes. S. 3–16.

[131] In seiner Analyse von Lessings frühem Lustspiel *Die Juden* hat Sträßner auf das Primat der allgemeinen moralischen Reflexion vor der Handlung hingewiesen: „L E S S I N G setzt die in der bürgerlich-aufklärerischen Philosophie wichtige Priorität des Geistes, in welchem eine Handlung vollzogen wird, vor der eigentlichen Tat insofern konsequent dramatisch um, als die wichtigen Handlungen der dramatis personae schon geschehen sind, und die dramatische Gegenwart nur auf die Reflexion über den Geist, in welchem diese geschehen sind, verwandt werden muß. Die dramatische Handlung wird ausgedünnt, um dadurch um so mehr Platz für die moralische Reflexion über diese Handlungen zu bekommen. Die Bühne ist ausschließlich der Schauplatz für aufklärendes und aufgeklärtes Nach-Denken und Nach-Empfinden. Der Gegenstand dieser Reflexionen kann außerhalb des Dramas bleiben. Dieses Schema findet sich bereits paradigmatisch im Lustspiel ‚Die Juden': der Überfall auf den Baron und die Hilfeleistung des Reisenden sind als Ereignisse vor die eigentliche dramatische Handlung verlegt. Der dramatische Dialog wird u. a. darauf verwendet, ob der Reisende das Angebot des Barons, als Gast in seinem Haus zu bleiben, annehmen soll. Dies ist Anlaß zur moralischen Reflexion (4. Auftritt)." Matthias Sträßner, *Analytisches Drama*, Diss. München 1980, S. 141f.

[132] Vgl. Franziskas Begründung, warum sie Tellheim seinen Brief zurückgibt: „Und wir denken, daß das Briefschreiben für die nicht erfunden ist, die sich mündlich mit einander unterhalten können, sobald sie wollen.
VON TELLHEIM. Welcher Vorwand! Sie [Minna] muß ihn lesen. Er enthält meine Rechtfertigung, – alle die Gründe und Ursachen –
FRANZISKA. Die will das Fräulein von Ihnen selbst hören, nicht lesen.
VON TELLHEIM. Von mir selbst hören? Damit mich jedes Wort, jede Miene von ihr verwirre; damit ich in jedem ihrer Blicke die ganze Größe meines Verlusts empfinde? –"
G.E. Lessing, *Minna von Barnhelm*, a.a.O. (III/10, S. 659).

[133] So z.B.: „SARA. Es wird mir allezeit angenehm seyn, Mellefont, die würdigen Personen ihrer Familie kennen zu lernen" (III/2, S. 41).

[134] Vgl. Peter Weber, Das Menschbild, a.a.O., S. 49: „Der mitleidvoll Tugendhafte ist das moralische Leitbild."

[135] Vgl. zur allgemeinen strukturalen Unterscheidung zwischen Geschichte und Fabel, Dargestelltem und Darstellung sowie zur Differenzierung der Segmentierungsebenen im Drama: Manfred Pfister, *Das Drama. Theorie und Analyse*, München 1977, Kap. 6: ‚Geschichte und Handlung', S. 265–326, bes. 307–312.

[136] Zur Ständeklausel und dem politischen Egalitarismus als Merkmal der Verbürgerlichung der dramatischen Literatur vgl. Kurt Wölfel, Moralische Anstalt, a.a.O., S. 87–89, bes. S. 88; vgl. Kap. III, Gliederungspunkt 3.2.2.3.
Zu den Positionen Gottscheds im Gegensatz zu Schlegel vgl. K. Wölfel, Moralische Anstalt, a.a.O., S. 79ff.; vgl. auch Peter Szondi, Die Theorie, a.a.O. Innerhalb der literarischen Öffentlichkeit, die eine Vorform der politischen darstellt – vgl. J. Habermas, Strukturwandel, a.a.O. –, betritt der deutsche Bürger um die Mitte des 18. Jahrhunderts bereits ein Terrain, das bisher dem herrschenden Adel vorbehalten war, und zwar mit einer ständeübergreifenden, nicht antiständischen Moral. Zur Dialektik von Moral und Politik vgl. Reinhart Koselleck, Kritik und Krise, a.a.O. Zur Beziehung des ständeübergreifenden Prinzips zu den Logen der Freimaurer vgl. ebd., S. 61f. Zum Verhältnis Mensch – Bürger vgl. ebd., S. 28f., 99, 124–128; vgl. bes. Lessings „Dreizehnter Brief" aus dem zweiten Teil seiner Schriften (1753), siehe Kap. II, Anm. 53.

[137] Vgl. Kap. II, Anm. 117.

[138] Vgl. das Beispiel des Vetters aus *The London Merchant*, Kap. II, S. 63f.

[139] Vgl. Roland Purkl, Gestik, a.a.O., S. 119–121.

[140] In der Textfassung von 1772 der *Miß Sara Sampson* präzisiert Lessing im Rückgriff auf das Aristotelische Betriffspaar ‚phóbos' und ‚éleos' das Wort ‚Schauer' durch ‚Schaudern'.

[141] Vgl. Karl Eibl, G.E.L. Miß Sara Sampson, a.a.O., S. 153; vgl. Horst Steinmetz, Die Komödie, a.a.O., S. 42.

[142] Vgl. Karl Eibl, G.E.L. Miß Sara Sampson, a.a.O., S. 150f.

[143] „Die Verstellung bleibt immer kalt [...]" (III/5 S. 52).

[144] Vgl. Kap. II, Anm. 126. Lessing verteidigt auch diese Stelle gegen Mendelssohns Vorwurf, sie sei schwer zu deklamieren und es sei unwahrscheinlich, daß Mellefont nicht sofort den Brief an sich nimmt, um ihn zu lesen. „Es ist wahr, Mellefont würde hier geschwinder nach dem Briefe greifen können, wenn ich ihn nicht so viel sagen ließe. Aber ich raube ihm hier mit Fleiß einen gemeinen G e s t u m , und lasse ihn schwatzhafter werden, als er bey seiner Ungeduld seyn sollte, blos um ihm Gelegenheit zu geben, diese Ungeduld mit einem feinern Spiele auszudrücken. Die Schnelligkeit, mit der er alle diese Fragen ausstößt, ohne auf eine Antwort zu warten; die unwillkürlichen Züge der Furcht, die er in seinem Gesichte entstehen zu lassen Zeit gewinnt, sind, sollte ich meinen, mehr werth, als alle Eilfertigkeit, mit der er den Brief der Sara aus den Händen nehmen, ihn aufschlagen und lesen würde. Ich wiederhole es also nochmals, diese Stellen sind so wenig untheatralisch, daß sie vielmehr tadelhaft geworden sind, weil ich sie allzutheatralisch zu machen gesucht habe." Lessings Brief an Mendelssohn, 14. Sept. 1757, a.a.O., S. 122.

[145] Zur Unterscheidung der Bewunderung von der Verwunderung vgl. Kap. II, Anm. 128.

¹⁴⁶ Im vierten Auftritt des vierten Aufzugs äußert Marwood ihre Verwunderung über Sir Sampsons Verhalten, als Mellefont ihr für die geleisteten Dienste ironisch dankt: „Martern Sie mich nicht mit einem Danke, den ich niemals habe verdienen wollen. Sir Sampson ist ein zu guter alter Narre; er muß anders denken, als ich an seiner Stelle würde gedacht haben. Ich hätte der Tochter vergeben, und ihrem Verführer hätte ich –" (S. 63).

¹⁴⁷ Zu der Stelle, „Lady, haben Sie Ursache, die Veränderung zu bewundern", wird in der von Kurt Wölfel besorgten Ausgabe der Werke Lessings (a.a.O., Bd. 1, S. 647) die Erläuterung gegeben, daß das Verb ‚bewundern' „hier, wie oft noch im 18. Jahrhundert im Sinne von: sich verwundern über" zu verstehen sei; dies ist irreführend, da über die Bedeutungsdifferenz zwischen Ver- und Bewunderung erst die mehrfachen Umkehrungen und die damit verbundene poetologische Selbstreflexion im Drama erkennbar und verstehbar werden.

¹⁴⁸ Zum Prinzip der Umkehrung vgl. Peter Pütz, die Zeit im Drama, a.a.O., S. 221–224.

¹⁴⁹ Ebd., S. 218 und S. 222.

¹⁵⁰ Vgl. ebd., S. 222ff.

¹⁵¹ Ebd., S. 224.

¹⁵² Vgl. Henri Bergson, Le Rire. Essay sur la signification du comique, in: ders., *Oeuvres*, Paris ²1963, S. 381–485, bes. S. 402–404, S. 418–449, bes. S. 419, 420f., 422f., 426, 429–433 (deutsche Übersetzung von Julius Frankenberger und Walter Fränzel, Jena 1914, S. 25–28, 47–88, bes. S. 48f., 50f., 53, 57, 61, 66).

¹⁵³ Vgl. Peter Pütz, Die Zeit im Drama, a.a.O., S. 218–221.

¹⁵⁴ Vgl. Karl Eibl, G.E.L. Miß Sara Sampson, a.a.O., S. 145–149.

¹⁵⁵ Peter Pütz, Grundbegriffe, a.a.O., S. 12.

¹⁵⁶ Vgl. Brigitte Kahl-Pantis, Bauformen, a.a.O., S. 173ff.; vgl. ferner:
Alois Wierlacher, *Das bürgerliche Drama. Seine theoretische Begründung im 18. Jahrhundert*, München 1968, S. 15–29.
Lothar Pikulik, Bürgerliches Trauerspiel, a.a.O., S. 9ff., S. 105ff., S. 118ff.
Peter Weber, Das Menschenbild, a.a.O., S. 61ff. u. S. 139ff.
Klaus-Detlef Müller, Das Erbe der Komödie, a.a.O., S. 50–52.

¹⁵⁷ Klaus Peter, Stadien, a.a.O., S. 60.

¹⁵⁸ Vgl. Anonym [Johann Gottlob Benjamin Pfeil], Vom bürgerlichen Trauerspiele, a.a.O., S. 9–10 (§ 5).

¹⁵⁹ Auch Schiller betont die Subjektivität und die Freiheit des Komödiendichters gegenüber dem Tragödiendichter: „In der Tragödie geschieht durch den Gegenstand sehr viel, in der Comödie geschieht durch den Gegenstand nichts und alles durch den Dichter. [...] Den tragischen Dichter trägt sein Objekt, der komische hingegen muß durch sein Subjekt das seinige in der ästhetischen Höhe erhalten." Friedrich Schiller, Über naive und sentimentalische Dichtung, in: *Schillers Werke. Nationalausgabe*, hrsg. von Lieselotte Blumenthal u. Benno von Wiese, 20. Bd., Weimar 1962, S. 412–503, hier S. 445.

¹⁶⁰ Zur Schuldfrage im bürgerlichen Trauerspiel Lessings vgl. Brigitte Pantis, Zum Begriff der Schuld bei Lessing, a.a.O., S. 404–423.

¹⁶¹ Vgl. Walter Hinck, Einführung in die Theorie des Komischen und der Komödie, in: ders. (Hrsg.), *Die deutsche Komödie. Vom Mittelalter bis zur Gegenwart*, Düsseldorf 1977, S. 11–31, bes. S. 26.

¹⁶² Vgl. Peter Pütz, Zwischen Klassik und Romantik, a.a.O., S. 11–13. Daß gerade in der Komödie der Mensch eine Zukunft hat, seine Subjektivität geradezu mit einem ungebrochenen Herrschaftsanspruch auftritt, die Welt ganz zu besitzen, belegt das Interesse der Komödiendichter „an den Schlemmern, die einen Teil dieser Welt verschlingen, und den Geizhälsen, die einen anderen Teil horten. Und vom V e r s c h l i n g e n und A n k l a m m e r n macht die menschliche Natur einen schnellen Sprung zum A n s i c h R e i ß e n. In wie vielen Geschichten findet man den Diebstahl oder die Absicht des Diebstahls." Eric Bently, *Das lebendige Drama. Eine elementare Dramaturgie*, übers. von Walter Hasenclever, Velber 1967, S. 294f. und vgl. S. 295f.

¹⁶³ Alle bisherigen Versuche, das Entstehen der bürgerlichen Innerlichkeit in der Epoche der

deutschen Empfindsamkeit um 1750 zu klären, sind unzureichend. Weder kann vom säkularisierten Pietismus, weder von der Widerspiegelung eines klaren und deutlichen ‚Klassen-' bzw. Standesbewußtseins des Bürgertums, weder von der Kompensation der Entfremdung des Menschen auf dem Markt, in der bürgerlichen Gesellschaft und durch den absolutistischen Verwaltungsapparat noch vom Eskapismus in die Privatheit, von der Kompensation politischer Ohnmacht des deutschen Bürgertums sowie von der Dialektik zwischen Moral und Politik, von der Vorbereitung der politischen Öffentlichkeit durch die literarische ausschließlich gesprochen werden. Auch die Interdependenzen zwischen den sozio- und psychogenetischen Prozessen der Zivilisation im Übergang vom Feudalismus, vom Absolutismus zur bürgerlichen Gesellschaft sind, wenn auch umfassender als alle anderen Erklärungsansätze, perspektivisch ebenso eingeschränkt wie der bestechende Versuch, die Parallelität und wechselseitige Beeinflussung zwischen dem Puritanismus und dem Kapitalismus bzw. in der deutschen Variante zwischen puritanischem Pietismus und der ökonomischen Entwicklung des bürgerlichen Marktes aufzuzeigen. Die Umkehrung gerade der soziologischen Erklärungsmodelle durch die These, daß die Empfindsamkeit nicht bürgerlich, sondern ein menschliches Phänomen sei, verkürzt eben in ihrer adversativen Grundstruktur die Problematik der perspektivisch begrenzten Modelle. Alle Ansätze, der ideengeschichtliche, der materialistische, der soziologische mit seinen Derivationen des soziopsychologischen und politisch-ökonomischen Ansatzes, münden ein in eine Reduktion des Phänomens der Innerlichkeit, des bürgerlichen Habitus der Selbstreflexion. Wird einerseits die zu erklärende Erscheinung nur von der einen auf die andere Ebene verlagert, so etwa in der These, daß die Empfindsamkeit durch die Säkularisation des Pietismus entstehe, so wiederholt sich die Schwachstelle der Argumentation andererseits beispielsweise in der materialistischen Kritik, die das Moment der Kompensation von der politischen Ebene auf die ökonomische verschiebt, die Ohnmacht gegen die Entfremdung eintauscht – vgl. Reinhard Assling, Werthers Leiden, a.a.O., S. 18–50, bes. S. 22–29. Erst derjenige, jedoch noch zu unternehmende Versuch, ausgehend von der naturrechtlichen, natürlichen, anthropologischen Empfindung des Mitleids – ein spontaner und universaler, prärationaler, moralischer Affekt –, die konstitutiven Elemente bürgerlicher Innerlichkeit zu klären, ist der derzeit erfolgversprechende. Einen ersten, aber nur bedingt brauchbaren, systematischen Einstieg bietet Reinhard Assling, Werthers Leiden, a.a.O., S. 7–18. Er unterscheidet vier Richtungen:
a) Der ideengeschichtliche Ansatz (Unger, Günther, Kaiser, Korff, Walzel) definiert die Empfindsamkeit als säkularisierten Pietismus. Asslings Kritik greift zu kurz. Vgl. deshalb besonders: L. Balet und E. Gerhard, Die Verbürgerlichung, a.a.O., S. 300, 306, 313–316, 323, 354; vgl. Gerhard Sauder, Empfindsamkeit, Bd. I, a.a.O., S. 58ff.; vgl. Gerhart von Graevenitz, Innerlichkeit und Öffentlichkeit, a.a.O., S. 1*.
b) Die Widerspiegelungstheorie (Tronskaja, Scherpe) sieht in der Empfindsamkeit einen Ausdruck des klareren Klassenbewußtseins des Bürgertums. Die Grundproblematik dieses Ansatzes besteht in der unreflektierten Übertragung des soziologischen Klassenbegriffs auf die Ständegesellschaft des 18. Jahrhunderts. Vgl. Jochen Schulte-Sasse, Literarische Struktur und historischer Kontext, a.a.O., S. 28–30.
c) Die soziologischen, sozial-psychologischen Ansätze (Marx, Engels, Max Weber, Mannheim, Elias, Lepenies) gehen von einem Zusammenhang zwischen der politischen Ohnmacht und dem Idealismus aus. Die Empfindsamkeit kompensiert die politische Machtlosigkeit des Bürgers, der sich in den Raum der Familie flüchtet (Eskapismusthese). Es ist besonders auffällig, daß in Asslings schematisierender Kritik die ‚dialektisch' verfahrenden, historischen Ansätze und Analysen von Koselleck, Habermas und Jochen Schulte-Sasse fehlen.
d) Der positivistische Ansatz (Alewyn, Götte, Pikulik, Birk) kehren die Grundthese der soziologischen Analysen um: Die Empfindsamkeit sei nicht bürgerlich, sondern eine Erscheinung der Idee des Allgemeinmenschlichen; sie sei kein gesellschaftliches, sondern ein individualpsychologisches Phänomen. Zur Kritik vgl. beispielsweise Peter Szondi, Theorie des bürgerlichen Trauerspiels, a.a.O., S. 19.
Die dringend notwendig gewordene Revision der Ansätze zur Genese bürgerlicher Innerlichkeit müßte von den zwei Studien Norbert Elias' ausgehen, in denen wichtige Zusammenhänge

zwischen der Sozio- und Psychogenese aufgedeckt werden – *Prozeß der Zivilisation* –. Nicht zu vernachlässigen ist seine Unterscheidung zwischen der Zweckrationalität und der höfischen Rationalität des Adels, die Elias in seiner Analyse *Die höfische Gesellschaft* darlegt. Paul Mog greift diese Thesen von Norbert Elias auf und bezieht sie auf Horkheimers und Adornos Untersuchung *Dialektik der Aufklärung* (vgl. Paul Mog, Ratio und Gefühl, a. a. O.). Ferner müßten die Arbeiten von Koselleck, Habermas und Jochen Schulte-Sasse, von Szondi und von Graevenitz, der den Habermasschen Ansatz modifiziert, hinzugezogen werden. Die Dialektik von Moral und Politik (Koselleck) und der Strukturwandel der Öffentlichkeit (Habermas) müssen kritisch mit den Theorien über die Empfindungen, besonders aber mit der Lessingschen Poetik des Mitleids verschränkt werden, da sich erst durch die genaue, d.h. kontextbezogene Analyse der Struktur des Mitleids und durch das spezifische, d.h. d i r e k t e Verhältnis zwischen Affekt, Moral, Politik und Gesellschaft ein kontextadäquater Zugang zu den möglichen Ursachen bürgerlicher Innerlichkeit eröffnet. Vgl. auch Klaus Peter, Stadien der Aufklärung, a.a.O.

Zu den englischen Einflüssen vgl. Gerhard Sauder, Empfindsamkeit, Bd. I, a.a.O.; A. Martino, Geschichte der dramatischen Theorien I, a.a.O., S. 188ff.

Zu den Einflüssen der Naturrechtslehren und der Gesellschaftsvertragslehren des 17. und 18. Jahrhunderts vgl. Dagobert de Levie, Die Menschenliebe, a.a.O.

[164] Vgl. die bereits in den 30er Jahren von Balet/Gerhard aufgezeigten Zusammenhänge zwischen dem deutschen Pietismus und der europäischen Bewegung der Empfindsamkeit: L. Balet und E. Gerhard, Die Verbürgerlichung, a.a.O., S. 300, 306, 313–316, 323, 354; vgl. G. Sauder, Empfindsamkeit, Bd. I, a.a.O., S. 58ff.

[165] Zum Verhältnis von Reflexion und Empfindsamkeit vgl. Lothar Pikulik, Bürgerliches Trauerspiel, a.a.O., S. 60–91, bes. S. 62, 78f., 80, 81, 83, 91. Zur berechtigten Kritik an Pikuliks These vgl. G. Sauder, Empfindsamkeit, Bd. I, a.a.O., S. 171ff., 190f., 214f.; vgl. Kap. III, Gliederungspunkt 3.3.

[166] Christian Thomasius, *Kurtzer Entwurff der Politischen Klugheit*, Franckfurt/Leipzig 1710. Ohne Paginierung, am Ende des IV. Kapitels, nach S. 104: „Spiegel der Erkenntniß seiner selbst und anderer Menschen." Siehe Kap. II, Anm. 239. Vgl. auch ders., *Von der Kunst, vernünftig und tugendhaft zu lieben, als dem einzigen Mittel, zu einem glückseligen, galanten und vergnügten Leben zu gelangen*, 1692. Vgl. auch Heinz Otto Burger, Deutsche Aufklärung im Widerspiel zu Barock und ‚Neubarock', in: ders., ‚*Dasein heißt eine Rolle spielen'. Studien zur deutschen Literaturgeschichte*, München 1963, S. 98, 100.

[167] Vgl. Kap. III, S. 214f., 221, 224.

[168] Peter Pütz erweitert in seinem Aufsatz über „Werthers Leiden an der Literatur" die von Horkheimer und Adorno aufgestellte Theorie der negativen Dialektik der Aufklärung um die negative Dialektik der Empfindsamkeit. Als Kronzeugin führt er Lessings *Miß Sara Sampson* an (vgl. III/3). Bezogen auf die Äußerungen Saras ist diese These in dieser Form kaum zu begründen; denn Lessing lagert das Mitleid gerade dem Wollen und der praktischen Vernunft vor. Sara hat ihr Gefühl nicht ihrem Willen untergeordnet, sondern sie „zittert" bereits, und sie bestätigt die N a t ü r l i c h k e i t ihres Zitterns, ihrer physischen Reaktion, die auf ihre psychische Verfassung, auf ihren Schrecken verweist, wenn sie sagt: „Aber ich *soll* auch zittern; *und* ich *will* lieber zittern, als weinen" (Hervorhebung v. M.S.). Die Natürlichkeit der Empfindung und der Zwang des Affekts, dem sich Sara als empfindsame Frau nicht entziehen kann, charakterisieren sie als n a t ü r l i c h e Person, deren Wille mit der psychischen Natur des Menschen harmoniert. Mit ihrer Äußerung erkennt sie bewußt die Herrschaft der natürlichen Empfindungen des Menschen an. Sie wird n i c h t zur Herrscherin ihrer Affekte. Erst Werther ist ein Repräsentant der negativen Dialektik der Empfindsamkeit, und seine Harmonie mit der Natur ist brüchig geworden. Vgl. Peter Pütz, Werthers Leiden an der Literatur, in: William Lillyman (Ed.), *Goethe's Narrative Fiction. The Irvine Goethe Symposium*, Berlin/New York 1983, S. 65–68.

[169] Vgl. Kap. III, Gliederungspunkt 3.2.2.3.

[170] Vgl. Kap. III, Gliederungspunkt 3.3.

[171] Peter Pütz, Die deutsche Aufklärung, a.a.O., S. 8.

[172] Wolff übernimmt in seiner *Psychologica empirica* (1732) die von Leibniz in seiner Schrift

Meditationes de Cognitione, Veritate et Ideis (1684) dargelegte Erkenntnislehre: „Est ergo cognitio vel obscura vel *clara*, et clara rursus vel confusa vel *distincta* [...]", in: Gottfried Wilhelm Leibniz, *Philosophische Schriften*, a.a.O., Bd. 4, S. 422. (Übersetzung: Die Erkenntnis ist entweder dunkel oder klar, und wiederum die klare Erkenntnis ist entweder verworren, undeutlich oder deutlich.) Ferner unterscheidet sich die deutliche Erkenntnis in eine unausführliche (cognitio inadaequata) und in eine ausführliche (cognitio adaequata). Die cognitio adaequata wiederum spaltet sich auf in die symbolische, d.h. begriffliche Erkenntnis (cognitio symbolica) und in die cognitio intuitiva, die anschauende Erkenntnis. (Vgl. hierzu auch Jochen Schulte-Sasse, Stellenwert, a.a.O., S. 170f.) Kann der wahrgenommene Gegenstand von anderen unterschieden werden, ist die Erkenntnis klar. Werden zusätzlich einzelne Merkmale erkannt, so ist die Vorstellung k l a r und d e u t l i c h („clare et distincte") und damit rational. Somit gehören die cognitio symbolica und die cognitio intuitiva zur rationalen Erkenntnis, und zur rein sinnlichen werden die dunkle und die verworrene, undeutliche Erkenntnis gezählt.

[173] Vgl. Kap. III, S. 225f.

[174] Dieser strikte ästhetische Subjektivismus wurde zum erstenmal von Dubos in seinen *Réflexions Critiques sur la Poésie et sur la Peinture* (1719) entfaltet. Dt. Übersetzung: *Kritische Betrachtungen über die Poesie und Mahlerey*, 1.–3. Theil, Kopenhagen 1760/61. Vgl. Kurt Wölfel, Moralische Anstalt, a.a.O., S. 70f.

[175] Vgl. Lessings Brief an Mendelssohn, 28. Nov. 1756, in: Briefwechsel, a.a.O., S. 66; vgl. Lessings Brief an Mendelssohn, 18. Dec. 1756, ebd., S. 79f. Nicolai stellt sich mit seiner Position in die Tradition Dubos' und vertritt sie in seiner *Abhandlung vom Trauerspiele* und im *Briefwechsel über das Trauerspiel*.
Zur Position Lessings vgl. auch Kurt Wölfel, Moralische Anstalt, a.a.O., S. 115–119, bes. 117; vgl. auch Hans-Jürgen Schings, Der mitleidigste Mensch, a.a.O., S. 40. Vgl. dagegen Kap. III, Gliederungspunkt 3.2.2.3.

[176] Vgl. Roland Purkl, Gestik, a.a.O., S. 110; vgl. auch Kap. II, Anm. 8, Anm. 126 und Anm. 144.

[177] Christian Thomasius, De Praejudiciis oder Von den Vorurteilen, die uns an der Erkenntnis der Wahrheit hindern (1725), in: *Deutsche Aufklärung in Entwicklungsreihen. Reihe Aufklärung*, hrsg. von Fritz Brüggemann, Bd. 1 Leipzig ²1938.Reprograph. Nachdr., Darmstadt 1966, S. 30–60, hier S. 51. Vgl. hierzu Peter Pütz, Die deutsche Aufklärung, a.a.O., S. 35–37.

[178] Die Aufhebung der ständischen Unterschiede, die Propagierung einer *ständeübergreifenden Moral*, belegt deutlich die soziale und politische Stoßrichtung des empfindsamen Trauerspiels, das zu Recht den Untertitel „Ein bürgerliches Trauerspiel" trägt. Die Empfindsamen haben sich bisher nicht nur erfolgreich gegen das Laster gewehrt, dessen Amoralität dem Stand des Adels zugeordnet wird – vgl. Mellefonts und Marwoods Lebensgeschichte (I/3 und IV/8); vgl. auch Kap. II, Anm. 13 –, so daß auch das anti-ständische Element dargestellt wird, und das in auffallender Weise mit pejorativen Begriffen aus dem Bereich der Politik, wie z.B. Tyrann, Sklave der Begierden etc., sprachlich erfaßt wird, sondern auch ihren sozialen Anspruch erklärt und durchgesetzt. Intentional wird die Intimsphäre des bürgerlich denkenden, empfindenden und handelnden Menschen nicht zum Fluchtraum, sondern zum Ausgangspunkt für den dialektischen Prozeß zwischen Moral und Politik im 18. Jahrhundert. Vgl. Reinhart Koselleck, Kritik und Krise, a.a.O.; vgl. Peter Szondi, Die Theorie, a.a.O., und vgl. dagegen Lothar Pikulik, Bürgerliches Trauerspiel, a.a.O.

[179] Vgl. Kap. II, Anm. 175; vgl. Kap. III, Gliederungspunkt 3.2.2.3.

[180] Vgl. auch die Hindergrundinformationen von Karl S. Guthke, Das bürgerliche Drama, a.a.O., S. 80.

[181] Vgl. Jochen Schulte-Sasse, Stellenwert des Briefwechsels, a.a.O., S. 230.

[182] In Gellerts *Zärtlichen Schwestern* bestimmt das Schema der sächsischen Typenkomödie den Beginn des rührenden Lustspiels. Julchen, die Schwester Lottchens, der Protagonistin, hat den ‚wunderlichen Gedanken', nicht heiraten zu wollen, um ihre Freiheit nicht zu verlieren (vgl. I/1). Lottchen zettelt zusammen mit Julchens Freier, Damis, eine Intrige an, die ebenfalls, taktisch gesehen, zur Typenkomödie gehört. Sehr bald jedoch wird die Intrige, die zunächst

Haupthandlung ist, zur Nebenhandlung, da die Erbschaftsangelegenheit in das Zentrum des rührenden Lustspiels rückt, die zum Scheidepunkt der Tugendhaften und Lasterhaften wird. Und am Schluß wird Lottchen es nicht versäumen, „Bedauern", d.h. Mitleid für sich zu fordern. Vgl. Karl Eibl, G.E.L. Miß Sara Sampson, a.a.O., S. 115–117; vgl. Jürgen Jacobs, Das klassizistische Drama der Frühaufklärung, in: Walter Hinck (Hrsg.), Handbuch, a.a.O., S. 61–75, zu Gellert, S. 72f. Zur Dramaturgie im Drama bei Gellert vgl. Anthony Joseph Niesz, Dramaturgy in German Drama, a.a.O., S. 96–103.
Auch bei einer ersten Schematisierung der Lessingschen Jugendkomödien wird die Abkehr von der Typenkomödie evident. Im Unterschied zur Typenkomödie, die ex negatione das Laster und die Tugend nur marginal darstellt, nimmt das rührende Lustspiel eine Umgewichtung, wenn nicht gar ‚Umkehrung' vor: Die Tugend bildet den Mittelpunkt der Präsentation. Die Darstellung der Tugend in der Komödie leitet über zur Entwicklungsstufe des bürgerlichen Trauerspiels. Gehören *Der junge Gelehrte* (1747) und *Der Misogyn* (1748) noch in die Rubrik ‚Lastertyp-Komödie', so zielen *Der Freygeist* (1749) und *Die Juden* (1749) auf die Enthüllung der Tugend. Und in den *Juden* setzt sich Lessing mit den literarischen Formen des ‚théâtre italien', der sächsischen Typenkomödie und dem rührenden Lustspiel poetisch auseinander. Vgl. Wolfgang Trautwein, Zwischen Typenlustspiel und ernster Komödie. Zur produktiven Verletzung von Gattungsmustern in Lessings „Die Juden", in: *Jahrbuch der deutschen Schillergesellschaft* 24, 1980, S. 1–14. Das Erbe der ‚commedia dell'arte' hat Klaus-Detlef Müller in dem Trauerspiel *Emilia Galotti* nachgewiesen: vgl. ders., Das Erbe der Komödie, a.a.O.
Zur These, *Der Freygeist* sei ein ‚Anti-Tartuffe', vgl. Walter Hinck, *Das deutsche Lustspiel des 17. und 18. Jahrhunderts und die italienische Komödie. Commedia dell'arte und théâtre italien*, Stuttgart 1965, S. 279.
Weiter erhärten läßt sich die These, das Stück hätte nach dem dritten Aufzug als rührendes Lustspiel enden können und es gestalte so poetisch seine eigenen dramengeschichtlichen Entstehungsbedingungen, durch die dreiaktige Segmentierung der Darstellung. Gegenüber Gottscheds Forderung nach der Fünfaktigkeit des Dramas wählen z. B. J.Chr. Krüger für die *Geistlichen auf dem Lande* (1743) und den *Blinden Ehemann* (1741), Heinrich Borkenstein für den *Bookesbeutel* (1741) und Christian Fürchtegott Gellert für *Die Betschwestern* (1745) und für die *Zärtlichen Schwestern* (1747) den von Gottsched als italienisch diskreditierten Dreiakter (vgl. ebd., S. 197). Auffallend neben dieser Parallelität zum rührenden Lustspiel ist der Sachverhalt, daß die comédie larmoyante den Antipoden zur moralischen Indifferenz der commedia dell'arte bildet, indem jene eine auf Mitleid zielende, tugendhafte Komödie darstellt. Vgl. zur Relativierung der Parallelität in der Dreiaktigkeit: Hans Friederici, *Das deutsche bürgerliche Lustspiel der Frühaufklärung (1736–1750), unter besonderer Berücksichtigung seiner Anschauungen von der Gesellschaft*, Halle (Saale) 1957, S. 177ff.

[183] Vgl. Horst Steinmetz, Die Komödie, a.a.O., S. 33–39.

[184] Ähnliches hat Wolfgang Trautwein (Zwischen Typenlustspiel und ernster Komödie, a.a.O., S. 4) in seiner bestechenden und aufschlußreichen Analyse der *Juden* nachgewiesen. Die These, daß Lessing produktiv die Gattungsmuster der Typen-, der Rührkomödie und des théâtre italien verletzte und daß *Die Juden* zwischen dem paradigmatisch organisierten Typenlustspiel und der syntagmatisch strukturierten ernsten Komödie mit reduzierter Paradigmatik stehe, erhärtet Trautwein an der religiösen Zugehörigkeit des Reisenden, der Jude ist, was zugleich die ideologischen Implikationen der traditionellen Komödienmuster in Frage stellt (vgl. ebd., S. 12f.). Betrachtet man auf diesem Hintergrund die Äußerung des Barons – „Ein Jude? grausamer Zufall!" –, so verweist diese Form der impliziten poetologischen Selbstreflexion nicht auf die Zufälligkeit der Äußerung und der gesamten Handlungsentwicklung, sondern geradezu auf deren Notwendigkeit. G.E. Lessing, Die Juden, in: Lessing, Werke, a.a.O., Bd. 1, S. 375–414, hier S. 413.
Lessing mußte sich gegen den Vorwurf der Unwahrscheinlichkeit und Zufälligkeit eines ‚rechtschaffenden und edlen Juden' in seinem Lustspiel wehren. Vgl. ders., Über das Lustspiel „Die Juden" (1754), S. 415–422; vgl. Anonym [Johann David Michaelis], Rezension über „Die Juden", in: *Göttingische Anzeigen von Gelehrten Sachen*, 1754, 70. Stück, S. 620–622 (Neudruck in: Horst

Steinmetz (Hrsg.), *Lessing – ein unpoetischer Dichter. Dokumente aus drei Jahrhunderten zur Wirkungsgeschichte Lessings in Deutschland,* Frankfurt/M./Bonn 1969, S. 49–50). Der Göttinger Orientalist Michaelis hat gegen Lessing den Vorwurf der Unwahrscheinlichkeit erhoben. Vgl. auch Wolfgang Trautwein, Zwischen Typenlustspiel und ernster Komödie, a.a.O., S. 9.
Belegt einerseits die Äußerung des Barons, wie bewußt Lessing mögliche Kritik am Lustspiel im Lustspiel bereits antizipiert, so ist die um die Frage der Wahrscheinlichkeit geführte Diskussion ein gutes Beispiel, wie die implizite poetologische Selbstreflexion im Lustspiel *Die Juden* im außerliterarischen Bereich explizit wird. Lessing selbst gibt einen weiteren Hinweis, wie bewußt er die Gattungsmuster verletzt, wenn er den Diener des Reisenden über die Reisebibliothek seines Herrn Auskunft geben läßt: „Sie besteht aus Lustspielen, die zum Weinen, und aus Trauerspielen, die zum Lachen bewegen; aus zärtlichen Heldengedichten; aus tiefsinnigen Trinkliedern, und was dergleichen neue Siebensachen mehr sind" (10. Auftritt, S. 394). Vordergründig greift Lessing einen Einfall des französischen Lustspieldichters Regnard *(La Critique du Légataire,* sc. IV) auf, da die Attribute jeweils das Gegenteil der traditionell gattungsmäßigen Eigenschaften bezeichnen (vgl. Bodo Lecke, Erläuterungen zu den „Juden", in: Kurt Wölfel (Hrsg.), Lessings Werke, a.a.O., Bd. 1, S. 644). Weiter jedoch führt eine Interpretation dieser Stelle als ein zusätzliches Beispiel der poetologischen Selbstreflexion im Drama, da einerseits das Lustspiel *Die Juden* sich nicht den normativen Gattungsbestimmungen des Klassizismus beugt und andererseits nicht unter das Verdikt fällt, es sei eine widersinnige Dichtung. Wie nah übrigens das Lachen und Weinen beieinanderliegen, so daß sie keine genrespezifischen Merkmale darstellen, hat Lessing in seinem Brief an Nicolai angedeutet: „Ich bin jetzt von diesen meinen Grillen so eingenommen, daß ich, wenn ich eine dramatische Dichtkunst schreiben sollte, weitläufige Abhandlungen vom Mitleid und Lachen voranschicken würde. Ich würde beydes sogar mit einander vergleichen, ich würde zeigen, daß das Weinen eben so aus einer Vermischung der Traurigkeit und Freude, als das Lachen aus einer Vermischung der Lust und Unlust entstehe: ich würde weisen, wie man das Lachen und Weinen verwandeln kann, wo man auf der einen Seite Lust zur Freude, und auf der andern Unlust zur Traurigkeit, in beständiger Vermischung anwachsen läßt [...]" Lessings Brief an Nicolai, im Nov. 1756, in: Briefwechsel, a.a.O., S. 55f.; vgl. G.E. Lessing, Laokoon, a.a.O., S. 149; vgl. Moses Mendelssohn, Rhapsodie (1761), a.a.O., S. 402f.; vgl. Jürgen Ricklefs, Lessings Theorie vom Lachen und Weinen, in: Fritz Braun und Kurt Stegmann von Pritzwald (Hrsg.), *Dankesgabe für Albert Leitzmann,* Jena 1927, S. 7–66.

[185] Vgl. Christian Fürchtegott Gellert, Pro comoedia commovente, a.a.O., S. 39: „die Komödie sei ein dramatisches Gedicht, welches Abschilderungen von dem gemeinen Privatleben enthalte, die Tugend anpreise, und verschiedene Laster und Ungereimtheiten der Menschen, auf eine scherzhafte und feine Art durchziehe." Vgl. auch Wolfgang Trautwein, Zwischen Typenlustspiel und ernster Komödie, a.a.O., S. 6.

[186] Vgl. zur Unterscheidung zwischen der paradigmatischen und syntagmatischen Organisationsform: Rainer Warning, Elemente einer Pragmasemiotik der Komödie, in: Wolfgang Preisendanz und Rainer Warning (Hrsg.), *Das Komische,* München 1976, S. 279–333; zur These von einer dominant paradigmatischen Ausrichtung der Komödie im Gegensatz zur dominant syntagmatischen der Tragödie vgl. bes. S. 289f., 296 und S. 314. Trautwein erweitert den Warningschen Ansatz, um den Textkorpus des rührenden Lustspiels erfassen zu können, und verallgemeinert den paradigmatischen Komödientypus zu einem strukturellen Grundtypus, der nicht durch die komische Wirkung eingeschränkt wird. Vgl. Wolfgang Trautwein, Zwischen Typenlustspiel und ernster Komödie, a.a.O., S. 6, Anm. 14.

[187] Vgl. Lessings Brief an Nicolai, im Nov. 1756, in: Briefwechsel, a.a.O., S. 55: „[...] das Mitleiden nützt sich ab, wenn es sich nicht in der Bewunderung erholen kann." Vgl. auch Lessings Brief an Mendelssohn, 18. Dec. 1756, ebd., S. 77f.

[188] Lessings Brief an Nicolai, im Nov. 1756, ebd., S. 54 und S. 56.

[189] Diese Begründung der Monologszene steht im Widerspruch zu der in III/6 von Sara geäußerten Absicht, zusammen mit Mellefont den Brief an den Vater zu verfassen.

[190] Vgl. Fritz Brüggemann, Lessings Bürgerdramen, a.a.O., S. 74f.; vgl. auch die These Hans

M. Wolffs, daß Mellefont „wohl sittlich, aber keinesfalls bürgerlich" sei; ders., Mellefont, a.a.O., S. 375.
Relativierend zur Subjektivismusthese vgl.:
Karl Eibl, G.E.L. Miß Sara Sampson, a.a.O., S. 154f.
Brigitte Kahl-Pantis, Bauformen, a.a.O., S. 58.
Peter Weber, Das Menschenbild, a.a.O., S. 22–24.
Bes. die Kritik Gerhard Frickes an der Subjektivismusthese: ders., Bemerkungen zu Lessings „Freigeist" und „Miß Sara Sampson", in: Hugo Moser, Rudolf Schützeichel und Karl Stackmann (Hrsg.), *Festschrift für Josef Quint anläßlich seines 65. Geburtstages*, Bonn 1964, S. 104–107.

[191] Dietrich Sommer, Die gesellschaftliche Problematik in Lessings bürgerlichem Trauerspiel „Miß Sara Sampson", in: *Wissenschaftliche Zeitschrift der Martin-Luther-Universität Halle-Wittenberg. Gesellschafts- und sprachwissenschaftliche Reihe* 10, 1961, H. 4, S. 962; Zur Kritik an Sommer vgl. Karl Eibl, G.E.L. Miß Sara Sampson, a.a.O., S. 167, Anm. 63; vgl. Peter Weber, Das Menschenbild, a.a.O., S. 28f.

[192] Vgl. Robert R. Heitner, *German Tragedy in the Age of Enlightenment. A Study in the Development of Original Tragedies, 1724–1768*, Berkely/Los Angeles 1963, S. 176ff.
Das Motiv der Ehescheu ist keineswegs singulär in der Literatur um 1750: vgl. Karl Eibl, G.E.L. Miß Sara Sampson, a.a.O., S. 129.

[193] Peter Weber (Das Menschenbild, a.a.O., S. 54) vertritt dagegen die These, daß „das Räsonieren über seine Ehefeindlichkeit in den Szenen IV/2 und IV/3, das nur den Diener zum Zeugen hat, [...] für den realen Handlungsgang keine Rolle mehr" spielt. „Eine dramaturgische Funktion haben diese nur insofern, als sie in Verbindung mit Saras fortdauernden trüben Ahnungen die stimmungsmäßige Vorbereitung der kommenden Katastrophe darstellen, die also nur in diesem Moment mit dem – wenn nicht endgültig positiv gelösten, so doch nunmehr latent bleibenden – Konflikt Saras und Mellefonts verbunden, nicht dessen zwingende Konsequenz ist."

[194] Vgl. Peter Pütz, Die Zeit im Drama, a.a.O., S. 220f.: „Der Untreue eignet sich deshalb so sehr für den spannenden Handlungsgang, weil die Unbeständigkeit sein Wesen ist. Er ist ein Charakter, der zugleich der dauernden Veränderung bedarf und der dadurch Beziehungen knüpft, löst, wieder neue sucht usw. [...] In formaler Hinsicht lebt die Spannung aller Charakterstücke von der Frage: Wiederholt der Tugend- oder Lasterhafte seine üblichen Reden und Taten, oder kann er geheilt bzw. verführt werden?"

[195] Moses Mendelssohn, Beykommende Blätter (Von der Herrschaft der Neigungen), a.a.O., S. 94.

[196] Peter Weber, Das Menschenbild, a.a.O., S. 55; vgl. bes. Lessings „Dreizehnten Brief" aus dem zweiten Teil seiner Schriften (1753) – vgl. Kap. II, Anm. 53.

[197] Vgl. dagegen Peter Weber, Das Menschenbild, a.a.O., S. 55: „Der vierte und fünfte Aufzug zeigen Entstehung und Verlauf der Katastrophe, die aus einer Kollision Saras mit der Marwood entsteht. Für diesen Handlungsverlauf sind die Auftritte IV/2 und IV/3 ohne Bedeutung [...]" Vgl. Kap. II, Anm. 193.

[198] Vgl. G.E. Lessings Merope-Kritik, in: Hamburgische Dramaturgie, a.a.O., 48. und 49. Stück.

[199] „M a r w o o d und S a r a intereßiren uns gleich stark; beyde haben ein gleiches Recht an dem M e l l e f o n t; und, zum Unglück, die erste noch ein größeres, als die letzte. Warum? – Warum? sie war die erste Geliebte: und was noch mehr, sie war von ihm e i n e M u t t e r! Unstreitig größere Rechte, als S a r a hatte! Wer dieses bedenket, der muß sich der M a r w o o d gegen den M e l l e f o n t wahrhaftig annehmen; und doch soll S a r a uns allein intereßiren! Ein ansehnlicher Fehler, der der Wirkung des Trauerspiels dadurch, daß er die S a r a uns gleichgültiger macht, sehr schwächen und theilen muß! Wenn der Dichter intereßiren wollte, so durfte M a r w o o d so nicht auftreten, und was noch mehr, keine Tochter von dem M e l l e f o n t haben. Ueberdem wird dem Leser von der M a r w o o d viel zu wenig häßliches, viel zu wenige Kunstgriffe erzählet; und sie selbst erzählet viel zu viel von sich, was ihr sehr vorteilhaft seyn muß, da sie schon als Mutter bekannt ist, und da der Leser das Gegentheil nicht von ihr weis.

Lesen sie alle Scenen, worinn M a r w o o d mit dem M e l l e f o n t und der S a r a vorkommt; so werden sie die einzige, wo sie mit ihrem Mädchen redet, leicht vergessen, und mir Recht geben." J.J. Dusch (Hrsg.), Vermischte kritische und styrische Schriften, a.a.O., S. 58–59.
Vgl. Otto Mann, Lessing. Sein und Leistung, Hamburg (1948) ³1961, S. 23 u. S. 240f.
Vgl. Gerhard Fricke, Bemerkungen, a.a.O., S. 101: „Und diese ihr von Lessing etwas allzu routiniert und geflissentlich aufgesetzten Masken stehen in keinem rechten Verhältnis zu dem, was wir *glaubhaft* über ihre *tatsächliche* Vergangenheit erfahren. Hier scheinen die Tatsachen mindestens so gegen Mellefont wie gegen sie zu sprechen, und der Dichter muß sich eine fast übertriebene Mühe geben, sie wenigstens als die w o l l ü s t i g e, e i g e n n ü t z i g e, s c h ä n d l i c h e B u h l e r i n *a u f t r e t e n* zu lassen, die sie ihrer Natur und Geschichte nach *offenbar* gar nicht ist." (Kursivhervorhebungen v. M.S.)
Vgl. Manfred Durzak, Äußere und innere Handlung in ‚Miß Sara Sampson', a.a.O., S. 53f.: „Es handelt sich hier offensichtlich um eine Darstellung der Marwood [als Kokotte], die ganz aus der Perspektive Mellefonts gezeigt wird und deshalb keineswegs als objektive Sicht der Marwood akzeptiert werden kann. [...] Die Korrektur dieser Sicht wird im achten Auftritt des vierten Aktes durchgeführt." Vgl. auch S. 57f. und S. 59: „Nicht eine lasterhafte Veranlagung hat die Marwood zu der Frau werden lassen, sondern eine unglückliche Verwicklung von Ereignissen, die Mellefont für sich ausnutzte, hat die einstmals angesehene junge verwitwete Frau zu der alternden, verstoßenen Kokotte werden lassen, die mit allen Mitteln und nicht zuletzt aus einer naturhaft empfundenen echten Liebe heraus um ihren Liebhaber kämpft."
Diese Interpretationen ignorieren nicht nur die Szenenfolge II/1–8 sowie die Auftritte IV/4 und IV/5, sondern auch die Grundstruktur der Fabel des Trauerspiels, besonders die Reflexionen der Fabelvarianten und die Funktionen der Intrige Marwoods. Zugleich belegen die zitierten Positionen der Sekundärliteratur, wie wirkungsmächtig der Affekt des Mitleids in der Binnenerzählung der fingierten Lebensgeschichte Marwoods noch in der jüngsten Vergangenheit war.
Vgl. Rolf-Peter Janz, „Sie ist die Schande ihres Geschlechts." Die Figur der femme fatale bei Lessing, in: *Jahrbuch der deutschen Schillergesellschaft* 23, 1979, S. 207–221.
Die eindrucksvolle Interpretation der Figur Marwoods als femme fatale, in der positive und negative Züge miteinander verschränkt sind, die den aufklärerischen Widerspruch zwischen „der Warnung vor der ‚Wollust' " und der „Rehabilitierung derselben sinnlichen Natur" (S. 221) offen zur Darstellung bringt, läßt sich zwar nicht widerlegen, ist aber trotzdem falsch, da sie das Interesse des Trauerspiels um die Mitte des 18. Jahrhunderts, die Konzipierung einer Poetik des Mitleids ignoriert bzw. zu oberflächlich zur Kenntnis nimmt. Kontextbezogen ist Marwood wie Sara Funktionsträgerin der Handlung. Sie verdient nicht wie Sara Mitleid (vgl. S. 215), sondern ihr Verhalten, ihre mythische Identifikation mit Medea, ihre Rach- und Eifersucht werden nur motiviert, was jedoch kontextbezogen nicht zur Rehabilitierung der sinnlichen Liebe führt bzw. führen konnte, da beide Motive, die Sinnenliebe,und die Moral, zwar für den modernen Interpreten eine Einheit bilden, im 18. Jahrhundert jedoch zwei entgegengesetzten Bereichen angehörten (vgl. Klaus Peter, Stadien der Aufklärung, a.a.O., S. 26f.). Janz deutet selbst vage dieses Problem des ahistorischen Interpretationsansatzes an, wenn er schreibt: „Das Bild, das das Stück von der unwiderstehlichen und bedrohlichen femme fatale entwirft, zeigt, vielleicht abweichend von Lessings Intention, wie verletzlich und mehr noch: fragwürdig das vermeintlich hochgeschätzte Tugendideal ist" (S. 215).
Vgl. Albert M. Reh, Die Rettung der Menschlichkeit, a.a.O., S. 161–169, bes. S. 162–164.

[200] Zur Unterscheidung von Möglichkeit und Wirklichkeit bei Lessing vgl. ders., Abhandlungen über die Fabeln, a.a.O., S. 355f., S. 379f., S. 382f.; vgl. ders., Briefe, die neueste Literatur betreffend, a.a.O., S. 228 (70. Literaturbrief); vgl. Otto Haßelbeck, Illusion, a.a.O., S. 107–112.

[201] G.E. Lessing, Abhandlungen über die Fabeln, a.a.O., S. 382; vgl. auch Mendelssohn, Beykommende Blätter (3. Abschnitt: Von der anschaulichen Erkenntnis), a.a.O., S. 97f.; vgl. Kap. II, Anm. 172.

[202] Vgl. auch G.E. Lessing, Abhandlungen über die Fabeln, a.a.O., S. 376. Zur genaueren Abgrenzung des Verhältnisses von Kunst und Moral, vgl. Kap. III, Gliederungspunkt 2.: Zur Moralität der Poetik des Mitleids.

[203] G.E. Lessing, Abhandlungen über die Fabeln, a.a.O., S. 383.

[204] Peter Weber sieht hierin unter Berufung auf Hermann Hettner und im Gegensatz zu Schillers *Kabale und Liebe* einen Mangel in der Gestaltung. Vgl. ders., Menschenbild, a.a.O., S. 53–55.

[205] Vgl. die eindrucksvollen, überzeugenden, die Webersche Position kritisierenden Ausführungen von Brigitte Kahl-Pantis zum Thema der hamartia bei Lessing: dies., Bauformen, a.a.O., S. 137–154.

[206] Vgl. ebd., S. 151; vgl. Peter Weber, Das Menschenbild, a.a.O., S. 54; vgl. Jürgen Schröder, G.E. Lessing, a.a.O., S. 176; vgl. Lessings ‚Kaufmann-Beispiel' im Brief an Mendelssohn, 18. Dec. 1756, in: Briefwechsel, a.a.O., S. 83; vgl. dazu auch Kap. II, S. 63f.

[207] Vgl. G.E. Lessing, Hamburgische Dramaturgie, a.a.O., 1. Stück, S. 235.

[208] Ebd., 75. Stück, S. 581.

[209] Vgl. ders., Abhandlungen über die Fabeln, a.a.O., S. 379; vgl. auch Jürgen Schröder, G.E. Lessing, a.a.O., S. 173f.

[210] G.E. Lessing, Abhandlungen über die Fabeln, a.a.O., S. 366.

[211] Mit dieser Unterscheidung aktualisiert Sara unbewußt und indirekt erneut die Fabelvariante des „Abscheus", wie sie von Mellefont selbst in II/3 (vgl. Kap. II, S. 101 und Anm. 123 und IV/2 dargelegt worden ist. Nimmt Marwood in der Formulierung „zur Natur gewordenen Abscheu gegen ein förmliches Joch" die Äußerung Mellefonts aus II/3 (S. 29) direkt auf, so spielt die Verteidigung Saras, er sei ein Mensch, aber kein „Ungeheuer" wörtlich auf Mellefonts Monologszene an. Marwoods „blendender Roman" entbehrt also nicht jeglicher Wahrscheinlichkeit. Da diese Variante durchaus möglich gewesen wäre, sind weder Marwoods poetische Einbildungskraft noch Saras emotionale Reaktionen unmotiviert, unbegründet.

[212] Vgl. Jürgen Schröder, G.E. Lessing a.a.O. S. 174f.

[213] Die Umkehrungen lassen sich bis in das Detail verfolgen, so z. B. die Behauptungen, Marwood habe Mellefont einen Abschiedsbrief geschreiben, sie habe Mellefont verlassen, er habe sie gesucht, sie sei von ihm verführt worden, ihr sei sein Vermögen und seine Erbschaft gleichgültig gewesen. Diese strategischen Fälschungen sind nicht für Sara, sondern nur in der übergeordneten Informationsperspektive des Zuschauers erkennbar. Die Erzählung exponiert indirekt abermals die Vorgeschichte und die dargestellte Geschichte.

[214] Zur Traumanalyse vgl. Kap. II, S. 82–87.

[215] Vgl. zur Gegenposition: Gerhard Fricke, Bemerkungen, a.a.O., S. 101–104, bes. S. 103f.

[216] Vgl. Jürgen Schröder, G.E. Lessing, a.a.O., S. 178.

[217] Vgl. Lessings ‚Merope-Kritik', in: ders., Hamburgische Dramaturgie, a.a.O., 47. Stück; vgl. Brigitte Kahl-Pantis, Bauformen, a.a.O., S. 150f.

[218] Manfred Pfister, Das Drama, a.a.O., S. 298.

[219] Vgl. Lessings Brief an Mendelssohn, 18. Dec. 1756, in: Briefwechsel, a.a.O., S. 77.

[220] Vgl. Brigitte Kahl-Pantis, Bauformen, a.a.O., S. 158f.

[221] Vgl. J.J. Dusch (Hrsg.), Vermischte kritische und satyrische Schriften, a.a.O., S. 59–60.

[222] Vgl. I/1 und III/1.

[223] Vgl. Orsinas Reflexion über den Zufall: „Zufall? [. . .] Ein Zufall? – [. . .] das Wort Zufall ist Gotteslästerung. Nichts unter der Sonne ist Zufall; – am wenigsten das, wovon die Absicht so klar in die Augen leuchtet." G.E. Lessing, Emilia Galotti, a.a.O. (IV/3, S. 181); vgl. Brigitte Kahl-Pantis, Bauformen, a.a.O., S. 159; vgl. auch Mellefonts anklagende Frage, warum der Vater nicht eher gekommen sei: „Sie kommen zu spät, ihre Tochter zu retten!" (V/10, S. 87).

[224] Anhand einer Ausgestaltung dieser Variante des Geschehens im zweiten Aufzug auf dem Hintergrund der letzten Version des ‚Bettler-Beispiels' (vgl. Kap. II, S. 65ff.) ließe sich nachweisen, daß die Bewunderung, die Sara erregt, den Schrecken über den Tod des Geliebten voraussetzt, daß der Schmerz über den Verlust Mellefonts die Tränen, aber nicht das Mitleid selbst erstickt. Diese Version stellt eine strukturelle Variante des vierten Falls des ‚Bettler-Beispiels' dar.

[225] Vgl. auch Fred O. Nolte, Lessing's Emilia Galotti in the Light of his Hamburgische Dramaturgie, in: *Harvard Studies and Notes in Philology and Literature* XIX, 1938, S. 178, Anm. 9; Vgl.

Lothar Pikulik, Bürgerliches Trauerspiel, a.a.O., S. 166; vgl. Helmut Peitsch, Private Humanität, a.a.O., S. 191f.; vgl. F. Andrew Brown, Seneca and „Sara", a.a.O., S. 147 und Anm. 15; vgl. Roland Purkl, Gestik, a.a.O., S. 107.

[226] Lessings Brief an Mendelssohn, 18. Dec. 1756, in: Briefwechsel, a.a.O., S. 77.

[227] Vgl. auch Mendelssohns Definition des Lasters, das nichts anderes bedeute, „als die Tyranney der Leidenschaften über die Vernunft". Ders., Briefe über die Empfindungen, a.a.O., S. 93.

[228] J.J. Dusch (Hrsg.), Vermischte kritische und satyrische Schriften, a.a.O., S. 97.

[229] Der Brief, eine indirekte Form der Mitteilung, dient an dieser Stelle als Mittel der dramatischen Verzögerung; denn es liegt im Ermessen Mellefonts, wann und wo er über den Inhalt des Briefes die übrigen dramatischen Figuren und das Publikum informiert. Vgl. zum dramatischen Mittel des Briefes Kap. II, S. 109f. und Anm. 130. Werden in I/7 und in III/3 die Inhalte der Briefe dem Publikum in kommentierter Form mitgeteilt und so in den dramatischen Dialog integriert, so steigert die abweichende Verwendung des Mittels in V/5 und V/10 in bezeichnender Weise die Spannung.

[230] Das Laster zeichnet sich durch die „Gabe der Verstellung" (I/5, S. 14; vgl. III/1 und III/5 sowie II/1-2 und IV/5) und durch die Herrschaft der Leidenschaften aus (vgl. I/7, S. 20; II/4, S. 31; IV/9, S. 76; V/5, S. 82).

[231] Zur Verwendung und Funktion der Gedankenstriche in Lessings bürgerlichem Trauerspiel *Miß Sara Sampson* vgl. Roland Purkl, Gestik, a.a.O., S. 111-118.

[232] Lessings Brief an Mendelssohn, 28. Nov. 1756, in: Briefwechsel, a.a.O., S. 64.

[233] Ebd., S. 65.

[234] Ebd., S. 64.

[235] Ebd.

[236] Vgl. Winfried Woesler, Lessings M i s s S a r a S a m p s o n, a.a.O., S. 82.

[237] Vgl. Kap. II, Anm. 227 und 230.

[238] Vgl. bes. V/4, S. 79, Z. 25-27 (siehe Kap. II, S. 166); vgl. V/5, S. 82, Z. 17-20 (siehe Kap. II, S. 169).

[239] Christian Thomasius, Kurtzer Entwurff der Politischen Klugheit, a.a.O., nach S. 104 (siehe nebenstehende Abbildung).

Vgl. auch ders., *Von Der Artzeney Wider die unvernünftige Liebe und der zuvorher nöthigen Erkäntniß Sein Selbst. Oder: Ausübung Der Sitten=Lehre*, Halle 1696, S. 170-173, S. 363.

[240] Vgl. Paul Mog, Ratio und Gefühlskultur, a.a.O., S. 40.

[241] Vgl. zum Statuskonsum der höfischen Gesellschaft (statusconsumption ethos) im Gegensatz zum Ethos des Sparens der bürgerlichen Gesellschaft (saving-for-future-profit ethos): Norbert Elias, Die höfische Gesellschaft, a.a.O., S. 98ff., 103f., 112, 416-428.

[242] Vgl. zu den Phasen der bürgerlichen Emanzipation, ders., Über den Prozeß der Zivilisation, Bd. II, a.a.O., S. 424ff.

[243] Vgl. ders., Die höfische Gesellschaft, a.a.O., S. 84, 114f., 173-177; vgl. Jürgen Habermas, Strukturwandel der Öffentlichkeit, a.a.O., S. 17-28; vgl. Paul Mog, Ratio und Gefühlskultur, a.a.O., S. 31-35.

[244] Vgl. Gerhart von Graevenitz, Innerlichkeit und Öffentlichkeit, a.a.O., S. 46*ff., 50*f., 52*, 72*f., 76*-80*. Zum politischen Charakter des bürgerlichen Trauerspiels vgl. Kap. III, Gliederungspunkt 3.2.2.3.

[245] Vgl. Brigitte Kahl-Pantis, Bauformen, a.a.O., S. 153f.; vgl. dies., Zum Begriff der Schuld bei Lessing, a.a.O., S. 416-418.

[246] Vgl. Kap. II, S. 121f.

[247] Lessings Brief an Nicolai, im Nov. 1756, in: Briefwechsel, a.a.O., S. 55; vgl. Kap. II, S. 62f.

[248] Vgl. Brigitte Kahl-Pantis, Bauformen, a.a.O., S. 19; vgl. Walter Müller-Seidel, Nachwort, a.a.O., S. 493-499, bes. S. 494f.; vgl. Irmgard Ackermann, *Vergebung und Gnade im klassischen deutschen Drama*, München 1968, S. 23-51.

[249] Vgl. z.B. Christian Fürchtegott Gellert, *Die zärtlichen Schwestern*, a.a.O. Lottchen wird als

Spiegel
Der Erkäntniß seiner selbst und anderer Menschen.

Vergleichung der Laster und der Tugend nach	Die drey Haupt-Laster, oder herrschenden Begierden.			Die drey Haupt-Tugenden oder beherrschten Begierden.
	Wolluſt. oder unmäßige Begierde zu Luſtbarkeiten.	Ehrgeitz, oder unmäßige Begierde nach Ruhm und Ehren.	Geld-Geitz, oder unmäßige Begierde nach Reichthum.	Mäßigkeit, Beſcheidenheit, Vergnüglichkeit.
der Wolluſt	Schwelgerey (nemlich Freßgierigkeit und Liebe zum Truncke,) Geilheit, (Wollüſterey.)	Faſten, Enthaltung von Frauenzimmer Unempfindligkeit.	Hunger, Durſt, Haß des Frauenzimmers, Viehiſche Begierden.	Nüchternheit, gut Haußhalten, Keuſchheit.
Kennzeichen	wollüſtige Pracht	Genauigkeit.	Filtzigkeit.	Sparſamkeit.
deren Tochter	Faulheit, Müßiggang.	Unruhe.	Eſels Arbeit	Munterkeit, Geſchickligkeit.
des Ehrgeitzes.	Knechtiſche Auffuhrung, Unterthänigkeit.	Hoffarth, Hochmuth, Verachtung.	Auffgeblaſenheit, Ruhmräthigkeit, Telleriecerey.	Gleichmüthigkeit, Freundlichkeit.
Kennzeichen	Ungedult, Furchtſamkeit.	Gewaltthätigkeit, Kühnheit.	Hinterliſt, Grauſamkeit.	Hertzhaffte Großmüthigkeit.
Tochter	Schneller Zorn, der bald überhin gehet, Weichhertzigkeit.	Hefftiger Zorn, Rachgierde.	Verborgener Zorn, heimliche Rachgierde.	Gedult, Verachtung des angethanen Unrechts.
des Geldgeitzes.	Ubereilung, Plauderhafftigkeit.	Eigenſinn, allzuviel ſchweigen.	Betrüglichkeit, Lügen, Verſtellung.	Auffrichtigkeit, Verſchwiegenheit.
Kennzeichen	Schändliche Verſchwendung.	Affectirte groſſe Freygebigkeit.	Unbarmhertzigkeit, Knickerey.	Gutthätigkeit, Mildigkeit.
Tochter	Schändliche Willfahrung, unzeitiges Erbarmen.	Kühne und gewaltſame Dienſtfertigkeit, Verdruß.	Neid, Schadenfroh.	Barmhertzigkeit, auffrichtige und uninterreſſirte Dienſtfertigkeit.
Eigenſchafften des Verſtandes	Gut *Ingenium*, artige Erfindungen, Dichter-Kunſt.	Scharffſinnig *judicium*, anſtändige *Conduite*, Staats-Lehre.	Excellent Gedächtniß, Zuſammenhängung der *Concepte*. *Mathematique*.	Klugheit. Guter Rath. Sitten-Lehre.

Exponent empfindsamer Moral dargestellt: Edelsinn (I/1); Selbstlosigkeit (II/7); Vergebung (III/9). Ist die Liebe bei Gellert noch ein Gefühl, das der Erkenntnis und der Schätzung der ‚Tugend' des Partners dient (vgl. I/10; III/3), so vollendet sich in der Vergebung für die enttäuschte Liebe die Tugend. Vgl. Karl S. Guthke, Das bürgerliche Drama, a.a.O., S. 81.

[250] Vgl. Brigitte Kahl-Pantis, Bauformen, a.a.O., S. 159, 160f., 169–173. Gemeinsam ist beiden Linien des neuen Genres gegenüber dem Trauerspiel der Gottschedzeit das Primat der Wirkungspoetik, der Zusammenhang zwischen Bühne und Zuschauerraum. Vgl. ebd., S. 173–185; vgl. Kurt Wölfel, Moralische Anstalt, a.a.O., S. 114–118.

[251] Bereits in der zeitgenössischen Rezeption wurde dieser Zusammenhang klar erkannt im Gegensatz zu späteren, ahistorischen, nicht kontextbezogenen Interpretationen. Vgl. Christian Adolf Klotz, Brief an Johann Valentin Briegleb, vom 29.12.1763, in: Berlinisches literarisches Wochenblatt, 1777, Bd. 1, S. 9f. (zit. nach Karl Eibl, G.E.L. Miß Sara Sampson, a.a.O., S. 242f.; das Original bzw. die Erstveröffentlichung des Briefes war nicht einzusehen):

„Mein werthester Freund
Das Lob, welches Sie der Miß Sara Sampson beigelegt, bewog mich dieses Stück noch einmal zu lesen. Es ist wahr, die Tragödie ist vortrefflich: sie reißt uns dahin, und ich wenigstens schäme mich nicht zu sagen, daß sie mir Thränen abgezwungen hat. So ich nicht irre, wird unsere Betrübniß vornehmlich dadurch vermehrt, daß die M a r w o o d ungestraft ihre Bosheit ausführt. Denn wenn entweder diese sich auch erstochen hätte (ein weniger großer Geist, als L e ß i n g würde den Plan so gemacht haben) oder von dem M e l l e f o n t wäre entleibet worden, so würde unser Mitleiden eine gewisse Satisfaction bekommen: unser Affekt würde nicht so stark: die ganze Geschichte nicht so rührend, kurz die Tragödie nicht so schön seyn. Nein! daß uns der S a r a Schicksal recht rühren und zum weinen zwingen mußte, darzu war es nöthig, daß M a r w o o d ungestraft und triumphirend diese Bosheit ausführen konnte. Kurz d e s S o p h o k l e s O e d i p u s h a t e i n e G e s p i e l i n g e f u n d e n, [...] a n d e r S a r a gefunden, oder wollen Sie recht aufrichtig hören, die M i ß S a r a S a m p s o n gehört unter die Arbeiten, welche dem menschlichen Geschlechte Ehre machen."

Vgl. dagegen Hermann Hettner, *Literaturgeschichte des achtzehnten Jahrhunderts*, III. Teil, 2. Buch, Braunschweig ⁷1925, S. 408:

„Es ist die schlechteste Art der Tragik, es ist eine Intrigentragödie. Dies gibt nicht nur dem ganzen Aufbau und dessen innerer Gliederung jene Unwahrscheinlichkeit und Willkür, welche schon die zeitgenössischen Beurteiler rügten und gegen welche sich Lessing in der Dramaturgie (St. 14) mit den Worten Voltaires zu verteidigen sucht [...]; sondern, was schlimmer ist, auch die Gesamtwirkung wird peinigend, um nicht zu sagen, abstoßend. Diejenige Gestalt, die allein unsittlich und verworfen ist, eine giftmischende Buhlerin, erscheint als Verkörperung der sittlichen Gerechtigkeit, als strafende Nemesis; wahrlich, eine Verirrung des künstlerischen und sittlichen Gefühls, die unerklärlich wäre, wenn sie nicht [...] die alte Wahrheit bewiese, daß die flache Absichtlichkeit moralisierender Endzwecke in Kunst und Dichtung immer und überall der Todfeind des wahrhaft Guten und Schönen ist."

Vgl. dagegen die zeitgenössische Kritik: Anonym [Johann David Michaelis], Rezension. Der sechste Theil der Leßingschen Schriften, in: *Göttingische Anzeigen von Gelehrten Sachen*, 66. Stück, 2. Jun. 1755, S. 614f.:

„Miß Sara Sampson, ein bürgerliches Trauer-Spiel. Wir haben nicht leicht etwas so rührendes gelesen, als dieses Trauer-Spiel, so uns mit Schauder und Vergnügen erfüllet hat. Die Sittenlehre, daß der, so selbst Ursache hat Vergebung zu wünschen, vergeben soll, ist unvermerckt eingebracht, und in einem sehr starcken Licht, da, wo man sie erwartete, vorgestellet. Wenn man die letzten Augenblicke der Sara Sampson, in welchen sie am edelmüthigsten vergiebt, in dieser glücklichen Erdichtung lieset, so kann man wol nicht unterlassen, sich dessen wieder zu erinnern, was sie vorhin von der ihr widerfahrnen Vergebung geredet hat: und dieses muß einem nothwendig ihre fast gar zu edle Hinderung der Rache ihres Todes wahrscheinlich machen. Man wird beynahe versucht, zu wünschen, daß Herr L. diesen Zusammenhang der ihr widerfahrnen und von ihr ertheilten Vergebung deutlicher in ihre Rede geflochten hätte:

allein er macht desto mehr Eindruck und ist angenehmer, weil er bey dem Leser selbst entstehet, und ihm von dem Dichter nicht vorgesagt wird. Sollte Hr. Leßing nicht hier einen Haupt-Gedanken aus dem Buche geborget und ihn umgekleidet haben, aus dem sich die philosophische Sittenlehre so sehr bereichert hat?"

Vgl. auch Bornkamms Interpretation. Ausgehend von der zentralen Bedeutung der Briefszene (III/3) deutet er das Trauerspiel als „Dramatisierung der fünften Bitte des Vaterunsers". Ders., Die innere Handlung in Lessings „Miss Sara Sampson", in: *Euphorion* 51, 1957, S. 385–396, hier S. 393.

Besonders aufschlußreich ist eine Stelle aus dem Brief Lessings an Mendelssohn, vom 21. Jan. 1756:

„In einem von ihren Briefen [gemeint ist Mendelssohns Brief an Lessing, vom 26. Dec. 1755, in: G.E. Lessing, Sämtliche Schriften, a.a.O., Bd. 19, S. 28] fragen Sie mich, ob ich glaubte, daß uns die Großmuth Thränen auspreßen könne, wenn sich kein Mitleiden in das Spiel mischt? Ich glaube es nicht; aber gleichwohl glaube ich, daß es Menschen giebt welche bey dem S o y o n s a m i s , C i n n a ic. weinen, weil mir diese Stelle nicht sogar ohne allen Anlaß zum Mitleiden scheinet. [Lessing bezieht sich hier auf die Tragödie von Pierre Corneille, *Cinna ou la clémence d'Auguste*, 1643, V/3, V. 1701] *Großmüthige Vergebung* [Hervorhebung v. M.S.] kann oft eine von den härtesten Straffen seyn, und wenn wir mit denen Mitleiden haben, welche Straffe leiden, so können wir auch mit denen Mitleiden haben, welche eine außerordentliche Vergebung annehmen müßen. Halten Sie es für unmöglich, daß Cinna selbst, bey den Worten S o y o n s a m i s, könne geweint haben? Hat aber C i n n a weinen können, warum nicht andere mit ihm? Die Thränen des Cinna würden die schmerzhafte Empfindungen seiner Reue verrathen; und diese schmerzhaften Empfindungen können mein Mitleiden erwerben, und können mir Thränen kosten. In diesem Fall wäre Cinna der, welchen ich mitleidig beweinte. Für gewiße Gemüther kann es aber auch Augustus seyn, welcher Mitleiden verdienet. Für unedle Gemüther vielleicht, welche eine solche Handlung der Großmuth für etwas sehr schweres ansehen; für etwas, das eine erstaunende Selbstüberwindung erfordere, welche ohne unangenehme Empfindungen nicht seyn kann. Haben Sie noch niemanden aus Bosheit weinen sehen, weil er sich nicht rächen können? So einer kann natürlicher Weise, glaub ich, den Augustus beweinen, weil er ihn in eben den Umständen vermuthet, die ihm so schmerzhaft gewesen sind. *Überhaupt, wenn Großmuth das edelmüthige Bezeugen gegen unsre Feinde ist, so kann ich mir gar keinen Fall vorstellen, bey welchem nicht Mitleiden Statt finden sollte, welches seine Wirkungen mehr oder weniger äußert, nachdem z.E. der Dichter es durch Umstände mehr oder weniger fühlbar gemacht hat"* (Hervorhebung v. M.S.). A.a.O., S. 53f.

Vergleicht man Sara mit Augustus, so wird unmittelbar evident, daß der Dichter Lessing das notwendige Bedingungsverhältnis zwischen ‚großmüthiger Vergebung' und Mitleid in seinem Trauerspiel beachtet, und zwar unter dem Gebot der Empfindsamkeit; denn jeder stoizistische Zug fehlt dem Charakter Saras. Cinna ist in seiner Anlage und in der Bewertung der Vergebung als ‚härteste Straffe' Mellefont und Marwood vergleichbar. Da der Zuschauer nichts von Marwoods Reue erfährt, wirkt Mellefonts Selbstmord um so mitleiderregender, weil seine Tat seinen Schmerz und die ‚Unmenschlichkeit' der Vergebung Saras und ihres Vaters verrät. Wenn Lessing bekennt, daß ‚er Cinna „mitleidig beweinte", so wird gerade Mellefont zum Gegenstand des Mitleids. Das Schmerzhafte der Vergebung, ihr Strafcharakter, bildet die Kehrseite zu Saras Vergebung gegenüber Marwood, Mellefont, ihrem Vater und Betty. Lessings Sichtweise des Vergebungsmotivs, die Aspekte der Großmut und der Strafe, liefert auch für Saras Verhalten in der Briefszene (III/3) die entscheidenden Aufschlüsse über die psychischen Motivationen. Die Strafvision, Saras Traum und die Rolle Marwoods als rächende Frau erhalten durch diese Briefstelle wichtige Akzentuierungen, die für ein umfassendes Verständnis notwendig sind. Will man einem zu engen Begriff positivistischer Selbstzeugnisse Lessings zu seinem ersten bürgerlichen Trauerspiel entgehen, gehören neben der Selbstrezension von 1755 – vgl. Kap. II, Anm. 9 –, nebst seinem Brief vom 14. September 1757 an Mendelssohn, neben dem gesamten *Briefwechsel über das Trauerspiel*, wie er von Jochen Schulte-Sasse ediert worden ist, und dem 14.

Stück der *Hamburgischen Dramaturgie* notwendigerweise Lessings Antwortbrief vom 21. Januar 1756 auf Mendelssohns „Sendschreiben" vom 2. Januar 1756 in diese Reihe. Erst wenn der umfassende Kontext – so beispielsweise Mendelssohns *Briefe über die Empfindungen* (1755), Rousseaus zweiter *Discours sur l'inégalité* (1755) und die deutsche Übersetzung Mendelssohns aus demselben Jahre, ferner Mendelssohns „Sendschreiben" sowie seine Briefe an Lessing ab Oktober 1755, besonders der Brief vom 26. Dezember 1756, der *Briefwechsel über das Trauerspiel* und Mendelssohns Kritik an den nur schwer zu deklamierenden Stellen in der *Sara* (vgl. Bibliothek der schönen Wissenschaften und der freyen Künste, Leipzig 1757, I.2, S. 260), auf die Lessings Brief vom 14.9.1757 antwortet – beachtet wird, werden die Leistungen sichtbar, die Lessing mit seinem bürgerlichen Trauerspiel für die Dramaturgie des Mitleids v o r aller theoretischen Fixierung erbracht hat. Und für die angemessene Interpretation des *Briefwechsels über das Trauerspiel* gilt in besonderer Weise, daß sie auf eine Analyse des Trauerspiels *Miß Sara Sampson* im Sinne der analytischen Perspektive der poetisch-poetologischen Selbstreflexion im Drama nicht verzichten kann. Die Geschlossenheit des Trauerspiels und sein „poetischer Mehrwert" bieten gegenüber der Offenheit des *Briefwechsels*, in dem keine einheitliche Theorie konzipiert wird, die entscheidenden Vorzüge, um die Poetik des Mitleids in actu verstehen zu können. Eine neue Ausgabe des *Briefwechsels über das Trauerspiel* mit den entsprechenden Verweisen und Kommentaren ist notwendig. Wenn Hans-Jürgen Schings fordert, daß der Briefwechsel mit dem 21. Januar beginnen müsse, „und das heißt: mit der Diskussion über Rousseau" – H.-J. Schings, Der mitleidigste Mensch, a.a.O., S. 33 –, wird zwar der Kontext um wichtige Dimensionen – um Rousseaus *Discours sur l'inégalité*, Mandevilles *The Fable of the Bees* und Mendelssohns „Sendschreiben an den Herrn Magister Lessing in Leipzig" – erweitert, aber es fehlen die Briefe Mendelssohns aus dem Zeitraum von Oktober 1755 bis Januar 1756 und das Entscheidende: Lessings erstes bürgerliches Trauerspiel *Miß Sara Sampson*.

[252] Lessings Brief an Mendelssohn, 18. Dec. 1756, in: Briefwechsel, a.a.O., S. 83. Besonders aufschlußreich für das Verständnis der Struktur des ersten bürgerlichen Trauerspiels ist der Kontext des Briefwechsels, der einen direkten Bezug zu Lessings eigenem Trauerspiel nahelegt. Nicolai hatte im Brief vom 3. Nov. 1756 an Lessing berichtet, er habe Schuchs Berliner Inszenierung der *Miß Sara Sampson* gesehen und sei „ungemein gerührt worden", daß er „bis an den Anfang des fünften Aufzugs öfter geweint habe", daß er „aber am Ende desselben, und bey der ganzen Scene mit der Sarah, vor starker Rührung nicht habe weinen können;" das sei ihm „noch bey keinem Trauerspiele begegnet und streite[t] gewisser Maßen wider [sein] eignes System von der Rührung in den Trauerspielen" (ebd., S. 52). Lessing kommt erst zur rückständigen Beantwortung von Nicolais Frage im Brief vom 29. November 1756:

„Ich wollte lieber, daß Sie mein Stück, als die Aufführung meines Stücks, so weitläufig beurtheilt hätten. Sie würden mir dadurch das Gute, das Sie davon sagen, glaublicher gemacht haben. Ich kann mich aber doch nicht enthalten, über Ihr Lob eine Anmerkung zu machen. Sie sagen, Sie hätten bis zum fünften Aufzuge öfters Thränen vergossen; am Ende aber hätten Sie vor starker Rührung nicht weinen können: eine Sache, die Ihnen noch nicht begegnet sey, und gewisser Maßen mit ihrem System von der Rührung streite. – Es mag einmal in diesem *Complimente*, was noch in keinem Complimente gewesen ist, *jedes Wort* wahr seyn – wissen Sie, was mein Gegencompliment ist? Wer Geyer heißt Ihnen ein falsches System haben! Oder vielmehr: wer Geyer heißt Ihrem Verstande sich ein System nach seiner Grille machen, *ohne Ihre Empfindung zu Rathe zu ziehen? Diese hat, Ihnen unbewußt, das richtigste System, das man nur haben kann; denn sie hat meines.* Ich berufe mich auf meinen letzten Brief an Hrn. Moses" (Hervorhebungen v. M.S.). [Brief vom 28. Nov. 1756, in dem Lessing die Verwunderung von der Bewunderung unterschied und sich vehement gegen die Bewunderung großer Eigenschaften aussprach, gegen einen Heroismus der Unempfindlichkeit, der das Mitleiden schwächt und zu ersticken droht (vgl. ebd., S. 64). Lessing greift diesen Gedankengang auf und thematisiert den komplementären Fall, der zugleich Nicolais affektive Reaktion erklärt.] „Das Mitleiden giebt keine Thränen mehr, wenn die schmerzhaften Empfindungen in ihm die Oberhand gewinnen. Ich unterscheide drey Grade des Mitleids, deren mittelster das weinende Mitleid ist, und die vielleicht mit den drey Worten zu unterscheiden wären, R ü h r u n g , T h r ä n e n , B e k l e m m u n g." (Ebd., S.67f.).

Es folgt nun das ‚Bettler-Beispiel' (vgl. Kap. II, S. 64f.), an dem er die drei Grade des Mitleids illustriert: Die erste Version stellt die ‚Rührung' dar, die zweite die ‚Tränen' und die vierte die ‚Beklemmung'. Die dritte Version illustriert die Position Lessings im Brief an Mendelssohn. Wenn Mendelssohn, der Lessings Schreiben an Nicolai bereits kannte, ihm im Brief vom 28. Nov. 1756 antwortet, warum „bedauern wir die todte Zayre und *bedauern nicht die sterbende Sara*" (ebd., S. 74; Hervorhebung v. M.S.; vgl. auch Mendelssohns Brief an Lessing, erste Hälfte Dec. 1756), bezieht er sich implizit auf die dritte Version des ‚Bettler-Beispiels' und versucht, Lessing gegen sich selbst auszuspielen. Lessing geht nicht explizit auf diese kleine Boshaftigkeit ein und brauchte es wohl auch nicht, hatte er doch im Brief an Nicolai mit der vierten Version des ‚Bettler-Beispiels' Interpretationshinweise für die Sterbeszene seines Trauerspiels gegeben. Indem er sich jedoch ausführlich zum mittleren Charakter, zur Frage der hamartia, des Verhältnisses von Entsetzen und Abscheu zum Mitleid äußert und sein Theorem, ohne einen Fehler machen der Charakter und das Unglück kein Ganzes aus (vgl. ebd., S. 83), am ‚Canut-' *und* ‚Kaufmann-Beispiel' exemplifiziert, „Entsetzen und Abscheu ohne Mitleid" vom „Mitleiden im höchsten Grade", vom ‚entzückenden Mitleiden' abgrenzt, gibt er nicht nur Hinweise, sondern auch den Schlüssel für die Deutung seines Trauerspiels *Miß Sara Sampson*. Eibls These, Lessing gebe, da er auf Mendelssohns Boshaftigkeit nicht direkt eingehe, „die S a r a frei für das Urteil, sie sei, zumindest im letzten Aufzug, eine Märtyrertragödie", in der am Ende die Bewunderung dominiere, die eigentlich die tragische Szene bestimme (Karl Eibl, G.E.L. Miß Sara Sampson, a.a.O., S. 157), vernachlässigt Eibl nicht nur in eklatanter Weise den Kontext von Mendelssohns Äußerung im „Briefwechsel", sondern läßt Lessings These unberücksichtigt, daß nicht der Ausgang eines Dramas über die affektiven Strukturen und damit über dessen Klassifikation Aufschluß gebe, sondern die Dauer des Stücks. (Vgl. Lessings Brief an Nicolai, im Nov. 1756, ebd., S. 56 und vgl. Lessings Brief an Mendelssohn, 18. Dec. 1756, ebd., S. 77f.; vgl. hierzu auch Brigitte Kahl-Pantis, Bauformen, a.a.O., S. 52.) Und es ist bezeichnend, daß Eibl unmittelbar den Kontext wechselt und aus dem 14. Stück der *Hamburgischen Dramaturgie* zitiert, um nun seinerseits Lessing gegen Lessing auszuspielen. Der „Buckel", von dem Lessing spricht, wird von Eibl vorschnell mit der eigenwilligen Deutung des Endes der *Sara* als Märtyrertragödie gleichgesetzt, so daß der Weg zur Klassifizierung frei ist: „Das erste deutsche Bürgerliche Trauerspiel ist ein ‚christliches' Trauerspiel in dem Sinne, wie Lessing es später in der H a m b u r g i s c h e n D r a m a t u r g i e — wohl auch mit einem Blick auf sein eigenes ‚buckliges' Kind – für fast unmöglich erklärt" (Karl Eibl, G.E.L. Miß Sara Sampson, a.a.O., S. 160). Eibl zitiert im folgenden die entsprechende Stelle aus dem 2. Stück der *Hamburgischen Dramaturgie*. Wiederum vernachlässigt Eibl den Kontext des 14. Stücks der *Hamburgischen Dramaturgie*, finden sich dort doch Anspielungen auf Lessings Vorrede zu *Des Herrn Jakob Thomson Sämtliche Trauerspiele* (1756) und Analogien zum ‚Bettler-Beispiel'. Da Lessings bürgerliches Trauerspiel gegen die klassizistischen Trauerspiele gerichtet ist, die sich an der französischen Tragödie orientieren, und da Lessing Marmontel zur Sprache kommen läßt, um zu zeigen, daß die *Sara* einen französischen, „sehr gründlichen Verteidiger gefunden hat", kann von einer Märtyrertragödie nicht gesprochen werden; im Gegenteil, um Lessing mit Lessing, der Voltaire zitiert, sein ‚buckliges Kind' retten zu lassen, muß das Bild vervollständigt werden: „Mein Kind ist bucklicht; aber es befindet sich sonst ganz gut" (Hamburgische Dramaturgie, a.a.O., 14. Stück, S. 296).

[253] Vgl. zu diesem Handlungsbegriff, G.E. Lessing, Abhandlungen über die Fabeln, a.a.O., S. 367 u. S. 373: „Eine H a n d l u n g nenne ich, e i n e F o l g e v o n V e r ä n d e r u n g e n , d i e z u s a m m e n E i n G a n z e s a u s m a c h e n. [...] Gibt es aber doch wohl Kunstrichter, welche einen noch engern, und zwar so materiellen Begriff mit dem Worte H a n d l u n g verbinden, daß sie nirgends Handlung sehen, als wo die Körper so tätig sind, daß sie eine gewisse Veränderung des Raumes erfordern. Sie finden in keinem Trauerspiele Handlung, als wo der Liebhaber zu Füßen fällt, die Prinzessin ohnmächtig wird, die Helden sich balgen; und in keiner Fabel, als wo der Fuchs s p r i n g t , der Wolf z e r r e i ß e t und der Frosch die Maus

sich an das Bein b i n d e t. Es hat ihnen nie beifallen wollen, daß auch jeder innere Kampf von Leidenschaften, jede Folge von verschiedenen Gedanken, wo eine die andere aufhebt, eine Handlung sei; vielleicht weil sie viel zu mechanisch denken und fühlen, als daß sie sich irgend einer Tätigkeit dabei bewußt wären. – Ernsthafter sie zu widerlegen, würde eine unnütze Mühe sein."

²⁵⁴ Siehe Kap. II, Anm. 252.

²⁵⁵ Zum Zusammenhang der drei Beispiele vgl. Kap. II, S. 67f.; zum Kontext im ‚Briefwechsel' vgl. Kap. II, Anm. 252.

²⁵⁶ Vgl. dagegen Brigitte Kahl-Pantis, Bauformen, a.a.O., S. 140f. und bes. S. 152. Die Verf. räumt dem ‚Canut-Beispiel' die Präferenz ein. Vgl. auch Karl Eibl, der das neue Genre in einen „Sara-Typus" und in einen „Kaufmann-Typus" einteilt und so wichtige Gemeinsamkeiten unterschlägt. Ders., G.E.L. Miß Sara Sampson, a.a.O., S. 139f. und vgl. S. 132f.: Hier folgt Eibl der Interpretation Lothar Pikuliks, der sich ausschließlich auf das ‚Kaufmann-Beispiel' bezieht und damit den ‚eigentlichen' Kontext vernachlässigt. Ders., Bürgerliches Trauerspiel, a.a.O., S. 162–166.

²⁵⁷ Vgl. G.E. Lessing, Hamburgische Dramaturgie, a.a.O., 79. Stück, S. 598f.; vgl. Kap. II, S. 61 und Kap. II, Anm. 30.

²⁵⁸ Auch diese Begründung der Weigerung Mellefonts hat neben ihrer unmittelbaren dramatischen Funktion, den Selbstmord zu begründen, die Aufgabe, einer Fehldeutung der Tugenden, der guten Eigenschaften Saras, als heroische und damit einer Fehlinterpretation des Schlusses, der nur noch Bewunderung verbreite (vgl. Kap. II, Anm. 252), vorzubeugen, hat doch Sir Sampson durch seine Aussöhnung mit Mellefont die Menschlichkeit des letzten Willens Saras unter Beweis gestellt.

²⁵⁹ Zur Frage des Selbstmordes: vgl. M. Mendelssohn, Briefe über die Empfindungen (1755), a.a.O., S. 77–80 u. S. 92–106; zu Mellefonts Selbstmord: S. 92–95; vgl. ders., Sendschreiben an einen jungen Gelehrten zu B. [1755/56], in: ders., Gesammelte Schriften, a.a.O., Bd. 1, S. 133–146.

²⁶⁰ Mendelssohn verteidigt die Reaktion Sir Sampsons und sein Urteil über Mellefont mit der Unterscheidung zwischen der „theatralischen" und der „wahren Sittlichkeit"; denn nur die theatralische Sittlichkeit, die fehlende Verurteilung von Mellefonts Selbstmord, kann verhindern, daß das Mitleiden in Abscheu umschlage: „Man lasse den bedrängten S i r S a m p s o n in dem Augenblicke, da sich seiner Tochter Entführer ersticht, ihm diese Worte zurufen: W a s t h u s t d u B ö s e w i c h t ! W i l s t d u L a s t e r d u r c h L a s t e r b ü s s e n. Den Augenblick würde die theatralische Sittlichkeit nebst dem Endzwecke des Dichters verschwinden. Unser Mitleiden, das kaum rege zu werden anfing, würde sich, in dem Spiegel der wahren Sittlichkeit, den man uns vorhält, in Abscheu verwandeln." Moses Mendelssohn, Briefe über die Empfindungen, a.a.O., S. 95.

Marmontels Ausführungen, die Lessing im 14. Stück der Hamburgischen Dramaturgie im Zusammenhang mit der *Sara* zitiert, verknüpfen indirekt die vierte Version des ‚Bettler-Beispiels' mit dem Selbstmord Mellefonts: „Man zeige mir in der Geschichte der Helden eine rührendere, moralischere, mit einem Worte, tragischere Situation! Und wenn sich endlich dieser Unglückliche vergiftet; wenn er, nachdem er sich vergiftet, erfährt, daß der Himmel ihn noch retten wollen: was fehlet diesem schmerzlichen und fürchterlichen Augenblicke, [...] was fehlt ihm, frage ich, um der Tragödie würdig zu sein? Das Wunderbare, wird man antworten. Wie? findet sich denn nicht dieses Wunderbare genugsam in dem plötzlichen Übergange von der Ehre zur Schande, von der Unschuld zum Verbrechen, von der süßesten Ruhe zur Verzweiflung; kurz, in dem äußersten Unglücke, in das eine bloße Schwachheit gestürzt?" (S. 295). Nicht in der Fabel, wohl aber in der affektiven Grundstruktur und in deren Wirkung sind die vierte Version des ‚Bettler-Beispiels', Marmontels Beispiel und Mellefonts Selbstmord vergleichbar. Die Analogie wird evident, wenn Norton im letzten Auftritt das Kommen der Ärzte meldet und Sir Sampson antwortet: „Wenn sie *Wunder* thun können, so laß sie herein kommen!" (V/11, S. 90; Hervorhebung v. M.S.). Den Ärzten bleibt der Zutritt verwehrt.

²⁶¹ Lessings Brief an Mendelssohn, vom 21. Jan. 1756, a.a.O., S. 53. Vgl. die Ausführungen in Kap. II, Anm. 251.
²⁶² Lessings Brief an Mendelssohn, vom 21. Jan. 1756, a.a.O., S. 53: „In diesem Falle wäre Cinna der, welchen ich mitleidig beweinte."
²⁶³ Moses Mendelssohn, Briefe über die Empfindungen, a.a.O., S. 111.
²⁶⁴ Vgl. George Lillo, *The London Merchant*, a.a.O., S. 83–85: Scene the Last, The place of execution. The gallows and ladders at the farther end of the stage. A crowd of spectators.
²⁶⁵ Ebd., S. 7.
²⁶⁶ Lessings Brief an Mendelssohn, vom 18. Dec. 1756, in: Briefwechsel, a.a.O., S. 77.
²⁶⁷ Lessings Brief an Nicolai, im Nov. 1756, ebd., S. 54.
²⁶⁸ Ebd.
²⁶⁹ G.E. Lessing, Hamburgische Dramaturgie, a.a.O., 75. Stück, S. 579.
²⁷⁰ Zum Begriff der inneren Handlung im Sinne Lessings: vgl. Kap. II, Anm. 253 und vgl. Horst Turk, Dialektischer Dialog, a.a.O., S. 118f., 132f. Zur vierten Einheit des Ortes, zwischen Bühne und Zuschauerraum sowie zur fünften Einheit der inneren Handlung vgl. auch die Interpretation von Peter Handkes Sprechstück *Publikumsbeschimpfung*, Kap. I, S. 31–45.
²⁷¹ Vgl. Kap. III, bes. die Gliederungspunkte 2; 3.2.2.3.; 3.3.
²⁷² Friedrich A. Kittler, Erziehung ist Offenbarung, a.a.O., S. 130; vgl. Hinrich C. Seeba, Das Bild der Familie bei Lessing. Zur sozialen Integration im bürgerlichen Trauerspiel, in: Edward P. Harris und Richard E. Schade (Hrsg.), Lessing in heutiger Sicht, a.a.O., S. 307–321.
²⁷³ G.E. Lessing, *Emilia Galotti*, a.a.O. (V/8, S. 204).
²⁷⁴ Lessings Brief an Nicolai, im Nov. 1756, in: Briefwechsel, a.a.O., S. 56.
²⁷⁵ Vgl. Immanuel Kant, Beantwortung der Frage: Was ist Aufklärung? (1748), in: ders., *Was ist Aufklärung? Aufsätze zur Geschichte und Philosophie*, hrsg. und eingeleitet von Jürgen Zehbe, 2., erweiterte und verbesserte Aufl., Göttingen 1975, S. 55.
²⁷⁶ Vgl. Roland Purkl, Gestik, a.a.O., S. 93–96, bes. Anm. 12, S. 95f. Dort werden mehrere zeitgenössische Quellen zitiert, auch die wichtigsten Schriften Lessings. Vgl. Wilfried Barner, Produktive Rezeption, a.a.O., S. 43ff.
²⁷⁷ Lessings Brief an Mendelssohn, 2. Febr. 1757, in: Briefwechsel, a.a.O., S. 103.
²⁷⁸ Lessings Brief an Nicolai, im Nov. 1756, ebd., S. 53.
²⁷⁹ Ebd., S. 55.
²⁸⁰ Vgl. Jochen Schulte-Sasse, Stellenwert des Briefwechsels, a.a.O., S. 198; vgl. Kap. II, Anm. 250.
²⁸¹ Vgl. Karl Eibl, Identitätskrise und Diskurs, a.a.O., S. 168; vgl. Wilfried Barner, Produktive Rezeption, a.a.O., S. 53–72.
²⁸² G.E. Lessing, *Philotas. Ein Trauerspiel* (1759), in: Lessing, Werke, a.a.O., Bd. 2, S. 101–126.
²⁸³ Johann Friedrich von Cronegk, *Codrus. Ein Trauerspiel in fünf Aufzügen* (1758), in: ders., *Schriften*, 2 Bde., Bd. 1, 2. verbeßerte Aufl., Ansbach 1761, S. 169–266.
²⁸⁴ Ebd. (V/12, S. 266).
²⁸⁵ Vgl. Lessings Brief an Nicolai, 19. Febr. 1757, in: Lessings sämtliche Schriften, a.a.O., Bd. 17, S. 94; vgl. auch Mendelssohns Brief an Lessing, 2. März 1757, in: Briefwechsel, a.a.O., S. 104.
²⁸⁶ G.E. Lessing, Briefe, die neueste Literatur betreffend, a.a.O., 81. Brief, vom 7. Febr. 1760, S. 258; vgl. Peter Weber, Das Menschenbild, a.a.O., S. 202–211.

Anmerkungen zum dritten Kapitel:
Die Poetik des Mitleids oder Die Rückkehr des natürlichen Menschen.
Zur Reflexionstheorie des Mitleids

[1] Vgl. Moses Mendelssohn, Briefe über die Empfindungen, a.a.O., S. 94. Die Schrift *Von dem Vergnügen* gibt die Disposition der „Briefe" wieder. Mendelssohn hat in dieser Dispositionsschrift die Selbstmordproblematik und die Auseinandersetzung mit Dubos nicht aufgenommen. Ders., Von dem Vergnügen, in: ders., Gesammelte Schriften, a.a.O., Bd. 1, S. 125–131.
[2] Vgl. ders., Briefe über die Empfindungen, a.a.O., S. 95.
[3] Ebd., S. 110.
[4] Ebd., S. 108.
[5] Ebd., S. 109.
[6] Ebd., S. 108.
[7] Ebd., S. 56.
[8] Kontextbezogen zeigt sich, daß die Verweise auf Descartes und Maupertuis Invektiven sind; denn 1747 hatte die Berliner Akademie, die auch noch in den fünfziger Jahren unter der Leitung französischer Philosophen stand, einen Preis ausgeschrieben für die Darstellung und Kritik der Leibniz'schen Lehre der Monaden. 1751 wurde von der Akademie die Widerlegung des Determinismus in Leibniz' Philosophie verlangt. Zu dieser Zeit war Maupertuis ihr Präsident. Mendelssohn hat beide Themen in seiner Erstlingsschrift *Philosophische Gespräche*, die er 1754 verfaßte und die Anfang 1755 erschien, aufgegriffen und Maupertuis angegriffen. Für die Preisarbeit im Jahre 1753 stellte dieser die Frage nach dem „Popeschen System, welches in dem Satze All is right enthalten ist". Da schon die Themenstellung einen Angriff auf Leibniz darstellte, verfaßte Mendelssohn zusammen mit Lessing die Kampfschrift *Pope, ein Metaphysiker!*, um die Leibnizfeindlichkeit der Akademie auch zu brandmarken. Vgl. Fritz Bramberger, Einleitung, in: Moses Mendelssohn, Gesammelte Schriften, a.a.O., Bd. I, S. XVIIIff.
[9] Vgl. den 8. Brief und den „Beschluss" aus Mendelssohns Briefen über die Empfindungen, a.a.O., S. 71–74 und S. 107f. Mendelssohn bezieht sich auf Dubos' Schrift *Réflexions critiques et historiques sur la poésie et sur la peinture* (1719).
[10] Vgl. Moses Mendelssohn, Briefe über die Empfindungen, a.a.O., Dritter Brief.
[11] Ebd., S. 110.
[12] Ebd., S. 98.
[13] Vgl. ebd., S. 83.
[14] Vgl. ebd., S. 99.
[15] Vgl. Nicolais Brief an Lessing, vom 31.8.1756, in: Briefwechsel, a.a.O., S. 47; vgl. F. Nicolai, Abhandlungen, a.a.O., S. 11–13, 17; vgl. Moses Mendelssohn, Briefe über die Empfindungen, a.a.O., S. 94.
[16] Lessings Brief an Nicolai, im Nov. 1756, in: Briefwechsel, a.a.O., S. 53f. und zu Lessings genialer Unterscheidung zwischen primären und bloß zweiten, mitgeteilten Affekten vgl. Kap. II, S. 58, 86, 183f.
[17] Lessings Brief an Mendelssohn, vom 2. Febr. 1757, in: Briefwechsel, a.a.O., S. 101.
[18] Vgl. Moses Mendelssohn, Briefe über die Empfindungen, a.a.O., S. 107–111.
[19] Lessings Brief an Mendelssohn, vom 18. Dec. 1756, in: Briefwechsel, a.a.O., S. 77.
[20] Mendelssohns Brief an Lessing, vom 23. Nov. 1756, ebd., S. 60 und vgl. die Passagen über die Struktur des Mitleids, Kap. II, S. 68–71.
[21] Moses Mendelssohn, Rhapsodie, oder Zusätze zu den Briefen über die Empfindungen, 1761, a.a.O., S. 389: „Ich habe also den D u b o s mit Unrecht getadelt, wenn er sagt, die Seele sehne sich nur bewegt zu werden, und sollte sie auch von unangenehmen Vorstellungen bewegt werden."
[22] In der Auseinandersetzung zwischen Gottsched und den Schweizern spiegelt sich bereits früh diese Problematik wider: Gottscheds Poetik ist charakterisiert durch einen funktionalen, regulativen Naturbegriff, durch die Prinzipien der Natürlichkeit, Wahrscheinlichkeit und

Glaubwürdigkeit. Die höchste Stufe der Nachahmung ist die der Fabel neben denen der Sachen, der Charaktere. Sie ist die Argumentationsform der moralischen Lehre, die sie darstellt. Das Primat der Moral ist aber beiden, der Poetik und der Rhetorik gemeinsam, so daß die *Cristische Dichtkunst* als rhetorische Poetik bezeichnet werden kann. Der moralische Satz gibt der Poesie durch seine Wahrheit die Einheit. Ist in der Aristotelischen Poetik die Dichtkunst philosophisch, weil sie das Allgemeine, das Mögliche darstellt, so ist sie es in Gottscheds *Critischer Dichtkunst*, weil sie moralisch ist. Die poetische Darstellung ist Mittel, nicht autonom. Bodmer und Breitinger stellen den Herrschaftsanspruch der unmittelbaren Wirkungspoetik in Frage; sie fassen die Natur als Welt der Objekte, welche die Poesie v o r s t e l l t : Sie m a l t d i e N a t u r. Grundlage ihrer Vorstellungspoetik ist die Darstellung, die Vergegenwärtigung der Sachen. Die Vorstellungspoetik ist eine mittelbare Wirkungspoetik, die den Schwerpunkt vom Objekt auf das empfindsame, fühlende Subjekt verlagert. In ihr dominiert die Unmittelbarkeit der Leidenschaften. In ihr herrschen die Phantasie und die Einbildungskraft. Da nicht nur die ‚moralisch gefilterte', sondern auch die empirische Natur Gegenstand der malenden Poesie ist, werden für die Schweizer die Nachahmung der häßlichen Natur und das „Ergötzen", die Lust, die durch das in der Natur Widerwärtige in der Poesie erregt wird, zu Problemen ihrer Poetik. Vgl. Hans-Peter Herrmann, *Nachahmung und Einbildungskraft. Zur Entwicklung der deutschen Poetik von 1670 bis 1740*, Bad Homburg/Berlin/Zürich 1970, bes. Kap. II und III.

Johann Jacob Bodmer und Johann Jacob Breitinger, *Die Discourse der Mahlern*. Vier Teile in einem Band. Reprografischer Nachdruck der Ausgabe Zürich 1721–1723, Hildesheim 1969.

Dies., *Von dem Einfluß und Gebrauche der Einbildungs-Krafft; zur Ausbesserung des Geschmackes: Oder Genaue Untersuchung Aller Arten Beschreibungen, Worinne die außerlesensten Stellen der berühmtesten Poeten dieser Zeit mit gründtlicher Freyheit beurteilt werden*. [Vorsatztitel:] *Vernüfftige Gedancken und Urtheile von der Beredtsamkeit*, Frankfurt und Leipzig [tatsächlich Zürich] 1727.

Johann Christoph Gottsched, *Versuch einer Critischen Dichtkunst vor die Deutschen; Darinnen erstlich die allgemeinen Regeln der Poesie, hernach alle besonderen Gattungen der Gedichte, abgehandelt und mit Exempeln erläutert werden: Überall aber gezeigt wird daß das innere Wesen der Poesie in einer Nachahmung der Natur bestehe. Anstatt einer Einleitung ist Horatii Dichtkunst in deutsche Verse übersetzt, und mit Anmerkungen erläutert*. (1. Aufl. 1730). Vierte, sehr vermehrte Aufl., Leipzig 1751. Unveränderter photomechanischer Nachdruck, Darmstadt ^{5}1962.

Johann Jacob Bodmer, *Brief-Wechsel von der Natur des Poetischen Geschmackes*. Faksimiledruck nach der Ausgabe von 1736. Mit einem Nachwort von Wolfgang Bender, Stuttgart 1966.

Ders., *Critische Abhandlung von dem Wunderbaren in der Poesie und dessen Verbindung mit dem Wahrscheinlichen in einer Vertheidigung des Gedichtes Joh. Miltons von dem verlohrnen Paradiese; der beygefügt ist Joseph Addisons Abhandlung von den Schönheiten in demselben Gedichte*, , Zürich 1740.

Ders., *Critische Betrachtungen über die poetischen Gemälde der Dichter*. Mit einer Vorrede von Johann Jacob Breitinger, Zürich/Leipzig 1740.

Johann Jacob Breitinger, *Critische Dichtkunst Worinnen die poetische Mahlerey in Absicht auf die Erfindung Im Grunde untersuchet und mit Beyspielen aus den berühmtesten Alten und Neuern erläutert wird*. Mit einer Vorrede eingeführt von Johann Jacob Bodemer, Zürich/Leipzig 1740, Stuttgart 1966.

Ders., *Fortsetzung der Critischen Dichtkunst Worinnen die poetische Mahlerey In Absicht auf den Ausdruck und die Farben abgehandelt wird*. Mit einer Vorrede von Johann Jacob Bodemer, Zürich/Leipzig 1740, Stuttgart 1966.

Johann Jacob Bodmer und Johann Jacob Breitinger, *Critische Briefe*, Zürich 1746. Reprografischer Nachdruck, Hildesheim 1969.

[23] Moses Mendelssohn, Briefe über die Empfindungen, a.a.O., S. 94.
[24] Ebd., S. 95.
[25] Vgl. Friedrich Nicolai, Abhandlung, a.a.O., S. 12.
[26] Vgl. Aristoteles, Poetik, a.a.O., S. 50.
[27] Vgl. Friedrich Nicolai, Abhandlung, a.a.O., S. 14.
[28] Vgl. Nicolais Brief an Lessing, vom 31. Aug. 1756, in: Briefwechsel, a.a.O., S. 47.

²⁹ Vgl. Moses Mendelssohn, Briefe über die Empfindungen, a.a.O., S. 94f.
³⁰ Vgl. Friedrich Nicolai, Abhandlung, a.a.O., S. 17f.
³¹ Vgl. bes. auch Mendelssohns Brief an Lessing, erste Hälfte Dezembers 1756, in: Briefwechsel, a.a.O., S. 72.
³² Vgl. Leo Balet und E. Gerhard, Die Verbürgerlichung der deutschen Kunst, a.a.O., S. 91 und Kap. V, S. 267-490, bes. S. 299-394.
³³ Friedrich Nicolai, Abhandlung, a.a.O., S. 16; vgl. Moses Mendelssohn, Briefe über die Empfindungen, a.a.O., S. 92-95. Die entscheidende Stelle findet sich im sechsten Brief, als Palemon das Vergnügen von dem Willen unterscheidet, ebd., S. 66. Vgl. auch ders., Von dem Vergnügen, a.a.O., S. 129, Ziffer 9 und 10; vgl. ders., Beykommende Blätter (Von der Herrschaft über die Neigungen), a.a.O., S. 95. § 3 und § 5.1: „Video meliora proboque etc" [deteriora sequor]; und S. 98, § 10. Mendelssohn jedoch formulierte erst später in klarerer Form die Autonomie des Gefühls, so in einer Notiz vom Juni 1766 und in den *Morgenstunden* (1785). Vgl. hierzu Jochen Schulte-Sasse, Stellenwert des Briefwechsels, a.a.O., S. 187.
³⁴ Vgl. Johann Christoph Gottsched, Versuch einer Critischen Dichtkunst, a.a.O., S. 611: „Der Poet wählet sich einen moralischen Lehrsatz, den er seinen Zuschauern auf eine sinnliche Art einprägen will. Dazu ersinnt er sich eine allgemeine Fabel, daraus die Wahrheit eines Satzes erhellet." Und vgl. ebd., S. 89f; vgl. auch Joachen Schulte-Sasse, Stellenwert des Briefwechsels, a.a.O., S. 215-219.
³⁵ Ovid, Metamorphosen, VII, 20f.; vgl. Moses Mendelssohn, Beykommende Blätter (Von der Herrschaft über die Neigungen), a.a.O., S. 95.
³⁶ Ebd., S. 98.
³⁷ „Du Bos und ich haben viel von der Annehmlichkeit der nachgeahmten Vollkommenheiten geschwatzt, ohne den rechten Punkt getroffen zu haben." Mendelssohns Brief an Lessing, vom 2.3.1757, in: Briefwechsel, a.a.O., S. 104.
³⁸ Jochen Schulte-Sasse, Stellenwert des Briefwechsels, a.a.O., S. 191; vgl. Hans-Jürgen Schings, Der mitleidigste Menschen, a.a.O., S. 35f.
³⁹ Vgl. Jochen Schulte-Sasse, Stellenwert des Briefwechsels, a.a.O., S. 198-215, bes. S. 212f. und vgl. bes. Hans-Jürgen Schings: Der mitleidigste Mensch, a.a.O., S. 34f., bes. S. 38ff. Schings gelingt es, die moralphilosophische Komponente auf Rousseaus Mitleidstheorie zurückzuführen.
⁴⁰ Lessings Brief an Nicolai, im Nov. 1756, in: Briefwechsel, a.a.O., S. 55.
⁴¹ G.E. Lessing, Vorrede zu ‚Des Herrn Jakob Thomson Sämtliche Trauerspiele', a.a.O., S. 144.
⁴² Vgl. Jochen Schulte-Sasse, Stellenwert des Briefwechsels, a.a.O., S. 219; vgl. ders., Poetik und Ästhetik Lessings, a.a.O., S. 306-315.
⁴³ Vgl. ders., Stellenwert des Briefwechsels, a.a.O., S. 205.
⁴⁴ Vgl. Moses Mendelssohn, Beykommende Blätter (Von der Herrschaft über die Neigungen), a.a.O., S. 95.
⁴⁵ Lessings Brief an Mendelssohn, vom 18. Dec. 1756, in: Briefwechsel, a.a.O., S. 80.
⁴⁶ Besonders interessant wäre es, in diesem Zusammenhang Lessings Fragment *Die Matrone von Ephesus* zu interpretieren. G.E. Lessing, Die Matrone von Ephesus. Ein Lustspiel in einem Aufzuge, in: Lessing, Werke, a.a.O., Bd. 2, S. 545-572; vgl. ders., Hamburgische Dramaturgie, a.a.O., 36. Stück, S. 395-397.
⁴⁷ Lessings Brief an Mendelssohn, vom 18. Dec. 1756, in: Briefwechsel, a.a.O., S. 80.
⁴⁸ Vgl. dagegen Johann Wolfgang Goethe, Nachlese zu Aristoteles' „Poetik", in: Goethe, Berliner Ausgabe, a.a.O., Bd. 18, S. 121-125. Goethe trennt die Wirkung vom eigentlichen Kunstwerk, indem er die Aristotelische Poetik des Mitleids auf den produktionsästhetischen Aspekt einschränkt und somit der Kunst die Moralität, die Fähigkeit zu bessern, abspricht. Diese Verlagerung von dem wirkungspsychologischen Moment auf das produktionsästhetische bestimmt auch die Komposition von Goethes „Urfaust". In diesem Trauerspiel dominiert das Leiden Gretchens. Sie ist ein mittlerer, natürlicher Charakter, in dem werkästhetisch durch die mitleiderregende, rechte Proportion von Vollkommenheit, d.h. Natürlichkeit, und Unglück zur Dar-

stellung gelangt. Im Leiden erst erreicht Gretchen eine höhere Stufe ihres Selbstgefühls und Selbstbewußtseins. Allenfalls erinnert Fausts Versuch, Gretchen aus dem Kerker zu befreien, an die Darstellung des wirkungsbezogenen Mitleids im Trauerspiel. Ders., Faust in ursprünglicher Gestalt (Urfaust), in: Goethe, Berliner Ausgabe, a.a.O., Bd. 8, S. 5–67.

[49] Vgl. die Ausführungen, Kap. II, S. 56.

[50] Lessings Brief an Mendelssohn, vom 18. Dec. 1756, in: Briefwechsel, a.a.O., S. 80.

[51] Vgl. hierzu Jochen Schulte-Sasse, Stellenwert des Briefwechsels, a.a.O., S. 200.

[52] Bereits der Übersetzer und Kommentator der für die 50er Jahre wichtigen Ausgabe der Aristotelischen Dichtkunst (1753) hatte mit der Erregung der Leidenschaften inhaltlich die Menschlichkeit verknüpft. Vgl. hierzu auch Nicolais Ansatz, der gegen die Aristotelische Poetik gerichtet ist: Nicolais Brief an Lessing, vom 31.8.1756, in: Briefwechsel, a.a.O., S. 47. Im Brief vom Nov. 1756 widerspricht Lessing entschieden Nicolai: Das Trauerspiel errege Leidenschaften und bessere den Menschen. Vgl. ebd., S. 53. Vgl. bes. G.E. Lessing, Hamburgische Dramaturgie, a.a.O., 77. Stück, S. 587–591. Vgl. hierzu: Kurt Wölfel, Moralische Anstalt, a.a.O., S. 113ff.; vgl. Hans-Jürgen Schings, Der mitleidigste Mensch, a.a.O., S. 95f., Anm. 35.

[53] Vgl. Jochen Schulte-Sasse, Stellenwert des Briefwechsels, a.a.O., S. 204–207; vgl. Moses Mendelssohn, Briefe über die Empfindungen, a.a.O., S. 43: „*Palemon*, ein englischer Weltweiser und Namenserbe jenes liebenswürdigen Schwärmers, der uns durch die R h a p s o d i e des Grafen von Shaftsbury bekannt ist, hatte seine Heimat vor einiger Zeit verlassen. Die *ausschweifende* Einbildungskraft, mit der *frantzösischen Galanterie* vermengt, welche von vielen seiner Landsleute für *Metaphysik verkauft* wird, war seiner *heftigen Neigung zur Gründlichkeit* so sehr zuwider, daß er sich entschloß, seinem Vaterlande, seiner Ruhe, und der Umarmung seiner geliebtesten Freunde zu entsagen, und ein Volk zu suchen, das r i c h t i g denken würdiger schätzt, als f r e y denken. Deutschland schien ihm dieses Volks zu versprechen" (Kursivhervorhebungen v. M.S.).

Die Verbindung zur Moral-Sense-School ist die eine Linie, die andere Linie der Tradition spiegelt sich im Selbstbewußtsein Mendelssohns, des deutschen Schulphilosophen, und in der negativen Einschätzung der französischen Nation wider. Auch Lessing hatte in den *Abhandlungen von dem weinerlichen oder rührenden Lustspiele* (1754) mit den Nationaltypen argumentiert. Zur Moral-Sense-School vgl. Gerhard Sauder, Empfindsamkeit, Bd. 1, S. 73–85; vgl. Hans-Jürgen Schings, Der mitleidigste Mensch, a.a.O., S. 25: „Seine [Mandevilles] Kampfansage hatte ja eben jener Ethik des M o r a l S e n s e und der Sympathie gegolten, wie sie am wirkungsvollsten Shaftesbury formuliert, die schottische Moralphilosophie weiter ausgebildet und die Empfindsamkeit in Deutschland als eine Art Basistheorie angenommen hatte. Es genügt, für die Mitte des Jahrhunderts, auf den als moralische Autorität unumstrittenen Gellert oder auf den sehr einflußreichen Theologen und Shaftesbury-Übersetzer Johann Joachim Spalding hinzuweisen, um einen Eindruck von der Wirkungskraft und Verbreitung der ‚schottischen' Grundsätze zu erhalten."

Zum unmittelbaren Kontext der *Briefe über die Empfindungen* vgl. Gerhard Sauder, Mendelssohns Theorie der Empfindungen im zeitgenössischen Kontext, in: Ehrhard Bahr et al. (Hrsg.), Humanität und Dialog, a.a.O., S. 237–248, bes. S. 239.

[54] G.E. Lessing, Rezension zu: *Zergliederung der Schönheit [...], geschrieben von Wilhelm Hogarth. Aus dem Englischen übersetzt von C. Mylius*, in: Berlinische Privilegierte Zeitung, 65. Stück, 30. Mai 1754, in: Lessing, Werke, a.a.O., Bd. 3, S. 206f.

[55] Vgl. Kap. III, Anm. 8.

[56] Anonym [Moses Mendelssohn und G.E. Lessing], Pope, ein Metaphysiker!, in: Lessing, Werke, a.a.O., Bd. 3, S. 639.

[57] Francis Hutcheson, *A System of Moral Philosophy*, in three Books, London 1755; Franz Hutcheson, *Sittenlehre der Vernunft. Aus dem Englischen übers.* [von G.E. Lessing], Bd. 1/2, Leipzig 1756. Vgl. Arnold Heidsieck, Der Disput zwischen Lessing und Mendelssohn über das Trauerspiel, a.a.O.; vgl. Hans-Jürgen Schings, Der mitleidigste Mensch, a.a.O., S. 25f.

[58] G.E. Lessing, Rezension zu: *Discours sur l'origine et les fondemens de l'inégalité parmi les hommes, par Jean Jacques Rousseau, Citoyen de Geneve, à Amsterdam chez Marc Michel Rey 1755*, in:

Berlinische Privilegierte Zeitung, 82. Stück, 10. Juli 1755, in: Lessing, Werke, a.a.O., Bd. 3, S. 251f.
[59] Vgl. hierzu Jürgen Ricklefs, Lessings Theorie vom Lachen und Weinen, a.a.O., S. 8ff.
[60] Mendelssohns Brief an Lessing, Ende Oktober 1755, in: G. E. Lessings sämtliche Schriften, a.a.O., Bd. 19, S. 21.
[61] Zum Forschungsstand:
Arthur Schopenhauer, Über die Grundlage der Moral (1840), in: ders., *Sämtliche Werke*, 5 Bde., u. Textkritisch bearb. u. hrsg. von Wolfgang Frhr. von Löhneysen, Bd. III, Stuttgart/Frankfurt/M. 1962, S. 741f., 781–786: Schopenhauer weist als erster auf die Verbindung zwischen Rousseau und Lessing hin.
Jürgen Ricklefs, Lessings Theorie von Lachen und Weinen, a.a.O., S. 22f., 57: Ricklefs analysiert die Verknüpfung zwischen der ästhetischen und ethischen Natur des Mitleids und bezieht sie auf das Fühlen und Wollen.
Bruno Strauss, Anmerkungen zu Moses Mendelssohns Briefen, I, 1754–1762, a.a.O., S. 412: Strauss bezieht Lessings Hinweis auf Mendelssohn in seiner Trauerspieldefinition – vgl. Lessings Brief an Nicolai, im Nov. 1756 – auf das „Sendschreiben" und stellt so den Bezug zu Rousseaus *Discours sur l'inégalité* her. Vgl. Bruno Strauss, Einleitung, in: M. Mendelssohn, Gesammelte Schriften, a.a.O., Bd. 2, S. XX–XXIII.
Peter Michelsen, Die Erregung des Mitleids durch die Tragödie. Zu Lessings Ansichten über das Trauerspiel im Briefwechsel mit Mendelssohn und Nicolai, in: *Deutsche Vierteljahrsschrift für Literaturwissenschaft und Geistesgeschichte* 40, 1966, S. 548–566. Michelsen leitet die Lessingsche Mitleidstheorie von Mendelssohns Theorie der angenehmen Empfindungen ab. Er weist ferner auf den altruistischen Aspekt des Mitleids hin im Gegensatz zum selbstgenüßlichen Vergnügen dieser Leidenschaft. Zur Kritik vgl. Jochen Schulte-Sasse, Stellenwert des Briefwechsels, a.a.O., S. 207f.; vgl. Ulrich Kronauer, Rousseaus Kulturkritik, a.a.O., S. 12.
David E.R. George, *Tragödientheorien vom Mittelalter bis zu Lessing. Texte und Kommentare*, München 1972, S. 231f. George beruft sich auf den Kommentar von Bruno Strauss und zitiert die entsprechende Passage aus dem „Sendschreiben". Auf die Verbindungslinie zu Rousseau jedoch geht er nicht ein. Die Definition des Mitleids „als moralisches Mitgefühl und Moral als instinktive Reaktion" (S. 233) im Gegensatz zu Mendelssohns Auffassung werden aber eindeutig dargelegt.
Jochen Schulte-Sasse, Stellenwert des Briefwechsels, a.a.O. Schulte-Sasse arbeitet die Bezüge zur Erkenntnislehre der Schulphilosophie heraus und grenzt Nicolai, Mendelssohn und Lessing gegeneinander ab. Die Bestimmung des Mitleids als ästhetisch-moralische Emotion und die Wirkung des Mitleids als affektive Disposition bilden die wichtigsten Ergebnisse dieser historischen Einordnung des „Briefwechsels" für die Theorie- und Begriffsbildung der neuen Poetik des Mitleids. Obwohl er die Beziehungen zu Mendelssohns *Briefen über die Empfindungen* herstellt und die wichtigsten Passagen in seiner Edition des *Briefwechsels über das Trauerspiel* aufgenommen hat, fehlen Hinweise auf die Briefe aus dem Zeitraum Oktober 1755 bis Januar 1756, auf Lessings bürgerliches Trauerspiel *Miß Sara Sampson*, auf Hutcheson, Rousseau und Mendelssohns „Sendschreiben".
Horst Turk, Wirkungsästhetik: Aristoteles, Lessing, Schiller, Brecht. Theorie und Praxis einer politischen Hermeneutik, in: *Jahrbuch der deutschen Schillergesellschaft* 17, 1973, S. 519–531, S. 522f.: Turk definiert psychologisch und moralisch-sozial das Mitleid und verweist auf Rousseaus zweiten Discours; vgl. ders., Dialektischer Dialog, a.a.O., S. 168–180: zu Rousseaus Mitleidstheorie.
Martin Fontius, Zur Ästhetik des bürgerlichen Dramas, in: Winfried Schröder et al., *Französische Aufklärung. Bürgerliche Emanzipation, Literatur und Bewußtseinsbildung*, Kollektivarbeit unter der Leitung von W.S., Leipzig 1974, S. 403–477, S. 427f.: Fontius stellt die Rousseausche Mitleidstheorie in einen Zusammenhang mit der Ästhetik des bürgerlichen Dramas in Frankreichs. Zur Kritik seiner Rousseaudarstellung vgl. Ulrich Kronauer, Rousseaus Kulturkritik, a.a.O., S. 50ff.

Hartmut Reinhardt, Schillers „Wallenstein" und Aristoteles, in *Jahrbuch der deutschen Schillergesellschaft* 20, 1976, S. 278–337, S. 298–300: Reinhardt bringt die Moralität mit dem Dispositionscharakter des Mitleids in Verbindung.

Ulrich Kronauer, Rousseaus Kulturkritik und die Aufgabe der Kunst, a.a.O., bes. Teil I: „Die Kraft des Mitleids". Kronauer legt die Bezüge zwischen Rousseau, Mendelssohn und Lessing offen; er verweist auf den Satz Lessings aus dem Brief vom Nov. 1756 – „Und nun berufe ich mich auf einen Satz, den Ihnen [Nicolai] Herr Moses vorläufig demonstriren mag, wenn Sie, Ihrem eignen Gefühl zum Trotz, daran zweifeln wollen."– In: Briefwechsel, a.a.O., S. 55 –, der auf Mendelssohns Rousseau-Kritik aus dem „Sendschreiben" anspielt. Kronauers Darstellung und Vergleich der Mitleidstheorien vernachlässigt sowohl die Struktur dieser vermischten Empfindung als auch den Bezug zu Hutcheson. Seiner Studie kommt aber das Verdienst zu, als erster im größeren Umfange die Unterschiede und Gemeinsamkeiten der Theoretiker analysiert zu haben.

Arnold Heidsieck, Der Disput zwischen Lessing und Mendelssohn, a.a.O.: Heidsieck versucht nachzuweisen, daß Lessings Mitleidstheorie im wesentlichen auf Hutchesons Lehre des „moral sense" basiere.

Hans-Jürgen Schings, Der mitleidigste Mensch, a.a.O., S. 22–45: Schings betont den dominierenden Einfluß Rousseaus auf Lessing, der dem Hutchesons bei weitem überwiege. Vgl. ebd., S. 91, Anm.24.

Jochen Schulte-Sasse, Poetik und Ästhetik Lessings, a.a.O., S. 325f.

Hermann Wiegmann, *Utopie als Kategorie der Ästhetik. Zur Begriffsgeschichte der Ästhetik und Poetik*, Stuttgart 1980, S. 99: Wiegmann sieht die Verbindung zwischen Rousseau und Lessing in der gemeinsamen Bestimmung des Mitleids als der „dominierenden v e r t u n a t u r e l l e".

Vgl. auch die jüngsten Publikationen:

Eva J. Engel, Moses Mendelssohn: His Importance as a Literary Critic, a.a.O., S. 262: Die Verf. verweist lediglich auf Rousseau.

Gerhard Sauder, Mendelssohns Theorie der Empfindungen im zeitgenössischen Kontext, a.a.O., S. 237–248.

F. Andrew Brown, Reason and Emotion in Lessing's Theory of Tragedy, a.a.O., S. 249–258.
Gerhard Sauder und F. Andrew Brown ziehen die wichtige Verbindungslinie zu Rousseau in ihren Beiträgen zum Symposium über Lessing und Mendelssohn n i c h t.

Dieter Kimpel, Das anthropologische Konzept in literaturästhetischen Schriften Lessings und Mendelssohns, a.a.O., S. 275–286. Dieter Kimpel beschreibt die ästhetische und ethische Komponente des Mitleids in den Grundzügen und grenzt Mendelssohns Position gegen die Lessings ab. Aber auch in diesem Aufsatz fehlen die Hinweise auf Hutcheson und Rousseau.

Die wichtigsten Arbeiten sind die von Jochen Schulte-Sasse, Ulrich Kronauer und Hans-Jürgen Schings sowie die von Horst Turk. Da sie jeweils den Akzent auf einen Aspekt des unmittelbaren Umfeldes der Genese und Theorie des Mitleids legen, gelingt es keinem, die Struktur u n d die Genese dieser natürlichen Leidenschaft sowie die Wirkung des Mitleids in die richtige Beziehung zu setzen.

[62] Lessings Brief an Nicolai, im Nov. 1756, in: Briefwechsel, a.a.O., S. 53. Alle weiteren Zitate, wenn sie nicht gesondert nachgewiesen werden, sind diesem Brief entnommen.

[63] Moses Mendelssohn, Briefe über die Empfindungen, a.a.O., S. 109f.

[64] Vgl. Kap. III, Gliederungspunkt 3.4.

[65] Vgl. zu Lessings Ablehnung der Illusionstheorie im Sinne einer Lehre von der ästhetischen Täuschung: Lessings Brief an Mendelssohn, vom 2. Febr. 1757, in: Briefwechsel, a.a.O., S. 101f.

[66] Vgl. Kap. III, S. 197.

[67] Vgl. Moses Mendelssohn, Sendschreiben, a.a.O., S. 88.

[68] Die hervorgehobene Passage des Satzes ist ein wörtliches Zitat aus Mendelssohns „Sendschreiben", ebd., S. 88: „Rousseau kann sich nicht überwinden, dem natürlichen Menschen die

Bemühung, sich vollkommener zu machen (la Perfectibilité), abzustreiten" (Hervorhebung v. M.S.).

[69] Lessings Brief an Mendelssohn, vom 21. Jan. 1756, a.a.O., S. 52f.

[70] Jean Jacques Rousseau, Discours sur l'origine et les fondemens de l'inégalité parmi les hommes, Amsterdam 1755, in: ders., *Discours sur les Sciences et les Arts (1750). Discours sur l'Origine de l'Inégalité parmi les Hommes (1755). Über Kunst und Wissenschaft (1750). Über den Ursprung der Ungleichheit unter den Menschen (1755)*. Eingel., übers. und hrsg. von Kurt Weigand, 2., erweiterte und durchgesehene Aufl. Hamburg 1971, S. 106. Da der Text in der zweisprachigen Ausgabe von Kurt Wiegand nur behutsam modernisiert worden ist und weil zugleich eine Übersetzung geboten wird, verzichte ich auf die Zitation nach der kritischen Ausgabe des *Discours sur l'inégalité* in: J.J. Rousseau, Œuvres complètes, Bd. III, Paris 1964, S. 109–237.

[71] Ebd., S. 106, 108.

[72] Vgl. Horst Turk, Dialektischer Dialog, a.a.O., S. 173–180. Besonders wichtig sind die Unterscheidungen sowohl zwischen r a i s o n und r é f l e x i o n als auch zwischen a m o u r d e s o i und a m o u r p r o p r e, um Rousseaus negative Dialektik der Aufklärung richtig bewerten zu können.

[73] Moses Mendelssohn, Sendschreiben, a.a.O., S. 88. Auffallend ist, daß Mendelssohn diese ‚zu freie Übersetzung' des Rousseauschen Vollkommenheitsbegriffes in der Wiedergabe des *Discours sur l'inégalité* vermieden hat; denn die entsprechenden Passagen des französischen Originaltextes – vgl. das Rousseau-Zitat, Kap. III, S. 206 – übersetzt Mendelssohn mit dem „Vermögen sich vollkommener zu machen". *Johann Jacob Rousseau: Abhandlung von dem Ursprunge der Ungleichheit unter den Menschen, und worauf sie sich gründe: ins Deutsche übersetzt mit einem Schreiben an den Herrn Magister L e ß i n g und einem Brief V o l t a i r e n s an den Verfasser vermehret* [von Moses Mendelssohn], Berlin 1756, S. 61f.

[74] Vgl. J.J. Rousseau, Discours sur l'inégalité, a.a.O., S. 98.

[75] Vgl. Jochen Schulte-Sasse, Stellenwert des Briefwechsels, a.a.O., S. 212f.

[76] G.E. Lessing, Eine Duplik (1778), in: Lessing, Werke, a.a.O., Bd. 8, S. 33.

[77] Moses Mendelssohn, Sendschreiben, a.a.O., S. 93.

[78] Mit der Aufhebung des Herr-Diener-Verhältnisses wird im Bereich der Familie der Naturzustand wiederhergestellt. Vgl. auch Rousseaus Passagen über das Herr-Knecht-Verhältnis: Discours sur l'inégalité, a.a.O., S. 186, 188, 220, 250. Sir Sampson rechtfertigt die Auflösung des Herrschaftsverhältnisses und des Standesunterschiedes auch mit dem Hinweis auf das Jenseits: „in jener Welt, weißt du wohl, ist er ohnedem aufgehoben" (III/7, S. 55). Naturzustand und christliche Jenseitsvorstellung sind kongruent. Der Edle, der Empfindsame ist im Zustand der Natur und im Jenseits, im natürlichen Leben nach dem Tod, der Vornehme, dessen „Tränen für Triumphe und schöne Gedanken für Ahnen" angerechnet werden. Wenn Gott kommt, werden „der Schmuck und die prächtigen Titel wohlfeil" sowie „die Herzen im Preise steigen". In jenem Leben stürzen die „Schranken des Unterschieds ein, und all die verhaßte Hülsen des Standes" springen ab, so daß „Menschen nur Menschen sind". Friedrich Schiller, *Kabale und Liebe. Ein bürgerliches Trauerspiel* (1784), in: Schillers Werke, Nationalausgabe, a.a.O., Bd. 5 (I/3, S. 13); und vgl. I/4 sowie III/6. Vgl. auch ders., Was kann eine gute stehende Schaubühne eigentlich bewirken? [Die Schaubühne als moralische Anstalt betrachtet] (1784), in: Schillers Werke, Nationalausgabe, a.a.O., Bd. 20, S. 87–100, bes. S. 100.

[79] Zur Autorität des Vaters und zur Gehorsamspflicht der Kinder vgl. J.J. Rousseau, Discours sur l'inégalité, a.a.O., S. 238, 240.

[80] Zur wollüstigen Liebe, zur Unterscheidung des Wollüstlings vom Wilden, vgl. Moses Mendelssohn, Sendschreiben, a.a.O., S. 94f.

[81] Lessings Brief an Mendelssohn, vom 21. Jan 1756, a.a.O., S. 53.

[82] Vgl. J.J. Rousseau, Discours sur l'inégalité, a.a.O., S. 124, 126, 240.

[83] Ebd., S. 172.

[84] Gerhard Fricke, Bemerkungen zu Lessings „Freigeist" und „Miss Sara Sampson, a.a.O., S. 117.

[85] Vgl. auch J.J. Rousseau, Discours sur l'inégalité, a.a.O., S. 172.

⁸⁶ Zur kontrafaktischen Gültigkeit und Wirksamkeit einer konkreten Utopie vgl. Jürgen Habermas, Vorbereitende Bemerkungen zu einer Theorie der kommunikativen Kompetenz, a.a.O., S. 136–141.

⁸⁷ J.J. Rousseau, Discours sur l'inégalité, a.a.O., S. 201, dt. Übers. von K. Weigand. Die Stelle lautet im Original und in den Kontext einbezogen: „Les premiers développements du coeur furent l'effet d'une situation nouvelle qui réunissait dans une habitation commune les maris et les femmes, les pères et les enfants. L'habitude de vivre ensemble fit naître les plus doux sentiments qui soient connus des hommes, l'amour conjugal et l'amour paternel. Chaque famille devint une petite société d'autant mieux unie, que l'attachement réciproque et la liberté en étaient les seuls liens; [...]" Ebd., S. 200.

⁸⁸ Vgl. Wolf Lepenies, Melancholie und Gesellschaft, Frankfurt/M. 1969, S. 204, 207, 208.

⁸⁹ Goethes Werther lebt ebenfalls diese Utopie, ein Leben, das sich von der bürgerlichen Gesellschaft und ihrem Zwang zur Arbeit gelöst hat. Selbst zur freiesten Form der Produktivität, nämlich zu der des Künstlers, Kunst zu schaffen, die sich den Gesetzen der Zweckrationalität entzieht, hat er eine gebrochene Beziehung, an der er leidet, an der er sterben wird. Vgl. Peter Pütz, Werthers Leiden an der Literatur, a.a.O.

⁹⁰ Wenn Minna sich selbst in ihrem Intrigenspiel als mitleiderregenden Charakter eines bürgerlichen Trauerspiels inszeniert, kann sich Tellheim trotz dieser Täuschung der natürlichen Leidenschaft nicht widersetzen. Durch das Mitleid wird Tellheim auf n a t ü r l i c h e Weise ‚bekehrt', und die n a t ü r l i c h e Rangordnung der menschlichen Werte wird wiederhergestellt. Vgl. G.E. Lessing, ‚Minna von Barnhelm, a.a.O. (V/5, S. 690f.); vgl. die Interpretation der entscheidenden Dialogpassage aus dieser Szene, Kap. III, S. 221f.

⁹¹ Vgl. die Interpretation, Kap. II, S. 175f.

⁹² Auf die Analogie zwischen Sir Sampson und Nathan haben hingewiesen:
H.C. Seeba, Das Bild der Familie, a.a.O., S. 317.
Peter Horst Neumann, Der Preis der Mündigkeit, a.a.O., S. 28, 53.
Steven D. Martinson, Authority and Criticism: Lessing's Critical and Dramatic Procedure, in: Ehrhard Bahr et al. (Hrsg.), Humanität und Dialog, a.a.O., S. 148.

⁹³ Vgl. Kurt Wölfel, Das kühne Traumbild eines neuen Staates. Über den klassischen Republikanismus des 18. Jahrhunderts in der deutschen Literatur. Antrittsvorlesung, gehalten am 8. 12. 1982 (unpubliziert); vgl. ders.: Prophetische Erinnerung. Der klassische Republikanismus in der deutschen Literatur des 18. Jahrhunderts als utopische Gesinnung, in: Wilhelm Voßkamp (Hrsg.): Utopieforschung, a.a.O., 3. Bd., S. 191–217.

⁹⁴ Vgl. bes. G.E. Lessing, Ernst und Falk. Gespräche für Freimäurer (1778), in: Lessing, Werke, a.a.O., Bd. 8, S. 451–488, bes. das zweite Gespräch. Vgl. auch ders., Die Erziehung des Menschengeschlechts (1780), in: Lessing, Werke, a.a.O., Bd. 8, S. 489–510.

⁹⁵ Vgl. auch ders., Rezension zu „Discours qui a remporté le prix à l'Academie de Dijon [...]", a.a.O., S. 84–92, bes. S. 91f. Vgl. Friedrich von Hagedorn, Die Glückseligkeit [1750], in: *Friedrichs von Hagedorn sämmtliche Poetische Werke*. Erster Theil, Hamburg ²1760, S. 14–27, S. 14: „Nicht Erbrecht, noch Geburt, das Herz macht groß und klein:
Ein Kaiser könnte Sklav, ein Sklave Kaiser seyn,
[...]."

⁹⁶ Vgl. G.E. Lessing, Hamburgische Dramaturgie, a.a.O., 80. Stück, S. 601.

⁹⁷ Zu den Bezügen zwischen Brecht und Lessing vgl. Hans Joachim Schrimpf, Lessing und Brecht, a.a.O. und vgl. Horst Turk, Dialektischer Dialog, a.a.O., S. 93–95.

⁹⁸ Vgl. J.J. Rousseau, Discours sur l'inégalité, a.a.O., S. 122, 258, 260.

⁹⁹ J.J. Rousseau, Lettre à M. Philopolis, in: ders., Discours sur les Sciences et les Arts. Discours sur l'Origine de l'Inégalité parmi les Hommes, a.a.O., S. 272. An einer anderen Stelle findet sich eine Parallele zu dem „Beschluss" aus Mendelssohns *Briefen über die Empfindungen*: „Pourquoi la populace, à qui M. Rousseau accorde une si grande dose de pitié, se repaît-elle avec tant d'avidité du spectacle d'un malheureux expirant sur la roue? Par la même raison que vous allez pleurer au théâtre et voir Séide égorger son père, ou Thyeste boire le sang de son fils. La pitié est un sentiment si délicieux, qu'il n'est pas étonnant qu'on cherche à l'éprouver." Ebd., S. 280.

[100] J.J. Rousseau, *Lettre à Mr. d'Alembert sur les Spectacles*, ed. critique par Max Fuchs, Genève 1948, S. 32.
[101] Lessings Brief an Mendelssohn, vom 28. Nov. 1756, in: Briefwechsel, a.a.O., S. 66. Vgl. auch ders., Neunter Brief, in: ders., Briefe, a.a.O., S. 291f.; Lessing wiederholt diesen Gedanken in wörtlicher Übereinstimmung in seiner Rezension zu Rousseaus „Discours qui a remporté le prix à l'Academie de Dijon [...]", a.a.O., S. 91f.
[102] Vgl. J.J. Rousseau, Discours sur l'inégalité, a.a.O., S. 174.
[103] Ebd., S. 72.
[104] Vgl. ebd., S. 168, 170.
[105] Vgl. zu dieser Unterscheidung Horst Turk, Dialektischer Dialog, a.a.O., S. 174f.
[106] Vgl. J.J. Rousseau, Discours sur l'inégalité, a.a.O., S. 172.
[107] Vgl. ebd., S. 172, 174.
[108] Ebd., S. 174, 176.
[109] Vgl. ebd., S. 170.
[110] Vgl. ebd., S. 174.
[111] Vgl. ebd., S. 168, 170.
[112] Vgl. ebd., S. 134.
[113] Vgl. ebd., S. 134, 136.
[114] Franz Hutcheson, Sittenlehre der Vernunft, a.a.O., Bd. 1, S. 52f.; vgl. Hans-Jürgen Schings, Der mitleidigste Mensch, a.a.O., S. 25f. vgl. Arnold Heidsieck, Der Disput zwischen Lessing und Mendelssohn, a.a.O.
[115] Moses Mendelssohn, Sendschreiben, a.a.O., S. 86.
[116] Die Diskrepanz zwischen der deutschen Übersetzung des *Discours sur l'inégalité* und der Darlegung der Rousseauschen Position im *Sendschreiben*, wie sie sich bereits bei der Wiedergabe des Vollkommenheitsbegriffes zeigte – vgl. Kap. III, Anm. 73 –, wiederholt sich auch an einer weiteren, zentralen Stelle. Gibt Mendelssohn in der *Abhandlung von dem Ursprung der Ungleichheit* „répugnance" (J.J. Rousseau, Discours sur l'inégalité, a.a.O., S. 72) mit „Widerwillen" (Johann Jacob Rousseau, Abhandlung von dem Ursprunge der Ungleichheit, a.a.O., S. 36) wieder, so deutet er diese Rousseausche Definition des Mitleids im *Sendschreiben* um als „Mißvergnügen".
Kronauer hat es versäumt, in der Darlegung der Gegenposition Mendelssohns zu Rousseaus Mitleidstheorie auf den Unterschied zwischen der Übersetzung und der Umdeutung Mendelssohns hinzuweisen. U. Kronauer, Rousseaus Kulturkritik, a.a.O., S. 48. Die zu freie Übersetzung Mendelssohns im *Sendschreiben*, in seiner Rousseau-Kritik, ist auf die freie Form der Darlegung im Gegensatz zur textnahen Wiedergabe des französischen Originals zurückzuführen.
[117] Mendelssohn folgt hier formal Rousseaus Beweisverfahren. Im Gegensatz zu Mendelssohn bringt Rousseau den Verweis auf Mandevilles ‚Bienenfabel' ein, um die Ursprünglichkeit des Mitleids zu beweisen, die selbst Mandeville, der Verächter der Tugenden, dem Menschen zugestehen muß. Mandeville sah im Mitleid eine Schwäche, welche die Prosperität der Gesellschaft eher verhindert als befördert; denn allein das Laster und der Egoismus garantieren das öffentliche Wohl. Bernhard de Mandeville, *The Fable of the Bees: or, Private Vices, Public Benefits*. With a Commentary Critical, Historical, and Explanatory by F.B. Kaye, 2 Bde., Oxford 1924, Nachdruck 1957. Deutsche Übersetzung: Bernhard Mandeville, *Die Bienenfabel oder Private Laster, öffentliche Vorteile*. Einleitung von Walter Euchner, Frankfurt/M. 1968. Vgl. Hans-Jürgen Schings, Der mitleidigste Mensch, a.a.O., S. 22ff.; vgl. Ulrich Kronauer, Rousseaus Kulturkritik, a.a.O., S. 20ff.
[118] Moses Mendelssohn, Sendschreiben, a.a.O., S. 86f.
[119] G.E. Lessing, Hamburgische Dramaturgie, a.a.O., 76. Stück, S. 586f.
[120] Vgl. dagegen Hans-Jürgen Schings, Der mitleidigste Mensch, a.a.O., S. 39, 43: Schings Interpretation dieser Stelle aus dem 76. Stück der Hamburgischen Dramaturgie greift wesentlich zu kurz. Das Verhältnis zwischen Lessing, Mendelssohn und Rousseau ist erheblich komplizierter, als es seine Darlegungen vermuten lassen.
[121] Vgl. J.J. Rousseau, Dicours sur l'inégalité, a.a.O., S. 172.

[122] Moses Mendelssohn, Briefe über die Empfindungen, a.a.O., S. 111.
[123] Vgl. Kap. III, Anm. 117.
[124] J.J. Rousseau, Discours sur l'inégalité, a.a.O., S. 173, dt. Übers. von K. Weigand.
[125] Lessings Brief an Mendelssohn, vom 21. Jan. 1756, a.a.O., S. 53.
[126] Vgl. die Ausführungen zu den „Cinna"-Stellen, Kap. III, S. 231ff.
[127] G.E. Lessing, Minna von Barnhelm, a.a.O. (V/5, S. 690).
[128] Ebd. – Heinrich Leopold Wagner läßt in seinem Trauerspiel *Die Kindsmörderin* (1776) den Leutnant von Gröningseck in nahezu wörtlicher Entsprechung die Lessingsche Definition des Mitleids Evchens Plan, sich selbst und das noch ungeborene Kind zu morden, wenn dieser sein Eheversprechen nicht halte, entgegenstellen. Wiederum ist es das Leiden Evchens, des ‚Engelskindes', der ‚beleidigten Tugend' (I, S. 18), der „simpeln Natur" (III, S. 34), das den „*Ueberrest* von Gefühl und Tugend; wenns auch nur ein *Fünkchen* wär" (IV, S. 53; Hervorhebung v. M.S.), zur F l a m m e   d e s   M i t l e i d s entfacht. Heinrich Leopold Wagner, *Die Kindsmörderin. Ein Trauerspiel nebst Scenen aus den Bearbeitungen K.G. Lessings und Wagners*, hrsg. von E. Schmidt, Heilbronn 1883, S. 52f.
[129] Vgl. dagegen die Interpretation von Hans-Jürgen Schings, Der mitleidigste Mensch, a.a.O., S. 41. Schings stellt diese Äußerung Tellheims ausschließlich im Kontext des *Discours sur l'inégalité* dar, was aber eher die Genese der Poetik des Mitleids verschleiert als aufklärt.
[130] Lessings Brief an Nicolai, im Nov. 1756, in: Briefwechsel, a.a.O., S. 55.
[131] Moses Mendelssohn, Sendschreiben, a.a.O., S. 91.
[132] Ders., Briefe über die Empfindungen, a.a.O., S. 111.
[133] Louis-Jean Levesque-Pouilly, *Théorie des sentimens agréables, où, après avoir indiqué les règles que la nature suit dans la distribution du plaisir, on établit les principes de la théologie naturelle et aux de la philosophie morale*, Genève 1747; vgl. Fritz Bamberger, Einleitung, a.a.O., S. XXXIf.
[134] Johann Jacob Bodmer, Brief-Wechsel, a.a.O., S. 73–80, bes. S. 78 (Calepios Brief vom Juli 1729) und vgl. S. 80–90, bes. S. 86–88 (Bodmers Brief vom 30. August 1729). Vgl. allgemein zu diesem Theorem der Leibnizischen „Monadologie" Robert Sommer, *Grundzüge einer Geschichte der deutschen Psychologie und Ästhetik von Wolff-Baumgarten bis Kant-Schiller*, Würzburg 1892, Nachdruck Amsterdam 1966, S. 192f. Vgl. auch Otto Haßelbeck, Illusion und Fiktion, a.a.O., S. 42–50.
[135] Jacques-Henri Bernardin de Saint-Pierre, *Oeuvres complètes*. Nouvelle édition revue, corrigée et augmentée par L. Aimé-Martin (Etudes de la Nature, T. IIIe), Bd. V, Paris 1826. Vgl. G. Sauder, Empfindsamkeit, a.a.O., Bd. 1, S. 66. Sauders Kritik an Pikuliks These, daß Empfindsamkeit Reflexion des Gefühls sei, und an dessen Formel vom „reflektierten Gefühl" ist zuzustimmen. Seine Schlußfolgerungen aber, erst Fichte und Hardenberg lieferten die Grundlagen für eine Reflexionstheorie der Empfindungen, sind dagegen zurückzuweisen, räumt er doch selber ein, daß Lessings Ansatz den Anspruch auf Reflexivität zu Recht erheben kann. Vgl. ebd., S. 171ff., 190f., 214f.
Die These von Peter Pütz, daß der Empfindsame dazu neige, „sein Gefühl nicht nur dem Bewußtsein, sondern auch seinem Willen zu unterwerfen", muß für Lessings erstes Trauerspiel, auf das sich Pütz bezieht, zurückgewiesen werden; denn das Mitleid selbst ist der Ausgangspunkt, von dem aus der Wille und der Verstand beeinflußt werden. Die Empfindsamkeit erweist sich n i c h t – zumindest nach den Intentionen Lessings – als eine nach innen gekehrte Form der Naturbeherrschung. Lessings Theorie des Mitleids und sein Trauerspiel sind Gegengewichte zur negativen Dialektik der rationalen Aufklärung. Peter Pütz, Werthers Leiden an der Literatur, a.a.O., S. 65–68.
[136] Vgl. J.J. Rousseau, Discours sur l'inégalité, a.a.O., S. 168, 170.
[137] Ebd., S. 129; dt. Übersetzung von K. Weigand.
[138] Ebd., S. 135; dt. Übersetzung von K. Weigand.
[139] Vgl. Lessings Brief an Mendelssohn, vom 2. Febr. 1757, in: Briefwechsel, a.a.O., S. 102f.; und vgl. dazu die Ausführungen, Kap. II, S. 58, 86, 183f. sowie Kap. III, S. 225.
[140] Horst Turk, Dialektischer Dialog, a.a.O., S. 175 und vgl. ebd., S. 154ff.
[141] Lessings Brief an Mendelssohn, vom 2. Febr. 1757, in: Briefwechsel, a.a.O., S. 103.

¹⁴² Moses Mendelssohn, Briefe über die Empfindungen, a.a.O., S. 111.
¹⁴³ Zur Struktur des Mitleids vgl. Kap. II, S. 68–71.
¹⁴⁴ Vgl. Kap. II, S. 69f.
¹⁴⁵ Vgl. Kap. II, S. 182.
¹⁴⁶ G.E. Lessing, Hamburgische Dramaturgie, a.a.O., 14. Stück, S. 294.
¹⁴⁷ Ebd., S. 294f.; Lessing zitiert hier eine Äußerung Marmontels.
¹⁴⁸ Lessings Brief an Mendelssohn, 28. Nov. 1756, in: Briefwechsel, a.a.O., S. 64, 66.
¹⁴⁹ Wie Plato, Spinoza, Larochefoucauld und Kant, so schätzt auch Nietzsche das Mitleid sehr gering. Ausdruck gegen das Mitleid ist das „Pathos der Distanz", ein zentraler Begriff der aristokratischen Gesinnung Nietzsches, der sich gegen die demokratische Idee der Gleichheit der Menschen und gegen die „Seelen-Gleichheits-Lüge" der christlichen sowie der Mitleids-Moral richtet. Das Pathos der Distanz entspricht der Forderung der neuen, aristokratischen Philosophie, das Mitleiden durch das Leiden zu ersetzen. Vgl. bes. Friedrich Nietzsche, Jenseits von Gut und Böse, in: *Nietzsche Werke. Kritische Gesamtausgabe*, hrsg. von Giorgo Colli und Mazzino Montinari, Sechste Abteilung, Bd. 2, Berlin 1968. Neuntes Hauptstück: Was ist vornehm?, § 257; vgl. ders., Der Antichrist. Fluch auf das Christentum, ebd., Bd. 3, Berlin 1969, § 43.
¹⁵⁰ Immanuel Kant, Beantwortung der Frage: Was ist Aufklärung?, a.a.O., S. 55.
¹⁵¹ Vgl. Denis Diderot, Von der dramatischen Dichtkunst [Übers. von G.E. Lessing, 1760], in: *Lessings Werke. Vollständige Ausgabe in fünfundzwanzig Teilen*, hrsg. mit Einleitungen und Anmerkungen sowie einem Gesamtregister versehen von Julius Petersen und Waldemar von Olshausen, Elfter Teil, Berlin/Leipzig/Wien/Stuttgart [1925], S. 256: „‚Die menschliche Natur ist also gut?' Ja, mein Freund, und sehr gut. [...] Die elenden willkürlichen Satzungen [„les misérables conventions"] sind es, die den Menschen verderben; diese muß man anklagen und nicht die menschliche Natur." Vgl. Kap. II, Anm. 53 und Kap. III, Anm. 95.
¹⁵² Die naturrechtliche, politische, gesellschaftliche Dimension des Mitleids wird weder von Habermas noch von Koselleck gesehen. Jede soziologische, jede literatursoziologische Untersuchung der Aufklärung und der Empfindsamkeit muß aber ihr Ziel verfehlen, wenn sie nicht die Theorie des Mitleids k o n t e x t b e z o g e n als naturrechtliche, gesellige Empfindung, als Moment der Selbstkritik und als Gesellschaftskritik des Bürgertums einbezieht.
¹⁵³ Vgl. Aristoteles, Poetik, a.a.O., Kap. 10 und vgl. G.E. Lessing, Hamburgische Dramaturgie, a.a.O., 37./38. Stück, bes. S. 269–274.
¹⁵⁴ Lessings „Seneca-Abhandlung", in der er Euripides höher schätzt als Seneca, und sein Affront gegen Gottscheds *Cato* sowie die Hymne auf Thomsons Trauerspiele, Griechenstücke, die gegen Corneilles Römerdramen gestellt werden, seine Antipathie gegen Frankreich, in dem vorherrschend die römische Antike rezipiert wurde als ein aristokratisches Kulturerbe, die Notwendigkeit, eine bürgerliche Virginia zu schreiben, das Trauerspiel *Emilia Galotti* von allen Staatsinteressen zu befreien, sein Trauerspiel *Philotas* belegen exemplarisch den Wechsel von der römischen Antike, die sowohl den deutschen Barock als auch den französischen Klassizismus bestimmte, zur griechischen. Goethes *Iphigenie* und *Faust II* werden die zwei wichtigsten Etappen in der Renaissance der griechischen Antike bilden. Ferner sei darauf hingewiesen, daß im Erscheinungsjahr der *Miß Sara Sampson* Winckelmann seine Schrift *Gedanken über die Nachahmung der griechischen Werke in der Malerey- und Bildhauerkunst* veröffentlichte. Die Merkmale griechischer Kunst, die „edle Einfalt" und die „stille Größe", verweisen auf die Menschlichkeit und Empfindsamkeit, auf das Unheroische. Im Gegensatz zu Frankreich herrschte in England bereits die griechische Antike. Von England aus beeinflußte sie die Renaissance des Griechentums in der deutschen Empfindsamkeit. Hatten sich der deutsche Barock und der französische Klassizismus am Römischen, Pathetischen, Aristokratischen und Heroischen orientiert, so leiteten die Poetik des Mitleids und das vom englischen Drama beeinflußte bürgerliche Trauerspiel der Empfindsamkeit diesen Paradigmenwechsel ein. Der gute, tugendhafte, mittlere Mensch, der maßvolle, trägt nicht mehr den ‚barocken Prunk', den ‚barocken Schwulst', der Erhabenheit. Selbst die Könige und Bürger im empfindsamen Trauerspiel stellen die Einfachheit dar, indem sie als natürliche Menschen auftreten, ohne niedrig zu erscheinen. Erst die empfindsam

rezipierte, griechische Antike ermöglichte die Aufhebung der Ständeklausel, die den römisch-romanischen, ständisch-monarchischen, staatsheroischen, stoizistischen Geist des Klassizismus widerspiegelte.

Die differierenden Interpretationen der Aristotelischen Unterscheidung zwischen der Komödie und Tragödie verdeutlichen diesen Wechsel: Die „Komödie sucht schlechtere, die Tragödie bessere Menschen nachzuahmen, als sie in der Wirklichkeit vorkommen" (Aristoteles, Poetik, a.a.O., S. 41). Die Poetik des Barocks und auch noch Gottscheds *Critische Dichtkunst* interpretieren „gut" und „schlecht"ständisch im Sinne von „edel" und „gemein", so daß dem Bürger und dem natürlichen Menschen der Auftritt in der Tragödie verwehrt wurde. Vgl. Peter Szondi, Die Theorie des bürgerlichen Trauerspiels, a.a.O., S. 35f.; vgl. Peter Pütz, Grundbegriffe, a.a.O., S. 17f.

Zur Renaissance der griechischen Antike: Vgl. Walther Rehm, Römisch-französischer Barockheroismus und seine Umgestaltung in Deutschland, in: *Germanisch-romanische Monatsschrift* 22, 1934, S. 81–106 und S. 213–239; vgl. Heinz O. Burger, Deutsche Aufklärung im Widerspiel zu Barock und ‚Neubarock', a.a.O.

[155] Pierre Corneille, *Cinna ou la clémence d'Auguste* (1643), a.a.O., V/3, V. 1701.

[156] M. Accius [statt der richtigen Vornamen Titus Maccius] Plautus, *Die Gefangnen. Ein Lustspiel*. Aus dem Lateinischen übersetzt [von G.E. Lessing], in: *Beyträge zur Histoire und Aufnahme des Theaters*, a.a.O., Zweytes Stück, S. 171 (II/3): „O ihr Götter, was sind das für großmüthige Seelen! Sie pressen mir Thränen aus."

[157] Mendelssohns Brief an Lessing, vom 26. Dec. 1755, a.a.O., S. 28.

[158] Mendelssohns Brief an Lessing, vom 23. Nov. 1756, in: Briefwechsel, a.a.O., S. 59.

[159] Mendelssohns Brief an Lessing, erste Hälfte Dez. 1756, ebd., S. 70f.

[160] Lessings Brief an Mendelssohn, vom 28. Nov. 1756, ebd., S. 62.

[161] Vgl. ebd., S. 64.

[162] Ebd., S. 62f.; Francois Marie Arouet de Voltaire, *Alzire ou les Américains*. Tragédie (1736), in: Œuvres complètes de Voltaire, ed. par Louis Moland, T. 3, Paris 1877, Reprint Nendeln/Liechtenstein 1967, S. 367–438, dt. Übers. von Luis. Adelg. Viet. Gottsched, in: Johann Christoph Gottsched, *Die Deutsche Schaubühne*, Dritter Theil, Leipzig 1741. Faksimiledruck nach der Ausgabe von 1741–1745, Stuttgart 1972, S. 1–62.

[163] Lessings Brief an Mendelssohn, vom 28. Nov. 1756, in: Briefwechsel, a.a.O., S. 64.

[164] Lessings Brief an Mendelssohn, vom 21. Jan. 1756, a.a.O., S. 53; vgl. Kap. II, S. 179–181.

[165] Vgl. Mendelssohns Brief an Lessing, erste Hälfte Dec. 1756, in: Briefwechsel, a.a.O., S. 70f., 74.

[166] Vgl. Lessings Brief an Nicolai, vom 21. Jan. 1758, in: G.E. Lessings sämtliche Schriften, a.a.O., Bd.17, S. 133.

[167] Lessings Brief an Mendelssohn, vom 18. Dec. 1756, in: Briefwechsel, a.a.O., S. 78.

[168] G.E. Lessing, Laokoon, a.a.O., S. 37f.

[169] Vgl. ders., Hamburgische Dramaturgie, a.a.O., 2. Stück.

[170] Vgl. Moses Mendelssohn, Rhapsodie, a.a.O., S. 395f.

Literaturverzeichnis

Abel, Lionel: *Metatheatre. A New View of Dramatic Form*, New York 1963.
Ackermann, Irmgard: *Vergebung und Gnade im klassischen deutschen Drama*, München 1968.
Albrecht, Paul: *Leszing's Plagiate*, 6 Bde., Hamburg/Leipzig 1888–1891.
Albrecht, Wolfgang: *Die Wirkung Lessings und des bürgerlichen Trauerspiels auf Schillers Dramatik und Dramaturgie*, Diss. Halle 1978 [masch.].
Alewyn, Richard: Die Empfindsamkeit und die Entstehung der modernen Dichtung (Bericht über einen Vortrag, gehalten am 20.6.32), in: *Zeitschrift für Aesthetik und allgemeine Kunstwissenschaft* 26, 1932, S. 394–395.
Altenheim, Hans-Richard: *Geld und Geldeswert im bürgerlichen Schauspiel des 18. Jahrhunderts*, Diss. Köln 1952 [masch.].
Angermeyer, Hans Christoph: *Zuschauer im Drama. Brecht – Dürrenmatt – Handke*, Frankfurt/M. 1971 (Literatur und Reflexion, Bd. 5).
Anonym [Johann David Michaelis]: Rezension. Der sechste Theil der Leßingschen Schriften, in: *Göttingische Anzeigen von Gelehrten Sachen*, Bd. 1, 66. Stück, 2. Jun. 1755, S. 614 f.
Anonym [Johann Gottlob Benjamin Pfeil]: Vom bürgerlichen Trauerspiele, in: *Neue Erweiterung der Erkenntnis und des Vergnügens*. Ein und dreyßigstes Stück, Sechster Band [hrsg. von Johann Daniel Tietz], Leipzig 1755, S. 1–25.
Auch in: Jürg Mathes, 1974, S. 48–57 [Auszug].
Auch in: Karl Eibl, 1971, S. 173–189.
Anonym [Daniel Heinrich Thomas und Johann Ehrenfried Jacob Dahlmann]: *Vermischte critische Briefe*, Rostock 1758.
Aristoteles: *Poetik*, eingeleitet, übersetzt und erläutert von Manfred Fuhrmann, München 1976 (Dialog mit der Antike, Bd. 7).
Arntzen, Helmut: *Die ernste Komödie. Das deutsche Lustspiel von Lessing bis Kleist*, München 1968.
Ders.: Komödie und episches Theater, in: *Der Deutschunterricht* 21, 1969, H. 3, S. 67–77.
Asmuth, Bernhard: *Einführung in die Dramenanalyse*, Stuttgart 1980 (Sammlung Metzler, Bd. 188, Abt. B., Literaturwissenschaftliche Methodenlehre).
Assling, Reinhard: *Werthers Leiden. Die ästhetische Rebellion der Innerlichkeit*, Frankfurt/M./Bern 1981 (Europäische Hochschulschriften, Reihe I, Deutsche Sprache und Literatur, Bd. 437).
Bäumler, Alfred: *Kants Kritik der Urteilskraft, ihre Geschichte und Systematik*, Halle an der Saale 1923.
Neudruck unter dem Titel: *Das Irrationalitätsproblem in der Ästhetik und Logik des 18. Jahrhunderts bis zur Kritik der Urteilskraft*, Tübingen 1967.
Bahr, Ehrhard: Lessing: Ein konservativer Revolutionär? Zu „Ernst und Falk: Gespräche für Freimäurer", in: Edward P. Harris und Richard E. Schade (Hrsg.), *Lessing in heutiger Sicht*, a. a. O., S. 299–306.
Bahr, Ehrhard und Edward P. Harris, Lawrence G. Lyon (Hrsg.): *Humanität und Dialog. Lessing und Mendelssohn in neuer Sicht*. Beiträge zum Internationalen Lessing-Mendelssohn-Symposium anläßlich des 250. Geburtstages von Lessing und Mendelssohn, veranstaltet im November 1979 in Los Angelos, Kalifornien. Beiheft zum Lessing Yearbook, Detroit/München 1982.
Balet, Leo und E. Gerhard: *Die Verbürgerlichung der deutschen Kunst, Literatur und Musik im 18. Jahrhundert* (1. Aufl. Straßburg/Leipzig/Zürich/Leiden 1936), Neudruck: hrsg. und eingeleitet von Gert Mattenklott, Frankfurt/M./Berlin/Wien 1973.
Balzercan, Edward: Perspektiven der „Perzeptionsästhetik", in: Aleksander Flaker und Viktor Žmegač (Hrsg.), *Formalismus, Strukturalismus und Geschichte. Zur Literaturtheorie und Methodologie in der Sowjetunion, CSSR, Polen und Jugoslawien*, Kronberg 1974, S. 186–210 (Scriptor Taschenbücher, Literaturwissenschaft, S. 22).

Bamberger, Fritz: *Einleitung zu Moses Mendelssohns Schriften zur Philosophie und Ästhetik,* in: Moses Mendelssohn: *Gesammelte Schriften,* a. a. O., Bd. 1, S. VII-XLVIII.

Barner, Wilfried: *Barockrhetorik. Untersuchungen zu ihren geschichtlichen Grundlagen,* Tübingen 1970.

Ders.: *Produktive Rezeption. Lessing und die Tragödien Senecas,* München 1973.

Barner, Wilfried und Gunter Grimm, Helmuth Kiesel, Martin Kramer: *Lessing. Epoche – Werk – Wirkung,* (1. Aufl. 1975) 4. völlig neubearbeitete Aufl. München 1981 (Arbeitsbücher für den literaturgeschichtlichen Unterricht).

Barner, Wilfried: *Lessing als Dramatiker,* in: Walter Hinck (Hrsg.), *Handbuch des deutschen Dramas,* a. a. O., S. 106–119.

Bauer, Gerhard und Sibylle (Hrsg.): *Gotthold Ephraim Lessing,* Darmstadt 1968 (Wege der Forschung, Bd. CCXI).

Bayer, Hans: *Feingefühl – achtung – ehrfurcht. Zur soziologie des bürgerlichen ethos der goethezeit,* in: *Wirkendes Wort* 28, 1978, S. 406–422.

Beare, Mary: *Die Theorie der Komödie von Gottsched bis Jean Paul,* Diss. Bonn 1927.

Behler, Ernst: *Klassische Ironie, romantische Ironie, tragische Ironie,* Darmstadt 1972.

Bender, Wolfgang: *Zu Lessings frühen kritisch-ästhetischen Schriften,* in: *Zeitschrift für deutsche Philologie* 90, 1971, S. 161–186.

Benjamin, Walter: *Was ist das epische Theater?* in: ders., *Schriften,* hrsg. von Theodor W. Adorno und Gretel Adorno unter Mitwirkung von Friedrich Podszus, Bd. 2, Frankfurt/M. 1955, S. 259–267.

Bennett, Benjamin: *The Idea of the Audience in Lessing's Inexplicit Tragic Dramaturgy,* in: *Lessing Yearbook* XI, 1979, S. 59–68.

Bentley, Eric: *The Life of the Drama,* London ²1966; dt.: *Das lebendige Drama. Eine elementare Dramaturgie,* Übers. von Walter Hasenclever, Velber 1967.

Bergson, Henri: *Le Rire. Essay sur la signification du comique,* in: ders., *Oeuvres,* Paris ²1963, S. 381–485; dt. Übersetzung von Julius Frankenberger und Walter Fränzel, Jena 1914.

Bernardin de Saint-Pierre, Jacques-Henri: *Œuvres complètes,* Nouvelle édition revue, corrigée et augmentée par L. Aimé-Martin (Etudes de la Nature, T. IIIe), Bd. V, Paris 1826.

Birk, Heinz: *Bürgerliche und empfindsame Moral im Familiendrama des 18. Jahrhunderts,* Diss. Bonn 1967.

Birus, Hendrik: *Poetische Namengebung. Zur Bedeutung der Namen in Lessings „Nathan der Weise",* Göttingen 1978 (Palaestra. Untersuchungen aus der deutschen und englischen Philologie und Literaturgeschichte, Bd. 270).

Bluthaupt, Heinrich: *Dramaturgie der Classiker,* Bd. 1: *Lessing, Goethe, Schiller, Kleist,* Oldenburg 1882.

Bodmer, Johann Jacob: *Briefwechsel von der Natur des Poetischen Geschmackes.* Faksimiledruck nach der Ausgabe von 1736, mit einem Nachwort von Wolfgang Bender, Stuttgart 1966 (Deutsche Neudrucke, Reihe Texte des 18. Jahrhunderts).

Ders.: *Critische Abhandlung von dem Wunderbaren in der Poesie und dessen Verbindung mit dem Wahrscheinlichen in einer Vertheidigung des Gedichtes Joh. Miltons von dem verlohrnen Paradiese; der beygefügt ist Joseph Addisons Abhandlung von den Schönheiten in demselben Gedichte,* Zürich 1740.

Ders.: *Critische Betrachtungen über die poetischen Gemälde der Dichter.* Mit einer Vorrede von Johann Jacob Breitinger, Zürich/Leipzig 1740.

Bodmer, Johann Jacob und Johann Jacob Breitinger: *Die Discourse der Mahlern,* Vier Teile in einem Band. Reprografischer Nachdruck der Ausgabe Zürich 1721–1723, Hildesheim 1969.

Dies.: *Von dem Einfluß und Gebrauche der Einbildungs-Krafft; zur Ausbesserung des Geschmackes: Oder Genaue Untersuchung Aller Arten Beschreibungen, Worinne die außerlesenste Stellen der berühmtesten Poeten dieser Zeit mit gründtlicher Freyheit beurtheilt werden.* [Vorsatztitel:] *Vernüfftige Gedancken und Urtheile von der Beredtsamkeit,* Frankfurt und Leipzig [tatsächlich Zürich] 1727.

Dies.: *Critische Briefe,* Zürich 1746. Reprografischer Nachdruck Hildesheim 1969.

Boetius, Henning: *Dichtungstheorien der Aufklärung,* Tübingen 1971 (Deutsche Texte, Bd. 19).

Ders.: Poetik, in: Heinz Ludwig Arnold und Volker Sinemus (Hrsg.), *Grundzüge der Literatur- und Sprachwissenschaft*, 2 Bde., München (1973), ²1974, Bd. 1, S. 115–133.

Bohnen, Klaus: *Geist und Buchstabe. Zum Prinzip des kritischen Verfahrens in Lessings literarästhetischen und theologischen Schriften*, Köln/Wien 1974 (Kölner Germanistische Studien, Bd. 10).

van den Boom, Rüdiger: *Die Bedienten und das Herr-Diener-Verhältnis in der deutschen Komödie der Aufklärung (1742–1767)*, Frankfurt/M. 1979.

Borkenau, Franz: *Der Übergang vom feudalen zum bürgerlichen Weltbild. Studien zur Geschichte der Philosophie der Manufakturperiode*, Darmstadt 1971.

Borchmeyer, Dieter: Corneille, Lessing und das Problem der „Auslegung" der aristotelischen Poetik, in: *Deutsche Vierteljahrsschrift für Literaturwissenschaft und Geistesgeschichte* 51, 1977, S. 422–435.

von Bormann, Alexander (Hrsg.): *Vom Laienurteil zum Kunstgefühl. Texte zur deutschen Geschmacksdebatte im 18. Jahrhundert*, ausgew. und mit einer Einleitung, Tübingen 1974 (Deutsche Texte, Bd. 30).

Bornkamm, Heinrich: Die innere Handlung in Lessings „Miss Sara Sampson" in: *Euphorion* 51, 1957, S. 385–396.

Brecht, Bertolt: *Gesammelte Werke in 20 Bänden*, hrsg. vom Suhrkamp Verlag in Zusammenarbeit mit Elisabeth Hauptmann, Frankfurt/M. 1967.

Ders.: Die Mutter. Leben der Revolutionärin Pelagea Wlassowa aus Twer (nach dem Roman Maxim Gorkis), ebd., Bd. 2, S. 823–895.

Ders.: Anmerkungen zur Oper „Aufstieg und Fall der Stadt Mahagonny", ebd., Bd. 17, S. 1004–1016.

Ders.: *Der kaukasische Kreidekreis* Frankfurt/M ⁸1969.

Ders.: *Über Schauspielkunst*, Berlin 1973.

Ders.: Dialog über eine Schauspielerin des epischen Theaters, ebd., S. 152–155.

Breitinger, Johann Jacob: *Critische Dichtkunst Worinnen die Poetische Mahlerey in Absicht auf die Erfindung Im Grunde untersuchet und mit Beyspielen aus den berühmtesten Alten und Neuern erläutert wird*. Mit einer Vorrede eingeführt von Johann Jacob Bodemer, Zürich/Leipzig 1740; Stuttgart 1966 (Deutsche Nachdrucke, Reihe Texte des 18. Jahrhunderts).

Ders.: *Fortsetzung der Critischen Dichtkunst Worinnen die Poetische Mahlerey In Absicht auf den Ausdruck und die Farben abgehandelt wird*, mit einer Vorrede von Johann Jacob Bodemer, Zürich/Leipzig 1740; Stuttgart 1966 (Deutsche Nachdrucke, Reihe Texte des 18. Jahrhunderts).

Bremer, Claus: Das Mitspiel. Ein Vortrag, in: *Akzente* 12, 1965, S. 14–26.

Brock-Sulzer, Elisabeth: *Gotthold Ephraim Lessing*, Hannover (1967) ²1972 (Friedrichs Dramatiker der Weltliteratur, 11).

Brown, F. Andrew: Sara Sampson: The Dilemma of Love, in: *Lessing Yearbook* II, 1970, S. 135–148.

Ders.: *Gotthold Ephraim Lessing*, New York 1971.

Ders.: Seneca and „Sara": Parallels and Problems, in: Edward P. Harris und Richard E. Schade (Hrsg.), *Lessing in heutiger Sicht*, a. a. O., S. 143–156.

Ders.: Reason and Emotion in Lessing's Theory of Tragedy, in: Ehrhard Bahr et al. (Hrsg.), *Humanität und Dialog*, a. a. O., S. 249–258.

Brüggemann, Diethelm: *Die sächsische Komödie. Studien zum Sprachstil*, Köln/Wien 1970 (Mitteldeutsche Forschungen, Bd. 63).

Brüggemann, Fritz: Die Entwicklung der Psychologie im bürgerlichen Drama Lessings und seiner Zeit, in: *Euphorion* 26, 1925, S. 376–388.

Ders.: Lessings Bürgerdramen und der Subjektivismus als Problem. Psychogenetische Untersuchung, in: *Jahrbuch des Freien Deutschen Hochstifts*, 1926, S. 69–110.

Ders.: *Die bürgerliche Gemeinschaftskultur der vierziger Jahre. Erster Teil: Lyrik und Roman*, unter Mitwirkung von Helmut Paustian, Leipzig 1933; unveränderter reprografischer Nachdruck Darmstadt 1965 (Deutsche Literatur, Reihe Aufklärung, Bd. 5).

Ders.: *Die bürgerliche Gemeinschaftskultur der vierziger Jahre. Zweiter Teil: Drama*, Leipzig 1933;

unveränderter reprografischer Nachdruck Darmstadt 1964 (Deutsche Literatur, Reihe Aufklärung, Bd. 6).

Ders.: *Die Anfänge des bürgerlichen Trauerspiels in den fünfziger Jahren*, Leipzig 1934; unveränderter reprografischer Nachdruck Darmstadt 1964 (Deutsche Literatur, Reihe Aufklärung, Bd. 8).

Ders. (Hrsg.): *Der Anbruch der Gefühlskultur in den fünfziger Jahren*, unter Mitwirkung von Helmut Paustian, Leipzig 1935; unveränderter reprografischer Nachdruck Darmstadt 1965 (Deutsche Literatur, Reihe Aufklärung, Bd. 7).

Bruford, Walter Horace: *Germany in the 18th Century. A Social Background of the Literary Revival*, Cambridge 1935; dt.: *Die gesellschaftlichen Grundlagen der Goethezeit*, (Weimar 1936) Frankfurt/M./Berlin/Wien (1975) 1979.

Buck, Elmar: *Die Dramaturgie des Dramatikers Gotthold Ephraim Lessing: Impulse und Praktiken seines dramatischen Schaffens*, Diss. Hannover 1971.

Büdel, Oscar: Zeitgenössisches Theater und ästhetische Distanz, in: *Publications of the Modern Language Association of America* LXXVI, Juni 1961, S. 277–291.

Bürger, Christa und Peter Bürger, Jochen Schulte-Sasse (Hrsg.): *Aufklärung und literarische Öffentlichkeit*, Frankfurt/M. 1980 (Hefte für Kritische Literaturwissenschaft, 2).

(Bürger, Gottfried August:) *Briefe von und an G.A.B. Ein Beitrag zur Literaturgeschichte seiner Zeit*, 4 Bde., hrsg. von Adolf Strodtmann, Berlin 1874.

Burger, Heinz Otto: Die Geschichte der unvergnügten Seele. Ein Entwurf, in: *Deutsche Vierteljahrsschrift für Literaturwissenschaft und Geistesgeschichte* 34, 1960, S. 1–20.

Ders.: Deutsche Aufklärung im Widerspiel zu Barock und ‚Neubarock', in: ders., ‚*Dasein heisst eine Rolle spielen'. Studien zur deutschen Literaturgeschichte*, München 1963, S. 94–119 (Literatur als Kunst).

Cassirer, Ernst: *Die Philosophie der Aufklärung*, Tübingen 1932.

Catholy, Eckehard: Komische Figur und dramatische Wirklichkeit. Ein Versuch zur Typologie des Dramas, in: *Festschrift Helmut de Boor. Zum 75. Geburtstag am 24. 3. 1966*, hrsg. von den Direktoren des germanistischen Seminars der Freien Universität Berlin, Tübingen 1966, S. 193–208.

Ders.: Die geschichtlichen Voraussetzungen des Illusionstheaters in Deutschland, in: Eckehard Catholy und Winfried Hellmann (Hrsg.), *Festschrift für Klaus Ziegler*, Tübingen 1968, S. 93–111.

Ders.: *Das deutsche Lustspiel. Vom Mittelalter bis zum Ende der Barockzeit*, Stuttgart/Berlin/Köln/Mainz 1969.

Ders.: Aristoteles und die Folgen. Zur Geschichte der deutschen Komödie, in: Wolfgang Paulsen (Hrsg.), *Die deutsche Komödie im zwanzigsten Jahrhundert. Sechstes Amherster Kolloquium zur modernen deutschen Literatur, 1972*, Heidelberg 1976, S. 11–26.

Ders.: Die deutsche Komödie vor Lessing, in: Walter Hinck (Hrsg.), *Die deutsche Komödie*, a. a. O., S. 32–48.

Ders.: *Das deutsche Lustspiel von der Aufklärung bis zur Romantik*, Stuttgart/Berlin/Köln/Mainz 1982.

Cerf, Steven R.: Miss Sara Sampson and Clarissa: the use of epistolary devices in Lessing's drama, in: Edward R. Haymes (Ed.), *Theatrum mundi. Essays on German drama and German literature. Dedicated to Harold Lenz on his 70th birthday, Sept. 11, 1978*, München 1980, S. 22–30 (Houston German studies, Vol. 2).

de Chassiron, Pierre Mathieu Martin: *Réflexions sur le comique larmoyant*, Paris 1749; dt. Übersetzung von G.E. Lessing (in: *Theatralische Bibliothek*, 1. Stück, Berlin 1754), in: Lessing, *Werke*, a. a. O., Bd. 4, S. 16–36.

Corneille, Pierre: Cinna ou la clémence d'Auguste. Tragédie (1643), in: ders.: *Œuvres complètes*, Textes établis, présentés et annotés par George Couton, T. 1, Paris 1980, S. 903–969 (Bibliothèque de la Pléiade).

Ders.: Deutsche Übersetzung der ‚Trois Discours' von 1660, in: [G.E. Lessing und Christlob Mylius (Hrsg.)] *Beyträge zur Historie und Aufnahme des Theaters*, 1., 2. und 3. Stück (1750), a. a. O., S. 53–95, 211–265, 545–572.

Critchfield, Richard: The Search for an Enlightened Sovereign in Lessing's drama, in: *Studies in the eighteenth century culture* 9, 1979, S. 251–267.

von Cronegk, Johann Friedrich: Codrus. Ein Trauerspiel in fünf Aufzügen, in: ders., *Schriften*, 2 Bde., Bd. 1, 2. verbeßerte Aufl. Ansbach 1761, S. 169–266.

Curtius, Michael Conrad: Abhandlung von der Absicht des Trauerspiels, in: *Aristoteles, Dichtkunst*, ins Deutsche übersetzt, mit Anmerkungen, und besonderen Abhandlungen, versehen, von M.C. Curtius, Hannover 1753, S. 389–396.

Dällenbach, Lucien: *Le récit spéculaire. Essai sur la mise en abyme*, Paris 1977.

Daemmrich, Horst S.: Illusion: Möglichkeiten und Grenzen eines Begriffs, in: *Lessing Yearbook* I, 1969, S. 88–98.

Danzel, Theodor Wilhelm und Gottschalk Eduard Guhrauer: *Gotthold Ephraim Lessing. Sein Leben und seine Werke*, 2., berichtigte u. vermehrte Auflage, hrsg. von Wendelin von Maltzahn und Robert Boxberger, Berlin 1880.

Darlington, William Aubrey: *The Actor and his Audience*, London 1949.

Daunicht, Richard: *Die Entstehung des bürgerlichen Trauerspiels in Deutschland*, Berlin ²1965 (Quellen und Forschungen, N. F. 8).

Descartes, René: *Meditationes de prima philosophia (in qua Dei existentia et animae immortalis demonstratur)*, (Paris 1641). *Meditationen über die Grundlagen der Philosophie*. Auf Grund der Ausgaben von Arthur Buchenau neu herausgegeben von Lüder Gäbe, Hamburg 1959 (Philosophische Bibliothek, Bd. 250a).

Ders.: *Discours de la Méthode pour bien conduire sa raison et chercher la verité dans les sciences*, (Leiden 1637), hrsg. und übers. von Lüder Gäbe, Hamburg 1960 (Philosophische Bibliothek, Bd. 261).

Desch, Joachim: *Lessings Dramaturgie und Religionsphilosophie in ihrem Zusammenhang*, Diss. Marburg 1971.

Dessoir, Max: *Geschichte der neueren deutschen Psychologie*, Bd. 1, Berlin ²1902.

Ders.: *Abriß einer Geschichte der Psychologie*, Heidelberg 1911 (Die Psychologie in Einzeldarstellungen, Bd. IV).

Ders.: Das Schauspiel im Schauspiel, in: ders., *Beiträge zur allgemeinen Kunstwissenschaft*, Stuttgart 1929, S. 137–150.

Diderot, Denis: *Œuvres complètes*. Édition critique et Annotée présentée par Jacques Chouillet et Anne-Marie Chouillet, Paris 1975 ff.

Ders.: Le Fils naturel, ou les épreuves de la vertu (1757), ebd., Bd. 10, Paris 1980, S. 13–81.

Ders.: Le Père de famille, avec un Discours sur la poésie dramatique (1758), ebd., Bd. 10, Paris 1980, S. 162–427.

Ders.: Von der dramatischen Dichtkunst, [Übers. von G. E. Lessing, 1760], in: *Lessings Werke*, a. a. O., Elfter Teil, S. 249–338.

Ders.: *Ästhetische Schriften*, hrsg. von Friedrich Bassenge. Aus dem Französischen übers. von F.B. und Theodor Lücke, mit einer Einleitung von F.B, Frankfurt/M. 1968.

Diederichsen, Diedrich und Bärbel Rudin (Hrsg.): *Lessing im Spiegel der Theaterkritik. 1945–1979*, Berlin 1980 (Schriften der Gesellschaft für Theatergeschichte, Bd. 67).

Dietrich, Margret und Paul Stefanek: *Deutsche Dramaturgie von Gryphius bis Brecht*, München 1965.

Dietrich-Bader, Florentina: *Wandlungen der dramatischen Bauform vom 16. Jahrhundert bis zur Frühaufklärung. Untersuchungen zur Lehrhaftigkeit des Theaters*, Diss. Göppingen 1972 (Göppinger Arbeiten zur Germanistik, Nr. 53).

Dockhorn, Klaus: *Macht und Wirkung der Rhetorik. Vier Aufsätze zur Ideengeschichte der Vormoderne*, Bad Homburg/Berlin/Zürich 1968 (Respublica Literaria. Studienreihe zur europäischen Bildungstradition vom Humanismus bis zur Romantik, Bd. 2).

Ders.: Rhetorik und germanistische Literaturwissenschaft in Deutschland, in: *Jahrbuch für Internationale Germanistik* 3, 1971, H. 1, S. 168–185.

Ders.: Rhetorica movet, in: Helmut Schanze (Hrsg.), *Rhetorik*, a. a. O., S. 17–42.

Ders.: Kritische Rhetorik? in: Heinrich Plett (Hrsg.), *Rhetorik*, a. a. O., S. 252–275.

Dosenheimer, Elise: *Das deutsche soziale Drama von Lessing bis Sternheim*, Konstanz 1949, unveränd. reprograph. Nachdruck Darmstadt 1967.

Dubos, Jean Baptiste Abbé: *Réflexions Critiques sur la Poésie et sur la Peinture*, (1719), 1.–3. Theil Paris 1740; dt.: *Kritische Betrachtungen über die Poesie und Mahlerey*, 1.–3. Theil, Kopenhagen 1760/61.

Durzak, Manfred: Äußere und innere Handlung in ‚Miß Sara Sampson'. Zur ästhetischen Geschlossenheit von Lessings Trauerspiel, in: *Deutsche Vierteljahrsschrift für Literaturwissenschaft und Geistesgeschichte* 44, 1970, S. 47–63.

Ders.: Lessing und Büchner. Zur Kategorie des Politischen, in: Edward P. Harris und Richard E. Schade (Hrsg.), *Lessing in heutiger Sicht*, a. a. O., S. 279–298.

Dusch, Johann Jakob (Hrsg.): *Vermischte kritische und satyrische Schriften nebst einigen Oden auf gegenwärtige Zeiten*, Altona 1758.

Dvoretzky, Edward: Death and Tragedy in Lessing's „Miß Sara Sampson", „Philotas", and „Emilia Galotti", in: *Rice University Studies* 55, 1969, No. 3, S. 9–32.

Eibl, Karl: *Gotthold Ephraim Lessing. Miß Sara Sampson. Ein bürgerliches Trauerspiel*, Frankfurt 1971 (Commentatio. Analysen und Kommentare zur deutschen Literatur, Bd. II).

Ders.: Identitätskrise und Diskurs. Zur thematischen Kontinuität von Lessings Dramatik, in: *Jahrbuch der deutschen Schillergesellschaft* 21, 1977, S. 138–191.

Eichner, Hans: Einleitung zum zweiten Band der ersten Abteilung der Kritischen Friedrich-Schlegel-Ausgabe, a. a. O., S. IX-CXX.

Eco, Umberto: *Das offene Kunstwerk*. Aus dem Ital. von Günter Memmert, Frankfurt/M. 1973.

Elias, Norbert: *Über den Prozeß der Zivilisation. Soziogenetische und psychogenetische Untersuchungen*, 2 Bde. (1. Aufl. Basel 1939), Frankfurt/M. [6]1979.

Ders.: *Die höfische Gesellschaft. Untersuchungen zur Soziologie des Königtums und der höfischen Aristokratie mit einer Einleitung: Soziologie und Geschichtswissenschaft*, Neuwied/Berlin 1969.

Ellis-Fermor, Una: *The Frontiers of Drama*, London (1945) [3]1948.

Engel, Eva J.: Moses Mendelssohn: His Importance as a Literary Critic, in: Ehrhard Bahr et al. (Hrsg.), *Humanität und Dialog*, a. a. O., S. 259–273.

Engel, J[ohann] J[akob]: *Über Handlung, Gespräch und Erzählung*. Faksimiledruck der ersten Fassung von 1774 aus der „Neuen Bibliothek der schönen Wissenschaften und der freyen Künste", hrsg. und mit einem Nachwort versehen von Ernst Theodor Voss, Stuttgart 1964 (Sammlung Metzler, 37).

Federico, Joseph Anthony: *Metatheater: Self-Consciousness and Role-Playing in the Dramas of Max Frisch, Friedrich Dürrenmatt, and Peter Handke*, Diss. Ohio State University, Ann Arbor 1976.

Flashar, Hellmut: Die medizinischen Grundlagen der Lehre von der Wirkung der Dichtung in der griechischen Poetik, in: *Hermes* 84, 1956, S. 12–48.

Flemming, Willi: Die Bühne in Lessings Dramen, in: *Germanisch-romanische Monatsschrift* 54, NF. 23, 1973, S. 464–470.

Fontius, Martin: Zur Ästhetik des bürgerlichen Dramas, in: Winfried Schröder et al., *Französische Aufklärung. Bürgerliche Emanzipation, Literatur und Bewußtseinsbildung*, Kollektivarbeit unter der Leitung von W.S., Leipzig 1974, S. 403–477.

Franzen, Erich: *Formen des modernen Dramas. Von der Illusionsbühne zum Antitheater*, München (1961) [2]1970.

Frey, Dagobert: Zuschauer und Bühne, in: ders., *Kunstwissenschaftliche Grundfragen. Prolegomena zu einer Kunstphilosophie*, (1. Aufl. Baden bei Wien 1946), Darmstadt [2]1972, S. 151–223.

Freytag, Gustav: *Die Technik des Dramas*, 13. Aufl., Nachdruck Darmstadt 1965.

Fricke, Gerhard: Bemerkungen zu Lessings „Freigeist" und „Miss Sara Sampson", in: Hugo Moser, Rudolf Schützeichel und Karl Stackmann (Hrsg.), *Festschrift für Josef Quint anläßlich seines 65. Geburtstages*, Bonn 1964, S. 83–120.

Friederici, Hans: *Das deutsche bürgerliche Lustspiel der Frühaufklärung (1736–1750) unter besonderer Berücksichtigung seiner Anschauungen von der Gesellschaft*, Halle (Saale) 1957.

Friedrich, Wolf-Hartmut: Sophokles, Aristoteles und Lessing, in: *Euphorion. Zeitschrift für Literaturgeschichte*, 57, 1963, S. 4–27.

Friess, Ursula: *Buhlerin und Zauberin. Eine Untersuchung zur deutschen Literatur des 18. Jahrhunderts*, München 1970.
Dies.: „Verführung ist die wahre Gewalt". Zur Politisierung eines dramatischen Motivs in Lessings bürgerlichen Trauerspielen, in: *Jahrbuch der Jean-Paul-Gesellschaft* 6, 1971, S. 102–130.
Fuhrmann, Manfred: Einführung zu Aristoteles, Poetik, in: Aristoteles: *Poetik*, a. a. O., S. 7–35.
Ders.: Die Rezeption der aristotelischen Tragödienpoetik in Deutschland, in: Walter Hinck (Hrsg.), *Handbuch des deutschen Dramas*, a. a. O., S. 93–105.
Gabler, Werner: *Der Zuschauerraum des Theaters*, Leipzig 1935 (Theatergeschichtliche Forschungen, Bd. 44).
Garbe, Burckhard: Die Komposition der aristotelischen ‚Poetik' und der Begriff der Katharsis, in: *Euphorion* 74, 1980, S. 312–332.
Gebauer, Gunter (Hrsg.): *Das Laokoon – Projekt. Pläne einer semiotischen Ästhetik. Mit Beitr. von T. Todorov, K. Stierle et al.*, Stuttgart 1984 (Studien zur allgemeinen und vergleichenden Literaturwissenschaft, Bd. 25).
Geiger, Heinz und Hermann Haarmann: *Aspekte des Dramas*, Opladen 1978 (Grundstudium-Literaturwissenschaft, Bd. 7).
Gellert, Christian Fürchtegott: *Die zärtlichen Schwestern* (1747), hrsg. von Horst Steinmetz, Stuttgart (1965) 1975.
Ders.: *Pro comoedia commovente*, Leipzig 1751; dt. Übers. von G. E. Lessing (in: Theatralische Bibliothek, 1. Stück, Berlin 1754), in: Lessing, *Werke*, a. a. O., Bd. 4, S. 37–53.
Ders.: Moralische Vorlesungen. Erster Theil, in: ders., *Sämtliche Werke*, Bd. 6, Carlsruhe 1818.
George, David E.R.: *Deutsche Tragödientheorien vom Mittelalter bis zu Lessing. Texte und Kommentare*, München 1972.
Glaser, Horst Albert: *Das bürgerliche Rührstück. Analekten zum Zusammenhang von Sentimentalität mit Autorität in der trivialen Dramatik Schröders, Ifflands, Kotzebues und anderer Autoren am Ende des achtzehnten Jahrhunderts*, Stuttgart 1969.
Göbel, Helmut: *Bild und Sprache bei Lessing*, München 1971.
Goethe, [Johann Wolfgang:] *Berliner Ausgabe*, 23 Bde., Berlin/Weimar, 1963 ff.
Ders.: Faust in ursprünglicher Gestalt, ebd., Bd. 8, S. 5–67.
Ders.: Faust. Eine Tragödie, ebd., Bd. 8, S. 145–300.
Ders.: Die Leiden des jungen Werther, ebd., Bd. 9, S. 119–247.
Ders.: Regeln für Schauspieler, ebd., Bd. 17, S. 82–105.
Ders.: Nachlese zu Aristoteles' „Poetik", ebd., Bd. 18, S. 121–125.
Ders.: Shakespeare und kein Ende, ebd., Bd. 18, S. 147–160.
Ders.: Maximen und Reflexionen. Über Kunst und Kunstgeschichte. Aphorismen. Freunden und Gegnern zur Beherzigung, ebd., Bd. 18, S. 632–642.
Ders.: Gedenkausgabe der Werke, Briefe und Gespräche, Bd. 20: *Der Briefwechsel zwischen Goethe und Schiller*, Zürich/Stuttgart (1950) ²1964.
Götte, Rose: *Die Tochter im Familiendrama des achtzehnten Jahrhunderts*, Diss. Bonn 1964.
Gottsched, Johann Christoph: *Versuch einer Critischen Dichtkunst vor die Deutschen; Darinnen erstlich die allgemeinen Regeln der Poesie, hernach alle besonderen Gattungen der Gedichte, abgehandelt und mit Exempeln erläutert werden: Überall aber gezeigt wird daß das innere Wesen der Poesie in einer Nachahmung der Natur bestehe. Anstatt einer Einleitung ist Horatii Dichtkunst in deutsche Verse übersetzt, und mit Anmerkungen erläutert*, (1. Aufl. 1730), vierte, sehr vermehrte Aufl. Leipzig 1751; unveränd. photomechanischer Nachdruck Darmstadt ⁵1962.
Ders.: *Sterbender Cato* (1732), hrsg. von Horst Steinmetz, Stuttgart 1964.
Ders.: *Die Deutsche Schaubühne*. Faksimiledruck nach der Ausgabe 1741–1745, mit einem Nachwort von Horst Steinmetz, Stuttgart 1972 (Deutsche Neudrucke, Reihe 18. Jahrhundert).
von Graevenitz, Gerhart: *Die Setzung des Subjekts. Untersuchungen zur Romantheorie*, Tübingen 1973 (Studien zur deutschen Literatur, Bd. 36).
Ders.: Innerlichkeit und Öffentlichkeit. Aspekte deutscher „bürgerlicher" Literatur im frühen

18. Jahrhundert, in: *Deutsche Vierteljahrsschrift für Literaturwissenschaft und Geistesgeschichte* 49, 1975, S. 1*-82*.

Grassi, Ernesto: *Die Theorie des Schönen in der Antike*, Köln 1962 (Reihe I, Kunstgeschichte, Deutung, Dokumente, Geschichte der Ästhetik, Bd. I, Antike).

Greiner, Norbert und Jörg Hasler, Hajo Kurzenberger, Lothar Pikulik: *Einführung ins Drama. Handlung – Figur – Szene – Zuschauer*, 2 Bde., München/Wien 1982.

Grimm, Gunter: *Rezeptionsgeschichte. Grundlegung einer Theorie*, mit Analysen und Bibliographie, München 1977.

Grimm, Reinhold (Hrsg.): *Episches Theater*, Köln/Berlin (1966) ²1970 (Neue wissenschaftliche Bibliothek, 15, Literaturwissenschaft).

Ders. (Hrsg.): *Deutsche Dramentheorie*, 2 Bde., Frankfurt/M. 1971, 1973.

Grimm, Reinhold und Walter Hinck: *Zwischen Satire und Utopie. Zur Komiktheorie und zur Geschichte der europäischen Komödie*, Frankfurt/M. 1982.

Grimminger, Rolf (Hrsg.): *Deutsche Aufklärung bis zur Französischen Revolution 1680–1789*, München 1980 (Hansers Sozialgeschichte der deutschen Literatur vom 16. Jahrhundert bis zur Gegenwart, hrsg. von Rolf Grimminger, Bd. 3).

Grossvogel, David I.: *The self-conscious Stage in modern French Drama*, New York 1967 (20th Century French Drama).

Günther, Hans R.G.: Psychologie des deutschen Pietismus, in: *Deutsche Vierteljahrsschrift für Literaturwissenschaft und Geistesgeschichte* 4, 1926, S. 144–176.

Guthke, Karl S.: *Gotthold Ephraim Lessing*, 3. erw. und überarb. Aufl. Stuttgart 1979 (Sammlung Metzler, 65).

Ders.: *Das Bürgerliche Trauerspiel*, Stuttgart (1972) ²1976 (Sammlung Metzler, 116).

Ders.: Das Bürgerliche Drama des 18. und 19. Jahrhunderts, in: Walter Hinck (Hrsg.), *Handbuch des deutschen Dramas*, a. a. O., S. 76–92.

Habermas, Jürgen: *Strukturwandel der Öffentlichkeit. Untersuchungen zu einer Kategorie der bürgerlichen Gesellschaft*, Neuwied/Berlin (1962) ⁷1975.

Ders.: Vorbereitende Bemerkungen zu einer Theorie der kommunikativen Kompetenz, in: J.H. und Niklas Luhmann, *Theorie der Gesellschaft oder Sozialtechnologie – Was leistet die Systemforschung?* Frankfurt/M. (1971) 1975, S. 101–141.

Ders.: *Zur Rekonstruktion des Historischen Materialismus*, Frankfurt/M. ²1976.

Ders.: *Theorie des kommunikativen Handelns*, 2 Bde., Frankfurt/M. 1981.

von Hagedorn, Friedrich: Die Glückseligkeit [1750], in: F. v. H., *Sämmtliche Poetische Werke*, Erster Theil, Hamburg ²1760, S. 14–27.

Hahl, Werner: *Reflexion und Erzählung. Ein Problem der Romantheorie von der Spätaufklärung bis zum programmatischen Realismus*, Stuttgart/Berlin/Köln/Mainz 1971 (Studien zur Poetik und Geschichte der Literatur, Bd. 18).

Hamburger, Käte: Zum Strukturproblem der epischen und dramatischen Dichtung, in: *Deutsche Vierteljahrsschrift für Literaturwissenschaft und Geistesgeschichte* 25, 1951, S. 1–26.

Dies.: *Logik der Dichtung*, 2. stark veränderte Aufl. Stuttgart 1968.

Dies.: Versuch einer Typologie des Dramas, in: Werner Keller (Hrsg.), *Beiträge zur Poetik des Dramas*, a. a. O., S. 3–13.

Dies.: Mitleid und Furcht – ein Lessingproblem, in: Johannes Janota und Jürgen Kühnl (Hrsg.), *Ehrenpromotion Käte Hamburger am 25. Juni 1980*, Siegen 1980, S. 25–34.

Hammer, Klaus (Hrsg.): *Dramaturgische Schriften des 18. Jahrhunderts.* Bd. 1: *Dokumente*, Berlin 1968 (Geschichte des deutschen Theaters, Abteilung B, Dokumente, Bd. 1).

Handke, Peter: Publikumsbeschimpfung, in: ders., *Publikumsbeschimpfung und andere Sprechstükke*, Frankfurt/M. ¹³1976, S. 5–48.

Ders.: *Ich bin ein Bewohner des Elfenbeinturms*, Frankfurt/M. 1972.

Ders.: Straßentheater und Theatertheater (1968), ebd., S. 51–55.

Ders.: Für d a s Straßentheater gegen d i e Straßentheater (1968), ebd., S. 56–62.

Ders.: Horváth und Brecht (1968), ebd., S. 63 f.

Ders.: Theater und Film: Das Elend des Vergleichens (1968), ebd., S. 65–77.

Ders.: Die Arbeit des Zuschauers, ebd., S. 188–125.
Harris, Edward P. und Richard E. Schade (Hrsg.): *Lessing in heutiger Sicht. Beiträge zur Internationalen Lessing-Konferenz Cincinnati, Ohio 1976*, Bremen/Wolfenbüttel 1977.
Haßelbeck, Otto: *Illusion und Fiktion. Lessings Beitrag zur poetologischen Diskussion über das Verhältnis von Kunst und Wirklichkeit*, München 1979 (Theorie und Geschichte der Literatur und der schönen Künste, Texte und Abhandlungen, Bd. 49).
Haymes, Edward R. (Ed.): *Theatrum mundi. Essays on German Drama and German Literature. Dedicated to Harald Lenz on his Seventieth Birthday, Sept. 11, 1978*, München 1980 (Houston German Studies, Vol. 2).
Hegel's Werke. Vollständige Ausgabe, Bd. 10, Dritte Abteilung: Georg Wilhelm Friedrich Hegel's Vorlesungen über die Ästhetik, hrsg. von D.H.G. Hotho, Dritter Theil, Berlin ²1843.
Heidsieck, Arnold: Der Disput zwischen Lessing und Mendelssohn über das Trauerspiel, in: *Lessing Yearbook* XI, 1979, S. 7–34.
Heimrich, Bernhard: *Fiktion und Fiktionsironie in Theorie und Dichtung der deutschen Romantik*, Tübingen 1968 (Studien zur deutschen Literatur, Bd. 9).
Heine, Roland: *Transzendentalpoesie. Studien zu Friedrich Schlegel, Novalis und E.T.A. Hoffmann*, Bonn 1974 (Abhandlungen zur Kunst-, Musik- und Literaturwissenschaft, Bd. 144).
Heitner, Robert R.: Lessing's Manipulation of a Single Comic Theme, in: *Modern Language Quarterly* 18, 1957, S. 183–198.
Ders.: *German Tragedy in the Age of Enlightenment. A Study in the Development of Original Tragedies, 1724–1768*, Berkeley/Los Angeles 1963.
Herder, Johann Gottfried: *Sämmtliche Werke*, hrsg. von Bernhard Suphan, Berlin 1877–1913.
Herrmann, Hans-Peter: *Nachahmung und Einbildungskraft. Zur Entwicklung der deutschen Poetik von 1670 bis 1740*, Bad Homburg/Berlin/ Zürich 1970 (Ars poetica. Texte und Beiträge zur Dichtungslehre und Dichtkunst, Studien, Bd. 8).
Hettner, Hermann: *Literaturgeschichte des achtzehnten Jahrhunderts*, III. Teil, 2. Buch, Braunschweig ⁷1925.
Hildebrandt, Dieter: *Lessing. Biographie einer Emanzipation*, München 1979.
Hillen, Gerd: Die Halsstarrigkeit der Tugend. Bemerkungen zu Lessings Trauerspielen, in: *Lessing Yearbook* II, 1970, S. 115–134.
Hinck, Walter: *Das deutsche Lustspiel des 17. und 18. Jahrhunderts und die italienische Komödie. Commedia dell'arte und théâtre italien*, Stuttgart 1965 (Germanistische Abhandlungen, 8).
Ders.: Das deutsche Lustspiel im 18. Jahrhundert, in: Hans Steffen (Hrsg.), *Das deutsche Lustspiel*, a. a. O., S. 7–26.
Ders. (Hrsg.): *Die deutsche Komödie. Vom Mittelalter bis zur Gegenwart*, Düsseldorf 1977.
Ders.: Einführung in die Theorie des Komischen und der Komödie, ebd., S. 11–31.
Ders. (Hrsg.): *Handbuch des deutschen Dramas*, Düsseldorf 1980.
Hoensbroech, Marion Gräfin: *Die List der Kritik. Lessings kritische Schriften und Dramen*, München 1976.
Hörisch, Jochen: *Die fröhliche Wissenschaft der Poesie. Der Universaliätsanspruch von Dichtung in der frühromantischen Poetologie*, Frankfurt/M. 1976.
Ders.: Die Tugend und der Weltlauf in Lessings bürgerlichem Trauerspiel, in: *Euphorion* 74, 1980, S. 186–197.
Hofius, Margarete: *Untersuchungen zur Komödie der deutschen Aufklärung. Mit besonderer Berücksichtigung Johann Elias Schlegels*, Diss. Münster 1954 [masch.].
Hohendahl, Peter Uwe: Empfindsamkeit und gesellschaftliches Bewußtsein. Zur Soziologie des empfindsamen Romans am Beispiel von „La Vie de Marianne", „Clarissa", „Fräulein von Sternheim" und „Werther", in: *Jahrbuch der deutschen Schillergesellschaft* 16, 1972, S. 176–207.
Hoppe, Hans: *Das Theater der Gegenstände*, Bensberg-Frankenhorst 1971 (Theater unserer Zeit, Bd. 10).
Horkheimer, Max und Theodor W. Adorno: *Dialektik der Aufklärung. Philosophische Fragmente*, (1. Aufl. Amsterdam 1947) Neudruck Frankfurt/M. (1969) 1973.

Huge, Eberhard: *Poesie und Reflexion in der Ästhetik des frühen Friedrich Schlegel*, Stuttgart 1971 (Studien zur Allgemeinen und Vergleichenden Literaturwissenschaft, Bd. 6).

Hume, David: *Philosophische Versuche über die Menschliche Erkenntniß, von D.H. Als dessen vermischter Schriften zweyter Theil*. Nach der zweyten vermehrten Ausgabe aus dem Englischen übersetzt und mit Anmerkungen des Herausgebers begleitet, Hamburg/ Leipzig 1755.

Hutcheson, Francis: *A System of Moral Philosophy*. In Three Books, London 1755; dt.: *Sittenlehre der Vernunft*. Aus dem Engl. übers. [von G. E. Lessing], Bd. 1/2, Leipzig 1756.

van Ingen, Ferdinand: Tugend bei Lessing, Bemerkungen zu „Miss Sara Sampson", in: *Amsterdamer Beiträge zur neueren Germanistik* I, 1972, S. 43–73.

Iser, Wolfgang: Das Spiel im Spiel. Formen der dramatischen Illusion bei Shakespeare, in: *Archiv für das Studium der Neueren Sprachen und Literaturen* 198, 1962, S. 209–226.

Jacobs, Jürgen: Das klassische Drama der Frühaufklärung, in: W. Hinck (Hrsg.), *Handbuch des deutschen Dramas*, a. a. O., S. 61–75.

Jäger, Georg: *Empfindsamkeit und Roman. Wortgeschichte, Theorie und Kritik im 18. und frühen 19. Jahrhundert*, Stuttgart/Köln/ Berlin/Mainz 1969 (Studien zur Poetik und Geschichte der Literatur, Bd. 11).

Jäger, Hans-Wolf: *Politische Kategorien in Poetik und Rhetorik der zweiten Hälfte des 18. Jahrhunderts*, Stuttgart 1970 (Texte Metzler, 10).

Jakobson, Roman: Über den Realismus in der Kunst, in: Jurij Striedter (Hrsg.), *Texte der russischen Formalisten*, a. a. O., Bd. 1, S. 372–391.

Jansen, Steen: Entwurf einer Theorie der dramatischen Form. Übers. von Erika Höhnisch, in: Jens Ihwe (Hrsg.), *Literaturwissenschaft und Linguistik. Ergebnisse und Perspektiven*, 3 Bde., Bd. 3: *Zur linguistischen Basis der Literaturwissenschaft, II*, Frankfurt/M. 1972, S. 393–423; französisches Orig.: Esquisse d'une théorie de la forme dramatique, in: *Langages* 12, 1968, S. 71–93.

Janz, Rolf-Peter: „Sie ist die Schande ihres Geschlechts." Die Figur der femme fatale bei Lessing, in: *Jahrbuch der deutschen Schillergesellschaft* 23, 1979, S. 207–221.

Jauss, Hans Robert (Hrsg.): *Nachahmung und Illusion. Gießener Kolloquium* 1963, 2. durchgesehene Aufl. München 1969 (Poetik und Hermeneutik, I).

Ders.: Literaturgeschichte als Provokation der Literaturwissenschaft, in: Rainer Warning (Hrsg.), *Rezeptionsästhetik*, a. a. O., S. 126–162.

Jendreiek, Helmut: *Bertolt Brecht. Drama der Veränderung*, Düsseldorf 1969.

Jonnes, Denis: Solche Väter. The Sentimental Family Paradigm in Lessing's Drama, in: *Lessing Yearbook* XII, 1980, S. 157–174.

Junker, Hedwig: *Drama und „Pseudodrama". Studien zur theatertheoretischen Reflexion in Eugène Ionescos „Victimes du Devoir"*, Frankfurt/M. 1971 (Linguistica et Litteraria, Bd. 10).

Kafitz, Dieter: *Grundzüge einer Geschichte des deutschen Dramas von Lessing bis zum Naturalismus*, 2 Bde., Königstein/Ts. 1982.

Kahl-Pantis, Brigitte: *Bauformen des bürgerlichen Trauerspiels. Ein Beitrag zur Geschichte des deutschen Dramas im 18. Jahrhundert*, Frankfurt/M./Bern/Las Vegas 1977 (Europäische Hochschulschriften, Reihe 1, Deutsche Literatur und Germanistik, Bd. 201).

Kaiser, Gerhard: „Denken" und „Empfinden": ein Beitrag zur Sprache und Poetik Klopstocks, in: *Deutsche Vierteljahrsschrift für Literaturwissenschaft und Geistesgeschichte* 35, 1961, S. 321–343.

Ders.: *Von der Aufklärung bis zum Sturm und Drang 1730–1785*, Gütersloh 1966.

Kant, Immanuel: *Was ist Aufklärung? Aufsätze zur Geschichte und Philosophie*, hrsg. und eingel. von Jürgen Zehbe, 2., erweiterte und verbesserte Aufl. Göttingen 1975.

Karnick, Manfred: *Rollenspiel und Welttheater. Untersuchungen an Dramen Calderóns, Schillers, Strindbergs, Becketts und Brechts*, München 1980.

Keller, Werner (Hrsg.): *Beiträge zur Poetik des Dramas*, Darmstadt 1976.

von Kesteren, Aloysius und Herta Schmid (Hrsg.): *Moderne Dramentheorie*, Kronberg/Ts. 1975 (Monographien Literaturwissenschaft, 23).

Kesting, Marianne: *Das epische Theater*, Stuttgart 1959.

Kies, Paul P.: The Sources and Basic Model of Lessing's Miss Sara Sampson, in: *Modern Philology* 24, 1926/27, S. 65–90.
Kimpel, Dieter: Das anthropologische Konzept in literaturästhetischen Schriften Lessings und Mendelssohns, in: Ehrhard Bahr et al. (Hrsg.), *Humanität und Dialog*, a. a. O., S. 275–286.
Kindermann, Heinz: *Bühne und Zuschauerraum. Ihre Zueinanderordnung seit der griechischen Antike*, Wien 1963 (Österreichische Akademie der Wissenschaften, Philosophisch-historische Klasse, Sitzungsberichte, Bd. 242, 1. Abhandlung).
Kirchesch, Werner Wolfgang: *Das Verhältnis von Handlung und Dramaturgie. Fragwürdige Theorien zum Modernen Drama*, Diss. München 1962.
Kittler, Friedrich A.: „Erziehung ist Offenbarung". Zur Struktur der Familie in Lessings Dramen, in: *Jahrbuch der deutschen Schillergesellschaft* 21, 1977, S. 111–137.
Klotz, Christian Adolf: Brief an Johann Valentin Briegleb, 29.12.1763. Veröffentlicht in: *Berlinisches literarisches Wochenblatt*, 1777, Bd. 1, S. 9–10; auch in: K. Eibl, *G.E. Lessing, Miß Sara Sampson*, a. a. O., S. 242–245.
Klotz, Volker: *Geschlossene und offene Form im Drama*, München ⁸1976 (Literatur als Kunst).
Ders.: *Bühnen-Briefe. Kritiken und Essays zum Theater*. Davor eine Abhandlung über Briefszenen in Schauspiel und Oper, Frankfurt/M. 1972.
Ders.: *Dramaturgie des Publikums. Wie Bühne und Publikum aufeinander eingehen, insbesondere bei Raimund, Büchner, Wedekind, Horváth, Gatti und im politischen Agitationstheater*, München/Wien 1976 (Literatur als Kunst).
Kluckhohn, Paul: *Die Auffassung der Liebe in der Literatur des 18. Jahrhunderts und in der deutschen Romantik*, Halle (Saale) ²1931.
Kluge, Gerhard: *Spiel und Witz im romantischen Lustspiel. Zur Struktur der Komödiendichtung der deutschen Romantik*, Diss. Köln 1963.
Ders.: Das Lustspiel der deutschen Romantik, in: H. Steffen (Hrsg.), *Das deutsche Lustspiel*, a. a. O., Erster Teil, S. 181–203.
Ders.: Das romantische Drama, in: W. Hinck (Hrsg.), *Handbuch des deutschen Dramas*, a. a. O., S. 186–199.
Knorr, Heinz: *Wesen und Funktion des Intriganten im deutschen Drama von Gryphius bis zum Sturm und Drang*, Diss. Erlangen 1951.
Kokott, Jörg Henning: *Das Theater auf dem Theater im Drama der Neuzeit. Eine Untersuchung über die Darstellung der theatralischen Aufführung durch das Theater auf dem Theater in ausgewählten Dramen von Shakespeare, Tieck, Pirandello, Genet, Ionesco und Brecht*, Diss. Köln 1968.
Kommerell, Max: *Lessing und Aristoteles. Untersuchungen über die Theorie der Tragödie*, Frankfurt/M. ⁴1970.
Koopmann, Helmut: *Drama der Aufklärung. Kommentar zu einer Epoche*, München 1979.
Kopitzsch, Franklin (Hrsg.): *Aufklärung, Absolutismus und Bürgertum in Deutschland*, München 1976.
Korff, Hermann August: *Geist der Goethezeit*. 1. Teil: *Sturm und Drang*, Darmstadt ¹⁰1977.
Koselleck, Reinhart: *Kritik und Krise. Eine Studie zur Pathogenese der bürgerlichen Welt*, (1. Aufl. Freiburg/München 1959) Frankfurt/M. ²1976.
Krause, Markus: *Das Trivialdrama der Goethezeit 1780–1805. Produktion und Rezeption*, Bonn 1982 (Mitteilungen zur Theatergeschichte der Goethezeit, Bd. 5).
Kronauer, Ulrich: *Rousseaus Kulturkritik und die Aufgabe der Kunst. Zwei Studien zur deutschen Kunsttheorie des 18. Jahrhunderts*, Heidelberg 1978 (Sammlung Groos, 4).
Krueger, Felix: *Über das Gefühl. Zwei Aufsätze*, Sonderausgabe, Darmstadt 1967 (Libelli, Bd. CXXIII).
Kügel, Werner: *Besitzdenken in der Frühzeit der deutschen Aufklärung. Eine Untersuchung an belehrenden Texten und Komödien*, Diss. Nürnberg 1980 (Erlanger Beiträge zur Sprach- und Kunstwissenschaft, Bd. 66).
Kux, Manfred: *Moderne Dichterdramen. Dichter, Dichtung und Politik in den Theaterstücken von Günter Grass, Tankred Dorst, Peter Weiss und Gaston Salvatore*, Köln/Wien 1980 (Kölner Germanistische Studien, Bd. 13).

Labroisse, Gerd: Zum Gestaltungsprinzip von Lessings Miß Sara Sampson, in: *Amsterdamer Beiträge zur neueren Germanistik* I, 1972, S. 75–102.
Lamport, F.J.: Lessing and the „Bürgerliches Trauerspiel", in: P.F. Ganz (Ed.), *The Discontinuous Tradition. Studies in German Literature in honour of Ernest Ludwig Stahl*, Oxford 1971, S. 14–28.
Ders.: *Lessing and the Drama*, Oxford 1981.
Lange, Konrad: Die ästhetische Illusion im 18. Jahrhundert, in: *Zeitschrift für Ästhetik und Kunstwissenschaft* 1, 1906, S. 30–43.
Langen, August: *Anschauungsformen in der deutschen Dichtung des 18. Jahrunderts. Rahmenschau und Rationalismus*, Jena 1934; Repr. Darmstadt 1965.
Langer, Susanne K.: *Philosophie auf neuem Wege. Das Symbol im Denken, im Ritus und in der Kunst.* Aus dem Amerikanischen übers. von Ada Löwith, [Frankfurt/M.] 1965; Originaltitel: *Philosophy in a New Key*, Cambridge (Mass.) 1942, 1951, 1957.
Lappert, Hans-Ulrich: *Gotthold Ephraim Lessings Jugendlustspiele und die Komödientheorie der frühen Aufklärung*, Diss. Zürich 1968.
Lefèvre, Manfred: *Der Deus ex machina in der deutschen Literatur. Untersuchungen an Dramen von Gryphius, Lessing und Goethe*, Diss. Berlin 1968.
Leibfried, Erwin: *Identität und Variation. Prolegomena zur kritischen Poetologie*, Stuttgart 1970 (Texte Metzler, 13).
Leibniz, Gottfried Wilhelm: *Philosophische Schriften*, hrsg. von C.J. Gerhardt, 7 Bde., Nachdruck der Ausgabe Berlin 1875–90, Hildesheim/New York 1978.
Ders.: Meditationes de Cognitione, Veritate et Ideis (1684), ebd., Bd. 4, S. 422–427.
Ders.: Essais de Theodicée sur la Bonté de Dieu, la Liberté de l'Homme et l'Origine du Mal (1710), ebd., Bd. 6, S. 21–471.
Ders.: [Monadologie,] ebd., Bd. 6, S. 607–623.
Lenz, Jakob Michael Reinhold: *Werke und Schriften I/II*, hrsg. von Britta Titel und Hellmut Haug, Stuttgart 1966/67 (Goverts Neue Bibliothek der Weltliteratur).
Ders.: Der Neue Menoza oder Geschichte des cumbanischen Prinzen Tandi. Eine Komödie, ebd., Bd. II, S. 105–179.
Ders.: Die Soldaten. Ein Schauspiel, ebd., Bd. II, S. 181–247.
Lepenies, Wolf: *Melancholie und Gesellschaft*, Frankfurt/M. 1969.
de Levie, Dagobert: *Die Menschenliebe im Zeitalter der Aufklärung. Säkularisation und Moral im 18. Jahrhundert. Ein Beitrag zur Ideengeschichte des 18. Jahrhunderts*, Bern/Frankfurt/M. 1975.
Lessing, Gotthold Ephraim: *Sämmtliche Schriften*, Th. 1–14, Berlin 1771–93; Th. 15–31, Berlin 1793–1825.
Gotthold Ephraim Lessings sämtliche Schriften, hrsg. von Karl Lachmann, 3., auf's neue durchgesehene und vermehrte Aufl., besorgt durch Franz Muncker, 23 Bde., Stuttgart/Leipzig/Berlin 1886–1924 (Abk: Lessings sämtliche Schriften).
Lessings Werke. Vollständige Ausgabe in fünfundzwanzig Teilen, hrsg., mit Einleitungen und Anmerkungen sowie einem Gesamtregister versehen von Julius Petersen und Waldemar von Olshausen, Berlin/Leipzig/Stuttgart o.J. [1925–1935].
Lessings Werke, 3 Bde., hrsg. von Kurt Wölfel, Frankfurt/M. 1967.
Gotthold Ephraim Lessing. Werke, 8 Bde., hrsg. von Herbert G. Göpfert, in Zusammenarbeit mit Karl Eibl, Helmut Göbel, Karl S. Guthke, Gerd Hillen, Albert von Schirnding und Jörg Schönert, München 1970–1979. Lizenzausgabe, Darmstadt 1970–1979 (Abk.: Lessing, Werke).
Ders.: Die Juden (1749, Erstdruck 1754), ebd., Bd. 1, S. 375–414.
Ders.: Der Schatz. Ein Lustspiel in einem Aufzuge (1750, Erstdruck 1755), ebd., Bd. 1, S. 557–603.
[Lessing, G.E. und Christlob Mylius (Hrsg.):] *Beyträge zur Historie und Aufnahme des Theaters*, 1.–4. Stück, Stuttgart 1750. Fotomech. Nachdruck der Originalausgabe 1750 nach dem Exemplar der Universität Leipzig, Leipzig 1976.
Ders.: Kritik über die Gefangenen des Plautus, ebd., S. 369–435, 573–591.
Ders.: Rezension zu ‚Discours qui a remporté le prix à l'Academie de Dijon; en l'année 1750 sur cette question proposée par la même Academie: si le retablissement des sciences et des Arts a

contribué à epurer les moeurs. Par Mr. Rousseau Citoyen de Geneve (in: *Das Neueste aus dem Reiche des Witzes. Beilage zu den Berlinischen Staats- und Gelehrten Zeitungen*, April 1751), in: Lessing, Werke, Bd. 3, S. 84–92.

Ders.: Rezension der Neuübersetzung von Antonio de Gueveras ‚De molestiis aulae et ruris laude' (in: *Berlinische Privilegierte Zeitung*, 100. Stück, 21. August 1751), ebd., Bd. 3, S. 67–68.

Ders.: Briefe (1753), ebd., Bd. 3, S. 265–351.

Ders.: *Theatralische Bibliothek*, 1. Stück, Berlin 1754; 2./3. Stück, Berlin 1755; 4. Stück, Berlin 1759.

Ders.: Abhandlungen von dem weinerlichen oder rührenden Lustspiele (in: *Theatralische Bibliothek*, 1. Stück, 1754, S. 1–85), in: Lessing, Werke, Bd. 4, S. 12–58.

Ders.: Über das Lustspiel Die Juden (in: *Theatralische Bibliothek*, 1. Stück, 1754), in: Lessing, Werke, Bd. 1, S. 415–422.

Ders.: Rezension zu: Zergliederung der Schönheit, die schwankenden Begriffe von dem Geschmacke festzusetzen, geschrieben von Wilhelm Hogarth. Aus dem Englischen übersetzt von C. Mylius, London, bei And. Linde 1754 (in: *Berlinische Privilegierte Zeitung*, 65. Stück, 30. Mai 1754), in: Lessing, Werke, Bd. 3, S. 206–207.

Ders.: Der Schauspieler: Ein Werk, worinne die Grundsätze der ganzen körperlichen Beredtsamkeit entwickelt werden [1754/55], ebd., Bd. 4, S. 723–734.

[G.E. Lessing und Moses Mendelssohn:] Pope, ein Metaphysiker! (1755), ebd., Bd. 3, S. 631–670.

Ders.: Miß Sara Sampson. Ein bürgerliches Trauerspiel (1755), in: Karl Eibl, *Gotthold Ephraim Lessing*, a. a. O., S. 7–90.

[Ders.:] Rezension zu: G.Ephr. Lessings Schriften, fünfter und sechster Teil, Berlin bei Chr. Fr. Voß 1755 (in: *Berlinische Privilegierte Zeitung*, 53. Stück, 3. Mai 1755), in: Lessing, Werke, Bd. 3, S. 245–246.

Ders.: Rezension zu: Discours sur l'origine et les fondemens de l'inegalité parmi les hommes, par Jean Jacques Rousseau, Citoyen de Geneve, à Amsterdam chez Marc Michel Rey 1755 (in: *Berlinische Privilegierte Zeitung*, 82. Stück, 10. Juli 1755), ebd., Bd. 3, S. 251–252.

Ders.: Von den lateinischen Trauerspielen, welche unter dem Namen des Seneca bekannt sind (in: *Theatralische Bibliothek*, 2. Stück, 1755, S. 3–134), ebd., Bd. 4, S. 58–141.

Ders.: Brief an Moses Mendelssohn, 21. Januar 1756, in: *Lessings sämtliche Schriften*, Bd. 17, S. 52–54.

Ders.: Vorrede zu ‚Des Herrn Jakob Thomson Sämtliche Trauerspiele' (Leipzig 1756), in: Lessing, Werke, Bd. 4, S. 142–147.

Lessing, Gotthold Ephraim und Moses Mendelssohn, Friedrich Nicolai: *Briefwechsel über das Trauerspiel* (1756/57, Erstdruck 1794), hrsg. und kommentiert von Jochen Schulte-Sasse, München 1972.

Ders.: Brief an Friedrich Nicolai, 19. Februar 1757, in: *Lessings sämtliche Schriften*, Bd. 17, S. 94.

Ders.: Brief an Moses Mendelssohn, 14. September 1757, ebd., S. 121 f.

Ders.: Brief an Friedrich Nicolai, 21. Januar 1758, ebd., S. 132–134.

Ders.: Philotas. Ein Trauerspiel (1758, Erstdruck 1759), in: Lessing, Werke, Bd. 2, S. 101–126.

Ders.: Abhandlungen über die Fabeln (1759), ebd., Bd. 5, S. 352–419.

Ders.: Briefe, die neueste Literatur betreffend (1759–1765), ebd., Bd. 5, S. 30–329.

Ders.: Minna von Barnhelm oder das Soldatenglück. Ein Lustspiel in fünf Aufzügen (1763), ebd., Bd. 1, S. 605–704.

Ders.: Laokoon: oder über die Grenzen der Malerei und Poesie (1766), ebd., Bd. 6, S. 7–187.

Ders.: Die Matrone von Ephesus. Ein Lustspiel in einem Aufzug (1767, Erstdruck 1784), ebd., Bd. 2, S. 545–572.

Ders.: Hamburgische Dramaturgie (1767–1769), ebd., Bd. 4, S. 329–707.

Ders.: Brief an Friedrich Nicolai, 26. Mai 1769, in: *Lessings sämtliche Schriften*, Bd. 17, S. 288–293.

Ders.: Emilia Galotti. Ein Trauerspiel in fünf Aufzügen (1772), in: Lessing, Werke Bd. 2, S. 127–204.

Ders.: Eine Duplik (1778), ebd., Bd. 8, S. 30–101.
Ders.: Ernst und Falk. Gespräche für Freimäurer (1778), ebd., Bd. 8, S. 451–488.
Ders.: Nathan der Weise. Ein dramatisches Gedicht in fünf Aufzügen (1779), ebd., Bd. 2, S. 205–347.
Ders.: Die Erziehung des Menschengeschlechts (1780), ebd., Bd. 8, S. 489–510.
Lessing im Urteile seiner Zeitgenossen, 3 Bde., hrsg. von Julius W. Braun, Berlin 1884–97.
Lessing – ein unpoetischer Dichter. Dokumente aus drei Jahrhunderten zur Wirkungsgeschichte Lessings in Deutschland, hrsg. von Horst Steinmetz, Frankfurt/M./Bonn 1969.
Lessing im Gespräch. Berichte und Urteile von Freunden und Zeitgenossen, hrsg. von Richard Daunicht, München 1971.
Lessing. Dokumente zur Wirkungsgeschichte 1755–1968, 2 Bde., hrsg. von Edward Dvoretzky, Göppingen 1971/72.
Gotthold Ephraim Lessing: Frühe Komödien. Äußerungen Lessings zur Komödie, hrsg., mit Nachwort und Anmerkungen von Wolfgang Stellmacher, Leipzig 1979.
Levesque de Pouilly, Louis-Jean: *Théorie des sentiments agréables, où, après avoir indiqué les règles que la nature suit dans la distribution du plaisir, on établit les principes de la théologie naturelle et aux de la philosophie morale*, Genève 1747.
Lillo, George: *The London Merchant; or, The History of George Barnwell*, 1731, ed. by William H.McBurney, Lincoln 1965 (Regents Restoration Drama Series).
Dass.: Dt. Übersetzung aus dem Englischen von Henning Adam Bassewitz, Hamburg [1752], in: Fritz Brüggemann (Hrsg.), *Die Anfänge des bürgerlichen Trauerspiels*, a. a. O., S. 19–89.
Dass.: *Kritische Ausgabe mit Materialien und einer Einführung*, hrsg. von Klaus Detlev Müller, Tübingen 1981.
Link, Franz H.: *Dramaturgie der Zeit*, Freiburg 1977.
Link, Franz und Günter Niggel (Hrsg.): *Theatrum Mundi. Götter, Gott und Spielleiter im Drama von der Antike bis zur Gegenwart*, Sonderband des literaturwissenschaftlichen Jahrbuchs, Berlin 1981.
Lützeler, Paul Michael: Lessings „Emilia Galotti" und „Minna von Barnhelm", Der Adel zwischen Aufklärung und Absolutismus, in: Peter Uwe Hohendahl und P.M. Lützeler (Hrsg.), *Legitimationskrisen des deutschen Adels 1200–1900*, Stuttgart 1979, S. 101–118 (Literaturwissenschaft und Sozialwissenschaften, 11).
Luther, Arthur: *Gotthold Ephraim Lessing und seine besten Bühnenwerke. Miß Sara Sampson, Minna von Barnhelm, Emilia Galotti, Nathan der Weise*, Berlin 1921 (Schneiders Bühnenführer).
McClelland, Dennis Ray: *The father figure in Lessing's dramas*, Diss. University of Iowa 1980.
de Mandeville, Bernhard: *The Fable of the Bees: or, Private Vices, Public Benefits. With a Commentary Critical, Historical, and Explanatory* by F.B. Kaye, 2 Bde., Oxford 1924; Nachdruck 1957; dt. Übers.: *Die Bienenfabel oder Private Laster, öffentliche Vorteile*, Einleitung von Walter Euchner, Frankfurt/M. 1968 (Theorie, 1).
Mann, Otto: *Lessing. Sein und Leistung*, Hamburg (1948) ²1961.
Mann, Otto und Rotraut Straube-Mann: *Lessing Kommentar*, 2 Bde., München 1971.
Mann, Otto: Sinn und Geltung der Dichtungserkenntnis Lessings, in: Edward P. Harris und Richard E. Schade (Hrsg.), *Lessing in heutiger Sicht*, a. a. O., S. 113–139.
Marcuse, Herbert: *Kultur und Gesellschaft*, 2 Bde., Frankfurt/M. 1965.
Markiewicz, Henryk: Forschungsbereich und Systematik der Vergleichenden Literaturwissenschaft, in: *Weimarer Beiträge* 14, 1968, Nr. 6, S. 1320–1330.
Markwardt, Bruno: *Geschichte der deutschen Poetik*, 2 Bde., Berlin 1956.
Martini, Christian Leberecht: Rhynsolt und Sapphira. Ein prosaisches Trauerspiel in dreien Handlungen (Altona/Leipzig 1755), in: Fritz Brüggemann (Hrsg.), *Die Anfänge des bürgerlichen Trauerspiels*, a. a. O., S. 90–111.
Martini, Fritz: *Lustspiele – und das Lustspiel*, Stuttgart 1974.
Martino, Alberto: *Geschichte der dramatischen Theorien in Deutschland im 18. Jahrhundert. Bd. 1: Die Dramaturgie der Aufklärung (1730–1780)*, aus dem Ital. von Wolfgang Proß, Tübingen 1972.

Martinson, Steven D.: *Authority and Criticism: Lessing's Critical and Dramatic Procedure*, in: Ehrhard Bahr et al. (Hrsg.), *Humanität und Dialog*, a. a. O., S. 143–153.

Mathes, Jürg (Hrsg.): *Die Entwicklung des bürgerlichen Dramas im 18. Jahrhundert. Ausgewählte Texte*, mit einem Nachwort von J.M., Tübingen 1974 (Deutsche Texte, 28).

Mattenklott, Gert: *Melancholie in der Dramatik des Sturm und Drang*, Stuttgart 1968 (Studien zur Allgemeinen und Vergleichenden Literaturwissenschaft, Bd. 1).

Mattenklott, Gert und Klaus Scherpe (Hrsg.): *Literatur der bürgerlichen Emanzipation im 18. Jahrhundert*, Kronberg/Ts. 1973 (Reihe: Literatur im historischen Prozeß. Ansätze materialistischer Literaturwissenschaft, Analysen, Materialien, Studienmodelle, Bd. 1).

Dies. (Hrsg.): *Westberliner Projekt: Grundkurs 18. Jahrhundert. Die Funktion der Literatur bei der Formierung der bürgerlichen Klasse Deutschlands im 18. Jahrhundert*, Kronberg/Ts. 1974 (Reihe: Literatur im historischen Prozeß. Ansätze materialistischer Literaturwissenschaft, Analysen, Materialien, Studienmodelle, Bd. 4/1).

Dies.: Aspekte einer sozialgeschichtlich fundierten Literaturgeschichte am Beispiel von Lessings Mitleidstheorie, in: Walter Müller-Seidel (Hrsg.), *Historizität in Sprach- und Literaturwissenschaft. Vorträge und Berichte der Stuttgarter Germanistentagung 1972*, München 1974, S. 247–258.

Mattenklott, Gert und Helmut Peitsch: Das Allgemeinmenschliche im Konzept des bürgerlichen Nationaltheaters. Gotthold Ephraim Lessings Mitleidstheorie, in: G. Mattenklott und K.R. Scherpe (Hrsg.), *Westberliner Projekt: Grundkurs 18. Jahrhundert*, a. a. O., S. 147–188.

Mattenklott, Gert: Drama – Gottsched bis Lessing, in: Ralph-Rainer Wuthenow (Hrsg.), *Rationalismus*, a. a. O., S. 277–298.

Ders.: „Von Würde ohne Sold". Neue Lessing-Literatur, in: *Merkur* 34, 1980, 11, S. 1144–1150.

Maurer-Schmoock, Sybille: *Deutsches Theater im 18. Jahrhundert*, Tübingen 1982 (Studien zur Deutschen Literatur, Bd. 71).

Mauser, Wolfram: Lessings „Miss Sara Sampson". Bürgerliches Trauerspiel als Ausdruck innerbürgerlichen Konflikts, in: *Lessing Yearbook* VII, 1975, S. 7–27.

Mayer, Dieter: Vater und Tochter. Anmerkungen zu einem Motiv im deutschen Drama der Vorklassik. Lessing: Emilia Galotti; Lenz: Die Soldaten; Wagner: Die Kindsmörderin; Schiller: Kabale und Liebe, in: *Literatur für Leser*, 1980, S. 135–147.

Mayer, Hans: *Von Lessing bis Thomas Mann. Wandlungen der bürgerlichen Literatur in Deutschland*, Pfullingen 1959.

Ders.: Lessing und Aristoteles, in: Egon Schwarz, Hunter G. Hannum und Edgar Lohner (Hrsg.), *Festschrift für Bernhard Blume. Aufsätze zur deutschen und europäischen Literatur*, Göttingen 1967, S. 61–75.

Mehl, Dieter: Die Entwicklung des ‚Play within a Play' im elisabethanischen Drama, in: *Shakespeare Jahrbuch* 97, 1961, S. 134–152.

Ders.: Forms and Functions of the Play within the Play, in: *Renaissance Drama* 7, 1965, S. 41–62.

Mehring, Franz: *Die Lessing-Legende. Zur Geschichte und Kritik des preußischen Despotismus und der klassischen Literatur*, Berlin 1946.

Melchinger, Christa: *Illusion und Wirklichkeit im dramatischen Werk Arthur Schnitzlers*, Heidelberg 1968.

Mendelssohn, Moses: *Gesammelte Schriften*, Jubiläumsausgabe, hrsg. von I[smer] Elbogen, J[ulius] Guttmann, E[ugen] Mittwoch, Berlin 1929 ff.

Ders.: Philosophische Gespräche, ebd., Bd. 1, S. 1–39.

Ders.: Briefe über die Empfindungen, ebd., Bd. 1, S. 41–123.

Ders.: Von dem Vergnügen, ebd., Bd. 1, S. 125–131.

Ders.: Briefe an Lessing, Ende Oktobers 1755 bis zum 10. Januar 1756, ebd., Bd. 11, S. 17–33; auch in: *Lessings sämtliche Schriften*, Bd. 19, S. 20–33.

Ders.: Sendschreiben an einen jungen Gelehrten zu B. [1755/56], in: ders., *Gesammelte Schriften*, Bd. 1, S. 133–146.

Ders.: Sendschreiben an den Herrn Magister Lessing in Leipzig (2. Jan. 1756), ebd., Bd. 1, S. 81–109.

Ders.: Beykommende Blätter (Von der Herrschaft über die Neigungen); Brief an Lessing, Jan. 1757, in: G.E. Lessing, M. Mendelssohn, F. Nicolai, *Briefwechsel über das Trauerspiel*, a. a. O., S. 94–100.

[Ders.:] *Betrachtungen über die Quellen und die Verbindungen der schönen Künste und Wissenschaften und der freyen Künste*, Leipzig 1757, I, 2. Nachdr. der Ausgabe 1757/58, Hildesheim/ New York 1979, S. 231–268.

Ders.: Ueber das Erhabene und Naive in den schönen Wissenschaften, in: ders., *Gesammelte Schriften*, Bd. 1, S. 453–494.

Ders.: Rhapsodie, oder Zusätze zu den Briefen über die Empfindungen (1761), ebd., Bd. 1, S. 381–424.

Ders.: Morgenstunden oder Vorlesungen über das Daseyn Gottes (1785), in: *Moses Mendelssohns Schriften zur Philosophie, Ästhetik und Apologetik. Mit Einleitungen, Anmerkungen und einer biographisch-historischen Charakteristik Mendelssohns*, hrsg. von Moritz Brasch, 2 Bde., Bd. 1, Breslau 1892, S. 289–460.

Meyer, Reinhart: *„Hamburgische Dramaturgie" und „Emilia Galotti". Studie zu einer Methodik des wissenschaftlichen Zitierens entwickelt am Problem des Verhältnisses von Dramentheorie und Trauerspielpraxis bei Lessing*, Wiesbaden/Frankfurt/M. 1973 (Studien zur Germanistik).

[Michaelis, Johann David:] Rezension über „Die Juden" (in: *Göttingische Anzeigen von Gelehrten Sachen*, 1754, 70. Stück, S. 620–622), in: Horst Steinmetz (Hrsg.), *Lessing – ein unpoetischer Dichter*, a. a. O., S. 49–50.

Michelsen, Peter: Die Erregung des Mitleids durch die Tragödie. Zu Lessings Ansichten über das Trauerspiel im Briefwechsel mit Mendelssohn und Nicolai, in: *Deutsche Vierteljahrsschrift für Literaturwissenschaft und Geistesgeschichte* 40, 1966, S. 548–566.

Ders.: Zur Entstehung des bürgerlichen Trauerspiels. Einige geistes- und literaturgeschichtliche Vorüberlegungen zu einer Interpretation der „Miß Sara Sampson", in: Jürgen Brummack et al. (Redaktionskollegium), *Literaturwissenschaft und Geistesgeschichte. Festschrift für Richard Brinkmann*, Tübingen 1981, S. 83–98.

Mog, Paul: *Ratio und Gefühlskultur. Studien zu Psychogenese und Literatur im 18. Jahrhundert*, Tübingen 1976 (Studien zur deutschen Literatur, Bd. 48).

Müller, Klaus-Detlef: Das Erbe der Komödie im bürgerlichen Trauerspiel. Lessings ‚Emilia Galotti' und die commedia dell'arte, in: *Deutsche Vierteljahrsschrift für Literaturwissenschaft und Geistesgeschichte* 46, 1972, S. 28–60.

Müller, Rüdiger: *Das Problem des Zufalls bei Lessing*, Diss. Wuppertal 1977.

Müller-Michaelis, Harro (Hrsg.): *Deutsche Dramen. Interpretationen zu Werken von der Aufklärung bis zur Gegenwart*, 2 Bde., Königstein/Ts. 1981.

Müller-Seidel, Walter: *Bürgerliches Trauerspiel und soziales Drama*, Freiburg 1964 (Klassische Deutsche Dichtung, Bd. 15).

Mueller-Stahl, Hagen: Die Kunst zu unterscheiden. Zur ersten Aufführung von Lessings „Miß Sara Sampson", in: *Theater der Zeit* 9, 1954, H. 1, S. 7–10.

Natew, Athanas: *Das Dramatische und das Drama*, Velber 1971.

Nef, Ernst: Das Aus-der-Rolle-Fallen als Mittel der Illusionszerstörung bei Tieck und Brecht, in: *Zeitschrift für deutsche Philologie* 83, 1964, S. 191–215.

Nelson, Robert J.: *Play within a Play. The Dramatist's Conception of His Art: Shakespeare to Anouilh*, New Haven 1958.

Neuhaus-Koch, Ariane: *G. E. Lessing. Die Sozialstrukturen in seinen Dramen*, Bonn 1977 (Abhandlungen zur Kunst-, Musik- und Literaturwissenschaft, Bd. 245).

Neumann, Peter Horst: *Der Preis der Mündigkeit. Über Lessings Dramen. Anhang: Über Fanny Hill*, Stuttgart 1977.

Ders.: Die Sinngebung des Todes als Gründungsproblem der Ästhetik. Lessing und der Beginn der Moderne, in: *Merkur* 34, 1980, S. 1071–1080.

Nicolai, Friedrich: *Briefe über den itzigen Zustand der schönen Wissenschaften in Deutschland*, 1755, hrsg. von Georg Ellinger, Berlin 1894 (Berliner Neudrucke, 3. Serie, 2. Bd.).
Ders.: *Abhandlung vom Trauerspiele* (in: Bibliothek der schönen Wissenschaften und freyen Künste, Bd. 1, Stück 1, Leipzig 1757, S. 7–68), in: G.E. Lessing, M. Mendelssohn und F. Nicolai: *Briefwechsel über das Trauerspiel*, a. a. O., S. 11–44.
Nicoll, Allardyce: *The Theatre and Dramatic Theory*, London 1962.
Niesz, Anthony J.: *Dramaturgy in German Drama: From Gryphius to Goethe*, Heidelberg 1980 (Reihe Siegen: Beiträge zur Literatur- und Sprachwissenschaft, Bd. 16).
Nietzsche, Friedrich: Jenseits von Gut und Böse, in: *Nietzsche Werke. Kritische Gesamtausgabe*, hrsg. von Giorgo Colli und Mazzino Montinari, Sechste Abteilung, Bd. 2, Berlin 1968, S. 1–255.
Ders.: Der Antichrist. Fluch auf das Christentum, ebd., Sechste Abteilung, Bd. 3, Berlin 1969, S. 163–252.
Nivelle, Armand: *Kunst- und Dichtungstheorien zwischen Aufklärung und Klassik*, 2., durchgesehene und ergänzte Aufl, Berlin/ New York 1971.
Nölle, Volker: *Subjektivität und Wirklichkeit in Lessings dramatischem und theologischem Werk*, Berlin 1977 (Philologische Studien und Quellen, H. 87).
Nolte, Fred O.: Lessing's Correspondence with Mendelssohn and Nicolai, August 31, 1756 to May 14, 1757, in: *Harvard Studies and Notes in Philology and Literature* XIII, 1931, S. 309–332.
Ders.: Lessing's Emilia Galotti in the Light of his Hamburgische Dramaturgie, in: *Harvard Studies and Notes in Philology and Literature* XIX, 1938, S. 175–195; dt. Übers. von Wulf Küster, in: Gerhard and Sibylle Bauer (Hrsg.), *G.E. Lessing*, a. a. O., S. 214–244.
Oelmüller, Willi: *Die unbefriedigte Aufklärung. Beiträge zu einer Theorie der Moderne von Lessing, Kant und Hegel*, mit einer neuen Einleitung, Frankfurt/M. (1969) 1979.
Otto, Uwe: *Lessings Verhältnis zur französischen Darstellungstheorie*, Frankfurt/M./Bern 1976 (Europäische Hochschulschriften, Reihe I. Deutsche Literatur und Germanistik, Bd. 154).
P. Ovidii Nasonis: *Metamorphoseon. Libri XV. Metamorphosen. Epos in 15 Büchern*, hrsg. und übers. von Hermann Breitenbach, Zürich 1958 (Die Bibliothek der alten Welt, Römische Reihe).
Pache, Walter: Pirandellos Urenkel. Formen des Spiels im Spiel bei Max Frisch und Tom Stoppard, in: *Sprachkunst. Beiträge zur Literaturwissenschaft* IV, 1973, S. 124–141.
Pantis, Brigitte: Zum Begriff der Schuld bei Lessing, in: *Neophilologus* LXV, 1981, No. 3, S. 404–423.
Peacock, Ronald: *The Poet in the Theatre*, London 1946.
Peitsch, Helmut: Private Humanität und bürgerlicher Emanzipationskampf. Lessings ‚Miß Sara Sampson', in: Gert Mattenklott und Klaus Scherpe (Hrsg.), *Literatur der bürgerlichen Emanzipation*, a. a. O., S. 179–192.
Perger, Arnuld: *Grundlagen der Dramaturgie*, Graz/Köln 1952.
Peter, Klaus: *Stadien der Aufklärung. Moral und Politik bei Lessing, Novalis und Friedrich Schlegel*, Wiesbaden 1980 (Schwerpunkte Germanistik).
Petermann, Renate und Peter-Volker Springborn (Hrsg.): *Theater und Aufklärung. Dokumentation zur Ästhetik des französischen Theaters im 18. Jahrhundert*. Mit einer Einleitung von Martin Fontius, München/Wien 1979.
Petriconi, Hellmuth: *Die verführte Unschuld. Bemerkungen über ein literarisches Thema*, Hamburg 1953 (Hamburger Romanistische Studien. A. Allgemeine Romanistische Reihe, Bd. 38).
Pfister, Manfred: *Studien zum Wandel der Perspektivenstruktur in elisabethanischen und jakobäischen Komödien*, München 1974 (Münchener Universitäts-Schriften. Philosophische Fakultät. Texte und Untersuchungen zur Englischen Philologie, Bd. 3).
Ders.: *Das Drama. Theorie und Analyse*, München 1977 (Information und Synthese, Bd. 3).
Pietsch-Ebert, Lilly: *Die Gestalt des Schauspielers auf der deutschen Bühne des 17. und 18. Jahrhunderts*, Berlin 1942 (Theatergeschichtliche Forschungen, H. 46).
Pikulik, Lothar: *Bürgerliches Trauerspiel und Empfindsamkeit*, (Köln/ Graz 1966), Köln/Wien ²1981.

Pirandello, Luigi: *Dramen I/II*. Aus dem Ital. übers. von Georg Richert, Bd. 1, München o.J., Bd. 2, München/Wien 1963.

Ders.: Sechs Personen suchen einen Autor (ital. Originaltitel: Sei personaggi in cerca d'autore); Deutsch von G. Richert, in: *Spectaculum* VI, 1963, S. 265–316.

Ders.: Vorwort zu „Sechs Personen suchen einen Autor", ebd., S. 366–374.

Ders.: Gedanken über Kunst, ebd., S. 362–363.

Platon: Politeia. In der Übersetzung von Friedrich Schleiermacher, in: Platon, *Sämtliche Werke*, hrsg. von Walter Franz Otto, Ernesto Grassi, Gert Plamböck, Bd. 3,[Reinbek] (1958), 1967, S. 67–310 (Rowohlts Klassiker der Literatur und der Wissenschaft, Griechische Philosophie, Bd. 4).

Platz-Waury, Elke: *Drama und Theater. Eine Einführung*, Tübingen 1978 (Literaturwissenschaft im Grundstudium, 2).

Plautus, M. Accius [statt der richtigen Vornamen: Titus Maccius]: Die Gefangenen. Ein Lustspiel. Aus dem Lateinischen übersetzt [von G.E. Lessing], in: *Beyträge zur Historie und Aufnahme des Theaters*, a. a. O., S. 143–210.

Plett, Heinrich Franz: *Der affektrhetorische Wirkungsbegriff in der rhetorisch-poetischen Theorie der Englischen Renaissance*, Diss. Bonn 1970.

Ders.: *Einführung in die rhetorische Textanalyse*, Hamburg 1971.

Ders. (Hrsg.): *Rhetorik. Kritische Positionen zum Stand der Forschung*, München 1977 (Kritische Information, Bd. 50).

Pohlenz, Max: Furcht und Mitleid? Ein Nachwort, in: *Hermes* 84, 1956, S. 49–74.

Prang, Helmut: *Geschichte des Lustspiels. Von der Antike bis zur Gegenwart*, Stuttgart 1968.

Preisendanz, Wolfgang und Rainer Warning (Hrsg.): *Das Komische*, München 1976 (Poetik und Hermeneutik, VII).

Price, Lawrence M.: *Die Aufnahme englischer Literatur in Deutschland 1500–1960*, Bern/München 1961; engl. Originaltitel: *English Literature in Germany*, Berkeley/Los Angeles 1953 (University of California, Publications in Modern Philology, Vol. 37).

Proebster, Erich: *Theater im Theater*, Diss. München 1955 [masch.].

Promies, Wolfgang: *Der Bürger und der Narr oder das Risiko der Phantasie*, München 1966.

Pütz, Peter: *Die Zeit im Drama. Zur Technik dramatischer Spannung*, Göttingen (1970) ²1977.

Ders.: Zwischen Klassik und Romantik: Georg Forsters „Ansichten vom Niederrhein", in: *Zeitschrift für deutsche Philologie* 97, 1978. Sonderheft: Studien zur deutschen Literatur und Gattungspoetik. Festgabe für Benno von Wiese, S. 4–24.

Ders.: *Die deutsche Aufklärung*, Darmstadt 1978 (Erträge der Forschung, Bd. 81).

Ders. (Hrsg.): *Erforschung der deutschen Aufklärung*, Königstein/Ts. 1980 (Neue wissenschaftliche Bibliothek, 94, Literatur).

Ders.: Grundbegriffe der Interpretation von Dramen, in: Walter Hinck (Hrsg.), *Handbuch des deutschen Dramas*, a. a. O., S. 11–25.

Ders.: *Peter Handke*, Frankfurt/M. 1982.

Ders.: Werthers Leiden an der Literatur, in: William J. Lillyman (Ed.), *Goethe's Narrative Fiction. The Irvine Goethe Symposium*, Berlin/New York 1983, S. 55–68.

Purkl, Roland: *Gestik und Mimik in Lessings bürgerlichen Trauerspielen „Miß Sara Sampson", „Emilia Galotti"*, Diss. Heidelberg 1979.

Rapp, Uri: *Handeln und Zuschauen. Untersuchungen über den theatersoziologischen Aspekt in der menschlichen Interaktion*, Darmstadt/ Neuwied 1973 (Sammlung Luchterhand, 116).

Reh, Albert M.: Zu Lessings Charakterzeichnung. Ein Beitrag zur Literaturpsychologie des 18. Jahrhunderts, in: Edward P. Harris und Richard E. Schade (Hrsg.), *Lessing in heutiger Sicht*, a. a. O., S. 169–176.

Ders.: Das Motiv der Rettung in Lessings Tragödie und ‚ernster Komödie', in: *Lessing Yearbook* XI, 1979, S. 35–58.

Ders.: *Die Rettung der Menschlichkeit. Lessings Dramen in literaturpsychologischer Sicht*, Bern/München 1981.

Rehm, Walther: Römisch-französischer Barockheroismus und seine Umgestaltung in Deutschland, in: *Germanisch-romanische Monatsschrift* 22, 1934, S. 81–106, 213–239.
Reinhardt, Hartmut: Schillers „Wallenstein" und Aristoteles, in: *Jahrbuch der deutschen Schillergesellschaft* 20, 1976, S. 278–337.
Reissland, Eva: *Das Gattungsproblem im dramatischen Schaffen Lessings. Ein Beitrag zur Geschichte des deutschen Dramas in der zweiten Hälfte des achtzehnten Jahrhunderts*, Diss. Greifswald 1962.
Rempel, Hans: *Tragödie und Komödie im dramatischen Schaffen Lessings*, Berlin 1935 (Neue Forschungen, 26); Repr. Nachdruck Darmstadt 1967.
Riccobini, Franciscus: Die Schauspielkunst an die Madame*** durch den Herrn Franciscus Riccobini, den jüngern. Aus dem Französischen übersetzt [von G.E. Lessing], in: *Beyträge zur Historie und Aufnahme des Theaters*, Viertes Stück, a. a. O., S. 483–544.
Ricklefs, Jürgen: Lessings Theorie vom Lachen und Weinen, in: Fritz Braun und Kurt Stegmann von Pritzwald (Hrsg.), *Dankesgabe für Albert Leitzmann*, Jena 1927, S. 7–66 (Sonderband der Jenaer Germanistischen Forschungen).
Rieck, Werner: *Das deutsche Lustspiel von Weise bis zur Gottschedin (1688–1736)*, Diss. Potsdam 1963 [masch.].
Ders.: Literarische Prozesse in der ersten Phase der deutschen Frühaufklärung, in: *Weimarer Beiträge* 17, 1971, S. 115–138.
Riedel, Volker: *Lessing und die römische Literatur*, Weimar 1976.
Riha, Karl: *Cross-Reading and Cross-Talking. Zitat-Collagen als poetische und satirische Technik*, Stuttgart 1971.
Robertson, J.G.: *Lessing's Dramatic Theory. Being an Introduction to and Commentary on his Hamburgische Dramaturgie*, Cambridge (1939) ²1965.
Röhrs, Friedrich Otto Wilhelm: *Narrative Strukturen in Lessings Dramen. Eine strukturalistische Studie*, Hamburg 1980 (Geistes- und sozialwissenschaftliche Dissertationen, 57).
Rommel, Otto: Komik und Lustspieltheorie, in: *Deutsche Vierteljahrsschrift für Literaturwissenschaft und Geistesgeschichte* 21, 1943, S. 252–286.
Rousseau, Jean-Jàques: *Œuvres complètes*, édition publiée sous la direction de Bernhard Gagnebin et al., Paris 1959ff. (Bibliothèque de la Pléiade).
Ders.: *Discours sur les Sciences et les Arts (1750). Discours sur l'Origine de l'Inégalité parmi les Hommes (1755). Über Kunst und Wissenschaft (1750). Über den Ursprung der Ungleichheit unter den Menschen (1755)*. Eingeleitet, übersetzt und hrsg. von Kurt Weigand, 2., erweiterte und durchgesehene Aufl. Hamburg 1971 (Philosophische Bibliothek, Bd. 243).
Ders.: *Abhandlung von dem Ursprunge der Ungleichheit unter den Menschen, und worauf sie sich gründe; ins Deutsche übersetzt mit einem Schreiben an den Herrn Magister L e ß i n g und einem Brief V o l t a i r e n s an den Verfasser vermehret* [von Moses Mendelssohn], Berlin 1756; auch in: Moses Mendelssohn: *Gesammelte Schriften*, a. a. O., Bd. 6,2, S. 61–202.
Ders.: Lettre à M. Philopolis, in: ders., *Discours sur les Sciences et les Arts (1750). Discours sur l'Origine de l'Inégalité parmi les Hommes (1755)*, a. a. O., S. 268–283.
Ders.: *Lettre à Mr. d'Alembert sur les spectacles (1758)*, ed. critique par Max Fuchs, Genève 1948 (Textes littéraires français, [22]);dt. Übers. in Auszügen von Renate Petermann, in: dies. und Peter-Volker Springborn (Hrsg.), *Theater und Aufklärung*, a. a. O., S. 325–437.
Sartre, Jean-Paul: *Die Transzendenz des Ego. Versuch einer phänomenologischen Beschreibung. Drei Essays*, übers. von Alexa Wagner, Reinbek b. Hamburg 1964.
Sauder, Gerhard: *Empfindsamkeit*, Bd. 1: *Voraussetzungen und Elemente*, Stuttgart 1974.
Ders.: „Bürgerliche" Empfindsamkeit? in: Rudolf Vierhaus (Hrsg.), *Bürger und Bürgerlichkeit*, a. a. O., S. 149–164.
Ders.: Mendelssohns Theorie der Empfindungen im zeitgenössischen Kontext, in: Ehrhard Bahr et al. (Hrsg.), *Humanität und Dialog*, , a. a. O., S. 237–248.
Schadewaldt, Wolfgang: Furcht und Mitleid? Zur Deutung des Aristotelischen Tragödienansatzes, in: *Hermes* 83, 1955, S. 129–171.
Ders.: Furcht und Mitleid? Zu Lessings Deutung des Aristotelischen Tragödienansatzes, in: *Deutsche Vierteljahrsschrift für Literaturwissenschaft und Geistesgeschichte* 30, 1956, S. 137–140.

Schaer, Wolfgang: *Die Gesellschaft im deutschen bürgerlichen Drama des 18. Jahrhunderts. Grundlagen und Bedrohung im Spiegel der dramatischen Literatur,* Bonn 1963 (Bonner Arbeiten zur Deutschen Literatur, Bd. 6).

Schanze, Helmut: *Romantik und Aufklärung. Untersuchungen zu Friedrich Schlegel und Novalis,* Nürnberg 1966 (Erlanger Beiträge zur Sprach- und Kunstwissenschaft, Bd. 27).

Ders. (Hrsg.): *Rhetorik. Beiträge zu ihrer Geschichte in Deutschland vom 16.–20. Jahrhundert,* Frankfurt/M. 1974.

Scheele, Klaus: *Soziales Drama. Seine Struktur und seine Geschichte in Deutschland,* Diss. Erlangen 1969 [masch.]. (Anm.: Scheeles Studie war über den öffentlichen Leihverkehr nicht zu beschaffen.)

Schelling, Friedrich Wilhelm Joseph: Allgemeiner Theil der Philosophie der Kunst, in: *Schellings Werke.* Nach der Originalausgabe in neuer Anordnung hrsg. von Manfred Schröter, Dritter Hauptband: *Schriften zur Identitätsphilosophie 1801–1806,* München 1927, S. 393–507.

Scherpe, Klaus R.: *Gattungspoetik im 18. Jahrhundert. Historische Entwicklung von Gottsched bis Herder,* Stuttgart 1968 (Studien zur Allgemeinen und Vergleichenden Literaturwissenschaft, Bd. 2).

Ders.: Natürlichkeit und Produktivität im Gegensatz zur ‚bürgerlichen Gesellschaft'. Die literarische Opposition des Sturm und Drang: Johann Wolfgang Goethes ‚Werther', in: Gert Mattenklott und K.R. Scherpe (Hrsg.), *Westberliner Projekt: Grundkurs 18. Jahrhundert,* a. a. O., S. 189–215.

Ders.: Historische Wahrheit auf Lessings Theater, besonders im Trauerspiel „Emilia Galotti", in: Edward P. Harris und R.E. Schade (Hrsg.), *Lessing in heutiger Sicht,* a. a. O., S. 259–277.

Schillemeit, Jost (Hrsg.): *Deutsche Dramen von Gryphius bis Brecht,* Frankfurt/M./Hamburg 1965 (Interpretationen, Bd. 2).

Schillers Werke. Nationalausgabe, begründet von Julius Petersen, hrsg. von Liselotte Blumenthal und Benno von Wiese, Weimar 1943 ff.

Ders.: Kabale und Liebe. Ein bürgerliches Trauerspiel (1784), ebd., Bd. 5, S. 1–107.

Ders.: Was kann eine gute stehende Schaubühne eigentlich bewirken? [Die Schaubühne als moralische Anstalt betrachtet] (1784), ebd., Bd. 20, S. 87–100.

Ders.: Über naive und sentimentalische Dichtung, ebd., Bd. 20, S. 412–503.

Ders.: Ästhetische Vorlesungen. Fragmente, Winterhalbjahr 1792/93, ebd., Bd. 21, S. 66–88.

Ders.: An die Freunde (Gedicht) 1802, in: *Schillers Werke,* Textrevision von Heinrich Kurz, Bd. 1, Leipzig/Wien o.J., S. 90–91 (Meyers-Klassiker).

Schings, Hans-Jürgen: *Melancholie und Aufklärung. Melancholiker und ihre Kritiker in Erfahrungsseelenkunde und Literatur des 18. Jahrhunderts,* Stuttgart 1977.

Ders.: *Der mitleidigste Mensch ist der beste Mensch. Poetik des Mitleids von Lessing bis Büchner,* München 1980.

Schlaffer, Heinz: *Der Bürger als Held. Sozialgeschichte. Auflösung literarischer Widersprüche,* Frankfurt/M. 1973.

Kritische Friedrich-Schlegel-Ausgabe, hrsg. von Ernst Behler unter Mitwirkung von Jean-Jacques Anstett und Hans Eichner, München/Paderborn/Wien/(seit 1962 zugleich) Zürich 1958 ff.

Ders.: Philosophische Lehrjahre 1796–1806 nebst philosophischen Manuskripten aus den Jahren 1796–1828. Erster Teil, ebd., Abt. II, Bd. XVIII.

Ders.: Lyceums-Fragmente, ebd., Abt. I, Bd. II, S. 147–163.

Ders.: Athenäums-Fragmente, ebd., Abt. I, Bd. II, S. 165–255.

Schlegel, Johann Elias: *Canut. Ein Trauerspiel,* (Copenhagen 1746), hrsg. von Horst Steinmetz, Stuttgart (1967) 1977.

Schmeling, Manfred: *Das Spiel im Spiel. Ein Beitrag zur Vergleichenden Literaturkritik,* o. O. 1977 (Deutsche und Vergleichende Literaturwissenschaft, Bd. 3).

Ders.: Autothematische Dichtung als Konfrontation. Zur Systematik literarischer Selbstdarstellung, in: *Zeitschrift für Literaturwissenschaft und Linguistik* 8, 1978, H. 32, S. 77–97.

Schmidt, Erich: *Lessing. Geschichte seines Lebens und seiner Schriften,* 2 Bde., Berlin (1884/92) ^{3}1909.

Schmidt, Karl: *Die Kritik am barocken Trauerspiel in der ersten Hälfte des 18. Jahrhunderts*, Diss. Köln 1967.
Schmidt, Karlernst: *Die Bühnenprobe als Lustspieltyp in der englischen Literatur*, Halle (Saale) 1952.
Schmidt-Neubauer, Joachim: *Die Bedeutung des Glücksbegriffs für die Dramentheorie und -praxis der Aufklärung und des Sturm und Drang*, Bern/Frankfurt/M./Las Vegas 1982 (Europäische Hochschulschriften. Reihe I. Deutsche Sprache und Literatur, Bd. 511).
Schnädelbach, Herbert: *Reflexion und Diskurs. Fragen einer Logik der Philosophie*, Frankfurt/M. 1977.
Schneider, Helmut J.: Naturerfahrung und Idylle in der deutschen Aufklärung, in: Peter Pütz (Hrsg.), *Erforschung der deutschen Aufklärung*, a. a. O., S. 289–315.
Schopenhauer, Arthur: Über die Grundlage der Moral (1840), in: ders., *Sämtliche Werke*, 5 Bde., textkritisch bearb. und hrsg. von Wolfgang Frhr. von Löhneysen, Bd. III, Stuttgart/Frankfurt/M. 1962, S. 629–815.
Schrimpf, Hans Joachim: *Lessing und Brecht. Von der Aufklärung auf dem Theater*, Pfullingen 1965 (Opuscula aus Wissenschaft und Dichtung, 19).
Schröder, Jürgen: *Gotthold Ephraim Lessing. Sprache und Drama*, München 1972.
Schulte-Sasse, Jochen: Der Stellenwert des Briefwechsels in der Geschichte der deutschen Ästhetik, in: G. E. Lessing, M. Mendelssohn, F. Nicolai, *Briefwechsel über das Trauerspiel*, a. a. O., S. 168–237.
Ders.: Aspekte einer kontextbezogenen Literatursemantik am Beispiel der ‚Emilia Galotti', in: Walter Müller-Seidel (Hrsg.), *Historizität in Sprach- und Literaturwissenschaft. Vorträge und Berichte der Stuttgarter Germanistentagung 1972*, München 1974, S. 259–275.
Ders.: *Literarische Struktur und historischer Kontext. Zum Beispiel Lessings ‚Emilia Galotti'*, Paderborn 1975.
Ders.: Das Konzept bürgerlich-literarischer Öffentlichkeit und die historischen Gründe seines Zerfalles, in: Christa Bürger et al. (Hrsg.), *Aufklärung und literarische Öffentlichkeit*, a. a. O., S. 83–115.
Ders.: Poetik und Ästhetik Lessings und seiner Zeitgenossen, in: Rolf Grimminger (Hrsg.), *Deutsche Aufklärung*, a. a. O., S. 304–326.
Ders.: Drama, ebd., S. 423–499.
Schulz, Ursula: *Lessing auf der Bühne. Chronik der Theateraufführungen 1748–1789*, Bremen/Wolfenbüttel 1977.
Schwab, Hans: *Das Schauspiel im Schauspiel zur Zeit Shakespeares*, Wien/Leipzig 1896 (Wiener Beiträge zur Englischen Philologie, Bd. V); Nachdruck London 1964.
Scott, A.: The Rôle of Mellefont in Lessing's ‚Miss Sara Sampson', in: *German Quarterly* 47, 1974, S. 394–408.
Seeba, Hinrich C.: *Die Liebe zur Sache. Öffentliches und privates Interesse in Lessings Dramen*, Tübingen 1973 (Untersuchungen zur deutschen Literaturgeschichte, Bd. 9).
Ders.: Das Bild der Familie bei Lessing. Zur sozialen Integration im bürgerlichen Trauerspiel, in: Edward P. Harris und Richard E. Schade (Hrsg.), *Lessing in heutiger Sicht*, a. a. O., S. 307–321.
Seifert, Siegfried: *Lessing-Bibliographie*, Berlin/Weimar 1973 (Bibliographien, Kataloge und Bestandsverzeichnisse).
Sexau, Richard: *Der Tod im Deutschen Drama des 17. und 18. Jahrhunderts (von Gryphius bis zum Sturm und Drang). Ein Beitrag zur Literaturgeschichte*, Bern 1906 (Untersuchungen zur neueren Sprach- und Literaturgeschichte, H. 9).
Sidney, Homan: When the Theatre Turns to Itself, in: *New Literary History* 2, 1971, S. 407–417.
Šklovskij, Viktor: Der Zusammenhang zwischen den Verfahren der Sujetführung und den allgemeinen Stilverfahren, in: Jurij Striedter (Hrsg.), *Texte der russischen Formalisten*, a. a. O., Bd. 1, S. 372–391.
Ders.: *Theorie der Prosa* (1925), hrsg. und aus dem Russischen übers. von Gisela Drohla, Frankfurt/M. 1966.

Ders.: Die Parodie auf den Roman: Tristram Shandy, ebd., S. 131–162.
Sommer, Dietrich: Die gesellschaftliche Problematik in Lessings bürgerlichem Trauerspiel „Miss Sara Sampson", in: *Wissenschaftliche Zeitschrift der Martin-Luther-Universität Halle-Wittenberg. Gesellschafts- und sprachwissenschaftliche Reihe* 10, 1961, H. 4, S. 959–964.
Sommer, Robert: *Grundzüge einer Geschichte der deutschen Psychologie und Ästhetik von Wolff – Baumgarten bis Kant – Schiller*, Würzburg 1892; Nachdr. Amsterdam 1966.
Spittler, Horst: *Darstellungsperspektiven im Drama. Ein Beitrag zu Theorie und Technik dramatischer Gestaltung*, Diss. Frankfurt/M./ Bern/Cirencester/ U.K. 1979 (Europäische Hochschulschriften, Reihe I, Deutsche Literatur und Germanistik, Bd. 314).
Stadelmaier, Gerhard: *Lessing auf der Bühne – Ein Klassiker im Theateralltag (1968–1974)*, Tübingen 1980 (Medien in Forschung und Unterricht, Serie A, Bd. 2).
Staiger, Emil: *Grundbegriffe der Poetik*, 2., erweiterte Aufl., Zürich 1946.
Ders.: Rasende Weiber in der deutschen Tragödie des 18. Jahrhunderts, in: ders., *Stilwandel. Studien zur Vorgeschichte der Goethezeit*, Zürich/Freiburg i.Br. 1963, S. 25–74.
Steinmetz, Horst: *Die Komödie der Aufklärung*, 3., durchges. und bearb. Aufl., Stuttgart 1978.
Ders.: Aufklärung und Tragödie, in: *Amsterdamer Beiträge zur neueren Germanistik* I, 1972, S. 3–41.
Ders.: Emotionalität versus Rationalität: Gegensätze zwischen Theorie und Praxis des Dramas bei Lessing, in: Edward P. Harris und Richard E. Schade (Hrsg.), *Lessing in heutiger Sicht*, a. a. O., S. 165–168.
Steffen, Hans (Hrsg.): *Das deutsche Lustspiel*, 2 Bde., Göttingen 1968.
Stemme, Fritz: Die Säkularisation des Pietismus zur Erfahrungsseelenkunde, in: *Zeitschrift für deutsche Philologie* 72, 1953, S. 144–158.
Stötzer, Ursula: *Deutsche Redekunst im 17. und 18. Jahrhundert*, Halle 1962.
Stone, P.W.K.: *The art of poetry 1750–1820. Theories of poetic composition and style in the late Neo Classic and early Romantic periods*, London 1967.
Stoppard, Tom: *Rosencrantz and Guildenstern are Dead*, 1966; dt. Übers. von Hanna Lunin: *Rosenkrantz und Güldenstern*, Reinbek b. Hamburg (1967) 1977.
Sträßner, Matthias: *Analytisches Drama*, Diss. München 1980.
Strauss, Bruno: Anmerkungen zu „Moses Mendelssohn. Briefwechsel I, 1754–1762, in: M. Mendelssohn, *Gesammelte Schriften*, a. a. O., Bd. 11, S. 381–516.
Striedter, Jurij (Hrsg.): *Texte der russischen Formalisten*, 2 Bde., München 1969/1972 (Theorie und Geschichte der Literatur und der schönen Künste, Bd. 6).
Strohschneider-Kohrs, Ingrid: *Die romantische Ironie in Theorie und Gestaltung*, 2., durchgesehene und erweiterte Aufl., Tübingen 1977.
Strube, Werner: *Ästhetische Illusion. Ein kritischer Beitrag zur Geschichte der Wirkungsästhetik des 18. Jahrhunderts*, Diss. Bonn 1971.
Styan, Joseph L.: *The Elements of Drama*, Cambridge (1963) 1976.
Ders.: *Drama, Stage, and Audience*, Cambridge 1975.
Ders.: *Modern Drama in theory and practice*, Vol. 1–3, Cambridge 1981.
Szondi, Peter: *Die Theorie des bürgerlichen Trauerspiels im 18. Jahrhundert. Der Kaufmann, der Hausvater und der Hofmeister*, hrsg. von Gert Mattenklott, Frankfurt/M. 1973 (Studienausgabe der Vorlesungen, Bd. I).
Ders.: Tableau und coup de théâtre. Zur Sozialpsychologie des bürgerlichen Trauerspiels bei Diderot. Mit einem Exkurs über Lessing, in: ders., *Lektüren und Lektionen*, Frankfurt/M. 1973, S. 11–41.
Ders.: *Schriften I/II*, Frankfurt/M. 1978.
Ders.: Theorie des modernen Dramas (1880–1950), ebd., S. 9–153.
Ders.: Friedrich Schlegel und die romantische Ironie. Mit einer Beilage über Tiecks Komödien, ebd., Bd. II, S. 11–31.
Tarot, Rolf: Ideologie und Drama. Zur Typologie der untragischen Dramatik in Deutschland, in: Stefan Sonderegger, Alois M. Haas, Harald Burger (Hrsg.), *Typologia Litterarum. Festschrift für Max Wehrli*, Zürich/Freiburg i.Br. 1969, S. 351–366.

Ders.: Mimesis und Imitatio. Grundlagen einer neuen Gattungspoetik, in: *Euphorion* 64, 1970, S. 125–142.
Thalmann, Marianne: *Provokation und Demonstration in der Komödie der Romantik*, Berlin 1974.
Theile, Wolfgang: *Immanente Poetik des Romans*, Darmstadt 1980.
Thomasius, Christian: *Von Der Artzeney Wider die unvernünftigen Liebe und der zuvorher nöthigen Erkäntniß Sein Selbst. Oder: Ausübung Der Sitten-Lehre*, Halle 1696; Repr. Nachdr. Hildesheim 1968.
Ders.: Kurtzer Entwurff der Politischen Klugheit, sich selbst und andern in allen Menschlichen Gesellschaften wohl zu rathen und zu einer gescheiten Conduite zu gelangen, Franckfurt/ Leipzig 1710; Photomechanische Reproduktion Frankfurt/M. 1971 (Athenäum Reprints).
Ders.: De Praejudiciis oder Von den Vorurteilen, die uns an der Erkenntnis der Wahrheit hindern (1725), in: Fritz Brüggemann (Hrsg.), *Deutsche Literatur in Entwicklungsreihen. Reihe Aufklärung*, Bd. 1, Leipzig ²1938; Repr. Nachdr. Darmstadt 1966, S. 30–60.
Ludwig Tieck's Schriften, 28 Bde., Berlin 1828–1854.
Ders.: Der gestiefelte Kater. Ein Kindermärchen in drei Akten, mit Zwischenspielen, einem Prologe und Epiloge (1797), ebd., Bd. 5, S. 161–282.
Ders.: Die verkehrte Welt. Ein historisches Schauspiel in fünf Aufzügen (1798), ebd., Bd. 5, S. 283–486.
Todorov, Tzvetan: Ästhetik und Semiotik im 18. Jahrhundert. G.E. Lessing: Laokoon, in: Gunter Gebauer (Hrsg.), *Das Laokoon-Projekt*, a.a.O., S. 9–21.
Trautwein, Wolfgang: Zwischen Typenlustspiel und ernster Komödie. Zur produktiven Verletzung von Gattungsmustern in Lessings „Die Juden", in: *Jahrbuch des deutschen Schillergesellschaft* 24, 1980, S. 1–14.
Tronskaja, Maria: *Die deutsche Prosasatire der Aufklärung*, Berlin 1969.
Turk, Horst: Wirkungsästhetik: Aristoteles, Lessing, Schiller, Brecht. Theorie und Praxis einer politischen Hermeneutik, in: *Jahrbuch der deutschen Schillergesellschaft* 17, 1973, S. 519–531.
Ders.: *Dialektischer Dialog. Literaturwissenschaftliche Untersuchung zum Problem der Verständigung*, Göttingen 1975.
Ueding, Gert: *Schillers Rhetorik. Idealistische Wirkungsästhetik und ihre rhetorische Tradition*, Tübingen 1971 (Studien zur deutschen Literatur, Bd. 27).
Ders.: *Einführung in die Rhetorik. Geschichte, Technik, Methode*, Stuttgart 1976.
Unger, Hans-Heinrich: *Die Beziehungen zwischen Musik und Rhetorik im 16. bis 18. Jahrhundert*, Würzburg 1941 (Musik und Geistesgeschichte, 4); Nachdr. Hildesheim 1969.
Unger, Rolf: *Hamann und die Aufklärung. Studien zur Vorgeschichte des romantischen Geistes im 18. Jahrhundert*, 2 Bde. (1. Aufl. Jena 1911), Tübingen ⁴1968.
Ders.: Hamann und die Empfindsamkeit. Ein Beitrag zur Frage nach den geistesgeschichtlichen Struktur und Entwicklung des neueren deutschen Irrationalismus, in: ders.,*Gesammelte Schriften*, Bd. II: *Aufsätze zur Literatur- und Geistesgeschichte*, Berlin 1929, S. 17–39 (Neue Forschung. Arbeiten zur Geistesgeschichte der germanischen und romanischen Völker, Bd. 2).
Unruh, Walther: *Theatertechnik. Fachkunde und Vorschriftensammlung*, Berlin/Bielefeld 1969.
Vierhaus, Rudolf: Politisches Bewußtsein in Deutschland vor 1789, in: *Der Staat. Zeitschrift für Staatslehre, öffentliches Recht und Verfassungsgeschichte* 6, 1967, S. 175–196.
Ders.: *Lessing und die Zeit der Aufklärung*, Göttingen 1968.
Ders. (Hrsg.): *Bürger und Bürgerlichkeit im Zeitalter der Aufklärung*, Heidelberg 1981 (Wolfenbütteler Studien zur Aufklärung, Bd. VII).
Voigt, Joachim: *Das Spiel im Spiel. Versuch einer Formbestimmung an Beispielen aus dem deutschen, englischen und spanischen Drama*, Diss. Göttingen 1954.
de Voltaire, Francois Marie Arouet: Alzire ou les Américains. Tragédie (1736), in: *Œuvres complètes de Voltaire*, ed. par Louis Moland, T. 3, Paris 1877, Reprint Nendeln/Liechtenstein 1967, S. 367–438; vgl. auch die dt. Übers. von Luis. Adelg. Viet. Gottsched, in: Johann Christoph Gottsched, *Die Deutsche Schaubühne*, Dritter Theil, Leipzig 1741; Faksimiledruck nach der Ausgabe von 1741–1745, Stuttgart 1972, S. 1–62.

Vospernick, Richard: *George Lillo und die Anfänge des bürgerlichen Trauerspiels in Deutschland*, Diss. Innsbruck 1962 [masch.].

Voß, Abraham (Hrsg.): *Briefe von Johann Heinrich Voß, nebst erläuternen Beilagen*, Bd. I, Halberstadt 1829.

Voßkamp, Wilhelm (Hrsg.): *Utopieforschung. Interdisziplinäre Studien zur neuzeitlichen Utopie*, 3 Bde., Stuttgart 1982.

Wagner, Heinrich Leopold: *Die Kindsmörderin. Ein Trauerspiel nebst Scenen aus den Bearbeitungen K.G. Lessings und Wagners*, hrsg. von Erich Schmidt, Heilbronn 1883 (Deutsche Litteraturdenkmale des 18. und 19. Jahrhunderts in Neudrucken, Bd. 13).

Walach, Dagmar: *Der aufrechte Bürger, seine Welt und sein Theater. Zum bürgerlichen Trauerspiel im 18. Jahrhundert*, München 1980 (Literatur in der Gesellschaft, N.F. Bd. 2).

Walzel, Oskar: *Vom Geistesleben alter und neuer Zeit*, Leipzig 1922.

Warning, Rainer (Hrsg.): *Rezeptionsästhetik. Theorie und Praxis*, München 1975.

Ders.: Elemente einer Pragmasemiotik der Komödie, in: Wolfgang Preisendanz und Rainer Warning (Hrsg.), *Das Komische*, a. a. O., S. 279–333.

Weber, Ernst: *Die poetologische Selbstreflexion im deutschen Roman des 18. Jahrhunderts. Zu Theorie und Praxis von „Roman", „Historie" und pragmatischem Roman*, Stuttgart/Berlin/Köln/ Mainz 1974 (Studien zur Poetik und Geschichte der Literatur, Bd. 34).

Weber, Max: Die protestantische Ethik und der Geist des Kapitalismus, in: ders., *Gesammelte Aufsätze zur Religionssoziologie I*, Tübingen (1920) [5]1963, S. 17–206.

Weber, Peter: Lessings „Miß Sara Sampson", Entstehung und Stilcharakter des „Bürgerlichen Trauerspiels", in: *Weimarer Beiträge* 15, 1969, S. 655–660.

Ders.: *Das Menschenbild des bürgerlichen Trauerspiels. Entstehung und Funktion von Lessings „Miß Sara Sampson"*, 2., ergänzte Aufl., Berlin 1976.

Ders.: Lessings ‚Emilia Galotti'. Zur Poetologie eines ‚unpoetischen' Dichters, in: *Weimarer Beiträge* 27, 1981, H. 9, S. 57–73.

Weimar, Klaus: ‚Bürgerliches Trauerspiel'. Eine Begriffsklärung im Hinblick auf Lessing, in: *Deutsche Vierteljahrsschrift für Literaturwissenschaft und Geistesgeschichte* 51, 1977, S. 208–221.

Weinrich, Harald: Fiktionsironie bei Anouilh, in: *Literaturwissenschaftliches Jahrbuch*, N. F. 2, 1961, S. 239–253.

Wendt, Ernst: *Moderne Dramaturgie. Bond und Genet; Beckett und Heiner Müller; Ionesco und Handke; Pinter und Kroetz; Weiss und Gatti*, Frankfurt/M. 1974.

Werner, Hans-Georg (Hrsg.): *Lessing-Konferenz, Halle 1979*, 2 Teile, Halle (Saale) 1980 (Martin-Luther-Universität Halle-Wittenberg. Wissenschaftliche Beiträge 1980/3. F. 21).

Ders.: Zum Verhältnis zwischen „öffentlicher" und „privater" Sphäre im dichterischen Weltbild Lessings, in: Ehrhard Bahr et al. (Hrsg.), *Humanität und Dialog*, a. a. O., S. 83–102.

Wetzel, Hans: *Das empfindsame Lustspiel der Frühaufklärung (1745–1750). Zur Frage der Befreiung der deutschen Komödie von der rationalistischen und französischen Tradition im achtzehnten Jahrhundert*, Diss. München 1956 (masch.).

Wicke, Günter: *Die Struktur des deutschen Lustspiels der Aufklärung. Versuch einer Typologie*, Bonn (1965) [2]1968 (Abhandlungen zur Kunst-, Musik- und Literaturwissenschaft, Bd. 26).

Wiegmann, Hermann: *Geschichte der Poetik. Ein Abriß*, Stuttgart 1977 (Sammlung Metzler, 160; Abt. E. Poetik).

Ders.: *Utopie als Kategorie der Ästhetik. Zur Begriffsgeschichte der Ästhetik und Poetik*, Stuttgart 1980.

Wierlacher, Alois: *Das Bürgerliche Drama. Seine theoretische Begründung im 18. Jahrhundert*, München 1968.

von Wiese, Benno: *Lessing: Dichtung, Ästhetik, Philosophie*, Leipzig 1931 (Das wissenschaftliche Weltbild).

Ders.: *Die deutsche Tragödie von Lessing bis Hebbel*, 2 Teile, Hamburg (1948) [6]1964.

Ders. (Hrsg.): *Deutsche Dramaturgie vom Barock bis zur Klassik*, Tübingen 1956 (Deutsche Texte, 4).

Ders.: *Das deutsche Drama. Vom Barock bis zur Gegenwart. Interpretationen*, 2 Bde., Düsseldorf (1958) ²1960.
Willenberg, Knud: *Tat und Reflexion. Zur Konstitution des bürgerlichen Helden im deutschen Trauerspiel des 18. Jahrhunderts*, Stuttgart 1975 (Stuttgarter Arbeiten zur Germanistik, Nr. 3).
Willschrei, Karl Heinz: *Das Verhältnis der poetischen Gattungen zur Bühne*, Diss. München 1966.
Winckelmann, Johann Joachim: Gedanken über die Nachahmung der griechischen Werke in der Mahlerey und Bildhauerkunst (1. Aufl. 1755); Faksimileneudruck der 2. verm. Aufl., Dresden 1756, in: ders., *Kunsttheoretische Schriften*, Bd. 1, Baden-Baden/Strasbourg 1962, S. 1–90 (Studien zur deutschen Kunstgeschichte, Bd. 330).
Witte, Bernd: Die Tränen des Vaters. Zu einigen sozialgeschichtlichen Interpretationen von Lessings bürgerlichen Trauerspielen, in: Dorothea Ader et al., *Sub tua platano. Festgabe für Alexander Beinlich*. Kinder- und Jugendliteratur, Deutschunterricht, Germanistik, Emsdetten 1981, S. 536–543.
Wittgenstein, Ludwig: *Philosophische Untersuchungen*, hrsg. von G. Anscombe und R. Rhees, Oxford 1953.
Wölfel, Kurt: Moralische Anstalt. Zur Dramaturgie von Gottsched bis Lessing, in: Reinhold Grimm (Hrsg.), *Deutsche Dramentheorien I*, a. a. O., S. 56–122.
Ders.: Prophetische Erinnerung. Der klassische Republikanismus in der deutschen Literatur des 18. Jahrhunderts als utopische Gesinnung, in: Wilhelm Voßkamp (Hrsg.), *Utopieforschung*, a. a. O., 3. Bd., S. 191–217.
Ders.: Über Lessings Dramen, in: Gotthold Ephraim Lessing, *Dramen*, mit e. Nachwort hrsg. von Kurt Wölfel, Frankfurt/M. 1984, S. 827–847.
Ders.: Das kühne Traumbild eines neuen Staates. Über den klassischen Republikanismus des 18. Jahrhunderts in der deutschen Literatur. Antrittsvorlesung, gehalten am 8. 12. 1982, unpubliziert.
Woesler, Winfried: Lessings „Miss Sara Sampson" und Senecas „Medea", in: *Lessing Yearbook X*, 1978, S. 75–93.
Wolff, Christian: Vernünftige Gedanken. Von der Menschen Thun und Lassen, zu Beförderung ihrer Glückseeligkeit (4. Aufl. hin und wieder vermehret; Franckfurt/Leipzig 1733), in: ders., *Gesammelte Werke*, hrsg. und bearbeitet von J. Ecole, J.E. Hofmann, M. Thomann und H.W. Arndt, Abt.I, Deutsche Schriften, Bd. 4, Hildesheim/New York 1976.
Ders.: *Psychologica empirica* (1732); Repr. Nachdr. der Ausgabe Frankfurt und Leipzig 1738, ebd., Abt. II, Bd. 5, Hildesheim 1968.
Wolff, Hans M.: Mellefont: Unsittlich oder Unbürgerlich, in: *Modern Language Notes* 61, 1946, No. 6, S. 372–377.
Wuthenow, Ralph-Rainer: *Das erinnerte Ich. Autobiographie und Selbstdarstellung im 18. Jahrhundert*, München 1974.
Ders.: *Im Buch die Bücher oder der Held als Leser*, Frankfurt/M. 1980.
Ders. (Hrsg.): *Zwischen Absolutismus und Aufklärung: Rationalismus, Empfindsamkeit, Sturm und Drang. 1740–1789*, Reinbek b. Hamburg 1980 (Deutsche Literatur. Eine Sozialgeschichte, hrsg. von Horst Albert Glaser, Bd. 4).
Wuttke, Bernhard: *Nichtsprachliche Darstellungsmittel des Theaters. Kommunikations- und zeichentheoretische Studien unter besonderer Berücksichtigung des satirischen Theaters*, Diss. Münster 1974.
Zeller, Rosmarie: Überlegungen zu einer Typologie des Dramas, in: *Literaturwissenschaft und Linguistik*, 1978; Beiheft 8, Erzählforschung 3, S. 293–306.
Zimmer, Reinhold: *Dramatischer Dialog und aussersprachlicher Kontext. Dialogformen in deutschen Dramen des 17. bis 20. Jahrhunderts*, Göttingen 1982 (Palaestra. Bd. 274).
Ziolkowski, Theodore: Language and Mimetic Action in Lessing's „Miss Sara Sampson", in: *The Germanic Review* 40, 1965, S. 261–276; dt. Kurzfassung: Zur Wirkung der Schauspieltradition auf das Drama. Sprache und Gebärde in Lessings „Miß Sara Sampson", in: Werner Kohlschmidt und Herman Meyer (Hrsg.), *Tradition und Ursprünglichkeit. Akten des III. Internationalen Germanistenkongresses 1965 in Amsterdam*, Bern/München 1966, S. 174–175.

(Das Manuskript zum zweiten Kapitel wurde im Sommer 1982, das zum dritten im Winter 1982 und das zum ersten Kapitel im Frühjahr 1983 abgeschlossen. Die inzwischen erschienene Literatur wurde nicht mehr berücksichtigt.)